Uni-Taschenbücher 1807

W0352916

UTB
FÜR WISSEN
SCHAFT

Eine Arbeitsgemeinschaft der Verlage

Wilhelm Fink Verlag München
Gustav Fischer Verlag Jena und Stuttgart
Francke Verlag Tübingen und Basel
Paul Haupt Verlag Bern · Stuttgart · Wien
Hüthig Verlagsgemeinschaft
Decker & Müller GmbH Heidelberg
Leske Verlag + Budrich GmbH Opladen
J.C.B. Mohr (Paul Siebeck) Tübingen
Quelle & Meyer Heidelberg · Wiesbaden
Ernst Reinhardt Verlag München und Basel
Schäffer-Poeschel Verlag · Stuttgart
Ferdinand Schöningh Verlag Paderborn · München · Wien · Zürich
Eugen Ulmer Verlag Stuttgart
Vandenhoeck & Ruprecht in Göttingen und Zürich

Erika Fischer-Lichte (Hrsg.)

TheaterAvantgarde

Wahrnehmung – Körper – Sprache

Francke Verlag Tübingen und Basel

Redaktion: Andreas Meder, Harald Xander, Isabel Pflug, Cornelia Kunz, Susanne Marschall

Die Deutsche Bibliothek – CIP-Einheitsaufnahme

TheaterAvantgarde: Wahrnehmung – Körper – Sprache / Erika Fischer-Lichte (Hrsg.). – Tübingen; Basel: Francke, 1995
(UTB für Wissenschaft: Uni-Taschenbücher; 1807)
ISBN 3-8252-1807-4 (UTB)
ISBN 3-7720-2235-9 (Francke)
NE: Fischer-Lichte, Erika [Hrsg.]; UTB für Wissenschaft / Uni-Taschenbücher

© 1995 · A. Francke Verlag Tübingen und Basel
Postfach 25 60 · D-72015 Tübingen
ISBN 3-7720-2235-9

Das Werk einschließlich aller seiner Teile ist urheberrechtlich geschützt. Jede Verwertung außerhalb der engen Grenzen des Urheberrechtsgesetzes ist ohne Zustimmung des Verlages unzulässig und strafbar. Das gilt insbesondere für Vervielfältigungen, Übersetzungen, Mikroverfilmungen und die Einspeicherung und Verarbeitung in elektronischen Systemen.
Gedruckt auf säurefreiem und alterungsbeständigem Werkdruckpapier.

Einbandgestaltung: Alfred Krugmann, Stuttgart
Satz: Nagel, Reutlingen
Druck und Bindung: Presse-Druck, Augsburg
Printed in Germany

ISBN 3-8252-1807-4 (UTB-Bestellnummer)

Inhalt

Einleitung

Wahrnehmung – Körper – Sprache

Kultureller Wandel und Theateravantgarde

In den ersten Jahrzehnten des 20. Jahrhunderts vollzog sich in Europa ein radikaler kultureller Wandel, der im alltäglichen häuslichen Leben wie in der Arbeitswelt, in der Freizeitgestaltung wie in Wissenschaft und Kunst überkommene Wahrnehmungs-, Denk- und Handlungsmuster nachhaltig erschütterte und zur Herausbildung völlig neuer Verhaltensmodelle führte. Die durch ihn eingeleiteten Veränderungen betrafen in besonderem Maße Wahrnehmung, Körper und Sprache.

Die technischen Erfindungen des 19. Jahrhunderts wie Dampfeisenbahn, Telegraphie, Photographie, Telephon, Phonographie, Film, Automobil hatten bereits Raum und Zeit auf bisher unvorstellbare Weise zusammenrücken lassen und so im Zusammenhang mit der fortschreitenden Urbanisierung und Industrialisierung gänzlich neue Bedingungen für die Wahrnehmung geschaffen. Aufgrund der nach der Jahrhundertwende sprunghaft ansteigenden Verbreitung von Elektrifizierung und Automatisierung bestimmten sie zunehmend auch den Alltag – und zuvörderst das großstädtische Alltagsleben. Vor allem Geschwindigkeit der Fortbewegung – wie in Eisenbahn, Elektrischer, Automobil, Hoch-Bahn etc. – und Simultaneität der verschiedenen Sinneseindrücke, wie sie typisch für die Großstadt sind (und wie Walter Ruttmann sie in seinem Film *Berlin – Die Sinfonie der Großstadt* 1927 gestaltet hat), erzwangen einen dauernden und raschen Wechsel von Perspektive und Fokussierung und hatten eine permanente Beanspruchung, ja Bearbeitung der Sinne, allen voran des Gesichts- und des Hörsinns, zur Folge.

Auf der anderen Seite wurden um die Jahrhundertwende auf dem scheinbar so fest gefügten Boden der Physik Theorien entwickelt, welche die mit dem seit Galilei gültigen mechanischen Weltbild überlieferten Vorstellungen einer absoluten Sicht von Raum und Zeit und einer vom Beobachter unabhängigen Realität grundlegend in Frage stellten. Einsteins Relativitätstheorie (1905) und die von Planck ausgehende Quantentheorie (1900) ließen erkennen, daß raum-zeitliche Beobachtungen von Ereignissen von der relativen Bewegung zwischen Beobachter und Beobachtetem abhängen und daß die Beobachtung selbst das Beobachtete nicht unverändert läßt. Die klassische

Idee eines Beobachters, der gewissermaßen ganz von außen für alle verbindliche und von anderen genau nachvollführbare Beobachtungsergebnisse erzielen könnte, hatte keinen Bestand mehr. Was länger oder kürzer ist – räumlich und auch zeitlich –, das hängt vom relativen Bewegungszustand zwischen Beobachter und Beobachtetem ab; was der eine gemessen hat, wird ein anderer so nicht noch einmal messen können, weil sich das Objekt unter der Messung verändert hat. Wenn derartige Phänomene auch nur bei sehr hohen Geschwindigkeiten oder bei mikroskopischen Körpern eine wesentliche Rolle spielen, hat doch das Wissen um diese Dinge das Bewußtsein des Menschen von seiner Rolle als möglicher Beobachter in der Welt radikal verändert: Er ist als Beobachter Teil des Systems, seine Beobachtungsergebnisse hängen von seiner Bewegung im Verhältnis zu dem Beobachteten ab und das Beobachtete wird nachher nicht mehr dasselbe sein, was es vorher war.

Nicht zuletzt endlich wurden in Malerei und Musik Wahrnehmungsweisen fragwürdig, die seit der Renaissance Sehen und Hören geprägt hatten. Der Impressionismus revolutionierte das Sehen, indem er sich auf das "Erlebnis des Optischen", auf die "Veranschaulichung des Augenblicks"[1] beschränkte: Das Bild besteht aus Farben – hellen und dunklen, warmen und kalten – und aus Linien, zwischen denen es Beziehungen herstellt bzw. zwischen denen Beziehungen herzustellen, der Betrachter aufgefordert ist, um den spezifischen "Augenblick" wahrnehmen zu können. Der Kubismus ging noch einen Schritt weiter, indem er den perspektivisch gegliederten Bildraum aufsprengte und damit seinerseits die Position des Betrachters als eines starren externen Beobachters erschütterte.

In der Musik ereignete sich – zeitgleich mit dem Kubismus – ein vergleichbarer epochemachender Umbruch. In seinem *Entwurf einer neuen Ästhetik der Tonkunst* (1906) forderte Feruccio Busoni vom Komponisten, zu "tonlicher Unbegrenztheit" vorzustoßen, um die Einschränkungen der tonalen Musik zu überwinden. Wenig später (1908/09) schrieb Schönberg dann seine ersten atonalen Werke. Wahrnehmungsweisen, die für die Mitglieder der europäischen Kultur ungefähr dreihundert Jahre lang als die einzig möglichen gegolten und die Wahrnehmung des Menschen, der Welt und seiner Stellung in der Welt grundlegend bestimmt hatten, wurden nun in ihrer Gültigkeit wenn nicht aufgehoben, so doch entscheidend eingeschränkt.

Mit dem Wandel der Wahrnehmung ging ein Wandel der Einstellungen zum Körper, von Körperpraktiken, Körperbildern und Bewegungsmustern einher. Auf der einen Seite bewirkten Fließband, Refa-Zeitmessung, Taylorisie-

1 Novotny, F.: "Der Impressionismus", in: Zeitler, R. (Hrsg.): *Die Kunst des 19. Jahrhunderts*, Propyläen Kunstgeschichte, Bd. 11, Berlin 1966, S. 132.

rung u.ä., daß der menschliche Körper den Rhythmus seiner Bewegungen dem vorgegebenen Rhythmus der Maschine anpassen mußte. Auf der anderen Seite proklamierten Wandervogelbewegung, Gartenstadt-, Körperkultur- und Lebensreformbewegung die Befreiung des Körpers von den überlieferten Zwängen, für die sie einerseits ein falsches Schamgefühl haftbar machten, andererseits jedoch die von Urbanisierung und Industrialisierung verursachten Lebensbedingungen. Sie propagierten entsprechend eine umfassende Reform der Lebensweise, welche Ernährung, Hygiene, Kleidung, Wohnung, Sexualverhalten und Freizeitgestaltung betraf. Vegetarische Ernährung und Enthaltsamkeit von Alkohol und Nikotin galten ebenso als Voraussetzung für die Entwicklung einer neuen Einstellung dem Körper gegenüber wie natürliche Körperpflege – Baden, Duschen, Massage –, Gymnastik, Sport und eine nicht einengende Kleidung:

> Was uns not thut, ist das natürliche Gefühl für den Körper. Erworben wird es bei seiner Pflege. Kann ein Mensch, der dem Bade entsteigt, gereinigt, erfrischt, in allen Gliedern von jenem unendlichen Wohlgefühl durchströmt, das den Körper schwellt und das Leben jedes Teilchens seinem Bewusstsein fühlbar macht – kann der es über sich bringen, dieses Wohlgefühl durch beengende, zwängende Kleider zu zerstören? Wird er auch nur den Wunsch haben, es zu thun, wenn er seine Kraft in Arbeit oder Spiel, in Rennen, Laufen, Schwimmen, Reiten, Turnen oder Fechten oder was es nun sei, geübt und dabei empfunden hat, dass seine Glieder so, wie sie sind, gut, dass sie schön sind? Es wird ihn quälen, wenn dies in seiner Kleidung nicht zum Ausdruck kommt.[2]

Schnürleib und Korsett, Halsbinden und steifen Rockkragen, einengendem Schuhwerk und jeder Art einschnürender Kleidung waren damit der Kampf angesagt. Mit der lockeren, zwanglosen Reformkleidung setzten sich zugleich völlig neue Körperbilder durch.

Auch hinsichtlich der Wohnverhältnisse zeigte die Hygienebewegung erste Erfolge. 1903 erschien ein preußischer Gesetzentwurf, welcher erstmals die Mindestmaße für eine Wohnung angab, also festlegte, wieviel "Luftraum" und "Bodenfläche" einem Körper mindestens zustehen solle. 1909 begann man mit der Anlage der Hellerauer Gartenstadt bei Dresden, die ganz und gar unter dem Gesichtspunkt eines gesünderen Wohnens konzipiert war.

Der von der einengenden und deformierenden Kleidung befreite, von ihr bisher starr gehaltene Körper wurde nun in Bewegung versetzt. Ausgedehnte Wanderungen in die Umgebung der Städte – die sog. "Klotzmärsche" der

---

2 Schultze-Naumburg, P.: *Die Kultur des weiblichen Körpers als Grundlage der Frauenkleidung*, Leipzig 1902, S. 144.

Wandervögel – wurden unternommen, die verschiedensten Sportarten getrieben. Die Devise "Bewegung in frischer Luft" wurde insbesondere von den vielen Freiluft- und Nacktkulturbewegungen ernst genommen. Alle "Lichtluftbäder" der entsprechenden Vereine verfügten über eine Vielzahl von Turn-, Spiel- und Sporteinrichtungen. Das neue Ideal des "natürlich gepflegten", sich in "Luft" und "Licht" bewegenden Körpers galt für beide Geschlechter.[3]

Die so entstehende neue Bewegungskultur wurde vor allem von den seit der Jahrhundertwende überall entstehenden Gymnastikschulen gepflegt und verbreitet. In den Mittelpunkt ihrer Arbeit stellten sie die Bewegung des Körpers nach bestimmten Rhythmen. Der Genfer Bewegungspädagoge Emile Jaques-Dalcroze, der 1911 in Hellerau seine "Bildungsanstalt für Musik und Rhythmus" eröffnete, zielte ausdrücklich darauf, in seinen Schülern ein neues rhythmisches Bewußtsein zu wecken. Er verstand darunter "das Vermögen, sich jede Abfolge und jede Verbindung von Zeitteilen in allen Abschattungen von Kraft und Geschwindigkeit vorzustellen". Dies Vermögen könne man jedoch nur erwerben, wenn man lerne, sich den Rhythmen entsprechend zu bewegen. Die Bewegung des eigenen Körpers in einem bestimmten Rhythmus sollte so zur Ausbildung der Fähigkeit führen, den Rhythmus wahrzunehmen. Entsprechend strebte Jaques-Dalcroze die Fähigkeit an, mehrere verschiedenartige Rhythmen gleichzeitig wahrzunehmen. "Um in ihm (dem Kind), das Gefühl für die Gleichzeitigkeit verschiedener Rhythmen zu erzeugen, ist es unerläßlich, daß wir es mittels verschiedener Glieder Bewegungen ausführen lassen, welche Zeitwerte von unterschiedlicher Dauer darstellen."[4]

Die von Jaques-Dalcroze propagierten und eingeübten Bewegungsmuster stellten insofern eine "Revolution" europäischer Bewegungsformen dar, als sie gezielt einer Polyrhythmik folgten. Diese Bewegungsmuster, die vor dem Ersten Weltkrieg, nur von wenigen beherrscht, eine eher periphere Erscheinung darstellten, gewannen in den zwanziger Jahren eine enorme Popularität und Verbreitung: Aus Amerika wurden als neue Gesellschaftstänze der Shimmey und der Charleston importiert, die unterschiedlichen, nebeneinander herlaufenden Rhythmen folgen. Mit diesen Tänzen setzten sich neue Bewegungsmuster durch.[5]

In Einklang mit dem neuen Ideal des sich bewegenden Körpers erlangte um die Jahrhundertwende der Tanz im System der Künste eine besondere

---

3 Vgl. hierzu Andritzky, M./Rautenberg, T. (Hrsg.): *"Wir sind nackt und nennen uns Du". Von Lichtfreunden und Sonnenkämpfern. Eine Geschichte der Freikörperkultur*, Giessen 1989.

4 Jaques-Dalcroze, É.: "Einführung in den Rhythmus", in: ders.: *Rhythmus, Musik und Erziehung*, Basel 1922, S. 55.

5 Vgl. hierzu Nitschke, A: *Körper in Bewegung. Gesten, Tänze und Räume im Wandel der Geschichte*, Zürich 1989, spez. S. 331ff.

Stellung und Bedeutung. Der von Geneviève Stebbins und Ruth St. Denis kreierte und proklamierte “Freie Tanz” brach mit den Konventionen des klassischen Balletts; er räumte auf mit Spitzentanz, Pirouetten und dem notorischen Tutu. Anstelle der vom rhetorischen Kode des klassischen Balletts festgelegten Bewegungen wurden im “Freien Tanz” individuelle, dem “natürlichen” Bewegungsmodus des Körpers folgende Bewegungsmuster eingeführt, die sich zunächst an den von griechischen Vasen, Terrakotten und Statuen übermittelten Körperbildern orientierten, jedoch auf eine völlig “neue Bewegung” zielten: “Die Tänzerin der Zukunft wird ein Weib sein müssen, deren Körper und Seele so harmonisch entwickelt sind, daß die Bewegung des Körpers die natürliche Sprache der Seele sein wird.”[6]

Wenn der sich bewegende Körper zur Sprache der Seele werden soll, liegt die Schlußfolgerung nahe, daß die Sprache sich in dieser Funktion nicht mehr verwenden läßt. Auf diesen Befund eben zielt Nietzsches bereits 1876 erhobene Klage, daß die Sprache “erkrankt”, ihre Kraft “erschöpft” sei, so daß sie “die starke Gefühlsregung”[7] nicht mehr auszudrücken vermöge. Nietzsche erklärte solcherart die Kulturkrise, von der dann um die Jahrhundertwende allenthalben die Rede sein sollte, zu einer Sprachkrise. Hofmannsthals Lord Chandos beschreibt sie in seinem *Brief* an Francis Bacon (1902) als die Unfähigkeit der Sprache, die ihr in der europäischen Kultur seit der Renaissance zugefallene Funktion, Wahrnehmung, Erkenntnis und Handeln zu strukturieren und zu steuern, noch weiterhin zu erfüllen: “[...] die abstrakten Worte, deren sich doch die Zunge naturgemäß bedienen muß, um irgendwelches Urteil an den Tag zu geben, zerfielen mir im Munde wie modrige Pilze. Es zerfiel mir alles in Teile, die Teile wieder in Teile, und nichts mehr ließ sich mit einem Begriff umspannen.”[8]

Die Sprachkrise betraf also sowohl die Linearität der Schrift als auch den Logozentrismus. Entsprechend setzte der Wandel der Sprache an diesen beiden Aspekten an.

Zum einen gab die Sprache wichtige Funktionen – wie z.B. die des Gefühlsausdrucks, der Kommunikation, der Information – teilweise an andere Medien ab: an den Körper, an Bilder, an den Filmstreifen. Ihr Funktions- und Autoritätsverlust betraf vor allem die geschriebene oder präziser: die gedruckte Sprache. Sie wurde sowohl durch Telephon, Grammophon und später Rundfunk zurückgedrängt als auch durch die zunehmend vom Bild beherrschte

6 Duncan, I.: *Der Tanz der Zukunft*, Leipzig 1903, S. 43f. Vgl. auch Brandstetter, G.: *Tanz-Lektüren. Körperbilder und Raumfiguren der Avantgarde*, Frankfurt a.M. 1994.

7 Nietzsche, F.: “Vierte Unzeitgemäße Betrachtung” (1876), in: *Werke* hrsg. von Karl Schlechta, Frankfurt a.M./ Berlin/Wien 1969, Bd. 1, S. 387.

8 Hofmannsthal, H.v.: *Gesammelte Werke* in 10 Bänden, Frankfurt a.M. 1979, S. 466.

Werbung. Sprache "mutierte" – als Schriftzeichen oder als Gesprächsfetzen – im Kontext großstädtischen Lebens ebenso wie in experimenteller Kunst zum Element von Bildcollagen bzw. Lautmontagen. Die Simultaneität von Bildern und Texten, Geräuschen, Tönen und Sprachlauten brach in die Linearität der Schrift ein und zerstörte sie. Sogar das Lesen konnte nicht mehr allein in einer linearen Bewegung erfolgen: Lautgedichte der Dadaisten – wie z.B. Hugo Balls *Karawane* –, die im Sinne konkreter Poesie als Bildzeichen notiert waren, oder Montagen von Textteilen, wie sie in Dos Passos *Manhattan Transfer* oder Döblins *Berlin Alexanderplatz* die Struktur bestimmen, verlangten dem Auge eine nicht-lineare, eine mehrdimensionale Bewegung ab.

Zum anderen mündete die Sprachkrise in die Konstruktion einer Vielzahl von "Spezialsprachen" mit je eigener Begrifflichkeit und entsprechend eingeschränkter Reichweite ein. Da die Begriffe der natürlichen Sprache nicht mehr das "Ganze" zu "umspannen" vermochten, mußten jeweils für die "Teile" sowie für die Teile der Teile usw. neue Begriffe gefunden werden. Sprache konnte folglich nicht mehr als von der Natur vorgegebene "objektive" Abbildung von Welt verstanden werden. Vielmehr war davon auszugehen, daß sie jeweils nur in ganz bestimmten Kontexten als Organon der Beschreibung, der Erkenntnis und der Kommunikation zu funktionieren vermag.

Der radikale kulturelle Wandel, der mit diesen Veränderungen vollzogen wurde, trat nun nicht als Folge einer Summe einzelner Veränderungen ein, die, unabhängig voneinander, jeweils auf Wahrnehmung, Körper und Sprache einwirkten. Vielmehr hingen alle diese Veränderungen mehr oder weniger miteinander zusammen. So war es, wie aufgeführt, die beschleunigte Fortbewegung des Körpers (in Eisenbahn, Elektrischer, Automobil), welche eine neue Wahrnehmung bedingte; die Ausbildung neuer Bewegungsmuster (durch Reformkleidung, Sport, Gymnastik), die mit einer Funktionsveränderung von Sprache einherging; der Verlust der fixierten externen Beobachterposition, welcher einerseits die Bewegung des Körpers ermöglichte und andererseits die Linearität der Schrift durchbrach, u.s.f. D.h. wenn der Wandel an einer der drei beteiligten Größen ansetzte – z.B. am Körper –, waren davon die beiden anderen: Wahrnehmung und Sprache unmittelbar betroffen und jeweils vice versa. Denn alle drei bilden zusammen eine triadische Relation, in der jede Position von den beiden anderen abhängt und sie beeinflußt. Der kulturelle Wandel ist folglich als ein Wandel der triadischen Relation von Wahrnehmung, Körper und Sprache zu begreifen.

Es springt nun geradezu in die Augen, daß diese triadische Relation konstitutiv für Theater ist. Gängigerweise wird sie hier als Verhältnis von Zuschauer, Schauspieler und Dramentext beschrieben. Und ebensowenig läßt sich übersehen, daß das Theater der historischen Avantgardebewegungen (ca.

1900–1935) diese drei Größen sowie ihr Verhältnis zueinander in revolutionärer Weise umgestaltet hat.

In den Mittelpunkt des Interesses der Avantgardisten rückte der Zuschauer – sein Perzeptions- und Rezeptionsverhalten: Er sollte vom Theater der Avantgarde "schockiert" werden (Marinetti), in einen "Rausch" (Fuchs) oder in "Trance" (Artaud) versetzt, er sollte zum "Schöpfer neuen Sinns" (Meyerhold) avancieren, wurde zum "Hauptmaterial des Theaters" erklärt (Eisenstein) oder im Gegenteil zu seinem "Betrachter", dessen "Aktivität" geweckt, von dem "Entscheidungen" erzwungen wurden (Brecht). Als eines der offensichtlichsten Verfahren, um dem Zuschauer eine neue Wahrnehmung abzufordern, schafften die Avantgardisten die Guckkastenbühne und die Rampe ab: Sie entwickelten eine Reihe neuer Raumkonzeptionen. Dabei griffen sie zunächst auf Bühnenformen vergangener oder fremder Kulturen zurück, die sie den eigenen Zielen entsprechend modifizierten: die griechische Orchestra und den japanischen Hanamichi, die Shakespearesche Proszeniumsbühne und die mittelalterliche Simultanbühne auf dem Marktplatz. Die neuen Theaterbauten wie das Münchner Künstlertheater (1908), Henry van de Veldes Werkbundtheater (1914), Hans Poelzigs Großes Schauspielhaus (1919) oder Walter Gropius' Entwurf eines Totaltheaters für Piscator (1927) bedienten sich aus diesem Fundus und verarbeiteten seine Elemente im Einklang mit ihren jeweiligen Zielsetzungen. Neue Räume wurden auch durch Auszug aus den Theatergebäuden erschlossen; man zog in Festhalle und Zirkus, Fabriken und Ausstellungsgebäude, auf Straßen und Plätze, in Kirchen und Parks, in Wälder und Wiesen. So unterschiedlich die neuen Theatergebäude bzw. als Theater genutzten Räume auch waren, so verband sie doch alle die Abkehr von der perspektivisch fixierten Beobachterposition, wie sie für die Guckkastenbühne typisch ist.

Besondere Phantasie bei der Suche nach neuen Räumen bewies einerseits Max Reinhardt, andererseits die sowjetische Proletkultbewegung. Reinhardt gestaltete bereits 1910 die Münchner Festhalle in eine Arena um, in der er Sophokles' *König Ödipus* in Szene setzte. Im selben Jahr brachte er den *Sommernachtstraum* in einem Föhrenwald in Berlin-Nikolassee sowie im Seidl Park in Murnau zur Aufführung. 1911 inszenierte er im Berliner Zirkus Schumann Aischylos' *Orestie* und Hofmannsthals *Jedermann.* Im selben Jahr ließ er sich von seinem Bühnenbildner Ernst Stern die Londoner Olympic Hall in einen spitzbogigen gotischen Dom umbauen, der Zuschauer und Schauspieler für die Inszenierung von Vollmoellers *Mirakel* vereinigte. In den zwanziger Jahren setzte Reinhardt den *Jedermann* auf einem Brettergerüst vor dem Salzburger Dom in Szene (1920) und Hofmannsthals *Salzburger Großes Welttheater* (1923) gar in der Salzburger Kollegienkirche. Er ließ nicht nur immer wieder in seinem Schloß Leopoldskron Theater spielen, sondern inszenierte auch den *Sommernachtstraum* an verschiedenen "Außenschauplätzen" wie in den Boboli Gärten in Florenz oder auf den Wiesen von South Park Headington, Oxford, (1934) oder gar den *Kaufmann von Venedig* am "Originalschauplatz", auf dem Campo San Trovaso in Venedig.

Die Proletkultbewegung andererseits verlagerte den Schauplatz an Orte, die Teil der Alltagswirklichkeit des proletarischen Zuschauers waren, wie beispielsweise Eisenstein seine Inszenierung von Tretjakovs *Gasmasken* (1923) in eine Gasfabrik. Oder sie suchten die Straßen und Plätze der Städte auf. So veranstaltete der Proletkult am 1. Mai 1920 das erste, als Teil eines Festes geplante Massenschauspiel in der Sowjetunion unter den Kolonnaden der ehemaligen Fondsbörse in Petrograd. Besondere Berühmtheit erlangte unter den nachfolgenden Massenschauspielen im Freien *Die Erstürmung des Winterpalais*, die zum Jahrestag der Oktoberrevolution unter der Leitung Nikolaj Evrejnovs 1920 in Petrograd aufgeführt wurde. Die Handlung spielte an den Originalschauplätzen: zum Teil auf dem Alexanderplatz zwischen dem Winterpalais und dem Generalsstab, zum Teil an den Fenstern des Winterpalais.

Besonders provokativ, ja geradezu schockierend wirkten die "Schauspiele", die der Berliner Oberdada Johannes Baader beim Sonntagsgottesdienst im Berliner Dom (1918) und während einer Parlamentssitzung in Weimar (1919) veranstaltete. Hier entpuppten sich die vermeintlichen Zuschauer – die Dadaisten – als die eigentlichen Protagonisten, während die vermeintlichen Handelnden – der Hofprediger Dryander, den Baader in seiner Predigt unterbrach, und die Parlamentarier, auf die er seine Flugblätter herabsegeln ließ – in die Rolle von perplexen und empörten Zuschauern gedrängt wurden.[9] Die neuen Räume wiesen dergestalt nicht nur das Zuschauen als eine zentrale theatrale Aktivität aus; sie befähigten auch den Zuschauer, die starre Position des externen Beobachters gegen die eines – je anders definierten – selbst involvierten Teilnehmers zu vertauschen.

Der so ermöglichten neuen Wahrnehmung korrespondierte eine völlig neue Verwendung und Präsentation des Schauspielerkörpers. Dies gilt sowohl hinsichtlich der Körperpraktiken als auch im Hinblick auf Körperbilder und Bewegungsmuster.

Neue Körperpraktiken wurden vor allem durch neue Systeme der Schauspielkunst eingeführt und eingesetzt. Stanislavskij hatte bereits im Winter 1886/87 aus Anlaß seiner Inszenierung der Operette *The Mikado* in seinem

---

9 Vgl. hierzu Fischer-Lichte, E.: "Die Entdeckung des Zuschauers. Paradigmenwechsel auf dem Theater des 20. Jahrhunderts", in: *LiLi, Zeitschrift für Literaturwissenschaft und Linguistik*, 81 (1991), S. 13–36 sowie dies.: *Kurze Geschichte des deutschen Theaters*, Tübingen 1993, Kap. 4.1 "Die Revolution des Theaters als Kulturrevolution", S. 261–300.

Elternhaus eine Truppe japanischer Artisten hinzugezogen, welche die Schauspieler in der japanischen Weise, sich zu bewegen, den Fächer zu benutzen etc., trainierten. Die "fremden" Praktiken der Körperverwendung produzierten "fremde" Körperbilder. Wie auch immer man zu Stanislavskijs später entwickeltem sogenannten "System" der Schauspielkunst stehen mag, wird man nicht umhin können, in ihm den groß angelegten Entwurf einer umfassenden Bearbeitung des Schauspielerkörpers zu erkennen, der auf der Basis der Lehre von der psychophysischen Einheit des Menschen entwickelt wurde.

Einen gänzlich anderen Weg schlug Meyerhold ein. Ähnlich wie die meisten Avantgardisten ging er von der Überzeugung aus, daß der Körper des Schauspielers als ein Material verstanden und eingesetzt werden muß, um beliebige theatrale Zeichen hervorzubringen. Zu diesem Zweck entwickelte er auf der Grundlage des Taylorismus und der Reflexologie seine Biomechanik.

> Im Schauspieler vereinen sich sowohl Organisator als auch Organisierter (also Künstler und Material). In einer Formel für Schauspieler fände das folgenden Ausdruck: $N = A_1 + A_2$, wobei N = Schauspieler, A_1 = Konstrukteur, der plant und Anordnung für die Realisierung der Ideen gibt, A_2 = Körper des Schauspielers, der die Aufgaben des Konstrukteurs (A1) ausführt. Der Schauspieler muß sein Material – den Körper – so trainieren, daß er imstande ist, von außen erhaltene Aufgaben (vom Partner, vom Regisseur) sofort auszuführen. Da die Realisierung bestimmter Aufgaben das Spiel des Schauspielers ausmacht, wird von ihm eine Ökonomie der Ausdrucksmittel gefordert, die die Genauigkeit der Bewegung garantiert und zur schnellsten Realisierung der Aufgabe führt. Das Taylorsystem ist der Arbeit des Schauspielers genauso eigen wie jeder beliebigen anderen Arbeit, die das Bestreben hat, maximal zu produzieren.[10]

Der Schauspieler mußte folglich seinen Körper in eine ökonomisch und effizient zu handhabende "Arbeitsmaschine" umwandeln, die jede beliebige gewünschte Bewegung auf Nachfrage umstandslos zu produzieren imstande war. Zu diesem Zweck entwickelte Meyerhold eine Reihe von Übungen, die unterschiedliche Muskeln und Reflexe trainieren sollten.

Die Produktion neuer Körperbilder wurde zum einen also durch derartige in den verschiedenen "Schulen" entwickelte Praktiken der Körperverwendung geleistet. Zum anderen folgte sie aus dem Einsatz von Masken, Körperbemalung, konstruktivistischen Kostümen, Arbeitskleidung und anderen speziellen Herrichtungen der äußeren Erscheinung des Schauspielers.

Die neuen Körperpraktiken schufen darüber hinaus auch die Grundlage für neue Bewegungsmuster. Der Ablauf der Bewegungen orientierte sich

10 Meyerhold, V.E.: *Theaterarbeit 1917–1930*, hrsg. von Rosemarie Tietze, München 1974, S. 73f.

kaum mehr an den Kategorien "Handlung" und "Psychologie der Figuren". In Meyerholds Inszenierung des *Großmütigen Hahnreis* (1922) zum Beispiel war jede Bewegung als Teil eines organisierten Musters entworfen und ausgeführt. Einzelne Bewegungen wurden strukturell unterstützt und verstärkt, indem sie auf die Struktur der Bühnenarchitektur bezogen wurden. So war das Ausstrecken eines Arms oder Beins nie als isolierte Geste zu sehen, sondern wiederholte Merkmale der Bühnenarchitektur: Die Bewegungen der Schauspieler und der Bühnenarchitektur (Mühlenflügel, Räder, Drehtüren) waren so aufeinander abgestimmt, daß sie zusammen eine sich ständig wandelnde Struktur ergaben. Andererseits brachten die drei Hauptdarsteller zusammen eine kollektive, vollkommen synchronisierte Bewegung hervor. Jeder behielt zwar individuelle Eigenschaften bei, setzte sie jedoch als Teil eines übergeordneten Ganzen ein, in das er seine Bewegungen einfügte.

Entsprechend avancierte "Rhythmus" zu einer Leitkategorie: Die Bewegungen wurden nach rhythmischen Prinzipien organisiert und strukturiert, wobei unterschiedliche nebeneinander herlaufende Rhythmen bevorzugt eingesetzt wurden. Durch die rhythmischen Bewegungen wurde darüber hinaus zugleich auch der Raum gegliedert. Andererseits bezog der Rhythmus visuelle und auditive Wahrnehmungen direkt aufeinander. Neue Verwendung des Körpers und neue Funktionalisierung der Sprache traten so unmittelbar in ein Verhältnis zueinander.

Die von den meisten Avantgardisten proklamierte Entliterarisierung des Theaters ist entsprechend nicht als Vertreibung der Sprache von der Bühne mißzuverstehen – auch wenn zunehmend Pantomimen in Szene gesetzt wurden; sie muß vielmehr als Versuch begriffen werden, jenseits des Logozentrismus neue kulturelle Schwerpunktsetzungen zu erproben. Der Angriff galt zuvörderst der überlieferten Form des Dialogs im Schauspieltheater. Futuristen und Dadaisten setzten in ihren "parole in liberta", Bruitismus (Geräuschkunst), ihren Lautgedichten und Simultangedichten, die sie auf ihren "serate" und "soiréen" vortrugen, Sprache als Element einer Laut- und Toncollage ein. So wurden die dadaistischen Simultangedichte stets unter Rückgriff auf alle "sechs Geräuschfamilien" aufgeführt, die der Bruitismus-Erfinder Luigi Russolo 1913 folgendermaßen kategorisiert hatte:

1. Brummen, Donnern, Bersten, Prasseln, Plumpsen, Dröhnen;
2. Pfeifen, Zischen, Pusten;
3. Flüstern, Murmeln, Brummeln, Surren, Brodeln;
4. Knirschen, Knacken, Knistern, Summen, Knattern, Reiben;
5. Geräusche, die durch das Schlagen auf Metall, Holz, Leder, Steine, Terrakotta usw. entstehen;

6. Tier- und Menschenstimmen: Rufe, Schreie, Stöhnen, Gebrüll, Gelächter, Röcheln, Schluchzen.[11]

Die an – linearem – sprachlichem Verstehen und tonaler Musik ausgebildeten Hörgewohnheiten des Publikums wurden so attackiert, zumindest nachhaltig verunsichert.

In partiell vergleichbarer Weise verwandte Artaud zwanzig Jahre später in seiner Inszenierung von *Les Cencis* (1935) die Sprache. Er gab "den abendländischen Gebrauch des Wortes" auf und verwendete die Worte als "Zauberformeln"[12], die in eine komplexe Lautcollage einmontiert wurden. Artaud hatte umfangreiche Tonaufzeichnungen vorgenommen: vom Geläut der Kathedrale von Amiens, von Maschinengeräuschen, Fanfarenstößen, Schritten, Metronomschlägen, von Vogelgezwitscher und Stimmen, die mit steigender und fallender Lautstärke "Cenci-ci ..." riefen, unterstützt von einem elektronischen Instrument mit monodischer Klaviatur. Diese Tonaufzeichnungen wurden von verschiedenen Richtungen her per Lautsprecher im Saal ausgestrahlt. Je ein Lautsprecher war in den vier Ecken des Zuschauerraumes installiert, so daß die Zuschauer von den Lauten eingekreist wurden. Sprache funktionierte hier als Element eines simultanen, mehrdimensionalen Hörereignisses.

Andererseits darf nicht übersehen werden, daß die Forderung nach Entliterarisierung des Theaters zur Ausbildung völlig neuer dramatischer Formen geführt hat. Die Erprobung neuer kultureller Dominantenbildung im Theater hat im Drama ihre Fortsetzung gefunden und den Versuch begründet, mit sprachlichen Mitteln auf die neue Funktion von Sprache im Theater zu reagieren. Die Auflösung der Gattungen Epik/Lyrik/Dramatik ist partiell von der Einsicht in eine allgemeine Theatralisierung des sprachlichen Zeichens her zu verstehen. Sprache galt nicht länger als ein Ausdrucksmedium. Sie stand vielmehr im Zeichen des Verfalls der Sphäre des Signifikanten als Bedeutungsträger. Prosa/Lyrik nahmen den Charakter von Sprachsequenzen bzw. Sprachmassen an, die der Autor als "Dramatiker" oder "Regisseur" seiner Texte "inszenierte", indem er sie in eine rhythmische Abfolge brachte – bis hin zur absichtsvollen Montage-"Dramaturgie" der Textproduktion. Ob ein literarisches Produkt als Prosa, Lyrik oder Drama bezeichnet werden kann, hängt vom Kontext seiner Verwendung ab – wie beim "Gedichtvortrag" auf einer dadaistischen "Performance" oder bei den "landscape plays" Gertrude Steins. Die Entstehung neuer bzw. Umfunktionalisierung alter dramatischer

11 Appolonio, U.: *Der Futurismus. Manifeste und Dokumente einer historischen Revolution 1909–1918*, Köln 1972, S. 107f.

12 Artaud, A.: *Das Theater und sein Double*, Frankfurt a.M. 1979, S. 97.

Formen – wie des Monodramas, des Stationendramas, des "Theaters der reinen Form" (Witkiewicz), des epischen Dramas – kann ebenso als Folge der veränderten Funktionalisierung von Sprache gelten wie der modifizierende Rückgriff auf uralte dramaturgische Verfahren wie die direkte Publikumsadresse oder den *deus ex machina*. Bei der Analyse dieser Befunde sollte allerdings nicht vergessen werden, daß sie nicht lediglich einer Umfunktionalisierung von Sprache geschuldet sind, sondern – ebenso wie die Veränderung von Sprache selbst – in einem unmittelbaren Zusammenhang mit den Veränderungen stehen, die Wahrnehmung und Körper betreffen. So verlangte die in die Lautcollage einmontierte Sprache ebenso wie die rhythmisch strukturierten Bewegungen des Schauspielers dem Zuschauer bisher unbekannte Wahrnehmungsleistungen ab; die Dominanz des Körpers ging mit der Umfunktionalisierung von Sprache einher; die von den neuen Räumen eröffneten Wahrnehmungsmöglichkeiten ließen eine andere Präsentation und Verwendung des Schauspielerkörpers zu usw. Auch im Falle des Theaters ereignete sich also der Wandel als ein Wandel der triadischen Relation von Wahrnehmung, Körper und Sprache.

An diesem Punkt setzen die Überlegungen an, die der Konzeption des vorliegenden Bandes zugrunde liegen. Offensichtlich läßt sich als das Brennglas in dem die Wandlungsprozesse zusammenlaufen, welche sich zu Beginn des 20. Jahrhunderts in der europäischen Kultur vollzogen haben, das spannungsvolle Wechselverhältnis von Wahrnehmung, Körper und Sprache begreifen. Wenn man seinen Wandel auf dem Theater unter wechselnder Perspektive und Problemstellung untersucht, müßte es möglich sein, auf diesem Wege – implizite und explizite – Modelle kulturellen Wandels zu entwerfen. Unsere Hypothese lautet entsprechend, daß Theatergeschichte sich als Kulturgeschichte verstehen und beschreiben läßt, wenn als Bezugspunkt das Wechselverhältnis von Wahrnehmung, Körper und Sprache gewählt wird.

Um eine solche Geschichte des europäischen Theaters in den ersten Dekaden unseres Jahrhunderts als – implizite oder explizite – europäische Kulturgeschichte dieses Zeitalters mit einer gewissen Aussicht auf Erfolg in Angriff nehmen zu können, müssen allerdings einige weiter eingrenzende bzw. enger fokussierende Vorgaben beachtet werden. Da unser Projekt sich auf den Wandel konzentriert, der in und durch Veränderungen des Wechselverhältnisses von Wahrnehmung, Körper und Sprache vollzogen wurde, sollten die Untersuchungen auch nur solche Theaterereignisse und Entwicklungen berücksichtigen, in denen sich ein derartiger Wandel ausmachen läßt. Insofern erscheint es durchaus als folgerichtig, wenn im Mittelpunkt unseres Versuchs das Theater der Avantgarde steht. Andererseits schließt diese Vorgabe keineswegs die sogenannten Trivialgenres des populären Unterhaltungstheaters aus, die – entgegen landläufiger Meinung – im fraglichen Zeitraum durchaus ein beachtliches Innovationspotential entfalteten.[13]

Zum anderen kann es bei diesem Projekt nicht darum gehen, "flächendeckende" Untersuchungen vorzunehmen, d.h. möglichst "umfassend" und "vollständig" – was immer das heißen mag – alle Theaterereignisse und -texte (Dramen, Programmschriften, Manifeste etc.) einzubeziehen, bei denen nach Lage der verfügbaren Quellen Veränderungen in unserer triadischen Relation angenommen werden können. Vielmehr ist von der Partialität als der Bedingung der Möglichkeit einer solchen Theatergeschichte auszugehen. Entsprechend sind jeweils ganz spezifische Probleme und Fragestellungen zu formulieren, die sich im Hinblick auf unsere Hypothese vermutlich als besonders fruchtbar erweisen werden. Sie können dann sowohl in einer Fallstudie als auch in eher übergreifenden Untersuchungen bearbeitet werden.[14] Es versteht sich von selbst, daß je nach Fragestellung, Gegenstand und Methode sich bei der Untersuchung des Wechselverhältnisses von Wahrnehmung, Körper und Sprache der Fokus jeweils verschiebt. Einige Untersuchungen werden sich also bevorzugt mit Aspekten der Wahrnehmung auseinandersetzen, andere mit Aspekten des Körpers und wieder andere mit solchen der Sprache, ohne dabei je das Wechselverhältnis zwischen allen dreien aus den Augen zu verlieren.

Innerhalb dieses Rahmens, den die Grundkonzeption, die allgemeine Hypothese und die genannten Vorgaben abstecken, stand es jedem Beiträger frei, seine Fragestellung sowie seine Untersuchungsgegenstände frei zu wählen. Allerdings wurden die Fragestellungen – ebenso wie die Grundkonzeption – in gemeinsamen Sitzungen entwickelt, außerdem die erste Fassung der Beiträge intensiv diskutiert, so daß die hier vorliegenden Versionen nicht nur jeweils in Kenntnis der anderen Beiträge entstanden sind, sondern auch Anregungen und Kritik berücksichtigen. Der Werner-Reimers-Stiftung, die uns eine solche gemeinsame Konzipierung und Durchführung unseres Projektes ermöglicht hat, sei an dieser Stelle unser herzlicher Dank ausgesprochen.

Wie ein Blick in die Inhaltsübersicht zeigt, decken die Beiträge ein breites und unseres Erachtens repräsentatives Spektrum an Perspektiven, Problem-

13 Vgl. Kothes, F.-P.: *Die theatralische Revue in Berlin und Wien*, Berlin 1927 sowie Sallé, A./ Chauveau, Ph.: *Music-Hall et café-concert*, Paris 1985.

14 Zur Problematik gegenwärtiger Theatergeschichtsschreibung vgl. u.a. Bayerdörfer, H.P.: "Probleme der Theatergeschichtsschreibung", in: Möhrmann, R. (Hrsg.): *Theaterwissenschaft heute*, Berlin 1990, S. 41–63; Fischer-Lichte, E.: *Kurze Geschichte des deutschen Theaters*, Tübingen 1993, spez. die Einleitung "Was heißt und zu welchem Ende studiert man Theatergeschichte?", S. 1–12; Schramm, H.: "Theatralität und Öffentlichkeit. Vorstudien zu einer Begriffsgeschichte von 'Theater'", in: Barck, K. et. al. (Hrsg.): *Ästhetische Grundbegriffe. Studien zu einem historischen Wörterbuch*, Berlin 1990, S. 202–242.

stellungen, Methoden ab. Der Band ist entsprechend für Vorlesungen und Seminare sowohl zur Avantgarde als auch zur Problematik von Theater- und Kulturgeschichtsschreibung geeignet.

Es ist geplant, diesem Band einen weiteren folgen zu lassen, der Wandlungsprozessen im europäischen Theater der zweiten Hälfte unseres Jahrhunderts gewidmet sein wird. Damit soll *eine* – nämlich die uns gegenwärtig interessierende und relevant erscheinende – europäische Theatergeschichte für das 20. Jahrhundert entworfen und vorgelegt werden.

Mainz, im Juni 1994 Erika Fischer-Lichte

Audiovisuelle Medien, Warenhäuser und Theateravantgarde

Joachim Fiebach

1986 bemerkte P. Weibel, Videoclips, und somit große Teile der Fernsehreklame als Phänomene der ästhetisch besetzten Verkaufskultur (Warenästhetik), seien heute Laboratorien für künstlerische, darstellerische Innovationen. Im "gegebenen historischen Moment" sei die größte Kreativität in "den populären Künsten im Bereich der Musik-Videos". Diese seien "das erfrischendste neue Ding, das im Film gerade passiert [...]. Sie sind für Regisseure ein wunderbarer Platz, um ihren visuellen Sinn zu schärfen". Musik-Videos seien der ästhetische Ausdruck der heutigen "Fraktur der Zeit, dieser verschiebbaren, beschleunigten und verlangsamten Geschwindigkeit des Lebens". Viele Eigenschaften der "Techno-Pop-Kultur" aber habe, und das ist für uns bedeutsam, der Futurismus vorweggenommen. Clevere Marktstrategie und ein Feeling für den Zeitgeist zeige das englische Platten-Label "Zand Tuum Tumb", das Frankie goes to Hollywood, eine der erfolgreichsten Popgruppen der Gegenwart, herausbrachte: "Der Name des Labels ist nämlich der Titel eines Manifestes aus dem Jahre 1914 von [...] Marinetti [...]."[1] Vom Futurismus als einer der ersten und einflußreichsten Avantgarde-Bewegungen, zog er so eine Linie zu der "Trivial"-Kunst oder "Warenästhetik", neutraler gesehen zu den künstlerischen Gestalten, die heute vor allem jüngere Generationen massenhaft faszinieren oder unter diesen zumindest nachhaltig wirksam sind.

Weibels Linie kann vom anderen Ende her ähnlich gelesen werden: Der italienische Futurismus als Keimzelle einer Bewegung, die – gegenwärtig zunächst – in vergleichbaren auffälligen Strukturelementen der Videoclips mündet. Darauf verweisen nicht nur seine Besessenheit von den neuen industriellen Geschwindigkeiten, vom diskontinuierlichen Wechsel und von der simultanen A-Logik zu präsentierender Phänomene. Seine Manifeste und szenaristischen bzw. dramatischen Synthesen sprachen – wie die Musikvideos – vom in Teile zerlegbaren, montierbaren Menschen, vom "Verschwinden" (Foucault) oder von der Auflösung des Individuums als Persönlichkeit, als lebendes Ganzes in der Dynamik neuer exponentiell wachsender Geschwin-

1 Weibel 1986, S. 37f., S. 33.

digkeiten anonym-sachlicher Prozesse (Virilio). 1912 pries das *Technische Manifest der futuristischen Literatur* das "Verschwinden" des Ichs aus der Literatur im Zusammenhang mit der maschinellen Flug-Geschwindigkeit, der Un-Ordnung mechanischer Strukturen und der Seh- und Darstellungsweise des Kinematographen.[2] Vor allem aber: Einige Manifeste selbst erscheinen wie vorweggenommene szenaristische Übungen für Videoclips, wenn man diese überhaupt adäquat in verbale Gebilde übersetzen kann, ohne bereits so ihre Spezifik zu beschädigen. Der Videoclip ist wohl nur existent in elektronisch erzeugter und gesteuerter Bewegungs- oder Erscheinungsform, nur als ein elektronisch fabriziertes audio-visuelles Phänomen behandelbar oder denkbar. Aber nehmen wir solche Übersetzungsmöglichkeit an. Dann könnte Marinettis erstes Manifest zum Theater *Das Varieté* auch ein frühes Szenarium für Videoclips sein, nicht zuletzt gedacht als Entwurf für Werbespots:

> Das Varieté ist heute die einzige Theaterform, die sich den Film zunutze macht ... . Das Varieté macht alle unsere Vorstellungen von Perspektive, Proportion, Zeit und Raum zunichte ... vergeßt es nicht, wir Futuristen sind junge, ausgelassene Künstler, wie wir in unserem Manifest '*Tod dem Mondschein!*' verkündet haben. Feuer + Feuer + Licht gegen den Mondschein und die alten Firmamente, jeden Abend Krieg große Städte schwingen Leuchtreklamen Riesengesicht eines Negers (30 m hoch + 150 m Höhe des Hauses – 180 m) Öffnen Schließen Öffnen Schließen Goldauge (Höhe 3 m) RAUCHT MANOLI RAUCHT MANOLI ZIGARETTEN ... Sekt elektrischer Glühbirnen in einem Kelch (30 m) Perlen verdunsten in einem Schattenmund Leuchtreklamen verhüllen sich, sterben unter einer schwarzen, festen Hand, erscheinen wieder, bleiben, setzen in der Nacht die Mühe des menschlichen Tages fort Mut + Tollheit sterben niemals bleiben nicht stehen und schlafen nicht ein. Leuchtreklamen = Formation und Zerfall von Mineralen und Pflanzen Mittelpunkt der Erde Blutzirkulation in den eisernen Gesichtern der futuristischen Häuser ... Strahlendes Erwachen der Straßen, die während des Tages das dampfende Gewühl der Arbeit kanalisieren zwei Pferde (Höhe 30 m) lassen goldene mit einem Huf Kugeln rollen MONA LISA ABFÜHRMITTEL es kreuzen sich ... Sirenen von Krankenwagen + elektrischen Pumpen die Straßen verwandeln sich in herrliche Korridore, führen, schieben mit tragischer Notwendigkeit die Menge zu Angst + Heiterkeit + Lärm des Varietés FOLIES-BERGÉRE EMPIRE ELLIPSE-CREME rote rote blaue blaue violette Quecksilberröhrchen ...[3]

Das Zusammensehen von Futurismus und Videoclips und/oder Werbespots könnte auf folgendes aufmerksam machen: Auf einer hohen Ebene der Verall-

---

2 In: Baumgarth 1966, S. 166–171.

3 In: Brauneck 1986, S. 91f.

gemeinerung dürfte es Fingerzeige geben für die Komplexität und Vieldimensionalität, in der sich verschiedene kulturelle oder auch allgemein gesellschaftliche Prozesse zumindest seit dem 19. Jahrhundert abspielen. Anders ausgedrückt – es wirken Phänomene unterschiedlichster Arten an und in historisch signifikanten Bewegungen, die als typologisch differente Erscheinungen zugleich wiederum in parallelen Linien oder auch in wechselseitig direkter oder indirekter Korrespondenz diese Bewegungen insgesamt auszumachen scheinen. Ihre Ähnlichkeiten wie Differenzen sind gleichsam struktural. Sie verhalten sich zueinander in diesem Sinne korrespondierend. Inwieweit es insgesamt oder in einzelnen Fällen direkte Abhängigkeiten, kausale Bestimmungen und Generierungsketten gibt oder überhaupt geben kann, möchte ich hier nicht diskutieren. Mir kommt es auf die strukturalen Korrespondenzen an. Diese sollen skizziert werden. Es bleibt der Lektüre überlassen, aus dem Vorzeigen der Phänomene möglicherweise kausale Verkettungen zu deuten.

Was die Kunstavantgarde im besonderen betrifft, dürfte sich durch ein solches Zusammensehen ein vielleicht noch starkes Bewußtsein von oder der Anspruch auf absolute Eigenart oder gar Einzigartigkeit relativieren, die Avantgarde-Künstler selbst und ihre Interpreten haben oder hatten. In diesem Sinne möchte ich eingehen auf zwei miteinander verbundene, hier aber für die Analyse getrennt behandelte Prozesse. Erstens auf strukturale Korrespondenzen, auf unmittelbar offene und auf versteckte ("innere") Beziehungen, zwischen dem Paradigmenwechsel der Künste, damit den Kunstavantgarden, insbesondere der darstellenden (theatralen) auf der einen Seite seit dem Ende des 19. Jahrhunderts, und zwischen der exponentiell sich entfaltenden Visualisierung, der so dominant werdenden Bilderflut, und der sich enorm beschleunigenden Geschwindigkeiten fast aller wesentlichen Lebensprozesse im 20. Jahrhundert auf der anderen Seite. Beides, von mir als ineinander verflochtene Erscheinungen gesehen, erscheint verbunden mit den verschiedenen Stadien einer gleichsam industriell wuchernden intensiven audiovisuellen Mediatisierung fast aller Lebensbereiche. Zweitens möchte ich skizzieren, in welchem Maße es gleichsam verborgene (unbewußte) und offene Parallelen und in diesem Sinne strukturale Korrespondenzen (oder Wechselbeziehungen?) zwischen (den Anfängen) avancierter Kunst des 20. Jahrhunderts und neuen Eigenarten und Verhaltensweisen der Kapitalbewegung oder vielleicht genauer der Warenzirkulation gibt. So versuche ich zumindest strukturale Zusammenhänge darzulegen zwischen Haltungen der Avantgarden und einer zunehmend ästhetisierten, künstlerisch besetzten Warengestaltung, damit einer entsprechenden Verkaufskultur und eines sich wandelnden Verhaltens der Konsumenten zu den Dingen (Waren, Warenästhetik, "Konsumerismus").

Beide Bewegungen, die intensiv erlebte beschleunigte und immer stärker auswuchernde Visualisierung (Bilderflut), besonders in ihren audiovisuellen Gestalten, und historisch neuartige Charakteristika und Haltungen der Warenzirkulation, werden vor allem zu Beginn des Jahrhunderts als Faktoren und Manifestationen einer neuen Stufe tiefgreifender Urbanisierung erlebt (erfahren?). So erscheinen die genannten Korrespondenzen zwischen diesen allgemeinen sozio-kulturellen Prozessen und der Herausbildung der Avantgarden als Momente moderner Urbanität oder Urbanisierung.

Wenn ich mich hier auf zwei größere Bereiche von Korrespondenzen konzentiere, soll das nicht heißen, ich übersähe, daß die Entfaltung der Avantgarden selbst, gleichsam als ein "innerer Prozeß der Kunstbewegung", daß ihre vielfältigen Formen und daß ihre Beziehungen zu Vorgängen anderer Lebensbereiche komplizierter, vielfältiger und widersprüchlich-paradoxer gewesen wären als hier angedeutet ist. Was nach Marx als tiefwirkende Entfremdung von den sich entfaltenden sachlich-anonymen Prozessen des industriellen Kapitalismus gerade für Intellektuelle seit dem Ende des 19. Jahrhunderts gespürt wurde, spielte eine wesentliche Rolle gerade auch für den künstlerischen Paradigmenwechsel. Die Erfahrung von Entfremdung äußerte sich, von meiner Thematik her gesehen, u.a. in einem spannenden Paradox. Reinhardt, Craig, der jüngere Meyerhold, Tairow wendeten sich demonstrativ von den Realitäten ab, in denen die mediatisierte Visualisierung und die Beschleunigung aller modernen Lebensprozesse, vor allem aber die Warenzirkulation und Produktionen des Begehrens für sie eine auffällig negative Rolle spielten. Sie verschlossen sich gleichsam in dem Versuch, eine für sich stehende, nicht zuletzt von diesen Lebenswirklichkeiten abgetrennte, entschieden differente, autonome Kunstrealität aufzubauen, als einen Gegenpol zu den anderen modernen Realitäten. Für Craig waren, in einer besonderen Deutung platonischer Seinslehre, das (unendlich) Dauerhafte, das gleichsam "ewig Gleichbleibende" (die Idee als unveränderbare Wesenheit), in diesem Sinne auch das "Tote" Eckpfeiler seiner Weltanschauung wie seines Kunstansatzes. Die "tote", anorganische Über-Marionette zeigt das Paradoxe seiner Haltung. Sie ist auf der einen Seite ein Instrument der unbegrenzten, sehr präzisen, man möchte sagen sehr modernen maschinenhaft mediatisierten Bewegung für das oder auf dem Theater, zugleich aber, nicht nur für ihn, ein anorganisch-totes, ein unbeweglich-dauerhaftes Phänomen. Und ich möchte nicht nahelegen, daß Haltungen dieser Avantgarden, wie etwa zur Bewegung, zur Körperlichkeit, zu Kunsttechniken wie der Montage und Simultaneität, nicht auch vorgeprägt waren in früheren analogen und zugleich differenten Phasen darstellender Künste. Allein der Blick auf Europa läßt solche Ähnlichkeiten erkennen. Teile der Avantgarden haben immer wieder auf entsprechende Beispiele vergangener Geschichte verwiesen, vor allem in den früheren Phasen. Die commedia dell' arte und ihre Varianten waren in diesem Zusammenhang ein Urbild für Craig, Meyerhold, Reinhardt, das es zurückzugewinnen galt.[4] Ich bin mir auch bewußt, daß es von Anfang an Linien der Avantgarden gibt, in denen man sich offen in den Konzepten und in der Struktur des Kunstmachens gegen audiovisuelle Mediatisierung, gegen "Konsumerismus" und nicht zuletzt damit verbunden gegen eine Übermacht der Urbanisierung stellte. Solche Kette ließe sich von der Ausstellung der einfach-"natürlichen", entblößten Körperlichkeit im Tanztheater seit I. Duncan über die Mime-Bewegung bis zu Grotowskis "armem Theater" verfolgen. Wie weit, ein anderes Paradox, aber die Tendenz zur exponentiell sich beschleunigenden Bewegung (Virilio) gerade auch korrespondierte mit einer Neuformierung von Tanztheater und jene zur Visualisierung mit dem, was u.a. das Grotowski-Theater ausmachte, könnte vielleicht eine spezielle Lektüre deutlich machen.

1. Zum Ersten

Die angedeuteten Verbindungslinien waren nicht erst in den Szenarien, Synthesen, Inszenierungen, Manifesten der Futuristen zu beobachten. Diese brachten nur offen zur Sprache (thematisierten), nicht selten ironisch, was sich bereits im frühen Stadium des Paradigmenwechsels oder der Avantgarde-Bewegungen in diese gleichsam unbewußt oder unreflektiert eingeschrieben hatte.

Ein Vergleich soll zunächst indirekte, *nicht-thematisierte* strukturale Korrespondenzen verdeutlichen. Die ersten epochalen Konzepte von Appia und Craig zwischen 1899 (Appias *Die Musik und die Inscenierung,* Craigs *Erster Dialog zum Theater* 1905 und seine nachfolgenden Aufsätze bis 1908) zeichnen zumindest folgendes vor: den Akzent auf die Bewegung und damit das Visuelle (Audio-Visuelle bei Appia im Wort-Ton-Theater), die Dynamisierung der (Theater-)Kunst, die Relativierung des Individuums als entscheidende Identität (der sich bewegende Körper als ein Element unter anderen), ja sogar die Mechanisierung, Entpersönlichung, Entkörperlichung von Darstellungen überhaupt (Craigs Über-Marionette, vgl. Loïe Fullers Tänze).

Appia akzentuierte 1899 in *Die Musik und die Inscenierung* die Musikalisierung oder auch die Übersetzung von Musik in, wie ich es kompliziert

4 Vgl. u.a. meinen Versuch, solche komplexen Bündel von Charakteristika und Faktoren anzudeuten. Fiebach 1991, S. 49–101.

umschreiben möchte, zeiträumliche Bewegung. Die Differenz zum Verständnis von Theater, das sich an der Vorstellung von der (Re-)Produktion vorgegebener Texte (Literatur) bzw. der Dominanz des (diskursiven) Verbalen orientierte, liegt auf der Hand. In dem so weitgesteckten Rahmen bekam die Bewegung generell, speziell die des Darsteller-Körpers, und anderer "sinnlicher Phänomene", besonders des Lichts, herausgehobene Bedeutung. Theater, so könnte man sagen, wurde jetzt als eine Tätigkeit gefaßt, für die, zusammen mit der Musikalisierung, die sinnliche Dreidimensionalität entscheidend ist. Das war eine Kehrtwende gegenüber der vorherrschenden Auffassung von einem "kulturell würdigen" Theater, die, in der Renaissance beginnend, Haltungen zum und Praxis von Theater für eine ganze Epoche in Europa bestimmte, zumindest seit der zweiten Hälfte des 18. und im 19. Jahrhundert. Für diese war kulturell signifikantes Theater ein gleichsam zweidimensionales Ereignis, in dem das Kunstwerk die Präsentation der Literatur, des Wortes (Verbalität) gewesen ist, oder, sieht man auf die Oper, der in der Partitur vorgeschriebenen Musik als solcher, im Unterschied etwa zur Musikalisierung als einer gleichsam musikalisch-rhythmischen Organisierung der ganzen Darstellung, wie sie wohl seit der Jahrhundertwende verstanden wird. Indem man das Wort-Tondrama aufführe, so Appia, übertrage man gewissermaßen die Musik aus der bloßen Zeitlichkeit in die sichtbare Räumlichkeit. Die Musik nehme in der Inszenierung körperliche Gestalt an. Und: Im Wortdrama sei die Gegenwart des Schauspielers die unumgängliche Bedingung für jedwede Mitteilung. Im Wort-Tondrama sei der "Darsteller nicht mehr der einzige, auch nicht mehr der höchste Vermittler zwischen Dichter und Publikum; hier ist er eines der Ausdrucksmittel". Da er nicht mehr 'das große Wort' zu führen habe, stelle er sich gleichwertig in die Reihe seiner Mitbrüder, der "verschiedenen poetisch-musikalischen und darstellerischen Ausdrucksmittel". Er, Appia, lege dar, wie die von der Musik festgesetzten Bewegungen des Darstellers den Raum prägen, daher das musikalische Zeitmaß gleichsam im Raum Gestalt gewinne. So bestimmen sie dadurch auch die Verhältnisse der gesamten übrigen Inszenierung. Es gebe

> [...] noch eine andere Art, die menschliche Gestalt mit in den Ausdruck hereinzuziehen, und zwar, indem man die Grundverhältnisse der Musik auf sie überträgt, ohne daß die Mitwirkung des Wortes nötig wird: dies geschieht durch den Tanz. Darunter verstehe ich natürlich nicht die Unterhaltungen im Ballsaal und Opernhaus, sondern in der ganzen Ausdehnung des Wortes: das *rhythmische* Leben des Menschenkörpers. Im Tanze schafft sich der Körper ein fiktives Milieu. Um dieses zu ermöglichen, *opfert* er dem musikalischen Zeitmaß die *begriffliche Bedeutung* seines persönlichen Lebens und *gewinnt* dafür den *lebendigen Ausdruck* seiner Formen. Was die reine Musik für unser

> Empfinden, das ist der Tanz für den Körper: eine fiktive, ohne Rücksicht auf den Verstand sich bekundende Form [...]. *Mit Licht malt der Wort-Tondichter sein Bild.* Die leblosen Farben, welche das Licht bloß vorgestellt hatten, sind nicht mehr vorhanden, dafür aber ist das Licht selbst da, thatsächlich und lebendig, und nimmt der Farbe alles, was sich seiner Beweglichkeit entgegenstellt [...].[5]

Der Darsteller(-Körper) bekommt eine organisierende, vielleicht zentrale Rolle: Verschiedene Elemente der Inszenierung wie Musik und Ausstattung (Licht) ergeben sich u.a. aus der sinnlich-körperlichen (nicht verbal-stimmlichen) Bewegung des Schauspielers. Man könne nicht genug betonen, daß unsere (bisherige) "Art der Bühnenaufführung die scenische Wirkung des Darstellers vernachlässigt". Im Wort-Tondrama werde "das Terrain durch den Darsteller bestimmt, ehe man irgend etwas Anderes erwägt". Er verstehe unter Terrain nicht nur den Teil der Bühne, welchen der Fuß des Darstellers berühre. Es wäre auch alles das,

> [...] was in der Zusammensetzung des Bildes mit der körperlichen Gestalt der dramatischen Personen und ihrer Bewegungen in Beziehung steht. Da man mit diesem Terrain keine Sinnestäuschung mehr bezweckt, so hat man sich bei dessen Aufbau einzig darum zu bekümmern, daß der durch die Terrainbeschaffenheit hervorgerufene Ausdrucksgehalt der Stellungen und Bewegungen des Darstellers von diesem auch ganz erschöpft werden könne.[6]

In Craigs erster größerer programmatischer Schrift, dem Dialog *Die Kunst des Theaters,* definiert der Regisseur, nach Craig der einzige wirkliche Künstler des Theaters, gleich zu Beginn:

> die kunst des theaters ist weder die schauspielkunst noch das theaterstück, weder die szenengestaltung noch der tanz. Sie ist die gesamtheit der elemente, aus denen diese einzelnen bereiche zusammengesetzt sind. Sie besteht aus der bewegung, die der geist der schauspielkunst ist, aus den worten, die den körper des stückes bilden, aus linie und farbe, welche die seele der szenerie sind, und aus dem rhythmus, der das wesen des tanzes ist.

Auf die Frage, was aber nun das Wesentlichste sei, antwortet der Regisseur, eines sei nicht wichtiger als das andere. Aber: "In gewisser hinsicht ist vielleicht die bewegung der wertvollste bestandteil. Die bewegung verhält sich zur kunst des theaters genauso, wie die zeichnung sich zur malerei, die melodie sich zur musik verhält. Die kunst des theaters ist entstanden aus bewegung, gebärde und tanz."

---

5 In: Brauneck 1986, S. 40–44.
6 Appia 1899, S. 71f.

1907 spricht Craig dann in *Die Künstler des Theaters der Zukunft* bereits von der "wunderbaren und göttlichen macht der bewegung". Es handelte sich gleichsam generell um Bewegung, die audio-visuell wahrnehmbar ist. Die gleiche Schrift abstrahiert bereits vom konkreten menschlichen Körper als Träger und/oder bestimmenden Faktor der Bewegung: Der Mensch müsse ein Instrument erfinden, das außerhalb seiner Person existiere. Er, Craig, glaube nicht an die "magie der persönlichkeit", jedoch "an die magie des unpersönlichen im menschen".

> So müssen wir uns den gedanken aus dem sinn schlagen, daß der menschliche körper als ein instrument aufgefaßt werden darf, das sich zur übertragung von bewegung gebrauchen ließe. Wir werden ohne ihn umso stärker sein. Wir werden nicht länger unsere zeit verschwenden und uns nicht länger in leeren hoffnungen wiegen. Der name, unter dem diese kunst bekannt werden wird, läßt sich noch nicht genau bestimmen, doch es wäre ein fehler, rückwärts zu schauen – nach den namen, die in China, Indien, Griechenland galten.[7]

Ein Jahr später übersetzt er diese Abstraktion in die Forderung nach der Über-Marionette, dem mechanisch manipulierbaren Bewegungs-Ding. Die Vorstellung, Drama/Theater sei im Wesen "Bewegung an sich", allgemein die sinnlich wahrnehmbare Bewegung von Dingen, Körpern, Tönen, Räumen, Bildern, lag wohl, vielleicht noch nicht voll reflektiert, schon 1904 seinen Skizzen oder Szenarien zum Drama der Treppe (der Stimmung einer Treppe) zugrunde. Im Verlauf des ersten Jahrzehnts beschrieb er Drama (Theater) dann ausdrücklich als "Geschehen an sich", als ein "happening", oder wie auch in heutiger Vorstellung umschrieben werden könnte als Performance. Es erscheine in Straßenaufzügen der Heilsarmee oder in dem Treiben eines Restaurants. Craigs Charakteristik des "Restaurant-Theaters" läßt erkennen, daß es hier schon nicht mehr um eine einfach-linear strukturierte Bewegung geht, die von einer Perspektive, von einem fixierten Sehwinkel, daher dem Struktur- und somit Wahrnehmungsprinzip der Bildbühne aus rezipierbar wäre, sondern daß es eher um simultane Vorgänge gehen würde, somit auch um eine entsprechende theatrale Darstellungsstruktur und Kommunikationsweise.[8]

---

7 Craig 1969, S. 101 f., S. 45, S. 47.

8 In welchem Maße audiovisuelle Mediatisierung und damit verbundene exponentielle Beschleunigung (Bewegung) und diese Betonung der Bewegung für Theater korrespondierten, dürfte Craig später selbst angedeutet haben. Craig betonte das Primat unendlicher, permanenter Bewegung bzw. Beweglichkeit oder Veränderlichkeit (change) der Bühne. In diesem Zusammenhang verwies er auf analoge Prozesse des Zeitalters. Der "moderne Geist" sei der "ununterbrochene Wechsel (change)" (Vgl. Craig 1923, S. 20f., S. 25).

Zur gleichen Zeit zeigten praktische Darstellungsarbeiten, darunter Craigs eigene Inszenierungen und Appias Entwürfe zu Bühnenbildern, ähnliche Tendenzen. Das Neue an Loïe Fullers Tänzen, so G. Brandstetter, wäre nicht eine besondere Technik virtuoser Körperbewegungen gewesen, sondern die Erschaffung eines gänzlich veränderten künstlichen Zeitraums durch ein "Bewegungsensemble, das als nahezu abstraktes szenisches Spiel von Stoff, von bewegtem Licht, Farben und Musik" erschien. Sie habe u.a. einen Tanz geschaffen, der "Bewegung selbst als schimmerndes Phänomen inszenierte". Daneben setzte sie, ein zweites Novum, farbiges Licht ein, "das in wechselnden Rastern und Farbnuancen die bewegte, reflektierende Seide zu einem tanzenden 'Licht-Spiel' erweckte"[9].

Seit 1904 demonstrierten Max Reinhardts Berliner Inszenierungen gleichsam "massenwirksam" die neuen Akzente auf die, wie ich es in bezug auf Reinhardt bezeichnen möchte, "Bewegung des Sinnlichen". Er nutzte als erster voll die inszenatorischen Möglichkeiten der dynamischen oder "dynamisierten" Drehbühne, und er brachte seit 1908/09 Pantomimen in den vormals streng der Literatur unterworfenen Bühnentempel, den das Deutsche Theater und seine 1906 errichteten Kammerspiele monumental repräsentierten. Nicht zuletzt wegen seiner Neu-Sicht des klassischen literaturfixierten und literaturgrundierten Theaters reagierte die konservative Bildungselite, und auch Teile der intellektuellen Öffentlichkeit, unbehaglich. Der Kritiker Engel sah 1905 anläßlich der Inszenierung von *Der Kaufmann von Venedig"* Gefahren. Reinhardt nehme als Regisseur die Dinge von der "malerischen Seite". Seine "Bühnenmalerei" strebe "statt nach Bewegtheit und Fülle, nach Unruhe und Überfluß. Die Diener, die einen Gast anzumelden haben, springen auf seiner Bühne wie Besessene ins Zimmer."[10] Die höchste Eigenart der Inszenierung wäre die Darstellung, so der Kritiker Heinrich Hart. "Eine bewegtere Darstellung ist mir noch nicht vorgekommen. Das war ein Rennen, Tollen, Zappeln, Stürmen von Anfang bis zum Ende. Eine Beweglichkeit, bei der alle mittaten, selbst Shylock, Porzia und der Doge."[11] Anläßlich der *Don Carlos*-Produktion meinte Kerr, wenn man bei Reinhardt ein Gedankendrama spiele, "ein heutiges ganz auf Ideen gestelltes: so streicht man die wichtigsten. Doch bringt man die zwecklosesten Stellen eines anerkannt viel zu redseligen Früh-Stücks [...]."[12] 1910 bemerkte Engel zur Deutung des *König Ödipus* im Zirkus Schumann: "Ich habe hier nur einzelne Bilder gegeben; sie werden genügen.

9 Brandstetter 1991, S. 227f.
10 In: Fetting 1987, Bd. 1, S. 315.
11 In: ebda., S. 310.
12 In: ebda., S. 300.

Sie werden eine Ahnung geben, wie Reinhardt uns die Edelanekdote vom Schicksal des vatermordenden Oedipus vorzeigt, als etwas in Bewegung Aufgelöstes, Windgepeitschtes, Tornadoartiges, Feuergewordenes."[13]

Jacobsohn stellte zur *Faust*-Inszenierung von 1909 einfach fest, bei Reinhardt sei "die Liebe zum Wort geringer als die Liebe zum Bild"[14]. Was Körper hat, komme "hier besser weg, als was Geist ist. Reinhardt experimentiert an der 'Erscheinung' des Erdgeistes und des Bösen Geistes herum [...]."[15]

Von Kritiken aus schließend, ist diese Dynamisierung, diese "unendliche Bewegung" seiner Darstellungen in Parallele zu setzen zur diskontinuierlichen Bewegung filmischer Darstellungen. Was Jacobsohn 1908 über *König Lear* schrieb, ließe sich als Schilderung einer filmischen Gestaltung mit Blenden- und Montagetechniken lesen.

"Die Gefolgschaften leben [...]. Alles ist ein Fluß. Gruppen bilden und lösen sich. Sprechchöre schwellen an und ebben ab. Menschenleiber und Menschenstimmen schießen hinüber, herüber."[16] Und Julius Bab beschrieb 1912 Darstellungsmomente in Hebbels *Nibelungen* wie Filmschnitte: Nach der bunten Fröhlichkeit der Halle von Bechlarn versetze die Drehbühne den Zuschauer mit einem Ruck "mitten zwischen seine hohen Baumgänge". Die Sonnenscheibe beginne vor einem zu sinken, "und wenn am Ende Dietrich von Bern den Burgundern keine Warnung zukommen läßt, so steht er mitten im Baumgang vor dem Abendlicht; wie ein drohendes Gespenst zerstört seine riesige Erscheinung diese letzte Fröhlichkeit." Auch im dritten Akt, wenn der letzte Kampf anhebt, habe Reinhardt keine bequeme Universalszene geschaffen,

> [...] sondern die Fähigkeit seiner Drehbühne zu einer völlig geschlossenen Folge sechsmal wechselnder Szenenbilder benutzt, die nun, wo es wesentlich auf Massenbeherrschung und rhythmische Ensembleführung ankommt, das Außerordentlichste leisten [...]. Der Zusammensturz des brennenden Saals war wieder eine von Reinhardts technischen Wunderwerken [...]. Denn während die Trümmer bis an die Rampe vorrollen, die ganze Bühne in ein Ruinenfeld verwandeln, stehen schließlich die Überlebenden in einem glühenden [...] Trümmerfeld, bei fallendem Tageslicht [...].[17]

So brachte Kerschenzew die Reinhardt-Produktionen in direkte Beziehung zur Kommunikationsrevolution, obwohl sie diese nicht thematisierten, ja in ganz

---

13 In: ebda, S. 403.

14 In: *Die Schaubühne,* 14/1909, S. 387. Mit dieser Stelle und den folgenden Referenzen auf *Die Schaubühne* bin ich durch eine Belegarbeit von Ute Scharfenberg bekannt geworden. Sie hat mir deren Verwendung gestattet.

15 In: ebda., 15/1909, S. 414.

16 In: ebda., 40/1908, S. 295f.

17 In: ebda., 3/1912, S. 70.

andere, in märchenhafte, phantastische Realitäten zu führen schienen. Eine Szene, so Kerschenzew, wäre "ganz kinomäßig dargeboten" worden.

> In dieser Szene wird der Held des Stückes von Gespenstern verfolgt. Während der Verfolgte aus einem Zimmer in das andere läuft, wird die Bühne schnell entsprechend umgewandelt. Die Verfolgung setzt sich außerhalb des Hauses fort – und der Zuschauer sieht die Straße von Venedig. Der Verfolgte läuft über eine Brücke in ein anderes Haus, und auch dieses Haus wird dem Zuschauer gezeigt usw. Diese zwei Bewegungen, des laufenden Menschen und der wechselnden Dekorationen der Drehbühne, gaben der Szene das außerordentliche Tempo der Verfolgungsjagd und boten eine rein kinomäßige Illusion.[18]

Solche Phänomene, die sich offensichtlich in Verbindung mit dem Akzent auf die "Sinnlichkeit" oder auch "Visualisierung" beschleunigter, dynamisierter Bewegung (Beweglichkeit) im Paradigmenwechsel des Theaters um die Jahrhundertwende zeigten, erschienen vorgeprägt bzw. wären struktural vergleichbar mit jenen, die für den Kommunikationsumbruch auffällig sind, der sich, Bestandteil der Industrialisierung des 19. Jahrhunderts, nicht zuletzt mit der Entfaltung der Eisenbahn vollzog. Er bedeutete den Sprung zu einer qualitativ neuen Art und Funktion von Bewegung, zu einer historisch neuartigen Dynamisierung der Lebensprozesse, zu sich tendenziell immer mehr beschleunigenden Geschwindigkeiten. Damit verbunden waren dramatische Veränderungen des Erlebens und Erfahrens der Verhältnisse von Raum und Zeit. Die Simultaneität von Zeit-Räumen wurde jetzt auffällig. Die überkommene Vorstellung einer einfach-linearen Bewegung von Zeit und des nichtkorrespondierenden Nebeneinanderliegens von Raum-Teilen geriet in die Krise. Daraus ergaben sich entsprechend neue Wahrnehmungszwänge (Sehweisen).

Für diejenigen, die diese tendenziellen Veränderungen als produktive Erweiterungen von Erfahrung annahmen, erschlossen sich neue produktive Möglichkeiten des Wahrnehmens, neue Ein-Sichten in komplexe Welten. Die *Eisenbahnreise* war symptomatisch. Sie inszenierte für den im schnellen Wechsel der Perspektiven schweifenden Blick gleichsam simultan neue Landschaften, Szenerien, Räume. 1861 schrieb Gastineau, der Blick aus dem Abteilfenster sei durch eine neue Fähigkeit geprägt, die er "die synthetische Philosophie des Auges" nannte.

> Die Dampfkraft, dieser machtvolle Maschinist, verschlingt einen Raum von 15 Meilen pro Stunde und reißt dabei die Kulissen und Dekorationen mit sich; sie

18 Kerschenzew 1920, S. 10, S. 64.

> verändert in jedem Augenblick den Blickpunkt, sie konfrontiert den verblüfften Reisenden hintereinander mit fröhlichen und traurigen Szenen, burlesken Zwischenspielen, mit Blumen, die wie Feuerwerk erscheinen, mit Ausblicken, kaum daß sie erschienen sind, wieder verschwinden; sie setzt die Natur in Bewegung [...].[19]

Das bedeutete die massive Konfrontation mit der komplexen Bildlichkeit erfahrbarer Welt, eine gleichsam neue Bedrängnis durch das Visuelle, die Bilder-Gestalt der Dinge im Unterschied zu deren Aneignung vorrangig über die "abstrakte" Schriftlichkeit des Druckes. Eine so visuell sich aufdrängende Außenwelt präsentierte sich bzw. ihre Komponenten nicht mehr nur in einer einfachen bzw. stabil-statischen Anordnung und in einer linearen Abfolge, die mit einer gleichsam einfach-linearen Bewegung des Blickes zu fassen wäre und deren Zeitmaß nur als deutlich linear gegliedert und erlebt werden konnte. Die wahrzunehmende und wahrgenommene Welt erschien als Panorama, die Bilder oder Dinge als Panomaratisches, in der Simultaneität von Zeit-Räumen, als simultan sich ereignende Bilder-Komplexe. Indem die Eisenbahnreise einen neuen schnellen Perspektivenwechsel ermöglichte und so sich immer wieder verändernde Landschaften inszenierte, schuf sie Panoramen und/oder wirkte sie panoramatisch. Sie entfaltete und übte ein den "panoramischen Blick" und entsprechende Bedürfnisse und Interessen der Wahrnehmung. Diese schienen sich in einem besonderem Maße auf eine gleichsam auf die in ständiger Veränderung befindlichen bildlichen, visualisierten Erscheinungen und Beziehungen der Dinge zu richten und in deren Erlebnis einzurichten. "Die Eisenbahn," so Sternberger,

> [...] bildete die neu erfahrbare Welt der Länder und Meere selber zum Panorama aus. Sie verband nicht bloß zuvor entfernte Orte miteinander, indem sie den überwundenen Weg von allem Widerstand, Unterschied und Abenteuer befreite, sie wendete vielmehr die Blicke der Reisenden, da das Reisen selbst so bequem und allgemein wurde, nach außen und bot ihnen die reiche Nahrung wechselnder Bilder dar, welche während der Fahrt die einzige mögliche Erfahrung ausmachten.[20]

Die Tiefenschärfe des vorindustriellen Blickes wäre, so Schivelbusch, verlorengegangen, eine wesentliche Erfahrung des vorindustriellen Reisens. Aus der Postkutsche und, wie zu ergänzen wäre vom Pferd aus, wurde vor allem oder ausschließlich der Vordergrund wahrgenommen. Dessen scharfe Konturen "verschwinden" für den jetzt ungeheuer schnell Sich-Bewegenden bzw. den, der in der Apparatur Eisenbahn sitzt. Er ist somit gleichsam aus dem

---

19 In: Schivelbusch 1979, S. 46.
20 Sternberger 1979, S. 46.

Raum ausgetreten. Er nimmt jetzt panoramatisch dauernd veränderte Perspektiven wahr, wechselnde Bilder- oder Szenenfolgen.

> Er sieht die Gegenstände, Landschaften usw. durch die Apparatur hindurch, mit der er sich durch die Welt bewegt. Diese Apparatur, d.h. die Bewegung, die sie herstellt, geht ein in den Blick, der folglich nur noch mobil sein kann. Die Mobilität, für ein traditionell orientiertes Sensorium [...] Agent der Wirklichkeitsauflösung, ist für den panoramatischen Blick die Grundlage der neuen Normalität.[21]

In der Einübung der neuen Wahrnehmungsangebote und Wahrnehmungsmöglichkeiten als Normalität mußte der mobile Blick andererseits die Vernichtung von Raum und Zeit erfahren. Das heißt die Tendenz zur Verflüchtigung der Dinge in den beschleunigten Geschwindigkeiten. Dabei konnte bereits das Paradox erfahren werden, daß die zunehmend sinnlich erfahrbare Dynamisierung und die sehr sinnliche Erfahrung neuer Raum-Zeitstrukturen und entsprechender Sehzwänge einhergingen mit der Tendenz des Verflüchtigens, der "Entkörperlichung", des Verschwindens des Konkreten in die "reine Bewegung". Die Eisenbahnfahrt ließ das schon in der ersten Hälfte des 19. Jahrhunderts erkennen. "Vernichtung von Raum und Zeit, so lautet der Topos, mit dem das frühe 19. Jahrhundert die Wirkung der Eisenbahn beschreibt", beginnt Schivelbusch seinen Abschnitt über *Eisenbahnraum und Eisenbahnzeit.*[22] Das Raum-Zeit-Bewußtsein verlor die aus dem vorindustriellen Zeitalter bzw. die vor dem Kommunikationsumbruch gewohnte Orientierung. Die ungleich schnellere Reisegeschwindigkeit ließ denen, die an alten Sehgewohnheiten oder anders an der Geschwindigkeit der Postkutsche orientiert waren, das Reisen, das Raum und Zeit vernichtete, als Projektil erscheinen, das durch die Landschaft geschossen wird, wobei einem Sehen und Hören vergehe. "So wie die Eisenbahn als Projektil wird die Reise in ihr als Geschossenwerden durch die Landschaft erlebt, bei dem Sehen und Hören vergeht."[23]

Welche Wechselbeziehungen es bei diesen Veränderungen zwischen Industrialisierung, neuen technologischen Verkehrs- bzw. Kommunikationsweisen und der dominant gewordenen kapitalistischen Produktion und Warenzirkulation gegeben haben dürfte, deutet Th. Kleinspehn in seiner Arbeit *Der Flüchtige Blick* an. Mit dem Zwang zur Zirkulation, der mit der kapitalistischen Produktionsweise zusammenhänge, verschiebe sich die Bedeutung von Raum und Zeit endgültig. Auf Schivelbuschs Untersuchungen

21 Schivelbusch 1979, S. 51f.

22 Ebda., S. 35.

23 Ebda., S. 53.

verweisend, zitiert er dabei, wie Schivelbusch, Heine, der 1843 die Eröffnung der Eisenbahnlinie von Paris nach Orléans und Rouen erlebte:

> Die Zeit rollt vorwärts, unaufhaltsam, auf rauchenden Dampfwagen, und die abgenutzten Helden der Vergangenheit, die alten Stelzfüße abgeschlossener Nationalität [...] werden wir bald aus den Augen verlieren [...]. Welche Veränderungen müssen jetzt eintreten in unserer Anschauungsweise und in unseren Vorstellungen! Sogar die Elementarbegriffe von Zeit und Raum sind schwankend geworden. Durch die Eisenbahnen wird der Raum getötet, und es bleibt uns nur noch die Zeit übrig [...].[24]

Die neue Qualität beschleunigter Bewegung und ihre spezifischen Erfahrungen und Wahrnehmungszwänge (Sensibilitäten) zeigten sich gleichzeitig in einem anderen signifikanten Phänomen, den Weltausstellungen und ihrer Raumgestaltung und Architektur. Ihr Auftakt, deutlich ein kulturgeschichtlicher Einschnitt, war die 1. Londoner Weltausstellung 1851 im Crystal Palace. Es war ein zu seiner Zeit gigantisches Unternehmen, in dem neue Technologien, Mediatisierung, Visualisierung, Simultaneität, beschleunigte Veränderlichkeit wie deren Dimension des "Verflüchtigens" zusammenkamen. In dem mehrgeschossigen durchsichtigen Gebäude aus Glas und Eisen wurden gleichsam Dynamisierung, Bewegung und zugleich das tendenzielle "Verschwinden der Dinge" betont.[25] Praktisch alle zur Zeit gebrauchten, gekannten, wahrnehmbaren Dinge oder Waren und Medien der gegenwärtigen, von Europa kolonialisierten Welt stellten sich panoramisch vor in massiv simultaner, gleichsam dynamisierter sinnlicher Visualität. Die Erstellung des Ausstellungsraumes in nur sieben Monaten Bauzeit sprach schon davon.

> Die Arbeits- und Organisationspläne stellten ein verflochtenes System dar, das Kollisionen vermeiden, gleichwohl durch Synchronisationen Anschlüsse ermöglichen mußte. Es handelte sich also um die Organisation von Simultaneität. Ein solch vernetzter Zeitplan kann interpretiert werden als die Anwendung des Fahrplans – eines Organisationsmittels der Eisenbahn – auf den Bauprozeß. So wurde die vierte Dimension der Architektur, die Zeit, im Bau verwirklicht.[26]

Die Glas-Eisen-Konstruktion habe auf den Betrachter wie die Verflüchtigung des Massiven, wie ein "unsichtbarer Stoff", als "zauberhafte poetische Luftgestalt" gewirkt. Insgesamt 6906 Aussteller zeigten u.a. Teppiche, Textilien, Lederwaren, Einrichtungsgegenstände usw., meist industriell hergestellte Waren, und dazu die Dinge, die aus den Kolonien kamen. Das Publikum (die

24 In: Kleinspehn 1989, S. 245.
25 Friemert 1984, S. 18.
26 Ebda., S. 15.

Zuschauer) bewegte sich an den Waren vorbei. Nur in dieser Beweglichkeit waren die vielfältigen Auslagen wahrzunehmen. "Welt verwirklichte sich in der Inventarliste der Gegenstände, universale Austauschbarkeit und Mobilität bildeten die Grundqualitäten des Inventars."[27]

Wenn es nun signifikante Korrespondenzen zwischen dem Kommunikationsumbruch, der Visualisierung, der Mediatisierung und den Theateravantgarden gibt, wäre zu fragen, warum die in der Mitte des 19. Jahrhunderts deutlich auftretenden neuen Phänomene wohl erst ein halbes Jahrhundert später im und für den Paradigmenwechsel des europäischen Theaters struktural wirksam wurden. In der Zwischenzeit hatte es, nicht zuletzt in dem für die Bildungselite wichtigen Theater des Naturalismus, nahezu gegenläufige Tendenzen gegeben. Die unbewegliche, die Zuständlichkeit des Milieus akzentuierende Szenographie besonders der Naturalisten, die das lineare Sehen untermauernde illusionistische Bildbühne, die Wort-Literatur-Zentriertheit des "kulturell akzeptierten" Theaters arbeiteten anscheinend während der siebziger und achtziger Jahre, bis in die neunziger hinein, direkt gegen solche neuen Prozesse und Sensibilitäten, wie sie sich mit der Eisenbahn und der Entfaltung des Panoramatischen ausbildeten. Auf diese Ungleichzeitigkeit oder solche Verzögerungen kann ich hier nicht genauer eingehen. Was das im engeren Sinne naturalistische Theater betrifft, dürfte die Fixierung auf Milieutheorie (Determination durch die räumlich-dinglichen Umstände) eine wichtige "hemmende" Rolle gespielt haben.[28] Allgemein hat aber wohl die seit dem 17. Jahrhundert übermächtig gewordene Orientierung an der Literatur, daher das Konzept von der "reinen Repräsentation" des geschriebenen (gedruckten) Wortes gleichsam als starker Verzögerungsfaktor gewirkt, Theater neu im Sinne der frühen Avantgardisten zu begreifen. Theater, das sich gleichsam außerhalb oder unterhalb dieser normierend-disziplinierenden Hegemonie der Literatur verhielt wie die Revue, hatte bereits während der neunziger Jahre des 19. Jahrhunderts die Wende zur Betonung des Visuell-Sinnlichen und dynamisierter Bewegung begonnen.[29]

Was die von mir angenommenen Wechselbeziehungen zwischen avancierten Kunstprozessen auf der einen und der Kommunikationsrevolution und der expandierenden kapitalistischen Warenzirkulation auf der anderen Seite betrifft, so scheinen allerdings erst entsprechende Bewegungen kurz vor und um die Jahrhundertwende für die Theater-Avantgarden relevant geworden zu sein. Technologisch-industriell wesentlich dürften die Chemisierung

27 Ebda., S. 40–47.
28 Vgl. z.B. Zolas Haltung zum Theater. Zola 1881.
29 Vgl. u.a. Kothes 1977, S. 17–21; 1985, S. 12–30.

und die Elektrifizierung gewesen sein. Sie ermöglichten bzw. brachten gleichsam mit hervor nicht nur neue Verkehrsmittel und audiovisuelle Medien wie die elektrische Bahn, den Film, in gewissem Maße auch das Auto (Kraftstoff bzw. Verbrennungsmotor). Im Unterschied zu der gleichsam sichtbaren mechanischen Bewegung oder Dynamik der Dampfkraftindustrie und ihrer Maschinen/Produkte wurden in der Konfrontation mit chemischen Prozessen und der Elektrokraft neue "unheimliche", daher nicht-sichtbare und zugleich ungleich beschleunigte Geschwindigkeiten erfahren.[30]

An zwei Phänomenen möchte ich das skizzieren, an der kulturgeschichtlichen Rolle des Films und an dem, was ich neue dynamische Urbanität nenne. Sie zeigte sich wohl am deutlichsten in den sich besonders schnell entfaltenden Metropolen wie Berlin. Sie bedrängte, prägte und veränderte Verhalten und Wahrnehmen grundlegend. Die durch die erhöhte Geschwindigkeit bedingte größere Anzahl von wechselnden Eindrücken, mit denen die Wahrnehmung während der Eisenbahnfahrt fertig werden mußte, vergleicht Schivelbusch deshalb mit großstädtischen modernen Wahrnehmungszwängen, die ununterbrochen wechselnde äußere und innere Eindrücke bedingen.[31]

Zunächst zum Film:
Mit der Erfindung des Filmens Mitte der 90er Jahre wurde der Film zu einem der entscheidenden Faktoren und zugleich Symbolen der kommunikativen Umwälzung und ihrer industriell-technologischen Rahmenbedingungen. Der Film erschien als sich sinnlich aufdrängende Bewegung der Bilder, die äußerst schnell wechselnde Perspektiven vorstellten und vom Zuschauer raschen Perspektivenwechsel erforderten. Er präsentierte sich selber und die Dinge als simultanes Raum-Zeit-Verhältnis. Er war gleichsam sinnlich-visualisierte Dynamik, beschleunigte Geschwindigkeit in sich. Kinostücke, so übersetzte Pinthus 1913 in seinem *Kinobuch* entsprechende Erfahrungen in eine Art Filmtheorie, sollen folgendes befriedigen:

> Das, was unsere Sinne lockt: schöne und fremde Landschaften, gesellschaftliche Kultur, bunte und seltsame Milieus, groteske Situationen, ungekannte Institutionen und Völker, das Wunderbare muß verknüpft und beides belebt werden durch das, was unsere Herzen weckt: Menschenschicksal, Menschentat, Liebesgeschichten, Verrat, Aufopferung, Intrigen, fröhliche Weltbetrachtung, aufwühlende Traurigkeit, Spannung, Abenteuer, Ruhe.

---

30 Vgl. u.a. Mumford 1934.
31 Schivelbusch 1979, S. 55.

Das erste Ausdrucksmittel sei "das unbegrenzte Milieu. Das Geschehen kann sich abspielen im Paradies, auf den Schneefeldern des Himalaya, in einer Spelunke, auf dem orkanzerwühlten Ozean." Das zweite sei Bewegung, "Bewegung als Geste und Tempo"[32].

Durch die **Montage**, die bereits während des ersten Jahrzehnts im Prinzip zu einem seiner wesentlichen spezifischen Techniken oder umfassender seiner spezifischen künstlerischen Strukturelemente wurde, vermittelte der Film auch die innere Verwandtschaft oder seine genetisch-kausale Beziehung zu und Verwurzelung in der allgemeinen industriell-technologischen Revolution. Er demonstrierte gleichsam in bedeutendem Maße den historischen Umbruch, den die Industrialisierung und die damit einhergehende Kommunikationsrevolution für Lebensweise, Verhaltensweisen, Wahrnehmungweisen bewirkte. Die Montage von Fragmenten oder Bruchstücken (Filmteilen) zu einem diskontinuierlichen Bilderfluß sprach kräftig davon, daß alles mechanisierbar, daher zerlegbar und damit fragmentarisiert ist und daß das sog. "Ganze", nicht zuletzt das Individuum, sich aus solchen Teilen oder Fragmenten zusammensetzt. Der Film demonstrierte die Atomatisierung, das Fragmenthafte, das Zerlegbare und so Mechanisierbare aller Phänomene und damit auch des Menschen (die Köpfe, Glieder etc. der Großaufnahmen). Menschliche Individualität erschien in der Filmmontage als etwas Zusammengebautes und somit (mechanisch) Manipulierbares, als eine Montage. Er sprach so von dem, was parallel an dem im ersten Jahrzehnt erfundenen Fließband und durch die Taylorsche Arbeitsorganisation (Zerlegung der Arbeitsgänge in ihre kleinsten Teile) in der Industrie erfahren wurde. Im Film wurde gleichsam Zeit erstmals direkt oder sinnlich visualisierbar und in diesem Rahmen manipulierbar – sie kann beschleunigt, angehalten, verlangsamt, sogar umgekehrt werden.[33] Das bedingte bzw. forderte heraus einen Sensibilitätenumbruch, der gerade von großen Teilen der traditionell gebildeten Eliten oder "Normsetzern für kulturelle Werte" (für das, was Kultur wäre), über ein Jahrzehnt nicht angenommen wurde. Dabei spielte offensichtlich eine wichtige Rolle die neuartige Präsentationsweise des Films und ihrer entsprechenden Wahrnehmgsanforderungen, wie sie Lewis Mumford 1934 so resümierte:

> Today, in the motion picture which symbolizes our actual perceptions and feelings, time and space are not merely co-ordinated on their own axis, but in relation to an observer who himself, by his position, partly determines the

32 Pinthus 1963, S. 25f.

33 St. Kolditz betonte in einer Arbeit zu Wahrnehmungsveränderungen um die Jahrhundertwende die Affinität von Film und Fließband als korrespondierende Produkte einer Epoche (Vgl. Kolditz 1990, S. 32).

> picture, and who is no longer fixed but is likewise capable of motion. The moving picture, with the close-ups and the synoptic views, with its shifting events and its ever-present camera-eye, with its spatial forms always shown through time, with its capacity for representing objects that interpenetrate, and for placing distant environments in immediate juxtaposition – as happens in instantaneous communication – with its ability finally to represent subjective elements, distortions, hallucinations, it is today the only art that can represent with any degree of concreteness the emergent world-view that differentiates our culture from every preceding one.[34]

Zugleich zeigte die technisierte ("chemisierte") Darstellung auf dem Zelluloid Darsteller, daher Menschenkörper, und ihre "Rollenfiguren", die gleichsam als "lebende Menschen", Individuen erscheinen sollten, tatsächlich als "Schattenrisse". Das ist im Grunde eine paradoxe, eine unheimliche Transformation. Oder aber, auf Craigs Konzept zielend, diese Zelluloid-Darstellungen, diese "Schattenrisse" könnten angesehen werden als eine Art Super-Über-Marionette, "agierend" als nur ein Element unter vielen anderen in der sinnlich-visuell übergreifenden Bewegung des diskontunierlichen (montierten) Bilderflusses.

Nicht nur in der Montage erschienen die neuen Dynamisierungen und Beschleunigungen, die grundlegend veränderten Lebens-Rhythmen gegenüber dem Postkutschenzeitalter. Früh machte das auch die Handhabung des Films als Kommunikationsmittel, als schnelle Aktualitäteninformation sichtbar. Schon 1896 erregte ein englischer Kameramann sensationelles Aufsehen, als er seine Aufnahmen des Derbys in Epson bereits am nächsten Abend im Olympia-Varieté in London vorführte. Im Sommer 1910 hatten sich zu einem Boxkampf in Reno/Nevada bereits 10 Kinematographen rund um die Arena postiert. Wenige Tage danach gab es erste Vorführungen der Filme in New York, ca. 4000 km Entfernung wurden "überbrückt" in kürzester Zeit.[35]

Vielleicht noch wichtiger für den Paradigmenwechsel der Künste war, daß der Film als Metapher und/oder Maßstab für die veränderten allgemeinen Lebensrhythmen und Sensibilitätszwänge erschien und wirkte. Arthur Holitscher sah 1911 auf seiner Rundreise durch die USA Chicago unter dem Aspekt seiner Erfahrungen mit dem Kinematographen:

> Um neun Uhr früh werde ich, wie ich auf die Straße trete, in einen Wirbelsturm von Menschen hineingetrieben, daß mir Hören und Sehen vergeht. Die zappelnden Bewegungen, die die Menschen in Kinematographenaufnahmen

---

34 Mumford 1934, S. 342. Vor allem als Stummfilm vermittelte der Film die neue Betonung oder Umbewertung des Sinnlich-Visuellen, visueller bzw. visualisierter Bewegung im Unterschied oder sogar als Gegensatz zu der Abstraktion vom Sinnlich-Visuellen und jeder Bewegung, die sich in den fixen oder fixierten Buchstaben des Druckmediums nur vermitteln kann.

35 Kolditz 1990, S. 84.

bekommen, das Dahinfegen der Filmautomobile sehe ich hier in Natur übertragen.

Umgekehrt beschrieb Guttmann 1916 das Kino wie nach der Erfahrung der neuen Urbanität:

> Was den Kinorausch zum wirklichen Rausch macht, ist das Übermaß an einwirkenden Bild- und Lichtreizen. Gedächtnis und Vorstellungsvermögen können nicht mehr mit, die Nerven leiten die empfangenen Reize nur müde und taumelnd weiter, der Rhythmus des Lebensgefühls wird durch die begleitende Musik einförmig und träge, der Mensch findet eine plötzliche Brücke zu der vorbeihuschenden Begebenheit.[36]

Als sich im Laufe des ersten Jahrzehnts das Montageprinzip immer mehr im Film durchsetzte, wurden kritisch verallgemeinernde Interpretationen der (noch) ungewohnten Strukturen und Wahrnehmungszwänge häufiger. 1912 äußerte sich ein Beobachter über das Flüchtige von Mensch und Dingen wie folgt: "Der Held des Kinodramas lebt, liebt, nimmt ein Weib und stirbt; alles in einem Film von einer halben Stunde Dauer. Es ist ein Leben beinahe wie ein moderner Mensch und lebt in dieser dahinbrausenden Hast [...]." 1913 wurde wegen der Schnelligkeit des montierten, diskontinuierlichen (simultanen) Bilderflusses gefordert, daß dieselbe Figur nur ganz kurze Zeit auf der Bildfläche erscheinen solle. Sie dürfe nicht ununterbrochen Aufmerksamkeit auf sich ziehen, "da das Auge, selbst beim besten Darsteller, zu leicht ermüdet". Nach Altenloh empfänden gerade Frauen der Oberschichten die rasche Aufeinanderfolge von Lustigem und Traurigem unerträglich. Angehörige der Unterschichten dagegen hätten Interesse an der Aktionsmenge, was gefährlich wäre, da "ein tiefes Begreifen [...] bei der Schnelligkeit der Vorführung und bei dem raschen Wechsel der verschiedenartigen Eindrücke unmöglich" sei, sofern es bzw. da es ohne notwendige Erklärung geschah. 1913 gab es ausdrückliche Kritik an der Geschwindigkeit der Montage. Bei Bildern von zwei oder drei Sekunden Dauer sei es nicht möglich, diese richtig zu erfassen. Das Übel des öffentlichen Lebens sei "das Übermaß an ganz oder fast unfreiwilligen geistigen Eindrücken überhaupt, die stündlich auf uns herstürmen". Man wandte sich gegen die wechselnde Reklame zwischen Filmen, da das zu beunruhigend sei. Damit ging der Ruf nach dem Zurück zur Einheitlichkeit der Darstellungen (der linearen dramaturgischen Strukturen) einher. 1913 bemerkte der Direktor des Kupferstichkabinetts in Dresden über den Film *Der Andere* mit Albert Bassermann:

36 In: ebda., S. 84.

> Ich kann mir nichts Stilloseres und Kunstwidrigeres denken als dieses fortwährende Springen von Bild zu Bild, diesen durch nichts gerechtfertigten Wechsel des Maßstabs, auf den sich das Auge in aller Geschwindigkeit einstellen soll [...]. Dieser ewige Wechsel des Maßstabs, der Beleuchtung, der Bewegungstempi, versetzt den Zuschauer allmählich in einen Zustand nervöser Überreizung.

Guttmann schrieb 1916, der Film biete anderes als die (ihm) gewohnte Alltagswahrnehmung:

> Kein Mensch ist imstande auf der bewegten Kinofläche den Blickpunkt herauszufinden oder die Aufmerksamkeit auf bestimmte Teile des Sehfeldes zu richten, wie wir es in Wirklichkeit tun [...]. Der Kinomensch verliert das Gefühl für Perspektive und Raum.[37]

In der modernen Urbanität, wie ich es verkürzt umschreiben möchte, verzahnen sich Simultaneität, das "Verschwinden des distinkten Ichs", die beschleunigten Geschwindigkeiten von Eisenbahn, Auto, elektrisch betriebener (Fortbewegungs-)Apparate und der filmischen Darstellungen. Diese Urbanität ist nicht allein unter dem Gesichtspunkt "audiovisuelle Mediatisierung" zu

37 In: ebda., S. 91. Bereits zu Beginn des neuen Jahrhunderts waren in der Autofahrt parallele Erfahrungen bzw. Wahrnehmungen zu machen. Maeterlinck beschreibt 1904 seine Erlebnisse folgendermaßen: "Ich stelle langsam den berühmten Hebel 'Vorzündung' und regle so gut ich kann den Benzinzufluss. Das Tier läuft schneller [...]. Zuerst kommt mir die Strasse im Reigen der Festfreude entgegen, wie eine palmenschwenkende Braut. Doch bald wird sie feuriger, sie hüpft und tollt, sie stürzt mir entgegen und rollt unter dem Wagen dahin wie ein wütender Giessbach [...]. Jetzt stürzt der Weg senkrecht in den Abgrund und der Wunderwagen stürzt ihm voraus. Die Bäume, die ihn seit so vielen langsamen Jahren heiter einfassten, fürchten den Weltuntergang. Man möchte glauben, dass sie herbeieilen und ihre grünen Häupte zusammenstecken [...] vor dem auftauchenden Phänomen, um ihm den Weg zu versperren. Dann plötzlich, da es nicht anhält, fahren sie erschrocken zurück [...]. Der Raum und seine unsichtbare Schwester, die Zeit, sind im ganzen genommen die beiden grossen Feinde des Menschen. Wenn wir sie besiegten, wären wir den Göttern gleich. Die Zeit scheint unbesieglich; sie hat weder Körper noch Gestalt [...]. Ihr prächtiger Bruder hingegen, der Raum [...] er hat schon manche Niederlage erlitten, aber noch nie bis auf diesen Tag hat der Mensch sozusagen Mann gegen Mann [...] mit ihm gerungen." Maeterlinck erinnert an die großen Dampfer und an die Eisenbahn, wo "der unterworfene Raum an uns vorüber" ziehe. "Aber hier, in diesem kleinen Feuerwagen, der so lenksam, so leicht und wundbar unermüdlich ist [...], hier wird der Raum wirklich menschlich, er gleicht sich unserem Auge, den Bedürfnissen unserer zugleich raschen und langsamen, ungeheuren und engen [...] Seele an; er wird schliesslich assimilierbar und bietet uns unaufhörlich, an jedem seiner Ziele jede seiner Schönheiten, die er uns früher nur bei der beschwerlichen Ankunft bot.

"Jetzt ist es nicht mehr die Ankunft, welche uns die Augen öffnet, die für unser Leben so kostbare Aufmerksamkeit schürt und zum Glück des Schauens einlädt; der Weg selbst ist nur mehr ein endloses Ankommen." Maeterlinck 1984/85 S. 114–117. Vgl. die letzte Passage mit Virilios Beobachtung von 1980, daß Autofahren um des Fahrens, wie zu lesen wäre um der unendlichen Bewegung willen, so begehrt werde (Virilio 1980, S. 78). Vgl. Virilios Vergleiche zwischen Film(wahrnehmung) und Autofahren(erlebnis) (ebda., S. 74–79). Im Wagen finde der Betrachtende-Reisende ("voyeur-voyageur") die Haltung des ständigen Besucher der großen Leinwand wieder, beinahe diejenige des Kosmopoliten "zu Beginn des Jahrhunderts" (ebda. S. 75f.).

sehen. Es ist ein komplexes historisches Phänomen, das sich herausbildet und wächst (wuchert) im Zuge der bzw. als Dimension der industriellen Revolution. Deren Technologien und kommunikative Strukturen, damit die audiovisuelle Mediatisierung, prägen sie; sie sind ihr integraler Bestandteil (Faktor). Sie übersetzen sich hier in spezifische neue Lebensrhythmen, Sensibilitäten, Verhaltensweisen, Sehweisen, eben als Faktoren (Produkte und Agentien) der Urbanisierungen des 20. Jahrhunderts. Die Urbanität oder die modernen Großstädte wachsen als ihr Entfaltungsraum.

Eine Collage (Montage) von zeitgenössischen Erlebnisbeobachtungen zur Kommunikation in Berlin zwischen ca. 1900 und 1913, die B. Schmidt versuchte, gibt darüber Auskunft. Sie illustriert, wie und in welchem Maße Individuen (Intellektuelle wie Publizisten) ständigen Perspektivenwechsel (Simultaneität), ungeheure "Hast" (neue Lebensrhythmen), die Veränderung und/oder den Verlust "fester" Standpunkte (Blickwinkel) erfuhren. Dabei deutet sich an, wie eine "in-sich-ruhende" Ich-Bezogenheit oder anders die bisher geglaubte Ganzheit oder festgefügte Identität des Individuums "im Verschwinden" war. Die Collage ist ein fiktiver Report über einen einsässigen Berliner, der einem "Provinzler" seine Stadt zeigt. Sie beruht auf Erfahrungsberichten von Zeitgenossen, die von Schmidt kommentierend verbunden werden. Wichtige Quellen sind das Buch *Die Straße meiner Jugend*, Berlin 1919, des Publizisten (auch Theaterpublizisten) A. Eloesser, die Biographie eines Angehörigen der Warenhausbesitzer-Familie Tietz und verschiedene Artikel in der Berliner Presse.

Der fiktive Report beginnt mit der morgendlichen Hast des Berliners zum Treffpunkt mit dem "Provinzler". Da in Zeitbedrängnis, muß der Berliner ärgerlicherweise seinen gewohnten Besuch eines kleinen Ladens unterlassen. Denn, so Eloesser, "der kurze Gang (zur Stadtbahn, JF) hat mich zu sehr beschäftigt, hat mich zwischen zwei Dutzend Häuser durch eine Doppelreihe von stummen Beziehungen, von kleinen Szenen geführt, die so flüchtig und so schwer faßbar sind, daß ein künftiger Dramatiker sie in einer Zeit des vollendeten Impressionismus gewiß darstellen wird. Denn das ist eben die Tugend der Straße, daß sie unser selbst fast aufhebt [...]." Das Schrittempo erhöhe sich, so Eloesser, denn er müsse den nächsten Zug erreichen. Er sei immer für die Stadtbahn. Als "großstädtischer Vergangenheitslosester aller Großstädter", wohne er, der Berliner, "an seiner 'Verbindung', und mehr wird ihm nicht bewußt". Er, Eloesser, liebe die Stadtbahn, im Unterschied zur Untergrund- bzw. Hochbahn, die supermodern war. Wenn

> [...] ich zur Untergrundbahn hinabsause, ist mein Zug immer schon fort [...]. Die Liebhaber der Hoch- und Untergrundbahn sind die ausgesprochen modernen, versachlichten Menschen; ganz ohne das Widerstreben, das ich als

> ehemaliges in die Vorzeit von Omnibus und Kremser gesetztes Naturkind immer wieder zu überwinden habe, setzen sie sich einer stets gleichen künstlichen Luft aus, die vom Wechsel des Wetters und der Tageszeit gar keine Stimmung und Farbe mehr empfängt. Nur noch um die Schnelligkeit in ihrer verdünnten Abstraktheit zu empfinden; dem Briefe in der Rohrpost dürfte nicht sachlicher zumute sein. Ein Automat schluckt dich am Zoo ein und speit dich am Alexanderplatz wieder aus.

Die Elektrische (Straßenbahn) sei da von anderer Natur. Sie gehöre dem unruhigen Temperament, dem Neugierigen, der auf Unterhaltung durch Beförderung, durch die Straße selbst, durch die Schaufenster nicht verzichten wolle. Denn

> [...] so schnell geht die Straßenbahn nicht, daß eine geübte Geisteseinstellung nicht doch im Vorübereilen eine überraschende Hutform oder ein besonders sinnreiches Korsettmodell hinter dem Schaufenster aufnehmen könnte.[38]

Wie es in zeitgenössischen Artikeln hieß, sei die Elektrische ein generell beliebtes Kommunikationsmittel, besonders bestimmte Eck-Plätze, von denen man aus simultan wechselnde Bilder wahrnehmen konnte, Geschehnisse, die vor einem 'Revue' passieren.[39] Artikel von 1913 und 1914, tituliert *Das elektrische Berlin* und *Straßenbahnfilm,* vergleichen die Straßenbahnfahrt, wohl genauer die Erfahrung ihrer Wahrnehmungsangebote und -zwänge mit dem Wechsel von Einstellungen und den Segmentierungen des Films. Der Berliner Verkehr dehne sich ins Riesenhafte, wurde betont, da niemand mehr Zeit und Lust zum Gehen habe. Rund 1/5 des Tages sitze der Berliner in einem Verkehrsmittel. "Mehr als anderswo ist sein Leben eine Reise: das rollende Rad begleitet ihn als eine Art Lebenssymbol bis zur allerletzten Endhaltesstelle [...] in die Grube [...]."

Am Bahnhof Friedrichstraße steigt der Berliner, so Schmidts Collage, aus der Stadtbahn, aber behindert durch "zwei ältere Würdenträger, die sich vor dem Zuge komplimentieren, weil keiner den Vortritt haben wollte". Eine Verfehlung, "weil eine Taktwidrigkeit gegen das Tempo des großstädtischen Verkehrs. Wem es selbstverständlich im Blute steckt, der bekommt diesen Atavismus aus der Postkutschenzeit nicht mehr fertig." Schließlich trifft der Berliner den Provinzler, und sie hasten Unter den Linden zum Café Kranzler: "Mühsam retten wir uns durch ein Gewühl von Fußgängern, Radfahrern, Lastwagen, Automobilen, Omnibussen und Straßenbahnen [...]. Vor uns flutet die Masse der Menschen und Wagen dahin, rastlos, ununterbrochen [...]."

38 In: Schmidt 1990, S. 119–121.
39 In: ebda., S. 128.

Der Berliner bzw. Eloesser belehrt den Provinzler, wie man in dem kaum zu durchdringenden Verkehrsknäuel die Fahrbahn möglicherweise überqueren könne. Man schäme sich nicht, vorsichtig zu sein, und verlasse sich nicht unbedingt auf polizeiliche Vorschriften, "weil die Lenker der Wagen sich nicht immer daran halten können und wollen". Er verliert den Provinzler aus den Augen, denn zum Potsdamer Platz, in der Leipziger Straße bewege sich schlecht gerechnet eine Million Menschen auf ziemlich schmalen Bürgersteigen, und die Mitte des Weges nehme eine Wagenburg ein,

> [...] die sich ruckartig vorwärtsbewegt. Wo eine Straße die große Ader kreuzt [...], staut es sich zu undurchdringlichen Massen auf, zwischen denen einige Tollkühne auf Gefahr ihres Lebens durchschlüpfen. Dann schwingt ein bärbeißiger Riese nach einem unmelodischen Trompetenstoß und einem schrillen Pfiff die Hand und sogleich erschüttet sich die Masse, geht zum Sprung vorwärts, um ein paar hundert Meter weiter wieder zur unfreiwilligen Ruhe zu kommen.

Wie solle er den Provinzler finden in dem Durcheinander unterschiedlicher Bewegungsarten und Rhythmen, in den so vielfältigen visuellen, akustischen und motorischen sinnlichen Eindrücken, die permanent simultan auf einen eindrängen?[40]

Beide kommen schließlich zum Leipziger Platz, zum Kaufhaus Wertheim. Eine zeitgenössische Beobachtung: "Wer das Haus Wertheim zum ersten Mal betritt, empfängt den Eindruck eines erdrückenden Gewirres", in "drei, vier Etappen, die eigentliche Masse der Verkaufsräume, bald in schmale Gänge und lange Fluchten verengt, bald zu breiten Plätzen ausladend [...] oder [in] abschließbaren Sälen und großen Zimmern endend". Menschen

> [...] fast zu jeder Tageszeit in ununterbrochenen Strömen; unabsehbare, immer neue Reihen von Verkaufsständen; ein Meer von Warenmassen, ausgebreitet; Treppen, Aufzüge, Etagen, sichtbar wie die Rippen eines Skeletts; Säle, Höfe, Hallen [...] Enge, Weite, Tiefe und Höhe; Farben, Glanz, Licht und Lärm: ein ungeheuerliches Durcheinander, scheinbar ohne Plan und Ordnung.

Es gäbe Aufzüge, die lauthals auf und nieder gleiten, eine breite doppelte Freitreppe, die behaglich in die oberen Gänge führt.[41]

Schließlich ist es Abend geworden. In zeitgenössischen Beobachtungen erscheint das Berliner Zentrum (Friedrichstraße) wie folgt: "Abend! Friede auf Erden und ein Wimmeln auf dem Potsdamer Platz", "brausend ertönt die symphonische Dichtung der Weltstadt [...] die Nacht wird zum Tage [...]."

40 In: ebda., S. 122, S. 124, S. 127.
41 In: ebda., S. 87.

Sind “die Tageslichter verglommen, so umschlingt die Nacht den Großstädter mit ihrem dunklen, nur von Milliarden von Glühbirnen und Transparenten erhellten Raum.” In der Lichterwelt der Leipziger Straße lasse man sich “mit dem Strom treiben, die Türen schnellen funkelnd auf [...]. Und Licht bei Licht, ein Blitzen und Glänzen”. Auf dem Potsdamer Platz

> [...] schießen die Droschken, die Elektrischen, die Automobile, die kastenartigen Geschäftswagen zu einem wirren Knäuel zusammen, lösen sich, entfliehen in die einmündenden Straßen und streben wieder dem Platz zu [...]. Vor dem Gitter des Cafés ein buntes Hin und Her von Menschen [...]. Der Vorgarten übergossen mit weißem Licht [...].[42]

2. Zum Zweiten

Das Warenhaus oder Kaufhaus als wichtige Komponente der modernen Urbanität kann gleichsam als Scharnier gelten, in dem die zwei hier thematisierten Grundbewegungen auffällig zusammenkommen: die tendenziell neue Visualisierung und Simultaneität und ständiger Perspektivenwechsel im Zuge der beschleunigten Geschwindigkeiten, und historisch neuartige Momente der Warenzirkulation, des Kapitalverkehrs, der Kapitalverwertung und der mit diesen zusammenhängenden, von ihnen geprägten oder auch generierten Haltungen bzw. Sensibilitäten (Sehweisen). Diese veränderten oder sich allmählich verändernden Verhaltens- und Wahrnehmungweisen schießen zusammen in einer tendenziell neuartigen ästhetisch gerichteten Haltung zu den Dingen oder anders zu den Waren, in einem Kürzel beschrieben als Warenästhetik.

Kaufhäuser sind Produkte und Faktoren der historischen Bewegung, des sozio-kulturellen Wechsels hin zu der sich neu formierenden “Herrschaft” des Bildlichen und des damit im Rahmen bürgerlicher Gesellschaft neuen Akzents auf Genußbefriedigung. Oder vielleicht hat gerade diese Umbewertung des Genusses die sich entfaltende Herrschaft der Bilderfluten wesentlich mitbestimmt.

In der Verkehrsweise des Warenhauses, die face-to-face oder personale Kommunikation (noch) ermöglicht und stiftet, und in dem Darstellungscharakter seiner Präsentationen vollziehen sich spezifisch jene Bewegungen, jener bereits skizzierte Koordinatenwechsel von Raum-Zeit-Erfahrung und von der tendenziellen Dominanz des abstrakten Schriftlichen (Verbalen) zur Visualisierung, zur Überflutung der Sinne mit neuartigen (vorwiegend mediatisierten) Bildern. Als wechselnde Ausstellung oder sinnliches Bilder-Spektakel von

42 In: ebda., S. 140f.

Dingen als Angeboten des Genießens, und mit seiner komplex-verschlungenen Räumlichkeit erfordert und übt es permanente Beweglichkeit; es drängt die Wahrnehmung der Welt als audiovisuelle Fülle im ständigen Perspektivenwechsel auf. Die besondere, neuartige Theatralität seiner Struktur und seiner Verkehrsweise erfülllt zugleich eine spezifische Funktion. In ihr (im Warenhaus generell) verwirklichen und stellen sich spektakulär, in diesem Sinne unübersehbar dar Veränderungen (Beschleunigungen) der Warenzirkulation, der Verkaufskultur und, nicht zuletzt, sozio-kultureller Haltungen und ökonomisch-kultureller Mechanismen in der Entfaltung des Kapitalismus. Das Warenhaus ist ein wichtiger Faktor des historischen Koordinatenwechsels in der Akzentuierung des Verhältnisses von Produzieren und Arbeit, von Verzehren und Genießen (Konsumieren). Soziale, kulturelle Wertsetzungen der bürgerlichen Gesellschaft (bürgerlicher Schichten) verschieben sich mit der entfalteten Warenproduktion und der beschleunigten (zu beschleunigenden) Warenzirkulation von einer rigorosen Orientierung auf Arbeit, auf das Produzieren, auf einen rationalen Utilitarismus, auf instrumentelle nüchterne Zwecksetzung und der entsprechenden Ideologisierung des Waren- bzw. Werteschaffens hin zur Anerkennung und Betonung der Freizeit oder Muße, des Konsumierens und des Genusses. Die sinnliche Beziehung zur Welt, daher zu den Waren (Dingen, Tätigkeiten), das gleichsam ästhetisch-genießerische Verhalten allgemein und damit zu sich selber, zu seinem individuellen Leben oder zum "Sinn von Dasein/ Leben" gewinnen sukzessive Priorität, gleichsam öffentliche Legitimität, bestätigt durch die Warenzirkulation in ihrer Qualität als Warenästhetik oder auch "Theatralisierung" der Bewegungen der Dinge (Waren), der Verkaufskultur selbst.

Die Weltausstellungen seit 1851, seit dem englischen Kristallpalast, waren symptomatische Ereignisse. Sie könnten als Muster der Warenhäuser gelten, die sich in der zweiten Hälfte des 19. Jahrhunderts herausbildeten als Verkaufszentren und zugleich Zeiträume des Genießens der Dinge und Tätigkeiten und von freier Zeit, des simultanen Sehens, der Beweglichkeit. Sie demonstrieren eine neue Dominanz des Visuellen, und sind, vielleicht, historisch die erste übergreifende, sehr auffällige Produktions- und Rezeptionsstätte der Bilderfluten und des Spektakels (Debord) oder der Theatralität des Alltags, die, primär, vor allem kapitalistische Industriegesellschaften des 20. Jahrhunderts wesentlich prägen sollten. So war 1852 die Eröffnung des ersten Pariser Kaufhauses *Bon Marché* verbunden mit der Dynamisierung des Verkehrs (Pferdebahnen, Omnibus, später Elektrische), der große Käufermassen schnell zu dem jetzt großen, nicht mehr kleinen, vereinzelten Laden transportieren konnte. Der Käufer, so Schivelbusch, reiste zwischen den Waren des Kaufhauses umher – wie der Eisenbahnfahrende durch die Landschaft. Die Waren verschmolzen sich für ihn als ein Ensemble von Gegenständen und Preisschildern zu einem pointillistischen Gesamteindruck. Eine Stelle aus Zolas Roman *Au Bonheur des Dames* belegt das:

> Frau Desforges sah überall nur die großen Anschlagzettel mit riesigen Zahlen, deren grelle Flecke sich von der starkfarbigen Indienne, der leuchtenden Seide, den matten Wollstoffen abhoben. Die Köpfe verschwanden fast hinter Stapeln von Bändern, eine Mauer aus Flanell sprang vor wie ein Kap, überall ließen die Spiegel die Ladenräume noch tiefer erscheinen, spiegelten Auslagen und Teile des Publikums wider, zurückgebogene Gesichter, halbe Schultern, und Arme, während rechts und links die Seitengalerien Durchblicke auf die schneeigen Buchten des Weißzeugs, die gesprenkelten Tiefen der Wirkwaren gestatteten, auf entlegene Weiten, die ein durch irgendein Glasdach einfallender Lichtstrahl erhellte und wo die Menge nur noch menschlicher Staub war.[43]

Die Kaufhäuser, die in Deutschland seit Mitte der neunziger Jahren entstanden, wurden bald als "simultanes Bewegungstheater" oder Bewegungsspektakel erfahren. Paul Göhre schrieb 1907 über das 1895 in Berlin eröffnete Warenhaus Wertheim:

> Wer das Haus Wertheim zum ersten Mal betritt, empfängt den Eindruck eines erdrückenden Gewirres. Menschen fast zu jeder Tageszeit in ununterbrochenen Strömen; unabsehbare, immer neue Reihen von Verkaufsständen; ein Meer von Warenmassen, ausgebreitet; Treppen, Aufzüge, Etagen, sichtbar wie die Rippen eines Skeletts; Säle, Höfe, Hallen; Gänge, Winkel, Kontore; Enge und Weite, Tiefe und Höhe; Farben, Glanz, Licht und Lärm: ein ungeheuerliches Durcheinander, scheinbar ohne Plan und Ordnung. Freilich, wer eine Ware sucht, kommt auch das erste Mal schnell an seine Stelle: Empfänger, an den Eingängen postiert, im schwarzen Anzug, weisen Weg und Richtung [...]. Wer aber einen Über- und Einblick in das Haus und sein Getriebe gewinnen will, bedarf häufigerer Besuche, fast ein richtiges Studium.[44]

Das Warenhaus wurde schnell auch zu einem Ort des elementaren sinnlichen Genießens. Restaurants waren eine Komponente der simultanen Ausstellungen und der vereinnahmend bedrängenden Angebote des Genießens. "Eine besondere Hervorhebung," so Göhre, "verdient der Erfrischungsraum. In Wahrheit ist es kein Raum, sondern fünf oder weniger große Säle, in denen die Käufermassen ein- und ausfluten, essen, trinken, plaudern wie in einem nur frequentierten Großrestaurant."[45] Göhre sah, daß und wie die neuen

43 In: Schivelbusch 1979, S. 169.
44 In: Wilzopolski 1992, S. 122.
45 In: ebda., S. 127.

Sehweisen, die Simultaneität und Geschwindigkeiten, die permanente Beweglichkeit Momente (Bedingungen, Faktoren, Ergebnisse) der modernen Kapitalbewegung, ihrer Warenzirkulation, ihrer Verkaufskultur und entsprechender Haltungen und Wertsetzungen sind. Der Bildungseinfluß, so Göhre, sei kaum zu unterschätzen:

> Durch die stets wechselnden Warenmassen aller Art, die ohne Kaufzwang den ein- und ausströmenden Menschen sich darbieten, wird, noch dazu durch das müheloseste und wirksamste Unterrichtsmittel, den Anschauungsunterricht, der Masse eine Warenkenntnis vermittelt, wie sie sonst nicht möglich ist [...]. Dadurch wird der gesamte Gesichtskreis der Menschen stark erweitert, ihr Urteil geschärft. Noch mehr, auch der Drang, zu besitzen und mehr als bisher zu genießen, wird geweckt und gestärkt, die 'Begehrlichkeit' also angeregt, die verdammte 'Bedürfnislosigkeit' dadurch bekämpft [...]. Denn auch diese Begehrlichkeit ist eine Frucht des Kapitalismus unserer Tage, der auf Massenproduktion und auf Massenkonsum hindrängt. Beides ist aber nur möglich, wenn der Wille zum Genuß, natürlich zu einem edlen Genuß und nur in Grenzen der Kaufkraft eines jeden, gestärkt wird. Und ihn stärkt das Warenhaus.[46]

Die Tendenz zur besonderen Wertschätzung und zur durch veränderte Verkaufskultur und Reklame geförderten Verinnerlichung einer Genuß- oder Verzehr ("Konsumenten")-Haltung im Unterschied zur gleichsam puritanischen "Produktionsethik", die für wichtige bürgerliche Schichten zwischen dem 17. und 19. Jahrhundert wesentlich war, erscheint als ein Moment der explosiven Beschleunigung und Erweiterung (Umwälzung) der kapitalistischen Warenproduktion und damit der Warenzirkulation. Als ein aktiver Faktor für die Herausbildung neuer Wahrnehmensweisen und Wertesetzungen hatte sie tiefgreifende kulturelle Wirksamkeit. Das auffällige Bejahen des Audiovisuellen, das betonte Verhalten zur Welt als bildliche Sinnlichkeit dürfte als eine Seite neuer Akzentuierung des Genießens gedeutet werden. Das Betonen des Genusses übersetzt sich in das Begehren der sinnlichen Gestalten. Dieser komplexe Prozeß erscheint als Produktion und zugleich als ein Motor der sich explosiv erweiternden und beschleunigenden Kapital- und Warenzirkulation. Er entfaltete sich in einer historisch neuartigen Aufwertung des Bildlich-Sinnlichen u.a. oder vielleicht vor allem anderen in der audiovisuellen Mediatisierung, mit der Fotografie als Beginn, und damit in der Akzeptanz des Begehrens und Genusses als wesentlicher kultureller Werte und Dimension individueller Sinnbefriedigung. Das konnte sich sinnfällig nicht zuletzt in der simultanen (theatralen, spektakelhaften) Ausstellung der Welt

46 In: ebda., S. 130.

bzw. der Dinge (Waren) wie in der Bewegung des Individuums als Warenkäufer realisieren. Die Entfaltung der Warenhäuser ging so einher mit der Veränderung der Warenwerbung.

Die Werbung im 19. Jahrhundert war vor allem verbal, gleichsam noch unterworfen der Dominanz des Literarischen und der mit ihm korrespondierenden "Produktionsethik". Sie beschrieb umständlich-ernsthaft die Nützlichkeit eines Dinges (Ware). Seit Ende des 19. Jahrhunderts rückte man allmählich die Gestalt, das Bildhafte, allgemein die sinnlichen Qualitäten in den Vordergrund, und man strebte ästhetische Wirkungen an. Das Maß und die Art, in denen die Ware Genuß befriedigt, die (sinnlichen) Bedürfnisse des Individuums befriedigen kann, werden zunehmend dargestellt. Mit dieser modernen Werbung beginnt die Überflutung mit Bildern und Tönen oder das Spektakel, die theatrale Ausstellung der Dinge und Tätigkeiten, die, nicht unzutreffend, auch als Warenästhetik beschrieben worden sind. Die amerikanische Kulturgeschichtsschreibung, speziell in der Auseinandersetzung mit Werbung, sieht das als ein Moment in der Übergangsphase zur "Konsumenten-Gesellschaft" des 20. Jahrhunderts. Die Firma Sears begann z.B. 1887 mit dem Versandhandel über Kataloge. Bis Anfang des 20. Jahrhunderts wären Sprache, Aufmachung, Argumentation, daher der Werbegestus gleichsam "noch rückwärts" gerichtet. Man betonte die Nützlichkeit der Produkte, beschrieb und illustrierte langatmig ihre Funktionen, versicherte dem Kunden die Solidität der Firma (Bankverbindungen usw.) und stellte die handwerklich solide Arbeit heraus, mit der das Produkt gemacht worden sei. Der Katalog von 1908 umfaßte ca. 1200 Seiten mit sehr ausführlichen, gleichsam verbaltrockenen Beschreibungen der vorgestellten Dinge, ergänzt durch einige Illustrationen, die aber nicht ästhetische Bedürfnisse, das Genuß-Interesse, das spezifische Vergnügen möglicher Kunden-Individuen oder Konsumenten an den Gestalten der Produkte ansprachen. Die zwanzig Seiten, die der Werbung für Klaviere und Orgeln gewidmet waren, ermahnten so den Leser von Beginn an, "jedes Wort auf den Seiten, die nun folgen, zu lesen". Der Akzent auf die handwerkliche Qualität (craft values) diktierte auch den Sprachstil. Massive Betonung des Tatsächlichen, Überlänge und Wiederholungen der Beschreibungen der Produktqualitäten herrschten vor, und predigerhafte Ermahnungen wandten sich an den "guten Verstand"[47]. Zum allgemeinen Trend bemerkten die Autoren von *Social Advertising*:

> The recognition that the progress of industrialism itself would require society to change its emphasis from a 'production ethic' to a 'consumption ethic'

47 Leiss/Kline/Jhally 1986, S. 64.

began to spawn at the close of the nineteenth century. Rosalind Williams has spotted in French thought of the period the evocation of what she calls 'dream worlds of the consumer'. At this time the large urban department stores were established, and the great expositions that had started with the Crystal Palace in 1851, where the wonders of science, technology, and machinery were at the forefront, completed the transition from production to consumption with the Paris exposition of 1900: 'At the 1900 exposition the sensual pleasures of consumption clearly triumphed over the abstract intellectual enjoyment of contemplating the progress of knowledge' [...]. As soon as cheap consumer goods began to appear in large quantities, commentators started to fret about the 'levelling of tastes', that is, the collapse of the distinction, formerly so clear, between the items of refined design possessed by the rich and the rough possessions of the poor. Industry's cleverness was beginning to devise passable mass-produced imitations of objects that the poor had only dreamed of owning in the past.[48]

In ihrem Teil 3, überschrieben *Das Theater der Konsumption (THE THEATER OF CONSUMPTION),* betonen die Autoren, daß sich seit den zwanziger Jahren das Visuelle in den Werbeanzeigen massiv durchsetzte. In Teil 2, der sich mit *Reklame und Medien beschäftigt,* gehen sie darauf ein, wie man sich allmählich von fixierten Standards, die Leistung und moralische Werte unterstrichen, befreite. Man begann sich stattdessen zu orientieren an und zu richten nach "the ever fuller consumer marketplace – a marketplace that had begun to address them as individuals"[49]. THE SENSE OF SATISFACTION, so die Überschrift eines anderen Abschnitts, wurde in den Vordergrund gerückt. Die Visualisierung, verbunden mit und am adäquatesten vermittelt bzw. produziert in den audiovisuellen Medien, war dafür wesentlich. Und sich auf John Bergers *Ways of Seeing* (1972) beziehend, schätzen die Autoren ein, daß in den ersten zwei Jahrzehnten die Möglichkeiten des Illustrierens und photographischer Produkte die ersten Risse in der "strictly rational orientation of the product information format toward utility" bewirkten.

The concrete, tangible nature of the product became more important, and utility became associated with this. Sometimes the product was portrayed as having powers that made it more than a mere object for utilitarian functions, as giving off emanations of another world of promise and potency. The product ascended a pedestal (often actually depicted in the ad); tangibility implied permanence and reverence and the text on these qualities made manifest in the visual. The continuing development of the visual dimension of advertising and changes in advertising copy sped the transition to symbolic representations in

48 Ebda., S. 51.
49 Ebda., S. 52.

> the 1920s. Under the influence of the new media of film and radio, emphasis on what the product did diminished while the visuals increasingly explored what the product could mean for consumers [...].[50]

Mit dem italienischen Futurismus und darauffolgenden Avantgardebewegungen wie Dadaismus, Konstruktivismus und dem Bauhaus werden die industriellen, kommunikativen, nicht zuletzt die ökonomischen (neue Warenzirkulation etc.) Veränderungen und vor allem die Umbrüche bzw. Umbruchszwänge der Wahrnehmung direkt angenommen bzw. offen reflektiert und in entsprechende Konzepte und Praktiken künstlerischer Strukturen übersetzt. Das wäre eine der wichtigen Dimensionen des Prozesses, den Peter Bürger unter der Vorstellung beschrieb, daß die Künste als "historische Avantgarden", sich – wieder – mit dem Leben zu verschmelzen suchten. Die gleichsam positive Ausstellung der Reklame bzw. ihr wie selbstverständliches Einbeziehen in die "Videoclip"-Struktur des *Varieté*-Manifests der Futuristen war ein demonstrativer Schritt. Es theoretisierte nur das für Theater, was andere futuristische Manifeste bereits formuliert hatten und was szenaristische "Synthesen", 1915 das Manifest *Das FUTURISTISCHE SYNTHETISCHE THEATER* (Marinetti, Settinelli und Corba) und Inszenierungen der Futuristen in der zweiten Dekade demonstrierten. Schon 1912 schrieb Marinetti im *Technischen Manifest der Futuristischen Literatur*, die Fluggeschwindigkeit habe unsere Kenntnis von der Welt vervielfacht und so Wahrnehmungsweisen umgebrochen. Man müsse das "ICH" in der Literatur zerstören. "Für einen futuristischen Dichter gibt es nichts Interessanteres als die Bewegungen der Tatze eines mechanischen Klaviers. Der Kinematograph bietet uns den Tanz eines Gegenstandes, der sich teilt und sich ohne menschliches Eingreifen wieder zusammensetzt." Nach dem Reich der Lebewesen beginne das "Reich der Maschinen". Durch Kenntnis und Freundschaft der Materie bereiten wir "die Schöpfung des MECHANISCHEN MENSCHEN MIT ERSATZTEILEN vor"[51]. Das Theater der Bühnensynthesen, so das Manifest zum *Synthetischen Theater*, betone das Blitzartig-Schnelle der Dinge. Auf diese Weise könne es die Konkurrenz mit dem Film aufnehmen. Es sei dumm, alles, was dargestellt wird, mit einer eingehenden Logik und in Kausalitäten erklären zu wollen, "weil die Wirklichkeit um uns herum vibriert und uns *Teilstücke* von Geschehnissen entgegenschleudert, die miteinander in Verbindung stehen, die ineinandergeschoben und verworren, verwickelt und in einem chaotischen Zustand sind"[52].

---

50 Ebda., S. 233.

51 In: Baumgarth 1965, S. 166–171. Vgl. Kirby 1971.

52 In: Baumgarth 1965, S. 179.

Die unbefragte, gleichsam wie selbstverständliche Integration der Reklame in die futuristische Performance, und zwar als sinnlich-visuelles Phänomen, als Leuchtschrift, zeigt nicht nur eine neuartige, dem tradierten bildungselitären Hochmut konträre Haltung, sondern auch die wie selbstverständliche positive Beziehung einer Kunstavantgarde zu ökonomischen kapitalistischen Realitäten, die von Künstlern bis dahin gleichsam ignoriert oder als prosaische niedrige Lebenssphäre angesehen wurden. Zwischen den verschiedenen Lebensbereichen werden keine starren Grenzen mehr angenommen oder gar postuliert. Die "prosaische" Welt der harten, brutal-unschönen Geschäfte, die der "hohen" Kunst bisher als das Häßliche, als das Unmoralisch-Unschöne galten, erscheinen jetzt auch als Zonen eines wohlgefälligen Interesses. Der Futurismus, alte Ansprüche auf einen besonderen kulturellen Status der Kunst, zumindest in der Programmatik, ironisch und vehement ablehnend, nimmt (modernste) Bausteine dieser anderen Zonen als integrale Momente in seine avancierte Kunstauffassung hinein. Von einer anderen Seite her gesehen: In dieser Haltung, die wie selbstverständlich die ästhetisch besetzte Warenwerbung akzeptiert, manifestieren sich Parallelen, ja wohl engere Korrespondenzen zwischen den strukturellen Veränderungen der Kunst und denen der Warenproduktion bzw. Warenzirkulation. Die Schnittpunkte zwischen künstlerischer und Verkaufskultur liegen gleichsam in beiden Feldern, in der Warenästhetik und in der für die Ästhetisierung der Warenwelt offenen Kunstavantgarde selbst. Innere, sicher sehr diskontinuierliche, Verknüpfungen zwischen den (nach Bürger) "historischen" und anderen frühen Avantgarden auf der einen Seite und der Videokultur, der Rockkultur und der Warenästhetik am Ende des Jahrhunderts auf der anderen sind so vielleicht vielfältiger und tiefgreifender als Weibels Vergleich möglicherweise anzudeuten suchte. Wie verschlungen solche Beziehungen sein dürften, könnte ein erneuter Blick auf Anfänge der internationalen Theaterreformen andeuten.

Der Futurismus thematisierte vielleicht nur offen und stellte schamlos aus, was sich in anderen Erscheinungsformen und mit anderen Akzenten, zumindest indirekt, schon in der ersten Phase des Paradigmenwechsels vorgezeichnet hatte. Dabei zeigten sich Ansätze der Umorientierung auch in dem Theater, das stark von Intellektuellen, von gebildeten Bürgerschichten getragen war, noch früher, außerhalb dessen, was Avantgardegeschichte im engeren Sinne ausmachen könnte. Im deutschen Theater deuteten sich entsprechende Verschiebungen in den neunziger Jahren des 19. Jahrhunderts an. Theaterhäuser, die bisher allein dem literaturverpflichteten Bildungstheater vorbehalten schienen, zeigten Ausstattungsstücke und revueartige Spektakel. In ihnen herrschten anstelle der diskursiven Verbalität das Konkret-Sinnliche der Dinge (Kostümierungen, Szenographien) und die sich darin bewegenden

Körper als “begehrenswerte Bilder” vor. Symptomatisch dürfte 1892 der Neubau *Kleines Theater unter den Linden* gewesen sein. Er vereinte das tradierte Bühnenhaus mit einem Hotel, einem Café und mit unmittelbar neben dem Zuschauerraum befindlichen Räumen für verschiedene Geselligkeiten (Vergnügen, Genuß). Im Prolog zur Eröffnung hieß es: “Hier stirbt nicht Egmont unterm Henkerbeile/ und Götz wird nicht im Schlafe umgebracht/ Hier wird alleine nur der Langeweile/ Mit Lied und Tänzen der Garaus gemacht.”[53]

Bemerkenswert sind einerseits die Personalunion, in der Peter Behrens ein für den Paradigmenwechsel nicht unwichtiges Fest- und Theaterkonzept vorlegte und in der er einige Jahre später als der wohl historisch erste große Industriedesigner wirkte, und andererseits die direkte Verwandtschaft des Theaterkonzepts von Behrens mit der Theaterprogrammatik von Georg Fuchs, dessen Ideen für die erste Phase des Koordinatenwechsels von erheblichem internationalen Gewicht waren (vgl. allein Meyerhold).

Fuchs lehnte mit dem Motto “Retheatralisierung des Theaters” das an der Literatur orientierte Theater ab. Bekanntlich war sein Vorbild der Tanz, die Bewegung des Körpers, auf deren Basis sich theatrale Kunst spezifisch strukturieren müsse.

> Sind doch den jüngeren Schauspielern jetzt schon die singenden Tänzerinnen und die Grotesken der Tingeltangel nicht selten überlegen in der Beherrschung des Körpers und aller sinnlichen Grundzüge ihrer Kunst, so daß die Maler und Kunstfreunde es oftmals vorziehen, ihr Auge in den Singspielhallen an wirklicher Kunst der Geberde und der Tracht zu ergötzen.

Den Schauspielern seien die “sinnlichsten Kunstmittel die wichtigsten”. Sie sollten sich erinnern, daß “die Kunst des Schauspielers ihre Herkunft genommen hat vom Tanz”.[54]

Fuchs’ Revolution des Theaters zielte auf Festlichkeit, auf sinnlich-genußreiche Geselligkeit einer Elite seiner Gegenwart. Wahrscheinlich spielte dabei die Gruppe der (nicht zuletzt industriellen) Unternehmer keine unwichtige Rolle. Er selbst war Unternehmer, u.a. in der sich entfaltenden Kultur(Kunst)-industrie. Das Theater solle Kristallisationspunkt einer neuen Fest-Kultur sein. “Wenn die Schaubühne Geselligkeit ist, Festlichkeit, Kult, gut, so ist sie offen und ehrlich unsere Geselligkeit, unsere Festlichkeit [...].”[55]

Fuchs erweiterte Vorstellungen zu einer “Revolution des Theaters”, die Peter Behrens um die Jahrhundertwende vorgetragen hatte. Sie scheinen mir zu seiner kulturgeschichtlich bedeutsamen ästhetisch-künstlerischen Gestal-

---

53 In: *Berliner Börsen-Courier*, 24. 9. 1892, Nr. 985.
54 Fuchs (1905), S. 63, S. 65f.
55 Ebda., S. 18.

tung des modernen Konzern-Image und der modernen Produkte, daher der Warenproduktion und Warenzirkulation geführt zu haben, in einer (diskontinuierlichen) Linie, auf der gleichsam Ästhetisches und Utilitaristisches verbunden wurde in der vollen Annahme der Realitäten expansiver kapitalistischer Industrialsierung. Der Titel seiner ersten relevanten Schrift von 1900 *Feste des Lebens und der Kunst. Eine Betrachtung des Theaters als höchsten Kultursymbols* benannte neue Akzente: Betonung des FESTLICHEN, daher der sinnlichen Qualität oder Funktion des Theaters für die Sinnen"bildung" und den sinnlichen Genuß, und zwar hier für (eine) die kulturelle Elite. Deren Geselligkeit als sinnliche Erfahrung des (Kunst-)Raumes, der sinnlichen Oberfläche (des Visuell-Bildlichen) stand im Mittelpunkt. Das amphitheatrale Freilicht-Theater wurde bevorzugt, wo alle alles sehen *und* gleichsam miteinander genießen können. Es ging um eine Reliefbühnen-Wirkung, wie sie dann, von Fuchs 1909 in den Rang eines wegweisenden Modells erhoben, in München praktiziert werden sollte.

> Die Sitze sind so angeordnet, daß der Verkehr zwischen allen Plätzen ermöglicht bleibt. Wir wollen gesellige Menschen bleiben, und froh sein unsres schönen Lebens, uns nicht nach dem Schluß sehnen, um aufatmen zu können. Wir wollen uns nicht an bestimmte Spielstunden binden, es kann Tag sein oder Abend [...]. Das Relief ist der markanteste Ausdruck der Linie, der bewegten Linie, der Bewegung, die beim Drama alles ist [...]. Das Künstlerische beginnt da, wo eine Erscheinung zur selbstherrlichen Form vereinfacht, das umfassende Sinnbild aller ähnlichen Erscheinungen wird [...]. Wir verstehen die Kunst als Form und wollen diese in der meisterlichsten Art [...]. Der Schauspieler stehe über seiner Rolle, er dichte sie, bis alles Pathos ist und Pose [...]. Seine Bewegungen sollen rhythmisch sein wie die Sprache seiner Verse. Seine Bewegungen sollen selbst eine Formdichtung werden. Er wird ein Meister des Tanzes werden, eines Tanzes, wie wir ihn als schöne Kunst kaum noch kennen [...].[56]

Behrens war der große deutsche Industrie-Designer, vielleicht der erste überhaupt, und zwar für die im ersten Jahrzehnt modernste deutsche (internationale) Branche und für das, möglicherweise, nach den neuen Anforderungen der Kapitalverwertung am besten geführte Unternehmen – die AEG. Als deutscher Konzern der Elektroindustrie war sie zugleich mit internationalen Firmen monopolartig verbunden. Walter Rathenau, Vorstand der AEG, beauftragte 1907 Behrens als Chef-Designer, das gesamte Unternehmen (70000 Angestellte) ästhetisch oder künstlerisch-designerisch zu "stylen". Das erstreckte sich vom Bau neuer Fabrikhallen über die Formung von Maschinen und den Aufbau einer neuartigen Öffentlichkeitsarbeit bis zu der, wohl am

56 In: Brauneck 1986, S. 48–50.

wichtigsten, modernen ästhetischen Durchstylung der Produkte. Im veränderten modernen Design der von der AEG produzierten technischen Geräte wurde eine spezielle Dimension von Warenästhetik entwickelt. Rathenau hatte Behrens engagiert, um speziell das Aussehen, die Gestalt, das Visuell-Sinnliche des Unternehmens und seiner Produkte/ Waren modern zu formen, anlockend, auf die Sinne der Betrachter, der potentiellen Käufer genußbereitend einwirkend.[57]

Behrens war von 1907–1914 tätig. 1907 schrieb er im *Berliner Tageblatt*, er wäre beauftragt, neue Designs für die Produkte des Unternehmens zu produzieren. Im industriellen Prozeß seien bisher die technischen Aspekte betont worden. Der entscheidende Faktor für die äußere Form wäre der individuelle Geschmack des Werkmeisters gewesen. Von jetzt wolle und solle man die Tendenz unseres Zeitalters befolgen und ein Design schaffen, das der Maschinenproduktion adäquat sei. Das werde nicht erreicht durch Imitation der Handwerkertradition, anderer (vorindustrieller) Materialien und anderer historischer Stile, sondern nur durch die möglichst intimste Union zwischen Kunst und Industrie. Erreicht werden könne das durch Konzentration auf die technische und mechanische Produktion, um durch künstlerische Mittel an jene Formen zu gelangen, die sich unmittelbar aus der Maschine und der Maschinenproduktion ergeben und mit diesen korrespondieren.[58]

Stuart Ewen vergleicht Behrens' Arbeit für die AEG mit dem Beginn der "Hochzeit zwischen Kunst und Kommerz", wie er einen Abschnitt seines Buches zu den *Alles Verzehrenden Bildern* (*All Consuming Images)* überschreibt. D.E. Burnham, Architekt und Chef-Designer der Columbian-Ausstellung stellte 1907 eine intime und bedeutende Verbindung zwischen Style und Profitraten her. Schönheit habe sich immer besser ausgezahlt. Eines der überall auftretenden Beispiele für diese These wäre die Reklame. 1914 habe Walter Lippmann, so Ewen, das Aufblühen der Reklame als Zeichen dafür gesehen, daß die Geschäftsleute versuchten, sich verantwortlich zu machen sowohl für die Konsumtion als auch die Produktion.

> A seductive, imagistic panorama had been installed above the American landscape: 'The eastern sky (is) ablaze with chewing gum, the northern with toothbrushes and underwear, the western with whiskey, and the southern with petticoats, the whole heavens [...] (are) brilliant with monstrously flirtatious women ... When you glance at magazines [...] (a) rivulet of text trickles through the meadows of automobiles, baking powder, corsets and kodaks'.[59]

57 Ewen 1988, S. 42.

58 In: ebda., S. 211.

59 Ebda., S. 43. Ewen zitiert hier aus Lippmann 1914.

Es wäre weiter zu denken an Korrespondenzen, die bestehen könnten auf der einen Seite zwischen Reinhardts Theater der Sinnenbetontheit, der Bewegung von Körpern, Farben, Dingen, der Integration von Tanz, Musik und Pantomime, zwischen seinem Konzept von einem genußreichen Theater als Fest, verwirklicht in den Salzburger Festspielen 1920 und in seinen Darstellungen für kleine ausgewählte Gruppen in seinem schloßartigen Haus, und seiner Rolle als erster bedeutender "imperialer" europäischer Theaterunternehmer auf der anderen Seite. Aber selbst wenn diese Beziehung keine Aufschlüsse für eine deutliche Prägung der Spezifik seiner Darstellungen und somit für die moderne "Hochzeit von Kunst und Kommerz" ergeben sollte, ebnete wahrscheinlich seine Kunst in der Betonung des Sinnlichen und der audiovisuellen Bewegung des Niederreißens der alten Grenzen zwischen "hoher Kunst" und dem Trivialen, der nicht-kulturwürdigen Unterhaltung Wege für diese Hochzeit. Daher wohl auch die heftige Kritik, die kulturkonservative und an einer aufklärerischen Bildungsmission des Theaters orientierte Gruppen bis in die zwanziger Jahre an ihm übten. F.F. Baumgarten nannte sein Theater 1920 "Zirkus Reinhardt". Er verglich es u.a. mit den Warenhäusern.

> Jetzt vernichtet er das Theater durch den Zirkus. Er ist der Regisseur des wilhelminischen Barock. Sein Zirkus ist das Harakiri des wilhelminischen Theaters. Die Merkmale dieses Theaters sind die marktschreierisch zu Warenhaus-Kitsch mißbrauchten Klassiker, die Sexual-Reize und die Ausstattungs-Witze [...].[60]

Es wäre aber wohl zu eng, läse man in diesen Merkmalen allein Korrespondenzen zur sich entfaltenden Warenästhetik. Möglicherweise spielte die Suche nach alternativen Haltungen und Kunstformen gegen das dominante illusionistische und literaturfixierte Theatermodell die entscheidende Rolle für den neuen Blick auf die bis dahin als "Nicht-Kultur" ausgegrenzten Bereiche der "trivialen Spektakel", der Revuen, des Varietés, des Zirkus. Das heißt, diese Merkmale hätten sich ergeben aus einer gleichsam "inneren Bewegung" des Theaters und der Felder künstlerischer Kultur überhaupt. Sie bedienten das Begehren nach grundsätzlich anderen Haltungen zu künstlerischer Kultur überhaupt, zu anderen Theaterstrukturen und Wahrnehmungsweisen. So resultieren sie vornehmlich aus den Bemühungen, sich innerhalb des Kunstbereiches aus der unerträglich empfundenen Hegemonie des Dogmas aufklärerisch-literaturergebenen Theaters und der mit einer solcher Haltungen verbundenen arroganten Beschränkung auf "Hochkultur" zu befreien. In diesem Sinne orientierten sich die avancierten Konzepte von Craig über Meyerhold und bis zu Marinetti und späteren Bauhauskünstlern wie Moholy-Nagy an

60 Baumgarten 1920, S. 14.

theatergeschichtlichen Gegen-Modellen wie der commedia dell' arte und anderen nicht von der Literatur beherrschten Darstellungsweisen (Meyerholds Balagan, Reinhardts Pantomimen), der Akrobatik des Zirkus, der Revue, des Tanzes, des Varietés und den "niederen" Clownerien. Gab Reinhardt das wohl erste große Beispiel des modernen international ausgreifenden Regisseurs und Theater-Unternehmers, so förderte er zugleich, zumindest für einige Regionen, das "triviale Theater" und beeinflußte nicht zuletzt Darstellungsstrukturen der Revue bzw. Music-Hall. Reinhardts Theater des Sinnenhaften, so Huntley Carter Anfang der zwanziger Jahre, sein Theater des buchstäblichen Ausstellens der sich bewegenden Oberfläche, von Körpern, Dingen, Environments, Kostümen, habe eine "Tradition der Farben und Linien" begonnen, die sich, über Europa erstreckend, deutlich 1916/17 in englischen Spektakeln niederschlug.[61]

Was die tänzerischen Darstellungen betrifft, wäre das Beispiel Loïe Fullers um die Jahrhundertwende heranzuziehen. Dazu Gabriele Brandstetter:

> Die Herkunft Loïe Fullers aus dem amerikanischen Unterhaltungstheater des Vaudeville und Varieté verweist auf ein weiteres bedeutendes Merkmal des Paradigma-Wechsels vom Tanz des 19. zum 20. Jahrhundert: Neben der Gegenposition des sogenannten Neuen oder Freien Tanzes zum klassischen Ballett zeichnet sich eine neue Durchlässigkeit des Kunstsektors 'Tanz' zum Unterhaltungssektor Varieté, Revue, Show ab; ja vielfach sind gerade die Innovationen der tänzerischen Avantgarde aus solchen Grenzüberschreitungen entstanden. Der 'Raum' und die 'Zeit' des Tanzes im 20. Jahrhundert verdanken ihre Vielfalt und Multi-Medialität nicht zuletzt dem formalen wie technischen Segmentierungs-Prinzip – der 'Schnittechnik' – der Revue.

Während andere wie I. Duncan den weiblichen Körper gerade im Tanz präsentierten und propagierten, setzte Fuller "den Raum gerade durch das

---

61 Carter 1925, S. 49. Was das revueartige Theater der "Unteren", kleinbürgerlicher Schichten und der Proletarier in urbanen Zentren Deutschlands bzw. Berlins um die Jahrhundertwende betrifft, vgl. einen Bericht über den Besuch des "Prater-Gartens" am Prenzlauer Berg: "Zu meinem Leidwesen mußten wir schon mittags dort sein, um die besten Plätze an den billigen Tischen zu reservieren, während die Vorstellung erst um vier Uhr begann. Wir verteidigten unsere Plätze wie die Löwen [...]. Um zwei Uhr erschien dann Gott sei Dank unsere Mutter, hochbeladen mit Kuchenpaketen. Ich [...] wartete mit höchster Spannung auf das Hochgehen des Vorhangs. Arthur Seelen mit Frau und Tochter waren jahrelang die Koryphäen dieses echten Berliner Volkstheaters. Zuerst wurde ein Volksstück gespielt, das ich nur zum Teil verstand, dann folgte ein Varietéteil, in dem der Komiker regierte. Seine Refrains wurden stürmisch bejubelt [...]. Der größte Anziehungspunkt für Elly und mich war aber der Tanzsaal, der vor dem alten schönen Garten lag. Stundenlang beobachteten wir die Pärchen beim Tanz. Mitten im schönsten Walzer wurde durch den Maitre de danse der Tanz unterbrochen. Ein eleganter Herr im Frack mit Kaiser-Wilhelm-Bart sammelte von jedem Paar den Tanzgroschen ein [...]. Abends gab es natürlich noch heiße Würstchen [...]." (Erlebnisbericht von um die Jahrhundertwende in: Glatzer 1986, S. 661f.)

Verschwinden des Körpers in den unendlichen Metamorphosen des ihn umspielenden Seidengespinnsts in Szene". Während I. Duncan und die nachfolgende Generation des "Art Dance" und des Ausdruckstanzes glauben, den "Körper als Natur wiederzuentdecken und seine archetypischen Ausdrucksmöglichkeiten auf die antike Mythologie oder das Ritual des asiatischen Tempeltanzes zurückführen zu können", betreibe L. Fuller die

> [...] Entmaterialisierung des Körperlichen mit den Mitteln der modernsten Technik. 'Je sculpte de la lumière', sagte sie über ihr Werk, und die Paradoxie dieses Anspruchs, statt des Körpers das Licht zu formen, anstelle der Materie die Welle – sowohl des Stoffes als auch des elektrischen Lichts – als Zeichenträger der Kunst einzusetzen, bezeichnet die ganze Reichweite, die eminente Modernität ihres Schaffens. Es ist nur folgerichtig, daß in ihrem späteren Werk der Film eine so bedeutende Rolle einnimmt.[62]

Damit wäre die Überbrückung des großen "Divide"[63] zwischen "Trivialkulturen", u.a. den Show-Darstellungen und der Warenästhetik als Moment der Warenzirkulation, des "ästhetisierten Alltags", wie die Diskurse über die Postmoderne seit den 60er Jahren oder das Warhol-Syndrom zeigen, schon angelegt im Potential des Paradigmenwechsels, daher der Avantgarde-Bewegung von Anfang an. Heute erscheinen solche Korrespondenzen als eine Dimension des Paradigmenwechsels selbst, als einer der Schritte, mit denen Idealisierungen und Dogmatisierungen von künstlerischer Kultur zwischem dem 17. zum 20. Jahrhundert zurückgenommen oder überwunden werden. Das würde auch heißen, den Umbruch von Wahrnehmungs- und Wertungsweisen und entsprechender Normierungen anzunehmen, die an der Literatur, dem Druck, der "entsinnlichten", cartesianisch rationalisierten Verbalität und den Geschwindigkeiten des Postkutschenzeitalters orientiert waren.

Ein spezifischer Aspekt dieser gleichsam innerkünstlerischen Motivation des Paradigmenwechsels ist der Akzent auf die Bewegung. Um die "Dynamisierung", die Simultaneität, den ununterbrochenen Perspektivenwechsel der neu anvisierten Strukturen zu realisieren, wurde in diesem Sinne jenes Theater wieder interessant und angenommen, das gleichsam als "Kunst der Bewegung" kulturgeschichtlich bereits vielfach und ausgiebig demonstriert worden war, in Europa und außerhalb Europas. Ich habe nun anfangs die Korrespondenzen mit den allgemeinen kommunikativen Umbrüchen thematisiert. Meine Vermutungen möchte ich jetzt nicht in Frage stellen. Allerdings soll der Verweis auf eine mögliche Kausal- oder Generierungskette "Abfolge oder Geschichte der Kunstkonzepte als solcher" die Vieldimensionalität der

62 Brandstetter 1991, S. 229.

63 Vgl. u.a. Huyssen 1986.

Phänomene und die Komplexität ihrer möglichen Lesarten unterstreichen. Es erscheinen dann ein kompliziertes Faktorenbündel oder eine Verschlingung von Korrespondenzen, die für den Paradigmenwechsel symptomatisch sind und seine Konturen und auch seine Paradoxe erklären helfen könnten. Hier sind drei Momente oder Reihen angedeutet worden: innere Triebkräfte (Bedürfnisse, Interessen, Motivationen) der Linie "Theaterkunst" und Theaterkünstler, die industrielle und damit kommunikative Revolution und moderne Urbanisierung, und neue Aspekte und Geschwindigkeiten der Warenzirkulation mit ihrer auffälligen Ästhetisierung. In einem Prozeß verknüpfen sich vielleicht besonders auffällig und paradox diese unterschiedlichen Felder und ihre Wirksamkeiten: Es handelt sich um die zwischen 1900 und den dreißiger Jahren hervorstechende widerspruchsvolle Tendenz in der Theateravantgarde zur "Abstrahierung" oder auch anders zur "Entkörperlichung". Entkörperlichung ist in einer Hinsicht das treffendere Wort, in einer anderen wiederum nicht. Das würde erneut auf die Paradoxe der Bewegungen verweisen. Es geht um das Phänomen, das G. Brandstetter in bezug auf Loïe Fuller beschreibt und das sich wiederfindet in Konzepten und teilweise auch Praktiken bei Craig, den Futuristen und Bauhauskünstlern, vor allem Moholy-Nagy, aber auch Schlemmer: Nicht nur der konkrete "Körper" der Theaterfiguren (Rollen), daher die Produktion/Demonstration des sozialen Menschen, auch die gestische Sinnlichkeit des in Bewegung befindlichen Darsteller-Körpers, der im Gegensatz zu dem literaturfixierten und -dominierten Theater von den Avantgarden hervorgehoben wird, verlieren an Bedeutung. Sie "verschwinden" tendenziell unter der in diesem Zusammenhang (eben vom Körper) "abstrahierenden" beschleunigten Bewegung von Dingen, Materialien, Raumbeziehungen, Licht, Farben.[64] In den zwanziger Jahren wurden Schlemmers Tanzkreationen sehr ähnlich wahrgenommen, wie Brandstetter Loïe Fullers beschreibt. Allerdings erschienen sie jetzt in einer anderen "Oberfläche" oder auch als Bewegung anderer, moderner industrieller Materialien. "Der einzelne verschwindet vollkommen hinter dem Material des Tanzes", hieß es 1929 in einer Kritik zu Schlemmers *Bauhaus*-Tanzgastspiel in Berlin. Er schwinde sowohl hinter "dem bewegten menschlichen Körper", und dieser verschwinde "wiederum oft hinter der Bewegung, hinter *bewegten* Stoffen und Formen, hinter Metall, Glas, einem System von Kreisen, Stäben, Würfeln usw."[65]. Das wäre fast gar nicht Tanz im alt- und neugewohnten Sinne, wohl aber etwas Tänzerisches in Gegenständen und scheinbar leblosen "Requisiten", intel-

64 Vgl. Fiebach 1991, vor allem Abschnitte über Theater im Bauhaus und zum Italienischen Futurismus.

65 In: *Die Rote Fahne*, 7.3.1929.

ligent beflügelt "wie Licht auf Glas". So entständen lustige Verbindungen zwischen dünnen Stäben und Reifen, Baukastensteinen oder Masken.[66] In welchem Maße eine solche Kunst der Bewegung ihre Anregungen und Modelle aus nicht-literaturfixierten Darstellungen bezog, machte (noch einmal) 1927 Moholy-Nagys Aufsatz *wie soll das theater der totalität verwirklichkeit werden* deutlich. Als Gesamtbühnenaktion wäre vorstellbar "ein großer, dynamisch-rhythmischer gestaltungsvorgang". In der Kontrasthaltigkeit, etwa von Komisch-Tragisch und "in der ausschaltung des subjektiven" hätten "der heutige zirkus, die operette, varieté, amerikanische und andere clownerie (chaplin, fratellini)" Bestes geleistet.[67]

Solche "Abstrahierung" oder tendenzielle "Entkörperlichung" der Darstellungen im Sinne von "Verschwinden des Darsteller-Körpers" als sinnlich-biologisch-soziales Individuum sowohl in der Thematisierung als auch in der Darstellung selbst korrespondiert zugleich mit der "Entmaterialisierung" oder der "Ästhetik des Verschwindens", die Paul Virilio als Moment der exponentiell beschleunigten Geschwindigkeiten technologisch revolutionierter Kommunikation im 20. Jahrhundert beschreibt.[68]

Der dritte Bezug wäre gegeben zu der "Entkörperlichung" und dem "evonescence" im Styling, das Stuart Ewen u.a. im Zusammenhang mit der Warenzirkulation und ihrer Ästhetik untersuchte. Marinettis Theaterkonzept hatte eine direkte Verbindung dazu hergestellt. Eine indirekte Korrespondenz ließe sich erkennen in einer Zusammensicht von entsprechenden Theateransätzen der Bauhauskünstler und den guten Beziehungen von Bauhaus-Künstlern zum Industriedesign, daher zur Warenästhetik.[69] Fernand Légers Konzept des "Mechanischen Balletts", das in bezug auf die angesprochene "Entkörper-

66 In: *Berliner Tageblatt*, 4.3.1929.

67 In: Passuth 1982, S. 317.

68 Vgl. Virilio 1980; Virilio 1986.

69 Vgl. Ewen zu Moholy-Nagy in den Abschnitten *Kunst und Kommerz* und *Mechanical Sentiments:* Obwohl seine Werke der Jugend und sein Denken mit sozialistischen Idealen zusammengingen (identified), erinnere seine spätere Laufbahn nur an die Affinität zwischen "corporate and radical modernism. The very images which in his early life stripped away the facades of the past, to reveal the inevitability of socialism, became essential to the visions of the future that were promulgated, from the 1920s onward, by huge industrial corporations, and by their attendant image industries." In der Mitte der zwanziger Jahre "the interplay of radical and commercial modernism was institutionalized. Seizing upon 'the power of the artist to say things which could not be said in words', advertising, industrial design and the fashion industry all began to draw upon the futuristic imagery of the modern art movement." (Ewen 1988, S. 142) E.E. Calkins sprach von der "innate appropriateness of the new forms to express the spirit of modern industrialism". Der Einfluß der "new art" wurde nahezu universal, selbst auf Unternehmer, deren "goods are remote from those ordinarily influenced by style". Moderne Farben und Design "are styling not only products hitherto in the style class – silks, prints, fabrics, textiles, gowns, hats, shoes, and sports clothes – but social stationery, foods, motor cars, book bindings, interior decoration, furniture". (In: ebda, S. 143)

lichung" oder "Abstrahierung" in der Fluchtlinie der Bauhaus-Konzepte lag, sprach solche Korrespondenzen 1924/25 offen an. Der Alltag selber sei uns, so Léger 1924, zu einem Schauspiel geworden. Mehr denn je lenke das Auge als Cheforgan den ganzen Menschen.

> Von früh bis spät registriert es ununterbrochen die vielfältigsten Eindrücke und hat dabei immer flink, verläßlich, subtil und exakt zu sein. In einer von Geschwindigkeit beherrschten Welt hat das Auge des Fußgängers, Autofahrers und am Mikroskop sitzenden Forschers im über Leben und Tod entscheidenden Bruchteil einer Sekunde die Situation zu erfassen. Das Leben flitzt dermaßen schnell vorbei, daß alles beweglich wird.

Heute herrsche auf der Bühne noch immer das menschliche Element. Aber "die ehemals starr beschränkten Gegenstände, Lichteffekte und Farben werden lebendig und beginnen sich zu bewegen". So habe man den Einfall, statt der anthropozentrischen Schaustellung, "mit den Dingen selbst, das heißt mit dem Material als solchem zu agieren und sie wie Spieler in Bewegung zu bringen". Industrie und Handel hätten, gezwungen vom Konkurrenzkampf, als erste die "attraktive Seite der Gegenwart ihren Zwecken" dienstbar gemacht. Sie verstanden vortrefflich, daß "ein Schaufenster oder ein ganzes Kaufhaus ein permanentes Schauspiel" sein könne. Wolle der Künstler nicht von der gigantischen Inszenierung des modernen Lebens ganz an die Wand gespielt werden, bleibe ihm nur übrig, von seinem ästhetischen Standpunkt her alles, "was ihn umgibt, als Rohmaterial zu betrachten, und aus dem bunten Wirbel des Alltags die ihm entsprechenden bildnerischen und bühnenmäßigen Werte auszuwählen, um sie dann selber in ein Schauspiel umzugestalten". Ginge es nach ihm, Léger, verschwände der Mensch. Er "würde zum wandelnden Versatzstück oder hätte seinen Platz hinter den Kulissen", um von dort aus das neue Theater des schönen Gegenstandes zu dirigieren. Es sei an der Zeit, das "kleine Menschlein unauffällig von der Bühne verschwinden zu lassen. Daß sie deshalb noch lange nicht leer wird, dafür übernehme ich jede Garantie, denn wir bringen nun die Dinge ins Spiel, lassen die Gegenstände agieren."[70]

Léger hat aber auch eine oder vielleicht die unterliegende Motivation für die verschiedensten Ansätze einer solchen Entkörperlichung, der Entsubjekti-

---

70 Léger 1971, S. 151–153. Vgl. Sennetts Beschreibung des Umschlags der Verkaufskultur, der eingeleitet wurde durch das Warenhaus seit der zweiten Hälfte des 19. Jahrhunderts in Paris. Die Warenhausbesitzer hätten das Spektakuläre ihrer Unternehmungen bewußt betont. Indem man Käufer dazu brachte, "Gegenstände über ihre Brauchbarkeit hinaus mit persönlicher Bedeutung zu besetzen", entwickelte sich ein neuer Glaubhaftigkeitskode. Marx habe "für diese Konsumpsychologie" den treffenden Ausdruck "Warenfetischismus" geprägt. So konnte Aufmerksamkeit von den "gesellschaftlichen Bedeutungen, unter denen die **Gegenstände** hergestellt worden waren" auf die **Gegenstände selbst** abgelenkt werden. (Sennett 1986, S. 190)

vierung oder Entindividualisierung benannt – den enormen Reiz, den die neuen Geschwindigkeiten, die Dynamisierung der Verkehrsweisen, ihre Technologien in der Visualität und der Bewegung der Gegenstände und Materialien für die künstlerische Bearbeitung ausübten. In der Warenzirkulation erschien und erscheint das immer wieder als das "Ästhetische ihrer Präsenz". Außerhalb dieses Feldes drängen sich dann alle Phänomene als ästhetisch verlockende auf. Die sinnlich erfahrbare, die wahrnehmbare Welt ist zu einem ungeheuren künstlerisch-ästhetischen Potential geworden, in dem das "kleine Menschlein" keine Rolle (mehr) spielt. Weltanschaulich und in der künstlerisch-ideologischen Zielsetzung sehr verschiedene Künstler wie Craig, der gerade die Welt des Warenspektakels haßte, und Léger, der von ihr fasziniert war, konnten sich so treffen in der tendenziellen Ausschaltung des menschlichen Körpers oder zumindest seines Zurückdrängens in die Drittrangigkeit für ihre anvisierten Darstellungen. Das scheint auch mitzuerklären, warum und wie Erwin Piscator als politischer Revolutionär zu ähnlichen theatralen Formen kam, in denen der politisch-soziale Körper und seine Beziehungsgeflechte unwichtig zu werden drohten unter der faszinierenden Menge oder dem "Gesamtkunstwerk", wie Klaus Schwind die Paradoxie beschreibt, der dynamisierten raumzeitlichen Simultaneität und der audiovisuellen Bewegung der Dinge und Technologien. Diese Tendenz, die Schwind an der Toller-Inszenierung von 1927 diskutierte, hatte 1929 ihren Fluchtpunkt und Höhepunkt in der Produktion *Der Kaufmann von Berlin.* Bernhard Diebold beschrieb sie als *Straßen-Apparat,* und Paul Fechter beobachtete, "das Ganze war Technik, die sich selber auffraß".[71] 1929 formulierte Piscator, an Craig erinnernd, der Schauspieler werde für ihn, der auf die Gesamtwirkung des Werkes sehe, zunächst nur "eine Funktion erfüllen, genau wie Licht, Farbe, Musik, Aufbau, Text"[72].

Man könnte an diesem Punkt, wie in einer Schleife, wieder auf meinen Ausgangspunkt zurückdenken. Von Wahrnehmungen heutiger Videorealitäten ausgehend, dürfte die Tendenz zur Entmaterialisierung oder Abstrahierung des Avantgardetheaters auf der Linie der Kommunikationsumbruchs liegen, die zunächst, vor der gegenwärtigen Digitalisierung der Verkehrsflüsse, ihren Fluchtpunkt in den Videodarstellungen hat, nicht zuletzt den Pornoproduktionen und den Musikclips. Video sei entstanden, so Siegfried Zielinski, auf dem langen Weg der Trennung der Botschaft vom Körper des Boten oder, in der Terminologie des postmodernen Diskurses, der "Entwicklung des Materiellen zum Immateriellen in den Verkehrsverhältnissen". Was die Videos betreffe,

71 In: Rühle 1988, Bd. 2, S. 963, S. 968.
72 Piscator 1968, S. 83.

die gerade den Körper thematisieren, nicht zuletzt die Pornovideos, tobten sich in der Audiovisionsnutzung des privaten intimen Lebenszusammenhangs Körperinszenierungen der "häßlichen und der warenästhetisch verpackten Art regelrecht aus, ein grober Ersatz für fehlende alltägliche Sinnlichkeitserfahrung". Die Audiovisualisierung von Geschlechtsakten auf Videokassetten bilde nur eine Variante und gleichzeitige Steigerung des Spannungsverhältnisses von Entmaterialisierung der Lebenserfahrung und von Aufklärung kommerziell ausbeutbarer Körpernachrichten.[73]

Literaturverzeichnis

Appia, A.: *Die Musik und die Inscenierung*, München 1899.
Baumgarth, Ch.: *Geschichte des Futurismus*, Reinbek bei Hamburg 1966.
Baumgarten, F.F.: *Zirkus Reinhardt*, Potsdam 1920.
Brandstetter, G.: "Intervalle. Raum, Zeit und Körper im Tanz des 20. Jhds", in: Bergein, M. / Völckers, H. (Hrsg.): *Zeit-Räume*, München/Wien 1991, S. 225–269.
Brauneck, M.: *Theater im 20. Jahrhundert*, Reinbek bei Hamburg 1986.
Carter, H.: *The new Spirit in the European Theatre*, London 1925.
Craig, E.G.: *Über die kunst des theaters*, Berlin 1969.
Craig, E.G.: *Scene*, London 1923.
Decker, E. / Weibel, P.: *Vom Verschwinden der Ferne.* Telekommunikation und Kunst, Köln 1990.
Ewen, St.: *All Consuming Images*, New York 1988.
Fetting, H. (Hrsg.): *Von der Freien Bühne zum Politischen Theater*, 2 Bde., Leipzig 1987, Bd. 1.
Fiebach, J.: *Von Craig bis Brecht*, Berlin 1991.
Friemert, C.: *Die Gläserne Arche. Kristallpalast London 1851/54*, Dresden 1984.
Fuchs, G.: *Die Schaubühne der Zukunft*, Berlin/Leipzig o.J. (1905).
Glatzer, D. u. R.: *Berliner Leben 1900–1914*, Berlin 1986, Bd. 1.
Huyssen, A.: *After The Great Divide. Modernism, Mass Culture, Postmodernism*, Indiana University Press 1986.
Kerschenzew, P.M.: *Das Schöpferische Theater*, Hamburg 1920.
Kirby, M.: *Futurist Performance*, New York 1971.
Kleinspehn: *Der Flüchtige Blick. Sehen und Identität in der Kultur der Neuzeit*, Reinbek bei Hamburg 1989.
Kolditz, St.: *Film und kulturelle Kommunikation. Untersuchungen zur Veränderung der Wahrnehmungsweise am Modell des deutschen Stummfilms von 1895 bis 1913*, Diss. Phil., Humboldt-Universität, Berlin 1990.
Kothes, F.-P.: *Die theatralische Revue in Berlin und Wien, Berlin 1977. – Music-Hall et café-concert*, par Sallé, A./Chauveau, Ph., Paris 1985.
Léger, F.: *Mensch, Maschine, Malerei*, Bern 1971.

73 Zielinski 1990, S. 246–260.

Leiss, W. / Kline, St. / Jhally, S.: *Social Communication in Advertising*, Methuen 1986.
Lippmann, W.: *Drift and Mastery*, New York 1914.
Maeterlinck, M.: "Der doppelte Garten", Jena 1904, in: *Der Eindringling/Interieur/Die Blinden*, Programmbuch der Schaubühne am Leniner Platz, Spielzeit 1984/85.
Mumford, L.: *Technics and Civilization*, New York 1934.
Passuth, K.: *László Moholy-Nagy*, Dresden 1982.
Pinthus, K. (Hrsg.): *Das Kinobuch*, Zürich 1963.
Piscator, E.: "Das Politische Theater", in: Piscator E.: *Schriften 1*, Berlin 1968.
Rühle, G.: *Theater für die Republik im Spiegel der Kritik*, Berlin 1988, Bd. 2.
Schivelbusch, W.: *Geschichte der Eisenbahnreise*, Frankfurt a.M./Berlin/Wien 1979.
Schmidt, B.: *Die Dynamisierung des Kommunikations- und Verkehrsrhythmus als kultureller Massenprozeß in Berlin 1889–1914 und Aspekte einer Relevanz zu den darstellenden Künsten*, Diss. Phil., Humboldt-Universität, Berlin 1990.
Sennett, R.: *Verfall und Ende des öffentlichen Lebens.* Die Tyrannei der Intimität, Frankfurt a.M. 1986.
Sternberger, D.: *Panorama oder Ansichten vom 19. Jahrhundert*, Frankfurt a.M. 1979.
Virilio, P.: *Esthétique De La Disparition*, Éditions Balland Paris 1980.
Virilio, P.: *Krieg und Kino. Logistik der Wahrnehmung*, München/Wien 1986.
Weibel P.: "Musik-Videos. Von Vaudeville zu Videoville" in: Bódy, V. u. G. (Hrsg.): *Video in Kunst und Alltag*, Köln 1986.
Wilzopolski, S.: "Das Warenhaus – Permanente Ausstellung des Zeitgeistes", in: *Beiträge zur Film- und Fernsehwissenschaft*, Bd. (41) 1992.
Zielinski, S.: "Von Nachrichtenkörpern und Körpernachrichten. Ein eiliger Beutezug durch zwei Jahrtausende der Mediengeschichte", in: Decker, E. / Weibel, P.: *Vom Verschwinden der Ferne.* Telekommunikation und Kunst, Köln 1990.
Zola, E.: *Le Naturalisme au Théâtre,* Paris 1881.

Die Entgrenzung des Raum- und Zeiterlebnisses im “vierdimensionalen Theater”.

Plurimediale Bewegungsrhythmen in Piscators Inszenierung von *Hoppla, wir leben!* (1927)

Klaus Schwind

in: Piscator (I, 156)[1]

Wahrscheinlich fühlte sich Piscator 1927 durch diese Karikatur geschmeichelt. Von seinem eigenen, immer wieder geäußerten Selbstverständnis her wollte er nämlich eigentlich keine “Kunst” machen – zumindest nicht die Art von “Kunst”, deren Begriff hinter derartigem vermeintlichen Vorwurf steckt:

1 Die *Schriften* Piscators werden hier und im folgenden, soweit nicht anders angegeben, nach der zweibändigen Ausgabe Berlin 1968 (mit Band- und Seitenzahl) zitiert.

die eines "bürgerlichen" Kunstbegriffs. Piscator, darin mit den historischen Avantgardisten aller Couleur einig, wollte *Kunst in Leben* überführen. Deshalb ist es

> [...] eine Verkennung, die Leistungen unseres Theaters rein nach künstlerischen Gesichtspunkten beurteilen zu wollen. [...] Bewußt distanzieren wir uns von dem traditionellen Begriff der Kunst, suchen lediglich den stärksten Ausdruck und die intensivste Wirkung für unsere Sache.
> Mag sein, daß wir damit der 'Kunst' weiterhelfen, daß sich daraus ein 'Stil' entwickelt. Im Augenblick interessiert uns das so wenig, wie es den Boxer beim Landen eines Kinnhakens interessiert, ob er dabei eine ästhetisch befriedigende Haltung einnimmt. (Piscator II, 28)

Daraus erklärt sich aber auch der damals so oft mißverstandene, in der Karikatur hier zitierte erste Satz des ersten Programmhefts der Piscatorbühne: "Dieses Theater ist nicht gegründet, um Politik zu treiben, sondern um die Kunst von der Politik zu befreien." Der dahinterstehende, durchaus am *autonomen* orientierte "Kunst"-Begriff meint das "Ziel" einer "reinen Kunst"; diese "reine Kunst" kann aber Piscator zufolge sich erst innerhalb einer "klassenlosen Gesellschaft" nach "ihren eigenen Gesetzen" entwickeln. Bevor eine solche Gesellschaftsform nicht verwirklicht ist, hat Kunst sich jedoch dem politischen Zweck unterzuordnen und muß alles tun, was in ihrer Macht steht, um mitzuhelfen, dieses erstrebenswerte "Ziel" zu erreichen (Piscator I, 155).

Darum beinhaltet aber auch Piscators Haltung die Momente von Dynamik und Destruktion gegenüber dem "bürgerlichen" Kunstbegriff:

> Der Angriff gegen die bürgerliche Gesellschaft (die politische Aufgabe des Theaters) war zugleich auch ein Kampf gegen ihre Kunst, ein Kampf gegen Formen und Inhalte des stagnierenden bürgerlichen Theaters (woraus sich erklärt, daß wir im bürgerlichen Lager so viele Bundesgenossen fanden). [...]
> Was Sie in meinen sämtlichen Aufführungen erlebt haben, waren keine Regieleistungen, sondern die Zertrümmerungsaktionen der von der bürgerlichen Gesellschaft geschaffenen *Theaterform*. [1929] (Piscator II, 50)

Entsprechend beabsichtigte Piscator "stärkste Wirkung" zu erzielen gegenüber den angeschlagenen "bürgerlichen" Traditionen und den an sie geknüpften kulturellen Wertsetzungen, wodurch er aktiv in das "reale Leben" eingreifen wollte. "Alle Mittel, die wir auf der Bühne verwenden, dienen diesem Zweck." (II, 23f.) Und scheinbar ging die erzielte Wirkung tatsächlich genau in diese Richtung:

> Die Eröffnung der Piscator-Bühne hat das drängende Problem unserer unseligen kulturellen Entwicklung lawinenartig ins Rollen gebracht. Begriffe der Sittlichkeit, der Religion, der inneren Erhebung, der Ästhetik, der seelischen

> Vertiefung scheinen überhaupt kein Empfinden mehr zu wecken. [...] Nicht ruhen darf die Aufklärung und die Gegenwehr gegen die Unterminierung unseres Kulturlebens. Eine wichtige Rolle spielt dabei die christliche Erziehung unserer Jugend. (*Deutsche Tageszeitung*, zitiert nach Piscator I, 159)

Auch Piscator verfolgte ein Erziehungsprogramm mit seinem "politischen Theater", d.h. mit einem zeitgenössischen Theater, welches seine Zuschauer auf der Linie einer klar definierten Wirkungsabsicht beeinflußt: Wie auf der Karikatur zu sehen ist, hat der Zeichner diese Wirkungsabsicht in jenem kleinen, die Fahne mit Hammer und Sichel schwenkenden Rotarmisten versinnbildlicht – es ist eine "kommunistische Hetzbühne".

Der Angriff zielte entsprechend auf den Klassenfeind, zu dem von Piscators Position her wohl die Sozialdemokratie ebenso zu zählen ist wie das liberale, konfessionell gebundene oder nationale bis völkische Klein- und Großbürgertum einschließlich der Kulturschickeria. Die Vertreter dieser Gruppierungen machten es ihm insofern bequem, als sie alle am 3. September 1927 erschienen: zur Eröffnungsvorstellung des *Piscator-Theaters* in Berlin mit Tollers Drama *Hoppla, wir leben!*

> Diesem teilweise recht eleganten, zu neun Zehntel zweifelsohne gut bürgerlichen Publikum, wird kund und zu wissen getan, daß es Geschmeiß, daß es abrechnungsreif. Daß es – Hoppla, wir leben – Abschaum der leider noch nicht ganz roten Menschheit ist. (Ludwig Sternaux, *Berliner Lokal-Anzeiger*, 5.9.1927)
>
> Neben den feinen Leuten, die Frack und Smoking zur Feier des Abends gewählt und ihre Damen mit den schon frühzeitig ausgemotteten Winterpelzen und vielleicht schon bezahlten Perlenkolliers geschmückt hatten, standen, kattunbekleidet, mit Wandervogelhosen und Schillerkragen, die Gott sei Dank sehr gesunden und sommerlich gebräunten Jünglinge und Mädchen. (Max Hochdorf, *Vorwärts*, 5.9.1927)

Jenes "gesunde" Jungvolk, dem in diesem *Vorwärts*-Artikel so viel gemütvolle Wandervogelromantik entgegenwehte,[2] verlieh von seinen billigen Plätzen

---

2 Diese "Jünglinge und Mädchen" repräsentierten die sogenannten *Sonderabteilungen* der Volksbühnenbewegung. Die *Volksbühne* war eine sozialdemokratische Besucher- und Theaterorganisation mit einer mittlerweile immer stärker kleinbürgerlichen Mitgliederstruktur. Die meist jüngeren, politisch weiter links stehenden Mitglieder der Sonderabteilungen hatten Piscator schon im Frühjahr 1927 bei seiner letztlich parteipolitisch begründeten Auseinandersetzung mit dem bildungsbürgerlich-kulturkonservativ orientierten Vorstand der Volksbühne den Rücken gestärkt, als der Vorstand das in der Inszenierung von *Gewitter über Gottland* (Ehm Welk) propagierte "kommunistische" Weltbild für ein Volksbühnen-Theater nicht mehr akzeptabel fand. Nach Piscators Bruch mit der Volksbühne und der darauf folgenden Gründung seines eigenen Theaters unterstützten durch die Sonderabteilungen etwa 10 % der rund 140.000 Mitglieder starken Volksbühnenbewegung sein Theaterkonzept aktiv. Piscator (I, 119) nennt eine Zahl von 16.000. Für die Mitglieder der Sonderabteilungen war vertraglich ein

aus seiner Schlußbegeisterung einen eindeutigen politischen Ausdruck. Als der Vorhang nach den letzten Worten: "Verdammte Welt! – Man muß sie ändern." fiel – nebenbei bemerkt Originalton Piscator, nicht Toller –, stimmte nämlich jene

> [...] proletarische Jugend spontan die 'Internationale' an, die stehend von uns allen bis zum Schluß mitgesungen wurde. Sehr zum Befremden der 'feinen Leute', die zwar bewußt bis 100 M. für einen Sitzplatz der 'kommunistischen Hetzbühne' bezahlt, aber nicht geglaubt hatten, daß der Abend wirklich mit einer politischen Demonstration enden würde. Ein merkliches Befremden, teils peinlich, teils gezwungen amüsiert, ging durch die Reihen im Parkett. (Piscator I, 156f.)

Selbst wenn man aber mit Piscator folglich davon ausginge, daß sein "politisches Theater" bei den Adressaten bestätigend angekommen wäre,[3] bliebe immer noch die Frage, was die anderen Teile des Publikums, "die feinen Leute", eigentlich in diesem Theater suchten, wo sie doch wissen mußten, was ihnen politisch blühte?[4]

> Es ist nicht ganz leicht, diesem Theater und seinen Leistungen beizukommen. Hält man sich an die literarischen Qualitäten des Werkes, die künstlerischen der Aufführung, so sagt der Leiter des Unternehmens: 'Darauf kommt es uns gar nicht an – wir wollen Politik machen.' [...] Der einzige Weg, der Sache beizukommen, ist der, von seinen Zwecken auszugehen, die Frage zu diskutieren, wie weit er sein politisches Programm erfüllt hat – und ob die nebensächlichen künstlerischen Mittel, die er dazu aufgewendet hat, geeignet zur Lösung dieser Aufgabe waren. (Paul Fechter, *Deutsche Allgemeine Zeitung*, 6.9.1927)

Der Konservative Paul Fechter verneinte im Verlauf seiner negativen Piscator-Kritik diese sich selbst gestellte Frage – wahrscheinlich nicht zu Unrecht und sicher ohne Zustimmung des Regisseurs. Piscator hätte sich wohl auch einen anderen "Weg", die Frage zu stellen, verbeten: ob nicht sogar durch die

---

bestimmtes Kontingent an Plätzen in den oberen Rängen des neugegründeten Piscatortheaters vereinbart, und zwar für 1,50 Mark pro Platz. In dieser verbilligten Kartenkontingentierung ist übrigens einer der Gründe zu sehen, warum dieses von der Produktion her sehr teure Theater bald ökonomisch nicht mehr zu halten war. Vgl. die Kostenberechnungen bei Willett 1982, S. 34, und zur Volksbühne auch Braulich 1976.

3 "*Die Arbeiter*, die am Schlusse der Vorstellung nach Piscator riefen und stehend die 'Internationale' sangen, fühlten es in allen Fasern: *Hier schafft ein Mann, der mit dir kämpft und fühlt.*" (*Rote Fahne*, 6.9.1927)

4 Kracauer 1984, S. 203, gibt lapidar folgende Erklärung: "Während der Stabilisierungszeit" – also nach 1923 und vor 1929 – "war Piscators Berliner Theater mit seinen revolutionären Stücken eine Art Kaspertheater für die Reichen, die sich daran ergötzten, vom Kommunismus erschreckt zu werden, solange sie keine wirkliche Angst davor hatten."

aufgewendeten "künstlerischen Mittel" die intendierten thematischen Tendenzen verlorengehen *mußten*, zumindest für eine Zuschauerwahrnehmung, die nicht politisch-inhaltlich prädisponiert war. Doch mit dieser Frage nähere ich mich dem eigentlichen Thema meiner Darlegungen: den revolutionären ästhetischen Qualitäten des Piscator-Theaters.

> Piscators Regietalent ist nicht nur groß und schöpferisch, sondern auch so zukunftsweisend, so wegbahnend für neue Ausdrucksmöglichkeiten der Bühne, daß man, einmal von aller Gesinnung und Einstellung abgesehen, es nur begrüßen kann, daß diese junge vorwärtsstürmende Regiepersönlichkeit dem Theaterleben Berlins erhalten blieb, [...]. Wenn die Galerie ihren Beifall prasseln läßt, mag das in erster Linie der 'politischen Aufgabe' gelten, der dieses Theater dient. Der starke Beifall des Parketts galt jedenfalls dem künstlerischen, kühnen Regiewollen, das neue Wege mit Mut und Erfolg voranschreitet. (H.H. Bormann, *Germania*, 5.9.1927)

Vor solchem Hintergrund ist es eigentlich nur auf den ersten Blick verwunderlich, daß sich Piscator ausgerechnet von jenem "Teil der Rechtspresse" inhaltlich am besten verstanden fühlte, der genau gegen die politischen "Inhalte" seiner "kommunistischen Hetzbühne" wetterte. Die "ästhetischen Urteile" der bürgerlichen Presse waren ihm erklärtermaßen zweitrangig.[5] Die Sicht der Rechtspresse wie die Piscators ging dagegen wie selbstverständlich von jenen immer wieder ganz ausdrücklich hervorgehobenen inhaltlichen "Zwecken" – oder genauer von tatsächlichen oder vermeintlichen inhaltlichen Wirkungen – aus. Auffallend ist allerdings, wie dabei eines hintangestellt oder sogar ausgeblendet wird: eben jene ästhetischen Qualitäten der theatralen "Mittel", mit denen diese "Inhalte" bzw. "Zwecke" sozusagen im engsten Sinne *vermittelt* werden sollten. Diese Theatermittel nicht zweckgerichtet in ihrer Trägerfunktion für die "Inhalte" wahrzunehmen, sondern gewissermaßen als "Selbstzweck" oder gar "aus Sensationslust oder Effekthascherei", verstößt gegen die erklärte Wirkungsabsicht des Regisseurs. (II, 23f. und 50ff.)

Trotzdem war Piscator in diesen Jahren gerade für die Wirkungen seiner technisierten "Theatermaschine" (I, 122) bekannt, berühmt für seine "Elektrifizierung der Bühne", bei der vor allem dem Film eine signifikante Rolle zukam.[6] Man vergleiche nur, wie selbst Herbert Ihering seinem Staunen nach der Aufführung von *Hoppla, wir leben!* Ausdruck verlieh: "Eine phänomenale

5 Vgl. Piscator (I, 160): "Diese Haltung läßt sich vielleich am besten so charakterisieren, daß die bürgerliche Presse versuchte, den politischen Stoß, der gegen sie und ihre Klasse gerichtet war, ästhetisch aufzufangen, mit künstlerischen Maßstäben, die einer vergangenen Epoche entlehnt waren, etwas zunächst noch Vergleichsloses, für das keine Maßstäbe vorhanden waren, kritisch zu werten."

6 Vgl. z.B. Brecht, Bd. I, 1967, S. 290 und S. 133ff.

technische Phantasie hat Wunder geschaffen." (*Berliner Börsen-Courier*, 5.9.1927) Auf der anderen Seite ist es bezeichnend, daß Piscator sich des öfteren genötigt fühlte, "mit Deutlichkeit" abwehrend zu betonen,

> [...] daß mir die Technik niemals Selbstzweck gewesen ist. Alle Mittel, die ich angewandt hatte und noch anzuwenden im Begriff stand, sollten nicht der technischen Bereicherung der Bühnenapparatur dienen, sondern der *Steigerung des Szenischen ins Historische.* (Piscator I, 132f.)

Kehrt man Piscators Argumentation um, wird deutlich, daß hier anscheinend eine uneingestandene Gefahr lauert, gegen die sich Piscator implizit immer wieder verwahrte: die Gefahr einer bestimmten *Verselbständigung* der Mittel. Es mag zunächst vermessen scheinen, diese Gefahr auf den Namen zu bringen – und dennoch: vielleicht lauert hinter Karl Marx Richard Wagner und hinter Erwin Piscator Max Reinhardt, der Antipode, von dem Piscator sich inhaltlich unbedingt und diametral abgesetzt sehen wollte.[7]

Bezieht man also solche Namen in den Fragehorizont ein, erscheint es gar nicht so überraschend, wenn viele Kritiker ganz ähnlich wie die linksliberale *Frankfurter Zeitung* (6.9.1927) reagierten, die zu Piscators *Hoppla, wir leben!* schrieb:

> Diese Inszenierung bedeutet einen Merkstein für ihn, und wohl nicht nur für ihn. In dieser Inszenierung ist das dichterische Werk nur Teil neben Teilen; der Film, die Musik (sie ist seltsam aufreizend: Edmund Meisel) stehen in gleicher Funktion, gleichberechtigte Teile daneben. Diese Inszenierung erstrebt ein neues Gesamtkunstwerk. Sie erzielt jedenfalls eine ungeheure Aufpeitschung. (Ernst Heilborn, *Frankfurter Zeitung*, 6.9.1927)

"Aufreizend – Gesamtkunstwerk – Aufpeitschung": Piscators Inszenierung wirkte offensichtlich derart intensiv auf die Sinne, daß selbst Kritiker, die ansonsten Piscator nicht wohlgesonnen waren, sich genötigt fühlten, dies ausdrücklich zu vermerken: "[...] alle, ob Freund oder Feind, gerieten irgendwie in Hitze um dieses neue Piscator-Theater" (*Vorwärts*, 5.9.1927). *Warum*

7 Vgl. Piscators (II, 56) Absetzungsbemühung vom "große[n] Regisseur", dessen "Regieleistung eine Sensation, eine Selbstzweckleistung erzielen will und später seiner erreichten Stellung entsprechend erzielen *muß*. Überall Reinhardts. [...] Oder wie Sie jetzt im stillen bei sich denken: Piscator. – Piscator nein. Denn gerade das ist der Unterschied. Die Piscatorbühne hatte wieder einen gesellschaftlichen Zweck." Entsprechend hart mußte ihn eine – m.E. nicht unberechtigte – Kritik wie die der kommunistischen *Linkskurve* (1. Jg., Sept. 1929, Nr. 2, S. 5) treffen: "Dieser Zwiespalt von Form und Inhalt, diese Verselbständigung der an sich leeren, vom dürftigen Inhalt unabhängig gewordenen Form, dieses Ueberwuchern des Inszenierens [...] ging so weit, daß Piscator mit denselben Regiekünsten, die am Nollendorfplatz Revolution bedeuten sollten, in der Königgrätzer Straße ein hundertprozentig imperialistisches Stück, *Die Rivalen* inszenieren konnte, ohne zu bemerken, daß er dadurch seiner Kunsttheorie eine sie vernichtende Praxis entgegensetzt."

es derartig wirkte, soll hier im weiteren als erkenntnisleitende Fragestellung fungieren.

Bei Piscators avantgardistischer "Retheatralisierung"[8] ist das sogenannte "dichterische Werk" zweifelsohne nur "Teil neben Teilen". Es sei einmal vorweg behauptet, daß seine Art der Retheatralisierung nicht nur eine Retheatralisierung eindimensionaler schriftsprachlicher Inhalte hin zum mehrdimensional intonierten Rhythmisch-Visuellen bedeutete, sondern diese Retheatralisierung war vor allem auch eine *Retheatralisierung des Zuschauers*, dessen Aktivierung ja programmatisch verkündet wurde. Jedoch ist merkwürdig, wie sogar schon in Piscators eigenem Selbstverständnis 1928 die angestrebte politische, also doch rationale Aktivierung, die eigentlich die "geistigen Energien der Massen" stimulieren sollte, mit emotionalen, fast irrationalen "Energien" verschwimmt:

> Um die breiten Massen des Kleinbürgertums, des proletarisierten Mittelstandes mit den revolutionären Arbeitern in eine Erlebnissphäre [sic!] zu bringen, ist es notwendig, sie *empfänglich* zu machen für die Energien, die von der Bühne ausgehen. Die Aufhebung der Grenze zwischen Bühne und Zuschauerraum, das Hineinreißen jedes einzelnen Zuschauers in die Handlung schweißt erst das Publikum ganz zur Masse, für die Kollektivismus nicht ein angelernter Begriff bleibt, sondern erlebte Wahrheit wird, wenn es ihre Nöte, ihre Sehnsüchte, ihre Hoffnungen, ihre Leiden und Freuden sind, denen die Bühne des politischen Theaters Sprachrohr, Ausdruck und Gestalter ist. (Piscator II, 36f.)

Abgesehen davon, wie dieses zweifelhafte, Klassengegensätze bloß kurzfristig zudeckende "Masse"- und Kunsterlebnis weiter zu bewerten wäre, deutet sich bereits hierin an, warum sich in der konkreten Rezeption die theatralischen Mittel dieser Aktivierungsbemühungen gegenüber den Wirkungsabsichten des Produzenten verselbständigen konnten: indem sie als immerhin sehr komplexe, dennoch bloß sinnliche Reize rezipiert wurden, die gewissermaßen unterhalb einer rationalen Verarbeitung stimulierten. Folglich wäre aber auch zu bezweifeln, ob das, was Piscator mit seinem Theater "inhaltlich"

---

8 Das von der Theaterreform um 1900 geprägte Schlagwort von der "Retheatralisierung des Theaters" (Georg Fuchs) besitzt – natürlich unter je besonderer Ausprägung und mit jeweils verschiedener Gewichtung – für alle Vertreter der historischen Avantgardebewegungen Gültigkeit. Die dem zugrundeliegende, grundsätzliche Rückbesinnung auf die materiellen Eigenarten der genuin theatralischen Zeichensysteme richtete sich vor allem gegen die Dominanz der dramatisch-literarischen Wortsprache – die Befreiung des Theaters von den "Fesseln der Literatur" – u.a. zugunsten körpersprachlicher und räumlicher Bedeutungselemente. Dabei galten rhythmische Momente, die sich nicht nur an Tanz und Musik orientierten, als wichtiges Mittel, um die angestrebte Aktivierung des Zuschauers und die Herstellung einer neuen "Einheit" zwischen Darstellern und Zuschauern – "über die Rampe hinweg" – zu initiieren. Vgl. Fischer-Lichte 1991.

sagen wollte, viel zu tun hat mit dem, was sich an Wirkungen daraus für seine Zuschauer ergab. Da jedoch diese Wirkungen selbstverständlich aus dem, was der Regisseur letztendlich mit seinen Darstellungsmitteln auf die Bühne gebracht hatte, resultierten, ist im folgenden das Verhältnis von Darstellungsmitteln und Wirkungen zu untersuchen.

Meine allgemeine These dazu lautet: Die Mittel der "Theatermaschine" Piscators verselbständigen sich aus genuin ästhetischen Gründen gegenüber seinen Wirkungsabsichten. Gerade deswegen waren diese Mittel revolutionär, allerdings revolutionär nicht in einem politischen, sondern in einem ästhetischen Sinne, und zwar vordringlich deshalb, weil die neuen theatralen Vermittlungsformen eine ganz neue Art der Wahrnehmung auf dem Theater stimulierten.[9]

Anders, etwas modischer gewendet: Piscators politisches Theater zielte auf den Kopf und landete im Bauch, und der Bauch gab bestenfalls bei denjenigen, die *es* ohnehin schon wußten, Rückmeldungen an den Kopf. Die anderen hatten offensichtlich mit dem Verdauen genug zu tun – der Theaterkritiker Monty Jacobs kommentierte diesen Verdauungsprozeß denn auch wie folgt:

> Ob Aufführungen dieser Art dem Zuschauer nicht eine zu starke körperliche Anspannung zumuten, muß die Zukunft lehren. (*Vossische Zeitung*, 5.9.1927)

Dabei ist zunächst wirklich verblüffend, in welchem Umfang Piscators Inszenierung eben nicht nur bei denjenigen, die seine politische Meinung teilten, sondern anscheinend bei so gut wie *allen* seinen Zuschauern solch eindringliche, meist emotional begründete Wirkungen zeitigte:

> Wie ungewöhnlich aber muß die Kraft Piscators sein, wenn sie an untauglichem Objekt [Tollers Drama] zu so heller, lodernder Flamme sich entzünden konnte, daß wir allen kritischen Einwänden zum Trotz aufgerührt sein Haus verließen. (Felix Hollaender, *8 Uhr-Abendblatt*, 5.9.1927)

Selbst noch ganz rechts außen wetterten beispielsweise die völkischen *Hamburger Nachrichten*:

> Um dem aufregenden Eröffnungsabend gerecht zu werden, muß man unterscheiden zwischen dem Drama und der Aufführung, zwischen Toller und Piscator. Die wahnwitzige Hetze Piscators gegen alles, was dem Deutschen

9 Entsprechend Gleber 1979, S. 90: "Mit Piscators Reform auf dem Theater werden in der Tat [...] dominante Rezeptionsmodi zugunsten neuer Sehweisen außer Kraft gesetzt." Vgl. Fischer-Lichte 1993, S. 342ff. Genau hierbei setzt aber auch die – verkürzende – Kritik Brechts, Bd. I, 1967, S. 139, an: "Man neigt gegenwärtig dazu, den Piscatorschen Versuch der Theatererneuerung als einen revolutionären zu betrachten. Er ist es aber weder in bezug auf die Produktion noch in bezug auf die Politik, sondern lediglich in bezug auf das Theater."

heilig ist, wäre auch bei vielen anderen Stücken möglich, [...] – er schafft sich eben seine Einlagen, er richtet sich sein kommunistisches Aufpeitschungskino ein, unbekümmert um das, was der Autor zu sagen hat. Soviel ist gewiß: Wenn diese knallrote Hetzanstalt als Theater nicht von stärkeren Dramen gestützt und gehalten wird, als von *Ernst Tollers 'Hoppla! wir leben!'* [...], so dürfte es mit dem Bürgerschreck nicht weit her sein. (Karl Strecker, 4.9.1927)

Von Interesse ist indessen in Anbetracht solcher Äußerungen, auf welche Weise Piscator sein beeindruckendes Theater von diesem Stück ausgehend geschaffen hat. Fragt man sich also, wie es überhaupt zu solchen Wirkungen kommen konnte, ist zunächst kurz das Verhältnis zwischen dem Drama Tollers und dem Theater Piscators in Betracht zu ziehen:

Toller hat ja bekanntermaßen wegen seiner Teilnahme an der Münchner Räterepublik von 1919 bis 1924 in Festungshaft gesessen. Das fließt zum einen seinen reichlich pathetischen spätexpressionistischen Stücken m.E. noch heute sozusagen als Gesinnungsbonus zu. Zum anderen fließt in die Hauptfigur von *Hoppla, wir leben!* viel Persönliches ein: Diese Figur eines idealistischen "Gefühlsrevolutionärs" namens Karl Thomas, 1919 unmittelbar vor der Hinrichtung wider Erwarten begnadigt und darüber wahnsinning geworden, kehrt nach acht Jahren Irrenhaus in die veränderte Jetztzeit von 1927 zurück. Nach einigen Irrungen und Wirrungen landet er als Mordverdächtiger erst wieder im Irrenhaus, dann im Gefängnis, wo er sich leider genau in dem Moment erhängt, als seine Unschuld klar wird.

Aber, so erwidert der Direktor der neuen Bühne, was geht euch das Stück an, das ich spiele? Ein Dichter, von der Bürgerwelt überschätzt, ist für mich nur ein 'Manuskriptverfertiger'. Ich gebe euch ein Kunstwerk, das aus kollektiver Arbeit entsteht. (*Vossische Zeitung*, 5.9.1927)

Piscator entwickelte in enger Zusammenarbeit nicht nur mit dem Autor Toller aus dessen "Entwurf" des Dramas die sprachliche Textbasis für seine Inszenierung.[10] Als Theatermann wußte der Spielleiter natürlich um den fundamentalen Unterschied, den der Literat immer wieder vergißt: der Unter-

10 Piscator (I, 140ff.) propagierte zwar das "kollektive Arbeitsprinzip", sah aber seine eigene Aufgabe als "leitender Regisseur" vor allem in der "richtigen" Organisation "seines [sic!] Apparats". In "produktiver Gemeinschaftsarbeit" sollten sich Regisseur, Autor, Schauspieler, Musiker, "Bühnenarchitekt" und "Filmmann" mit dem eigentlichen "dramaturgischen Kollektiv" zusammenfinden. Letzteres wies (nach Piscator 1986, S. 133) so illustre Namen auf wie Balázs, Johannes R. Becher, Brecht, Döblin, Walter Mehring, Mühsam, Tucholsky und eben Toller sowie die beiden faktischen Dramaturgen Felix Gasbarra und Leo Lania. Wie wenig sich allerdings im Produktionsprozeß das "Prinzip einer demokratischen Gemeinschaft im Dienste einer Idee" verwirklichen ließ, spricht wohl nur zu deutlich aus dem Resümee ihrer "leitenden" Persönlichkeit: "Die Geschichte dieses dramaturgischen Kollektivs ist voll von Mißverständnissen, Disziplinlosigkeiten, literarischen und menschlichen Eifersüchteleien und Fehden, [...]."

schied zwischen einem Drama als einem schriftsprachlichen gedruckten Text und einer Theateraufführung mit ihren eigenen Zeichensystemen, mit realen Schauspielern auf der Bühne und gleichzeitig anwesenden realen Zuschauern vor der Bühne.[11]

Piscator richtete deswegen das schriftsprachliche Stück entsprechend seinem Regiekonzept auf eine radikal neue Art und Weise ein. Seine zukunftsweisende Grundüberlegung war nun folgende: Damit ein Drama überhaupt aufklärend und "erziehend" auf die Gegenwart der Weimarer Republik einwirken kann, braucht es nicht nur neue wirtschafts- und sozialgeschichtliche, "zeitgenössische Stoffkomplexe"; im Hinblick auf die theatralische Umsetzung werden darüber hinaus bereits in der Dramenstruktur neue dramaturgische – und weitergehend eigentlich bühnentechnische – "Organisationsformen" gebraucht, welche diese Stoffkomplexe "auf der Bühne" vermittelnd "bewältigen" können.[12] Da Piscator in den vorhandenen Dramen die dafür notwendigen Organisationsformen nicht vorfand, mußte er diese Dramen eben in seinem Sinne für seine Bühne umarbeiten, d.h., er mußte das von ihm gewünschte "Drama" auf der Probebühne experimentell erst entwickeln, um das Stück, dessen "Problematik im besten Fall psychologisierend war, nach der sozialen, ökonomischen und politischen Seite hin *zu vertiefen*" (Piscator II, 50).

---

11 Deshalb hat Piscator in Zusammenarbeit mit Toller sein Möglichstes getan, um dessen überlebte spätexpressionistische Papiersprache an die Bedingungen einer theatralischen Realisation von 1927 dramaturgisch anzupassen. Eine Kostprobe einer von Piscator gestrichenen Textpassage aus einem Monolog der Hauptfigur Karl Thomas (IV,1) mag hier verdeutlichen, wie notwendig aus seiner Sicht die Streichungen in der Druckfassung des Kiepenheuer Verlags (Potsdam 1927) waren: "Bist du eine Buche? Oder bist du eine Gummiwand? (*betastet sie*) Anfühlst du dich wie Rinde, rauh und rissig, und riechen tust du nach Erde. Aber bist du wirklich eine Buche? [...] Ach, warum öffneten sie mir das Tor des Irrenhauses? War es nicht gut drinnen trotz Nordpol und Flügelschlag der grauen Vögel? / Ich bin der Welt abhanden gekommen" (Toller, Bd. III, 1978, S. 95f.). Vgl. auch Piscator (I, 148f.): "Eine schwere Belastung für den Stoff, den ich nüchtern, klar, eindeutig im Stück analysieren wollte, war die Sprache Tollers. Seine Entwicklungsjahre lagen in der Periode des Expressionismus. Ich weiß selbst, wie schwer es ist, davon loszukommen." Vgl. zudem Piscators Brief an Toller vom 10.8.1927, in dem Piscator darauf verweist, daß eine von ihm "skizzierte Unterhaltung" im Stück "nicht mehr in das Tollersche Schriftdeutsch übersetzt zu werden" braucht (in: Spalek/Frühwald 1979, S. 184). Der stilistische Vergleich der Druckfassung von *Hoppla, wir leben!* mit den vorhergehenden – zugegebenermaßen relativ weit zurückliegenden – Dramen Tollers sowie die sprachliche Heterogenität der Figurenreden bis in einzelne Repliken hinein zeigt m.E., wie eminent der Anteil Piscators und seines "Kollektivs" bereits an den Formulierungen der Druckfassung gewesen sein muß! Auch die Einbeziehung des Films – ganz im Piscatorschen Sinne – spricht für sich. Entsprechend ist die dem Stück vorangestellte Widmung Tollers an Piscator und Mehring vor diesem Hintergrund zu sehen.

12 Als grundsätzliches Problem ergab sich nun für Piscators Wirkungsabsicht, wie er diese dargestellte fiktive Welt mit der Wirklichkeit der Zuschauer außerhalb des Theaters vermittelt: Wie kann er zunächst die Zuschauer veranlassen, überhaupt Beziehungen zwischen dem Dargestellten und ihrer eigenen Wirklichkeit herzustellen, was dann weitergehend – eigentlich in einem zweiten Schritt – im Sinne seiner politischen Wirkungsabsichten zu funktionalisieren wäre. Vgl. Brecht, Bd. I, 1967, S. 289f. und Rühle 1976, S. 161.

Er schuf dadurch im Verhältnis zur Vorlage praktisch ein qualitativ völlig neues, eben nicht-schriftsprachliches Drama *auf der Bühne*:

> Das ist reine Szenendichtung, deren Gewalt unwiderleglich für die große Begabung Piscators zeugt. (Julius Bab 1928, S. 229)
> Jenes literarische Phänomen, das wir bisher mit 'Drama' bezeichneten, verliert die Vorherrschaft des geprägten Wortes [...]. Die Sprache des Theaterstücks wird optisch; sie spricht zum Auge mit Mimik, Gestik und Szenik. (Bernhard Diebold, *Die Scene*, Feb. 1928, S. 37)
> Ist es der Tod des Dramas? Nein, die Erweiterung seiner Grenzen. (Paul Wiegeler, *B.Z. am Mittag*, 5.9.1927)

In der "Sprache" dieses Theaters ist nicht nur das "Wort" in bezug auf die Fähigkeit zur Übermittlung der anvisierten sozialhistorischen Komplexität den anderen szenischen Darstellungsmitteln – und hier vor allem dem Film – nachgeordnet. Das "geprägte Wort" allein ist nämlich entweder zu abstrakt oder scheint in seiner figurenperspektivischen Beschränktheit bloß individuell gültig zu sein. Außerdem haben sich ebenso die dramaturgischen Einheiten "Figur" und "Handlung" im Sinne der zentralen Wirkungsabsicht anderen theatralen Darstellungssystemen und -komplexen unterzuordnen, wobei ein besonderes "Wirkungselement" außerordentlich gewichtet wird:

> Der Held ist nicht mehr der einzelne, sondern die Epoche. Damit gewinnt an Stelle der Fabel das *Dokument* eine entscheidende Bedeutung (das zugleich ein Wirkungselement ist, dem sich niemand mehr entziehen kann). (Piscator II, 52)

Das "Dokument" in der Funktion eines repräsentativen Wirklichkeitszitats, dem hier so scheinbar naturgegeben und vom Benutzer unabhängig Wahrheitswert und Überzeugungskraft beigemessen wird, stellte sozusagen den Grundbaustein für gesellschaftlich relevante Wirkungsmittel bereit. Piscator baute darauf einen "ganzen Apparat von Kommentaren zum Spielvorgang" auf, wobei dokumentarischem Filmmaterial eine zentrale Rolle zukam. Gerade der Film schien in besonderer Weise geeignet, die zeitlichen und räumlichen Dimensionierungen bisheriger theatraler Darstellungsmittel ins "reale Leben" hinein überschreiten zu können.[13]

---

13 Rühle 1976, S. 160f. Vgl. Haarmann 1991, S. 70f. Bezüglich der Frage nach der den historischen Zeitmoment überdauernden Bedeutung von Piscators Neuerungen, kann man mit Fiebach 1975, S. 248, behaupten, daß die der "soziologischen Dramaturgie" zugrundeliegenden dramaturgisch-theatralischen Organisationsformen zukunftsweisend "eine *neue Theaterart*" begründen: "[...] das *Dokumentar*theater, oder wie man seine spezifische Konzeption nennen könnte, die dokumentarische Theatermontage (montageartiges Dokumentartheater)." Nicht umsonst wird Piscator nach dem Krieg mit Hochhuths *Stellvertreter* (1963), Kipphardts *In der Sache J.R. Oppenheimer* (1964) oder Weiss' *Ermittlung* (1965) die Art von Stücken inszenieren, die ihm in der Weimarer Republik als dramatische Vorlagen fehlten und die nun auf seinen damaligen dramaturgischen Prinzipien aufbauen konnten.

Darüber hinaus setzte Piscator den Film wie auch die anderen Wirkungsmittel ganz bewußt ein als eine den Wahrnehmungsweisen seiner Zeit und dem Stand ihrer Produktivkräfte angemessene theatrale Präsentationsform. Die "Technisierung der Bühne" sollte die einzelnen theatralischen Mittel eben in dieser Hinsicht zeitgemäß und adäquat im Dienste der Wirkungsabsichten aktivieren:

> Es ist kein Zufall, daß in einem Zeitalter, dessen technische Schöpfungen alle anderen Leistungen so turmhoch überragen, eine Technisierung der Bühne eintritt. [...] Geistige und soziale Revolutionen sind immer mit technischen Umwälzungen eng verknüpft gewesen. Und auch die Funktionsänderung der Bühne war nicht denkbar ohne eine technische Neugestaltung des Bühnenapparates. (Piscator I, 134)[14]

Vor diesem Hintergrund lassen sich die beiden wohl wichtigsten Strategien, die Piscator zur Einholung des Historisch-Sozialen auf der Bühne verfolgte, folgendermaßen abstrakt zusammenfassen: Zum einen versuchte er, wirklich alle Dimensionen des Bühnenraums zu funktionalisieren und damit zu semantisieren,[15] zum anderen die materiellen, zeitlichen und räumlichen Bedingtheiten der Theateraufführung zu entgrenzen. Da beide Strategien eine funktionalisierende Aktivierung der theatralischen Mittel mit sich bringen, können sie als ein Prozeß der Retheatralisierung beschrieben werden.[16]

---

14 "Wie kann man unsere Epoche der proletarischen Revolution und imperialistischen Reaktion bühnenmäßig gestalten? *Nur* durch die Sprengung des bisherigen bürgerlich-privaten *Wort*theaters, mit dem *Einsatz der größten technischen Mittel* um dieses Zeitalter der technischen Höchstleistungen zum Leben erwachsen zu lassen." (*Rote Fahne*, 7.9.1927) Vgl. auch Ditschek 1989 und Haarmann 1991, S. 73ff. Zur weitverbreiteten Technikbegeisterung im Umfeld der "Neuen Sachlichkeit" vgl. Hermand/Trommler 1978, S. 58ff.

15 Vgl. Rühle 1976, S. 163f. Entsprechend stellt Hermann Kienzl (*Leipziger Neueste Nachrichten*, 7.9.1927) die "vollkommene Verquickung von Bühne und Film, neuartige Lichtwirkungen und eine unsere zwei-dimensionalen Gewohnheiten stürzende Ausnützung des gesamten Bühnenraumes" heraus.

16 Mit diesem Prozeß ging für Piscator gewissermaßen zwangsläufig jene markante "Elektrifizierung der Bühne" einher, deren Ideal sich eigentlich erst in Rahmen jenes Theaterneubaus vollkommen hätte verwirklichen lassen, den Walter Gropius, der Direktor des Bauhauses, nach den Vorstellungen Piscators 1927 entwarf: dem sog. "Totaltheater". "Mir schwebte so etwas wie eine Theatermaschine vor, technisch durchkonstruiert wie eine Schreibmaschine, eine Apparatur, die mit den modernsten Mitteln der Beleuchtung, der Verschiebungen und Drehungen in vertikaler und horizontaler Weise, mit einer Unzahl von Filmkabinen, mit Lautsprecheranlagen usw. ausgerüstet war. *Deshalb brauchte ich in Wirklichkeit einen Theaterneubau*, der die Durchführung des neuen dramaturgischen Prinzips technisch ermöglichte." (Piscator I, 122f.) Woll 1984, S. 119, faßt unter Berücksichtigung der späteren Produktionen Piscators die Möglichkeiten des "Totaltheaters" wie folgt zusammen: "Als multi-variables Theater-Werk sollte die zukunftsträchtige Bühne dem Betrachter simultan erfahrbares Spiel eröffnen, das zusätzlich durch montierte Projektionen in Form von kommentierenden Photografien und Texten sowie durch die Verwendung des Films als Spiel-, Dokumentar- oder Zeichentrickfilm den Zuschauern neben Unterhaltung auch zeitgeschichtlich orientierte und politisch zugespitzte Information bieten sollte. Die modernsten optischen und akustischen Mittel sollten das Spiel-

Die "Begegnung mit der Zeit" im "lichttransparenten" Bühnenraum

Es wäre nun zu untersuchen, wie sich unter den gegebenen Bedingungen die genannten Strategien der Retheatralisierung und deren Wirkungselemente konkret in den Organisationsformen der Aufführung von *Hoppla, wir leben!* materialisierten. Dies soll im folgenden zunächst anhand der Funktionalisierung des Bühnenbilds und des Lichts sowie anhand des eingesetzten Films erläutert werden:

> Toller hatte im Stück durch die Wahl und Gruppierung der Schauplätze bereits den *sozialen Querschnitt* angedeutet. Es mußte also eine Bühnenform geschaffen werden, die diesen Gedanken präzisierte und sichtbar machte: ein Etagenbau mit vielen verschiedenen Spielplätzen über- und nebeneinander, der die gesellschaftliche Ordnung versinnbildlichen sollte. (Piscator I, 149f.)[17]

Piscator legte ausdrücklichen Wert darauf, daß die für die Aufführung entwickelte "lichttransparente Etagenbühne", die sowohl im ganzen als auch in ihren jeweiligen Raumkompartimenten Flächen für Projektionen von vorne und von hinten bot, sich von ihren Vorgängern qualitativ unterschied: nicht wieder eine bloße "Vervielfachung des Bühnenbildes durch Aufteilung" wäre angestrebt, sondern "ein in sich geschlossenes selbständiges Spielgerüst, für das der Bühnenausschnitt nur noch eine äußerliche Hemmung bedeutet. [...] Die Struktur der Bühne ist auf starke Verwendung des Films angelegt." (Piscator I, 149f.)

Daß die Bespielung jenes "selbständigen Spielgerüsts" vom Zuschauerraum aus tatsächlich solchen Wirkungsabsichten gemäß wirkte, zeigt die Kritik des Feuilletonisten:

> [...] die einzelnen Wände schließen ab und sind auch wieder transparent, so daß der Film ins Spiel hineinflimmern kann, so daß der Scheinwerfer sich seinen Schauplatz wählen, ihn auch zu verdoppeln, zu verdrei- und vervierfachen vermag [...]. Es dient der dramatischen Handlung, die nun [...] disharmonierende Stimmungen durcheinander zu wirren vermag, es dient in hohem Maße dem Film, der nun visionär in die Handlung geistert. (Ernst Heilborn, *Frankfurter Zeitung*, 6.9.1927)

---

geschehen dauernd in Gang halten, der Beschauer nie sich selbst überlassen bleiben, sondern ununterbrochen akustisch und visuell gepackt werden."

17 Dieses räumlich-semantisch strukturierende Etagenbühnengerüst, das vom Bühnenbildner Traugott Müller und dem Bühnenmeister Julius Richter aus den berühmten dreizolligen Mannesmann-Rohren "mit Verschraubungen" gefertigt worden war, war elf Meter breit, acht (bzw. im mittleren Teil, der sog. "Radiokuppel", neuneinhalb) Meter hoch, drei Meter tief und wog etwa 4.000 Kilogramm. Das mittlere Spielfeld hatte einen Umfang von drei Meter Breite und sieben Meter Höhe; die darin vor- und zurückfahrbare Projektionsfläche derselben Größe wurde ebenso als Filmleinwand verwendet. Auftritte waren durch ein Treppensystem sowohl von der Seite als auch von hinten möglich.

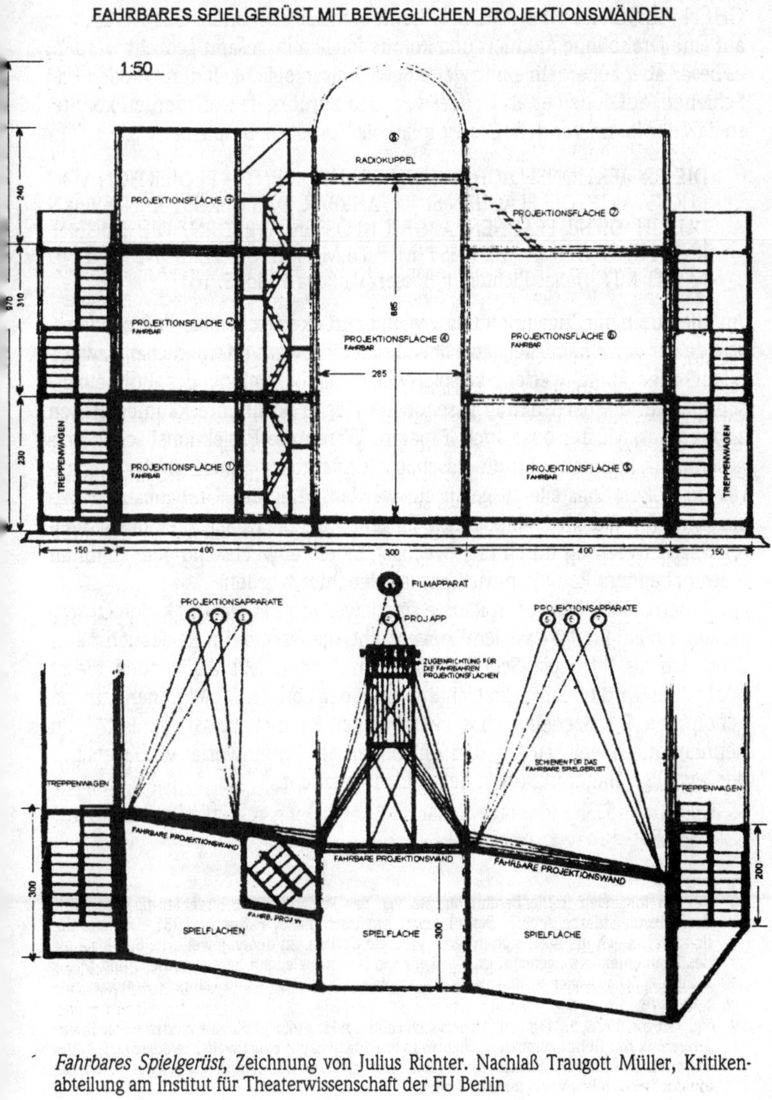

Fahrbares Spielgerüst, Zeichnung von Julius Richter. Nachlaß Traugott Müller, Kritikenabteilung am Institut für Theaterwissenschaft der FU Berlin

Die Zeichnung des "Bühnentechnikers" Julius Richter läßt die immensen Wirkungsmöglichkeiten des "FAHRBAREN SPIELGERÜSTS MIT BEWEGLICHEN PROJEKTIONSWÄNDEN" heute nur noch erahnen. Das Gerüst war auf eine Drehbühne montiert und konnte folglich insgesamt gedreht werden; es besaß aber außerdem eine zweite Bewegungsmöglichkeit durch Rollen und Schienen, auf denen es als Ganzes vor- und zurückgefahren werden konnte, so daß der Raum vor dem Gerüst quasi als Vorbühne bespielbar war.

> DIE PROJEKTIONSFLÄCHEN SIND TRANSPARENT – PROJEKTION VON RÜCKWÄRTS. DIE FLÄCHEN SIND FAHRBAR, DAS GERÜST KANN VORN DURCH DIESE FLÄCHEN ABGESCHLOSSEN WERDEN. DIE ZUGEINRICHTUNG DER WÄNDE IST MIT DEM GERÜST VERBUNDEN UND FÄHRT MIT. (Julius Richter, in Boeser/Vatková 1986, S. 161)

Auf die durch die Zugeinrichtung vor und zurück verschiebbaren Projektionswände der einzelnen Spielplätze ließen sich die jeweils erforderlichen Szenenbilder oder Filme werfen, beispielsweise bei Bespielung des Bühnenausschnitts auf die nach hinten geschobene Fläche bestimmte Räumlichkeiten andeutende Muster oder auch Tapeten. Waren die Projektionsflächen vorgeschoben, konnten – für die Zuschauer unsichtbar – innerhalb der Szenenräume Dekorationsteile ausgetauscht werden, ohne daß Umbaupausen entstanden. Vor allem jedoch bot diese Etagenbühne die Möglichkeit des schnellen Szenenwechsels durch Lichtwechsel, indem abwechselnd oder simultan jedesmal andere Raumkompartimente erleuchtet wurden.

Innerhalb der bespielten Räume sind jeweils an der Decke "kleine Linsen-Scheinwerfer" für "Weiss-Licht" angebracht, die Piscator im Regiebuch[18] ausdrücklich als "'Hoppla'-Scheinwerfer" bezeichnet. Mit Aufblenden dieser Spotlichter wird offenbar die Lichtintensität der übrigen Projektionen zurückgenommen. Der Szenenwechsel zwischen den Räumen ist fast "filmisch"[19] zu nennen: durch weiches Auf- und Abblenden der Scheinwerfer wird stets nur der jeweilige Handlungsort in helles Licht getaucht.

---

18 Für die folgenden Szenenbeschreibungen vgl. das Regiebuch der Inszenierung (Akademie der Künste, Stiftung Archiv, Berlin) sowie Knellesen 1970, Patterson 1981. Das ausführliche Regiebuch unterteilt sich in sechs parallele Spalten, zu denen jeweils die Strichfassung des Dramentextes eingeheftet ist. Die Rubriken lauten: Beleuchtung / Geräusche und Musik / Film / Schauspieler – Ausdruck / Schauspieler – Stellungen und Gänge / Atmosphäre – Stimmung.

19 Vgl. Gregor, 1932, S. 140f., zur "szenischen Montage Piscators": "Daß die moderne Scheinwerfertechnik der Bühne filmischen Ursprungs ist, dürfte kaum angezweifelt werden. [...] in der Bannung verschiedener Szenen, die 'aufleuchten' in einem Bühnenbild, ist nur das Gesetz der aufleuchtenden Leinwand zu erblicken."

> Im Allgemeinen ist zu beachten, dass das Licht langsam ineinander an und aus geht. Durch Einzelscheinwerfer wird möglichst die jeweils sprechende Gruppe herausgezogen. Die anderen sind dann nur als Silhouette (Vor der Projektion) sichtbar.

Um den Zuschauer schon von vornherein aus der Passivität des konventionellen Voyeurblicks in die Guckkastenbühne aufzustören, fing die Vorstellung damit an, daß im Zuschauerraum das Licht dreimal aus- und anging, bevor sich dann der Vorhang des Theaters öffnete – um eine Kinoleinwand freizulegen, auf der ein rasantes filmisches "Vorspiel" ablief. Nach Ende dieses Films, der "von vorn" auf die Leinwand projiziert wurde, welche über dem gesamten Gerüst hing und es verdeckte, wurde sie hochgezogen und vor das ganze Gerüst ein gleichgroßer Gazeschleier niedergelassen, auf dem von vorne Gefängnisgitter, während von hinten auf lichtdurchlässige Flächen Zellenräume projiziert wurden.

Leider kann das abgebildete Modell (Abb. 1) das Licht- und Raumerlebnis in der Dreidimensionalität dieser Projektionsflächen in keiner Weise wiedergeben. Das Gefängnis-Szenarium der ersten und letzten Szene vermittelte nämlich während der Inszenierung einen alles andere als statisch zu nennenden Eindruck. Der überdimensionale Aufseher, der durch Projektion von hinten auf der mittleren Fläche erscheint, ist noch ein relativ einfaches Mittel. Komplizierter wird es, wenn z.B. die letzte Szene mit einem Film auf der Mittelprojektionsfläche beginnt, in welchem eine Gefangene mit einem Aufseher ankommt und dann real im dreidimensionalen Raum in die Zelle links unten eingeschlossen wird. Schon hier wird deutlich, warum Piscator von seinen Schauspielern im Zusammenspiel von Bühne und Film vor allem Exaktheit und Timing verlangte.[20]

> AUCH DAS SPIEL ZWISCHEN ZWEI FILMEN WIRD ZUR EFFEKTVOLLEN SCENE. DIE VORDERWAND DES SPIELGERÜSTES IST DURCH SEINE VERSCHIEBBAREN WÄNDE GESCHLOSSEN, VON RÜCKWÄRTS LÄUFT AUF DIESE FLÄCHE EIN FILM – HAUPTSPIELSCENE BLEIBT DAS MITTELFELD. – VON VORN LÄUFT EIN FILM AUF DEN HERABGELASSENEN SCHLEIER UND ZWISCHEN DIESEN BEIDEN FILMEN SPIELT IN EINEM

---

20 Interessant ist hierfür der Anschlag Piscators am Schwarzen Brett der Volksbühne zur Inszenierung von *Sturmflut* vom 17.3.1926 (in: Boeser/Vatková 1986, Bd. I, S. 81): "Abgesehen davon, dass wir gerade unserem Publikum jeden Abend das ursprüngliche Erlebnis vermitteln wollen, unbedingt vermitteln *müssen*, fällt ein durch inneres Unbeschwingtsein und Unkonzentriertsein verursachtes Nachlassen der Intensität und Spannkraft gerade bei dieser Aufführung besonders auf, weil doch die Ausdrucksstärke des Films, der eine ungeheuer starke Wirkung hat, stets die alte bleibt und den Schauspieler, der nachlässt, sofort vollständig dekuvriert. Das fällt besonders bei den Uebergängen auf, also wenn der Film aufhört und das Wort anfängt oder umgekehrt; [...]."

LICHTKEGEL DIE SCENISCHE DARSTELLUNG. (Julius Richter, in Boeser/ Vatková 1986, S. 162)

Nach den Notizen des Regiebuchs sah der "Film" im ersten "Bild" wie folgt aus, wobei zu beachten sei, "dass bei jedem Filmeinsatz, vorn auf dem Schleier, sowie auf der hinteren Leinewand das Licht stark zurückgeht":

> von *vorn* auf Schleier: Ein Posten geht von links nach rechts
> von *hinten* auf Mittelfläche: Rand [Figurenname des Aufsehers] steigt eine Treppe hoch. Kopf des Aufsehers Rand gross von rechts, schwebt über den Gefangenen, geht nach rechts zurück. [...]
> Aufseher, naht langsam aus dem Hintergrund, wächst, steht, blickt auf die Gefangenen herab, wendet sich, geht zurück.

Dazu vermerkt die "Schauspieler"-Rubrik:

> Der Schauspieler empfindet die Filmschatten, so, als wenn er sie sähe. Sie [werden] *seine* Halluzinationen, *seine* Angstzustände, *seine* Phantasie malt dieses filmische Geschehen. Darum gehen auch alle filmischen Bewegungen auf ihn über, ebenso wie die musikalischen.

Der auf den 'filmischen Abgang' des Aufsehers folgende Fluchtversuch, der zunächst vom "atemlosen" Lauschen der Gefangenen auf Schritte und Schloßschnappen und dann vom sich steigernden "Geräusch des Gefängnisses" begleitet wird, bedeutet für die "Stellungen und Gänge" der Schauspieler einen heftigen "Einsatz [...] nach vor, ans Fenster" des Schleiers:

> Thomas greift nach oben, wo das Gitter angenommen, in diesem Augenblick: *Schüsse* [...] Das Geräusch rast auf und ebbt sofort ab.
> [Film] *von hinten*: Mittelfläche [...]
> lachender Kopf Rands, verzerrte Grimasse
> (muss auf die *Schüsse* kommen
> Dialog davor sehr kurz und tempo)
> *von vorn* auf Schleier: Gewehre, Schüsse.
> Posten lacht und geht nach rechts.

In der letzten Szene waren alle Zellen besetzt, teils mit Statisten. Die Gefangenen verständigen sich durch Klopfzeichen. Diese erst relativ langsamen, rhythmischen Klopftöne werden für den Zuschauer durch einen auf den Schleier projizierten Film in leuchtende Laufschrift übersetzt. Die Leuchtschrift läuft über die verschiedenen Etagen verteilt von einer Sender-Zelle zur jeweils anderen Empfänger-Zelle. Plötzlich erhellt sich die Zelle von Karl Thomas hinter dem Gazeschleier durch grelles, kaltes Spotlicht von oben. Er hält seinen gegenüber der Tollerschen Vorlage stark gekürzten Schlußmonolog und erhängt sich; Zelle dunkel, Klopftöne, wieder Film-Laufschrift: "Er meldet sich nicht!" Jetzt werden die Klopf- und Lichtzeichen immer schneller – abrupte Stille, von einem gellenden Schrei des Aufsehers durchbrochen: "Erhängt!!!" Originalton Piscator: "Verdammte Welt! – Man muß sie ändern. *Vorhang*".[21]

Der Übergang von den zweidimensionalen unbewegten Projektions-Bildern zu den bewegten, räumliche Illusionen erzeugenden Film-Bilder und schließlich in die Dimension des realen Raumes hinein durch die Durchsichtigkeit der Gaze bei Lichtveränderung muß ein eigentümliches Faszinosum für die Wahrnehmung mit sich gebracht haben (Abb. 2 und 3). "Wird das Flachbild des Films sich mit dem Bühnen-Raum vereinigen? Antwort: Ja, wenn der Film wie bei Piscator als Vision dem Raum entspringt." (*Die Scene*, Feb. 1928, S. 38)[22] Selbst der ansonsten äußerst kritisch eingestellte Paul Fechter vermerkt die "bildhaften Eindrücke" der Bühnenwahrnehmung positiv:

> Die Idee ist gut, nur die Anwendung zu kompliziert: die Lichtbilder wackeln erst heftig, suchen mühsam ihren Platz, passen nicht in die Rahmen. Gerade daraus aber ergeben sich die wesentlichen, freilich durchaus unpolitischen Reize des Abends. Denn vorne am Vorhang ist ebenfalls eine durchsichtige leichte Filmschleierfläche, auf die zuweilen große schattenhafte Filmbruchstücke projiziert werden. Mit denen mischen sich die unfreiwilligen Lichtflecken und -streifen von hinten, und es entsteht im Verein mit Müllers Bühnenkonstruktion zuweilen ein merkwürdig flirrender Raummoment, der Spaß macht. Aber für vier Stunden schlechtes Theater ist das ein bißchen wenig. (*Deutsche Allgemeine Zeitung*, 6.9.1927)

Wie bereits erwähnt, konnten die Schauplätze auf der Etagenbühne je nachdem nacheinander oder simultan durch Lichteffekte, wie z.B. Raum-

---

21 "Das Wort bindet wie die Textplakate des Films die optischen Assoziationen. Das Wort wird selber optisch. Es erscheint als leuchtendes Sprachband, als Lichtplakat, als flimmernde Buchstabenreihe im Rahmen der Szene. [...] Noch ist der Wille Piscators der: daß der Film die Ouvertüre und die Zwischenszenen des Wortstücks ausfüllt. Aber die Wirkung ist teilweise schon die umgekehrte: daß der Dialog zum Intermezzo wird. Das Wort ist kein schöner Klang mehr; höchstens ein Klang des Ausdrucks: als Schlagwort oder Schrei. Das Wort ist keine schöne Säule mehr für das Gedankengebäude, sondern der nüchterne T-Träger der Idee." Bernhard Diebold, *Die Scene*, Feb. 1928, S. 37.

22 Es ist auffallend, wie oft die zeitgenössische kunst- und kulturtheoretische Diskussion um Wahrnehmungsweisen von "Raum" – und dann im Zusammenhang mit "Montage" auch von "Zeit" – auf die illusionierende Wirkung des "Flachbilds des Films" zurückkommt. So geht die wahrnehmungs- bzw. gestaltpsychologische Begründung Arnheims (1932, S. 27) des "Films als Kunst" davon aus, "daß die Raumwirkung der Filmbilder außerordentlich gering ist. Sie wird ein wenig erhöht dadurch, daß die Bewegungen der Personen und Gegenstände von vorn nach hinten die räumliche Tiefe anschaulich machen – aber man braucht nur einmal in ein Stereoskop zu blicken, das den Eindruck eines realen Raums mit höchst aufregender Treue vermittelt, um zu erkennen, wie flächig, wie unplastisch der Film ist. [...] Film wirkt weder als reines Raumbild noch als reines Flächenbild sondern als ein Ineinander von beidem. *Filmbilder sind zugleich flächig und räumlich.*" Dies verdeutlicht Arnheim an einem avancierten Beispiel aus dem *Berlin*-Film Walter Ruttmanns (s.u.) und setzt es ausdrücklich von der Wahrnehmung im Theater ab. Piscator ist es mit den Mitteln seiner Inszenierung offenbar gelungen, beides in innovativer Weise wahrnehmbar zu machen.

bzw. Szenenänderung durch Lichtwechsel, für den Spielablauf aktiviert werden.

> Die Bühne als Ganzes ist immer dunkel, immer in mehrere Schauplätze zerlegt, ein Lichtkegel hebt die jeweils lebendige Stelle hervor. Manchmal sind mehrere Stellen gleichzeitig lebendig. Piscators Drang, kleine Einheiten zu größeren zusammenzufassen, schafft so nicht nur Menschengruppen, sondern Ereignisgruppen, und das ist wirklich ein Weg zu neuen Theaterwirkungen. Aber er darf nicht vergessen, daß unser Aufnahmevermögen schließlich Grenzen hat und nicht völlig dezentralisiert werden darf. (Walter Steinthal, *Berlin 12-Uhr-Blatt*, 5.9.1927)

Schon vom dauernden Wechsel der Wahrnehmungsorte her – über den gesamten Bühnenraum verteilt – ist also für die Rezeption von einem Bewegungsmoment auszugehen. Im Handlungsablauf gelang es diesem grundsätzlichen Bewegungseindruck offenbar, die Bühne für das "Aufnahmevermögen" zumindest der Zuschauer, deren Wahrnehmungen nicht an ihre "Grenzen" stießen, immer auch visuell-rhythmisch zu strukturieren. Daß sich die gesamte Inszenierung dabei durch sehr bewußt eingesetzten Tempowechsel auszeichnete, geht aus dem allgemeinen Eindruck der Kritiken hervor. Sehr schnelle Szenenabläufe verlangsamten sich in Schlüsselmomenten, die dann z.B. durch ausgrenzende Lichtkegel zusätzlich hervorgehoben wurden.

Selbst die Drehungen des gesamten Gerüsts störten das innere Tempo der Inszenierung nicht. So fuhr die Drehbühne zur Szene im "Hotel" aus einer vorherigen seitlichen in die Frontalstellung unter folgenden Aktionen zurück: Während der ganzen Drehung läuft von vorne ein Film "Nächtliche Stadt" ohne "Fangschleier" über die Projektionsflächen des gesamten Etagengerüsts, was von "Musik und Geräuschen" im "Rhythmus: 'Nächtliche Stadt'" begleitet wird. Währenddessen rennen alle Darsteller auf ihre jeweiligen Plätze, "möglichst über die Treppe – Starke Bewegung". Nicht genug damit, setzt, "wenn Gerüst halb nach vorn gedreht ist", auf der Mittelprojektionsfläche von hinten ein anderer Film "Hotelscenen" ein, begleitet von Jazzmusik:

> Ich kenne kein Mittel, das unkünstlerisch genannt werden darf, sofern es nur einen Hauch Bewegung, Angespanntsein, Ausdruck – kurz, Leben vermittelt. (Piscator II, 18)

Die daraus resultierende grundsätzliche Dynamik und Rhythmik, die sich dem Zuschauer nicht nur visuell, sondern auch akustisch übermittelte, basierte zudem auf dem Wechselspiel der unterschiedlichen theatralen Mittel. Selbst ein Kritiker wie Hans von Zwehl, der der Inszenierung gegenüber eher ablehnend eingestellt war, konzedierte dem Regisseur der "von höchster Aktivität befeuerte[n] Aufführung":

> Piscator ist ein Theaterkönner nur im Dynamischen [...]. Ernst Tollers Chronik 'Hoppla – wir leben', war von der Regie zu einer Orgie des Zeitwahnsinns ausgestaltet worden, in der alle Bühneneffekte und akustischen Mittel des modernen Lebens verwendet waren. (*Welt am Abend*, 5.9.1927)

Das simultane und rhythmisierte Überangebot der Zeichensysteme und Wahrnehmungskanäle, das sich vom "Spielgerüst" ausgehend verselbständigte, aktivierte neuartige Rezeptionsfähigkeiten beim Publikum und führte offenbar zu einem neuen, emotionalisierenden Raum-, Zeit- und Medienerlebnis.[23] "In Berlin machte das mechanische Tollhaus Piscators die Zuschauer halb verrückt." (Hermann Kienzl, *Leipziger Neueste Nachrichten*, 7.9.1927)

So begann der zweite Teil der Inszenierung mit dem Titel gebenden "Couplet" Walter Mehrings, das die Chansonette Kate Kühl von der Mitte des vorderen Bühnenrands aus vor der ansonsten völlig dunklen Bühne sang, wobei nur ihr Kopf angeleuchtet war. Nach der zweiten Irrenhausszene, in der unter "wahnsinniger Steigerung" des Tempos beim "überschnappenden" Irrenarzt auf dem Schleier die überdimensionalen "Fratzen" der nur scheinbar "normalen" Figuren aufgeleuchtet waren, erlosch abrupt das Licht auf der Hinterbühne. Auf der Vorbühne tanzte ein Ballett Charleston – es war der Totentanz einer in den Wahnsinn treibenden Gesellschaft: Es tanzten nämlich mit Phosphorfarbe geschminkte Skelette, "von der Rampe kommt ultraviolettes Licht, sodass die Konturen herauskommen". Die Choreographie zu diesem Totentanz stammte von niemand Geringerem als "Marie Wigmann" (später: Mary Wigman). Auch diese Reformerin der Körpersprache des modernen Ausdruckstanzes gehörte also zum "Piscator-Kollektiv", ebenso wie übrigens der durch seine Foto-Montagen berühmt gewordene John Heartfield, der für die stehenden Projektionen in der Aufführung zuständig war.

> In diesem Poly-Technikum arbeiten die modernsten Ausdrucksmittel. Da staunst du, Mann. Sie entstammen dem Bereich der Halbkünste und der Demi-Musen: es sind Fragmente und Anregungen des Films, der Revue, des Tanzes, der Jazzmusik, des Lautsprechers. (*Die Scene*, Feb. 1928, S. 35)[24]

---

23 Vgl. Ditschek 1989, S. 126: "Dramatik ist hier nicht mehr das Ergebnis der Handlungskomposition, sondern der Konstruktion inhaltlich und medial heterogenen Materials." Innes 1972, S. 134f., verweist darauf, daß ein solches temporeiches "crescendo of action [...] from every part of the stage, scenery as well as actors," das Publikum "on an emotional level" geradezu überrumpeln mußte. "In fact the techniques for accelerating the action had little to do with any political message. It was widely realized in the Agitprop movement that the excitement aroused by tempo increased the effectiveness of indoctrination. But the involvement of the audience frequently appeared to be an end in itself for Piscator."

24 Vgl. zu den darin zum Ausdruck kommenden kulturellen Wahrnehmungsweisen, welche Joachim Fiebach in diesem Band allgemeiner beschreibt und analysiert, auch die zeitgenössische 'kulturkritische' Position Gregors, 1932, S. 62ff.: Im Zeitalter "eines hemmungslos hervorgebrochenen Visualismus" befördere die "*Simultantechnik* [...] *des optischen und des akustischen*

Als besonders eindrucksvoll hatte sich dabei nach Piscator die "*dramatische* Spannung" aus der Wechselwirkung von dokumentarischem "Film und Spielszene" erwiesen, die "an gewissen Punkten ein furioso der Aktion erreicht" (I, 70).

> Eine der film- und spieltechnisch interessantesten Szenen war die Szene des Radiotelegrafisten im Hotel-Akt. Hier koppelte ich Lautsprechermeldung, Schauspielertext und Filmbild zusammen. Der Film mußte mit beiden, wie man heute sagen würde, synchronisiert werden, d.h. die Satzlänge mußte genau mit der Stoppuhr festgestellt und danach der Filmstreifen geschnitten werden. (Piscator I, 151)

Wie danach dokumentarisches Filmmaterial als "*lebende* Kulisse" in die Bühnenhandlung einbezogen wurde, beschreibt das Regiebuch Piscators:

> *Bild: (Blick in die New Yorker Börse)*
> THOMAS: Um Gotteswillen was ist das?
> TELEGRAFIST: New York, die Börse. Ich schalte den Lautsprecher ein. – Hören Sie? Sie rufen die Kurse – [...] Ich schalte um.
> *Lautsprecher:* (Heulsirenen und Pfeifen, gedämpftes Hurra).
> *Bild: Auslaufende Amerikanische Panzerkreuzer.*
> THOMAS: Das sind ja – Kriegsschiffe.
> TELEGRAFIST: Ich schalte um.
> *Lautsprecher:* Brot! Brot! (auf rumänisch: pane, pane!)
> *Bild: Verhungerte Frauen und Kinder drängen sich vor einem Verwaltungsgebäude in Tirana.*
> THOMAS: Wo ist das?
> TELEGRAFIST: Irgendwo in Rumänien, glaube ich. [...]
> *Lautsprecher:* (Man hört Hetzrufe) He, he, he! Feste, feste, feste! [...] Schiebung – [...]
> *Bild: Ueberrundungsscene eines 6-Tagerennens.*
> TELEGRAFIST: Sechstagerennen in Mailand. [...] – da, hören Sie die Begeisterung? [...] Na, wollen Sie noch etwas hören? Wo haben Sie denn eigentlich die letzten Jahre gelebt?[...] Ich schalte um.

Bildes die Suggestionsfähigkeit des Rhythmus. [...] Mit allergrößter Bereitwilligkeit ist insbesondere das *Theater* dem neuen Trieb gefolgt. [...] An die Stelle des Dramas wird in diese Bilder der *Rhythmus* gesetzt, sei es in der Form eines rein rhythmisierten Balletts (Girltanz), sei es in Form des Schlagerliedes. Wieder zeigt es sich, daß der leere optische Eindruck und der Rhythmus Hand in Hand gehen müssen, die neu erwachten modernen Tänze und ihre außerordentlich brutale Wiedergabe in der Jazz [sic!] machen die Verbindung deutlich. Stets müssen die stärksten Reize kombiniert werden: grelle Beleuchtung, Nacktheit, Schlaginstrumente."

Die filmische "Organisation des Zeitlichen" (Walter Ruttmann) in der "Musik der Bewegung"

Piscator-Phantasie unseres Zeichners Arnstam nach der Toller-Premiere

BZ am Mittag, 5.9.1927, Universität zu Köln. Institut für Theater-, Film- und Fernsehwissenschaft. Theaterwissenschaftliche Sammlung.

> Die also festgestellte Notwendigkeit der *größten Anschaulichkeit* [...] sprengt den begrenzten Raum der Guckkastenbühne und eröffnet ihn zum vierdimensionalen Theater mit der *lebenden* Kulisse. Die lebende Kulisse ist der Film. [...] Die Begriffe Zeit und Raum sind im Film aufgehoben; analog dem Bühnenvorgang erstehen aus Vergangenheit, Gegenwart und Zukunft die kulturellen, wirtschaftlichen, politischen Hintergründe und Entwicklungen; sie werden in jedem Umfang lebendig und beispielhaft dokumentiert. (Piscator II, 25)

Wichtig sind hierbei drei Dinge: zum ersten, daß gerade beim Film die Qualitäten des Dokuments dem dargestellten Inhalt gewissermaßen als zusätzlicher

Wahrheits- oder Beglaubigungswert zufließen sollen – die Bilder des Films sollten dementsprechend die Wirklichkeit *objektiv* wiedergeben können; zum zweiten, daß der Übergang von der zweiten in die dritte Dimension eine bestimmte Rezeptionsaktivität beansprucht, die Piscator zudem noch mit der vierten Dimension der Zeit gekoppelt wissen wollte; zum dritten, daß im Verhältnis zum filmischen Dokument der Film als künstlerisches Medium mit seiner eigenen Sprache, der Filmsprache, eigene Bedeutungen erzeugt.[25]

Der Piscator-Film in *Hoppla, wir leben!* montierte dokumentarische mit gestellten Filmbildern. "Als organisches Glied des dramaturgischen Aufbaus und der szenischen Ökonomie der Inszenierung" (II, 24) griffen dabei die Wirkungen des zweidimensionalen, flächigen Filmbilds mit denen der Dreidimensionalität des realen Bühnenraums ineinander:

> Das Große an Piscators Leistung ist: er sprengte den Rahmen des Bühnenlebens, Zeit und Raum rücken in visionärer Fernsicht bildlich, packend vor unsere Augen. (H.H. Bormann, *Germania*, 5.9.1927)
> Der Film hat den 'Raum' des Schicksals geweitet. Die Welt wird allgemein. / *Im Chaos flimmert die Zeit.* / Der Film 'vertreibt' aber auch die 'Zeit'. Er konzentriert sie. [...] So macht man *Historie* mit *Gegenwart.* (Bernhard Diebold, *Die Scene*, Feb. 1928, S. 36)
> *Der Rahmen dieser Bühne hat keine Grenzen.* Nicht umsonst hat Piscator den Film als Hauptwaffe gewählt. Die Szenen aus Weltkrieg und Revolution, die tanzenden Beine und boxenden Fäuste [...] wirken mehr als das gesprochene Wort, enthüllen Zusammenhänge, die mit den alten darstellerischen Mitteln niemals begreiflich gemacht werden konnten. (*Rote Fahne*, 6.9.1927)

Diese Zeitungsreaktionen zeigen, daß die angestrebten Entgrenzungen in die vierte Dimension der Zeit hinein, und zwar der realen historischen Zeit, tatsächlich entsprechende Wirkungen in der Rezeption hinterlassen. Vergleicht man jedoch die beschriebenen emotionalen Wirkungsqualitäten mit den Aussagen zu den eher rationalen, wird fraglich, ob das Gros der Zuschauer wirklich zu solch reflektierten Erkenntnissen vorstieß, wie sie sich die *Rote Fahne* vorstellte. Wohl nur, wer von vornherein die dafür notwendige Rezeptionshaltung in dieses Theater mitbrachte, fand jene auf derartige Weise

25 Zunächst muß man sich klarmachen, welchen Wahrheitswert Piscator dokumentarischen Bildern beimaß, wobei allerdings nicht nur er zu jener Zeit grundsätzlich von der "natürlichen Ehrlichkeit des Films" ausging. (II, 25) Das ist vor dem Hintergrund zu sehen, daß damals in der breiten Öffentlichkeit wohl allgemein filmischen Dokumentaraufnahmen noch eine Authentizität und Beglaubigungskraft zugesprochen wurde, die heute im Zeitalter der audiovisuellen Manipulationen nur naive Gemüter akzeptieren würden. Allerdings hat Piscator (I, 66) offensichtlich bereits 1929 erkennen müssen, wie sehr Wahrnehmungsgewohnheiten die "aufrüttelnde" Wirkung von authentischen Aufnahmen der Weltkriegsgreuel abstumpfen lassen, wenn er zur Wirkungskraft solcher Bilder in der politischen Revue *Trotz alledem* (1925) ausdrücklich anmerkt: "[...] die 'Mode' der Kriegsfilme hatte noch nicht eingesetzt."

bestätigt; die anderen überließen sich bestenfalls dem Wiedererkennen von vorgeführten Realitätspartikeln, was offenbar an sich schon lustvoll besetzt war. In die "Atmosphäre", die die "Eindruckskraft" des "hastenden Bilderwechsels" schuf, konnte der Zuschauer sich auch ohne weiteres intellektuelles Engagement gefangen geben: "Der Film ist aufreizend geworden, aber es steht dir frei, sein stummes Wort auch deinem seelischen Gehör zu deuten: Aufruhr oder Selbstbesinnung." (*Frankfurter Zeitung*, 6.9.1927)

Wie sah in diesem Zusammenhang das Verhältnis von Absicht und Wirkung in bezug auf die vermittelten "Inhalte" nun ganz konkret aus?

> Die Struktur der Bühne ist auf starke Verwendung des Films angelegt. [...] An einer Stelle aber ist der Film in noch stärkerem Maße von dramatisch-funktioneller Bedeutung, und zwar am dramaturgischen Drehpunkt des Stückes, der Grundidee: dem Zusammenstoß eines acht Jahre lang isolierten Menschen mit der Welt von heute. Neun Jahre müssen gezeigt werden, mit all ihren Schrekken, Torheiten, Belanglosigkeiten. Ein Begriff muß gegeben werden von der Ungeheuerlichkeit dieses Zeitraumes. [...] Kein anderes Mittel als der Film ist imstande, binnen sieben Minuten acht unendliche Jahre abrollen zu lassen.
> Allein für diesen 'Zwischenfilm' entstand ein Manuskript, das gegen vierhundert Daten der Politik, Wirtschaft, Kultur, Gesellschaft, Sport, Mode usw. umfaßte. (Piscator I, 150f.)

Wie diese Filmsequenzen wirkten, verdeutlicht wahrscheinlich besser als viele Worte das oben abgebildete zeichnerische Zeugnis des Wahrnehmungseindrucks, wie er sich bei einem empfänglicheren Zuschauer der Aufführung einstellte. Derselbe Wahrnehmungseindruck spricht auch aus vielen Kritiken:

> Zuerst ein Piscator-Kriegsfilm, vorhandenes echtes Material, mit allem Grauen des Frontkampfes, und gestellte Aufnahmen à la 'Potemkin', von denen sich dann groß und hart das Antlitz des Soldaten und Revolutionärs Karl Thomas, *Granachs* Kopf, erhebt. Der Film rast weiter und ist ein Film der Nachkriegszeit, der Inflation, der beunruhigenden Gegenwart. Die Leuna-Werke, der Kapp-Putsch, Hunger, Gewimmel nackter Girlbeine, Rekords entfesselter Autos, Boxmeetings, stampfende und kreisende Maschinen, die irrsinnige Hetzjagd der bourgeoisen Welt, 'B.Z.'-Nummern, Krieg in Marokko, Krieg in China, Tanks, drohende Geschützrohre, Flottendefilés, Filmwochenschau bis 1927, ausgewählt von einer phantastischen Reportagekunst. (Paul Wiegeler, *B.Z. am Mittag*, 5.9.1927)
> Dazu läßt Edmund Meisel in der Orchesterloge Geräusche hämmern, die nach der Versicherung des Theaterzettels Musik sind, auf jeden Fall die Aufregung aller Sinne im Zuschauer steigern. (Monty Jacobs, *Vossische Zeitung*, 5.9.1927)

Der Wahrnehmungseindruck war also über die bloßen "Inhalte" hinaus gekennzeichnet von Tempo, Dynamik, Simultaneität und Rhythmus; folglich durch eminent sinnliche Wirkungsqualitäten, die ganz offensichtlich eher assoziativ und suggestiv besetzt, als rational verarbeitet wurden.[26] Praktisch alle mir zugänglichen Zeitungskritiken – von links bis rechts – bestätigen die "ungewöhnliche Eindruckskraft" dieses "kommunistischen Aufpeitschungskinos", das "im hastenden Bilderwechsel [...] aufreizend" wirkt.

> Was *Piscator* als Film-Wochen- oder vielmehr Jahres-Schauer bietet, hat man in der toten Kinowelt noch nie zu sehen bekommen. Piscator ist ein visionärer Film-Schauer, und was er gibt, sind die Schauer der Kriegserinnerungen. Atemlos sitzt man da. Kein Zweifel: Hier ist Deutschlands stärkster Film-Finder am Werk. (Stefan Großmann, *Der Montag Morgen*, 5.9.1927)

Nicht nur die Dimensionierung dieses Rezensenten, der sich immerhin als Filmkritiker in der Weimarer Republik einen Namen gemacht hatte, griff derart hoch. Vergleicht man die betreffenden Passagen in den Kritiken mit denen zu früheren Piscator-Inszenierungen, ist eines unabweisbar: Da ein Wirkungseindruck in solcher Form etwas vollkommen Neues für Piscators Theater ist, muß der Film in *Hoppla, wir leben!* eine revolutionär andere Qualität entwickelt haben. Woran mag dies gelegen haben?

Piscator hat mit seiner Inszenierung zweifellos "ein Kunstwerk" geschaffen, "das aus kollektiver Arbeit entsteht" (*Vossische Zeitung*, 5.9.1927). Als Verantwortlicher für den Film zeichnet laut Programmheft Curt Oertel.[27] Was die filmsprachlichen Mittel der Kamera angeht, also Einstellungsgrößen und Einstellungsperspektiven sowie die damals normalerweise recht beschränkten Kamerabewegungen, hatte Piscator in ihm einen bewährten Mitarbeiter. Curt Oertel beherrschte auch alle dokumentarischen Aufnahmetechniken und die konventionellen Schnitte und Überblendungen.[28]

Trotzdem kann man festhalten, daß für die Piscator-Inszenierungen bisher nur der "Inhalt" des Bildes wichtig gewesen war, gewissermaßen die Ab-

26 "Es flitzt und hetzt über die Leinwand von Parolen und Demonstrationen. Dazwischen erscheinen die neuesten Nachrichten unter den Titelköpfen der Berliner Zeitungen. Ein dadaistisches Durcheinander von Assoziationen, die das Chaos unserer Gehirne deuten. [...] Eine peitschende Musik (von Meisel komponiert) illustriert Schlachten und Jammer, zerrt die Nerven" (*Die Scene*, Feb. 1928, S. 36).

27 Curt Oertel war immerhin vorher bei Georg Wilhelm Pabst Kameramann gewesen (bei den Filmen *Die freudlose Gasse*, 1925, und *Geheimnisse einer Seele*, 1926).

28 Berühmt geworden sind die Überblendungen des Films, der eigentlicher Stein des Anstoßes beim Bruch mit der Volksbühne gewesen war. Es handelt sich um Filmbilder aus *Gewitter über Gottland* (Ehm Welk), das in Piscators Inszenierung vom 23.3.1927 den Kampf zwischen der "kapitalistischen" Hanse und dem "kommunistischen" Bund der Vitalienbrüder behandelt. In einem auf der Bühne projizierten Film gehen die Schauspieler auf die Kamera bzw. den Zuschauer zu, wobei sich ihre Kostüme von denen des 14. Jhs. stufenweise verwandeln in die der Zeit der Russischen Revolution von 1917 (u.a. mit der Maske Lenins) – stellvertretend jeweils für bestimmte historische Sozialrevolutionen.

bildqualität. Das eigentliche filmsprachliche Mittel des künstlerischen Stummfilms, der Schnitt zwischen den Einstellungen bzw. die davon ausgehende Montage, hatte – soweit bewußt angewendet – den vorgegebenen Inhalten zu dienen.[29]

Die "inhaltlichen" Aspekte der Filmbilder und ihrer Verbindungen wurden ja auch von Piscators Inszenierungen bislang sowohl in der Relationierung von Film und Bühne als auch innerhalb der Verknüpfungen von Einstellungen genutzt. Darüber hinausgehend hörte man jetzt jedoch im Piscatortheater am Nollendorfplatz völlig neue Töne:

> Neben dem dokumentierenden Film wollte ich in 'Hoppla' auch den gegenstandslosen Film zur Anwendung bringen; anstelle einer Musik der Töne eine 'Musik der Bewegung'. Es sollte dort wo Thomas vom Zeitbegriff der acht Jahre spricht, eine schwarze Fläche, die in rascher Folge in Linien, dann in Quadrate zerfällt (Zeichen für Tage, Stunden, Minuten) diesen Begriff zum Ausdruck bringen. (Piscator I, 152)

Nun fand unmittelbar nach der Aufführung von *Hoppla, wir leben!* eine Weiterentwicklung des sogenannten "gegenstandslosen" oder *abstrakten* Films eine fulminante, filmhistorisch einflußreiche Realisation durch eine Übertragung seiner Prinzipien auf den Umgang mit Dokumentaraufnahmen: in vieler Hinsicht ein konsequenter Endpunkt der Entwicklung der Stummfilm-Montagekunst, in mancher Hinsicht ein Wendepunkt für den naiven Glauben an die authentische Aussagekraft des Dokumentarbildes.

In dem Film *Berlin – Die Sinfonie der Großstadt* montierte Walter Ruttmann Dokumentaraufnahmen von Bewegungsabläufen nach rhythmisch-formalen Prinzipien. Interessant ist zunächst, daß auch Ruttmann im Programmheft des Films 1927 ausdrücklich die zu seiner Zeit so oft beschworene "unbestechliche Objektivität" für seinen Film reklamierte. Dies sollte jedoch in die "straffste Organisation des Zeitlichen nach streng musikalischen Prinzipien" eingehen. Tatsächlich schuf Ruttmann aus den authentischen Szenen pulsierenden Großstadtlebens eine immer abstrakter werdende "Musik der Bewegung", in der aufgrund des kontrapunktischen "Rhythmus von Maschine und Mensch" ein ganz eigenständiger Bildrhythmus den Zuschauer gefangennimmt.

> Ruttmann betont reine Bewegungsabläufe. Maschinenteile in Bewegung werden so aufgenommen und geschnitten, daß sie zu einer dynamischen

29 Mit "Montage" bezeichnet man im Film die Aufeinanderfolge der Einstellungen in einer ausgewählten Anordnung und in einem bestimmten Rhythmus. Die aus den eigentlichen Relationierungen des Schnitts entstehenden qualitativ neuen Bedeutungsanteile gehen über das hinaus, was die einzelnen Einstellungen jeweils für sich "inhaltlich" mitbringen.

> Schau von beinahe abstraktem Charakter werden. Sie mögen vielleicht symbolisieren, was man das 'Tempo' von Berlin genannt hat, aber sie stehen nicht länger in bezug zur Maschine und ihrer Funktion. Der Schnitt greift auffallende Analogien zwischen Bewegungen oder Formen auf. [...] Ihre strukturelle Funktion überschattet jegliche ihrer denkbaren Bedeutungen. (Kracauer 1984, S. 194f.)[30]

Der Film erzeugte derart, unterstützt von der Musik Meisels[31], eine sich verselbständigende Tendenz, die ursprünglich einmal anvisierten soziologischen Aspekte der Bildinhalte durch den Rhythmus der Montage verschwinden zu lassen. Paradoxerweise war ein fast *abstrakter Film aus Dokumentarbildern* entstanden, denn die Abbildungen der Realität verloren sich für den Betrachter mehr und mehr in den nach formalen Gesichtspunkten konstruierten assoziativen Bewegungsmustern und Formanalogien.

Die abstrakt nach Äquivalenz und Opposition von "Bewegungen oder Formen" kombinierten Einstellungsfolgen eröffneten so beim Zuschauer vor allem auch eine neue Rezeptionsmöglichkeit für die Wahrnehmung dokumentarischer Bilder: Egal ob Aufnahmen von Arbeitern, Prostituierten, Ausbeutern oder Verkehrsmitteln, Menschenbeinen, Maschinenrädern oder Aufzügen, Rolläden, Schubläden – jeglicher visueller Eindruck kann für die nicht mehr bewußt reflektierende Wahrnehmung im gleichwertigen und gleichmachenden Rhythmus der Bewegungsabläufe und Bindeglieder zum bloßen optisch rhythmisierten Reizimpuls werden.

Die durch die Montage des Films in Verbindung mit der musikalischen Komposition konstituierte visuelle und akustische Symphonie erschien somit für den Betrachter und Zuhörer

> [...] als rapidestes Simultangeschehen, rapideste Bildfolge, als ineinander-, durcheinanderkopiertes, zuckendes Hin und Her, Querhindurch, Drüberweg. Nichts ist gestellt, alles erhascht. [...] Unsere Netzhaut, unsere Nerven, unser Bewußtsein peitschend, wie, durchs Ohr empfunden, Meisels stampfende, rollende, brausende Begleitmusik. (Kurt Pinthus, *Tagebuch*, Jg. 8, 1927 zu *Berlin – Die Sinfonie der Großstadt*)

---

30 Entsprechend die *Rote Fahne* (25.9.1927): "Ein Fehler, der bewirkt, daß alles, was wir sehen, irgendwie chaotisch, sinnlos erscheint." Die "geschichtliche Tendenz muß erfaßt und dargestellt werden. Wer das nicht tut, filmt bloß *Fassade*. Die 'Objektivität' schlägt in ihr Gegenteil um." Es ist deshalb nicht verwunderlich, daß nach Beginn der Montagearbeit Ruttmanns sich der filmsprachlich sensibilisierte Drehbuchautor Carl Mayer, der immerhin die ursprüngliche Idee zum Film geliefert hatte, davon distanzierte. Demgemäß kann Rotha (1936, S. 124ff.) vom "pseudo-realist approach of the *Berlin* school" sprechen, welcher sich durch die "surface rhythms" im "delight in aestheticism for its own sake" erschöpfe.

31 Vgl. Kracauer 1984, S. 193: "Meisel träumte davon, Ruttmanns visuelle Symphonie mit einer symphonischen Komposition synchron laufen zu lassen [...]. Die Rolle, die er der Musik zuwies, mußte die Tendenz zum Formalen beim Schnitt verstärken."

Der Wahrnehmungseindruck, den der Film in *Hoppla, wir leben!* hinterließ, entspricht nicht von ungefähr sehr genau demjenigen, der sich beim Betrachten von *Berlin – Die Sinfonie der Großstadt* einstellte:

> [...] der aufpeitschende und fabelhafte Film, den Erwin *Piscator* und sein Kameramann Kurt *Oertel* zeigten, hat sich dem Gedächtnis tief eingeprägt. [...] alles miteinander, durcheinander, übereinander. [...] Nichts darf verweilen, jedes Ereignis muß dem wahnsinnigen Mischmasch vorbeirasen, gegeneinander, untereinander [...]. Wer nicht ganz und gar abgebrüht ist, oder gekokst oder Morphium gespritzt hat, fängt zu zittern an. Und immer noch das Bumsen und Heulen und Wiehern und wütende Gekläff dieser jappenden, jagenden, jaulenden Musik. (Max Hochdorf, *Vorwärts*, 5.9.1927)

> Er hat das Äußerliche von den genialen Russen abgeguckt, technische Bühnenneuerungen von überall 'übernommen', eine tüchtige Filmkraft, ein Bühnenproletarier (den er hübsch in den Winkel der Anonymität steckte), wußte das vielleicht einzige Sehenswerte der Piscatorbühne aufzuspüren: gute Filme. (Franz Pfemfert, *Die Aktion*, 18. Jg., 1928)

Wie die oben zitierten Wahrnehmungszeugnisse zeigen, überschätzt wohl der Kritiker hier in seiner Polemik gegen Piscator die Aussagekraft der durchaus z.B. in Wochenschauen zu sehenden Filmstreifen gegenüber der eigentlichen filmsprachlichen Qualität, welche den gezeigten Einstellungssequenzen in der Inszenierung erst zu ihrer erstaunlichen Wirkung verhilft: Der Schnitt der "tüchtigen Filmkraft", des "Bühnenproletariers" nämlich macht erst jene "guten Filme", indem er montiert.

Darüber hinaus ist trotzdem merkwürdig, warum diese "Filmkraft" anonym sein soll: Wie Piscator in seinem Buch *Das politische Theater* (I, 151 und 155) berichtet, war neben Curt Oertel, der bekanntermaßen die Filmarbeit zu *Hoppla, wir leben!* leitete und 1927 allein im Programmheft auftauchte, "Simon Guttmann" für den Schnitt der Filmsequenzen zuständig. Wie aus den Ausführungen Piscators zweifelsohne hervorgeht, ist jener "Simon Guttmann" für deren wirkungsstarke Montage in dieser Inszenierung verantwortlich. Allerdings nennt nur das Regiebuch seinen richtigen Namen: Walter Ruttmann.[32]

> Geistiges Privateigentum geht beim Eintritt in unser Haus in den Besitz der Gesamtheit über. (Piscator II, 30)

---

32 Es ist m.E. bezeichnend, daß unter den von mir eingesehenen Zeugnissen und Darstellungen allein das wahrscheinlich wichtigste Werk zur Filmgeschichte der Weimarer Republik, Kracauers *Von Caligari zu Hitler* von 1947, Ruttmann als Monteur der Filmepisoden in *Hoppla, wir leben!* identifiziert. (In Parenthese sei hier noch angemerkt, daß im Regiebuch die Liste der Mitwirkenden an der Inszenierung durch eine offensichtlich alte Klebestelle einseitig so zugeklebt ist, daß die Namensliste nur unter erheblichen Schwierigkeiten überhaupt lesbar wird.)

Warum mag Piscator Ruttmanns Namen verschwiegen haben? Wohl kaum, weil er den "Ruhm" für sich haben wollte; noch nicht einmal, weil Ruttmann, der sich später zu den Nazis schlug, danach für die Linke zu Recht *persona non grata* wurde. Vielleicht hat Piscator, dem in seinem *Politischen Theater* von 1929 bekanntlich einige sachliche Fehler unterlaufen sind, im nachhinein den Namen einfach verwechselt. Möglicherweise ist es gar nicht so weit hergeholt zu spekulieren, daß er den Namen Ruttmanns bewußt verdrängt hat, weil jener mit seinen Filmen so überdeutlich den Finger in die offene Wunde des Auseinanderklaffens zwischen politischem Produktionsanspruch und sinnliche Reize konsumierender Rezeption gelegt hatte. Eventuell verwies dessen Film zu deutlich auf die Gefahr, die in den Potenzen der formalen Bindeglieder und der rhythmischen Relationierungen ästhetischer Elemente immer lauert: die der Verselbständigung gegenüber den Absichten des Produzenten.

Aber abgesehen von solchen rezeptionsästhetischen Phänomenen bestand die eigentliche künstlerische Leistung von Piscators Theater in einer produktionsästhetischen Funktionalisierung aller theatralen Mittel. Dazu trug der Film in ganz eigenständiger Weise bei, indem er mit den anderen theatralen Zeichensystemen spannungsreiche und doch sich zueinander fügende Beziehungen einging. Wenn man so will, bestand Piscators geniale Leistung tatsächlich in der theatralen integrierenden Montage aller beteiligten Kunstformen: von Walter Ruttmann über Edmund Meisel über John Heartfield bis Mary Wigman – hier waren führende Exponenten der Avantgarde am Werk. Piscator wirkte in gewisser Weise als ein künstlerischer Monteur, der die von ihnen vorgefertigten Materialien und Strukturelemente zum eigenständigen Kunstwerk fügte: zur Aufführung von *Hoppla, wir leben!*[33]

> Piscator benutzt den *Plakat-Stil* der Auseinander- und der Nebeneinander-Technik, hebt sie aus dem starren, stummen Raum der sogenannten 'Malerei' heraus und setzt sie in die *Zeit*. Im Verlauf des *Nacheinander* kommt Logik in das Auseinander und Nebeneinander der alten -ismen. Mit Drama und Film bringt er die Fetzen und Fragmente wirrer Assoziationen unter die Logik und unter seine positive, wollende, lebende Idee. (*Die Scene*, Feb. 1928, S. 39)

---

33 Entsprechend Julius Bab, in *Die Hilfe* Nr.19 (1927), S. 483: "[...] ganz außerordentlich stark ist nun Piscators Begabung für die optischen Wirkungen der Bühne, für ihre konstruktive Einrichtung und für jene Bewegungen des Gesamttons, die man heute das 'Dynamische' in einer Aufführung nennt. An dieser Tollerinszenierung hatten für die [...] klangliche Untermalung *Edmund Meisel*, für das Bühnenbild *Traugott Müller*, für den Film *Curt Oertel* mitgezeichnet. Und es ist dem Außenstehenden natürlich nicht möglich, zu sagen, wie sich das Verdienst dieser vier Männer verteilt. Aber man wird sich doch an *Piscator*, als den zusammenfassenden Organisator, den eigentlich verantwortlichen Mann der Gesamtkomposition halten dürfen."

Andererseits bleibt es doch sehr zweifelhaft, ob der 'Durchschnittszuschauer' und nicht zuletzt die "feinen Leute" in diesem Theater, also eben gerade nicht die Reflektierer von (Zeitungs-)Berufs wegen, in dieser simultanen theatralen Bilderflut und dem Ineinander der plurimedialen Bewegungsrhythmen ausgerechnet die eindimensionale "Idee" suchten. Die von Joachim Fiebach beschriebenen Veränderungen in den sinnlichen Wahrnehmungs- und "warenästhetischen" Rezeptionsweisen lassen sich jedenfalls viel besser zu Angebot und Nachfrage dieses dynamisierten "Spektakels" in Beziehung setzen als jener nachgeschobene Logozentrismus.

"Diese Inszenierung erstrebt ein neues Gesamtkunstwerk." (*Frankfurter Zeitung*, 6.9.1927) Die damit verbundene besondere Retheatralisierung nahm ihre Zuschauer ganz einfach sinnlich gefangen, wobei sie besonders über den Einsatz des Films, der weit mehr als bloß die Funktion einer "*lebenden* Kulisse" erfüllte, in neue, bisher theaterferne Dimensionen vorstieß. Im konkreten Rezeptionsprozeß geriet dies "klassenmäßig" eigentlich so heterogene Publikum anscheinend zu einer faszinierten, emotionalisierten Einheit. Vielleicht war der Schatten Richard Wagners über Max Reinhardt eben genau hierin viel länger, als es Piscator lieb sein konnte.

Literaturverzeichnis

Piscator, E.: *Schriften*, 2 Bde., Berlin 1968, Bd. I: Das Politische Theater (Faksimiledruck der Erstausgabe 1929), Bd. II: Aufsätze, Reden, Gespräche.

Piscator, E.: *Zeittheater. "Das Politische Theater" und weitere Schriften 1915 bis 1966*, Reinbek bei Hamburg 1986.

Arnheim, R.: *Film als Kunst* (1932), München 1974.

Bab, J.: *Das Theater der Gegenwart. Geschichte der dramatischen Bühne seit 1870*, Leipzig 1928.

Barnouw, E.: *Documentary. A History of the Non-Fiction Film*, New York 1993.

Boeser, K. / Vatková, R.: *Erwin Piscator. Eine Arbeitsbiographie in 2 Bde.*, Berlin 1986.

Braulich, H.: *Die Volksbühne. Theater und Politik in der deutschen Volksbühnenbewegung*, Berlin 1976.

Brauneck, M. (Hrsg.): *Die Rote Fahne. Kritik, Theorie, Feuilleton 1918–1933*, München 1973.

Brecht, B.: "Schriften zum Theater 1 und 2", in: *Gesammelte Werke, Bde. 15 und 16.*, Frankfurt a.M. 1967.

Bürger, P.: *Theorie der Avantgarde*, Frankfurt a.M. 1974.

Diebold, B.: "Das Piscator-Drama. Kritischer Versuch", in: *Die Scene. Blätter für Bühnenkunst*, 18. Jg. (Feb. 1928) H. 2, S. 33–40.

Ditschek, E.: *Politisches Engagement und Medienexperiment. Theater und Film der russischen und deutschen Avantgarde der zwanziger Jahre*, Tübingen 1989.

Fetting, H.: *Von der Freien Bühne zum Politischen Theater. Drama und Theater im Spiegel der Kritik*, 2 Bde., Leipzig 1987.

Fiebach, J.: *Von Craig bis Brecht. Studien zu Künstlertheorien in der ersten Hälfte des 20. Jhs.*, Berlin 1975.

Fischer-Lichte, E: "Die Entdeckung des Zuschauers. Paradigmenwechsel auf dem Theater des 20. Jhs.", in: *LiLi*, 21. Jg. (1991), H. 81, S. 13–36.

Fischer-Lichte, E.: *Kurze Geschichte des deutschen Theaters*, Tübingen/Basel 1993.

Gleber, K.: *Theater und Öffentlichkeit. Produktions- und Rezeptionsbedingungen politischen Theaters am Beispiel Piscator 1920–1966*, Frankfurt a.M./Bern/Las Vegas 1979.

Gregor, J.: *Das Zeitalter des Films*, Wien/Leipzig (2. Aufl.) 1932.

Haarmann, H.: *Erwin Piscator und die Schicksale der Berliner Dramaturgie. Nachträge zu einem Kapitel deutscher Theatergeschichte*, München 1991.

Hätte ich das Kino! Die Schriftsteller und der Stummfilm. Ausstellung des Deutschen Literaturarchivs in Marbach 1976.

Hermand, J.: "Ernst Toller, *Hoppla, wir leben!*", in: ders.: *Unbequeme Literatur*, Heidelberg 1971, S. 128–149.

Hermand, J. / Trommler, F.: *Die Kultur der Weimarer Republik*, München 1978.

Innes, C.D.: *Erwin Piscator's Political Theatre*, Cambridge 1972.

Knellesen, F.: *Agitation auf der Bühne. Das politische Theater der Weimarer Republik*, Emsdetten 1970.

Kracauer, S.: *Von Caligari zu Hitler. Eine psychologische Geschichte des deutschen Films*, Frankfurt a.M. 1984.

Lixl, A.: *Ernst Toller und die Weimarer Republik 1918–1933*, Heidelberg 1986.

Patterson, M.: *The Revolution in German Theatre 1900–1933*, London/Boston 1981.

Rorrison, H.: *Erwin Piscator. Politics on the Stage in the Weimar Republic*, Cambridge 1987. (Theatre in Focus)

Rotha, P.: *Documentary Film*, London 1936.

Rühle, G.: "Rede über die zehn Taten des Erwin Piscator. Herstellung und Wiederherstellung einer Funktion (1971)", in: ders.: *Theater in unserer Zeit*, Frankfurt a.M. 1976, S. 153–169.

Rühle, G.: *Theater für die Republik 1917–1933. Im Spiegel der Kritik*, 2 Bde., Berlin 1988.

Schürer, E.: "Nachwort", in: Toller, Ernst: *Hoppla, wir leben!*, Stuttgart 1980, S. 116–151.

Spalek, J.M. / Frühwald, W. (Hrsg.): *Der Fall Toller. Kommentar und Materialien*, München/Wien 1979.

Toeplitz, J.: *Geschichte des Films.* Band I: 1895–1928, Berlin 1979.

Toller, E.: *Gesammelte Werke.* Hrsg. von Spalek, J. / Frühwald, W., 5 Bde., München/Wien 1978.

Wehle, W.: "Avantgarde: ein historisch-systematisches Paradigma 'moderner' Literatur und Kunst", in: Warning, R. / Wehle, W. (Hrsg.): *Lyrik und Malerei der Avantgarde*, München 1982, S. 9–40.

Weimarer Republik. Hrsg. von Kunstamt Kreuzberg / Institut für Theaterwissenschaft der Universität Köln, Berlin 1977.

Willett, J.: *Erwin Piscator. Die Eröffnung des politischen Zeitalters auf dem Theater*, Frankfurt a.M. 1982.

Woll, S.: *Das Totaltheater. Ein Projekt von Walter Gropius und Erwin Piscator*, Berlin 1984 (Schriften der Gesellschaft für Theatergeschichte. Bd. 68).

Leibesvisitation

Schauspielkunst im Stummfilm: Asta Nielsen
Ein Versuch

Thomas Koebner

1. Der Begriff der Avantgarde im 20. Jahrhundert ist so vielfältig besprochen worden, daß Einigkeit über die zentralen Elemente hergestellt scheint: Gegnerschaft zu institutionell verankerten Kunstprinzipien, Abweichung von 'traditionellen' Schemata und Regeln in der Darstellung, Ästhetik der Brüche und Verschiebungen, Suche nach anderen Orten der Präsentation und einem neuen Publikum, Widerspruch gegen bürgerliche Werte usf. Avantgardistische Tendenzen dieser Art zeichnen sich früh auch im Stummfilm ab. Vor allem in den 20er Jahren entwickeln die Surrealisten eine neue 'Syntax' und Sehweise des experimentellen Films, die durch Luis Buñuels *Ein andalusischer Hund* (*Un chien andalou*) oder Jean Cocteaus *Das Blut eines Dichters* (*Le sang d'un poète*) weiterwirken und noch gegenwärtig vertraut sind. In Deutschland sind zumal Versuche unternommen worden, Dokumentarfilm und Montage zusammenzuschließen, um die 'Normalsicht' auf die Dinge zu verfremden. Es sei nur erinnert an Walter Ruttmanns *Berlin. Die Sinfonie der Großstadt.* Wenn man sich diese und andere Filme der Epoche, z.B. des jungen René Clairs *Entr'acte*, vor Augen hält, fällt sogleich auf, daß Schauspieler und Schauspielerin hier keine oder zumindest keine bevorzugte Rolle spielen. Hans Richter, Maler und avantgardistischer Regisseur, rechtfertigt den Verzicht der 'typischen' Filmavantgarde auf Akteure in seinem Buch *Filmgegner von heute – Filmfreunde von morgen* (1929) unmißverständlich als Befreiung vom industriellen Systemzwang:

> Der Schauspieler ist im Film problematisch. Er ist ebenso Mittel des Films wie Tintenfaß, Vogel, Baum. Wichtig ist er nur in dem Maße, als er am Rhythmus des Films teilnimmt. Durch falsche Beanspruchung des Schauspielers hat sich ein besonderer, hyperindividualistischer Darstellertypus entwickelt, der durch übertriebene Mimik über die Mängel des heutigen Films hinwegzuhelfen sucht. [...] Das Produkt einer solchen Ordnung ist der Star.[1]

---

1 Richter 1981, S. 99–102.

Diese Auffassung teilten viele 'moderne' und jüngere Autoren gegen Ende der Weimarer Republik, z.B. Rudolf Arnheim. Die Demontage des Star-Systems galt der oppositionellen Avantgarde als vordringlich, so schien ein radikaler Bruch mit dem Kommerzbetrieb Kino erreichbar. Zehn Jahre später denkt derselbe Hans Richter ein wenig anders über die Leistung der Darsteller. Er erwähnt einige, versucht sogar im Schlepptau von anderen Filmtheoretikern und -kritikern das Spezifische ihres Spiels zu charakterisieren. Von Künstlern, die speziell die deutsche Filmgeschichte mit beeinflußt haben, fallen ihm wenige ein, eine vorweg: Asta Nielsen, die er, charakteristisch für ihn, erst erwähnt, als er die besondere Leistung der Großaufnahme würdigt.[2] Richter, der leidenschaftliche Befürworter des russischen Films und seiner Montage-Prinzipien, neigt eher zu Eisenstein und weniger zu Pudowkin – die scheinbar nur geringfügige Akzentverschiebung deutet darauf hin, daß ihm die Schauspielkunst im Film ferner liegt. Er hätte sonst, beim intensiven Studium der Schriften Pudowkins, wiederholt die Bedeutung des Schauspielens in aller Tiefe und Breite erörtert gefunden, will sich diese Überlegungen aber offenbar nicht zu eigen machen.

Mit Vorsicht läßt sich nach diesen wenigen verstreuten Beobachtungen doch eine Vermutung formulieren: Die Ästhetik des Avantgarde-Films in den 20er Jahren und danach läßt insbesondere dem Schauspielen wenig Raum in seinen Konzepten, versucht auch in der Praxis nicht, komplexer definierte Rollen zu prägen oder entsprechende Schauspielerpersönlichkeiten zur Mitarbeit zu gewinnen. Das gilt natürlich nicht für das spätere Werk von Luis Buñuel, Jean Cocteau oder René Clair – als sie sich auf die Funktionen des Schauspielens einlassen, haben ihre Filme schon längst die enge Umzäunung reiner Avantgarde-Ideen durchbrochen. Ist also die Frage nach dem Verhältnis zwischen Schauspielkunst im Stummfilm und Avantgarde überhaupt vergeblich gestellt, weil beide einander ausschließen, die Schauspielkunst die Avantgarde oder die Avantgarde die Schauspielkunst?

Vielleicht ist man dazu gezwungen, bei besonderen Prozessen in der Entwicklung einer jungen Kunst – der Film noch zu Beginn des Jahrhunderts, seit 1895 der breiteren Öffentlichkeit als Phänomen überhaupt erst bekannt – den Begriff 'Avantgarde' breiter zu fassen oder ihn zu ergänzen, zu ersetzen durch den ungleich konservativeren Ausdruck des 'künstlerischen Fortschritts'. Beide Begriffe haben miteinander zu tun. Das erhellt bei Fällen, in denen eine Komponente des zusammengesetzten Kunstwerks, hier des Films, so weit über das zeitgenössisch Gewohnte und Übliche hinausschießt, daß sich unvermeidlich der Eindruck aufdrängt, hier habe jemand etwas erreicht, das ande-

2 Richter 1976, S. 55.

ren als Fernziel gilt. Ein Idealzustand wird körperlich sichtbar, die Erfüllung künstlerischer Anstrengungen so vergegenwärtigt, daß von absolutem Fortschritt gesprochen werden kann. In dieser Situation liegt es nahe, eher die Polarität zwischen 'Anfängen' und 'Avantgarde' zu etablieren. Denn der Begriff Avantgarde in ursprünglicher Bedeutung, nämlich als Vorhut vor den anderen, dem großen Heer, scheint ebenso zuzutreffen wie der Begriff der künstlerischen Vollendung, die als Norm, als Verschmelzung von Moderne und klassischer Form, allen vor Augen steht, die zu diesem Ziel hin noch unterwegs sind.

Es gibt in den 10er und frühen 20er Jahren in der Filmkritik und bei den Autoren, die größere Bezüge überblicken wollen, nur eine Person, die unter dem Doppelaspekt von Avantgarde und Fortschritt als Inbegriff der Meisterschaft filmischer Schauspielkunst genannt wird; meist, aus deutscher Perspektive, noch vor Charlie Chaplin: die dänische Schauspielerin Asta Nielsen (1881–1972), die ab 1911 die meiste Zeit in Deutschland arbeitete, bis das Dritte Reich sie endgültig dazu zwang, in ihr Heimatland zurückzukehren, um dort den Zumutungen der Nazi-Diktatur zu entgehen, denen sie vorher und nachher beharrlich widerstand. Eine Ansicht sei zur ersten Beglaubigung zitiert. Alfred Kerr äußert sich 1921 in seinen *Standpunkten zum Film*:

> Das Höchste bot Asta Nielsen in ihrer besten Zeit – ob sie ein kleines Pensionsmädel, ob sie einen trauernden Menschen schuf. Dies Gesicht zu betrachten, war ein Glück. Und ein Studium. Sie spiegelte das Letzte – mit einem Huschen. Das zählt zur ganz großen Kunst.[3]

2. Weniger als ein Drittel, knapp über 20 von über 70, der mit Asta Nielsen gedrehten Filme sind erhalten, manche in beschädigtem Zustand. Zunächst, in einem ersten Schritt, gilt es daher, Asta Nielsens besondere Wirkung aus Rezeptionszeugnissen der Epoche zu erschließen. In einem zweiten Schritt, und im Schatten eindringlicher Interpretationen von früher, soll das Erlebnis ihres Schauspiels erneut wahrgenommen und überprüft werden: nämlich in den relativ späten Filmen *Hamlet* (Regie: Svend Gade, Heinz Schall, UA 9.2.1921 in Berlin) und *Die freudlose Gasse* (Regie: Georg Wilhelm Pabst, UA 18.5.1925 in Berlin). Nach der Zählung im *CineGraph* handelt es sich um ihren 49. und 67. Film.

Wie viele Schauspieler aus dieser Zeit kommt auch Asta Nielsen vom Theater zum Film. Aufgewachsen in einem Arbeiter-Haushalt in engen,

3 Kerr 1991, S. 353.

bedrückten, durch einen starken Familienzusammenhalt geprägten Verhältnissen, wollte sie früh ans Theater gehen, vor allem unter dem Eindruck des frühen Todes, den ihr Vater erlitt, um tragische Schicksale zu gestalten. Ihre Lehr- und Gesellenzeit am dänischen Theater verlief unauffällig. Sie machte sich mit anderen Schauspielern selbständig und zog als Mitglied einer wandernden Truppe durch Skandinavien, kehrte nach Kopenhagen zurück und beschloß dann – ohne große Vorbereitung, wenn ihrer präzisen und oft ironisch getönten Autobiographie zu trauen ist (wozu ich neige) – mit einem ebenso metierfremden Freund, Urban Gad, 1910 gemeinsam einen Film herzustellen. In diesem Jahr wurde sie bereits 29, seit neun Jahren mußte sie sich um ihr Kind kümmern, eine Tochter, deren Vater sie trotz aller Freundschaft nicht heiraten wollte.

Bereits bei der ersten Lektüre der überlieferten Zeugnisse ihres persönlichen Lebens ist zu erkennen, daß es Asta Nielsen nicht daran lag, mit dem System bürgerlicher Lebensführung konform zu sein. Sie verhielt sich selbständig, eigenwillig, durch ihre proletarische Jugendzeit immunisiert gegen Allüren. Sobald sie im Film als Schauspielerin zu arbeiten begann, ergriff sie heftige Experimentierlust, die sie wie im Leben auch in der Kunst dazu brachte, Verpflichtungen und Einschränkungen zu ignorieren oder zu verletzen, die einer öffentlich auftretenden Frau selbst als Schauspielerin aufoktroyiert waren. Und sie war bereit dazu, die Wirklichkeit des Lebenselends in einer Kunstform sichtbar werden zu lassen, die sich sonst vorzüglich dazu eignete, mit Illusionen von Überlebensfähigkeit und schwerelosem Gaukelspiel ein zugleich gefräßiges und auf Ablenkung erpichtes Publikum zu unterhalten.

Schwärmerische Begeisterung schlug ihrer Rollenwahl und Rollengestaltung von früh an entgegen – bereits ihr erster Film *Abgründe*, 1910 in Dänemark gedreht, wurde ein Welterfolg. Einzelne, Ausschnitte aus der Anbetungs-Hymnik verdeutlichen, wie die Schauspielerin in das fiebrig-entzückte Phantasie- und Traumleben jüngerer Männer eindrang. Hans Schiebelhuth offenbarte seine Sucht 1921 in folgenden Versen:

> Du bist der Mord, der irgendwo geschah
> In mir, als ich noch Knickerbockers trug.
> Seitdem bist Du der schwarze Engel mit dem Verhängnisschwert,
> Der mich nie läßt, der meine Träume mit Gift säugt.
> [...]
> Ich habe Dir eine Stadt erbaut im Herz der Geheimnisse;
> [...]
> Ich kann nicht mehr denken, immer umstellst Du mich.
> [...]

So süß ist es mir, mein Selbst um Dich zu versäumen,
Immer und immer muß ich im Kino hocken, stieräugig reiße ich Dich aus jedem Film, ratlos bin ich nur noch der Teil meines Lebens,
Der dunkelleise vor der Leinwand nach Dir weint.[4]

Ossip Kalenter beschreibt sie als "die köstlichste von Allen"[5]. Die Reihe ließe sich fortsetzen. Die überschwenglich-melancholische Schwärmerei verrät, daß Asta Nielsen als erotisch verwirrend galt, mehr noch: als Figur, die Grenzen zwischen der Femme fatale, der Verderben bringenden Frau, und dem good girl ständig durchbrach, ohne je zur dämonischen Schablone noch zum Gretchen-Schema zu tendieren. Kein schärferer Gegensatz war denkbar zum blond-keuschen, brav allen Versuchungen widerstehenden Rollentyp, den Henny Porten verkörperte (meisterlich beschrieben von Heide Schlüpmann). Asta Nielsen, oft mit eng umschließenden Kleidern angetan, die ihren schlanken Körper betonten, ohne dessen große Beweglichkeit einzuschränken, schien Gestaltvisionen des Jugendstils nachempfunden: Versinnlichung dieser ranken, entfesselten Frauenidole, die patriarchalische Fesseln von sich werfen. Und doch stimmten gerade diese Zeichen fröhlich-sieghaften Triumphes nicht zum Grundriß ihrer Rollen.

Asta Nielsens Erscheinungsweise war überraschend vielfältig (Abb. 4). Sie beteuert in ihrer Autobiographie, daß sie gemeinsam mit ihrem ständigen Regisseur zwischen 1910 und 1915 und zeitweiligen Ehemann Urban Gad darauf achtete, jede ihrer Rollen von der vorangegangenen abzuheben. Sie wechselte Frisur und Kleider nach genauer dramaturgischer Überlegung manchmal im selben Film. Indes enthüllten ihre oft tragischen und seltener komischen Rollen komplexe Strukturen, die, nicht weiter verwunderlich, vergleichbar sind.

Einige wiederkehrende Züge ihrer fein verästelten Rollentypologie lassen sich skizzenhaft vielleicht so beschreiben: In *Abgründe* (1910), ihrem ersten Film, entspringt die von ihr dargestellte junge Frau dem lähmenden Bann bürgerlicher Enge und wendet sich von einem noblen, angepaßten Manne ab. Sie folgt einem Varieté-Künstler, einem wenig feinen und edlen Subjekt, dem sie ergeben scheint. Als er von ihrer Prostitution leben will, ersticht sie ihn im Zorn, ohne ihm leidenschaftliche Zuwendung zu entziehen. Viele ihrer Vorkriegsfilme geben dieses Schema zu erkennen – verwiesen sei ausdrücklich auf *Die arme Jenny* (UA 1912) oder *Die Sünden der Väter* (UA 1913): Frauen entfliehen dem Alltag, folgen ihrer Sehnsucht, Leidenschaft, ihrem Glücksbegehren und kehren selten wieder an den Ausgangspunkt zurück, also

4 Greve u.a. 1976, S. 284.
5 Ebda., S. 286.

in den ebenso bergenden wie beklemmenden Schutzraum und 'Frieden' der wohlbestellten Familie. Ihr Entrinnen, ihre Selbstbestimmung sind oft schwer erkauft, mit dem körperlichen und seelischen Verfall der Person, analog zum symbolischen und realen Abstieg in eine schmutzige und niedrige Existenz. Aus der ursprünglichen Gesellschaft ausgestoßen, drohen sie, ins Elend zu entgleiten, Alkohol, später Drogen, helfen dabei: Lebensläufe von Frauen, die mit dem Zwang zu Gehorsam und Einordnung gebrochen haben. Die Leidenschaft der Heldinnen Asta Nielsens für den jeweiligen Verführer, gleich, ob es ein aufgeputzter Offizier ist, dem Zwischenspiel mit der Dienstmagd nicht abgeneigt, ein abgebrühter Kumpan aus dem Kaschemmen-Milieu oder ein sanfter Spreefischer, diese Leidenschaft trägt weit und schwächt sich selten ab. Das 'Lockbild der großen Passion' läßt sie soziale Hemmungen überwinden. Kein 'Schritt vom Wege' wie bei Effi Briest, sondern Flucht und Suche, die radikal zuendegeht und keinen Trost in demütiger Unterwerfung erhoffen darf. Etliche Male wird die Heldin selbst zur Mörderin, viel häufiger noch bringt sie sich schließlich um, weil sie das Glück der anderen nicht überleben will, aus Verzweiflung, um Erlösung zu finden, aus Liebe und Sühne, weil sie keinen anderen Ausweg mehr für sich sieht – und Rückkehr nur der komödiantischen Version dieses Themas möglich ist, wie in *Vordertreppe und Hintertreppe* (1914, UA 1916). Das mag im Kern mit Kolportage-Erzählungen und gereimten Warnungen vor der Nachahmung gefallener Mädchen zu tun haben. Zeitgenössische Kritiker sprechen aus Verlegenheit, die ihnen oft bewußt wird, vom Falter, der ins Licht taumle oder vom kurzen Traum der Liebe, der bald ausgeträumt sei. Aufstiegsphantasien sind in diesen Filmen selten realisiert, ebensowenig allgemeine Umarmungen aller Kontrahenten von einst. Vereinsamung, Entbehrung und Freitod als Perspektive der Selbstbefreiung kann den Willen und die Kraft dazu nicht brechen. Die Verhältnisse sind zu roh, um den jungen Frauen zu erlauben, bescheiden beim Leisten zu bleiben. Handelt es sich doch bei der Heldin eher um die Tochter einfacher Leute und nicht um die aristokratische Erbin.

Die Darstellung der Nielsen hat wenig von Küchenlyrik und Moritaten an sich, noch von moralischer Verbindlichkeit. Mindestens viermal versucht Nielsen den Sprung in die Hosenrolle, um als junger Mann zu erleben, was Frauen verwehrt ist – später mehr darüber. In den Komödien, allen voran *Engelein* (UA 1914), wird ihr erlaubt, jüngere Lebensstufen zu präsentieren, als "zappliger Backfisch" (Nielsen) eine Bewegungsfreiheit zu beanspruchen, die man der erwachsenen Frau nicht zugestehen würde. Nach dem Krieg verschärfen sich einige Motive in den Ausbruchsversuchen: die Verführerin ohne Gnade kommt gelegentlich stärker zum Ausdruck, das Älterwerden, die Resignation, der Zusammenbruch am Ende, die Erstarrung treten als typische

Schlußwendung eines von Beginn an beraubten Lebens in Konkurrenz zum Selbstmord, das Unbürgerliche in den Rollen tritt immer deutlicher hervor, das Ausleben der Leidenschaft findet viel früher unübersteigbare Grenzen, der Spielraum wird kleiner, so in *Absturz* (1923), in *Die freudlose Gasse* (1925) oder *Dirnentragödie* (1927), zuletzt noch in ihrem ersten Tonfilm und zugleich dem letzten Spielfilm, den sie überhaupt gedreht hat: *Unmögliche Liebe* (1932). Asta Nielsen fühlt sich von erfundenen Lebensgeschichten aus der Umwelt der Entrechteten und Vergessenen angezogen, die ihr, bei ähnlicher Ausgangssituation, in manchem erspart geblieben sind.

3. Schon die private Asta Nielsen stach auffällig vom Stereotyp der dänisch-nordischen Frau ab, mit ihren dunklen Haaren, die ihr bleiches Gesicht wie ein vielfältig variierbarer Rahmen umgaben. Mit den großen und dunklen Augen wirkte sie eher mediterran. Für die Rollen schminkte sie sich um, schuf sich eine leicht veränderte Gesichtsproportion: die starken Augenbrauenstriche lagen höher als ihre natürlichen Brauen und erweiterten die Augenzone. Dunkle Schatten über den schweren Lidern bildeten eine Fläche und betonten zusätzlich das Weiße der recht weit auseinanderstehenden, von einer geraden Nase getrennten Augen. Diese Schatten erlaubten, daß auch subtile Veränderungen im Blick gut erkennbar waren, zumal die typischen Seitwendungen, bei denen Nielsen aus den Augenwinkeln sah, ohne den Kopf merklich zu drehen. So war es ihr möglich, Zuwendung sehr differenziert zu spielen und den Zwiespalt zwischen der Neugier auf das Unerhörte und der Beharrungskraft des Körpers, dem Gewohnten länger unterworfen, deutlich zu machen. Dieses halbe Herausdrehen aus dem 'Geradlinigen' enthüllt bereits den für ihre Rollen so wesentlichen Konflikt zwischen der womöglich gedankenlosen Treue dem alten Leben gegenüber und der Versuchung, es gegen ein neues Leben einzutauschen. Daß Asta Nielsen sich als armes Mädchen von der Hintertreppe oder als reiche Engländerin jeweils mit Frisur, Perücke oder Kleid ein milieugerechtes Aussehen verlieh, zeugte nicht nur von ihrer Lust an der Verwandlung, sondern auch von der scharfen Beobachtung sozialer und kultureller Indizien. Sie legte eine spezifische Atmosphäre um ihr minutiös und sorgsam modelliertes Körperbild: "Die Nielsen ist aromatisch, jede ihrer Gestalten ist von einem besonderen Duft umweht", bemerkte zutreffend Willy Haas als Filmkritiker.[6] Bald werden auch die Räume, in denen sie sich bewegt, mit milieucharakteristischen Accessoires ausgestattet.

6 Haas 1991, S. 38.

4. Scheinbar hat die naturalistische Bühne hier nachgewirkt. Aber ist es überhaupt berechtigt, dem Theater ohne weiteres einzuräumen, es sei in Schauspiel und Raumgestaltung Vorbild für den Film gewesen? Scheint doch schon die Technik des Schminkens und der Körpermodellierung, wie Asta Nielsen sie betreibt, beinahe zu präzise zu sein für das zeitgenössische Kammerspiel und viel zu nuanciert für den neuen expressionistischen Furor! Paul Wegener, der die Bühne wie das Filmatelier kennt, verurteilt schon 1916 die Nachahmungsthese:

> Der Einwand, der häufig gemacht wird, daß die Schauspielkunst durch den Kinostil verrohen könnte, ist durchaus laienhaft. Zum Film gehören Ruhe, Transparenz und Einfachheit der Mimik. Das Objektiv ist schärfer als das menschliche Auge. Die Vergrößerung des Kopfes und der Hände, die Schärfe des Bildes, die grelle Beleuchtung, der Mangel farbiger Übergänge setzen die Filmschauspieler nahezu unter ein Mikroskop. Dazu kommt die notwendige Abkürzung der Geste durch die Technik der Aufnahme. Man muß im Film noch diskreter sein, als man in den Kammerspielen des Deutschen Theaters ist. Ein Augen-Blick, eine kleine Wendung des Kopfes können, wirklich erlebt, außerordentlich stark sein. Alles Leere und Affektierte wirkt auf der Riesenleinwand sehr bald wie eine Verzerrung.[7]

Spätestens nach dem Ersten Weltkrieg glaubte man, daß die seit der Jahrhundertwende konstatierte 'Entwertung des Worts' in verschiedenen Kunsttendenzen der Moderne zugleich Wirkung übe. Es gäbe danach also kein Verursacherprinzip in der Beziehung zwischen Theater und Film, ebensowenig vermutlich umgekehrt, wenn etwa Brechts Theatertheorie in den 20er Jahren zurückgeführt wird auf seine Stummfilmerfahrung, sondern einen viel breiter wirkenden Impuls, das vergangene, literarisch und alphabetisch orientierte Kulturmodell einzutauschen gegen ein künftiges Kulturmodell, in dem voraussetzungsloses Sehen (eine Fiktion), also das nicht durch Tradition und Bildung regulierte und verunstaltete Wahrnehmen zum neuen Modus der Wirklichkeitsaneignung erklärt wird. Es ging in der Diskussion seinerzeit um mehr, als nur um den Austausch von Kunstprinzipien. Eine grundlegende Umwertung der Erkenntnismittel schien sich anzubahnen. Das Beben dieser Revolution wurde ebenso in literatur-, theater-, wie in filmtheoretischen Schriften aller Art verzeichnet. Um eine durchschnittliche, fast beliebige Stimme zu zitieren, die ein Beispiel für die Verbreitung des neuen Paradigmas sein soll: Willi Handl weiß 1919 in der *Freien Deutschen Bühne* vom expressionistischen Schauspieler – wie viele andere – zu sagen, daß dessen ursprüngliches Mittel nicht das Wort sei, "das ja die Gefühle nur andeutend umschreibt", sondern

7 Wegener 1988, S. 17.

> [...] die starke Gebärde und der eindringende Rhythmus [...] das leidenschaftliche Erlebnis des einmaligen Augenblicks. [...] Expressionismus dieser Art ist freilich an keinerlei literarische Begrenzung gebunden. Er bedeutet [...] nichts anderes als die Zurückführung der Schauspielerei an ihr religiös-visionäres Urwesen, in die Nähe ihrer Herkunft aus Musik und Tanz.[8]

Zurück vom eher titanischen Streit zwischen Kulturmodellen zur relativ simplen Frage nach der Abhängigkeit des Stummfilms vom Theater. Lotte Eisner unter anderen hat die oft wiederholte Behauptung aufgestellt, es gäbe einen engen Zusammenhang zwischen dem Theater Max Reinhardts und den Artikulationsformen des Films. Natürlich fällt es leicht, darauf hinzuweisen, daß bedeutende Filmschauspieler, Paul Wegener oder Werner Krauß, auch auf Reinhardt-Bühnen zu den bewunderten Protagonisten gehört haben. Dies läßt sich indes auch durch den Produktionsstandort Berlin erklären. Dort vor allem entstand der deutsche Film, also mußten die Produktionen ihre Schauspieler von den Theatern in der Nähe holen. Ein anderer Aspekt: Es war fast unmöglich, zwischen 1910 und 1930 nicht wenigstens einmal für kürzere oder längere Zeit dem riesigen Reinhardt-Ensemble anzugehören. Daß auch bedeutende Regisseure wie Ernst Lubitsch und F.W. Murnau als Schauspieler bei Reinhardt begonnen haben, kann nicht als Bestätigung von Eisners These gelten, sondern vernebelt eher die tatsächlichen Verhältnisse. Die Betreffenden sind als Schauspieler nämlich stets dritte oder vierte Besetzung gewesen und haben selten in großen Rollen auftreten dürfen. Sieht man sich ihre Filminszenierungen an, fällt dagegen auf, wie bewußt und nachdrücklich sie von Reinhardtschen Vorbildern wegzukommen trachten (gewiß gelingt dies nicht in allen Bereichen), um dem Film unveräußerliche Ästhetik zu verleihen.

Die Legende vom sogenannten Einfluß Reinhardts auf den deutschen Film der 10er und 20er Jahre wird durch solche, nur eingestreute Hinweise natürlich nicht gleich widerlegt. Das Beispiel von Asta Nielsen soll daher vor Augen bleiben. Sie hat nie bei Reinhardt gelernt, selbst der Stil der Kopenhagener Theater wird vermutlich kaum auf ihre eigene filmische Arbeit abgefärbt haben, unterstreichen doch Asta Nielsen selbst und andere ihrer Zeitgenossen nachdrücklich, daß sie mit dem Beginn ihrer Filmproduktion 1910 eine ganz neue Darstellungsweise erschließen mußte, wenn ihr das auch unglaublich schnell gelang.

5. Regeln für das Schauspiel im Film sind bereits in der frühen Filmkritik durch Vergleiche entdeckt und in den ersten zusammenfassenden Studien zur

8 Handl 1919/20, S. 56f.

neuen Filmkunst als dramaturgische Erkenntnisse formuliert worden, von Paul Wegeners berühmtem, in verschiedenen Versionen überliefertem Vortrag von 1916 bis zum ersten Filmbuch von Béla Balázs, *Der sichtbare Mensch.* Drei dieser Grundregeln seien kurz beschrieben.

Erstens gilt als Vorschrift für Filmschauspieler, die theatralische Ausdrucksform zu 'miniaturisieren', am besten unter Verzicht auf alle theaterbedingten Transfer-Methoden. Während im Schauspielhaus auch die hinteren Reihen erreicht werden sollen, nicht zuletzt durch Stimme und Sprachgebärde, ist die Filmkamera vom Schauspieler nur einige Meter entfernt. Der Abstand verkürzt sich allmählich schon in den 10er Jahren. Mit der sich entwickelnden Vorliebe für die analytische Großaufnahme rückt das Gesicht noch näher. Um nicht durch heftige Bewegungen aus dem Bildkader hinauszurutschen oder durch übertriebene 'Plakatmimik' (die Alfred Kerr indes noch Anfang der 20er Jahre konstatiert)[9] den womöglich ernsten Rollencharakter zu disqualifizieren, ist der Schauspieler im Filmatelier oder im Freien darauf angewiesen, seine Mittel mit äußerster Sparsamkeit einzusetzen. Merkwürdig ist, wie wenige Schauspieler und Schauspielerinnen zu dieser Feinabstufung der Gestik, der Mimik, der körperlichen Bewegung imstande waren. Vielleicht trug der Umstand Schuld daran, daß die meisten allabendlich im Theater einem großen Publikum gegenüberstanden, vielleicht auch die Entwicklung zu pathetischen Riesengebärden im expressionistischen Theaterzeitalter zwischen 1917 und 1923. Es könnte zusätzlich aber auch sein, daß die Reduktion und Verengung der Ausdrucksmöglichkeiten im Film vielen Schauspielern die Aufgabe erschwerte, in dem viel kleineren Wirkungsspektrum klare und deutliche Akzente zu setzen. Viele hätten sich zum Umlernen motivieren lassen, wenn der Film die gleiche künstlerische Anerkennung genossen hätte wie seinerzeit das Theater.

Dies war aber nicht der Fall, so daß man in der Folgezeit bis weit in die 20er Jahre hinein in deutschen Filmen ein Nebeneinander von geradezu modellhaftem kamera- und montageangepaßtem Spiel und plumper 'Theatralik' feststellen kann. Es verwundert nicht, daß die Hoffnung entsteht, aus diesem Dilemma herauszukommen, indem man die Schauspieler zum völligen Stillehalten überredet, so daß die Zuschauer dieses gefrorene Körperwesen auf der Leinwand mit ihren eigenen rotierenden Emotionen besetzen können. Ein anderer Ausweg bestand darin, die Arbeit des Schauspielers zu minimalisieren oder für unwichtig zu erklären, so daß ihn neben Laien, Kindern oder Tieren keinerlei Vorzug auszeichne. Diese vehemente Diskriminierung der schauspielerischen Arbeit – die sich, wie erwähnt, die filmkünst-

9 Kerr 1991, S. 352.

lerische Avantgarde zu eigen machte – entsprang der Anschauung schlechter Exempel. Man mag solche Äußerungen für Verzweiflungsschreie oder überlegte Schlußfolgerungen halten. Wer sich so zu Wort meldete, war auf einem Auge blind: erkannte nicht, daß seit Asta Nielsen der tragische Konflikt und seit den französischen und amerikanischen Komödianten wie Max Linder oder Charlie Chaplin die komischen Konflikte im Film eine spezifische Darstellungstechnik und Darstellungskunst gefunden hatten.

Zurück zum Stichwort Miniaturisierung: Die Kamera hat nicht nur durch den Bildausschnitt, sondern auch durch ihre Mechanik das Schauspiel im Film beeinflußt. Allzu schnelle Bewegungen wurden bei der relativ langsamen Aufnahme- und Vorführgeschwindigkeit von ungefähr 18 Bildern pro Sekunde nicht als fließender Vorgang registriert, sondern eher als abrupte Veränderung. Sogar der Schlag mit der Faust auf den Tisch mußte vom Schauspieler geringfügig verlangsamt werden. Die Forderung der Miniaturisierung erzwang also, wenn sie richtig erkannt wurde, den grundsätzlichen Bruch mit Bewegungs- und Tempokonventionen des Theaters und des alltäglichen Lebens. Das Künstliche und Besondere der Herstellung einer Handlung unter heißen Jupiterlampen, vor einer nur begrenzt bewegungsfähigen Kamera, in einem oft sehr lauten Atelier (da auf keine Mikrophone Rücksicht genommen werden mußte) ließ sich nicht verleugnen. Nur den wenigen, die sich der neuen Kunst verschrieben und die Abkehr von den alten Künsten riskierten, gelang es, in Praxis und Nachdenken aus diesen Voraussetzungen eine spezielle Dramaturgie des Films zu entwickeln.

6. Auch eine zweite Regel läßt erkennen, daß Schauspieler im Filmatelier oder im Freien sich nicht oder selten nach den Erfahrungen richten durften, die sie beim Spiel über die Rampe hinweg gewonnen hatten. So war die Sprachgebärde gegen die 'Gebärdensprache' einzutauschen. Die erzwungene Stummheit des frühen Films verlangte die konzentrierte Kanalisierung des Ausdrucks über den Körper und sein Verhältnis zum Raum und den Gegenständen. Gelegentliche Versuche in Theorie und Praxis, das Filmspiel der Pantomime gleichzusetzen, litten unter der Unschärfe dieses Vergleichs. Die Pantomime ist geregelt und ritualisiert. Die Spieler der Pantomime sprechen nicht, während die Spieler im Film sehr wohl reden: Man kann ihnen zusehen, wie sie auf andere einreden, man kann ihnen zusehen, wie sie zuhören – all das gibt Aufschluß über ihre Haltung, sie antworten körperlich auf etwas, was sie mittels der Sprache erreicht, von dem der Zuschauer sich nur Vorstellungen machen kann. Lästige Zwischentitel konkretisieren dann, was der Zuschauer meist von vornherein schon ahnte oder zu wissen meinte, vor-

ausgesetzt, die Gebärdensprache war so exakt, daß sie das Verständnis der Szene aufdrängte.

Im Film ist überdies eine beträchtliche Spannweite möglich zwischen der anscheinend natürlichen Reaktion, dem Reflex, der durch Analogieschluß den Betrachtern sogleich begreiflich ist, und der artistischen Übersetzung einer Emotion in ausführlicher strukturierte Bewegung. Natürlich kann und muß die Gebärdensprache auch den Transport von Mitteilungen übernehmen, die auf dem Sprechtheater dem Wort anvertraut werden. Äußerungen über innere Befindlichkeiten (z.B. "Meine Sehnsucht nach ihm oder ihr hat nie an Kraft verloren ..."), Erzählungen von Geschichten, die in der Vergangenheit und an anderen Orten stattgefunden haben (z.B. "Ich traf ihn einst in Wittenberg, als ich noch jung an Jahren war ..."), Andeutungen von Gefühlsverhältnissen (z.B. "Wenn ich es recht überlege, liebe ich Dich doch ...") und andere Aussagen müssen im Stummfilm entweder unterdrückt oder auf andere Weise signalisiert werden.[10] Die Bewegung der Augenbrauen und die Kopfhaltung, das Aufstehen vom Stuhl oder die Abwendung von einer Person, der Gang durch den Raum und andere 'sprechende' Handlungen müssen sichtbar machen, was in des Menschen Brust sonst verborgen bliebe. Noch mehr ist möglich: das nicht Ausgesprochene, aber wohl Mitgemeinte in einer Rede, die verdeckten Anspielungen in einem Dialog, selbst das, was auf keinen Fall, nach dem Wunsch einer Person, zur Sprache kommen soll, kann durch Gebärdensprache mitgeteilt werden. In ihr artikuliert sich nicht nur das Bewußte eines Sprechakts, sondern auch das Unbewußte. Jedenfalls kann es prinzipiell so sein. Das neuerschlossene Zeichensystem muß nicht diffuser und gleichsam lallender wirken als Lautsprache. Deutlichkeit, selbst Kürze, sind in der Gebärdensprache durchaus erreichbar.

Indes ist ihr, auffälliger als im Theater, die Unterstützung durch andere Zeichenklassen sehr behilflich: a) Die Geste einer Schauspielerin wird verdeutlicht durch b) den Gesichtsausdruck einer dabeistehenden Figur und durch c) eine bestimmte Raumausstattung oder den Charakter des Umfeldes. Auf diese Weise läßt sich der Ausdruck einer Situation, der äußeren wie der inneren, oft genauer bestimmen als nur durch eine Zeichenklasse für sich. Der Wunsch, ein sogenanntes 'Gebärdenlexikon' herzustellen, sicher inspiriert durch ähnliche Versuche im 19. Jahrhundert, wie dem von François Delsarte, wurde auch in der Filmkritik und Filmtheorie erwogen. Viele wollten dafür das außerordentlich differenzierte Spiel von Asta Nielsen als Anschauungsmaterial wählen. Die Idee, ein Gebärdenlexikon erstellen zu können, ist

10 Ungeachtet der beträchtlichen Anzahl von Forschungsergebnissen ist die Diskussion über die Transformationen von Literatur in Film keineswegs abgeschlossen.

vermutlich aus vielen Gründen zum Scheitern verurteilt – im Film schon daher, daß sie nur eine bestimmte Nomenklatur von Zeichen berücksichtigt, die Gebärdensprache einer Schauspielerin oder eines Schauspielers, der zugetraut wird, den emotionalen Respons einer Figur auf vorangegangene Ereignisse, die dauerhafte Signatur eines Charakters oder gar dessen Innenleben zu transferieren. Dabei gelingt es gerade der Korrespondenz zwischen verschiedenen Zeichenklassen und ihrer Überlagerung, das Verständnis von Szenen im Film schneller und zuverlässiger zu befördern.

7. Für Nah- und Großaufnahmen wird das 'Gesicht' zum 'Spiegel der Empfindungen', es gilt als möglich, in ihm, wie in einer Art Summe der Handlung, alles ablesen zu können, was die betreffende Figur zuvor erlebt, erlitten und durchdacht hat. Dies fördere nicht nur das ruhende Gesicht zutage, auf dem der Blick der Kamera lange verweilt, damit die Zuschauer die Spuren der Vorgeschichte darin lesen können, sondern mehr noch das sich bewegende Gesicht, das den Ablauf der Emotionen nachverfolgen läßt. In beiden Fällen wird unterstellt, daß sich im Mienenspiel aller Ausdruck konzentrieren könne, zugleich sich das Geschehen verinnerliche, erwartet in dem Sinne, daß das, was der Person von außen widerfahren sei, nun in sie eindringe, äußere Ereignisse zum inneren Erlebnis verwandelt und Signale der subjektiven Reaktion über den Gesichtsausdruck zurückgeschickt werden. Wenn es sich zudem um mächtige Emotionen handelt und die Schauspieler im Film die Absicht haben, Pathosformeln und andere Ausdrucksklischees zu vermeiden, hilft die Reduktion auf das Gesicht, um Gefühle des großen Glücks und des großen Unglücks zu sublimieren. Die heftige Leidenschaft, die die ganze Person aufrührt, soll sich im Mienenspiel verdichten. Es ist aufschlußreich, daß bis Anfang der 20er Jahre als unerreichtes Vorbild für die mimische Kunst des Filmschauspielers fast ausschließlich die Darstellungsweise von Asta Nielsen genannt wird. Dabei sei gleich eingeworfen, daß ihr ganzer Körper in den Totalaufnahmen frühzeitig als "Ephebenkörper" wahrgenommen wird, der "von jedem überzähligen Fleischballast" befreit, "mit jeder sportlichen Übung, ja, mit jedem aus körperlicher Kühnheit geborenen Experiment" vertraut sei, zu seelischer Aussprache imstande selbst bei "turnerischen Exerzitien", der sich eine "wilde, meist erotisch lockende Grazie" hinzugeselle. Das "Training dieser geschmeidigen Figur, die jeder seelischen Empfindung zu einem deutlich wahrnehmbaren Reflex verhilft", wirke sich eben auch auf Bestimmtheit und Geschwindigkeit ihrer Mimik aus.[11] Der Drehbuchautor

11 Turszinsky 1992, S. 351.

und Kritiker Walter Turszinsky konstatiert ein Phänomen, das danach viele Zuschauer der Asta-Nielsen-Filme bestätigen werden.

> [Der Moment] dauert kaum länger als 30 Filmsekunden, in welchem sich das Überrumpeltsein, die Bestürzung Asta Nielsens zur Entschlossenheit verdichten; in welchem unter dieser alabasterweißen Stirnhaut, hinter diesen zitternden Augen plötzlich ein ganzes Netz von sich blitzschnell miteinander verwebenden Entschlüssen sichtbar wird; in welchem man im Spiegel dieser blassen Züge die Erregung tatsächlich einzeln steigen und fallen, sich heben und sich senken sieht. [...] Hier aber vermißt ohnehin niemand die Sprache: und ein Jeder ist atemlos hingegeben an diese Kunst, die die Tastatur der Gedanken und Gefühle auch ohne Unterstützung durch das Wort so laut, so klingend, so in allen feinsten Tonvibrationen vernehmbar anzuschlagen weiß...[12]

Walter Turszinsky gehört zu den Kritikern der Zeit vor 1914, die neben diesen Meisterstücken intimer Aussprache in der Mimik noch das Tobend-Ungebärdige der Körperbewegung bemerken. Später, der leichten Veränderung des Stils von Asta Nielsen entsprechend, dominiert die Bewunderung für das Mienenspiel. Béla Balázs hegt keinen Zweifel daran – jedenfalls in seinem ersten Buch über den Film, *Der sichtbare Mensch*, 1924 –, daß ein Blick jede Schattierung eines Gefühls präziser ausdrücken könne als eine Beschreibung.[13]

> Das hat zwei besondere Gründe. Es kommt daher, daß die Bedeutung der Worte teils zeitgebundener ist als die des Mienenspiels und teils im notwendigen Nacheinander der Worte keine gleichzeitige Harmonie, kein Akkord ihrer Bedeutungen entstehen kann. [...] Der Gesichtsausdruck ist überhaupt polyphoner als die Sprache. Das Nacheinander der Worte ist wie das Nacheinander der Töne einer Melodie. Doch in einem Gesicht können die verschiedensten Dinge *gleichzeitig* erscheinen wie in einem Akkord [...].[14]

Der Komparativ des Wortes 'zeitgebunden' macht darauf aufmerksam, daß Balázs das Mienenspiel nicht für unveränderlich im Gang der Geschichte hält, nur stellt es für ihn eine zugleich ursprünglichere und längerfristig gültige Ausdrucksmöglichkeit dar. Balázs' Vergleich mit der Musik ist auffällig, zumal die neue Musik des 20. Jahrhunderts in ähnlicher Weise eine Entwertung der Melodie betrieb, wie die Theaterkunst – eine Weile jedenfalls – die Entwertung des Wortes. Die Sprache, das Nacheinander der Worte, wird den Tönen einer Melodie gleichgesetzt, der Gesichtsausdruck indes einem Akkord, in dem verschiedene Züge synchron erscheinen können. Viel wichtiger

12 Ebda., S. 353f.
13 Balázs 1982, S. 78.
14 Ebda., S. 78f.

als diese Synchronität ist ihm allerdings das geschwindere Nacheinander, das den Melodiecharakter des Mienenspiels zum Teil wieder herstellt. Wo anders als bei Asta Nielsen findet er meisterhafte Beispiele für diese kinomorphe Virtuosität (Pola Negri, Lilian Gish oder Charlie Chaplin erwähnt er natürlich auch – aber merklich seltener).

> In irgendeinem Film schaut Asta Nielsen zum Fenster hinaus und sieht jemanden kommen. Ein tödlicher Schreck, ein versteinertes Entsetzen erscheint auf ihrem Gesicht. Doch sie erkennt allmählich, daß sie schlecht gesehen hat und der sich Nähernde kein Unglück, sondern im Gegenteil größtes Glück für sie bedeutet. Und aus dem Ausdruck des Entsetzens wird langsam, allmählich durch die ganze Skala von Zagen, Zweifeln, banger Hoffnung, vorsichtiger Freude hindurch die Ekstase des Glücks. Wir sehen dieses Gesicht etwa 20 Meter lang in Großaufnahme. Wir sehen jeden Zug um Auge und Mund sich einzeln lösen, lockern und langsam verändern. Minutenlang sehen wir die organische *Entwicklungsgeschichte ihrer Gefühle* und nichts weiter.
>
> [...]
>
> Ein Wort muß eben zuendegesprochen werden, bis das neue anfängt. *Eine Miene muß aber noch nicht zu Ende sein, wenn die andere schon in sie hineindringt*, sie ganz allmählich aufsaugt.[15]

Das Gleichnis vom Gegeneinander der Melodie hier und des Akkords da trifft indes im wesentlichen nicht zu: Im Anschluß an seine Erinnerung an eine Filmszene findet Balázs die einleuchtende Formel vom “Legato der visuellen Kontinuität”. Legato, nebenbei bemerkt, ist ein Begriff für die Artikulation melodischer Linien. Beim Mienenspiel der Asta Nielsen tritt also das schnelle, ineinandergleitende Nacheinander der Motive merklicher hervor als das akkordische Zugleich. Das Gesicht wird nicht nur zum Spiegel der Seele, diese Metapher ist in diesem Fall undeutlich, sondern zum Projektionsschirm von Gefühlsimpulsen, deren Licht- oder Schattenriß die Zuschauer von der anderen Seite her in erstaunlicher Klarheit lesen können.

Balázs unterstellt, daß es für Glück, Zweifel, Hoffnung, Freude eindeutige, unmißverständliche Zeichen gibt, die in den Mienen der Schauspielerinnen zu erkennen seien. Ohne es zu wissen, beschreibt Balázs eine Virtuosennummer, von der bereits das Publikum des 18. Jahrhunderts schwärmen konnte. Der Schauspieler, der seinerzeit mit dem verblüffend schnellen Wechsel des Affektausdrucks seine Zuschauer entzückte, hieß David Garrick. Wie Garrick verändert auch Asta Nielsen bei allen Transformationen des Leidenschaftsausdrucks nicht den Grundtypus der darzustellenden Figur, sei sie nun jünger oder älter, proletarischer oder bürgerlicher Herkunft. Aus ihrem Film *Absturz*

15 Ebda.

(UA 1923) zitiert Balázs eine Szene, die sich auch anderen Zeitgenossen tief eingeprägt hat. Asta Nielsen spielt eine Sängerin, die auf ihren Liebhaber wartet, der nach zehn Jahren aus dem Zuchthaus kommt.

> Doch in diesen zehn Jahren wird die Frau alt und häßlich. Mehr noch – Asta Nielsen treibt alles aufs Äußerste wie jeder fanatische Künstler –, sie wird ekelhaft. Krankheit und Elend ziehen sie in den Abgrund faulender Verkommenheit. [...] Die alt und schäbig gewordene Frau mit dem verwüsteten Gesicht steht zitternd vor dem Gefängnistor, aus dem der Junge herauskommen soll. Er kommt. Er weiß, daß seine Geliebte ihn erwartet. Er späht umher. Er geht langsam und schaut jedem ins Gesicht. Er sieht auch eine schäbige alte Frau halb ohnmächtig an einen Baum gelehnt – und geht traurig weiter. Seine Geliebte hat ihn nicht erwartet. Und jetzt kommen über 100 Meter Großaufnahme von Asta Nielsens Gesicht! Ein bebendes Hoffen, tödlicher Schreck, Augen, die um Hilfe schreien, daß es einem in den Ohren gellt, dann stürzen die Tränen – sichtbar, wirklich – über die mageren Wangen, die jetzt plötzlich, vor unseren Augen, ganz verwelken, und wir sehen eine Seele sterben – premierplan, auf dem Gesicht Asta Nielsens.[16]

Sehr bald kamen Begriffe wie 'mimischer Monolog' oder 'Mimodramen' für diese besondere Leistung der Schauspielerin Asta Nielsen auf. Nicht daß durch diesen Monolog, durch diese Nah- oder Großaufnahme, die Handlung unterbrochen wäre – im Gegenteil, sie geht weiter voran, wird gleichsam nur enggeführt, im schnellen Wechsel des Mienenspiels verdichtet und abgeschlossen. Es sei nicht vergessen, daß die Impulse zu diesen wechselnden Ausdrücken zwar aus dem Inneren der Person kommen, aber von äußeren Bedingungen und Vorgängen abhängen. Der mimische Monolog, um bei dieser Formel zu bleiben, ist jeweils eine Antwort. Um das erwähnte Beispiel aus *Absturz* aufzugreifen: die Figur, die Nielsen hier spielt, weiß, daß sie unrettbar gealtert ist, fürchtet die Wiederbegegnung und bricht zusammen, als sie von ihrem einst Geliebten nicht mehr identifiziert wird. Damit ist eingetreten, was wie am meisten geängstigt hat; sowohl diese Ahnung als auch ihre Bestätigung vor dem Zuchthaustor sind durch Wahrnehmungen der Außenwelt bedingt. Auch wenn die Kamera die Hauptfigur ausschneidet aus ihrem Umfeld, bleibt dies doch wirksam in der Funktion des Auslösers, des Stimulus der seelischen Verwirrung, die dank der künstlerischen Kontrolle zu einem logischen Nacheinander der Gefühlsausdrücke geordnet wird. Verkürzte Versionen der mimischen Monologe finden sich in allen Filmen von Asta Nielsen, oft mehrfach, häufiger zumal in den Filmen, die während der Weimarer Republik entstanden sind, also zu ihrem Spätwerk rechnen. Dieses

16 Ebda., S. 142.

Mienenspiel schilderte extreme Schwankungen der inneren Befindlichkeit auf eine so überzeugende Weise, daß bei den meisten Betrachtern nie der Eindruck aufkam, es handle sich nur um einen artistischen Akt, etwa dem des Verwandlungskünstlers vergleichbar, der in der Uniform des Husaren hinter den Paravent springt und nach Sekunden als Koch wieder auftaucht.

Ein produktionstechnisches Element mag früh zur Herausbildung dieses intimen Szenentypus beigetragen haben. In etlichen Vorkriegs-Drehbüchern wird über die komplexere Organisation des Affektausdrucks geschwiegen und die Verantwortung für die Durchführung der Schauspielerin oder dem Schauspieler aufgelastet. Asta Nielsen erinnert sich an einen Modellfall: "Astas Kind stirbt – Astas große Szene."[17] So war sie gezwungen, ein kleines Drama im ganzen Drama zu entwickeln, das an Intensität bald die 'Rahmenhandlung' übertraf. Um den Rhythmus des Films nicht durch extreme Verlangsamungen zu stören, mußte auch das Mimodrama in angemessenem Tempo vor sich gehen, in wohlproportionierten Augenblicken. Die "Entwicklungsgeschichte der Gefühle", von der Balázs bewundernd sprach, verlief nie in schleppender Gangart. Sicherlich trug dies zu dem Eindruck bei, das Spiel der Nielsen, insbesondere das Mienenspiel, sei nicht künstlich, sondern natürlich: impulsiv, spontan, ohne umständliche Vorbereitung, nie in Gefahr, Ausdrucksmomente zu zelebrieren und in die Länge zu ziehen, sie mit pathetischen Drückern oder ornamentalen Gesten auszustatten. Daran erinnert sich auch Alfred Kerr in seinen *Standpunkten zum Film*, 1921: "Sie spiegelte das Letzte – mit einem Huschen."[18]

Willy Haas zollte seinen Tribut noch 1924, als Asta Nielsen immer seltener in deutschen Filmen auftrat. Anläßlich der Komödie *Die Schmetterlingsschlacht* (UA 1924), nach einem Lustspiel von Hermann Sudermann – nicht ahnend, daß die Nielsen noch einige Male in den nächsten Jahren seine Bewunderung erregen wird –, faßt Haas fast memento-artig zusammen, was Asta Nielsen, vor allem durch ihr Mienenspiel, für die Filmkunst bedeutet. Zwar beschreibt er, durchaus anfechtbar, den Auftritt der Nielsen als Arie, frei vom Kontext. Doch ist ihm, wie zuvor Balázs, Kerr und anderen, unzweifelhaft:

> Es gibt auf der ganzen Welt nur *ein* Filmgenie; und dieses Genie heißt: Asta Nielsen. [...] Andere können sich sauber begrenzen, sauber disponieren; sie kann auf Messers Schneide balancieren. Andere bringen die Handlung um ein Stück vorwärts; sie schraubt die Handlung ab und macht mit ihrem Gesicht Musik in den blauen Himmel hinein, daß dir der Atem stillesteht. Das ist der ganze Unterschied.

---

17 Seydel 1988, S. 85.
18 Kerr 1991, S. 353.

> Wir Filmkritiker wollen uns bitte von der Nachwelt nicht nachsagen lassen, daß wir das etwa nicht gewußt hätten [...] das haben wir immerhin gefühlt, daß dieses schwebend-schmerzhafte Gesicht der Asta (in der langen Großaufnahme, nicht in der raschen Aktion) um 1920 schon eine Entwicklung von mehreren Jahrzehnten vorwegnahm; sie spielte nicht mehr, sie bedeutete nicht mehr, sie ließ das Leuchten ihres ruhigen, einfachen Antlitzes auf der Leinwand frei schwingen, frei vibrieren, unbegrenzt ins Unbegreifliche sich ausschwingen. Sie war was ganz anderes als alle, alle anderen ... [...] Wahrhaft spannend und gespannt bis zum Zerreißen nur die paar allzuseltenen Großaufnahmen, die spärlichen, unbegreiflich schönen, musikerfüllten Monologe [...] die man diesem herben, kühlen, bitteren Antlitz im Rahmen einer sogenannten Handlung gewährte ...[19]

Die abschließende Bemerkung von Willy Haas in seiner Kritik (Film-Kurier, 15.11.1924) stützt die eingangs erwähnte Überlegung, daß es in manchen Fällen sinnvoll sei, zwischen Avantgarde im Sinne von Vorhut und künstlerischem Fortschritt nicht zu unterscheiden – in dem Sinne, daß eine bestimmte Art und Weise von Avantgarde zugleich eine klassische Norm setzt, die nicht nur in der Vergangenheit, sondern auch für die Zukunft gilt. Haas empfindet nämlich den Gedanken als tragisch, “diese Asta Nielsen (möge sie 100 Jahre alt werden) – könnte sterben, bevor die Filmkunst ihr nachgekommen ist”[20].

‘Natürlich’ erschien Asta Nielsens Mimik aus verschiedenen Gründen: Kraft und Geschwindigkeit des Ausdruckswechsels gehören dazu. Sonst verschlossene Gefühle, verbotene, selten eingestandene, waren plötzlich wie freigesetzt zu erkennen, durchdrangen hemmungslos alle Kontrollstationen und ‘äußerten sich’ in diesem Gesicht, das in solchen Momenten keine soziale Kontrolle mehr fürchtete, bestimmt nur für den Zuschauer und bisweilen, eine Abwandlung dieser Zuwendung aus naher Distanz, im Spiegel offenbart. Die Intimität und Rückhaltlosigkeit ihrer mimisch artikulierten Bekenntnisse, die Radikalität der Gefühle, an denen ihre ganze Existenz hing, die große Leidenschaft, die diesen Körper erfüllte und nach einem Ausleben drängte, die ganzkörperlich, vor allem aber im Mienenspiel, sichtbar wurde – all dies ließ das technische Instrumentarium der Nielsen kaum oder gar nicht erschließen. Betrachter wurden sich selbst nach langem Hinsehen nicht darüber klar, wie sie es machte.

Einige erkannten im Charakter der Nielsen selbst eine Disposition für solch unverstelltes Sich-Zeigen: ihre ‘Kindlichkeit‘. Balázs bemerkt: “Sie hat

19 Haas 1991, S. 101f.
20 Ebda., S. 102.

immer etwas Kindliches."[21] Daher sei sie nicht unmoralisch, sondern eher einer gefährlichen Naturgewalt vergleichbar, und wenn sie Männer "frißt", dann "unschuldig wie ein Raubtier". In Nielsens Kindlichkeit, fährt Balázs fort, liege auch ihr "Filmgeheimnis, das Geheimnis ihres mimischen Dialogs, *der ohne Worte einen lebendigen Kontakt* mit dem Partner schafft"[22]. Daß Nielsen immer auf die Situation reagiert, sich also nicht in einer Art mimischer Lyrik ablöst von den dramatischen Umständen, mit denen sie verbunden bleibt, ist schon erwähnt worden. Balázs geht weiter, er meint zu beobachten, daß Asta Nielsens Mienenspiel, ähnlich wie das der kleinen Kinder, "während des Gesprächs die Mienen des anderen" nachahme.[23] In den späteren Filmen ist jedoch das Umgekehrte häufiger zu beobachten: Der mimische Ausdruck der Nielsen geht dem der anderen voraus oder bleibt für sich reserviert, ohne Anklang und Nachschwingung bei Mitspielern zu erregen. Zweifellos hängt dies damit zusammen, daß die Rollen in den Nachkriegsfilmen eher isolierte, vom Leben, auch von der Zweisamkeit ausgeschlossene Personen zeigen. Balázs, wenn man seine Aussagen recht bedenkt, könnte sich beziehen auf a) die Leichtbeweglichkeit der Gefühle, die die Figuren von Nielsen beherrschen, b) die noch unverbrauchte Sehnsucht nach einem anderem Leben, um dessentwillen sie aus dem alten Schema ausbrechen, c) die Lesbarkeit ihrer Empfindungen im Spiel ihrer Gestalt und ihrer Mienen. Haas, einige Jahre zuvor, stößt noch auf einen anderen Grund, das nie vermeidliche Elend- und Schwachwerden sogar härterer Naturen, die conditio humana, daß der Mensch in der Welt Angst hat, nachdem er Nielsen im Film *Steuermann Holk* (UA 1920) gesehen hat. Sie spiele da

> [...] ein mageres Biest von einer Schiffsdirne, ein Sexualtier; sie girrt, züngelt, reibt die Lippen aneinander vor Sinnlichkeit, reißt zwei große, hungrige Augen auf. – Aber nachher liegt sie im Spital, in Lübeck, Hamburg, Kiel oder sonstwo. Ein Mann kommt. Sie schmiegt sich an ihn ... und zeigt plötzlich das einfache Gesicht eines jungen Mädchens und zwei arme, hilfesuchende Kinderaugen ..."[24]

Das Kindliche hinter allen Gestalten, das schmerzlich Verletzbare, das Zarte, Hilfsbedürftige, ebenso wie das Bedenkenlose, Rasche, Tumultöse ist in der Tat auch vom heutigen Zuschauer wiederzuerkennen; nicht nur in ihrem berühmt gewordenen Film *Engelein* (UA 1914), in dem die 32jährige Schauspielerin ein 17jähriges Mädchen spielen soll, das eine Zwölfjährige vortäu-

---

21 Balázs 1982, S. 140.
22 Ebda.
23 Ebda.
24 Haas 1991, S. 45.

schen muß. Gerade von den Augen geht ein Grundzug weicher Empfindlichkeit aus, der gelegentlich, etwa bei einer Wendung des Kopfes, an eine andere große Schauspielerin der Nachkriegszeit nach 1945 erinnert, bei der diese eigentümliche Kindlichkeit noch deutlicher vorhanden war, so daß ihren Rollen stets unausweichlich etwas Rührendes (nicht Rührseliges) anhaftete: gemeint ist die Italienerin Giulietta Masina.

8. Viele der Filme mit Asta Nielsen sind nicht in den Kanon der deutschen Filmgeschichte eingegangen. Sie selbst beurteilt die Mehrheit der Filme, in denen sie mitgespielt hat, im Rückblick (in ihrer Autobiographie) ziemlich skeptisch. Dabei wollte Urban Gad, der Regisseur beinahe aller Vorkriegsfilme mit Nielsen, seiner Hauptdarstellerin an Experimentierfreude, Erzähllogik und tragischer wie komischer Kraft nicht nachstehen. Hinzu kam ein vorzüglicher, ingeniöser Kameramann, Guido Seeber, der bemüht war, die Helligkeit und Deutlichkeit des frühen dänischen Kamerastils zu übernehmen, ebenso in Atelier- wie in dokumentarischen Freilicht-Aufnahmen die sorgfältig aufgebauten oder ausgewählten Schauplätze in ihrer Besonderheit ins Bild zu bringen. Nach der jahrelangen engen Bindung an Gad hatte Asta Nielsen nie wieder so kontinuierlich mit einem Regisseur oder einem Kameramann zusammengearbeitet. In buntem Wechsel versuchte sie es mit Ernst Lubitsch, Richard Oswald, Ludwig Wolff, Carl Froelich, Arthur von Gerlach, Leopold Jessner, Robert Wiene, Paul Wegener, Franz Eckstein, Carl Boese, Friedrich Zelnik, Georg Wilhelm Pabst, Rudolf Meinert oder Bruno Rahn. Asta Nielsens tätige Anteilnahme an allen Vorgängen der Filmherstellung, von der Konzeption des Drehbuchs bis zur Montage, konnte sich bei den Vorkriegsfilmen, dank des gemeinsamen Teams, zu dem auch die Produktion (PAGU) und der vertraglich an Nielsen gebundene Verleih rechneten, leichter durchsetzen als nach der Trennung von Gad. Asta Nielsen strengte sich in den ersten Nachkriegsjahren an, den Einfluß auf die Gesamtgestaltung dadurch zu erhalten, daß sie selber eine Produktionsfirma begründete: Art-Film GmbH, Berlin. Ferner strebte sie danach, klassischere Stoffe oder erhabenere literarische Vorlagen zu Filmen zu verwandeln. Dies gelang mit ihrer Produktion drei Male: bei den Filmen *Hamlet*, *Fräulein Julie* (nach dem Drama von Strindberg) und *Der Absturz*.

In den 20er Jahren fand Asta Nielsen immer mehr Anlaß, sich über die Veränderungen der Filmproduktion zu beklagen. Zum einen beobachtete sie, daß die neuen Techniken der Montage, die die Deutschen zunächst einmal von amerikanischen Vorbildern, insbesondere David W. Griffith, lernten und erst später von den Russen, dazu imstande waren, die Leistung der Darsteller zu zerstören, indem der Schnitt deren Rhythmus vorzeitig unterbrach. Derlei meinte sie in der Zusammenarbeit mit Lubitsch erfahren zu haben, beim Film *Rausch* (UA 1919), woraus eine öffentliche Debatte entstand. Zweitens erbitterte sie schmerzlich die geringe Qualität der Drehbücher, die man ihr vorlegte, in denen ihrer Rolle weniger Platz eingeräumt wurde als zuvor. Die Solistin rückte langsam ins Ensemble zurück. So werden es objektive und subjektive Faktoren gewesen sein, die zum offenen Streit mit der deutschen Filmwirtschaft führten, gar dazu, daß Asta Nielsen eine Zeit lang von deutschen Produzenten überhaupt nicht mehr beschäftigt wurde. Daß in derselben Zeit, kurz nach 1925, auch nur wenige erhebliche deutsche Filme entstanden, mag nachträglich Asta Nielsens Vorwürfe und Mißmut rechtfertigen. Schon zu Lebzeiten wurde sie als die strahlendste Ikone der frühen deutschen und international anerkannten Filmkunst gewürdigt, als sei ihre Laufbahn bereits zuende. Anklänge an bilanzziehende Nachrufe finden sich zu Beginn der 20er Jahre bei Kerr oder Haas – zu einem Zeitpunkt, als Asta Nielsen noch einige 'Menschendarstellungen' vor sich hatte. Fast, so scheint es, konnten die wenigsten Zeitgenossen daran glauben, daß Nielsen nach der so üppig und vielfältig aufgeschossenen Vorkriegsproduktion zu mehr als zu Wiederholungen imstande sei. In der Tat wiederholen sich in ihren Rollen während der Weimarer Zeit etliche Muster, die schon früher ausprobiert und angelegt wurden, doch werden sie diesmal radikaler als zuvor gestaltet – als wolle sich Nielsen vor jeder Versuchung, Kompromisse einzugehen, bewahren und lieber noch entschiedener nach einem 'rücksichtslosen' Alters-Stil suchen.

Einen Monat nach der Uraufführung von *Hamlet* (vgl. Abb. 5) im Berliner Mozartsaal gab es eine nächste Premiere mit einem Asta-Nielsen-Film im Berliner Marmorhaus. In *Irrende Seelen. Sklaven der Sinne* (Regie: Carl Froelich) ist das eine Extrem ihrer Skala förmlich herausgetrieben: das Ekstatische, Besessene, Rabiate, das den ganzen Leib ergreift und in heftige Bewegung versetzt. Der Kritiker Balthasar (das ist Roland Schacht) legte in einer Besprechung, die in der *Freien Deutschen Bühne* vom 10.4.1921 erschien, davon Zeugnis ab. Unter den 'irrenden Seelen' spielte Nielsen die Nastasja Filipowna, nach Dostojewskis Roman *Der Idiot*, eine Figur, von der sie selbst meinte, sie gehöre vielleicht zu den "von mir verkörperten Gestalten, die ich am meisten liebe. Tag und Nacht kämpfte ich, um den stummen Ausdruck für die ungeheuren Schwankungen ihres russischen Temperaments zu finden, die sie in höchst komplizierter Weise wie einen Ball zwischen dem Fürsten und Rogoschin hin- und herwarfen."[25] Schacht kann sich von dieser Figur nicht trennen, deren Konzeption er übrigens nicht als expressionistisch

25 Seydel/Hagedorff 1981, S. 165f.

bezeichnet, obwohl sie doch in leidenschaftlichster Weise nach allen Richtungen hin 'auszuschlagen' scheint:

> Neben der Sonnenblume Henny Porten steht Asta Nielsen wie ein wild-üppig wucherndes Unkraut. Statt Gestalt und Schöne Besonderheit und Temperament. In keinem Land, in keiner Klasse, keiner Gattung heimisch, mit der an sich selbst verlorenen Herbheit des echten Bohémiens [...] Sehr wandlungsfähig, heute eine Kurfürstendamm-Göre, morgen eine Dame, eine Köchin, eine Mutter, eine Dirne, eine Mulattin, Penthesilea und Käthchen. Aber immer Asta Nielsen. [...]
> Und eigentümlich fesselnd durch das herb Disharmonierende aller Einzelheiten. Das kurze Pagenhaar und das weibliche Oval des Kopfes, der brutale Effekt übergroßer Augen über einer pariserisch zart gezeichneten Nase, unter der als kalte Fläche modellierten Stirn und den unbeweglichen Wangen ein erstaunlich wandlungsfähiger Mund. Schmale Schultern und eine sehr weich modellierte Kehle, volle Arme und knochige Hände, lange stakige Glieder bei männlich herber Schlankheit und eine sehr weibliche Beweglichkeit der Taille und des Hinterteils. [...]
> Wo es gilt, Einzelvorgänge zu verdeutlichen, etwa an außer ihr Liegendes zu denken, auf Rache zu sinnen, eine Intrige zu überlegen, dem Publikum gegenüber Beklemmung auszudrücken, "filmt" sie schematisch und ist kaum besser als hundert andere.
> Aber vom Impuls emporgewirbelt, von Leidenschaften hin- und hergerissen, von Wut entfacht, von Haß verzerrt, von Angst durchschüttelt, ist sie größer als jede. Herumfahren und einem mit der Peitsche ins Gesicht schlagen, auf und ab rasen, die Lippe zerbeißend, den lästigen Liebhaber, ganz Dame, niederfunkeln, Hausfreund und Gatten belauern, wie eine Katze blinzelnd aus trägen Lidern (während die Schwanzspitze nervös sich bewegt), den Leib bietend, den ganzen Leib, den Geliebten zu sich ziehend, von Entsetzen geschlagen gegen einen Schrank taumelnd, dräuend auftauchen, mit ihrer Gegenwart alle Kombinationen über den Haufen stürzend, verschwinden wie ein Unwetter, da ist sie in ihrem Element.[26]

9. Von dieser dionysischen Aufführung ist in dem kurz davor gezeigten *Hamlet* (Regie: Svend Gade, Heinz Schall) kaum etwas zu spüren. Es ist nicht Nielsens erste Hosenrolle – und daß Hamlet bereits von Sarah Bernhardt verkörpert wurde, muß mit augenzwinkernder Rücksicht auf deren Verehrer unbedingt erwähnt werden. Nielsen betont in dieser Rolle den Gegenpol zum Furienhaften, nämlich das beinahe introvertierte Spiel, das als apollinisch zu bezeichnen ich dennoch zögere. Der Film beruht auf einer Überlieferung,

---

26 Ebda.

wahrscheinlich ist es eine Autoren-Erfindung, der zufolge Hamlet eine junge Frau war. Aus Staatsraison gab man sie gleich nach ihrer Geburt als Mann und Thronfolger aus, da der noch regierende König, der Vater, fälschlicherweise als tot galt. Die Filmerzählung strebt vom Shakespearschen Vorbild weg, was nicht immer gelingt, um dafür eine alte sonderbare Heldensage zu erzählen. Die zeitgenössische Theaterkritik reagierte sehr unwirsch auf diese vermeintliche Klassiker-Verhunzung (man lese dazu nur die entsprechende Kritik von Herbert Ihering nach), während der treue Gefolgsmann Béla Balázs auch im *Hamlet* die unerreichte Kunst der Nielsen hervorhob. Nicht zu Unrecht, wie der heutige Betrachter aus eigener Anschauung zu bestätigen geneigt ist.

Nielsen als Hamlet verleugnet für die Zuschauer nie, daß sie eine junge Frau ist, die die Erziehung eines Prinzen genossen hat. Da ist der aristokratische Gang, die Leichtigkeit der freien Bewegung, stets aber gemäßigt und gedämpft. Keine Geste springt eckig hinaus, keine Bewegung fällt überscharf aus, abrupt beginnend oder abschließend. Eine tief innen angesiedelte oder allmählich verinnerlichte Noblesse beherrscht diesen Charakter. Als Tochter schmiegt sie sich an ihren geliebten Vater, sanft, ohne Aufdringlichkeit. Zugleich spricht sie offen zu ihrer Mutter und beobachtet argwöhnisch den seine Gier mühsam verbergenden Onkel, der sich an die Schwägerin heranpirscht. Aufgewachsen in fast völliger Abgeschlossenheit, so sieht es aus, hat Hamlet keinerlei seelische Mißbildung entwickelt, die sich in irgendeiner Weise ausdrückt. Er/sie wirkt frei, unbefangen, nur von einer gleichsam weichen Disziplin kontrolliert und gesteuert.

Dann kommt Hamlet nach Wittenberg, in die hohe Schule des Adels, unter lauter junge Männer. In der Totalen ist er/sie kaum zu entdecken. Da laufen viele seines- oder ihresgleichen herum, mit schwarzen Strumpfhosen, dem Wams, das hilft, auch weibliche Körperformen zu verbergen, der ähnlichen Haartracht. Nielsen benutzt die doppelte Prägung ihres Helden, a) der natürlichen: als Frau, b) der gesellschaftlichen: als Prinz, um sich merkwürdig unbefangen zu geben. Hamlet wirkt heiter, entspannt, angepaßt an die Manieren der Kommilitonen, ohne übertrieben maskuline Kennzeichen nachzuahmen. Ein sehr hübscher Bub oder vielleicht doch ein Mädchen, das sich zwanglos unter die Männer mischt, da es dank seiner Verkleidung keinerlei Rücksicht auf die strengen Verhaltensvorschriften zu nehmen braucht, die das eigene Geschlecht drangsalieren und zur Verdrängung spontaner Regungen zwingen. Der Beginn der Freundschaft mit Horatio, die für Hamlet zur Liebesleidenschaft wird, entsteht dadurch, daß sie beide die Köpfe zusammenstoßen, als sie vom Boden etwas hochheben wollen. Nielsen lacht offen, hat weder etwas Verschämtes noch etwas Burschikoses an sich: wieder einmal balanciert sie "auf Messers Schneide". Als Horatio, von einem Uralt-Professor zur Aufmerksamkeit gemahnt, eifrig zuhört und mitschreibt, schlägt Hamlet ein Bein über das andere, umfaßt das Knie und läßt sich nach hinten fallen, fast wippend: von der Seite aus betrachtet sie Horatio neugierig und aufmerksam – nun unverkennbar eine junge moderne Frau, die, selbst unbeobachtet, einen Mann prüfend und interessiert anschaut, zu dem sie sich hingezogen fühlt.

Obwohl der Film urtümliche Szenerien wählt, die Handlung in mittelalterliche Schloßdekorationen versetzt und die Personen in mehr oder weniger zeittypische Gewänder hüllt, agiert Nielsen, als sei sie aus keinem Kostümfundus auferstanden. Überraschende 'Normalität', ja 'Sachlichkeit' ihres Spiels bildet die Grundlage. Der Eindruck der Sachlichkeit wird nicht nur erreicht durch ein ungekünsteltes Verhalten, wie es einem jungen Menschen damals vertraut war, sondern auch dadurch, daß Nielsen zurückhaltend spielt, ohne übertreibende, beschwerende Akzente. Sie fließt gleichsam auf dem geradesten Weg von Haltung zu Haltung, die jeweils klar konturiert und dann ohne mühevolle Umtarierung von der nächsten abgelöst wird.

Horatio vergewissert sich nicht genau, welch magischer Bann ihn zu Hamlet zieht, dem er gerne die Arme um die Schultern legt, an dessen Seite er seinen Kopf bettet, dessen Geheimnis er zu spät erst entdeckt. Als er seine Augen auf Ophelia wirft, erregt das in Hamlet, der Horatio heimlich liebt, äußerste Eifersucht. Horatio selbst sieht sich von Hamlet immer wieder in die Zwangslage getrieben, sich zwischen Ophelia und ihm, seinem Freund, zu entscheiden. Als Horatio einmal mit Ophelia kost, geht Hamlet schnell vorbei: Dem Gesicht wird für einen Augenblick alle Fassung geraubt, Bestürzung und Qual prägen Hamlet, blankes Entsetzen – auch angesichts der Tatsache, daß er/sie sich selbst Horatio nicht als verkleidete Frau entdecken darf. Das einzige Mal im ganzen Film überwältigt sie ihr Gefühl: Der Mund öffnet sich fassungslos, die Augen erwecken den Eindruck, als würden in der nächsten Sekunde die Tränen herausschießen. Die Aussichtslosigkeit ihrer Situation, nicht eingreifen zu können, ohne vielleicht ihre wahre Geschlechtsidentität enthüllen zu müssen, prägt den Augenblicks-Ausdruck. Vergleichbar lakonisch, bei höchstem Amplitudenausschlag des tragischen Moments, verläuft die Sterbeszene: Hamlet, durch den Anblick der vergifteten Mutter abgelenkt, wird von Laertes durchbohrt. Er sinkt auf die Stufen, unbequem ist diese Todeslage gewiß, der Kopf bewegt sich noch ein, zwei Mal, keine Botschaft erreicht mehr den über sie gebeugten Horatio. Das ist das Ende. Keine opernhafte Trägheit, kein Hinausziehen einer Klagearie, kein Zusatzlicht auf die sterbende Heldin. Im Nu ist dieses Leben aus dem Körper entwichen, beinahe schockierend plötzlich. Auch das Folgende spielt sich mit auffällig sachlicher Intimität ab: Horatio sucht nach dem Herzen und streicht, wohl zum ersten

Mal, den Körper seines Freundes hinab, seine Hand bleibt auf der linken Brust der jungen Frau liegen. Er ruft (aber wohl nicht in großer Lautstärke) der Toten hinterher, daß er jetzt ihr Geheimnis erfahren und die Ursache seiner fast unerklärlichen Neigung zu Hamlet erkannt habe. Da verschließt er, soweit es gerade geht, wieder ihr Hemd – keine Mitteilung seiner Entdeckung an die Umstehenden.

Hamlet wird im Laufe der Handlung härter. Der heitere jugendliche Mensch, als der er/sie uns zuerst begegnet, wird zum Rächer. Beim Spiel im Spiel, das dem falschen König, der Mutter und dem Hofstaat die Wahrheit entlarven soll, liegt Hamlet der Länge nach auf dem Boden, in der Tat eine züngelnde Schlange, die unablässig auf Regungen im Gesicht des Mörderkönigs wartet. Kälte und Resignation scheint den handelnden Hamlet zu umgeben: Kaltblütig liefert er die beiden heimtückischen Boten dem Henker aus, zielstrebig und ohne ein Zögern des Gewissens brennt sie die Halle an, in der der König und sein betrunkenes Gefolge in Feuer und Rauch umkommen müssen. Hamlets Entschlossenheit wächst – und gleichzeitig die Leidenschaftlichkeit, die gegen Schluß der Handlung alle Personen ergreift und Besonnenheit vergessen läßt. Ein Signal dafür ist ein kleines Moment an der Kleidung Hamlets: der hochgeschlossene Kragen soll das unverkennbar weibliche Dekolleté verbergen, auch für Horatio. Als Hamlet und Horatio am Grabe Ophelias miteinander ringen, eher verzweifelt als kämpferisch, löst sich von oben an das Gewand, Horatio zerrt weiter daran. Für eine kurze, doch nicht zu kurze Weile öffnet sich das Hemd immer weiter über Hamlets Brust – als sei die Bereitschaft Hamlets, sich Horatio endlich als liebende Frau zu 'enthüllen', sprunghaft angestiegen, um ihn über den Verlust Ophelias zu trösten und sich selbst als wahre Liebende zu offenbaren. Subtile Veränderungen in der Haltung, deren Signale dem forschenden Blick bemerklich werden.

Der Abstand zwischen Nielsens Schauspiel-Stil und dem ihrer Partner scheint unüberwindbar: hier die Komplexität von übereinandergeschichteten Rollen, die sich untereinander beinahe ausschließen: die Frau, der Prinz, die Liebende, der Rächer, auf der anderen Seite schnell, manchmal sogar flüchtig umrissene Figuren, die kein Rätsel aufgeben und kein Geheimnis verbergen, konventionell arbeitende Schauspielmaschinen, nie der großen Solistin ebenbürtig. Nielsen droht, sie von der Bildfläche zu verdrängen – obwohl in diesem Film sorgsam darauf geachtet wird, daß sie nicht, wie in einigen Vorkriegsproduktionen, im Lichtkegel steht und so schon durch die Verteilung von Helligkeit und Dunkelheit physikalisch, als Zentrum des Geschehens, eine Aura erhält.

Als Hamlet nach dem Tod ihres Vaters nach Hause gerufen wird, eilt sie zum Sarkophag: einem ziemlich mächtigen Schrein aus Holz. Der Trauerritus, den Nielsen ausübt, ist gewöhnlich und zugleich ungewöhnlich: Hamlet umarmt das Holz, streichelt es mit ihren Händen, preßt den Leib an diese äußere Hülle, die den Toten umgibt, schmiegt den Kopf an das tote Material. Es ist das einzige Mal, daß sie im Film ihre sonst so konsequent unterdrückten erotischen Gefühle ausleben kann. Die Zärtlichkeit, die dem Vater galt, und vermutlich die Zärtlichkeit, die in ihrer jüngst erwachten Liebe zu Horatio dank der Staatsvernunft nie ausgelebt werden darf, verschieben sich in den Umgang mit einem Stellvertreterobjekt, das ambivalent genug ist, nämlich der Schrein eines Toten: Verdrängte Liebe, die nie ihr Ziel erreicht – ein Thema dieses im Kern doch psychologisch interessierten Hamlet-Dramas. Daß Dinge mehr bedeuten, als nur beliebige Requisiten zu sein, daß sie innerhalb der Handlung Erinnerungen an entschwundene Zeiten wachrufen, das Gedächtnis an geliebte, nicht mehr anwesende Menschen, oder gar, so in *Hamlet*, Substitute für hoffnungslos begehrte Körper sein können, ist schon früh in Nielsens Filmen zu beobachten. Wilfried Wiegand fällt dies im Rückblick auf die Vorkriegsproduktionen auf:

> In einem ihrer ersten Filme, dem tragischen Melodrama “Die arme Jenny” [UA 1912], gibt es gegen Schluß eine Szene, die “Jenny nimmt Abschied” heißt: das “gefallene” Mädchen, das sich anschickt, Selbstmord zu begehen, betritt ein letztes Mal das Haus seiner Eltern, wagt aber nicht, die Treppe hochzugehen und streichelt stattdessen das Geländer: die Tragik eines zum Ding gewordenen Menschenlebens, veranschaulicht durch die erbarmungswürdige Zärtlichkeit einer Hand mit einem Stück Holz.[27]

Diese Interpretation ließe sich korrigieren: Es ist das Geländer, das sie in unschuldigeren Zeiten tausendfach mit ihrer Hand berührt hat. Der Kontakt mit diesem Ding, das aus der Vergangenheit in ihre Gegenwart hinüberreicht, verlebendigt noch einmal ihre Präexistenz, die sie nun für immer verloren gibt. Es handelt sich also nicht um Magie und Animismus, sondern um einen Akt der Wiedererinnerung – ähnlich der Funktion alter Einrichtungsgegenstände in den Erzählungen Eduard von Keyserlings, deren Schauplätze oft seit Generationen bestehende baltische Häuser sind; oder der Madeleine bei Marcel Proust, diesem unauffälligen Gebäck, das in Tee getaucht wird und plötzlich im jungen Mann das Gedächtnis entsperrt, so daß ihn die Woge der Erinnerungen überspült. Zum ‘vielfachen Sinn des Spiels’ der Nielsen mit den Dingen gehört ebenso, das Verschüttete in unerwarteter Form sichtbar werden zu lassen und der Handlung eine biographische Tiefendimension zu verleihen: In der Aktion jetzt ist das Wissen um das Damals, die bedrängenden Ängste oder die uneingestandenen Wünsche, aufbewahrt.

---

27 Wiegand 1977.

Der Einschluß von Vorgeschichte ins aktuelle Spiel entspricht Stanislawskis Empfehlungen, nach denen die äußere Handlung auf innere Vorgänge bezogen sein muß, ein Untertext zur Artikulation drängt. Stanislawski spricht gar von einem "Filmstreifen der inneren Visionen"[28], doch scheint seine Theaterarbeit nicht in hohem Grade die Verdrängung und Wiederzulassung von Gefühlen, Regungen, Begierden zu berücksichtigen, nach den Zeugnissen zu urteilen, zumindest nicht in der Inszenierung der Stücke Tschechows. Doch die Ähnlichkeiten zum Spiel Asta Nielsens seien nicht einfach weggewischt. Was Alfred Kerr schon kurz nach der Jahrhundertwende als Stanislawskis "Kern" konstatierte, lange bevor Kerr Asta Nielsen auf der Leinwand kennenlernen konnte, läßt Nachbarschaft vermuten (die an anderem Ort näher untersucht werden sollte): Sie halten Ausschau nach 'Indizien', die das von einer Person Verheimlichte oder ihr Unbewußtes nach außen hin verraten, das heißt, sie setzen voraus, daß die von ihnen vorgestellten Menschen sich von Haus aus in der Unterdrückung ihrer Emotionen und ihres Begehrens üben (der psychische Normalzustand in der Moderne?).

> Herr Stanislawski übt im wesentlichen die Kunst des Verkneifens der Gefühle, nicht ihres Ausströmens. [...]
> Nie hat mich die Darstellung der Öde so gepackt.
> Diese Moskauer sind vor allem groß in ihren, musikalisch ausgedrückt, Fermaten.
> Groß in der Art, wie sie die Stille des Daseins tönen lassen. Groß durch die Ferne in ihrem Spiel; die Ferne, das schmucklose Verrauschen, das in ihrem Zusammenwirken durch alle Dinge und hinter den Dingen entlangzieht; sie sind die Künstler des verwehten, lautlos entrinnenden Lebens. [...]
> Sie sind die Künstler des Hinnehmens, des Einsteckens, des sich Abfindens, des Verschluckens, des (im tragischen Sinn) Weiterwurstelns.[29]

Natürlich hebt sich der Bruch von Asta Nielsens Heldinnen mit allen sozialen Reglements merklich von dieser Tschechowschen Stille, Introvertiertheit und vor allem Resignation ab. Aber das Verrinnen der Zeit, das Innehalten, die Erinnerung, die atmosphärische Geprägtheit der Dinge – sind Faktoren in Nielsens Rollenkonzeptionen. Und zusätzlich ist ihnen der point-of-no-return eigen: Nielsens junge und ältere Frauen, auch ihre 'Männer'-Figuren können ab einem Punkt der Handlung nicht mehr zurück, ebensowenig in einem Zustand stehenbleiben wie die Personen in Tschechows Stücken. Nielsens Figuren gehen voran, gleich, ob in ein anderes Leben oder in den Tod (meist dorthin). Häufig ist es sogar ein "Voreilen zum Tod" (Martin Heidegger), nicht

---

28 Rellstab 1976, passim.
29 Kerr 1991, S. 184ff.

aus der Sucht heraus, endlich sterben und diesem Leben abhanden kommen zu wollen, sondern aus der Erkenntnis heraus, daß bestimmte Handlungen innere und äußere Vorgänge bewirken, die nicht mehr rückgängig zu machen sind. Die verronnene Zeit bleibt verloren, der Verlust kann schmerzen, ist nie wettzumachen. Es drängt sich in Nielsens Filmen die Vision davon auf, daß a), zumal in der Vorkriegsproduktion, das alte Dasein nie so viel wert war, um es nicht zu verlassen für ein neues Dasein 'auf Risiko', und b) der Lauf der Zeit nicht umzukehren ist. Darin offenbart sich die 'revolutionäre' und die 'existentielle' Substanz in Nielsens Figuren und deren Handlungen.

10. Asta Nielsen projizierte den Prozeß des eigenen Alterns auf ihre Heldinnen und strich mit immer wieder konstatierter Rückhaltlosigkeit die Linearität des Lebens heraus, das auf einen schwarzen Punkt zuläuft. Die Akzentuierung des Nie-wieder und Vorbei-für-immer sticht besonders an ihren Rollen in den 20er Jahren ins Auge. Dabei war ihr eigenes Alter nicht so fortgeschritten, 1921 wurde sie 40 Jahre alt. Doch ihre – nennen wir es so – tragische Philosophie, daß es keine Zeitmaschine gäbe, die uns rückversetzen könne, daß die Lebensuhr unweigerlich Minute für Minute ablaufe, ließ sie die unvermeidlichen Krisen des Alterns ungeschönt in ihrem Spiel vorwegnehmen. Als Beispiele seien die Filme *Absturz* (UA 1923) und *Dirnentragödie* (UA 1927) genannt, selbst der einzige Tonfilm hebt die Ungleichzeitigkeit zwischen fortgeschrittenem Alter und zu spät kommenden Liebesgefühlen unversöhnlich heraus: *Unmögliche Liebe. Vera Holgk und ihre Töchter* (UA 1932). Ein bemerkenswertes Exempel, das ältere Formmodelle der Nielsen aufgreift und in dieser eigentümlich verschärften Weise ausführt, stellt ihre Rolle als Tochter armer Leute dar, in Georg Wilhelm Pabsts *Die freudlose Gasse* (UA 1925).

Nach einem Roman von Hugo Bettauer hat Willy Haas das Drehbuch geschrieben. Die Handlung spielt im Wien der Inflationszeit. Auf engstem Raum stoßen aneinander die bittere Not der Invaliden und kleinen Leute, die ihre Kinder oder Eltern kaum mehr ernähren können, und der ziemlich zwielichtig funkelnde Reichtum der Industriellen, betrügerischen Bankiers, Schieber, Gewinnler und des davon abhängigen parasitären Hurenmilieus. Der Weg von zwei Frauen wird ausführlicher gezeigt: Greta Garbo, zum ersten Mal im deutschen Film und immer noch Anfängerin, spielt die scheue, unberührbare, aber ums Überleben bemühte Tochter der verarmten Beamtenfamilie, der am Ende reine Liebe zuteil wird, Asta Nielsen eine nicht mehr ganz junge Frau, die selbst im Elend ihres Elternhauses und ihrer Umwelt unantastbar bleiben will, aufrecht erhalten von einer illusorischen Liebe. Als sie aus naiven Motiven in eine Absteige mittleren Niveaus getrieben wird, hört sie im Nebenzimmer ihren Freund eine andere Geliebte umwerben. In jäh hervorschießender Eifersucht dringt sie in das Zimmer ein, in dem die Nebenbuhlerin allein zurückbleibt, und ermordet sie, indem sie ihr den Hals zudrückt (diese Hände). Sie schiebt den Mord auf den Geliebten, der verurteilt wird, und erniedrigt sich zur Hure eines erstaunlich nachsichtigen, gar liebenswürdigen Millionärs. Schließlich lassen sie Lüge und Schuld nicht ruhen, sie gesteht, daß sie die Mörderin sei, und geht ins Gefängnis, voraussichtlich für immer. Die letzte Großaufnahme, die Kamera so nah wie nie zuvor in diesem Film, zeigt das versteinerte, blasse, häßlich gewordene Gesicht einer Frau, die bereits zu Lebzeiten gestorben zu sein scheint.

Wie keine andere Schauspielerin und kein anderer Schauspieler in dieser Zeit beherrscht Nielsen die Gabe, durch Variationen des Tempos das Aufblühen oder Versinken ihres élan vital zu demonstrieren – und damit die fundamentalen Richtungsänderungen ihres Lebensweges auszudrücken. Die Kamera muß länger auf ihr verharren, weil die "Entwicklungsgeschichte ihrer Gefühle" (Balázs) eine bestimmte Dauer und einen bestimmten Rhythmus verlangt. Das hebt ihre Darstellung immer noch scharf vom Schauspielstil der Mitakteure ab, die eindeutiger umrissene Affekte als stabile Zustände zeigen, veränderte Ansichten einer Person hintereinandersetzen. Das gilt nicht in allen Fällen mit dieser Striktheit, doch im Prinzip.

Das Grundtempo des Spiels von Asta Nielsen ist, wie sonst, ziemlich geschwind. Wenn sie aus Verzweiflung über ihre häusliche Not – den invaliden Vater, der sie zu prügeln droht, die Mutter als unendlich geplagte Waschfrau, die Ferne des angebeteten Geliebten – ihren Oberkörper mit über dem Kopf gehaltenen Armen aufs Bett fallen läßt, so geschieht das nicht nur nach den Gesetzen der Schwerkraft, sondern mit einer gewissen Heftigkeit, die den inneren Aufruhr durchscheinen läßt. Die Kunst der Fermaten, um den Begriff Kerrs aufzugreifen, den er bewundernd Stanislawskis Tschechow-Inszenierung und seinen Schauspielern zuerkannte, beginnt bei der Nielsen erst später. Sie ist gezwungen, wieder einmal zum Fleischer (Werner Krauss) zu gehen, der seine Ware willkürlich, gar nicht oder nach Gunstbeweisen verteilt. Sie weiß, daß sie – vor dem Mord – nicht dazu fähig ist, ihre Ehre zu opfern und mit dem eitlen, tyrannischen Mann in einem Hinterzimmer zu verschwinden wie andere, daß stundenlanges Anstehen nichts fruchtet. Verhuscht, verhärmt, den Schal vor der Brust eng zusammengeschlagen (sie besitzt nicht einmal einen Mantel), eine der vielen grauen Verlierer in der Nachkriegszeit, verläßt sie die Wohnung. Steif und schrecklich langsam werden ihre Schritte, als bringe sie kaum mehr Kraft dazu auf, die scheinbar ausgehöhlte Hülle ihres Leibes auf dem oft begangenen Marterweg fortzuschieben. Die Erschöpfung der Unschuldigen: Lähmende Lebensmüdigkeit überfällt sie, wenn sie nicht mehr zu entrinnen hofft, wenn sich der Gang der Dinge durchsetzt – gegen ihren Wunsch, der sich als zu schwach erwiesen hat. Der Wille zum Widerstand ist verbraucht. Dann gibt sie sich auf.

Noch mehr verlangsamt sich ihr Schritt, als sie, nach dem Verbrechen beschenkt von ihrem neuen Verehrer, aufgetakelt wie eine Götzenstatue, beschließt, ihm auch weiter dienlich zu sein, sich zu prostituieren. Langsam streift sie Geschmeide und einen Teil des Putzes ab, kaum erreicht sie die Tür, kaum kann sie die Schwelle übertreten, wie wir aus der Totalen ihr gegenüber miterleben, ein Rest von Bewegungsgewohnheit läßt sie dann die Stufen hinauf in die dafür vorbereiteten Zimmer erklimmen: Was jetzt mit ihr geschieht, wird sie für immer zerbrechen. Der Mord, den sie begangen hat, die Verleumdung des Geliebten, die Unterwerfung unter die Regeln des Hurenmilieus, all dies gewährt ihr keine Chance zur Umkehr. Wohin auch? – In die staubige und vom Vater gewalttätig beherrschte Kellerdüsternis ihres Elternhauses?

Nielsen führt eine 'tragische Menschenzerstörung' vor im neusachlichen Zeitalter, als die Kategorien leichtherziger Anpassung und unbeschwerter Kompromisse im zeitgenössischen Leben und Denken die Möglichkeit schneller Konfliktlösung, unkomplizierter Heiterkeit und eines Lebensgenusses jenseits von Schuld und Sühne versprachen. Die zögernde Einfachheit Greta Garbos wirkt unter diesem Aspekt zeitgemäßer, die Entwicklung der Figur, die Asta Nielsen spielt, beinahe als Menetekel, als Erinnerung daran, daß sich das Tragische nicht ohne weiteres wegblenden läßt. So begegnet sie – für den Blick von Zuschauern des Jahres 1925, wenn sie aller Schmerzerfahrung entschieden den Rücken drehen wollen – als Überbleibsel einer vergangenen Epoche, eine in die Stabilisierungsphase der Weimarer Republik vielleicht irrtümlich hineingeratene zweite "arme Jenny".

Durch ihr Spiel verleiht Asta Nielsen dieser Figur die 'Aura' einer 'Durchschnittsbiographie', die die schlimmstmögliche Wendung nimmt: ein alltägliches, selbst- und fremdverschuldetes Schicksal, bei dem Rot-Kreuz-Rettungen zu spät und vergebens kommen – während Greta Garbo durch den jungen amerikanischen Offizier, der im Dienst des Roten Kreuzes nach Wien gereist ist, Hilfe und Glück erfährt. Dreimal schimmert in Asta Nielsens Gesicht der Vorschein eines besseren Lebens auf: einmal, als sie die beinahe welke Blume im Wasserglas betrachtet, offenbar ein Geschenk ihres Geliebten. Zum zweiten Mal, als sie vom Geldmangel dieses Mannes erfährt und in treuherziger Entschlossenheit, blind und eifrig machender Selbstüberschätzung erklärt, sie werde ihm die fehlenden 300 Dollars beschaffen. Das dritte Mal am nachdrücklichsten: als sie nach ihrem Geständnis dem begehrten Mann offenbart, daß sie aus toller Eifersucht den Mord begangen habe, und anschließend einen liebenden, fast seligen Blick von unten nach oben richtet, zum unwürdigen Empfänger solcher Herzenshingegebenheit. Es ist ein letztes Mal, denn danach verfällt sie gleichsam einem allumfassenden Kälteschock, sie scheint zu erfrieren, alles Leben weicht von ihr. Wir sehen sie nicht mehr in diesem Film.

Lotte Eisner beobachtet, daß Pabst "das Milieu der Schieber und ihrer teuren Vergnügungen weit geschickter" wiedergebe als "das graue Elend der hungrigen Leute". "Er kann kaum der Versuchung widerstehen, dieses Elend pittoresk zu verschwenken."[30] Daher stechen auch für sie das Spiel der jungen Garbo, noch mehr die "reife Kunst" Asta Nielsens hervor, die Wahrhaftigkeit und – in eigenen Worten ließe es sich so sagen – 'naturalistische Authentizität' in diesen Film hineintragen. In ihrer faszinierten Erinnerung an die verschiedenen Phasen in der Entwicklungsgeschichte der Figur, die Asta Nielsen spielt, setzt sie ein aus mehreren Eindrücken überlagertes Bild zusammen, wobei rudimentär das Vorher und Nachher vor Augen bleibt. Ihr eindringliches Porträt der Rolle beginnt mit der Beschreibung, wie Nielsen

> [...] vor dem Mord fast kindhaft scheu wirkt, kaum belebt von einem armseligen Verlangen nach ein bißchen Glück. Nach und nach aber wird ihre schmerzliche Passivität von einem tragischen Pathos erfüllt. Ihre Maske eines sterbenden Pierrots bekommt einen unsagbaren Ausdruck, verstärkt eine gleichsam gefrorene Leidenschaftlichkeit. Wenn sich ihre schweren Lider für einen Augenblick schließen, wenn ihre Hand über die Leinwand irrt, so benimmt uns ihr unseliges Geschick den Atem. Ihr Gang ist unendlich müde, ungeschickt, als seien ihre Beine aus Holz; sie scheint von Anfang an besiegt, zertreten, auserwähltes Opfer für alles Elend auf Erden. Viele Szenen, die sonst nichts als hohle Sentimentalität und Kitsch-Schablone sein würden, gewinnen durch ihre Gegenwart Leben.[31]

11. Der historische Sinn dieser Rollengestaltung in *Die freudlose Gasse* erschöpft sich nicht im unzeitgemäßen Widerspruch gegen allzu beflügelten und oberflächlichen Optimismus. Sie entspricht auch dem Darstellungsinteresse der Schauspielerin in diesen Jahren. Das 'Unveränderliche' wird durch ihre Figuren gegenwärtig: das Altern, das Leid, der Schmerz. Ihre Menschen versuchen dabei, ihr Geschick zu wenden, doch tun sie dies oft schnellfertig und kurzsichtig, ohne sich selbst auf die Dauer helfen zu können. Ihr Dilemma ist größer als ihre Kraft und Fähigkeit, ihm zu entrinnen. Ihre Tragik klagt nicht Werte vergangener Epochen ein, wie man vorschnell urteilen könnte,

---

30 Eisner 1980, S. 258.

31 Ebda.

sondern beweist die Verletzlichkeit der menschlichen Existenz. War die junge Asta Nielsen mit ihren von revolutionären Impulsen angetriebenen Figuren ungewöhnlich in der aller Radikalität abholden Epoche vor 1914, so trat die ältere Asta Nielsen mit ihren Figuren noch schärfer in Opposition zu einer Zeit (der zweiten Hälfte der 20er Jahre), die sich zutraute, alles regeln und richten zu können. Die Begriffe 'fortschrittlich' oder 'konservativ' greifen nicht bei der Wertung dieser Moral und der ihr angeschlossenen Kunst, es sei denn, man ist von der unaufhaltsamen Verbesserung der Verhältnisse und der Zeiten dogmatisch überzeugt.

Nielsens Schauspiel-Stil war früh schon ausgereift, niemand hat sie darin zeitlebens übertroffen, auch angemessene Nachfolger hat sie nicht gefunden. Wie wir uns in der Musikgeschichte damit zufriedengeben müssen, daß es in knapp einem halben Jahrhundert zu den außerordentlichsten Leistungen gekommen ist – es sei an die Werke von Mozart, Beethoven, Schubert usw. erinnert –, ohne daß dem seither ein Gleiches hätte die Waage halten können, so muß man auch in der Filmgeschichte auf die fragwürdige Hoffnung verzichten, es gäbe ein Immer-weiter-voran.

Keine und keiner konnte ihr nacheifern. Droht dann das Vergessen? Nur einige Formeln aus den Beschreibungen ihres Könnens gingen in die Filmkritik über, um dort als Versatzstücke dem Bewunderungsgestus Ausdruck zu verleihen. Der im Vergleich zu allen bisher zitierten Kritikern viel jüngere Rudolf Arnheim (* 1904) läßt sich von dem Film *Varieté* (UA 1926) und zumal der Gestaltungskraft des Hauptdarstellers Emil Jannings begeistern. Als Je-ne-sais-quoi-Schema verwendet er einen Ausdruck, sicherlich ohne dessen Herkunft zu kennen, der zuvor für Asta Nielsen gültig war: Das "bloße Dasein dieses Gesichts" von Jannings erstaunt ihn, da es "in hundert verschiedenen Situationen jedes Mal vollkommen anders aussieht, ohne daß man sagen könnte, wie es zugeht"[32]. Bei Asta Nielsen hatten viele gegrübelt, wie sie es denn zustandebringe. Etliche der Zustände ihres Gesichts und Körpers forderten zur Schilderung der Methode und zur Definition des jeweiligen Ausdrucks heraus: zur mimographischen Anstrengung aus Enthusiasmus. Arnheim kann zu dem "Wie-es-geht" gar nichts sagen. Vielleicht, weil seine Behauptung von den hundert verschiedenen Situationen und Ausdrucksweisen auch nicht zutrifft. Weil er eine zum Kompliment geronnene Beschreibungsfloskel zitiert. Weil er Asta Nielsens Leistung nicht mehr genauer kennt. Weil bereits damals die Hauptmasse ihrer Filme nicht mehr öffentlich zugänglich war oder gar schon als verschollen galt. Weil Asta Nielsen, mit der deutschen Filmwirtschaft im Streit zerfallen, auf die deutschsprachige Bühne wechselte und dort

32 Arnheim 1979, S. 183.

u.a. mit großem Erfolg die Kameliendame spielte. Diese Entscheidung wurde von Herbert Ihering oder Béla Balázs teilnehmend begleitet, und auch vor der Bühnenschauspielerin entrang sich ihnen ein "Unvergleichlich"[33]. Gewiß, diese Stücke waren Melodramen und nicht immer durch ausgewogenen Geschmack charakterisiert. In solchen Genres, ähnlich wie im Film, fand Asta Nielsen ihre bevorzugten Rollen, Rollen, die ihr erlaubten, um ein dürres Skelett einen fein modellierten Körper zu legen. In ihrem Spiel vereinten sich Avantgarde und Klassik.

Eine Film- wie eine Theatergeschichte, die sich vornehmlich an den Meisterwerken und den Aufführungen, an Autoren und Regisseuren orientiert, wird die vergänglichste, die wirksamste Komponente, die Schauspielkunst, völlig zu Unrecht vernachlässigen. Die Warnung, dies nicht zu tun, sei vor allem an die Adresse der Filmgeschichte gerichtet. Der Mangel an frühen Zeugnissen darf nicht abschrecken. Einige sind noch da. Sehet zu.

Literaturverzeichnis (in Auswahl)

Nielsen, A.: "Mein Weg im Film", in: *B.Z.* 22.9.1928–24.10.1928. (Artikelserie; nachgedruckt in: Seydel/Hagedorff 1981).

Nielsen, A.: *Die schweigende Muse* [Autobiographie; deutsche Erstausgabe 1961], München 1977.

Asta Nielsen 1881–1972. Ausstellungskatalog, unter der Redaktion von H. Belach, G. Gandert u.a., Berlin: Stiftung Deutsche Kinemathek 1973.

Asta Nielsen. Eine Bildbiographie. Ihr Leben in Fotodokumenten, Selbstzeugnissen und zeitgenössischen Betrachtungen, hrsg. von R. Seydel und A. Hagedorff, Berlin 1981.

Arnheim, R.: *Kritiken und Aufsätze zum Film,* hrsg. von H.H. Diederichs (1977). Frankfurt a.M. 1979.

Bab, J.: *Kränze dem Mimen: 30 Portraits großer Menschen–Darsteller,* Emsdetten 1954.

Balázs, B.: "Asta Nielsen, wie sie liebt und wie sie alt wird.", in ders.: "Der sichtbare Mensch oder Die Kultur des Films" (1924), in ders.: *Schriften zum Film,* Bd. 1, Berlin 1982, S. 139–143. Weitere Anmerkungen zu Asta Nielsen im selben Band.

Diederichs, H.H.: *Anfänge der Filmkritik,* Stuttgart 1986.

Eisner, L.: *Die dämonische Leinwand* (1952), überarbeitete und erweiterte Neuauflage 1975, Frankfurt a.M. 1980.

Greve, L. / Pehle, M. / Westhoff, H. (Hrsg.): *Hätte ich das Kino! Die Schriftsteller und der Stummfilm,* Ausstellung und Katalog des Deutschen Literaturarchivs im Schiller-Nationalmuseum in Marbach a.N. 1976.

Haas, W.: *Der Kritiker als Mitproduzent. Texte zum Film 1920–1933,* hrsg. von W. Jacobsen, K. Prümm und B. Wenz, Berlin 1991.

33 Seydel/Hagedorff 1981, S. 212.

Handl, W.: "Expressionistische Schauspielerei?", in: *Freie deutsche Bühne*, hrsg. von M. Epstein und E. Lind, 1 (1919/20), S. 55–57.

Hickethier, K. (Hrsg.): *Grenzgänger zwischen Theater und Kino. Schauspielerportraits aus dem Berlin der 20er Jahre*, Berlin 1986.

Ihering, H.: *Der Kampf ums Theater und andere Streitschriften*, Berlin 1974.

Kasten, J.: "Dramatik und Leidenschaft. Das Melodram der frühen 10er Jahre: von 'Abgründe' und 'Vordertreppe und Hintertreppe' (1915)", in: *Fischer Filmgeschichte*, Bd. 1: 1895–1924, hrsg. von W. Faulstich und H. Korte, Frankfurt a.M.. 1994, S. 233–247.

Kerr, A.: *Essays: Theater, Film*, hrsg. von H. Haarmann und K. Siebenhaar, Berlin 1991.

Kracauer, S.: *Theorie des Films. Die Errettung der äußeren Wirklichkeit*, Frankfurt a.M. 1964.

Lang, F.: *Die Stimme von Metropolis*, hrsg. von F. Gehler und U. Kasten, Berlin 1990.

Prinzler, H.H. / Patalas, E. (Hrsg.): *Lubitsch*, München/Luzern 1984.

Pudowkin, W.: "Der Schauspieler im Film" (1934), in ders.: *Die Zeit in Großaufnahme. Aufsätze, Erinnerungen, Werkstattnotizen*, Berlin 1983, S. 359–458.

Regel, H.: "Die Welt der Frau von 1914" [Asta Nielsen], in: *Filmkritik* 7 (1967), S. 410–413.

Rellstab, F.: *Stanislawski-Buch. Einführung in das System*, Wädenswil/Zürich 1976.

Richter, H.: *Der Kampf um den Film* (1939), München/Wien 1976.

Richter, H.: *Filmgegner von heute – Filmfreunde von morgen* (1929), Frankfurt a.M. 1981.

Schlüpmann, H.: *Die Unheimlichkeit des Blicks. Das Drama des frühen deutschen Kinos*, Frankfurt a.M. 1990.

Schneider, U.: "Asta Nielsen – Schauspielerin", in: *CineGraph. Lexikon zum deutschen Film*, hrsg. von H.-M. Bock, München 1984ff.

Seydel, R. / Hagedorff, A. (Hrsg.): *Asta Nielsen: Ihr Leben in Fotodokumenten, Selbstzeugnissen und zeitgenössischen Betrachtungen*, Berlin 1981.

Turszinsky, W.: "Asta Nielsen" (1913), in: Schweinitz J. (Hrsg.): *Prolog vor dem Film. Nachdenken über ein neues Medium 1909–1914*, Leipzig 1992, S. 350–356.

Wegener, P.: "Die künstlerischen Möglichkeiten des Films" (1916), hier zitiert nach: Seydel, R. (Hrsg.): *Aller Anfang ist schwer ... Schauspieler erzählen über ihre ersten Filme*, Berlin 1988, S. 13–21.

Wiegand, W.: "Der beschwerliche Weg nach innen. Asta Nielsen. Notwendiger Hinweis auf eine große Filmschauspielerin", in: *FAZ* vom 26.2.1977.

Zur Einführung in die Problematik 'Schauspielkunst im Film' ist zu empfehlen:
Naremore, J.: *Acting in the Cinema*, Berkeley/Los Angeles/London 1988.

Tanz-Avantgarde und Bäder-Kultur

Grenzüberschreitungen zwischen Freizeitwelt und Bewegungsbühne

Gabriele Brandstetter

Der Ort, den eine Epoche im Geschichtsprozeß einnimmt, ist aus der Analyse ihrer unscheinbaren Oberflächenäußerungen schlagender zu bestimmen als aus den Urteilen der Epoche über sich selbst.

(Siegfried Kracauer)

Ein Gespräch über modernes Bewegungstheater und seine Verbindungen zur Badekultur in der Freizeit- und Therapiegesellschaft an einem Tagungsort wie diesem, könnte – naturgemäß – mit einem Spaziergang, oder besser: mit einer Promenade durch die Anlagen des Homburger Kurbades beginnen, mit dem Blick auf jenes repräsentative Park-Bad, das 1887–1890 von Louis Jacobi erbaut wurde. Die Grundsteinlegung fand anläßlich des 90. Geburtstages von Kaiser Wilhelm I. statt. An diesem Tage wird dem "neuen Badehaus", einem im barock-klassizistischen Stil errichteten Gebäude, der Name *Kaiser-Wilhelms-Bad* verliehen. Das 'Raumprogramm' ist dem seinerzeit neuesten medizinischen Wissen entsprechend gestaltet: Die Architektur des Bades folgt einem H-förmigen Grundriß, wobei die vielteilige Gliederung des Baukörpers die insgesamt keineswegs ausladende Anlage von der Brunnenallee aus höchst stattlich erscheinen läßt. Man betritt das Gebäude über ein zentrales kuppelüberwölbtes Vestibül. Nach rechts und links führen sodann Seitengänge zu den rechtwinklig abzweigenden Trakten mit den Badezellen. Heute sind in diesen langen Gang-Fluchten Foto-Serien angebracht, die das Kurhaus, Fotos seiner Therapieformen und "Körper-Bilder" von berühmten und von unbekannten Kurgästen ausstellen: Das Badehaus dokumentiert seine eigene Geschichte, die Kuranstalt präsentiert sich zugleich als Museum für Körperkultur.

In den folgenden Ausführungen zum Themenbereich "Theatralisierung des Alltags und Re-Theatralisierung des Theaters" gehe ich von der Beobachtung aus, daß in der Reform des sogenannten "freien Tanzes" und später auch in den Bühnenexperimenten der Tanz-Avantgarde neue, aus der Alltagswelt herausgegriffene Bewegungsmodelle entdeckt und gegen den stilisierten Bewegungs-Code des klassischen Balletts gesetzt werden; und daß sie, zusammen mit anderen Faktoren der modernen, Medien-orientierten Umwelt, zu einem neuen Vokabular, zu einer neuen Kulturgrammatik synthetisiert werden. Damit wiederum ist wesentlich ein verändertes Körper- und Raum-Konzept verbunden, wobei im Kontext der hier verfolgten Fragestellung insbesondere die Gegenpositionen eines Tanzes, der das "Zeigen des Körpers" neu entdeckt (Isadora Duncan, Ruth St. Denis), und eines Tanzes, der Bewegung über das "Verschwinden des Körpers" hervorzubringen sucht (Loïe Fuller), von Bedeutung sind.[1]

Eine wichtige Rolle spielt in diesem Prozeß die Entwicklung der Freizeitkultur um die Jahrhundertwende. Insbesondere das Bad (in seiner Erscheinungsform als Frei- und Hallenbad, als Seebad und als Kur-Bad) nimmt dabei eine Schlüsselposition innerhalb der vielfältig ausgeprägten Körperkultur-, Gymnastik- und Sport-Bewegung ein.

Wenn im folgenden von Grenzüberschreitungen, mehr noch: von Grenzverwischungen zwischen Freizeitwelt und Tanz-Kunst und von der Umbesetzung damit verbundener Kulturmuster die Rede ist, so nicht im Sinne von linearen Relationen, von Entwicklungs-Reihen oder Analogie-Bezügen. Vielmehr will ich versuchen, Korrespondenzen hervorzuheben, deren Vermittlungen oft nicht direkt ableitbar erscheinen, die vielfach unbewußt und scheinbar unverbunden auftauchen, und deren gemeinsamer Hintergrund, mentalitätsgeschichtlich betrachtet, in der fundamentalen Veränderung der Wahrnehmungsweisen und der technisch und medial grundierten Wahrnehmungsbedingungen zu sehen ist.[2]

Vilém Flusser, der in seinen kulturtheoretischen Essays eine weitere Ausformung einer "Wahrnehmungskrise" – nunmehr Ende des 20. Jahrhunderts angesichts der "virtual reality" der elektronischen Medien – zu beschreiben sucht, greift dabei auf die Szenerie der Kulturkrise zu Beginn des 20. Jahrhunderts zurück: Es geht ihm darum, die Bedingungen und Strukturen einer

1 Die Umrisse dieser für den modernen Tanz paradigmatischen Körper-Konzepte können hier nur als Rahmen der Untersuchung angedeutet werden. Zur Konstruktion von Körperbildern, Raumfiguren und Lektüre-Mustern des Tanzes vgl. meine Habilitationsschrift (Brandstetter 1994 b).

2 Auf die technologischen und sozialen Ursachen und Erscheinungsformen, die zur "Wahrnehmungskrise" des Fin de Siècle und zu den konsequenten Reaktionen der Avantgarde führten, wie etwa Industrialisierung/Taylorismus, Verkehrstechnik, Großstadt-Problematik, Entwicklung von Nachrichtentechnik und Film, will ich hier nicht weiter eingehen; vgl. dazu – insbesondere im Zusammenhang mit den Entwicklungen in der Literatur und im Tanz der Jahrhundertwende – Brandstetter 1994a; 1994b; zur Wahrnehumgs- und Bedeutungskrise im Kontext der Fragestellung dieses Sammelbandes vgl. den Beitrag von Erika Fischer-Lichte. – Eben diese genannten Faktoren der Wahrnehmungsveränderung haben – naturgemäß – auch einen maßgeblichen Einfluß auf die wachsende soziokulturelle Bedeutung des (öffentlichen) Bades. – Zur Geschichte des Bades vgl.: Lachmayer/Mattl-Wurm/Gargerle 1991.

"neuen Einbildungskraft" aufzuspüren, einer "informierten" und gleichwohl "noch zu formulierenden Imagination, welche fähig wäre, Bilder aus Projektionen und Projektionen aus Bits zu entwerfen, welche Bilder dessen wären, was sein soll"[3]. In seinem *Lob der Oberflächlichkeit*[4], einer "Phänomenologie der Medien", schreibt Flusser nicht zuletzt Siegfried Kracauers kultursoziologische Diagnosen weiter, mittels derer dieser in den 20er Jahren eine Topographie der populären Kultur an ihren Oberflächenäußerungen abzulesen suchte. Die "Oberfläche" ist jener 'Ort', der nach Kracauer die geringsten "Verfestigungen" kultureller Erscheinungen aufweist. So wird die Oberfläche zum Topos der visuellen Medien. Das Kino beispielsweise "scheint zu sich selber zu kommen, wenn es sich an die Oberfläche der Dinge hält"[5]. Und die neuen Bewegungstechniken – *Die Reise und der Tanz* (so der Titel eines Essays aus dem Jahre 1925)[6] – reflektieren die fundamentalen Veränderungen der Wahrnehmung von Raum und Zeit: Die moderne Reise, ihre Verschiebung in der Erfahrung des Fremden führe zur "Relativierung des Begriffs des Exotischen" (S. 40), so daß "romantische Gemüter" früher oder später "die Anlage umzäunter Naturschutzparks" würden anregen müssen, "verschlossener, märchenhafter Bereiche, in denen man auf Erlebnisse hoffen darf, die zur Zeit Kalkutta kaum noch gewährt" (S. 41). In diese verkehrsbedingte Erfahrungslücke springt das Kino ein – und: die moderne, die "modische" Bäderkultur. "Daß die Kreierung und Auswahl der Badeorte gegenwärtig zu einem guten Teil von modischer Willkür abhängt, ist nur ein Beleg mehr für die Vergleichgültigung des Reiseziels." (S. 43) – In diesen modernen Horizont des "raumzeitlichen Doppellebens" der Großstadtmenschen fügt sich auch der Tanz, als "Kult der Bewegung": "Hat die Reise zum puren Raumerlebnis sich reduziert, so der Tanz zu einer Skandierung der Zeit." (S. 41) – Im Kontext solcher Grenz-Definitionen der Kulturmuster in der Freizeitgesellschaft des frühen 20. Jahrhunderts stehen meine Überlegungen zur Tanzavantgarde und Bäderkultur.

Die folgenden Ausführungen sind in drei Abschnitte unterteilt.

Der erste sucht einen Abriß der wesentlichen Faktoren der seit Mitte des 19. Jahrhunderts populären Bäder-Kultur zu geben, und zwar unter jenen Gesichtspunkten, die für das Thema der Grenzüberschreitungen zum Tanz/Theater von Bedeutung sind: zum einen die Bereiche der Lebensreform, des neue Körperbewußtseins und der damit verbundenen Hygiene-Vorstellungen; zum anderen die entstehenden neuen Freizeitmodelle und ihre Beziehung zur

3 Flusser 1993, S. 21.
4 Flusser 1993.
5 Kracauer, Bd. 3, 1973.
6 Kracauer 1977, S. 40–63.

"Natur"-Sehnsucht; und schließlich die Entfaltung bestimmter Körper- und Raum-Konzepte, die Etablierung von Bade-Ritualen und den damit verbundenen typischen Bewegungsmustern und "Inszenierungs"-Momenten.

Im zweiten Abschnitt folgt eine Skizze derjenigen Elemente des "freien Tanzes", die – sowohl im Bezug auf charakteristische Bewegungsmodelle als auch im Hinblick auf kulturtechnische und sozialhistorische Faktoren – Korrespondenzen zur Freizeit-Kultur des Bades aufweisen.

Und der dritte Abschnitt schließlich stellt ein Beispiel eines avantgardistischen Tanzstücks vor, nämlich *Le Train bleu* oder *Der Bäderexpress* (1924), ein "Ballett", das mit seiner synthetischen Montage der prägenden "modischen" Elemente der Bäder-Freizeitwelt und der damit verbundenen modernen Medien bereits als ein Exempel meta-tanztheatralischer Reflexion des Themas Alltagswelt und Tanz-Avantgarde betrachtet werden kann.

1. Bäder-Kultur im 19. und beginnenden 20. Jahrhundert

Richard Sennett hat in seiner kulturanthropologischen Studie über die Entstehung und den 'Verfall' des öffentlichen Lebens auf die Bedeutung von neuen topographischen und sozialen Spielräumen für den Modernisierungsprozeß hingewiesen,[7] – eine Beobachtung, die unter anderen Vorzeichen auch in den Schriften so unterschiedlicher Autoren wie Michel Foucault, Paul Virilio und Vilém Flusser eine zentrale Stelle einnimmt. Die konkrete Differenzierung von öffentlicher und privater Sphäre, die dafür nötige mentale Fähigkeit, diese Bereiche zu wechseln und sie in jeweils verschiedenen Rollen zu besetzen, zählen zu den kompensatorischen, system- und subsystembildenden Konsequenzen der ökonomischen und technischen Entwicklung, die den sozialen Wandel im 19. Jahrhundert markiert. Unter diesem Gesichtswinkel erscheint das öffentliche Bad (in allen seinen Erscheinungsformen) als Areal, in dem die festgeschriebenen Bereiche von Privatheit und Öffentlichkeit, die Sphäre der Intimität des entkleideten Körpers und seiner Hygiene und die öffentliche, gleichwohl aus dem Arbeitsalltag ausgegrenzte Kommunikation neu definiert werden und als Probefelder eines veränderten Selbst- und Gesellschafts-Bezugs zu fungieren vermögen. Gerade in der – freilich durch genaue Vorschriften reglementierten – Transparenz jener Alltagsrituale, die sonst in den familiären Intimbereich gehören, liegt eine besondere soziale Qualität der Bäder-Kultur.

So scheint es nahezuliegen – analog zur Theorie über soziale "Rollen" und systemspezifische "Rahmenideen" (E. Goffman) in bestimmten gesell-

7 Sennett 1986.

schaftlichen Kontexten –, auch im Falle der Bäder-Kultur die Metaphorik des "Theaters" zu verwenden:

> Man kann [die Theater-Idee] auf die bühnenbildartigen Anlagen ebenso beziehen wie auf die häufigen Kostümwechsel, auf die nach Art der gut geölten Mechanik von Boulevardkomödien sprudelnden Gespräche ebenso wie auf den Tages- und Saisonrhythmus der Auf- und Abtritte der Stars, Nebendarsteller und Chargen.[8]

Solche Analogien – wiewohl auf den ersten Blick bestechend – sollen jedoch, wie bereits ausgeführt, im weiteren nicht meine Argumentationen leiten. Es geht vielmehr um strukturelle Korrespondenzen, bezogen auf folgende drei Problemfelder, in denen zunächst (unter den Ziffern 1 und 2) die Ideen, Konzepte und Funktionen des Bades in der Alltagskultur knapp umrissen werden sollen, bevor zuletzt (Ziffer 3) die Organisation dieser neuen Frei- und Bewegungsräume in Beziehung zu Spielmodellen der neuen Tanzbewegung dargestellt wird:

1) Erziehung/Aufklärung/Disziplinierung.
2) Freizeit/Regeneration/Lebensreform und Naturbegriff.
3) Die räumliche (architektonische und topographische), körper-zentrierte und ritualisierte Organisation des Freizeit-Ensembles "Bad".

1.1 Volkserziehung im Bad

Die öffentliche Einrichtung von Bädern ist ein Resultat der Medizin und Pädagogik im Sinne der Aufklärung. War bislang vor allem das "wilde" Baden in Seen und Flüssen ein heimlich betriebenes Vergnügen – man denke an Goethe, die Brüder Stolberg und Herzog Carl August –, so geht die neue Freiheit des mehr und mehr institutionalisierten Badens zugleich mit einer zunehmenden sozialen und moralischen Kontrolle einher. Das Nacktbaden und das gemeinsame Bad von Männern und Frauen ist nun verboten. Stattdessen tritt der Akt der Disziplinierung in den Vordergrund: Das Schwimmen wird nunmehr als Form der körperlichen Ertüchtigung propagiert, – beispielsweise von Pädagogen wie Jean-Jacques Rousseau, Johann Heinrich Pestalozzi, Johann Bernhard Basedow. Zwischen "Philanthropie" und "Policey" spielt sich von nun an das Baden als Lust und als Therapie ab. Basedow gründet 1774 das "Philanthropin", eine Erziehungsanstalt, deren Ziel die harmonische, Körper und Geist entwickelnde Ausbildung der Zöglinge ist. Und 1779 erscheint der erste Band des 6–bändigen Werks *System einer vollständigen*

8 Vgl. Kos 1991, S. 222.

medicinischen Policey des Wiener Arztes Johann Peter Frank, in dem dieser sich unter anderem mit Fragen der Reinigung befaßt.

Das Gedankengut des "Turnvaters" Friedrich Ludwig Jahn, der nicht nur mit seinem System der Körperübungen, sondern auch durch das Schwimmen eine "tüchtige" nationale Jugend für die innere Erneuerung Preußens heranzuziehen gedachte, wurde zu Beginn des 19. Jahrhunderts in die Tat umgesetzt. Der preußische General von Pfuel (ein "herrlicher" Schwimmer, Freund Heinrich von Kleists und von Arno Schmidt scherzhaft "Schwimm-Pfuel" genannt) führte den Militär-Schwimmunterricht ein und ließ 1817 die erste "Militär-Schwimmanstalt" erbauen.[9] – In Frankreich sind die ersten großen Kurgebäude aufgrund militärischer Erfordernisse, nämlich als Lazarette zur Pflege kriegsverwundeter Soldaten, errichtet worden.[10]

Die Militär-Schwimmschulen sind nicht nur ein Gradmesser für die Vorstellungen von der Disziplinierung des Körpers, sondern auch für die Durchsetzung von Hygienenormen: "Jeder Soldat muß seine Gesundheit ebenso in Ordnung haben wie sein Gewehr", – dieses Motto gilt in wachsendem Maße auch für die Volkshygiene, und zwar desto mehr, je beengter und unhygienischer die Lebens- und Wohnbedingungen in den Großstädten sind. Reinigung und Abhärtung werden die Stichworte für das Baden unter dem Gesichtspunkt der Hygiene, die im 19. Jahrhundert wachsende gesundheitspolitische Bedeutung gewann. Hygiene wird zum etablierten Bestandteil des wissenschaftlich-medizinischen Diskurses; seit 1865 bestehen an bayerischen Hochschulen eigene Lehrstühle für Hygiene. Die Devise des Dermatologen Oscar Lassar, des Erfinders der Volksdusche,[11] lautete: "Bäder bauen heißt Krankenhäuser sparen." Hygiene ist – im weiteren Sinn – ja auch ein wesentlicher Gesichtspunkt aller Lebensreform-Ideen. Ob nun gesunde, nicht beengene "Reformkleidung", naturbelassene Nahrungsmittel, Reinigung des Körpers (innerlich und äußerlich) und turnerische oder gymnastische Bewegung im Freien – alle diese Konzepte zielen auf die Restaurierung und Regeneration der im Großstadt-Mief erschöpften Gesundheit und Arbeitskraft des Menschen: "Das kostbarste Kapital des Arbeiters ist die Gesundheit." Das Bad (vgl. Abb. 6 und 7) – sowohl das Reinigungs- als auch das Schwimm- und das Kur-

9 Vgl. Hartmann 1982, S. 3. – Die erste Damenschwimmschule in Europa wurde in Wien 1831 eröffnet. Männern war der Zutritt verboten, wohingegen umgekehrt den Damen der Eintritt in die k.u.k. Militärschwimmschule (für Entgelt) an bestimmten Tagen erlaubt war – als Publikum für die sportlichen Leistungen der Herren.

10 Vgl. Grenier 1991, S. 200.

11 Lassar stellte seine "Volksdusche" 1883 bei der Berliner Hygiene-Ausstellung vor. Es handelte sich dabei um Wellblechschuppen mit 10 Duschkabinen, die für niedrige Gebühr in Anspruch genommen werden konnten; eine Maßnahme insbesondere zur Verbesserung der Hygiene des Arbeiters, die maßgeschneiderte Fünfminutenwäsche.

Bad – wird zum wesentlichen Faktor in den öffentlichen sozialen Einrichtungen zur Regeneration der Lebenskraft; ja man geht so weit, das "Volksbad" als ein bedeutendes kulturpolitisches Mittel zur Lösung der sozialen Frage zu propagieren – und zwar gerade auch von Seiten der Sozialdemokratie. "Hygiea" lautete bezeichnenderweise der Name einer überregionalen Bäder-Zeitschrift.

Typisch für die ideologisch sehr unterschiedlichen, auch sozial durch die Zusammensetzung ihrer Anhängerschaft primär nicht festgelegten Ideen der Lebensreform-Bewegung ist die Ambivalenz zwischen einer anti-intellektuellen, restaurativen Re-Naturalisierung des Körpers (bewirkt freilich durch entsprechende Kultur-Praktiken) und der Funktionalisierung eben dieses Körpers. "Re-Naturalisierung" ist immer schon konditioniert durch die kulturelle Konstruktion des 'Naturkörpers'. Seine Indienstnahme ist durch die Zuschreibung des Index 'Natur' schon programmiert. So ist 'Naturisierung' zuletzt das Ergebnis von Einschreibungen, von Bezeichnungen, – und zwar durch Kulturtechniken, die 'Natur' allererst codieren. Bezogen auf das Bad bedeutet dies, daß sämtliche Akte und Aktionen, die den Körper traktieren – Reinigung, Hydrotherapie[12], Kur, Kräftigung – , dem Ziel untergeordnet sind, das Kapital 'Gesundheit' als Produktivkraft einzusetzen oder zu reproduzieren: um die Männer als Arbeiter und Soldaten und die Frauen als gebärtüchtige Mütter zu gewinnen.[13] Vergleichbare volkserzieherische Konzepte begleiten auch die Gymnastik- und Tanz-Bewegung der Jahrhundertwende.[14]

1.2 Das Bad als Reformmodell und Freizeitzeit-Areal

Eben jene sozio-ökonomische Konstellation, die die Bevölkerung aus den Großstädten in die "freie Natur" treibt, ist freilich auch für die Entwicklung der Bäder-Kultur bestimmend. Das Bad – die Bäderreise in einen Kurort oder an die See – ist, zunehmend von Jahr zu Jahr, "en vogue". Nicht selten wird ein medizinisch indizierter Bade-Aufenthalt zum Vorwand für die sogenannte "Sommerfrische". Das Thermalbad – insbesondere der mondäne Badeort wie etwa Vichy, Vittel, Baden-Baden, Karlsbad – wird zur Vergnügungsstätte der Belle Epoque. Die Suche nach "Luftveränderung", das Bedürfnis nach "Tapetenwechsel" prägt die Sommerflucht aus den Metropolen. Die Bäder entwickeln sich dadurch mehr und mehr zu Zentren der Freizeitindustrie, die

12 Die Hydrotherapie wurde im 19. Jh., nach den Praktiken des Pfarrers Kneipp und den Wasserkuren von Vinzenz Prießnitz, zu einem wesentlichen Teil der Medizin, und zur Vorläuferin der "Naturheilkunde". Vgl. Krauss 1991.

13 Auch den Frauen wird zur Stärkung das Schwimmen und die Badekur empfohlen: "Jeder Schwimmstoß erspart eine Wehe! ..."

14 Vgl. Brandstetter 1994 b.

mit diesen Heil- und Kurstätten nun gleichzeitig auch ein Vergnügungsparadies verspricht.

Voraussetzung für die medizinische und kommerzielle Einrichtung von Bädern als Freizeitzentren ist die Ausbeutung eines natürlichen Vorkommens: nämlich des Wassers, dessen Kontrolle lange Zeit mit technischen Schwierigkeiten verbunden und dessen chemische Zusammensetzung überdies lange unbekannt war. Die produktive, kommerziell geregelte Nutzung von Thermalquellen und die Kontrolle von Flüssen und Seen im Bade-Areal gingen Hand in Hand. Im späten 19. Jahrhundert sind die Bäder nach dem Grundsatz der Rentabilität angelegt. Die damit verbundenen ökonomischen und sozialen Strukturen des Bäderbetriebs sind auf die Mode des therapeutischen Freizeitverhaltens und auf die Erfordernisse des "Kur-Tourismus" eingestellt.

Von großer Bedeutung für das Image der Bäder-Kultur ist dabei die sorgfältig inszenierte und unter verschiedensten – hygienischen, medizinisch-therapeutischen, lebensreformerischen – Gesichtspunkten propagierte Präsentation von "Natur". Der Badegast überläßt sich der Phantasmagorie eines (industriell verankerten und künstlich aufbereiteten) "Natur"-Reservats, er genießt die "Meereslust"[15] und die Heilkraft des Wassers, deren Wirkung im Irrationalen liegt, – psychoanalytischer Deutung zufolge im regressiven Eintauchen in das umfangende 'Becken'.

Das Bad ist gleichermaßen ein aus dem Alltag ausgegrenzter und doch wieder in diesen eingebetteter Bereich. Der Ortswechsel – die "Reise" – und die Abgegrenztheit des Bade-Areals weisen auf Grenzen und Grenzüberschreitungen hin, die nicht nur die sozialen und kommunikativen Bedingungen des Bade-Aufenthalts betreffen, sondern vor allem auch die (neue) Einstellung zum Körper.

Im Zusammenhang mit der "Naturismus"-Bewegung[16] der Jahrhundertwende und ihren Lebensreform-Konzepten wird dabei besonders die Diskussion über das Nacktbaden zu einem immer wieder aufgegriffenen Thema: die Freikörperkultur, das Wiederfinden der "Natur" des nackten Körpers in der freien Natur.[17] Eine ganze Reihe von Zeitschriften zwischen 1900 und 1930 widmet sich diesem Thema – in einer Mischung aus ästhetischen, weltanschaulich-lebensreformerischen, zivilisationskritischen und sexualerzieherischen Argumenten: *Die Schönheit, Deutsch Hellas, Der Leib, Die neue Zeit, Lachendes Leben, Körperbildung und Nacktkultur, Das Freibad.* Der kämpferische Gestus der FKK-Verfechter zielte zwar auf "Volksaufklärung". Ihre

15 So der Titel der Monographie von Corbin 1990.
16 Vgl. Spitzer 1983.
17 Vgl. Andritzky/Rautenberg 1989.

Badeareale aber blieben aus dem allgemeinen öffentlichen Bäder-Betrieb ausgegrenzt. Zu diesem Thema ist viel geschrieben worden. Im Zusammenhang mit der von mir gewählten Fragestellung scheint hier – auf das Thema "Tanz und Bäderkultur" bezogen – eher die Frage des "Nackt-Tanzes" von Interesse, zumal mit diesem zu Beginn des 20. Jahrhunderts aktuellen Thema das Problem der Grenzen von Intimität und Öffentlichkeit, von Alltagsleben und theatralisch repräsentierten neuen Körper-Konzepten aufgeworfen ist.

Die Verbindung des FKK-Bades zur Nacktgymnastik und zum sogenannten "Nackttanz" (Werner Suhr[18]) ist auf den ersten Blick sehr eng. Der Begründer der "Körperkulturschulen", Adolf Koch, integrierte in sein Erziehungsprogramm, das heftig umstritten war und unter den Nationalsozialisten schließlich verboten wurde, das Nackt-Turnen im Freien. Auf dem Monte Verità gehörte die Nacktheit – beim "Luftbad" im "Lichtkleid", bei der Gymnastik und im Tanz – zum alltäglichen Erscheinungsbild, und die "hoffnungsvolle Jugend, die dem Dualismus der Großstadt entflieht", so Werner Suhr,[19] suchte das kosmische Einheitsgefühl mit der Natur in Gymnastikschulen an der Ostseeküste. "Dort tanzen am Sommermorgen die Zöglinge nackt vor den Wellen."[20] Dabei erscheint in der Diskussion um den "Nackttanz", insbesondere in der Frage der Normen und ihrer Grenzen, immer wieder der Gegensatz der Räume: freie Natur oder Bühne. Einerseits: "Der Tanz des nackten Leibes wirkt in der freien Natur am stärksten."[21] Andererseits aber wird für den künstlerischen Tanz auf der Bühne – von den Vertretern des körperzentrierten freien Tanzes wie etwa Werner Suhr und Fritz Giese – die Nacktheit als "logische, den Tatsachen entsprechende Lösung" der Darstellung gefordert: "Zum wirklichen Genuß des künstlerischen Tanzes ist die genaue Beobachtung des ganzen Körpers vonnöten. Der Fluß der Linien darf nicht markierend unterbrochen werden."[22]

Damit ist zweierlei gesagt. Zum einen – im Hinblick auf die Ganzheitsidee von Mensch und Natur von seiten der Vertreter der Lebensreform und des Ausdruckstanzes – wird die Vorstellung in Geltung gesetzt, daß eine "Markierung" des Körpers und seiner Bewegung durch Stoffe, Gürtel und Ketten den "Bewegungs-Fluß" (ein zentrales Stichwort dieser Epoche) unterbricht. Die "Unterbrechung" ist gewissermaßen das "filmische", dem Taylorismus verpflichtete *Gegen*prinzip zur fließenden Bewegung: charakteristisch für eine

18 Vgl. Suhr 1927.
19 Ebda., S. 29.
20 Ebda. – Lotti Huber, die Ausdruckstänzerin und Filmschauspielerin, berichtet darüber beispielsweise in ihren Memoiren (vgl. Huber 1993).
21 Ebda., S. 30.
22 Ebda., S. 17.

dem Ausdruckstanz sich entgegensetzende Ästhetik avantgardistischen Tanzes."[23] Charakteristisch auch für die neuen Wahrnehmungsstrukturen im Zeitalter der "Kinematik", wie Paul Virilio[24] hervorhebt: Die Unterbrechung nämlich kennzeichne Veränderungen im Bewußtsein, die Risse, "die kleinen *cut-ups* der Tonspur – der Ton- und Bildspur der Erfahrung", so daß das Sehen "stets eine Montage, eine Montage von Zeitlichkeiten" werde. "Im Film", schreibt Virilio, "können wir sehen, wie unser Bewußtsein funktioniert. Unser Bewußtsein ist ein Montageeffekt. Es gibt kein kontinuierliches Bewußtsein, nur ein zusammengesetztes."[25]

Aber noch ein anderes kommt hierbei zum Ausdruck. Gerade durch die Unterbrechung der Linie, durch diese "Markierung" des Körpers wird seine Sexualität betont, ja seine Sexualisierung erst provoziert:

> Von einer Tänzerin, die einen wundervollen, glänzend durchtrainierten Körper hat, gibt es eine sehr schöne, technisch-tänzerisch gelungene Aktaufnahme, die den fatalen Nachteil einer Perlenkette zeigt, mit der eine bestimmte Leibesgegend geschmückt, d.h. verunziert ist. Dieses unnötig dekorative Beiwerk erinnert peinlich an die bestimmt stark sinnliche Atmosphäre der Revue, in deren prunkvollen Rahmen sich Tanz ganz selten – wie etwa durch die Bauroff – zu einem wertvollen Kunstwerk entfaltet.[26]

Als Paradigma des erotisch-exotischen Körpers, der durch Schmuck und Schleier "markiert" ist, erscheint seit dem Fin de Siècle das Bild der Salome. In den zahlreichen Salome-Darstellungen der Literatur und der bildenden Kunst ist das Weiblichkeitsmuster dieser biblischen Femme fatale längst zu einer bis ins Detail rhetorisierten Gestalt gediehen, als schließlich um die Jahrhundertwende "Salome" zu einem dominierenden Thema des neuen "freien" Tanzes wird.[27] Loïe Fuller schuf bereits 1895, lange vor Richard Strauss' Opernerfolg, eine Salome-Choreographie zur Musik von Gabriel Pierné. Nach 1907 folgten schließlich zahllose Darstellungen des "Tanzes der Salome": 1908 eine aufsehenerregende Schleier-Tanz-Präsentation durch die aparte junge Ida Rubinstein in St. Petersburg; und im selben Jahr die Londoner Aufführung der viel-

23 Vgl. dazu Brandstetter 1994 a.

24 Vgl. Virilio 1990 b, S. 75.

25 Ebda.

26 Suhr 1927, S. 18. Suhr schneidet damit ein Thema an, das hier nicht weiter verfolgt werden soll, das im Bereich des Tanzes, der bildenden Kunst, der Fotographie und des Films jedoch bis heute immer wieder diskutiert wird; vgl. dazu Leiris 1983; sowie andererseits die jüngste Ausstellung im Frankfurter Kunstverein mit dem Titel *Das Bild des Körpers*.

27 Im Zusammenhang dieses Aufsatzes kann dem Thema "Salome" nur eine knappe Skizze gewidmet werden; vgl. zu weiteren Aspekten des "Tanzes der Salome" das entsprechende Kapitel in: Brandstetter 1994 b; sowie die Text- und Bildsammlung zu "Salome" in: Brandstetter 1993, S. 263–308.

leicht eigenwilligsten und dramaturgisch anspruchsvollsten tänzerischen Gestaltung der Salome durch die Kanadierin Maud Allan. Ihr Tanzsolo, *The Vision of Salome*, fokussiert – als eine monodramatische Visualisierung des Imaginären – die Perspektive, die Blickrichtung in doppelter Weise: nämlich als den Blick Salomes auf das 'Objekt des Begehrens' und des Schreckens, das Haupt des Johannes; und als den Blick des Betrachters auf den Körper der Tänzerin. Dieser Körper wiederum präsentiert sich in der Genre-typischen Be-Zeichnung von Bekleidung und Nacktheit, von Schleier und metallenem Mieder, von Juwelenketten und bloßer Haut, wie sie beispielhaft in Gustave Moreaus Salome-Gemälde *L'Apparition* (1875) erscheint. Hier ist der Körper der Tänzerin wie überzogen mit dem Lineament der Phantasmagorien, die den Raum durchziehen, den Tanz in Ekstase treiben und die Haut zeichnen wie eine Tätowierung aus Juwelen. Die "Markierung" des Körpers durch Stoff und Metall, Schleier und Stein unterbricht mithin das Bild der Nacktheit als ganzkörperliche Erscheinung, und sie erzeugt zugleich – eben durch diese Zerreißung der "nackten Linie" – die erotische Phantasie der 'nackten' Tänzerin.

Neben solchen – in den Rezensionen der Salome-Tänze freilich heftig umstrittenen – theatral präsentierten Raffinessen des exotischen Körperbildes erscheint der Nackt-Kult der Körperkulturszene im ersten Drittel des 20. Jahrhunderts auf einem vergleichsweise eindimensionalen, aufklärerisch orientierten Inszenierungs-Niveau.

Denn vergleichbar den Verdrängungsleistungen, die in der FKK-Bewegung den Nacktbadenden abverlangt sind,[28] um die Schamgrenzen, das Peinliche, die Sexualität der "Natur" zu verleugnen, zu rationalisieren, die weiße Blöße des Körpers durch das "Ersatz"-Kleid der Sonnenbräune zu "bedecken", – diesen Mechanismen der "repressiven Entsublimierung" (H. Marcuse) vergleichbar sind auch die mentalen Bemühungen zur Entsexualisierung und Ent-Erotisierung des Nackt-Tanzes. Es gehe darum, "die Natur schlechthin" in diesem Tanz zu erfahren, heißt es da, und zwar auf einer "asexuellen Stufe objektiven Wohlgefallens"[29]. Die Mittel, die eingesetzt werden, um solche Wahrnehmungen zu mobilisieren, sind vielfältig und unterschiedlich in ihrer Wirkung auf den Rezipienten: Ästhetisierung und damit einhergehende Leugnung der sexuellen Natur des Körpers; Androgynisierung des Weiblichen; und nicht zuletzt Versachlichung der Körperlichkeit insgesamt. Zuletzt münden solche Befreiungsakte also nicht selten wieder in die Stilisierung des Körpers und seine zeichenhafte Repräsentation auf der Bühne, – wobei die "Nacktheit" nunmehr, ebenso wie das Entkleiden, selbst eine Zeichen- und

28 Vgl. Modena 1992.
29 Suhr 1927, S. 21.

Zeige-Funktion erhält, durch die die Grenze und die Grenzüberschreitung zum “Kleid” akzentuiert wird; und dies bis zum Paradox: Nacktheit ist dann eine Zeichen-Funktion des Kleides, und umgekehrt erscheint das Kleid als ein zeichenhafter Verweis auf die Nacktheit.

1.3 Das Bad als “Ensemble” – Erwägungen zu Struktur und Organisation inszenierter Freizeit

Das Bad läßt sich – strukturell betrachtet – unter drei Gesichtspunkten als Ensemble unterschiedlicher Figurationen und Funktionen verstehen: Unter einem räumlichen, unter einem Körper-bezogenen und unter einem rituellen Aspekt der Kommunikation und Bewegung.

Die räumliche Organisation des Bades entspricht einer charakteristischen topographischen Struktur, bestimmt durch das zweckbezogene Zusammenspiel von Natur und Kultur, von Landschaft und Architektur.

Die Gegebenheiten der Natur – Thermalquellen, Seen, Flüsse und schließlich der Meeres-Strand – bilden die Ausgangssituation für die Gestaltung einer charakteristischen Topographie des Bade-Ortes. Denn sowohl die Nutzung der Naturvorkommen als auch die Qualität der Landschaft versprechen erst dann den ‘richtigen’ – ökonomischen, medizinischen, regenerativen – Gewinn, wenn die gesamte Anlage entsprechend in Szene gesetzt ist. Der Kur- und Kultur-Tourismus braucht einen “Rahmen”, in dem Landschaft und Bäder-Architektur präsentiert werden, so daß die Natur zwar gegenwärtig ist und die erhoffte Ruhe und Erholung möglich erscheint, jedoch der städtische Komfort gleichzeitig nicht verloren geht. Die Park-Anlagen, die Verknüpfung der zentralen Kur-Gebäude mit den ferner liegenden Trinkhallen oder überdachten Ruheplätzen – oft in exotisierendem Stil als Kioske präsentiert – sind durch eine sorgfältig strukturierte Wege-Führung bestimmt. (Abb. 8) Dabei ist für die Kulturisierung der Natur, für ihre “Rahmung”, die Verknüpfung zweier gegensätzlicher Funktionen maßgeblich. Da ist zum einen die Ermöglichung von Ruhe durch dosierte Reize und die Gewährung von Erholung durch eine klare Wege-Struktur und ein überschaubares Gebäude-Ensemble – das Stichwort dafür ist die **“Promenade”**. Da ist zum anderen ein Angebot von Überraschung und Neuheit durch die ausgeklügelte Komposition von “Ausblicken”, von reizvollen Natur-Ansichten im Wechsel von Landschafts- und Architektur-Prospekten – das Stichwort hierfür ist das **“Panorama”**.

So etwa präsentiert sich, in einer eher kleinstädtischen Anlage in einem überschaubaren Gebäude-Ensemble, die Kuranstalt von Bad Homburg. Und so erscheint, in einer weit ausgefalteten Formation solcher gartenstädtischen Bäder-Architektur, der französische Kurort “Eaux-Bonnes”: angelegt um die

Mitte des 19. Jahrhunderts und charakterisiert durch ein Netz von Spazierwegen, von Promenaden, die zum Teil, wie die "promenade horizontale", von Bänken und Verkaufsständen gesäumt sind, zum Teil den Badegast zu verschiedenen Aussichtspunkten führen, wo er das Panorama des im Tal liegenden Kurortes und der umliegenden Landschaft betrachten kann. Die Wege sind durch die Pflanzung unterschiedlicher Baumarten – Buchsbaum, Erle, Buche – gärtnerisch gestaltet. So entsteht eine Hierarchie öffentlicher Plätze, Ausflugsziele, Garten-Anlagen oder entfernterer Spazier-Ziele, wie etwa der verschlungene Weg zur "fontaine d'amour".

Die Gesamt-Konstruktion von Parklandschaft und Architektur-Ensemble folgt dabei jenem Interesse am Panorama, das Walter Benjamin in seinem *Passagen*-Werk als Suche nach der "fensterlosen Stadt", nach der "Stadt im Hause" beschrieben hat:

> Das Interessante am Panorama ist, die wahre Stadt zu sehen – die Stadt im Hause. Was im fensterlosen Hause steht ist das Wahre. Übrigens ist auch die Passage ein fensterloses Haus. Die Fenster, die auf sie herabschauen, sind wie die Logen, aus denen man in sie hineinsehen, nicht aber aus ihr heraussehen kann.[30]

Im dialogischen Bezug auf Benjamins *Passagen* kehrt Siegfried Kracauer schließlich die Blickrichtung um: Das Panorama öffnet nicht etwa ein transzendentes Fenster zum "Wahren", sondern das Tor zum Haus der 'Waren', im "Vestibül eines Kaufhauses": Die "Ansichtskarten sind Stapelware, ihr Weltpanorama ist durch den Film überholt". Alles, was bleibt ist "eine leere Architektur", die "einmal wer weiß was ausbrüten wird – vielleicht den Faschismus oder auch gar nichts. Was sollte noch eine Passage in einer Gesellschaft, die selber nur eine Passage ist?"[31]

"Passagen" zwischen Wohn- und Kur-Bezirk vermitteln die Zirkulation zwischen dem Alltagsleben und dem therapeutischen Ritual der Kuranstalten. Die zentralen und repräsentativen Gebäude der Bade-Orte, zumeist inmitten der Anlage, sind mit den Wohn-Gebieten an der Peripherie durch ein Wege-Netz verbunden. In manchen Randgebieten entstehen so "Gartenstädte"[32],

30 Benjamin 1983, Bd. 2, S. 661. – Am Leitfaden dieses Gedankens von Benjamin, das "Panorama" und die "Passage" über den (nach innen gerichteten) Fensterblick in Korrelation zu setzen, läßt sich auch eine Verbindung zwischen dem Panorama der Bäder-Parklandschaft und dem "Warenhaus" (seinem Panorama der 'Waren') knüpfen. Ich verweise hier auf den Beitrag von Joachim Fiebach im vorliegenden Sammelband.

31 Kracauer 1977, S. 332.

32 Schon 1838 hatte der Arzt Amédée Fontan einen Plan für einen englischen Garten in Form einer Park- oder Gartenstadt vorgelegt. In Kurorten wie Martigny-les-Bains (s. Abb. 8) zeigt sich diese Idee in der ineinander verwobenen Anordnung von Grünbezirken und Gebäuden. Vichy wurde (nach Grenier 1991, S. 198ff), als Parkstadt konzipiert, und zwar nach dem Modell einer "schlüsselfertigen Kurstadt" für Napoleon III.

nach englischem Vorbild: mithin wieder ein eigenes topographisches Ensemble, in dem Natur und Kultur auf neue Weise vermittelt sind (Abb. 8) – als Antwort auf die Probleme der Großstadt. Die "Gartenstadt" – in Deutschland erstmals 1909 in Hellerau bei Dresden durch die Initiative der Brüder Dohrn errichtet – verwirklicht ein integratives Modell von sozialen, ökonomischen, hygienischen und pädagogischen Maßnahmen. In Hellerau wurde nicht nur die Verbindung von Kunsthandwerk und Kunst durch die Vereinigten Werkstätten realisiert, sondern es ging auch um lebensreformerische Konzepte; und vor allem war diese Gartenstadt ja ein erstes Zentrum der Entwicklung der neuen tanztheatralischen Ideen und Experimente: durch die Arbeit und die Inszenierungen von Emile Jaques-Dalcroze, Adolphe Appia und Alexander Salzmann beispielsweise in der Aufführung des *Orpheus* (1912 und 1913) im Rahmen der Hellerauer Schulfeste.

Die zentralen Anlagen des Bade-Ortes bilden wiederum ein eigenes Ensemble rituell inszenierter Architektur, nicht selten von bekannten Architekten entworfen. Das topographische Ensemble umfaßt zumeist das Haupt-Bad oder mehrere Badehäuser mit ihrem komplizierten Grundriß aus verschiedenen Bade-Becken, römischen und arabischen Bade-Abteilungen, Ruheräumen, Umkleide-Kabinen, Behandlungsräumen, Gymnastik-, Trink-Hallen, Gängen und Galerien, Restaurant und Foyer. Nicht selten schwelgen die Erbauer in schweren und üppigen – klassizistischen oder exotistischen – Architekturphantasien oder experimentieren mit neusachlichen, funktional wirkenden Glas- und Eisenkonstruktionen (vgl. Abb. 9 und 10), – Bauten, deren Konstruktivismus an Bühnen-Bilder der 20er Jahre erinnert.

Das weitere Bade-Areal ist sodann geprägt durch die architektonische Konfiguration des Grandhotels und mehrerer Kurhotels, durch überdachte Wandelgänge, Trink-Hallen, Theater und Konzert-Säle, und nicht zuletzt durch das Spielcasino, das wiederum mit Spiel-Räumen, Ballsaal, großem Foyer, Teesalon und Boutiquen ausgestattet ist. Zentrale Positionen nehmen auch jene repräsentativen Gebäude ein, die den nachrichten- und verkehrstechnischen Anschluß an die entfernten Metropolen, an die Welt der Geschäfte des Alltags gewährleisteten: die Post und der Bahnhof. So war die Möglichkeit garantiert, einesteils gleichsam "exterritorial", kur-touristisch aus dem Alltag ausscherend, dem Bade-Luxus zu frönen, und andererseits doch mit der Welt der Politik, des Geldes, der kurzlebigen Informationen verknüpft zu sein. Das Ensemble der räumlichen und touristischen Einrichtungen des Bade-Ortes vermittelt beides.

Dies zeigt sich auch an einem speziellen Moment der Kultur-Organisation, das für den Tanz von Bedeutung ist. Korrespondenzen ergeben sich schon über den Repräsentations-Charakter der Architektur, der am besten dadurch garantiert erscheint, daß nicht selten eben jene Architekten, die die grandiosen Kultur-Tempel in den Metropolen bauen, auch die wichtigsten Gebäude eines Badeortes entwerfen: Charles Garnier beispielsweise, der Architekt der Pariser Opéra, des sogenannten *Palais Garnier*, erbaute auch Teile der Anlage für das Thermalbad in Vichy und in Vittel (Abb. 11): Das von Garnier 1884 in pseudomaurischem Stil erbaute Kurbadehaus besitzt in einem Sechseck angeordnete Bäder sowie einen Bereich von Wandelhallen mit Säulen, der so verschachtelt organisiert ist, daß – auf verschiedenen Ebenen – drei Wandelgänge miteinander verbunden erscheinen; ein architektonisches Ensemble, das dem Gebäude der Pariser Opéra sehr ähnlich ist: das Theater als Bad, und umgekehrt!

Die kultur-touristische Anpassung des mondänen Publikums der Belle Epoque an die Gegebenheiten des Badeortes war durch solche Korrespondenzen jedenfalls sehr erleichtert: In der Winter-Saison besuchte man die großen Opern- und Ballett-Ereignisse sowie die Opern-Bälle, im Sommer vergnügte sich dieselbe Gesellschaft in nahezu identisch ausgestatteten, freilich anders (nämlich nach Gesichtspunkten der Hygiene und Regeneration) etikettierten Räumen in den Bädern. Dazu paßt sehr genau, daß die großen Bade-Hallen häufig (nunmehr zeitlich umgekehrt, nämlich in der Winter-Saison) zu Tanz-Sälen für Redouten und Maskenbälle umgewandelt wurden. (Abb. 12 und 13) Und nicht nur die Architekten – als Inszenatoren der Räume –, sondern auch die Dirigenten und Komponisten – als Inszenatoren der Unterhaltung und der Bälle – wechselten zwischen Bad und Opernhaus hin und her: Der Dirigent und Komponist Isaac Strauss beispielsweise war in der Ära Napoleons III. als Leiter des Kurorchesters in Vichy[33] engagiert; danach wurde er zum gefeierten Direktor der Pariser Opernbälle.

Der Tanz – angefangen vom Gesellschaftstanz bis hin zu Vorführungen von Music-Hall-Tänzen – spielte im Bad eine wichtige Rolle. Sogar in den Freibädern wurde getanzt: Der Tango neben dem Schwimmbecken, beispielsweise im Ottakringer Bad in Wien (Abb. 14), steigerte den Freizeitwert des Bades beträchtlich. – Umgekehrt erscheint gerade diese Verbindung von Alltags-Kultur und sogenannter "Trivial"-Kunst – nämlich vermittelt in den Körperkultur-Modellen der Badekultur und durch die Music-Hall-Elemente des Tanzes – besonders prägend für die Entwicklung des "freien Tanzes" und seiner Erscheinungsformen auf der Avantgarde-Bühne.[34]

---

33 Im Jahr 1858 wurde in Vichy die prunkvolle Strauss-Villa, erbaut von Hugues Batillat, eingeweiht.

34 Ein Beispiel für solche Wechselwirkungen von Populärkultur und Avantgarde im Bereich des Tanzes ist der Tanz Loïe Fullers: In ihren berühmten *Serpentinentanz* sind wesentliche

Der zweite, auf das Thema "Bad" orientierte zentrale Aspekt, nämlich die **Frage des Körper-Bezugs**, soll hier nur noch kurz gestreift werden, da die wichtigsten Gesichtspunkte bereits im Abschnitt über Hygiene, Lebensreform, Regeneration erläutert wurden. Die Verbindung neuer Körperkonzepte mit Entwicklungen der Architektur tritt insbesondere aus der Perspektive der Badekultur in den Vordergrund; denn die Bäder-Architektur präsentiert sich in ausgezeichneter Weise als eine "Körper-Architektur": als ein Ensemble von Gebäuden – etwa Dampfbäder, Umkleide-Kabinen, Behandlungsräume –, die in ähnlicher Weise wie die Bade-Kostüme "Hüllen" für den regenerationsbedürftigen nackten Körper bieten, ihn vor Sonne und Licht sowie vor unliebsamen Blicken schützen und damit eine eigentümliche Zwischenzone zwischen öffentlichem und privatem Raum ausgrenzen.

Zugleich aber eröffnet die Bäder-Architektur phantastische, oft exotisch oder antik-römisch gestaltete Räume für die Selbst-Inszenierung der Badenden und der Bade-Gäste, die sich durch das Raum-Ensemble nach einem speziellen choreographischen Muster bewegen und in einem teils selbstregulierten, teils ritualisierten Habitus des Körper-Zeigens und -Verhüllens agieren.

Mit diesem Gesichtspunkt der in Bewegung geratenen Bäder-Topographie sind wir bereits beim dritten Punkt der Analyse des 'Bades als Ensemble' angelangt: nämlich bei der **Frage nach den Ritualisierungen**, die die Struktur dieses kulturellen Ortes prägen.

Da sind zunächst jene Rituale, die unmittelbar mit dem Bade-Betrieb zusammenhängen, sowohl im Kur-Bad, als auch im Erholungs- und Schwimmbad: zum einen das Aus- und Ankleiden, das Erscheinen in Bade-Kleidung, das Einhüllen in Bademäntel – Gesten und Szenerien des Privaten und Intimen an einem öffentlichen Ort; sodann das genau nach einem speziellen Programm – dem sogenannten "Tagesplan" – wie durch ein Szenario koordinierte Aufsuchen von verschiedenen Typen von Bädern in unterschiedlichen Räumen (Grotten, Hallen, Nischen, Wannen), von Trinkbrunnen und Hallen, Galerien und Wandelhallen, medizinischen Behandlungsräumen und Kabinen; ferner die Rituale der Bewegung selbst, beispielsweise in Gymnastikräumen mit speziellen Geräten, die dem Betrachter und vor allem dem Patienten nicht selten wie Folterinstrumente erscheinen – eine Staffage der therapeutischen Inszenierung; des weiteren die Konfrontation des "nackten" beziehungsweise des bekleidet "nackt" wirkenden menschlichen Körpers mit traditionellen Kultur-Mustern des Körperlichen: mit der Ikonographie des Körpers in mythologischen und allegorischen Szenen, in Ideal-Darstellungen als Mosaiken und

---

Elemente des Ende des 19. Jahrhunderts in den Varietés beliebten *Skirt Dance* eingegangen. Vgl. dazu Brandstetter/Ochaim 1989.

Skulpturen; und zuletzt erscheint auch und gerade die genau geregelte Trennung und Begegnung der Geschlechter in den unterschiedlichen Räumen des Bades als ein eigenes Thema der ritualisierten Bewegungen, definiert über die eigentümliche Zeit- und Raum-Struktur des Bades.

Da sind ferner jene Ritualisierungen, die einen besonderen Akzent der Bewegung und der Choreographie im topographischen und architektonischen Ensemble des Bades setzen. Es sind die vorgeschriebenen, quasi-rituellen Spaziergänge: ein betont langsames Gehen im individuellen Rhythmus – das "Schlendern" – durch die Wandelhallen, über Promenaden und Wege zu den Aussichtspunkten. Eine bewegungsanalytische und soziale Untersuchung dieses "Schlenderns", das in den meisten Broschüren für den Kurgast empfohlen wird, könnte diese Bewegungsart als eine ambivalent codierte Ausdruckserscheinung entziffern. Einesteils zeigt sich das "Schlendern" als eine Form der absichtslosen, je nach der individuellen Verfassung bestimmten Motion; und anderenteils ist diese Fortbewegung doch immer schon funktional, nämlich auf einen therapeutischen Nutzen hin definiert. Gerade durch diese aporetische Semantisierung der Bewegung, die auf der einen Seite mit Freizeit-Spiel, auf der anderen Seite mit den verkehrs- und arbeits-technischen Bewegungs-Phänomenen im Revier der Städte konjugiert erscheint. Das "Schlendern" in den Bäderanlagen korrespondiert mit dem Geh-Habitus des "Flanierens" in den Passagen der Metropolen. Walter Benjamin setzt in seiner Studie über *Charles Baudelaire* die Topographie der "Passagen" mit dem "Habitus des Flaneurs, der auf dem Asphalt botanisieren geht"[35], in Beziehung. Die Passage erscheint als medialer Zwischen-Raum, als "Mittelding zwischen Straße und Interieur". In dieser eigentümlich interregionalen Zone zwischen Öffentlichkeit und "Wohnung" bewegt sich – "gemächlich" – der Flaneur.

Dem "Schlendern" des Kurgastes im Bäder-Areal eignet ein vergleichbarer Status des Nicht-Definierten, ausgestattet mit ambivalenten Signalen: zwischen Lustwandeln und Bewegungstherapie, zwischen meditativer Privatheit und begegnungsorientierter Selbstdarstellung.

Im weiteren Rahmen des Bade-Betriebs folgen dann als Drittes die Rituale der Bewegung, der Begegnung, Durchmischung und des "Verkehrs" der Schichten und Geschlechter, der Gruppen und der Einzelnen, der Gäste und des Personals der Institutionen: auch diese Zirkulation wiederum nach genau festgesetzten Regeln der Kommunikation und der sozialen Kontrolle.

Die Bäder-Reisen im 19. Jahrhundert erfüllten mithin unterschiedliche soziale Funktionen: Sie dienten der Erholung und der Gesundheit, der Unterhaltung und dem Abwechslungsbedürfnis und schließlich auch der Knüpfung

35 Benjamin 1974, S. 34.

von sozialen Kontakten. Auf verschiedenen Ebenen des sozialen Status entfaltete sich eine Politik von Heirat, Ämtern und Geschäften, nicht zuletzt über Rollen-Spiele, die die Normen und Gewohnheiten des Alltags mit den gelockerten Bedingungen des Heil- und Erholungs-Betriebs verbanden. Eine gewisse Unverbindlichkeit der Kontakte erleichterte dabei die sozio-kulturelle Durchmischung der Bade-Gesellschaft unterschiedlicher Schichten. Nicht selten ist deshalb behauptet worden, die Bäder erfüllten in einer zunehmend industrialisierten und pluralisierten Gesellschaft eine Avantgarde-Funktion der Demokratisierung.

Bezogen auf die Rituale sozialer Darstellung – gerade auch im Hinblick auf Korrespondenzen zur Tanz- und Theater-Avantgarde des beginnenden 20. Jahrhunderts – im Ensemble des Bades ist hier besonders die **Tendenz zum Episodischen** hervorzuheben. Dieses Episodische betrifft die Zeitstruktur der Bewegungen, der Kontakte und der Kommunikation im Saisonal-Betrieb des Bades: Auf begrenzte Zeit ist der Einzelne in eine spezifische – und zum Teil Status- und Rollen-unabhängige – "Verflechtungsanordnung" (N. Elias) eingebunden. Die Gespräche, die erotischen Kontakte, die therapeutischen Behandlungen, die Freizeit-Aktivitäten (Sport, Spiel, Theater, Konzert, Mahlzeit) folgen diesem Muster des Episodischen. Auch die Funktionen und Lebensmodelle des Personals der Bäder sind an diesem ritualisierten, zeitlich begrenzten Wechsel-Betrieb orientiert. Dies zeigt, mit bestechend scharf analysierendem Blick, Arthur Schnitzler in seiner Erzählung *Doktor Gräsler, Badearzt.* In diesem Text aus dem Jahr 1914 erscheint das aus dem Zeit- und Raum-Ensemble des Bades abgeleitete Prinzip des Episodischen – erotisch, sozial, therapie-kritisch – geradezu als dramaturgisches Moment der Erzähl-Struktur – ähnlich wie auch in den meisten Theater-Texten, insbesondere in den monodramatischen Stücken und in den Einakter-Zyklen Schnitzlers.[36]

In diesem Zusammenhang sollte zumindest am Rande noch ein weiterer Aspekt des (Schwimm-)Bades erwähnt werden, nämlich das Bad im Film. Bäder und Wasser-Szenarien besitzen für den noch jungen Film der 20er Jahre einen besonderen Reiz, sowohl in filmtechnischer Hinsicht als auch im Blick auf die Präsentation der Körper.[37] Der "Film auf Wasserbasis" (so der etwas trockene Titel einer Ausstellung im Zuiderbad in Amsterdam 1990) wird schon sehr früh zu einem beliebten Hollywood-Thema. Ausstellungsmacher Mieke Bernink zur filmischen Anziehungskraft des Bades:

36 Vgl. zur Struktur dieser Stücke den Beitrag von Hans-Peter Bayerdörfer in dem vorliegenden Sammelband.

37 Zum Thema der SchauspielerInnen und dem damit propagierten Körperbild im frühen Kinofilm vgl. den Beitrag von Thomas Koebner in diesem Band.

> Es besteht ein enges Band zwischen Schwimmbad und Sexualität. Es ist auch nicht verwunderlich, daß, solange Sexualität, Liebe und Begierde ein begehrtes Filmthema bleiben, das Schwimmbad ein beliebter Schauplatz für das verfilmte Liebesspiel bleiben wird.[38]

Die Inszenierung des nackten oder in nassen Kleidern sexuell betonten Körpers, die unterschiedlichen Modi der Bewegung – des Körpers, des Wassers, der Kamera – und die besondere, kubische Eigenart des Räumlichen machen das Bad für die Filmdarstellung faszinierend. Der Filmemacher Eric de Kuyper hebt zwei Momente der Kinowirkung des Bades hervor: zum einen das interessante architektonische Ambiente, die Geometrie des durch das Wasser wiederum verwischten, spiegelnden Tiefen-Raumes; und zum anderen die Möglichkeit, den Körper mehr oder weniger nackt zu zeigen, ruhend oder in Aktion.

Eine Unter-Gattung des Revue-Kinos ist der Wasser-Revue-Film, die filmische Darstellung der geometrischen Figuren und Ornamente eines Wasserballetts, wie sie etwa Busby Berkeley inszenierte – beispielsweise in *Footlight Parade* (1929, Abb. 15), einem Film, in dessen Titel bezeichnenderweise ein theatertechnischer Terminus – "footlight" – enthalten ist. Mit filmischen Mitteln lassen sich die Darstellungsmöglichkeiten eines Wasserballetts ins Phantastische erweitern; Schnitte und extreme Perspektiven – von oben, von unten, aus weiter Entfernung – multiplizieren den Effekt des Bewegungs-Ornaments, spielen mit den Verwandlungen von Körper und Wasser in kontrollierte und (im scheinbar Regellosen, "Wilden" des Wasserfalls) unkontrollierbare Bewegung des Begehrens.

2. Körperbildung und Bewegungs-Erziehung – Korrespondenzen zwischen Lebensreform, Bade-Kultur und Tanz-Pädagogik

Bevor ich auf die Korrespondenzen zwischen Bäder-Kultur und Tanz-Reform zu Beginn des 20. Jahrhunderts eingehe, möchte ich das allgemeine Problem, das sich mit dem Thema der Lebensreform, der Alltags-Kultur und dem in Freizeit und Kunst gestalteten Bedarf an "Natur" und "Natürlichkeit" verbindet, kurz theoretisch umreißen; und zwar mit Hilfe des kultursoziologischen Ansatzes, wie ihn Volker Rittner zur allgemeinen *Theorie der Körperkultur* vorgestellt hat.[39]

---

38 Lachmayer/Mattl-Wurm/Gargerle 1991, S. 28.
39 Rittner 1983.

Nach Rittner sind dabei (Elias' These von der wachsenden Körperdistanzierung als Faktor, der soziale Differenzierung und Abstraktionsleistungen ermöglicht und begleitet, folgend) insbesondere zwei Funktionen der Körperbetonung von Bedeutung, zum einen eine *"kompensatorische"* Funktion, zum anderen die Funktion eines "*Produktionsortes von Natürlichkeiten*" (234); hier bezieht Rittner sich auf Talcott Parsons "affect"-Konzept und auf Alfred Schütz' Theorie der "natürlichen Einstellung":

> Viele Indizien sprechen dafür, daß die mit der Körperdistanzierung verbundenen psychischen und sozialen Kosten durch ausdrückliche Formen der Körperthematisierung kompensiert werden. Die Individuen gewinnen in einer paradoxen Volte zum Zivilisationsprozeß ihr Selbst über den Körper zurück. Am Leitfaden des Leibes erzeugen die Subjekte Realität und den Genuß des eigenen Selbst, eine Leistung, die, keineswegs natürlich sich einstellend, in sozialen Arrangements erzeugt und sozial vertreten werden muß, eine Leistung, zu der es mehr als des bloßen Körpers bedarf [...] Zu organisieren sind Perspektiven, Wahrnehmungen, Codes der wechselseitigen Befreiung der Individuen aus ihren Rollen, Formen der Darstellung und Wahrnehmung von Unmittelbarkeit.[40]

Es geht um das "Erzeugen von Natürlichkeit", wobei Rittner zu der Folgerung gelangt, daß "komplexe Gesellschaften einen gesteigerten Natürlichkeitsbedarf haben" (236). "Der Körper wird zur Beglaubigungsinstanz der Authentizität" – über die Wahrnehmung der Person durch ihre soziale Rolle hinaus. Rittner weist darauf hin, daß über das konventionelle soziologische Rollenkonzept das neue "Authentizitätsprinzip, das die Personen [...] aus den Rollen herauslöst und die Physis ernst nimmt" (241), nicht erfaßt werden könne. Gerade in diesem Bereich (jenseits der "Schalen" der Rolle) ereigne sich die soziale Konstruktion von Natürlichkeit.

2.1 Körperbildung und Bewegungserziehung

Die "Mission" des freien Tanzes war von Anfang an nicht nur auf die ästhetische Konzeption eines "avantgardistischen", die "Dekadenz" des Balletts überwindenden Bewegungsstils gerichtet, sondern auch eng mit den Zielen einer Reform der Körperkultur und der Bewegungserziehung verknüpft. Isadora Duncans Programmschrift *Der Tanz der Zukunft* (1903) suchte mit dem Bild eines "freien", "natürlichen" Tanzes zugleich das Körperbild der befreiten, körperbewußten Frau des 20. Jahrhunderts zu evozieren.

---

40 Ebda., S. 234.

Die Lebensreform-Bewegung der Jahrhundertwende – als eine große Jugend-Bewegung – bietet den sozialen Rahmen für die tänzerischen Reformbestrebungen.

Insofern, als die Bäder-Kultur (Schwimmen, Hygiene- und Therapie-Modell des Wassers, Bewegung in der "Natur", Wasser-, Licht- und Luft-Bäder) einen Bestandteil der Lebensreform- und Körperkultur-Bewegung darstellt, ist eine sowohl weltanschauliche als auch bewegungs-theoretische und -praktische Verbindung zur tänzerischen Gymnastik und zu ihrem Rhythmusmodell (etwa bei Emile Jaques-Dalcroze, Rudolf Bode) sowie auch zum freien Tanz (Isadora Duncan) und Ausdruckstanz (Mary Wigman, Rudolf von Laban) gegeben. Die wichtigsten Zentren des neuen Tanzes vor 1914 waren zugleich Kolonien der Lebensreform: Jaques-Dalcroze wirkte in dem 1909 als erste deutsche "Gartenstadt" gegründeten Hellerau bei Dresden. Rudolf von Laban errichtete seine auf die Ausbildung der künstlerischen Ausdruckskraft des Körpers und des "tänzerischen Wahrnehmungssinnes" gerichtete "Schule für Bewegungskunst" in den Jahren 1911–1914 auf dem Monte Verità bei Ascona, – einem Ort, an dem die unterschiedlichsten Reformer, Naturheilkundler, Bodenreformer, Vegetarier, Theosophen und Anthroposophen versammelt waren.

Nach dem Ersten Weltkrieg, in den zahlreichen tanzessayistischen, tanzphilosophischen, tanzanthropologischen Schriften der 20er Jahre, erscheinen die mittlerweile durch Tanzabende und Schulen etablierten Bewegungs- und Ausdruckskonzepte des freien Tanzes und des Ausdruckstanzes bereits in einer Weise mit allgemeinen pädagogischen, "volkserzieherischen" Ideen einer "Körperkultur als Weltanschauung" verquickt, daß eine klare Unterscheidung zwischen künstlerischem Tanz und tänzerisch-gymnastischer Laien-Bildung oft kaum mehr vorgenommen wird. Eine weitgehende Nivellierung des ästhetischen Anspruchs und eine Angleichung von Kunst und Leben mithin, die freilich nicht im Sinne einer Avantgarde-Kritik an der "Institution" Kunst, sondern vielmehr im Sinne restaurativer kultureller Bildungsprogramme zu verstehen ist.[41]

Rudolf von Labans Parole "Jeder Mensch ist ein Tänzer" markiert diese Tendenz zu einer breitenwirksamen Körperbildung und Bewegungserziehung

41 Zum restaurativen Aspekt der konservativen Utopie des Ausdruckstanzes und der Körperkultur der 20er und 30er Jahre vgl. Klein 1992, S. 134 ff. – Die Tendenzen solcher rückwärtsgewandten Utopien stehen durchaus im Denk-Horizont kulturpessimistischer Argumentationen, etwa bei Paul de Lagarde und den Kulturkonservativen, wie Fritz Stern dies für Arthur Moeller-Bruck, den Tanzästhetiker und Schriftsteller Frank Thieß, den Wandervogel- und Jugendbewegungs-Theoretiker Hans Blüher, den Pädagogen Gustav Wyneken (der freilich als schillernde Gestalt nicht so klar einzuordnen ist) und Richard Coudenhove-Kalergi darstellt. Vgl. Stern 1963, S. 71f.

der Massen. Seine choreographische Arbeit mit großen, aus Laien zusammengestellten "Bewegungschören" wirkte weniger darauf hin, den individuellen Bewegungsausdruck, als vielmehr die "tänzerische Wahrnehmung"[42] der Umwelt und des Lebensraums zu wecken und zu schulen. Es komme darauf an, schreibt Laban, "den tänzerischen Sinn, das Zentrum der Erkenntnis in sich zu erwecken und zu beleben"[43].

Dabei erscheinen schon vor dem Ersten Weltkrieg Argumentationen, die dann in den 20er und 30er Jahren als ein unentwirrbares, fatal verstricktes Netz von hygienischen, pädagogischen, anthropologischen, weltanschaulich-ideologischen, "eugenischen" und rassenhygienischen Vorstellungen die Tanz- und Körperkultur-Schriften durchziehen. 1914 erscheint Fritz Winthers Buch *Körperbildung als Kunst und Pflicht.* Die Überschrift des ersten Kapitels lautet "Entartung. Rassenhygiene"[44], und die Notwendigkeit der Körperbildung durch "rhythmisch-hygienisches" beziehungsweise "rhythmisch-soziales" (!) Turnen und Tanzen wird aus Gründen der "Militärtauglichkeit", der Hebung der "Geburtenziffern" und der "Volksgesundheit" befürwortet. Winther stellt in seinem Buch die wichtigsten Körperbildungs- und Tanz-Schulen unter dem Gesichtspunkt "Ein neuer Weg. Gesundheit durch Anmut und rhythmische Kraft" vor: die Elizabeth Duncan-Schule, die schwedische Gymnastik[45] und das Gymnastiksystem des Dänen Jörgen Petersen Müller[46], das "Casseler Seminar", die Frauengymnastik von Bess Mensendieck, die rhythmische Gymnastik Emile Jaques-Dalcrozes in Hellerau, die rhythmische Schwunggymnastik Rudolf Bodes, die tänzerische Ausbildung bei Rudolf von Laban.

Winther setzt mit seiner Schrift kurz vor dem Beginn des Ersten Weltkriegs ein Paradigma, das in den Schriften zum Tanz und zur Körperkultur in den 20er Jahren – gerade auch dadurch, daß der Blick stets auf beide Bereiche der Bewegungserziehung gerichtet bleibt – aufgegriffen und weitergeführt wird. So schickt der Tanzkritiker und -schriftsteller Fritz Böhme beispielsweise seinem Buch *Der Tanz der Zukunft* (1926)[47] ein Kapitel voran, in

42 Vgl. Laban 1920, S. 27.

43 Ebda., S. 27f.

44 Vgl. Winther 1914, S. 7.

45 Das unter dem Namen "schwedische Gymnastik" bekannte System geht auf den schwedischen Leibeserzieher Pehr Henrik Ling (1776–1839) zurück, der in Anlehnung an Franz Nachtegall (1777–1847) ein System von Ausgleichs- und Haltungsübungen entwickelte, von dem das deutsche Schulturnen beeinflußt wurde.

46 J.P. Müller propagierte in seinen Anleitungsbüchern (1903 für Männer und 1913 für Frauen und Kinder) die tägliche 15-minütige Gymnastik, zuhause, vor offenem Fenster; ein sehr populäres System, das bald "Müllern" genannt wurde.

47 Vgl. Böhme 1926; der Titel zitiert die Überschrift von Isadora Duncans die Epoche des freien Tanzes ausrufender Schrift aus dem Jahre 1903, *Der Tanz der Zukunft*; Böhme führt jedoch Duncans Ästhetik der Körperbilder in eine konservative Theorie weiter.

dem er die Lebensreformbewegung an den Anfang der Bewegungspädagogik stellt, deren Wurzeln, wie er betont, bis in die Kulturkritik des späten 18. und des 19. Jahrhunderts zurückreichten, "auf Namen wie Jahn, Arndt, Guts-Muths".

Die Metaphorik des Gebildes eines "Volkskörpers", die durch die Ertüchtigung einer konsequenten Bewegungserziehung von der "Formlosigkeit" zu einer "starkgefügten Gestalt" geführt wird, erscheint mehr oder minder ausgeprägt in nahezu sämtlichen Schriften zur Tanz- und Körperkultur der 20er und mehr noch der 30er Jahre. Eine kritische, bis in die satirische Groteske überzogene Darstellung dieser komplexen Zusammenhänge der Tanz-Pädagogik und ihrer Randzonen einer "eugenischen Zuchtwahl" hat Frank Wedekind schon in seiner Erzählung *Mine-Haha* (1895) – in der die tänzerische Mädchenerziehung in einer pädagogischen Provinz fingiert ist – und in seinem Schauspiel *Hidalla* (1904) gegeben.

Die Lebensreform-Bewegung und ihre diversen Ausläufer im Bereich von Gymnastik, Körperbildung und Nackt-Kultur sowie ihr Zusammenhang mit der Ausbildung eines typischen sozialen Subsystems ist in den letzten Jahren in der Forschung von verschiedenen Seiten und unter unterschiedlichen Gesichtspunkten untersucht worden.[48] Eine detaillierte Darstellung dieses

48 Vgl. dazu etwa Andritzky/Rautenberg 1989; Aufmuth 1979; Blüher 1911 (Reprint 1976); Bügner/Wagner 1991; Bünner/Röthig 1983; Großklaus/Oldemeyer 1983; Kamper 1972; Kamper/Rittner 1976; Koebner/Janz/Tommler 1985; besonders auch Linse 1976. – Das Phänomen der Jugendkulturbewegung, der Jugendrevolte gegen die Vätergeneration des wilhelminischen Bildungsbürgertums und der daraus erwachsenden Gegenkultur – vom Wandervogel bis zum Jugendstil – ist in den Geschichts-, Sozial- und Kunstwissenschaften gut dokumentiert und aus unterschiedlichen Perspektiven untersucht worden. Nicht zuletzt aus der Diskussion um die '68er Revolution' und die Jugendbewegung der 70er Jahre enstanden vergleichende Analysen, die neue Einsichten gerade auch in die historische Reformbewegung der Jahrhundertwende brachten. Linse (1976) hat darauf hingewiesen, daß die Jugendkulturbewegung (und damit eng zusammenhängend auch die Lebensreformbewegung) eine "Gebildeten-Revolte" sei, d.h. eine "Kultur- oder Geist-Revolution der sozial und wertmäßig verunsicherten Teile des wilhelminischen Bildungsbürgertums" (120). Bedeutsam für die Struktur dieser Reformbewegung sei, soziologisch betrachtet, daß ihre Vertreter kaum Träger der wirtschaftlichen und technischen Berufe darstellen, sondern aus dem Bereich der Lehrberufe, der Geistlichkeit und der höheren Verwaltung stammen. Weiterhin sei für die Organisationsform typisch, daß sie sich nicht in der "Gründung von politischen Parteien und Interessenverbänden" (120) artikuliere, "sondern mit der Symbolschöpfung einer Gegenkultur, die sich gegen den 'Materialismus' der hochindustrialisierten technischen Zivilisation des Reiches [...] mit der aktivistischen Gründung von Weltanschauungsbewegungen" richtete (120). Zum Zeichenrepertoire dieses kulturkritischen Entwurfs zählen Formeln wie die des "Dritten Wegs", der sich beispielsweise in einer neuen "Ausdruckskultur" (Ferdinand Avenarius), einem "Kultur-Sozialismus" (Gustav Landauer), einer "Jugend-Kultur" (Gustav Wyneken) oder einer "Tänzerischen Weltanschauung" (Rudolf von Laban) äußert.
Zur Jugendkultur, zur Wandervogel-Bewegung in ihrer Beziehung zur Avantgarde vgl. auch Hepp 1987. Wichtig sind insbesondere zwei Aspekte, die Hepp für die Bewegung des Wandervogels hervorhebt: zum einen, daß das "Wandern" für die Jungen (neben der Rebellion gegen die in qualmenden Städten, in verräucherten Trinkstuben verlotternde Vätergeneration) auch

Themenbereiches kann deshalb hier unterbleiben. Statt dessen sollen einige wesentliche Argumente der psychologischen und der psychosemiotischen Grundprinzipien der Pädagogisierung im Bereich von Tanz und Bewegungskonzepten der 20er Jahre zusammengefaßt werden.

Der Psychologe Richard Müller-Freienfels entwickelt in dem von Fritz Giese und Hedwig Hagemann herausgegebenen Band über "Weibliche Körperbildung und Bewegungskunst" (1920) die Grundgedanken einer Bewegungspädagogik, die sich darauf richtet, den Körper als Bedeutungsträger zu konstituieren – ihn mithin dadurch zu sozialisieren, daß er in seiner Gestaltprägung und Ausdrucksgebärde entzifferbar wird:

> All unsere Gesten und Bewegungen sind eine einzige große Chiffreschrift, in der sich unser Inneres untrüglich ausspricht, nur daß die wenigsten Menschen diese Schrift zu deuten wissen.[49]

Müller-Freienfels argumentiert als Psychologe und Ästhetiker, zielt freilich mit seinen Ausführungen über leib-seelische Wechselwirkungen zuletzt auf die Körper-"Beherrschung", die die Ausdrucksbewegung erst ermögliche; denn

> [...]: infolge der Bedeutung als Mittel der seelischen Übertragung werden körperliche Bewegungen und Haltungen zu Faktoren des sozialen Lebens.[50]

Körperbildung im Hinblick auf die "Faktoren des sozialen Lebens" wird hier zum Gegenstand weitschweifiger Überlegungen. Dahinter steht die Idee, Beziehungen des Subjekts zu seiner Umwelt ganz aus Elementen der Körpererfahrung zu periodizieren und zu strukturieren. Müller-Freienfels erweist sich in der Diskussion um die Frage, wie denn der Erwerb der körpersemiotischen Techniken einzusetzen sei, als Verfechter der Theorie "von außen nach innen"; das heißt: vom Körper ausgehend auf die Psyche einzuwirken (das Gegenprinzip also zu jenem Verfahren der Seelen-Behandlung, das etwa gleichzeitig die Psychoanalyse mit ihrer "talking cure" entwickelt):

> Man kann also in zweifacher Weise Herr seiner selbst werden, entweder, indem man den Körper durch die Seele meistert oder die Seele durch den Körper, wofür wir die Begründung bereits vorweggenommen haben.[51]

die Funktion einer praemilitärischen Körperertüchtigung hatte; und sodann, daß gerade auch für die Mädchen, für die Frauenemanzipation das "gemischte" Wandern (ähnlich wie das "gemischte Baden"!) eine wichtige Rolle spielte, nämlich das Wandern – als *aktive* Bewegung – als Alternative zum *passiven* Warten, das für das Leben der Frau im 19. Jahrhundert bestimmend war.

49 Vgl. Müller-Freienfels 1920, S. 120.

50 Ebda., S. 128.

51 Ebda., S. 130.

Damit artikuliert Müller-Freienfels eben jene Grundeinsicht, auf die sich die Pädagogisierungsmodelle der Tanz- und Bewegungskonzepte beziehen, – ein Gedanke, der auch in den Konzepten zur Bade-Kultur, insbesondere der Freibäder und der Volksbäder, deutlich wird; nämlich die Idee, das Subjekt als "Kulturwesen" durch die "Umformung seiner Natur" zu "bilden". Darin bestehe "das Geheimnis aller Körperkultur", wie der Kultur überhaupt; und so wird die Bewegungs-Erziehung durch Tanz, aber auch durch konkurrierende andere Bewegungstechniken wie Gymnastik, Turnen und Sport – Schwimmen und Hydrotherapie – in den 20er Jahren zu einem Paradigma der Konstitution und vor allem der System-Integration des Subjekts.

Der Film *Wege zu Kraft und Schönheit* aus dem Jahre 1925 läßt sich – vor diesem Hintergrund – als eine Zusammenfassung, als ein Resümee im Medium bewegter Bilder lesen, in dem all jene Phasen der modernen Körperkultur ausschnitthaft rekapituliert werden, in denen die neuen Körper- und Bewegungskonzepte sich etablieren: Gymnastik und Sport, Turnen und Tanz und – nicht zuletzt – Schwimmen und Baden. Dabei werden in einem längeren Abschnitt einerseits der Schwimmsport als Form der Volksertüchtigung und andererseits das Bad als Ritual der Regeneration und der Hygiene einander gegenübergestellt. Während das Schwimmen, im See und in Flüssen, gleichsam dokumentarisch als alltäglich sportives Beispiel der Abhärtung und des Trainings erscheint, ist das Baden in ein fiktives antikes Szenario versetzt: Es wird eine kleine Geschichte erzählt über das Bad, die Körperpflege und das "dolce far niente" einer römischen "Domina", bedient von ihren "Sklavinnen". Die Architekturkulisse mit Grotten, Badebecken, Wandelgängen und Ruheräumen, die Parkanlage, die Waschungen und Anwendungen von Güssen und Salbungen sind nach einem phantasierten Bade-Ritual organisiert, dessen Spiel mit der Nacktheit und Verhüllung des im intimen Bezirk beobachteten weiblichen Körpers in starkem Kontrast zum aufklärerischen Gestus der FKK-Nacktszenen im selben Film steht. Der Exotismus dieser Spiel-Szenen erinnert in manchem an die Harems-Bilder aus Ernst Lubitschs Film *Sumurun* (1920).[52]

Der Film und die Photographie besetzen als Medien der Wahrnehmungslenkung die Gelenkstellen der Konstruktion von Körperbildern zwischen Alltagskultur und Kunst-Szenerie. So auch in dem Tanzstück *Le Train bleu* von 1924, das zudem noch die aktuellen historischen Modelle dieser Oszillationen zwischen Freizeitwelt und Theaterbühne reflektiert.

52 Zu Max Reinhardts Inszenierung von *Sumurun* im Kontext der Transformation und Konstruktion von Fremdbildern vgl. den Beitrag von Erika Fischer-Lichte im vorliegenden Band.

3. "Le Train bleu" – Bade-Spektakel auf der Tanzbühne

Vorhang auf für *Le Train bleu*, die "Operette dansée", choreographiert von Bronislawa Nijinska, der Schwester Waslaw Nijinskys. Das Libretto stammt von Jean Cocteau, die Musik von Darius Milhaud, das Bühnenbild von Henri Laurens; die Kostüme entwarf Coco Chanel. Die Uraufführung fand am 20. Juni 1924 in Paris durch *Les Ballets Russes de Serge Diaghilew* statt. Der Bühnen-Vorhang[53] zeigt die ins Monumentale vergrößerte Darstellung eines Gemäldes von Pablo Picasso, *La Course* (1922, Abb. 16): zwei Frauen, die – einander an der Hand fassend – über den Strand laufen, – sozusagen als Vorspiel des Tanzes, "sur le rideau".

Das Tanzstück spielt an einem mondänen Badestrand, angedeutet im Bühnenbild (Abb. 17) als architektonisches Ensemble. Dieses enthält – geprägt durch verschiedene stereometrisch verschachtelte Bühnen-Ebenen, durch geneigte Podeste und durch perspektivisch verzerrte, "schiefe" Badekabinen – ein Szenario neusachlicher Kubismus-Zitate des bildenden Künstlers Henri Laurens. Der "Gegenstand" der "getanzten Operette" ist durch ironisch präsentierte "non-sujets" definiert;[54] der "Inhalt" lautet in den Worten Diaghilews folgendermaßen:

---

53 Realisiert von Alexander Prinz Scherwaschidse.

54 Eine Zusammenfassung des in 10 Episoden gegliederten Szenarios von J. Cocteau ergibt in etwa folgende assoziativ-alltägliche "Bilder": Die Gigolos kommen nach dem Baden an den Strand gerannt und produzieren sich in heftigen Gymnastikübungen, während die Poules, die albernen Mädchen, sich wie auf Star-Postkarten in Pose setzen. Beau Gosse tritt im Badedress aus der Kabine, die Mädchen gruppieren sich in verführerischen Attitüden um ihn, so als kämen sie soeben aus dem Varieté. Die Gigolos tragen den Schwimmer (Beau Gosse) auf den Schultern wie einen Sieger im Boxring, stellen sich vor einem Trampolin auf und beobachten in Profilposition seine akrobatischen Sprünge. Perlouse kommt vom Schwimmen. Die Poules wickeln sie in ein Handtuch und führen sie zu einer Kabine, während die Gigolos sich zu einer waghalsigen Schulterpyramide formieren. Beau Gosse erscheint, sich das Wasser aus den Haaren schüttelnd, und verschwindet in einer anderen Kabine. Zwischen den Poules und Gigolos beginnt ein Spiel der Neckereien, Beau Gosse und Perlouse werden in ihre Kabinen eingeschlossen; plötzlich legen alle den Kopf in den Nacken, um ein Flugzeug zu beobachten. Die Tennismeisterin erscheint in ihrem typischen sportiven Schritt, schaut auf ihre Armbanduhr, entdeckt den um Hilfe rufenden Beau Gosse und befreit ihn aus seiner Kabine. Ihr Flirt endet abrupt, als der Golfspieler mit gemessenen, konzentrierten Bewegungen einherkommt, seine Pfeife anzündet, Perlouse aus ihrer Kabine befreit und mit ihr flirtet. Beau Gosse und Perlouse machen sich über die wütenden Äußerungen der Tennismeisterin und des Golfspielers lustig und rufen die Poules und Gigolos zurück, die mit ihren Photo- und Filmkameras erscheinen. Sie setzen sich (mit dem Rücken zum Publikum) und nehmen die Tennismeisterin und den Golfspieler, danach auch Perlouse und Beau Gosse auf, deren Gestikulationen wie in einem Stummfilm ablaufen. Tennismeisterin und Golfspieler gehen streitend hinweg. Perlouse und Beau Gosse bleiben zurück; während sie sich umarmen, weht sein Strohhut ins Meer. Mit einem großen Sprung vom Trampolin hechtet er ihm nach, Perlouse springt hinterher. – Zur Entstehungs- und Wirkungsgeschichte von *Le Train bleu* vgl. Ries 1986, S. 85–194.

> Zunächst einmal kommt in dem "Blauen Zug" natürlich gar kein blauer Zug vor. Schauplatz ist ein nicht existierender Strand vor einem noch weniger existierenden Spielkasino. Oben braust ein Flugzeug vorbei, das man nicht sieht. Und die Handlung bedeutet nichts, gar nichts [...] außerdem ist das Ballett gar kein Ballett, sondern eine getanzte Operette.[55]

Gezeigt wird moderne Freizeit-Kultur im Bad: Körper-Präsentation beim Strandvergnügen, bei Spiel und Sport in den Disziplinen Schwimmen, Tennis, Golf; und Simulations-Experimente der Wahrnehmung mit den Medien-Techniken Photographie und Film – ein Thema, das Anfang der 20er Jahre auch in Tanzstücken der avantgardistischen Kompanie *Ballets suédois* erschien, etwa in *Les Mariés de la Tour Eiffel* (1921).

Zwischen den "Strandschönheiten" und den Sportprofis, der Tennismeisterin und dem Golfspieler (Abb. 18 und 19), die im modischen Bade- und Sport-Dress erscheinen (Abb. 20 und 21), kommt es zum Flirt, Neckereien und Spielereien in und zwischen den Bade-Kabinen, am Strand vor dem Kasino – alles im lässig-schlendernden Stil müßiggängerischer Selbst-Inszenierung vor Photo- und Film-Kameras.

Le Train bleu ist ganz im Sinn der "Nouveaux Jeunes" gestaltet, jener avantgardistischen Künstlergruppe um Jean Cocteau, die nach dem Ersten Weltkrieg in Paris Aufsehen erregte. Das Allgemeingültige, Zeittypische sollte in diesem Tanzstück wie in einem Medien-Panorama aus den Begebenheiten des Alltags "schnappschußähnlich" (Cocteau) herausgefiltert werden: Das Flair der jungen Pariser Gesellschaft, die saisonal-episodisch ihrem Bade-Sport-Vergnügen frönt, ist in diesem "Ballett" ironisch-"cool" eingefangen. Dabei erhält die Photographie – sowohl ihre Technik der punktuellen Repräsentation als auch ihr 'Freizeitwert' – eine strukturbildende Funktion. Die gymnastischen Übungen, die Schwimm-, Sport- und Mannequin-Posen sollen wie gängige Postkarten-Darstellungen wirken. Immer wieder gefrieren die Attitüden der Gruppen (Abb. 22 und 23) und der Solisten (Anton Dolin, Bronsislawa Nijinska, Lydia Sokolowa und Leon Wójcikowski) zu unbeweglichen Tableaus, gestellt wie für ein Photo. Ein Beispiel: Der Auftritt der "Tennismeisterin" (B. Nijinska) ist durch die betont artifizielle "Einstellung" einer jener Tennissport-Posen (Abb. 24) charakterisiert, die zu Beginn der 20er Jahre in den Magazinen abgebildet waren. Nijinskas Vorbild für ihre Bewegungsstudien war die Wimbledon-Siegerin von 1924, Suzanne Lenglen, deren Photos und Filme sie für diese Choreographie genau studierte (Abb. 25).[56] So

55 Buckle 1984, S. 451.

56 Auch Robert Musil verwendete übrigens dieses Foto von Suzanne Lenglen als Beschreibungs-"Vorlage" im *Mann ohne Eigenschaften.*

erhält das Szenario dieses Tanzstücks selbst die Struktur eines Magazins von Bewegungs-Bildern aus der Freizeitwelt, die – Siegfried Kracauer beschreibt es im selben Jahr, in dem *Le Train bleu* inszeniert wurde – durch die Wahrnehmungsorgane der "illustrierten Zeitungen" geprägt ist:

> Die Absicht der illustrierten Zeitungen ist die vollständige Wiedergabe der dem photographischen Apparat zugänglichen Welt; sie registrieren den räumlichen Abklatsch der Personen, Zustände und Ereignisse aus allen möglichen Perspektiven. Ihrem Verfahren entspricht das der Film-Wochenschau; sie ist eine Summe von Photographien, während dem eigentlichen Film die Photographie nur als Mittel dient. Noch niemals hat eine Zeit so gut über sich Bescheid gewußt, wenn Bescheid wissen heißt: ein Bild von den Dingen haben, das ihnen im Sinne der Photographie ähnlich ist.[57]

Das für *Le Train bleu* sorgfältig ausgearbeitete choreographische Vokabular Nijinskas enthält noch Elemente des klassischen Balletts, überformt diese jedoch nahezu vollständig mit sportiven Motionen aus dem Übungs-Repertoire der Gymnastik und des Turnens, aus Schwimm-, Sprung-, Tennis- und Golf-Haltungen, kombiniert diese wiederum mit Alltags-Bewegungen wie etwa modischen "Stellungen" von Frauen und Männern in der Freizeit beim Flirt und beim "Schlendern", erweitert das gesamte Bewegungsvokabular schließlich noch durch Anleihen aus dem Tanz-Stil der Music-Hall. Der Walzer beispielsweise, den der Golfer und die Schwimmerin tanzen, ist von dem damals sehr populären Tanzpaar Marjorie Moss und Georges Fontana inspiriert, die im Hotel Métropole in Monte Carlo (wo das Tanzstück konzipiert und geprobt wurde) gastierten.

So rückt die Zeit- und die Raumstruktur dieser im Tanz reflektierten Bewegungsbilder der modernen Freizeitwelt in die Segmentierungen der illustrierten Magazine und der Simulations-Medien ein. Das Episodische der Bäder-Kultur und der Photo-Geschichten wirkt der Illusion eines historischen und eines körperlichen Bewegungskontinuums entgegen:

> Die Photographie bewahrt nicht die transparenten Züge eines Gegenstandes, sondern nimmt ihn von beliebigen Standorten als räumliches Kontinuum auf. Das letzte Gedächtnisbild überdauert seiner Unvergeßlichkeit wegen die Zeit; die Photographie, die es nicht meint und faßt, muß wesentlich dem Zeitpunkt ihrer Entstehung zugeordnet sein.[58]

Neben der Photographie, der Siegfried Kracauer den hier zitierten Essay widmet, spielt der Film in *Le Train bleu* eine zentrale Rolle – als eines jener

57 Kracauer 1977, S. 33.
58 Ebda., S. 29.

Medien, die in den 20er Jahren nicht nur die Welt der Kunst und der Waren, sondern auch die Aktivitäten der Freizeitgesellschaft zu prägen begannen; und zwar einerseits als Motiv – etwa in einer ins Groteske überzeichneten 'Film'-Szene auf der Bühne –, andererseits aber auch als Strukturelement des "Filmischen", das als Segmentierungsprinzip in die Choreographie einbezogen ist. Mehrfach werden beispielsweise Bewegungssequenzen in ihrem Ablauf so verzögert, daß die filmische Zeitlupentechnik auf die Tanz-Bühne übertragen scheint; und manche der übertriebenen Gestikulationen sind – wie früher schon in dem Ballett *Parade* – den typischen Charlie Chaplin-Bewegungen nachgebildet.[59]

Die Entstehungsgeschichte von *Le Train bleu* gibt zusätzlichen und detaillierteren Aufschluß über die synthetische Komposition dieses Stücks, über die Aufladung seiner Grundkonzeption und seiner dramaturgischen Struktur durch ausgesprochen heterogene Vorbilder und Quellen aus der Alltags-, der Freizeit-und Bäder-Kultur der mondänen Gesellschaft. Eine ganze Reihe von Fakten spielt hier ineinander. So lud Diaghilew Cocteau 1924, im Jahr der VIII. Olympischen Spiele, nach Monte Carlo ein, um Pläne für ein neues Ballett zu besprechen. Cocteau – inspiriert ebensosehr von der sportiv-akrobatischen Kraft des Tänzers Anton Dolin wie von der Atmosphäre des Sport- und Spiel-Betriebs in Monte Carlo – entwarf ein Szenario, das er zunächst *Le Beau Gosse*, dann *Les Poules*, schließlich *Le Train bleu* benannte, nach dem "Blauen Zug", dem Luxus-Expreß, der die feine Pariser Gesellschaft an die Côte d'Azur brachte. Darius Milhaud komponierte innerhalb kurzer Zeit die Musik, die – nach den Wünschen Diaghilews – etwas "frivol", in der Manier Jacques Offenbachs, klingen sollte, elegant instrumentiert und mit Klängen der Music-Háll durchsetzt. Während der Proben gab es Auseinandersetzungen zwischen Cocteau und Nijinska, die das Szenario auf ihre Weise interpretierte und vor allem in der eigenwilligen Montage von Ballett, Alltags- und Sport-Bewegung ihren ganz persönlichen choreographischen Stil entwickelte. Anregungen entnahm sie dafür vor allem auch aus dem Bade- und Freizeit-"Szenario" der Küstenstadt Monte Carlo. Folgende bislang unpublizierte Quellen – herausgegriffen aus dem Moment der Konzeption – bezeugen noch einmal die **Episoden- und Montage-Struktur** von *Le Train bleu*, die Kompilation des Tanzstücks aus dem Ensemble von Freizeit-Habitus, Bäder- und Sport-Ritualen.

Das *Programme Officiel* des Théâtre de Monte-Carlo von 1924 enthält folgenden Vorspann:

59 Vgl. Brandstetter 1994 a.

> Programme général de la saison de Monte-Carlo 1923–1924: Aucune saison artistique, sportive et mondaine ne s'était annoncée sous d'aussi favorables auspices que celle dont les premières manifestations commencent à peine.[60]

Es folgt eine kurze Übersicht über die Attraktionen dieser Stadt, ihren Freizeitwert für die mondäne Gesellschaft betreffend: "Les cinémas de Monte-Carlo". Neben dem allgemeinen Kino wird außerdem noch "Le cinéma des beaux-arts" angekündigt, eine große Halle, in der verschiedene Ausstellungen gezeigt werden, unter anderem dreimal pro Woche eine Abendgala: "L'on y donne des Soirées de Gala où afflue la colonie étrangère." Es folgt sodann das Programm "Les Sports": Die Hauptstadt von Monaco trage den Beinamen "le Paradis des Sports", und zwar zu Recht; denn hier versammle sich ein Ensemble von Sportmöglichkeiten, "qui comportent les formes les plus diverses de l'athlétisme élégant et du sport mécanique ...". Diese Palette wird nun noch weiter ausgebreitet: in einem Abschnitt über "Le 'Monte-Carlo Golf Club'", dessen vorzügliche Einrichtung, dessen ideale Lage vor dem Panorama der Alpen sehr gerühmt werden. Sodann wird "Le Tennis Club de la Festa" vorgestellt; Tennis als "un sport mondain vraiment athlétique", in dem sich Sportlichkeit, "grâce et une élégance toutes spéciales" verbinden. Das Besondere sei auch, daß dieser Sport (in diversen Clubs, auch in Matches unter Profis) "sur toute la Côte d'Azur" ausgeübt werden könne.

Und neben einem "Concours des chiens de luxe" gebe es natürlich auch und vor allem "Le concours d'élégance automobile – Le Rallye" (ein Vorläufer der Rallye Monte Carlo), sowie "Les régates internationales". Den Abschluß bilden schließlich "Fêtes Mondaines", – "Grands Bals" nämlich, die "un 'Dancing' de luxe [...] dans l'ancienne Salle de Musique" versprechen.

Alle diese Elemente erscheinen übertragen und neuformuliert im Ballett *Le Train bleu*, und zwar nunmehr markiert als Modelle der theatralen Darstellung. Sie werden – wie aus dem Programmheft der kulturellen Aktivitäten ausgeschnitten und als Klischees montiert – in Szene, Kulisse, Bewegung, Ton und "Mode" übersetzt. Auch und gerade die "Kostüme" besitzen in diesem Theater-Spiel der Alltags- und Freizeit-Bewegungen eine wichtige Signal-Funktion (siehe Abb. 18–21). Coco Chanel, gerade eben zur Designerin aufgestiegen, fertigt mit *Le Train bleu* zum ersten Mal Kostüme für die Bühne an und reiht sich damit in die von Fortuny, Poiret und Erté bis zu Lagerfeld und Issey Miyake reichende Serie berühmter Couturiers, die für das Tanz-Theater arbeiten. Bemerkenswert ist an Cocos Ausstattung vor allem, daß sie für Nijinskas "Ballett" nicht eigentlich "Kostüme", sondern einfach nur

60 Zit. aus den Dokumenten zur Geschichte der "Ballets Russes" in der Bibliothèque de l'Opéra, Paris.

Freizeit-Kleidung (also gleichsam Konfektion) anfertigte: Badekostüme, Tennis- und Golfkleidung, sogar Badesandalen für die Strand-Schönen, Mode also, wie sie in ihrem Atelier auch für ihre Kunden entworfen wurde, Alltags-Kleidung, die das Flair von Chic und Understatement der neuen "sachlichen" Generation besaß.

Die Bademode, als eigener Sektor der Modeindustrie und des Designs, und das mit dem Bad verbundene Ritual des An- und Auskleidens ist übrigens, nahezu zeitgleich, auch in dem "ballet instantanéiste" *Relâche* (1924 von den "Ballets Suédois" in Paris uraufgeführt)[61] ironisch zitiert: Die Herren-Riege der Tänzer, angezogen mit Ball-Smokings, entkleidet sich auf der Bühne bis auf ihre Bade-Trikots. Dieser Entkleidungsakt ist zitathaft inszeniert, betont noch durch die groteske Wirkung der uniformierten Kleidung und der typisierten Bewegungen des Strand-Déshabillage. Damit wird – gewissermaßen im Gewande eines Freizeit-Habitus – überdies eines der grundlegenden Rituale des Theaters, das Aus- und Umkleiden, thematisiert, und – im Zusammenhang des Tanzstücks völlig unvermittelt, "instantaneistisch" – in andere Konstellationen der Körper-Präsentation montiert, – als Grenzüberschreitung, mehr noch als spielerische Grenzverwischung zwischen Freizeit-Bewegung und Tanz, zwischen Alltagskultur und Bühne der Avantgarde.

Literaturverzeichnis

Andritzky, M. / Rautenberg, T. (Hrsg.): *"Wir sind nackt und nennen uns Du". Von Lichtfreunden und Sonnenkämpfern. Eine Geschichte der Freikörperkultur*, Gießen 1989.

Aufmuth, U.: *Die deutsche Wandervogelbewegung unter soziologischem Aspekt*, Göttingen 1979.

Benjamin, W.: *Charles Baudelaire. Ein Lyriker im Zeitalter des Hochkapitalismus*, hrsg. v. Rolf Tiedemann, Frankfurt a.M. 1974.

Benjamin, W.: *Das Passagen-Werk*, 2 Bde., hrsg. v. Rolf Tiedemann, Frankfurt a.M. 1983.

Blüher, H.: *Wandervogel. Geschichte einer Jugendbewegung*, 3 Bde. Charlottenburg 1911/1913 (Reprint: Frankfurt 1976).

Böhme, F.: *Der Tanz der Zukunft*, München 1926.

Brandstetter, G.: "Psychologie des Ausdrucks und Ausdruckstanz. Aspekte der Wechselwirkung am Beispiel der 'Traumtänzerin Madeleine G.', in: Oberzaucher-Schüller, G. (Hrsg.): *Ausdruckstanz. Eine mitteleuropäische Bewegung der ersten Hälfte des 20. Jahrhunderts*, Wilhelmshaven 1992, S. 199–211.

61 Zum Ballett *Relâche* und seiner Bedeutung für neue, "filmische" Bewegungskonzepte im Avantgarde-Tanztheater der 20er Jahre vgl. Brandstetter 1994 a.

Brandstetter, G.: "Unterbrechung. Intermedialität und Disjunktion in Bewegungskonzepten von Tanz und Theater der Avantgarde", in: Fischer-Lichte, E. / Greisenegger, W. / Lehmann, H.-T. (Hrsg.): *Arbeitsfelder der Theaterwissenschaft*, Tübingen 1994, S. 87–110, (1994 a).

Brandstetter, G.: *Tanz-Lektüren. Körperbilder und Raumfiguren der Avantgarde*, Frankfurt a.M. 1994 (1994 b).

Brandstetter, G. (Hrsg.): *Aufforderung zum Tanz. Geschichten und Gedichte*, Stuttgart 1993.

Brandstetter, G. / Ochaim, B.: *Loïe Fuller. Tanz – Licht-Spiel – Art Nouveau*, Freiburg 1989.

Bügner, T. / Wagner, G.: "Die Alten und die Jungen im Deutschen Reich. Literatursoziologische Anmerkungen zum Verhältnis der Generationen 1871–1918", in: *Zeitschrift für Soziologie*, 3 (1991), S. 177–190.

Bünner, G. / Röthig, P. (Hrsg.): *Grundlagen und Methoden der rhythmischen Erziehung*, Stuttgart [4]1983.

Buckle, R.: *Diaghilew*, Herford 1984.

Corbin, A.: *Meereslust. Das Abendland und die Entdeckung der Meeresküste*, Berlin 1990.

Flusser, V.: *Lob der Oberflächlichkeit. Für eine Phänomenologie der Medien*, Bensheim/Düsseldorf 1993.

Foucault, M.: "Andere Räume", in: *Aisthesis. Wahrnehmung heute oder Perspektiven einer anderen Ästhetik*, hrsg. von K. Barck u.a., Leipzig 1990, S. 34–46.

Grenier, L.: "'La ville d'eau' – Das Thermalbad", in: Lachmayer/Mattl-Wurm/Gargerle: *Das Bad*, 1991, S. 190–208.

Großklaus, G. / Oldemeyer, E. (Hrsg.): *Natur als Gegenwelt. Beiträge zur Kulturgeschichte der Natur*, Karlsruhe 1983.

Hartmann, B.: *Das Müllersche Volksbad*, München 1982.

Hepp, C.: *Avantgarde. Moderne Kunst, Kulturkritik und Reformbewegung nach der Jahrhundertwende*, München 1987.

Huber, L.: *Diese Zitrone hat noch viel Saft. Ein Leben*, München 1993.

Kamper, D.: *Geschichte und menschliche Natur. Die Tragweite gegenwärtiger Anthropologiekritik*, München 1972.

Kamper, D. / Rittner, V. (Hrsg.): *Zur Geschichte des Körpers. Perspektiven der Anthropologie*, München 1976.

Koebner, T. / Janz, R.-P. / Trommler, F. (Hrsg.): *"Mit uns zieht die neue Zeit". Der Mythos Jugend*, Frankfurt a.M. 1985.

Klein, G.: *FrauenKörperTanz. Eine Zivilisationsgeschichte des modernen Tanzes*, Berlin 1992.

Kos, W.: "Zwischen Amüsement und Therapie. Der Kurort als soziales Ensemble", in: Lachmayer/Mattl-Wurm Gargerle: *Das Bad*, 1991, S. 220–236.

Kracauer, S.: "Theorie des Films", in: *Schriften*, Bd. 3, Frankfurt a.M. 1973.

Kracauer, S.: *Das Ornament der Masse. Essays*, Frankfurt a.M. 1977.

Krauss, W.: "Die Hydrotherapie. Über das Wasser in der Medizin", in: Lachmayer/Mattl-Wurm/Gargerle: *Das Bad*, 1991, S. 181–189.

Laban, R. v.: *Die Welt des Tänzers*, Stuttgart 1920.

Lachmayer, H. / Mattl-Wurm, S. /Gargerle, Ch. (Hrsg.): *Das Bad. Eine Geschichte der Badekultur im 19. und 20. Jahrhundert*, Salzburg/Wien 1991.

Leiris, M.: *Das Band am Hals der Olympia*, Frankfurt a.M. 1983.

Linse, U.: "Die Jugendkulturbewegung", in: Vondung, K. (Hrsg.): *Das Wilhelminische Bildungsbürgertum. Zur Sozialgeschichte seiner Ideen*, Göttingen 1976, S. 119–137.

Modena, E.: "Von der Geborgenheit, Verführung und Ernüchterung. Der psychoanalytische Blick", in: Lachmayer/Mattl-Wurm/Gargerle: *Das Bad*, 1991, S. 19–27.

Müller-Freienfels, R.: "Psychologie und Ästhetik des Ganges und der Haltung", in: Giese, F. / Hagemann, H. (Hrsg.): *Weibliche Körperbildung und Bewegungskunst*, München 1920, S. 120ff.

Ries, F.D.W.: *The Dance Theatre of Jean Cocteau*, Ann Arbor/Michigan 1986.

Rittner, R.: "Zur Soziologie körperbetonter sozialer Systeme", in: *Kölner Zeitschrift für Soziologie und Sozialpsychologie*, Sonderheft 25 (1983): Gruppensoziologie. Perspektiven und Materialien, hrsg. von Friedhelm Neidhardt, S. 233–255.

Sennett, R.: *Verfall und Ende des öffentlichen Lebens. Die Tyrannei der Intimität*, Frankfurt a.M. 1986.

Spitzer, G.: *Der deutsche Naturismus. Idee und Entwicklung einer volkserzieherischen Bewegung im Schnittfeld von Lebensreform, Sport und Politik.* Ahrensburg 1983.

Stern, F.: *Kulturpessimismus als politische Gefahr*, Bern 1963.

Suhr, W.: *Der nackte Tanz*, Hamburg 1927.

Virilio, P.: "Fahrzeug", in: *Aisthesis. Wahrnehmung heute oder Perspektiven einer anderen Ästhetik*, hrsg. von K. Barck u.a., Leipzig 1990, S. 47–72.

Virilio, P.: "Technik und Fragmentierung", in: *Aisthesis. Wahrnehmung heute oder Perspektiven einer anderen Ästhetik*, hrsg. von K. Barck u.a., Leipzig 1990, S. 72–82.

Winther, F.: *Körperbildung als Kunst und Pflicht*, München 1914.

Inszenierung des Fremden

Zur (De-) Konstruktion semiotischer Systeme

Erika Fischer-Lichte

1. Heterotopien des Fremden im Europa des ausgehenden 19. Jahrhunderts

1.1 Völkerausstellungen

> Die große Ceylonkarawane [...] wurde im April des Jahres 1884 glücklich in Europa gelandet. [...] Sie bestand aus 67 Menschen, 25 Elefanten [...] und einer ganzen Anzahl von Rindern verschiedener Art. Die ethnographische Ausstellung umfaßte allein Hunderte verschiedener Nummern, auch die vegetabilische Welt war durch zahlreiche Proben vertreten. [...] Über meiner Singhalesentruppe lag es wie ein Hauch aus dem alten Wunderland Indien, nicht nur seine bunte pittoreske Außenseite hatten wir eingefangen, sondern auch einen Schimmer seiner Mystik. Das bunte fesselnde Bild des Lagers, die majestätischen Elefanten, teils mit goldstrotzenden Schabracken behangen, teils im Arbeitsgeschirr, gigantische Lasten schleppend, die indischen Magier und Gaukler, die Teufelstänzer mit ihren grotesken Masken, die schönen schlanken rehäugigen Bajaderen mit ihren, die Sinne erregenden Tänzen und schließlich der große religiöse Perra-Harra-Festzug – alles das übte einen geradezu bestrickenden Zauber aus, dem die Zuschauer überall erlagen. [...] Eröffnet wurde die Ausstellung in Hamburg [...]. Auf Hamburg folgten Düsseldorf, Frankfurt am Main, Wien. [...] Von Wien ging's nach Berlin [...]. In den beiden nächsten Jahren, 1885 und 1886, bereiste ich mit derselben Ausstellung Süddeutschland und die Schweiz, gelangte noch einmal nach Wien und setzte schließlich nach England über. [...] In Paris war es, wo die Ceylon-Ausstellungen, [...] mit einem ganz enormen Erfolg, ihr definitives Ende erreichten. Der Durchschnittsbesuch des Jardin d'Acclimatisation betrug an den Sonntagen 50–60.000 Besucher, während der zweieinhalb monatigen Dauer der Ausstellung wurde annähernd *eine Million* Besucher gezählt.[1] (Abb. 26)

Die Singhalesen-Ausstellung bildete einen der Höhepunkte in der langen Reihe von sogenannten Völkerausstellungen, die Carl Hagenbeck von 1874 bis 1931 regelmäßig veranstaltete und durch Europa touren ließ. Ähnliche

---

1 Hagenbeck 1909, S. 96–101.

Ausstellungen fanden auch im Rahmen der Weltausstellungen und der Kolonialausstellungen statt. Da diese Veranstaltungsart von Anfang an ein breites Publikum anzog, versuchten bald weitere Unternehmer, die hier zutage tretenden Bedürfnisse gewinnbringend zu befriedigen. Bis zum Ende der zwanziger Jahre erfreuten sich Völkerausstellungen einer ganz ungewöhnlichen Popularität.

Bei seiner ersten Völkerausstellung 1874 ging Hagenbeck von der Annahme aus, daß der fremde Alltag – hier der Lappländer – für ausreichend Spektakel sorgen würde.

> Es war sehr interessant, die kleinen Leute, die nur eine Größe von 1,3–1,6 m erreichen, bei der Arbeit zu sehen. Wie daheim, brachen sie ihre Zelte ab und errichteten sie wieder [...]. Ein Vergnügen war es, zuzusehen, wie die Renntiere mit Hilfe der Wurfschlinge eingefangen wurden, wie gewandt man die Schlitten bewegte und wie sachgemäß der Aufbau und das Abreißen der Zelte vor sich ging. Großes Interesse erweckte jedesmal das Melken der Renntiere, und Aufsehen erregte geradezu die kleine Lappländerfrau, wenn sie ihrem Säugling in ihrer Naivität ganz ungestört durch das Publikum die Brust reichte.[2]

Bei späteren Ausstellungen wählte Hagenbeck dann gezielt so aus, daß der Schauwert nachdrücklich erhöht wurde. So ließ er bei der Kalmücken-Ausstellung (1883) “auch zwei buddhistische Priester [...] mitkommen, die in ihrem Ornat keinen üblen Eindruck machten”[3]. Außer den alltäglichen Verrichtungen wurden nun “Gebete, Gesänge, Tänze, Hochzeitszüge und Fechten vorgeführt”[4]. Die Bella-Coola-Indianer von der Nordwestküste Amerikas (1885/6) schnitzten Masken (die sich heute noch im Berliner Völkerkundemuseum befinden), stellten einen für ihre Kultur so charakteristischen Totempfahl her (der um die Jahrhundertwende vom Berliner Zoologischen Garten für das Bisongehege erworben wurde), führten Tänze, Gesänge, Spiele und eine schamanistische Behandlung vor. Besondere Sensation machte der sogenannte ‘Hametzen’ oder Menschenfressertanz, die Initiation in den Geheimbund der Bella-Coola. (Abb. 27) Den absoluten Höhepunkt im Hinblick auf das Spektakuläre stellte jedoch die Ceylon-Karawane dar. Zu ihr gehörte sogar eine Tamil-Schauspieltruppe, welche “die Sagen aus der alten Heldensage spielte”[5].

Die Völkerausstellungen fanden in den Zoologischen Gärten der Städte oder auch – wie in Berlin – im Panoptikum statt. Sie nahmen ihre Inszenie-

---

2 Ebda., S. 82.
3 Ebda., S. 95.
4 Lehmann 1955, S. 35.
5 Ebda., S. 36.

rungen fremden Lebens auf der Grundlage 'wissenschaftlicher' Prinzipien vor: d.h., es wurde der Anspruch vollkommener 'Echtheit' erhoben. Aus dieser Echtheit ergab sich der 'wissenschaftliche Wert' der Völkerausstellungen. Zum einen galten sie als "lehrreich". Entsprechend ließ der Berliner Ethnologe Rudolf Virchow, der eng mit Carl Hagenbeck zusammenarbeitete, in den von ihm redigierten *Verhandlungen der Berliner Gesellschaft für Anthropologie, Ethnologie und Urgeschichte* die Völkerausstellungen annoncieren. So ist beispielsweise im Jahrgangsheft 1898 zu lesen:

> Die Verwaltung des Wiener Thiergartens hat seit dem 2. d.M. im Feenpalast eine "Völkerschaustellung" veranstaltet, welche ein Aschanti-Dorf und ein Javaner-Dorf umfaßt. Beide "Dörfer" sind von einer großen Zahl von Eingebornen erfüllt, die ihre gewerbliche Tätigkeit ausüben, ihre Tänze zeigen und in der That ein recht lebendiges Bild des heimischen Verkehrs liefern. Die zahlreichen Kinder, welche in besonderen Schulen unterrichtet werden, sind eine recht lehrreiche Beigabe; sie allein lohnen den Besuch der "Dörfer".[6]

Am Ende desselben Heftes finden sich folgende vermischte "Veranstaltungshinweise":

> 1. Am 9. Mai Castan's Panopticum, wo ein ungewöhnlich großer und entwikkelter Orang-Utan und die anmutige Schlangen-Bändigerin Salembo vorgeführt wurden. 2. Am 10. Mai das Passage-Panopticum, in welchem eine grössere Truppe von Togo-Leuten versammelt ist. 3. Am 14. Mai Carl Hagenbeck's Indien am Kurfürstendamm, wo eine ganze indische Stadt aufgebaut ist und eingeborne Indier aller Kategorien ihre Künste und Geschicklichkeiten zeigen. – Hr. Maass wird am Schlusse der Sitzung über die Togo-Leute sprechen. –[7]

Zum anderen folgte aus der 'Echtheit' der Völkerausstellungen, daß sie – insofern Feldforschungen vergleichbar – wissenschaftlich ausgewertet werden konnten. Virchow vermaß die Mitglieder der Gruppen anthropologisch und der Fotograf Günther fertigte Aufnahmen von ihnen an. Der Ethnologe Franz Boas, der damals Hilfsassistent am Berliner Völkerkundemuseum war, sammelte Sprachproben bei den Bella-Coola-Indianern und der Musikwissenschaftler Carl Stumpf führte musikologische Untersuchungen ihrer Gesänge durch. In den *Verhandlungen* erschienen ausführliche Beschreibungen der jeder Völkerausstellung beigegebenen reichhaltigen ethnologischen Sammlungen.

Trotz des immer wieder laut proklamierten wissenschaftlichen Wertes der Völkerausstellungen ist nicht zu übersehen, daß die 'Echtheit' lediglich die

6 *Verhandlungen* 1898, S. 126. Vgl. hierzu auch Altenberg 1898/1987.
7 Ebda., S. 230.

Oberfläche bzw. die Außenseite ihrer Inszenierungen fremden Lebens betraf. Strukturiert waren sie nach anderen Prinzipien. Hagenbecks Notiz von dem "Aufsehen", welches die stillende Lappländerin erregte, gibt einen ersten unmißverständlichen Hinweis. Noch eindeutiger sind seine Worte über "die schönen schlanken rehäugigen Bajaderen mit ihren, die Sinne erregenden Tänzen" oder seine Anmerkung zur Nubier-Ausstellung (1876): "Ein junger, riesenhafter Hamraner Jäger, der trotz seines 'zarten' Alters von neunzehn Jahren über sechs Fuß maß, richtete wahre Verheerungen in den Herzen europäischer Damen an."[8] Ganz offen und unverhüllt kommt hier zum Ausdruck, daß die Faszination der europäischen Zuschauer sexuell motiviert war, daß ihre Schaulust voyeuristisch auf den entblößten Körper des Nicht-Europäers, der Nicht-Europäerin sich richtete.

Auf der anderen Seite waren es "die Teufelstänzer mit ihren grotesken Masken" und die indischen Schlangenbeschwörer, die Menschenfressertänze der Bella-Coola-Indianer oder aus Dahomé, "dem Wachturm uralter afrikanischer Barbarei, einem wahren Schreckensreich", die Amazonen des Königs, "jene von Blutdurst und kriegerischem Eifer halbtollen Megären"[9] mit ihren Schwerttänzen, die eine unwiderstehliche Anziehungskraft auf die Zuschauer ausübten – Tänzen, die an archaische Ängste appellierten.

Wohl also wurde der Anspruch auf 'Echtheit' insofern zurecht geltend gemacht, als die einzelnen vorgeführten Elemente – Herrichtungen des Körpers, Gegenstände, Handlungen – in dieser Form tatsächlich in der betreffenden Kultur vorkamen, wenn auch dem Zuschauer ihre dortige Funktion und Bedeutung unbekannt blieben. Aber diese einzelnen 'echten' Elemente waren so ausgewählt und miteinander kombiniert, daß sich für den europäischen Zuschauer die Möglichkeit eröffnete, die Fremden als Projektionen seiner eigenen verdrängten Begierden und Ängste wahrzunehmen.

Insofern eignete den Völkerausstellungen durchaus ein subversives Moment, das im Widerspruch zu den offiziellen und inoffiziellen Intentionen und Zielen stand. Denn es kann wohl kaum bezweifelt werden, daß neben – oder besser vor – dem erklärten wissenschaftlich-didaktischen Ziel, Welt- und Menschenkenntnis zu fördern, die Völkerausstellungen in Deutschland vor allem weite Kreise der Bevölkerung für deutsche Kolonialinteressen gewinnen sollten[10] und in Frankreich die wegen ihres zweifelhaften wirtschaftlichen Nutzens umstrittene Kolonialpolitik bei der Bevölkerung propagieren[11]. Diese

---

8 Hagenbeck, S. 84.
9 *Verhandlungen,* 1891, S. 66.
10 Vgl. Sokolowsky 1928, S. 64.
11 Koppelkamm 1987, S. 356.

Zielsetzung sollte durch den "inszenierten und geschauten Vergleich zwischen den 'Naturmenschen' und den 'Kulturmenschen'"[12] erreicht werden. Er sollte es dem europäischen Zuschauer nahelegen, seine eigene zivilisatorische Überlegenheit über die ausgestellten 'Naturmenschen' zu erkennen, aus der sich zivilisatorisches Sendungsbewußtsein und damit eine Rechtfertigung für die Kolonialpolitik ableiten ließen. Dementsprechend waren auch die Orte ausgewählt, an denen die Völkerausstellungen stattfanden: der Zoologische Garten und das Panoptikum. Da die Völkerausstellungen jedoch so strukturiert waren, daß der Zuschauer die Fremden auch als Projektionen seines eigenen Unbewußten wahrnehmen konnte, vermochten sie die vorgegebenen Ziele durchaus zu konterkarieren. Denn in ihnen fand das "Andere", das seit der Aufklärung aus der europäischen Kultur Ausgegrenzte und Ausgeschlossene wieder in ihr seinen Platz – wenn auch zunächst noch in den spezifischen Heterotopien des Zoos und des Panoptikums. Unter dem Deckmantel der Wissenschaft kehrte das bisher mehr oder weniger erfolgreich Verdrängte hier in die europäische Kultur zurück.

1.2 Operette

Ein weiterer Ort, welcher dem Europäer im ausgehenden 19. Jahrhundert relativ regelmäßig Gelegenheit bot, sich an Inszenierungen des Fremden zu ergötzen, war das Operetten-Theater, die Music-Hall. Als eine bevorzugte Fremde galten hier ganz offensichtlich der Ferne und der Nahe Orient; davon legen Titel wie Offenbachs *Ba-ta-clan* und *La Marocaine*, Lecocqs *Kosiki* und *Fleur de thé*, Suppés *Fatinitza*, Strauß' *Indigo und die vierzig Räuber*, Nortons *Chu Chin Chow*, Sullivans *The Mikado* und *The Rose of Persia*, Talbots *A Chinese Honeymoon*, Jones *The Geisha* und *San Toy*, Messagers *Madame Chrysanthème* oder Linckes *Im Reiche des Indra* beredt Zeugnis ab. Während die Völkerausstellungen den Anspruch erhoben, die jeweiligen Fremden 'authentisch' zu präsentieren, war die Fremde der Music-Hall dagegen eingestandenermaßen eine Wunsch- und Traumwelt des Europäers.

Bei der Ausstattung dieser Operetten wurde zwar großer Wert darauf gelegt, in Bühnenbild und Kostüm wenigstens so weit echt zu sein, daß man alle jene Details berücksichtigte und 'korrekt' realisierte, die dem Publikum als typisch und charakteristisch für die betreffende Kultur galten. So orientierte man sich bei Operetten, die in Japan spielten, an den inzwischen bekannten und verbreiteten japanischen Drucken und Tuschzeichnungen. Entsprechend kam eine solche Operette ohne die steinernen Laternen, Papierwände

12 Goldmann 1985, S. 264.

des Hauses, blühende Kirschzweige und Kimonos nicht aus. Dieser Teil der Aufführung scheint auch generell für die Kritik besonders wichtig gewesen zu sein. Die Kritiken zu den Londoner Music-Hall-Aufführungen brachten in ihrer Mehrzahl relativ ausführliche Beschreibungen der Ausstattung. Vor allem die Kleidung der Hauptdarstellerinnen, der weiblichen Stars, wurde detailliert wiedergegeben. Dabei wurde häufig die Zusammenstellung der Farben oder auch die beliebte und viel verwendete Anordnung der Schauspieler im Tableau als "japanisch" bewertet. So heißt es über eine Aufführung von *Madame Butterfly* (1900) in *The Stage*: "[...] rarely has colour been more skilfully used [...] the passage of time shown in the deep hues of sunset, in the violet of night and the gradual growth of dawn and sunlight for the new day." Und William Arden schreibt über *Darling of the Gods* (1906): "[...] each tableau [...] was like a Japanese print endowed with motion."

Es fällt auf, daß dagegen die Schauspielkunst in allen diesen Fällen nicht mit japanischen Holzschnitten o.ä. in Verbindung gebracht wurde. Die Kritiker belegten sie vielmehr mit ähnlichen Epitheta und Bewertungen wie in ihren Rezensionen zu Music-Hall-Produktionen, die nicht Japan (China/ Vorderer Orient) als Stoff, Thema, Gegenstand behandeln: Es waren ganz zweifellos britische Schauspieler, die sich auf britische Weise in japanischer Kostümierung in einer japanischen Bühnenwelt (Dekoration, Requisiten, Beleutung) bewegten.

Entsprechend tendierte die Kritik dazu, Japan/China in der Music-Hall als eine Art Utopie zu begreifen: eine Welt, in der andere Gesetze herrschen, die auf ein vollkommenes System schließen lassen; manchmal aber auch ganz im Gegenteil auf ein völlig unzureichendes, das dann um so deutlicher vor Augen führt, wie vollkommen in der Tat die Gesetze der westlichen Kultur sind. Im *Play Pictorial* wird aus *The Chinese Honeymoon* (1901) bezeichnenderweise folgende Passage zitiert:

> Emperor: What is the law on the subject of Admirals disappointing their Emperors ?
> Chipel Chop: There isn't one, your Majesty.
> Emperor: Then go in a corner and think one out.

Über dieselbe Produktion schreibt *The Times:* "The idea of a country in which fresh law must be framed every day gives rise to possibilities" (7. Oktober 1901).

Die "andere Welt" der Music-Hall, ihr "Japan/China" wurde von der Kritik klar auf britische Vorstellungen von Zivilisation bezogen. So galten folgende Oppositionen: entweder zivilisiertes Großbritannien vs. primitives Japan/China oder herzloses, industrialisiertes Großbritannien vs. traditionelles altes Japan. In jedem Fall wurde das gültige viktorianische Wertesystem bekräftigt.

Eine in diesem Zusammenhang besonders interesssante Variante stellt Gilberts & Sullivans *The Mikado* dar. Die Operette wurde 1885 in London uraufgeführt und avancierte mit einem Schlag zu einer der populärsten Operetten in ganz Europa. In der Phantasiestadt Titipu herrschen in der Tat merkwürdige Gesetze: Wer flirtet, muß heiraten. Weigert er sich, so wird er mit dem Tode bestraft. Wird ein verheirateter Mann hingerichtet, so ist seine Witwe mit seinem Leichnam lebendig zu begraben. Aus diesen Gesetzen ergibt sich eine Mechanik, welche die Beziehungen, vor allem die Liebesbeziehungen zwischen den Menschen in Titipu regelt und bestimmt. Der Wechsel zwischen den Partnern wird häufig und jedesmal ganz abrupt nach den von der Gesetzesmechanik ausgelösten Zwängen vollzogen.

Wo liegt nun Titipu, die Stadt, in der "mechanisierte Verkehrsformen im öffentlichen wie im intimen Leben"[13] herrschen? Der Eröffnungschor gibt folgende Auskunft:

> If you want to know who we are,
> we are gentlemen of Japan:
> On many a vase and jar – on many a screen and fan,
> we figure in lively paint:
> Our attitude's queer
> and quaint –
> You're wrong if you think it ain't, oh![14]

Titipu liegt also in einem künstlichen Japan, im Lande des japanischen Kunstgewerbes. Dieser Schlußfolgerung widerspricht jedoch die Musik. Immer wieder weist sie mit aller Entschiedenheit auf die "Englishness" der Verhältnisse hin. Die Begrüßung Ko-Kos durch den Chor der Edelleute: "Behold the Lord High Executioner!" zum Beispiel ertönt in der Melodie der Eröffnungstakte von "A fine old English gentleman"; oder das sogenannte "Madrigal" im *Mikado* spielt unüberhörbar auf die "ballets" von Thomas Morley an.[15]

Die Kritik am herzlosen, industrialisierten Großbritannien wird hier also nicht durch Konfrontation mit einem traditionellen alten Japan formuliert, sondern durch Transposition seiner entfremdeten zwischenmenschlichen Beziehungen in ein Phantasie-Japan. Die Verlagerung der Handlung in ein Pseudo-Japan soll für den englischen Zuschauer zunächst einmal eine gewisse Distanz schaffen, die ihm erlaubt, die ablaufende Mechanik zu erkennen, ehe er von der Musik zu der Einsicht geführt wird, daß diese Mechanik in seiner eigenen Gesellschaft abläuft, daß Titipu in England liegt.

---

13 Klotz 1991, S. 108.
14 Gilbert and Sullivan 1985, S. 261.
15 Vgl. Williamson 1955, S. 139–178.

Insofern mag es zunächst überraschen, daß die Inszenierung von den Prinzipien des historischen Realismus ausging. Charles Kean hatte sie zuerst in seinen Shakespeare-Revivals erprobt. Die Meininger hatten sie konsequent weiterentwickelt, sie allerdings nur auf die Ausstattung (Bühnenbild, Licht, Kostüme, Requisiten), den Einsatz von Geräuschen und auf die Regie der Massenszenen angewandt. Die Protagonisten pflegten dagegen überwiegend den idealistischen Schauspielstil der Goethe-Schule. Mit ihren nach diesen Prinzipien eingerichteten Inszenierungen bereisten die Meininger zwischen 1874 und 1890 ganz Europa; 1881 gastierten sie in London, wo sie großen Publikumszulauf hatten und überwiegend positive Besprechungen erhielten.[16]

Einen derartigen konsequenten "archäologischen" Realismus wollte Gilbert der Inszenierung des *Mikado* zugrundegelegt wissen. Aber im Unterschied zu den Meiningern und der geltenden Praxis im viktorianischen Theater machte er ihn auch für den Schauspielstil, speziell für die Haltungen, Gesten und Bewegungen der Schauspieler durch den Bühnenraum verbindlich. In einem Interview mit *The Musical World* vom 14. März 1885 stellte er fest: "Our scenery is quite Japanese, and our costumes have been imported [...]. I am anxious about the clothes being properly worn".[17] Einige dieser Kostüme waren alte Originalstücke, Katishas angeblich sogar zweihundert Jahre alt. "The magnificent gold-embroidered robe and petticoat of the Mikado was a faithful replica of the ancient official costume of the Japanese monarch [...]. His face, too, was fashioned after the manner of the former Mikados, the natural eyebrows being shaved off and huge false ones painted on his forehead."[18] (Abb. 28) Wie man sich in solchen Kostümen bewegt, wie man die Originalrequisiten – wie den Fächer – handhabt, wie man sich schminkt, lernten die Schauspieler bei Mitgliedern des sogenannten japanischen Dorfes in Knightsbridge am Albert Gate. Es war zu Beginn des Jahres 1885 von dem Holländer Tannaker Buhicrosan begründet, der – mit einer Japanerin verheiratet – bereits 1870 eine Truppe von japanischen Akrobaten und Gauklern nach England gebracht hatte. 1873 gaben sie in der Victoria Hall in London ihre Vorstellungen. 1885 zog sich Tannaker zurück und siedelte die Mitglieder der Truppe im "japanischen Dorf" in Knightsbridge an. (Es wurde 1887 geschlossen und seine Bewohner zerstreuten sich in alle Winde). Für die Schauspieler bestand also – ebenso wie für die Zuschauer – die Möglichkeit, sich hier Kenntnisse und Fähigkeiten aus erster Hand anzueignen.

16 Vgl. Fischer-Lichte 1993, S. 217–235.
17 Zit. nach Williamson 1955, S. 141.
18 Zit. nach Williamson 1955, S. 174

Der Rezensent der *Illustrated Sporting and Dramatic News* (vom 28. März 1885) beurteilt das Ergebnis der Bemühungen folgendermaßen:

> Spectacularly it (the production of the opera) abounds in local colour to the extent of each successive scenic grouping realising a fan or a fire screen. Not only as regards dresses and scenery, but in the actions and attitudes of the performers, has this local colour been sought after under the tutorship of members of the Japanese colony now installed at Albert Gate [...]. The task of inducing the ordinary chorus singer to assume and maintain the quaint shuffling gait that is one of the most marked outward characteristics of Japanese women, is one that the boldest and most energetic of stage managers might well shrink from [...]. As it is, the damsels at the Savoy accomplish the Japanese shuffle as to the manner born [...]. Throughout the opera she (Miss Jessie Bond as Pitti-Sing) shines conspicuous by her marked adherence in every detail of gesture and bearing to the example set at Albert Gate. [...] To outward seeming Mr. R. Barrington (as Pooh-Bah) appears to be carved out of a solid block of wood. The part and the actor fit one another to a nicety, and one might fancy that the latter had been born with Japanese blood – or should it be sap? – in his veins.

Der Rezensent ist ganz offensichtlich der Meinung, daß Ausstattung und Schauspielkunst die vollkommene Illusion einer japanischen Wirklichkeit herstellen, wie jeder durch einen Besuch des "japanischen Dorfes" selbst leicht wird feststellen können: "Indeed, as a preliminary to a thorough enjoyment and appreciation of *The Mikado*, a visit to the Japanese village is absolutely essential." Wie beliebt und bekannt in der Tat die 'Völkerausstellung' des "japanischen Dorfes" war, erfahren wir vom Rezensenten des *Daily Telegraph*: "We are all being more or less Japanned. Advertisements tell us every morning that we have Japan in London, and the quaint art of a strange people [...] is receiving from us that form of homage which the proverb describes as 'the sincerest flattery'" (16. März 1885). Der Rezensent von *The Era* zieht in dieser Hinsicht ganz offensichtlich die "Japan-Ausstellung" im Savoy Theater der in Knightsbridge sogar vor: "Japanese art, Japanese customs, Japanese scenery have never before been exhibited in such an attractive form. The spectators were dazzled, as well as delighted, by the exquisite feast of colour, the harmonious combination, the variety, splendour, and magnificence." (März 1885). Kein Zweifel, der Rezensent meinte auf der Bühne ein authentisches Japan vor sich zu sehen. In dieser Meinung läßt ihn auch nicht die im übernächsten Satz getroffene Feststellung irre werden: "The story is grotesque in the extreme, eccentric, whimsical and ludricrous to the last degree." Denn da "refinement is the characteristic of the entire opera" und "there is nothing to remind us of the coarser elements of burlesque and opera bouffe", sieht er keinen Grund, die Verbindung einer ästhetisch höchst befriedigenden attraktiven Japan-Ausstellung mit einer grotesken, lächerlichen Geschichte problematisch zu finden.

Eine einzige der von mir durchgesehenen Kritiken setzt an diesem Punkt an. Der Rezensent des *London Figaro* kommt zunächst auf Gilberts frühere Operetten-Libretti zu sprechen: "[...] the sailors, the soldiers, the litigants, the aesthetes, the blue stockings, and the peers, whom Mr. Gilbert has so unmercifully satirised, were, although doubtless much distorted and caricatured, yet recognisable creatures of our own English life." (21. März 1885) Diese Voraussetzung sei hier nicht mehr gegeben. Denn:

> Mr. Gilbert has now carried his audiences far away, to Japan, and as we know little of the habits of the Japanese more than can be gathered from a chance visit to the Japanese Village at Knightsbridge or a view of the fantastical figures on tea trays and fans, the audience labour under a certain disadvantage. The angular poses of the polled and painted Japanese nobles when the curtain rises on the first act, are doubtless as funny as the tripping walk of the women – who wear straight skirts and Japanese sashes, who dye their hair black, and turn in their toes – is quaint. But the audience are not in a position to determine how far all this is legitimate caricature, or whether it is merely manufactured fun.

Für den Kritiker besteht das Kernproblem in der Frage, wie man eine Karikatur beurteilen soll, wenn man das Original gar nicht oder nur sehr flüchtig und oberflächlich kennt. D.h. ebenso wie die anderen Rezensenten geht auch er von der Annahme aus, daß sich die Bühnenwelt der *Mikado*-Inszenierung auf eine japanische Wirklichkeit bezieht. Zugleich ist jedoch dieser Kritiker auch der einzige, der – im letzten Absatz seiner Rezension – ausdrücklich auf die spezifisch englische Tradition der Musik hinweist wie auf das oben erwähnte Madrigal oder auf das musikalische Zitat eines alten englischen Tanzes im Duett zwischen dem Henker und der ältlichen Hofdame Katisha. Eine – wie auch immer geartete – Verbindung zwischen seinen anfänglichen und abschließenden Ausführungen und Einsichten herzustellen, kommt dem Rezensenten jedoch anscheinend nicht in den Sinn.

Die Inszenierung des *Mikado* schuf ein Problem, welches die Kritiker – und Zuschauer – auf der Grundlage ihrer gültigen Präsuppositionen entweder nicht zu lösen oder noch nicht einmal als Problem wahrzunehmen vermochten. Sie gingen davon aus, daß die Bühne – auch der Music-Hall – sich als Abbildung auf eine allen in gleicher Weise und insofern objektiv vorgegebene Wirklichkeit bezieht. Deren Kenntnis muß bei der Beurteilung einer Inszenierung vorausgesetzt werden. Folglich konnte bei der *Mikado*-Inszenierung für die Kritiker nicht strittig sein, *daß* es sich um die Abbildung einer japanischen

Wirklichkeit handelte, sondern lediglich, *ob* diese Wirklichkeit den Zuschauern hinreichend bekannt war, um eine vergleichende Beurteilung vornehmen zu können. An der abbildenden Leistung und deskriptiven Funktion der theatralen Zeichen zu zweifeln, schien keinerlei Grund vorzuliegen. Nun wurde jedoch im *Mikado* die Abbildung der Außenseite einer japanischen Wirklichkeit – nämlich der des japanischen Dorfes von Knightsbridge – eingesetzt, um zwischen der Mechanik der maschinenartig ablaufenden Handlung und den für einen Europäer mechanisch wirkenden "angular poses", "tripping walk", "quaint shuffling gait" eine bestimmte Beziehung herzustellen. D.h. die Abbildung einer japanischen Wirklichkeit sollte hier nicht die vollkommene Illusion dieser Wirklichkeit schaffen, sondern einer satirischen Charakteristik und entsprechenden Kritik einer anderen Wirklichkeit – nämlich der zeitgenössischen britischen – dienen. Die konsequente – d.h. auch auf die Schauspielkunst ausgedehnte – Befolgung des historischen Realismus führte hier – anders als im wenig später entstehenden naturalistischen Theater – zur Auflösung des Prinzips. Der abbildenden Leistung der theatralen Zeichen wurde hier nicht eine deskriptive Funktion zugeordnet, sondern eine relationierende. Nur wenn die von Ausstattung, Posen und Bewegungen abgebildete – japanische – Wirklichkeit einerseits zur "grotesken", "lächerlichen" Geschichte und andererseits zu der von der Musik evozierten "Englishness" in Beziehung gesetzt wurde, konnte als Ergebnis dieser 'Montage' die Einsicht in die Mechanik der "Verkehrsformen im öffentlichen wie im intimen Leben" der zeitgenössischen Briten sich herausbilden. Diese Funktion vermochten die abbildenden theatralen Zeichen nur deshalb zu übernehmen, weil die Außenseite der japanischen Wirklichkeit – auf die sie sich nach Meinung der Rezensenten bezogen – nun in der Tat dem englischen Zuschauer "quaint", "strange" und "grotesque" erschien. Die gezielt begrenzte und innerhalb dieser Grenzen konsequent realistische Inszenierung des Fremden führte so zur Auflösung des überlieferten Konzeptes eines realistischen Theaters.[19]

---

19 Interessanterweise ging Stanislavskij bei der Inszenierung des *Mikado* mit Freunden in seinem Elternhaus im Winter 1886/87 von einem ähnlichen Ausgangspunkt aus – dem Verhalten 'echter' Japaner –, den er jedoch von Anfang an auf eine spezifische Strukturierung seiner Inszenierung bezog. In seinen Erinnerungen *Mein Leben in der Kunst* (Berlin 1987) schreibt er: "Für die kommende Wintersaison [=1886/87] bereitete der Alexejew-Zirkel unter der Regie meines Bruders, W.S. Alexejew, im Eßzimmer – Theater in der Stadt eine große und schwierige Inszenierung vor – die japanische Operette 'Der Mikado' nach der Musik des englischen Komponisten Sullivan und mit den Dekorationen K.A. Korowins. Im Winter wurde unser Haus zu einem Stückchen Japan. Eine ganze am Zirkus engagierte japanische Artistenfamilie hielt sich Tag und Nacht bei uns auf. Alle erwiesen sich als sehr nette Menschen und wurden, wie man so sagt, Freunde des Hauses. Die Japaner brachten uns ihre Gepflogenheiten bei: die Art zu gehen, sich zu halten, sich zu verbeugen, zu tanzen und den Fächer zu gebrauchen. Letzteres

1.3 Zur De-Konstruktion semiotischer Systeme

Bringt man die obigen Ausführungen zu den Völkerausstellungen und zum *Mikado* mit der sich ungefähr zur selben Zeit artikulierenden Sprach- und Erkenntniskritik in einen Zusammenhang, ergeben sich interessante Perspektiven.

Bereits 1876 hatte Nietzsche in seiner *Vierten Unzeitgemäßen Betrachtung* unter Bezugnahme auf Wagner angemerkt:

---

ist eine gute Übung für den Körper. Für die Proben wurden nach den Anweisungen der Japaner für alle Mitwirkenden, ja sogar Nichtmitwirkenden japanische Kostüme aus feinem Kattun mit Gürteln genäht, die wir anzuziehen und zu binden übten. Die Frauen liefen tagelang mit in den Knien zusammengebundenen Beinen umher und der Fächer wurde zu einem notwendigen, den Händen vertrauten Gegenstand. Es war uns bereits ein Bedürfnis, uns beim Sprechen nach japanischer Art des Fächers zu bedienen. Nach der täglichen Arbeit hüllten wir uns zu Hause in unsere japanischen Probenkostüme und liefen damit den ganzen Abend herum bis in die Nacht, an Feiertagen sogar den ganzen Tag über. Am Mittags- oder Teetisch thronten die Japaner mit ihren Fächern, die immerzu raschelten oder beim raschen Auf- und Zuklappen knisterten. Wir hatten japanischen Tanzunterricht, und die Frauen erlernten alle Verführungskünste der Geishas. Wir konnten uns nunmehr rhythmisch auf den Absätzen drehen, mal das rechte, mal das linke Profil zeigend, uns zu Boden fallen lassen, indem wir uns artistengleich zusammenklappten; konnten im Takt trippeln, hüpfen, laufen. Einige Damen schließlich lernten es, im Rhythmus des Tanzes den Fächer so nach vorn zu werfen, daß er im Flug einen Halbkreis beschrieb und in den Händen eines Tänzers oder Sängers landete. Wir lernten das Jonglieren mit dem Fächer, lernten, ihn über die Schulter oder übers Bein zu werfen. Doch vor allem eigneten wir uns sämtliche japanischen Posen mit dem Fächer an, die wir mit Nummern versahen und über die Inszenierung verteilten. Damit war für jede Passage, jeden Takt oder jede wichtige Stelle eine bestimmte Geste, Bewegung oder Handlung mit dem Fächer festgelegt. In den Massenszenen, also in den Chören, bekam jeder Sänger bestimmte Gesten und Bewegungen mit dem Fächer in gleicher Weise vorgeschrieben. Der Gesamteindruck oder vielmehr das Kaleidoskop von unablässig wechselnden und ineinander übergehenden Gruppen war das Wichtigste: warfen die einen ihre Fächer nach oben, mußten die anderen sie sinken lassen und an den Füßen öffnen; die dritten taten das gleiche nach links; die vierten nach rechts etc. Wenn in den großen Ensemble-Szenen dieses Farbenspiel in Bewegung gesetzt wurde und über die Bühne große, mittlere und kleine, rote, grüne und gelbe Fächer durch die Luft flatterten, stockte einem der Atem ob soviel effektvoller Theatralik. Wir stellten allerlei Podeste auf, damit man von der Rampe, wo die Darsteller mit den Fächern auf dem Boden lagen, bis in den Hintergrund die ganze ohnehin nicht sehr hohe Bühne mit den Fächern ausfüllen konnte; sie bildeten eine Art Vorhang. Bühnenpodeste sind ein altes, aber für den Regisseur bequemes Mittel, um einzelne Gruppen hervorzuheben. Denkt man sich die bunten Kostüme dazu, von denen etliche echt japanisch waren, alte Samurai-Rüstungen, Fahnen, unverfälschte Japonnerien, die originellen Bewegungen, die Geschicklichkeit der Schauspieler, das Jonglieren, die Akrobatik, den Rhythmus und den Tanz, nicht zu vergessen die hübschen Gesichter der jungen Damen und Herren, ihr Feuer und Temperament – so wird der Erfolg nur zu verständlich." (99f.)

Stanislavskij löste also die einzelnen von den Japanern übernommenen Haltungen, Gesten, Gänge aus dem Kontext einer – wie auch immer gearteten – japanischen Wirklichkeit heraus und verwendete sie als einzelne Nummern, mit denen er den Ablauf der Inszenierung strukturierte – u.z. nicht nach Prinzipien einer Realitätsabbildung, sondern nach den Prinzipien einer "effektvollen Theatralik", also nach genuin theatralen Prinzipien. Er inszenierte das künstliche Japan der Operette demnach bewußt als eine theatrale Wirklichkeit.

> Es ist ihm zuerst die Erkenntnis eines Nothstandes aufgegangen, der so weit reicht, als jetzt überhaupt die Civilisation die Völker verknüpft: überall ist hier die *Sprache* erkrankt, und auf der ganzen menschlichen Entwicklung lästet der Druck dieser ungeheuerlichen Krankheit. Indem die Sprache fortwährend auf die letzten Sprossen des ihr Erreichbaren steigen musste, um möglichst ferne von der starken Gefühlsregung, der sie ursprünglich in aller Schlichtheit zu entsprechen vermochte, das dem Gefühl Entgegengesetzte, das Reich des Gedankens zu erfassen, ist ihre Kraft durch dieses übermässige Sich-Ausrecken in dem kurzen Zeitraume der neueren Civilisation erschöpft worden: sodass sie nun gerade Das nicht mehr zu leisten vermag, wessentwegen sie allein da ist: um über die einfachsten Lebensnöthe die Leidenden miteinander zu verständigen. Der Mensch kann sich in seiner Noth vermöge der Sprache nicht mehr zu erkennen geben, also sich nicht wahrhaft mitteilen: bei diesem dunkel gefühlten Zustande ist die Sprache überall eine Gewalt für sich geworden, welche nun wie mit Gespensterarmen die Menschen fasst und schiebt, wohin sie eigentlich nicht wollen.[20]

Wenn die Sprache nicht mehr fähig ist, starke Gefühlsregungen auszudrükken, wenn sie, statt eine Verständigung zwischen den Menschen herbeizuführen, sie einander entfremdet, läßt sich die Krankheit der Sprache dahingehend diagnostizieren, daß sie von einem polyfunktionalen, ambivalenten semiotischen System zu einer begrenzten und auch nur begrenzt anwendbaren Fachsprache degeneriert ist. In seiner dreißig Jahre später erschienenen Schrift *Der Tanz* (1906) will der Nietzscheaner Georg Fuchs dem hier offenbar gewordenen Mißstand dadurch begegnen, daß er die Entwicklung einer Körperkultur propagiert:

> Die Kultur des nackten Leibes ist die Voraussetzung zur Kultur des bekleideten Leibes. [...] Unsere Kinderpflege, Hygiene, Massage, Gymnastik, unsere Leibesübungen und Sports und was alles damit zusammenhängt, verfeinern sich unausgesetzt, verfeinern sich so sehr, daß sie ganz von selbst und ohne bewußte künstlerische Absicht sich ins Ästhetische umsetzen. Die Schicht der Höchstkultivierten hat in der Tat schon wieder Freude an der Erscheinung des vollkommen entwickelten Menschenleibes und an seiner Bewegung, [...].[21]

Die Entwicklung einer solchen Körperkultur erscheint Fuchs als Vorbedingung dafür, den "Körper zum Mittel künstlerischer Formschöpfung" zu machen, ihn im Tanz in ein vollkommenes – nämlich auch zum Ausdruck starker Gefühlsregungen fähiges – semiotisches System zu überführen, welches nun die Aufgaben und Funktionen zu übernehmen vermag, zu denen die Sprache nicht mehr fähig ist. Entsprechend definiert Fuchs Tanz als

20 Nietzsche 1969, Bd. 1, S. 387f.

21 Fuchs 1906, S. 6.

> [...] rhythmische Bewegung des menschlichen Körpers im Raum, ausgeübt aus dem schöpferischen Drange, eine Empfindung durch die Ausdrucksmittel des eigenen Leibes zur Darstellung zu bringen, und in der Absicht, sich dadurch eben jenes inneren Dranges lustvoll zu entladen, daß man andere Menschen in gleiche oder ähnliche rhythmische Schwingungen und damit in einen gleichen oder ähnlichen Rauschzustand versetzt.[22]

Was Fuchs hier theoretisch ausführt und proklamiert, konnten bei den Völkerausstellungen die Zuschauer spätestens seit den achtziger Jahren erleben: Die verschiedenen Beschwörungstänze, Initiationstänze, Tempeltänze, Gebetstänze, Waffentänze usw. demonstrierten ihnen den Körper als ein polyfunktionales und ambivalentes leistungsstarkes semiotisches System eindrucksvoll *ad oculos*. So betrachtet, führten die Völkerausstellungen den menschlichen Körper als ein semiotisches System, welches Gefühlsregungen auszudrücken, zu vermitteln und auszulösen vermag, ungefähr zeitgleich mit Nietzsches Formulierung seiner fundamentalen Sprachkritik wieder in die europäische Kultur ein.

Obwohl die Sprache in der zivilisierten Welt sich also ausschließlich oder zumindest überwiegend auf die Entwicklung ihrer denotativ-begrifflichen, logisch-grammatischen Qualitäten konzentriert hat, scheint dieser Prozeß dennoch nicht ihre kognitiven Fähigkeiten verstärkt zu haben. In Hugo von Hofmannsthals berühmtem *Brief des Lord Chandos* (1902) klagt Lord Chandos jedenfalls:

> Es ist mir völlig die Fähigkeit abhandengekommen, über irgend etwas zusammenhängend zu denken und zu sprechen [...]. Ich empfand ein merkliches Unbehagen, die Worte 'Geist', 'Seele' oder 'Körper' nur auszusprechen. Ich fand es innerlich unmöglich, über die Angelegenheiten des Hofes, die Vorkommnisse im Parlament, oder was Sie sonst wollen, ein Urteil herauszubringen, [...] die abstrakten Worte, deren sich doch die Zunge naturgemäß bedienen muß, um irgendwelches Urteil an den Tag zu geben, zerfielen mir im Munde wie modrige Pilze. Es zerfiel mir alles in Teile, die Teile wieder in Teile, und nichts mehr ließ sich mit einem Begriff umspannen. Die einzelnen Worte schwammen um mich; sie gerannen zu Augen, die mich anstarrten und in die ich wieder hineinstarren muß: Wirbel sind sie, in die hinabzusehen mich schwindelt, die sich unaufhaltsam drehen und durch die hindurch man ins Leere kommt.[23]

Das hier angesprochene Problem hat zwei Seiten: Einerseits zerfallen "die abstrakten Worte" – die Werkzeuge der Erkenntnis – im selben Augenblick, da sie zur Formulierung eines Urteils verwendet werden sollen. Andererseits lösen die Phänomene sich auf, so daß die Begriffe sich nicht mehr auf sie

22 Ebda., S. 13.
23 Hofmannsthal 1979, S. 465f.

beziehen lassen. In diesem Prozeß einer totalen Desintegration erweist sich die Sprachkrise also als eine Wahrnehmungs- und Erkenntniskrise. Da die Sprache die Fähigkeit verloren hat, Wahrnehmung und Erkenntnis zu strukturieren und zu steuern, scheint die Welt sich aufzulösen, auseinanderzufallen. Die einzelnen Worte erscheinen als "Wirbel", die nicht mehr zur Wahrnehmung und Deutung von Wirklichkeit führen, sondern im Gegenteil, in eine vollkommene "Leere".

Die hier in der Sprachkrise virulent und offenbar werdende Wahrnehmungs- und Erkenntniskrise war ungefähr fünfzehn Jahre vorher bereits von dem Wiener Physiker und Philosophen Ernst Mach im Blick auf ihre Ursachen systematisch analysiert und erläutert worden. In seinem 1886 veröffentlichten Werk *Die Analyse der Empfindungen und das Verhältnis des Physischen zum Psychischen* versucht er nachzuweisen, daß zwischen dem Physischen und dem Psychischen keine prinzipielle Wesensverschiedenheit besteht, folglich auch der angenommene Dualismus zwischen Subjekt und Objekt hinfällig sei. In den "Antimetaphysischen Vorbemerkungen" führt er aus:

> Man pflegt in der populären Denk- und Redeweise der *Wirklichkeit* den *Schein* gegenüber zu stellen. Einen Bleistift, den wir in der Luft vor uns halten, sehen wir gerade; tauchen wir denselben schief ins Wasser, so sehen wir ihn geknickt. Man sagt nun in letzterem Falle: Der Bleistift *scheint* geknickt, ist aber in *Wirklichkeit* gerade. Was berechtigt uns aber, *eine* Tatsache der *andern* gegenüber für Wirklichkeit zu erklären und die andere zum Schein herabzudrücken? In beiden Fällen liegen doch Tatsachen vor, welche eben verschieden bedingte, verschiedenartige Zusammenhänge der Elemente darstellen. Der eingetauchte Bleistift ist eben wegen seiner Umgebung *optisch* geknickt, *haptisch* und *metrisch* aber gerade [...]. Wo kein Gegensatz besteht, ist die Unterscheidung von [...] Schein und Wirklichkeit ganz müssig und wertlos [...]. Der Gegensatz zwischen Ich und Welt, Empfindung oder Erscheinung und Ding fällt dann weg.[24]

Entsprechend kommt Mach zu dem Schluß, daß die Naturgesetze "[...] ein Erzeugnis unseres psychologischen Bedürfnisses [seien], uns in der Natur zu recht zu finden, den Vorgängen nicht fremd und verwirrt gegenüberzustehen"[25]. Die Annahme einer objektiv gegebenen, für alle gleichen Wirklichkeit ist durch nichts zu begründen. Wirklichkeit erscheint vielmehr als eine subjektive Konstruktion.[26]

---

24 Mach 1922, S. 8ff.

25 Mach 1905, S. 445f.

26 Insofern erscheint Mach als ein bedeutender Vorläufer des Radikalen Konstruktivismus, wie er heute von Maturana, Varela, von Foerster u.a. vertreten wird. Vgl. hierzu Maturana/Varela 1989, Varela 1988, von Foerster 1993, Schmidt 1988.

Machs Erkenntniskritik entzieht sowohl einem positivistischen Wissenschaftsverständnis als auch dem historischen oder archäologischen Realismus den Boden. Der Anspruch der Völkerausstellungen, aufgrund der 'Echtheit' der präsentierten Elemente objektives Wissen über fremde Menschen, fremde Kulturen zu vermitteln, läßt sich nach Machs Erkenntniskritik nicht aufrecht erhalten. Dem Zuschauer wird also die fremde Wirklichkeit nicht als Wirklichkeit der Fremden präsentiert, sondern wie ausgeführt, eine spezifische Auswahl und Kombination von fremden Elementen – oder Elementen aus der Fremde –, die vom europäischen Zuschauer – ebenso wie vom europäischen Wissenschaftler – auf der Basis seines eigenen kulturellen Wissens, seiner Präsuppositionen und Bedürfnisse wahrgenommen und gedeutet werden. Die Wirklichkeit, welche die Menschen fremder Kulturen für den europäischen Zuschauer mit ihrem Körper repräsentieren, ist insofern die Wirklichkeit seiner eigenen Imagination, seines eigenen Unbewußten, seiner eigenen verdrängten Begierden und Ängste. In seiner Sprache vermag er sie nicht auszudrücken; er findet sie vielmehr im tanzenden Körper von Menschen einer anderen Kultur repräsentiert, über die er auf diese Weise nichts erfährt.

Wenn eine objektiv gegebene Wirklichkeit nicht existiert, dann kann sie auch nicht den Beurteilungsmaßstab abgeben, nach dem die Nachahmung materieller Elemente einer (fremden) Kultur oder auch die Verwendung ihrer Originale auf der Bühne sich bewerten läßt. Eben das demonstriert die Inszenierung des *Mikado.* Nicht als Abbild – auch nicht als karikierendes Abbild – einer fremden, in diesem Fall der japanischen Kultur sind ihre theatralen Zeichen zu deuten. Vielmehr muß der Zuschauer auf der Grundlage seines eigenen 'universe of discourse' die Zeichen der verschiedenen theatralen Zeichensysteme (Dekoration, Requisiten, Kostüme, Posen, Gänge, Gesten vs. Sprache vs. Musik) zueinander in Relation setzen und auf diese Weise eine Bedeutung der Inszenierung konstituieren.

Dem Zuschauer wird also ein neuer – mit Machs Erkenntniskritik übereinstimmender – Modus der Zeichenverwendung und Bedeutungskonstitution abverlangt. Statt wie bisher von einer Dominanz der semantischen Dimension auszugehen, muß er nun den Fokus auf die pragmatische Dimension verschieben. Die überlieferten semiotischen Systeme, in denen die semantische Dimension dominiert, sind diesem Modus der Bedeutungskonstitution nicht mehr adäquat.

Aus der tiefgreifenden Kulturkrise, die am Ende des 19. Jahrhunderts als Krise von Sprache, Wahrnehmung und Erkenntnis manifest wurde, war also nur ein Ausweg zu finden, wenn sowohl die einzelnen überlieferten Zeichensysteme – vor allem die Sprache – als auch ihre Beziehungen untereinander grundlegend umstrukturiert wurden. Es fällt nun auf, daß erste entsprechende

Abweichungen vom konventionellen Gebrauch der tradierten Zeichensysteme, wie Dominanz des Körpers über die Sprache oder die Dominanz der pragmatischen über die semantische Dimension sie darstellen (z.B. als Störungen bei dem Versuch, die theatrale Repräsentation von Wirklichkeit auf die repräsentierte Wirklichkeit zu beziehen), auf Feldern der populären Spektakel- und Theaterkultur festzustellen sind, die der Inszenierung von Fremdem galten: bei den Völkerausstellungen und bei der Aufführung einer "exotischen" Operette. In beiden Fällen wurden die gegebenen Erfahrungshorizonte durch die Konfrontation mit dem Fremden überschritten. Dieser Befund legt es nahe, das Phänomen einer Inszenierung des Fremden im ausgehenden 19. Jahrhundert als eine Art Katalysator anzunehmen: Einerseits ließ es die Notwendigkeit schärfer hervortreten, die überlieferten semiotischen Systeme prinzipiell umzustrukturieren, andererseits war es am Prozeß dieser Umstrukturierung maßgeblich beteiligt.[27]

Nun ist nicht zu übersehen, daß die zu Beginn des 20. Jahrhunderts von der Theateravantgarde proklamierte "Retheatralisierung des Theaters"[28] immer wieder unter Berufung auf fremde – nämlich fernöstliche – Theaterformen gefordert wurde. Ob Craig oder Fuchs, Brecht oder Schlemmer, ob Meyerhold oder Tairov, Copeau oder Artaud – sie alle wurden nicht müde, Formen des fernöstlichen Theaters als Modelle für ein neues, ein retheatralisiertes Theater zu propagieren. Im Experiment mit *hanamichi* und Bühnendienern, in der Inszenierung japanischer, chinesischer und indischer Dramen wurden Verfahren eingesetzt und erprobt, welche die (Er-)Findung völlig neuer theatraler Zeichen sowie einer neuen Weise ihrer Kombination und Verwendung zum Ziel hatten.[29]

---

27 Die populäre Spektakel- und Theaterkultur scheint besonders geeignet gewesen zu sein, die Funktion eines solchen Katalysators zu übernehmen. Denn sie erforderte in einer wichtigen Hinsicht prinzipiell andere Modi der Wahrnehmung und Bedeutungskonstitution als die 'offizielle' bürgerliche Theaterkultur des 'hohen' Schauspieltheaters: Im Bildungstheater bestand einerseits Dominanz der verbalen über die nonverbalen theatralen Zeichen und andererseits eine hierarchische Struktur, welche zwischen den verschiedenen Elementen eine deutliche Kohärenz herstellte. In der populären Spektakel- und Theaterkultur dagegen dominierten die nonverbalen (wie Körper, Musik) über die verbalen Zeichensysteme; und darüber hinaus wurde generell eine Struktur der Reihung – wie im Nummernprogramm – bevorzugt, die nur eine lose Beziehung zwischen den verschiedenen Episoden, Elementen, Einlagen, Nummern etc. etablierte. Während im ersten Fall ein fokussierender Blick und ein auf den gesamten Zusammenhang gerichtetes konzentriertes Hören verlangt wurden, begünstigten die populären Präsentationsformen den zerstreuten, nur auf einzelnes gerichteten Blick. Vgl. hierzu den Beitrag von Joachim Fiebach im vorliegenden Band.

28 Zur "Retheatralisierung des Theaters" vgl. Fischer-Lichte 1993, S. 301–371.

29 Dabei ist auf eine grundsätzliche Differenz zwischen der produktiven Rezeption des fernöstlichen Theaters durch die Avantgardisten und den Völkerausstellungen oder auch den Operetten hinzuweisen, die in der Südsee, im Nahen oder auch Fernen Osten angesiedelt sind. Völkerausstellungen und Music-Hall präsentieren das Fremde oder besser: die Fremden als

Aus diesen Zusammenhängen leite ich die Problemstellung der vorliegenden Untersuchung ab: Es soll den Fragen nachgegangen werden, 1) welche Funktion die produktive Rezeption des fernöstlichen Theaters durch das europäische Theater zu Beginn des 20. Jahrhunderts, speziell das Theater der Avantgarde bei der anstehenden Umstrukturierung der semiotischen Systeme erfüllt hat, und 2) auf welche Weise sie an der Konstruktion neuer theatraler Kodes beteiligt war. Dabei gehe ich von der Hypothese aus, daß die sogenannte Retheatralisierung des Theaters als Prozeß einer fundamentalen Umstrukturierung und Transformation der in der europäischen Kultur um die Jahrhundertwende gültigen semiotischen Systeme sowie ihrer vorherrschenden Hierarchisierung und Verwendung zu verstehen ist, die prinzipiell neue Modi der Wahrnehmung und Bedeutungskonstitution ermöglichte.

2. Die Gastspiele Otojiro Kawakamis und Sada Yakkos in Frankreich, England und Deutschland

Im Rahmen der Weltausstellung in Paris, die am 14. April 1900 eröffnet wurde, gastierte in dem eigens für die Weltausstellung gegründeten Theater der Loïe Fuller in der Rue de Paris in der Zeit von Juli bis November eine japanische Schauspieltruppe: die Truppe Otojiro Kawakamis. Sie gehörte der sogenannten *soshi*-Schule an, deren erklärtes Ziel es war, das traditionelle japanische Theater, vor allem das Kabuki, nach dem Vorbild des "Théâtre libre" oder des "Théâtre de l'Œuvre" zu reformieren. Kawakami hatte mehrere Jahre in Paris gelebt; nach seiner Rückkehr schrieb er ein Stück über den chinesisch-japanischen Krieg. Um es recht realistisch gestalten zu können, reiste er nach Port Arthur und besorgte sich so viele Photographien wie möglich. Als nächstes versuchte er sich an einer Dramatisierung von Jules Vernes *In achtzig Tagen um die Welt.* Für das Gastspiel seiner Truppe wählte er dagegen traditionelle japanische Stücke aus, die er allerdings weitgehend veränderte, um sie – wie er meinte – dem westlichen Geschmack anzupassen. Um die Zuschauer nicht mit langen Wortwechseln in einer ihnen unverständli-

---

Ingredienzien bzw. Konstituenten jener "exotischen Welten", in die "europäische Phantasien" ihre "Sehnsüchte und Ängste", ihre "Utopien, schönen Illusionen und Weltfluchtgedanken" hineinprojizierten, auf die sie sich mit "abendländischer Neugier, aber auch Sendungsbewußtsein und imperialem Anspruch" bezogen (*Exotische Welten. Europäische Phantasien.* Vorwort S. 10). Die Theateravantgarde dagegen richtete ihr Interesse auf spezifische künstlerische Verfahren, die von den traditionellen Theaterformen der fernöstlichen Hochkulturen ausgebildet waren. Diese Verfahren untersuchten und erprobten sie im Hinblick auf von ihnen eröffnete Möglichkeiten, für die eigenen künstlerischen Probleme eine Lösung zu finden.

chen Sprache zu langweilen, wurden die Dialoge gnadenlos zusammengestrichen und auf ein Minimum gekürzt. Statt dessen wurden möglichst viele Tanzszenen eingeschoben, so daß das *danmari*, die pantomimische Szene, die traditionellerweise als Zwischenspiel zwischen den spannendsten und aufregendsten Episoden fungiert, zum Hauptteil des Stücks avancierte. Außerdem reduzierte Kawakami die Musik, welche die gesamte Handlung begleitet, nicht unerheblich.[30]

Auch die Truppen der *soshi*-Schule gingen bei allem Reformeifer nicht so weit, Schauspielerinnen zuzulassen, da das 1630 ergangene Verbot, das den Auftritt von Frauen auf der Bühne generell untersagte, noch in Kraft war. Kawakamis Frau Sada Yakko, die als Geisha und Tänzerin ausgebildet war, übernahm erst auf der Auslandstournee der Truppe (1899 in San Francisco) die weiblichen Hauptrollen und avancierte damit sofort zum Star der Truppe.

Während der Weltausstellung in Paris wurden täglich zwei Vorstellungen (nachmittags und abends) gegeben. Zur Aufführung kamen *La Geisha et le Chevalier* (218mal), *Késa* (83mal), *Hidari Jingoro* (34 mal) und *Kojima Kotoku* (29mal). In der Regel wurden alternativ zwei Stücke pro Vorstellung gezeigt. Zwischen den Stücken präsentierte Loïe Fuller, die auch als Impresaria der Truppe auftrat, ihre neuesten Tänze, darunter den Serpentinentanz.[31]

Mit diesem Programm, das noch um die Stücke *Shogun*, *Kosan* und *Der Kaufmann von Venedig* (Urteilsszene) erweitert wurde, ging die Truppe anschließend auf Europa-Tournee. Sie gastierte u.a. vom 18. Juni bis zum 7. August 1901 in London – zunächst im Criterion, dann im Shaftsbury-Theatre; von September bis Anfang November noch einmal in Paris, vom 18. November bis zum 19. Dezember in Berlin (im Zentraltheater und im Bunten Theater), im Februar 1902 in Bremen, Hannover, Leipzig und Wiesbaden, im März in Wien, Lemberg, Krakau, Warschau und St. Petersburg, im April in Budapest, Rom, Florenz und Mailand.

Die Kritiker reagierten auf die Gastspiele sehr unterschiedlich. Die Londoner Kritik nahm ihre Beschreibung und Beurteilung überwiegend auf der Grundlage eines Bezugs- und Bewertungssystems vor, das als positive Kriterien die Merkmale "medieval, ancient, classic, traditional" enthielt und als negative, zumindest ambivalente die Charakteristika "elemental, primitive, childlike, puppet-like". Dabei wurden die negativ bewerteten Elemente, das Fremde, Unverständliche, Abstoßende, entweder domestiziert, indem sie auf ein früheres, von der eigenen Zivilisation längst überwundenes Stadium der Menschheitsgeschichte bezogen und so verständlich gemacht wurden ("pri-

30 Vgl. Edwards 1901, S. 67f.

31 Vgl. Brandstetter/Ochaim 1989.

mitive", "child-like"), oder aber als nicht-menschlich qualifiziert ("doll", "animal") und damit aus dem eigenen moralisch-kulturellen Bezugssystem ausgeschlossen. Da im ganzen jedoch "the quaint primitiveness and the extravagant oddity of their proceedings"[32], "a disconcerting employment of quaint gesture, naïve pantomime, grotesque realism, a baffling insertion of dance and farce into would-be romance"[33] für die Kritiker offensichtlich den Eindruck verstärkten, daß nicht nur die Sprache, sondern auch "many of their gestures and facial movements are Japanese to us"[34], und da andererseits "the persistent habit of introducing violently grotesque antics into tragic situations necessarily deprives their little pieces of anything like serious interest – at least for western audiences"[35], berechtigt nichts zu der Annahme, daß die englische Kritik dem Gastspiel der Truppe irgendwelche Impulse für eine Umstrukturierung ihrer semiotischen Systeme entnommen hätte. Ihre Kriterien scheinen sich seit 1885 kaum geändert zu haben.

Zwar lassen sich auch unter den französischen und deutschen Kritikern vergleichbare Stimmen finden. Aber unter den Kritikern der großen und einflußreichen Zeitungen bestand offenbar überwiegend die Tendenz, im Gastspiel der Japaner eine Form von Theater realisiert zu sehen, die sich grundsätzlich vom zeitgenössischen eigenen Theater – dem naturalistischen Theater – unterschied und ihm in wesentlichen Punkten überlegen zu sein schien. Den Ausgangspunkt für entsprechende Überlegungen der Kritiker bildete die Schauspielkunst Sada Yakkos und Kawakamis. In der *Neuen Rundschau* wird sie als eine "ganz unliterarische Schauspielkunst" charakterisiert: "Aber gewaltig ist [...] auch für uns der Effekt."[36] Diese eher allgemeine Charakteristik wird von Fouquier ausführlich begründet.

> Vor allem über die Gestik drücken sie die Leidenschaften aus; und nicht nur die einfachen Leidenschaften, sondern auch noch die kleinsten Feinheiten des Gefühls. So wie die Stimme in der Musik Wagners manchmal nur als ein einfaches Rezitativ zum Darstellen der dramatischen Situation dient, während das Orchester alle Gefühlsnuancen, die sie heraufbeschwört, ausdrückt, so ist die Gestik das Essentielle im Spiel der japanischen Schauspieler. Diese Gestik ist bewundernswert. Madame Sada Yakko und Monsieur Kawakami [...] sind, was die Ausdrucksfähigkeit des Mienenspiels angeht, unseren großen Schauspielern ebenbürtig und übertreffen sie vielleicht sogar an Vielfalt. Schrecken und Anmut sind ihnen gleichermaßen bekannt. [...] Ihre Überlegenheit liegt im

32 *Graphic*, June 22, 1901.
33 *ILN*, June 22, 1901.
34 *The Sketch*, June 26, 1901.
35 *Graphic*, June 22, 1901.
36 *Die Neue Rundschau*, Jg. 13, H. 1, Januar 1902, S. 110–112, S. 112.

> Ausdruck der Gebärde und des Gesichtes, der bis zum äußersten Schrecken und den letzten Sinnesfreuden gelangt.[37]

Der Vergleich der Schauspielkunst der japanischen Gäste mit der Musik Wagners weist sozusagen implizit, jedoch unüberhörbar daraufhin, daß die Schauspielkunst hier nicht der Abbildung einer vorgegebenen Realität dient, sondern dem Ausdruck von Gefühlen und zwar sowohl von subtilen Gefühlsnuancen als auch von stärksten Emotionen wie dem "äußersten Schrecken" ("excès de la terreur") oder den "letzten Sinnesfreuden" ("dernières délices de la volupté"). Wozu die Sprache nach Nietzsche nicht mehr fähig ist, das vermag der Körper der beiden japanischen Protagonisten offenbar aufs vollkommenste zu leisten. Entsprechend finden sich in den Kritiken immer wieder ausführliche Beschreibungen einzelner Szenen, in denen der Versuch unternommen wird, für die völlig ungewohnte Art der Körperverwendung aussagekräftige sprachliche Äquivalente zu finden (Abb. 29 und 30).

So schreibt der Rezensent der *Neuen Rundschau* über Kawakami als Morito, Kesas Liebhaber, der ihren Gatten töten will und, ohne es zu wissen, sie selbst ermordet:

> Zuckende, wahnwitzige Leidenschaft bebt in diesem Manne. Gurgelnde, glucksende, fauchende Töne quellen aus seinem Munde, er ringt mit dem Atem, jammert wie ein Kind, heult wie ein Tier, schlägt sich mit Fäusten wie der Angehörige eines wilden Stammes. Qual und Schmerz in ungebändigter, erschreckender Ursprünglichkeit rasen daher [...]. Mit uralten mimischen Gesetzen durchschlingt sich plötzlich ein wollüstig-grausamer Realismus, eine blutrünstige Natürlichkeit, wenn Kesa, der Morito den Dolch in die Kehle bohrt, wie ein Huhn zappelt, das geschlachtet wird, oder wenn der Unselige stöhnend mit unmenschlicher Selbstüberwindung das Harakiri an sich vollzieht.[38]

Bei den französischen Kritikern riefen vor allem die Sterbeszenen der Sada Yakko die größte Bewunderung hervor. Emile Verhaeren, der Rezensent des *Mercure de France*, versucht gar nicht erst, für die ungewöhnlich starke Wirkung dieser Szenen auf das französische Publikum eine Erklärung zu finden, sondern begnügt sich damit, sie durch eine möglichst genaue Beschreibung nachvollziehbar zu machen:

> Noch nie hat man auf dem Theater eine solch düstere Szene gespielt. Dieser Tod der Sada Yakko beängstigt wie ein wirklich erlittener Tod. Die Wirkung ist ganz und gar körperlich. Die Gesichtszüge verzerren sich: Die Augen

37 *Le Theâtre*, no. 44, octobre 1900.

38 *Die Neue Rundschau*, S. 112.

werden starr; langsam verfärben sich der Mund, die Lippen, die Haut ins Violette; die Haare werden strohig, das ganze Grauen wird sichtbar. Wie sich ein solches Phänomen vollzieht – man weiß es nicht. Es grenzt an ein Wunder. Und trotzdem gibt es nichts, was nicht beobachtet oder von tiefer Intuition wäre.[39]

Was nicht nur diesem Kritiker am Spiel der Sada Yakko so überraschend und rätselhaft erscheint, ist die Eigenart, daß hier "alle Wirkung auf die Sinne gerichtet" ist, "von hier erst wandert der Eindruck weiter auf die Seele"[40]. (Abb. 31) Diese den französischen und deutschen Kritikern so auffällige Dominanz des Körperlichen versuchte Verhaeren mit dem Begriff eines "réalisme extrême" zu fassen. Dagegen hält der Kritiker von *Le Temps*, Adolphe Brisson, den Ausdruck "réalisme" für völlig unangebracht:

Sie haben gesagt [...], daß das Talent der Sada Yakko ein realistisches Talent ist. Sie werden mir erlauben, nicht völlig dieser Ansicht zu sein. [...] Ich meine im Gegenteil, daß Sada Yakko das Grauen dieser Szene [der Sterbeszene] erreicht, indem sie sie von allem reinigt und trennt, was zu abstoßend wirken könnte, indem sie bis zum Ende den wachen Geist dicht an der Materie hält; indem sie hinsinkt und verlischt und uns im selben Moment die gleichzeitige Illusion eines doppelten Todes vermittelt – eines physischen und eines moralischen.[41]

Als das "Unvergleichliche" in Sada Yakkos Schauspielkunst hebt Brisson die Fähigkeit hervor, aus dem körperlichen Ausdruck und der sinnlichen Wirkung unmittelbar eine Bedeutung und eine moralische Wirkung hervorgehen zu lassen. Der körperliche Ausdruck und die sinnliche Wirkung erscheinen hier nicht als Hindernis für die Konstitution einer Bedeutung, für die Auslösung einer seelisch-geistigen Wirkung, sondern als ihre notwendige Vorbedingung: Bedeutung als eine seelisch-geistige Wirkung ist, wie hier deutlich wird, an die Materialität der körperlichen Zeichen gebunden, von ihr bedingt und nur durch sie ermöglicht.

Ganz ähnlich setzt Verhaeren den von ihm so benannten "réalisme extrême" von allen im europäischen Theater bekannten Arten des Realismus eben aufgrund seiner Eigenart ab, dem Zuschauer eine neue Art der Rezeption abzuverlangen, die nicht auf den Intellekt bezogen ist:

Wir glauben nicht, daß dieser extreme Realismus keine Kunst ist. Die nackte Wahrheit ist hier ausreichend verändert. Sie wird sozusagen nur als eine Art Sprungbrett benutzt, um zu gewissen Höhepunkten der Angst zu gelangen, die schon die Alten in ihren besten Dramen suchten. In dem Augenblick, in

39 "Chronique de l'Exposition", in: *Mercure de France*, November 1900, S. 480–485.
40 *Die Neue Rundschau*, S. 112.
41 *Le Temps*, 1. August 1900.

> dem man sich einer solch perfekten ästhetischen Umsetzung gegenübersieht und in dem durch das einfache szenische Spiel eine solch starke Emotion hervorgerufen wird, geht es nicht mehr darum zu diskutieren und zu analysieren. Das Beste ist, den hervorgerufenen Eindruck wie eine seltene Gabe anzunehmen und der genialen Schauspielerin zu danken, die damit unser Gefühl und unser Denken bereichert hat.[42]

Und so kommt die französische Kritik zu dem Schluß, daß mit dieser Form des Theaters der Naturalismus – sozusagen im dreifach Hegelschen Sinne – aufgehoben sei:

> Doch sieht man von den jahrhundertealten Gewohnheiten und von der Routine ab und hört beim Leben, Leiden und Kämpfen zu und sieht man Sada Yakko sterben, so hat man den Eindruck eines unendlich kräftigen Theaters. Eines Theaters, in dem sich die "Lebensausschnitte" ["tranches de vie"], welche die Ziele des Naturalismus sind, ohne Anstrengung und Zwang mit den ausgefallensten Träumen und den verrücktesten Wunschbildern vermischen.[43]

Auch die deutsche Kritik fühlt sich vom japanischen Gastspiel zu einer Abrechnung mit dem Naturalismus aufgerufen. Schmidt-Breitenstein schreibt in *Ost-Asien:*

> Dichter und Darsteller streben danach, natürlich zu sein, Natur ist das Feldgeschrei, Natur, Natur, aber während sie sich abmühen, die Natur zu schöpfen, sehen sie nicht, dass diese Natur nur in ihrem Kopfe lebt, dass das, was sie uns unter falscher Flagge bieten, schon längst keine Natur mehr ist [...]. Das erste Gesetz der Kunst ist die Schönheit.[44]

Dieser Einsicht entsprechend wird in den deutschen Kritiken neben der Schauspielkunst auch immer wieder die besondere Harmonie der Farbgebung hervorgehoben. "[...] nichts Lautes, Schreiendes, sondern alles von unerhörter Zartheit [...]. Bald herrscht ein warmes, glühendes Rot, bald ein gleißendes Gelb, bald ein klagendes Grau, von zahllosen korrespondierenden Tönen umrahmt, von den blitzenden Strömen der Gold- und Silberstickereien durchschlängelt."[45]

Daneben findet die Gruppierung im Tableau, die an japanische Holzschnitte erinnert, immer wieder Erwähnung: "In jedem Augenblick bildet die Einzelgestalt oder die Gruppe, die sich auf der Bühne befindet, ein fertiges

---

42 *Mercure de France,* S. 485.

43 Laurent Tailhade "Quelques fantômes de la-bas. Madame Sada Yacco." O.O. 1. November 1919 (aus dem Archiv der Bibliothèque de l'Arsenal).

44 "Sada Yakko und die deutsche Schauspielkunst", in: *Ost-Asien,* V. Jg. N. 49, 1902, April, S. 25–29, S. 28.

45 *Die Neue Rundschau,* S. 112.

Bild. Jede Sekunde, immer Abwechslung bietend, immer neue Reize herbeiführend, erstarrt das Ganze in einem anderen, jedesmal restlos geglückten Arrangement."[46]

Auch die Farben und die proxemischen Zeichen haben hier offensichtlich – ebenso wie die Schauspielkunst – keine abbildende oder deskriptive Funktion zu erfüllen. Im Unterschied zu den Zeichen der Schauspielkunst eignet ihnen jedoch auch eine geringere expressive Funktion. Als eher asemantische Elemente weisen sie ähnlich wie die Musik ausdrücklich auf ihre eigene Materialität zurück und binden so den Akt der Bedeutungskonstitution unmittelbar an den Akt der Wahrnehmung durch den Rezipienten zurück:

> Das Auge sieht und schlingt die Bilder in sich ein, und das Ohr hört, wie zur Begleitung leise, kaum vernehmbare, katzenähnliche Laute aus dem Munde des Darstellers hervorkriechen, und wie von phantastischen Saiteninstrumenten und märchenhaften Trommeln fremde, fast singhalesische Töne, ein dumpfes, geklopftes "Bum", ein gezupftes, abgerissenes zitterndes "Ping" von ferne dazwischen klingen.[47]

Der Rezensent der Berliner Zeitung *Der Tag* kommt aufgrund aller dieser Befunde zu folgendem Schluß:

> Aber das, was wir sehen, begreifen und verstehen können, das Auessere, das Körperliche [...] das ist alles andere, nur nicht naive, unentwickelte, jugendliche Kunst, nur nicht Kunst einer Vergangenheit, die hinter uns liegt und über die wir selber hinausgekommen. *Das steht noch vor uns, das steht uns noch bevor, darauf steuern wir vielleicht hin. Diese Kultur weiss bereits mehr als die unserige.* Wir blicken in etwas Zukünftiges [...]. Ich trage kein Bedenken, ihr Spiel ein ethisches Spiel zu nennen [...]. Nein, wir haben wahrlich keinen Grund, achselzuckend auf diese Kunst hinabzusehen. *Wir können von ihr unendlich viel lernen*, und ein bißchen Japonismus würde unserer Theaterkunst sicherlich ebenso viel nützen, wie er unserer Malerei genützt hat. Hier sind jedenfalls grosse *Vorbilder*, die studiert sein wollen und der höchsten Versenkung bedürfen.[48]

Fassen wir abschließend die wichtigsten Momente zusammen, welche den französischen und deutschen Kritikern am Gastspiel der Kawakami-Truppe im Vergleich mit dem eigenen, dem naturalistischen Theater so neu erschienen und wegweisend für ein europäisches Theater der Zukunft. Da wäre zuerst die Dominantenverschiebung innerhalb des Ensembles der theatralen

---

46 Ebda., S. 111.

47 Ebda., S. 112.

48 Zit. nach " Die Kawakami-Truppe (Sada Yakko) in Berlin ", in: *Ost-Asien*, IV. Jg. No. 46, 1902, Januar, S. 449–450, S. 450.

Zeichensysteme von der Sprache zum Körper des Schauspielers zu nennen. Diese Dominantenverschiebung erscheint zum einen als Voraussetzung dafür, daß auf dem Theater überhaupt wieder starke Emotionen ausgedrückt werden können. Entsprechend häufig finden die spezifischen Praktiken der Körperverwendung Erwähnung, mit denen gestische Zeichen hervorgebracht werden, die eine derartige emotional-expressive Funktion zu erfüllen vermögen. Zum anderen folgt aus der Dominantenverschiebung, daß der Ausdruck von Emotionen weitgehend von einer Figuren-Psychologie oder der Handlungslogik abgekoppelt wird. Die Linearität in der Abfolge der Zeichen der Schauspielkunst wird aufgelöst in eine Folge von relativ selbständigen Situationen, (wie der Sterbeszene, der Harakiri-Szene, jeglichem 'Tableau'), die jeweils dem Ausdruck einer bestimmten Emotion dienen bzw. vorbehalten sind. Nicht zuletzt endlich führt die Dominantenverschiebung auf diesem Wege zu einer Verminderung der Eindeutigkeit der theatralen Zeichen – wie sie beim Vorherrschen der Sprache bzw. der abbildend-deskriptiven Funktion gegeben ist – und entsprechend zu einer Potenzierung ihrer Multivalenz: Der Prozeß der Bedeutungskonstitution wird nachdrücklich dem Zuschauer übertragen.

Des weiteren ist der fast schon topisch auftauchende Hinweis auf die körperliche, die sinnliche Wirkung der Schauspielkunst – aber auch der Farben und der Musik – anzuführen. Die theatralen Zeichen werden nicht – wie um die Jahrhundertwende im europäischen Theater üblich – lediglich als Träger von Bedeutungen wahrgenommen, die anschließend – in der Diskussion der Bedeutungen – keiner Beachtung mehr bedürfen, weil – allgemein konsensfähiger Auffassung nach – ihre Wirkung erst entstehen könne, wenn die Bedeutung konstituiert, der Sinn verstanden worden sei. Beim Gastspiel der Japaner dagegen tritt die je spezifische Materialität der theatralen Zeichen in den Vordergrund, ohne eindeutig auf eine bestimmte Bedeutung zu verweisen. Das Band zwischen dem materiellen Zeichen und seiner Bedeutung erscheint – zumindest für den westlichen Zuschauer, der den zugrunde liegenden theatralen Kode nicht kennt – gelockert, das Zeichen bis zu einem gewissen Grade desemantisiert. Dadurch verschiebt sich der Fokus auf den Prozeß seiner sinnlichen Wahrnehmung, die zunächst eine sinnliche Wirkung auslöst. Auf ihrer Basis kann nun vom Zuschauer eine Bedeutungskonstitution vorgenommen werden, die je nach Art der Wahrnehmung und Wirkung bei verschiedenen Zuschauern auch verschieden ausfallen wird.

Die französischen und deutschen Kritiker meinten also in den Aufführungen der japanischen Truppe Prinzipien als fundamental und wirksam zu entdecken, die den in der zeitgenössischen europäischen – bürgerlichen – Kultur geltenden und vorherrschenden Prinzipien der Organisation und Verwendung semiotischer Systeme diametral entgegengesetzt waren: statt

Dominanz der semantischen Dimension – Dominanz einerseits der sinnlich wahrnehmbaren Materialität der Zeichen und andererseits der pragmatischen Dimension; statt Abbildung einer "objektiv" vorgegebenen Wirklichkeit – Ausdruck eines subjektiven Gefühls; statt Linearität der Verknüpfung (durch Psychologie oder Handlungslogik) – Verselbständigung der einzelnen Situationen.

Nun ist diese 'Entdeckung' der Kritiker nicht dahingehend mißzuverstehen, als hätten sie bis dato den überlieferten Prinzipien problemlos angehangen und wären nun plötzlich in den Aufführungen der Japaner mit der Möglichkeit anderer Prinzipien konfrontiert. Dies scheint eher der Fall bei den britischen Kritikern gewesen zu sein. Deswegen waren sie auch nicht imstande, in diesen anderen Prinzipien eine Funktion oder einen Wert für die eigene Kultur zu entdecken, sondern beschrieben und beurteilten sie im Rahmen ihres traditionellen Bezugs- und Bewertungssystems.[49]

In der französischen und in der deutschen Kultur war dagegen um die Jahrhundertwende bereits eine Krise virulent. Wie der Hinweis auf Nietzsches Sprachkritik und Machs Erkenntniskritik gezeigt hat, waren die überlieferten semiotischen Systeme bereits problematisch geworden. Die Bereitschaft und die Fähigkeit, im Anderen – hier: im japanischen Theater – die Prinzipien zu entdecken, die für ihre Umstrukturierung notwendig und geeignet erschienen, war insofern bereits entwickelt. Daher vermochten die Gastspiele Sada Yakkos und Otojiro Kawakamis hier als Katalysatoren zu fungieren, welche eine entsprechende Diskussion in der Öffentlichkeit auslösten und in Gang hielten.

Theaterreformer wie Adolphe Appia und Georg Fuchs oder Dichter wie André Gide meinten in den Aufführungen der Japaner noch eine andere Qualität entdeckt zu haben, welcher die Kritiker kaum Beachtung schenkten: die besondere Weise, in der Raum, Körper und Zeit zueinander in eine Beziehung gesetzt wurden. So merkt Appia im Anschluß an das Gastspiel an:

> Der einfachste Vorgang, z.B. wie eine leidenschaftlich erregte Frau ihre Nebenbuhlerin verfolgt, um sie zu schlagen, wird hier peinlich genau zergliedert und mit dem sichersten Geschmack in einer künstlichen Zeitfolge festgesetzt, aus welcher sich dann jene Stilisierung ergibt, die unser Auge so sehr ent-

---

49 Dies gilt nicht für die britischen Theaterkünstler. Edward Gordon Craig brachte bereits 1899 eine Inszenierung heraus, die mit dem Prinzip des Bühnenillusionismus konsequent brach: In *Dido und Aeneas* gab es weder Kulissen noch Malerei, keinen Realismus oder Historismus. Als wichtigste Materialien wurden Licht und Farbe verwendet. Bei seiner nächsten Inszenierung *The Masque of Love* (1900/01) bezog Craig das hier wiederum von ihm befolgte Prinzip der Reduktion und Abstraktion ausdrücklich auf das japanische Theater. Allerdings verließ Craig das englische Theater nach seiner bahnbrechenden Arbeit an *The Vikings* (1903) und seiner letzten Inszenierung von *Much Ado about Nothing*, um fortan auf dem Kontinent zu arbeiten. – Zu grundsätzlichen Differenzen inbezug auf Werthaltungen und Einstellungen zwischen England, Frankreich und Deutschland vgl. Modris Ekstein, *Tanz über den Gräben.* Die Geburt der Moderne und der erste Weltkrieg, Reinbek 1990.

> zückte. Es entsteht eine Art *gemalte Plastik* in der Bewegung – das heisst in der Zeit – von grösstem künstlerischem Werte.[50]

Diese Qualität identifiziert Gide als 'Rhythmus':

> In ihrer gemessenen, rhythmischen Heftigkeit vermittelte uns Sada Yakko das heilige Gefühl der großen antiken Dramen, welches wir auf unseren Bühnen suchen und nicht mehr finden. Denn es gibt in ihren Gesten, die ein konstanter Lyrismus rhythmisiert, nichts Unharmonisches, nichts Unnötiges, nichts Nebensächliches. Da war ein Höhepunkt an Schlichtheit, wie es bei großen Kunstwerken vorkommt, die von einer höheren Idee der Schönheit beherrscht werden.[51]

Ganz ähnlich meint Georg Fuchs in den Aufführungen der Japaner den Rhythmus als das zugrunde liegende und strukturierende Prinzip zu erkennen, welches sowohl alle räumlichen als auch alle zeitlichen Elemente der Aufführung betrifft. Insofern sieht er hier – im Unterschied zu Appia (der für das Theater der Zukunft eine "harmonische Verschmelzung" des von den Japanern vertretenen Prinzips des "äusserlich Ästhetischen" mit dem der "Innerlichkeit" des Wagnerschen Musikdramas annimmt) – bereits die von ihm projektierte und propagierte "Schaubühne der Zukunft" verwirklicht, die ganz und gar vom Rhythmus als dem fundamentalen Strukturprinzip bestimmt wird.

Die klare Einteilung in raumbezogene und zeitbezogene semiotische Systeme, die Lessing in seinem *Laokoon* (1767) theoretisch begründet hatte, wird durch die Einführung des Rhythmus als allgemeinem – d.h. für räumliche *und* zeitliche Phänomene gültigem – Gliederungsprinzip problematisch. Auch in dieser Hinsicht also muß das Verhältnis zwischen den verschiedenen semiotischen Systemen neu geordnet und theoretisch begründet werden.

Die Gastspiele der Truppe Kawakamis hoben – zumindest in Frankreich und Deutschland[52] – einer breiteren, d.h. über die Künstler und Intellektuellen hinausgehenden Öffentlichkeit ins Bewußtsein, daß die in der eigenen Kultur überlieferten semiotischen Systeme erhebliche Defizite aufwiesen, die sie kaum mehr geeignet erscheinen ließen, die jetzt relevanten Prozesse der Bedeutungskonstitution und Kommunikation zu vollziehen. Zugleich führten sie eindringlich vor Augen, daß Alternativen denkbar waren, daß anders organisierte, strukturierte und verwendete semiotische Systeme die neuen Funktionen wahrzunehmen, durchaus in der Lage waren. Die Gastspiele

---

50 Appia 1983–92, Bd. 2, S. 331.

51 Gide, 1903, S. 129–136.

52 Zur Rezeption des Gastspiels der Truppe Kawakamis in Rußland vgl. Roth 1995.

ließen so eine entsprechende Umstrukturierung der überlieferten semiotischen Systeme als Ausweg aus der Kulturkrise erscheinen.

3. Der *hanamichi*

Wer sich über das japanische Theater informieren wollte, hatte um die Jahrhundertwende dazu reichlich Gelegenheit. Bereits seit den siebziger Jahren erschienen – häufig in populären Zeitschriften wie *Revue des Deux Mondes, Revue d'Art Dramatique, La Revue Théâtrale, Le Temps, Figaro, Westermanns Illustrierte Deutsche Monatshefte, Velhagen und Klasings Monatshefte, Das Theater, Die Schaubühne* – in regelmäßigen Abständen Arbeiten unterschiedlicher Länge und Qualität zum japanischen Theater. Darüber hinaus überflutete eine entsprechende Reiseliteratur den Markt, in der meist auch – zum Teil sogar wertvolle – Hinweise zum japanischen Theater zu finden waren.

Den Berichterstattern war in der Regel die im Verhältnis zur europäischen Guckkastenbühne höchst ungewöhnliche Raumkonzeption des japanischen Kabuki-Theaters aufgefallen. Entsprechend häufig findet der *hanamichi* Erwähnung, auch wenn die Bezeichnung selbst nicht gebraucht wird.

Alfred Lequeux beschreibt in seinem Aufsatz *Le théâtre au Japon* (1888) diese Raumkonzeption folgendermaßen:

> Zwei Holzstege führen von einem Ende des Saales zum anderen, von den Türen, die in die Halle hinausgehen, bis zur Bühne. Die Stege verlaufen oberhalb der Vertiefungen, in denen das Publikum sitzt, und auf gleicher Höhe mit den daraus hervorschauenden Köpfen der Zuschauer. Von hier aus erreicht das Publikum seine Plätze im Parterre; ebenfalls von hier aus geschehen während der Vorstellung auch die Auf- und Abtritte der meisten Schauspieler.[53]

Lequeux führt weiter aus, daß der Dialog häufig bereits auf diesen Passagen beginne (also für einen Teil des Publikums in seinem Rücken). Der Schauspieler könne auf der Mitte des Steges innehalten, um zu sprechen, er könne sogar wieder ein Stück zurückgehen, so daß er genau im richtigen Moment auf der Bühne eintreffen würde. Lequeux zieht daraus den Schluß:

> Das Leben des Dramas gewinnt viel durch dieses Verfahren. Der ganze Saal nimmt sozusagen an der Handlung teil. Man sieht, welche Proportionen die Bühne annimmt, die sich in dieser Weise über die Köpfe der Zuschauer hinweg bis zum Eingang des Parterres ausdehnt.[54]

---

53 Lequeux 1888, S. 2.
54 Ebda.

Anschließend hebt Lequeux hervor, daß diese Raumkonzeption die gleichzeitige Darstellung verschiedener Handlungen erlaube, wobei es meist nicht Nebenszenen seien, die auf den Stegen spielten, sondern vielmehr die Haupthandlung, die sich so mitten ins Parkett verlagere. Lequeux kommt zu folgender abschließender Einschätzung der Raumkonzeption:

> Jeder befindet sich somit mitten im Drama. Vielleicht nimmt er dadurch mit um so lebhafterem Interesse daran teil. Für einen Zuschauer, der seiner Phantasie freien Lauf läßt, können die Laufstege zu Landstraßen werden und das ganze Parkett zu einem bestellten Acker. Wenn er will, daß sein Genuß vollkommen ist, wird er sich als Mensch völlig aufheben und sich als ein unsichtbarer Geist mit dem Drama identifizieren.[55]

Lequeux sieht also in der Raumkonzeption des japanischen Kabuki-Theaters die Möglichkeit gegeben, daß Schauspieler und Zuschauer zueinander in ein – im Vergleich zur Guckkastenbühne – völlig andersartiges Verhältnis treten können: zum einen, weil durch den *hanamichi* das Geschehen mitten unter die Zuschauer getragen wird, zum anderen, weil das Publikum hier seinen Blick und seine Aufmerksamkeit zwischen zwei Orten hin und her wandern lassen muß (Abb. 32).

Beide Gesichtspunkte werden auch von Adolf Fischer in seinem Aufsatz *Japans Bühnenkunst und ihre Entwicklung* in den Vordergrund gestellt, der in *Westermanns Illustrierten deutschen Monatsheften* erschien.

> Das auffallendste sind die links und rechts durch das Parkett vom Eingang bis zur Bühne laufenden, in gleicher Höhe mit derselben befindlichen, etwa zwei Meter breiten Stege: sie werden Hanamichi geheißen, zu deutsch Blumenwege, denn ehemals sollen längs derselben Blumen gepflanzt gewesen sein. Sie gehören zu den charakteristischen Erscheinungen der japanischen Bühne, ja mehr als das, sie bilden einen unentbehrlichen Teil derselben und ermöglichen es, daß sich oftmals zu gleicher Zeit zwei Scenen vor den Augen der Zuschauer abspielen, die eine auf der Bühne, die andere auf dem Hanamichi. Man sollte es nicht glauben, wie das zwischen den beiden Parteien sitzende Publikum in Leidenschaft gerät, in der Aktion aufgeht, ja zuweilen, von seinem Temperament hingerissen, zu Mitspielenden wird.[56]

Beide Autoren geben also nicht nur eine Beschreibung der andersartigen Raumkonzeption, sondern sie interpretieren sie auch im Hinblick auf die mit ihr gegebenen Kommunikationsbedingungen; diese bestimmen das Verhältnis

55 Ebda., S. 3.

56 Fischer 1900/01, S. 502.

zwischen Schauspielern und Zuschauern dahingehend, daß auch der Zuschauer – zumindest teilweise – zum Mitspieler wird. Die Aktivität des Publikums erscheint als eine der auffallendsten Charakteristiken des Kabuki-Theaters.

Beide Aufsätze fanden eine starke Verbreitung. Lequeux' 1888 in der *Revue d'art dramatique* veröffentlichte Arbeit wurde bereits ein Jahr später in Buchform publiziert; 1890 wurde sie, angereichert um vielfältige Illustrationen, von der in drei Sprachen erscheinenden Zeitschrift *Le Japon artistique* des Kunstsammlers Samuel Bing in zwei aufeinanderfolgenden Nummern erneut aufgelegt. Fischers Aufsatz erschien in einer ausgesprochen populären Zeitschrift mit hoher Auflagenzahl. (Er wurde übrigens auch von Meyerhold gelesen, der ihn 1909 ausdrücklich erwähnt. Er fügt fast wörtlich ganze Passagen aus diesem Artikel in seine späteren Ausführungen zum japanischen Theater ein.) Darüber hinaus waren, wie gesagt, Informationen zum *hanamichi* auch aus weiteren leicht zugänglichen Quellen zu schöpfen.

Es mag insofern nicht wunder nehmen, daß die Theaterreformer bei ihrer um die Jahrhundertwende einsetzenden Debatte um die Abschaffung der Rampe sich auf die Raumkonzeption des Kabuki-Theaters bezogen. So schreibt Georg Fuchs in seiner zuerst 1905 publizierten und in ganz Europa rezipierten Reformschrift *Die Schaubühne der Zukunft:*

> Und ferner kommt es uns darauf an, niemals zu vergessen, daß das Drama seinem Wesen nach *eins* ist mit der festlichen Menge. Denn es "ist" ja erst, wenn es von dieser erlebt wird. Spieler und Zuschauer, Bühne und Zuschauerraum sind ihrem Ursprung nach nicht entgegengesetzt, sondern eine *Einheit.* Das japanische Theater hält diese Einheit heute noch fest durch die Brücke, auf welcher der Akteur aus dem Zuschauerraum selbst auf die Bühne vorgeht.[57]

Die Abschaffung der Rampe, die zu Beginn des Jahrhunderts von Peter Behrens, Georg Fuchs, Max Reinhardt, Vsevolod E. Meyerhold postuliert und diskutiert wurde, zielte nicht lediglich auf eine partielle Veränderung des europäischen Theaters, sondern auf einen prinzipiellen Wandel der ihm zugrunde liegenden Kommunikationsbedingungen. Während seit dem ausgehenden 18. Jahrhundert sich das Interesse auf die Personen auf der Bühne und ihre interne Kommunikation konzentriert hatte, verlagerte sich nun der Schwerpunkt auf das Verhältnis zwischen Bühne und Zuschauern: Die externe Kommunikation zwischen Schauspielern und Zuschauern sollte fokussiert und markiert werden. Entsprechend geht Fuchs davon aus, daß das "Drama"

57 Fuchs 1905, S. 38.

erst vom Zuschauer in seinem "Erleben" geschaffen wird.[58] Der Akt des Zuschauens, die Rezeption wurde also als ein aktiver, als ein kreativer Prozeß begriffen, der durch die äußeren Bedingungen des europäischen Theaters – Guckkastenbühne und Rampe – behindert und pervertiert wird. Die Abschaffung von Rampe und Guckkastenbühne und die Entwicklung neuer Raumkonzeptionen galt den Reformern insofern als Vorbedingung für die Emanzipation des Zuschauens als einer kreativen Tätigkeit.

Nach den Berichten über das Kabuki-Theater zu schließen, schien seine Raumkonzeption für die Markierung der externen theatralen Kommunikation geradezu ideale Bedingungen bereitzustellen. Adolf Fischer hatte in seinem Aufsatz bereits "ein Experiment mit dem Hanamichi"[59] vorgeschlagen. Durchgeführt wurde es zuerst von Max Reinhardt bei der Inszenierung der Pantomime *Sumurun* (von Friedrich Freksa) in den Kammerspielen des Deutschen Theaters Berlin im Frühjahr 1910 (Premiere am 24. April 1910). Mit diesem Experiment begann die bis zu Reinhardts Tod nicht mehr abbrechende Reihe von Versuchen, mit denen er dem Theater neue Raumkonzeptionen (*hanamichi*, Zirkusarena bzw. Orchestra, Marktplatzbühne, pageants in einem nachgebauten gotischen Dom u.a.) und Räume (Föhrenwald in Berlin-Nikolasee, Seidl-Park in Murnau, Schloß Leopoldskron, Kollegienkirche in Salzburg, den Salzburger Domplatz, Boboli-Gärten in Florenz, den Campo di San Trovaso in Venedig u.v.a.m.) zu erschließen trachtete.[60]

Die Kawakami-Truppe hatte in ihren Gastspielen, dem Bildmaterial und den Kritiken nach zu urteilen, keinen *hanamichi* verwendet. Reinhardt erfuhr von dieser Raumkonzeption durch seinen Bühnenbildner Emil Orlik, der sich von Februar 1900 bis zum Frühjahr 1901 in Japan aufgehalten hatte, um dort die japanische Kunst des Holzschnitts zu studieren.

Bezeichnenderweise unternahm Reinhardt den ersten Versuch mit dem *hanamichi* bei der Inszenierung einer *Pantomime*. Damit wurde unmißverständlich gegen eine Publikumserwartung gearbeitet, die eine Dominanz der Sprache auf der Bühne als selbstverständlich voraussetzte. In keinem Fall sollte jedoch die Dominanz des Körpers nach Art der "alten Pantomime"

---

58 Wagner hatte bereits darauf hingewiesen, daß die "Theilnahme des Publikums [...] eine thätige, energische" (II, S. 248) sein muß, hatte den Zuschauer zum "organisch mitwirkenden Zeugen" (IV, S. 192), ja sogar zum "nothwendigen Mitschöpfer des Kunstwerkes" (IV, S. 186) erhoben. (Die Angaben beziehen sich auf folgende Ausgabe: Richard Wagner, *Gesammelte Schriften und Dichtungen*, Bd. 1–10, 2. Auflage 1887/88.) Allerdings hatte Wagner gerade als Bedingung eines solchen kreativen Zuschauens die Verstärkung der Rampe durch den "mystischen Abgrund" des Orchestergrabens und durch eine völlige Verdunkelung des Zuschauerraumes gefordert.

59 Fischer 1900/01, S. 502.

60 Vgl. hierzu Heinrich Huesmann, *Welttheater Reinhardt*. Bauten, Spielstätten, Inszenierungen. München 1983.

realisiert werden, "die durch stereotype Gebärden Worte ersetzt, so daß man sich wundert, warum die Leute nicht lieber gleich sprechen". Dagegen sollten Szenen geschaffen werden, "in denen das Wort an sich zu entbehren sei"[61].

Die Pantomime war "im phantastischen Orient, etwa im sagenhaften Samarkand" angesiedelt; ihre "Handlung" bestand aus einer weder psychologisch noch handlungslogisch motivierten "reichen und ungebundenen Situationsreihe", die einerseits Szenen der Leidenschaft (Liebes- und Mordszenen), andererseits komische Szenen, vor allem mit dem Buckligen, (seinen Selbstmord, seinen 'Leichnam', seine Wiedererweckung) fokussierte [...]. (Abb. 33 und 34) "Um ein rhythmisches Festigungsmittel für die Szenenfolge zu erlangen", wurde Musik eingesetzt, die allerdings "die Aufmerksamkeit der Zuschauer nicht von dem mimischen Spiele der Spieler ablenken" und daher auch "an den ganz großen Momenten [...] schweigen"[62] sollte.

Reinhardt hatte also die von der Kritik am Gastspiel der Japaner wahrgenommene Dominanz des Körpers sowie die Auflösung der Linearität der Handlung in einzelne Situationen von intensiver Emotionalität bei seiner Inszenierung von *Sumurun* ausdrücklich projektiert. In der Inszenierung wurden seine Pläne offensichtlich so weit realisiert, daß in den Kritiken immer wieder auf diesen Aspekt Bezug genommen wird. Oskar Bie, welcher der Inszenierung wegen ihrer "Stillosigkeit" eher ablehnend gegenüberstand, urteilt in der *Neuen Rundschau*:

> Der Regisseur Reinhardt [...] faßt zuletzt scharfe Mordszenen nach japanischer Art: das wird gut und *strafft sich im Rhythmus* [...] Ich habe in der zweiten Hälfte bei den Liebes- und Mordszenen (Liebe und Mord schweigen) Eindrücke von stärkster Konzentration empfangen [...]. Grete Wiesenthal, die Scheichin, ist die wahre zukünftige *Einheit von Spiel und Tanz*, das ist von *seelischer Darstellung* und *plastischer Ausarbeitung* in einer *selbständigen Folge* von *Stellungen* und *Erregungen*, die auf dem Stück sitzen, wie eine – noch außerdem an sich schöne *Körpermelodie*.[63]

Bie hebt also zweierlei hervor: zum einen den Rhythmus, nach dem die Abfolge der einzelnen Szenen von hoher emotionaler Intensität strukturiert ist (anstelle von Handlungslogik und Psychologie), und zum anderen die neue Art der Körperverwendung durch Grete Wiesenthal. Sie schuf eine "Körpermelodie" – d.h. eine strukturierte Abfolge einzelner an sich asemantischer Elemente (Stellungen, Gesten) mit emotionaler Wertigkeit (seelische Darstellung, Erregungen), die jeweils selbständig rezipiert werden konnten. Ihre

61 Freksa 1913, S. 114.

62 Ebda.

63 *Die Neue Rundschau*, XXI Jg., H. 6, Juni 1910. Kursivierungen im Zitat stammen von mir.

Praxis der Körperverwendung folgte also demselben Prinzip wie die Strukturierung der gesamten Aufführung durch den Rhythmus.

Beim Gastspiel von *Sumurun* in New York war es vor allem die starke körperliche Ausdruckskraft der Schauspieler, die als ungewöhnlich beeindrukkend hervorgehoben wurde. Immer wieder finden sich Bemerkungen wie: "It was the superb acting of the German players that made the pantomime as vivid, colorful and gripping, that one forgot half the time that the characters were telling their stories without words."[64] Der Rezensent des *New York Review* (24. Januar 1912) geht sogar soweit, die Pantomime im Zusammenhang mit der Körperkulturbewegung zu diskutieren.

> "Sumurun" is a great feather in the cap of the physical culturists who hold that the body is the instrument of the soul and mind, designated by the creator solely for the purpose of expressing its emotions and thoughts and all that. They, the physical culturists, [...] have possibly never before had such an excellent demonstration made for them as this "Sumurun". It proves, better than all the books on the subject ever written, or all the lessons in "bodily expression" ever given by teacher or professor "how eloquent is silence".

Daneben wird von der New Yorker Kritik auch die Farbgebung als "not only beautiful, but novel and refreshing" erwähnt: "Reinhardt seems to have studied the soul of each color. He gets his effect of Oriental wealth by getting each color to such a tone as will bring it to a glow and then adding other colors but sparingly until he gets the effects he wants."[65]

D.h. es werden von der Kritik gerade diejenigen theatralen Zeichen erwähnt, die aufgrund ihrer fehlenden Kodierung multivalent sind und vom Zuschauer entsprechend seinem 'universe of discourse' mit einer – gegebenenfalls – je anderen Bedeutung belehnt werden können.[66]

Reinhardt verwendete also den *hanamichi* zum ersten Mal in einer Inszenierung, die im Hinblick auf die Auswahl der theatralen Zeichensysteme (keine Sprache, wohl aber Musik), die Dominantenbildung (innerhalb der

---

64 Das Wiener Theatermuseum besitzt eine Sammlung von Kritiken zum New Yorker Gastspiel von *Sumurun*. Leider lassen sich die meisten von ihnen nicht identifizieren; angegeben ist entweder nur der Name der Zeitung oder des Kritikers oder das Datum. Sie werden daher nachfolgend ohne genauere (nicht verfügbare) Angaben zitiert. Die hier zitierte Kritik trägt das Datum 4. Dezember 1912.

65 Joseph Gollomb, "Sumurun", nicht näher identifizierte Kritik aus dem Archiv des Wiener Theatermuseums.

66 Selbstverständlich kann auch die Verwendung – und entsprechende Deutung – von Licht und Farbe auf der Grundlage eines spezifischen kulturellen Kodes erfolgen. (Vgl. hierzu Fischer-Lichte 1983, Bd. 1, S. 155ff.) Da dies jedoch nicht zwangsläufig geschieht und da andererseits mehrere derartige Kodes nebeneinander existieren mögen, ist das Resultat der Bedeutungskonstitution nicht voraussagbar – offensichtlich überwiegt die Subjektivität.

Zeichensysteme: Körper des Schauspielers; im Verhältnis der semiotischen Ebenen: Dominanz sowohl der physischen Materialität der Zeichen als auch der pragmatischen Dimension) sowie die Prinzipien der Zeichenkombination (statt Psychologie und Handlung Rhythmus) und Funktionszuweisung der Zeichen (nicht abbildend, sondern expressiv) nicht dem an Dramen-Inszenierungen entwickelten Erwartungshorizont der Zuschauer entsprach. Damit schienen für die Einführung des *hanamichi* relativ günstige Bedingungen gegeben zu sein.

Um so mehr mag es erstaunen, daß in der deutschen Kritik seine Verwendung entweder nicht einmal erwähnt (wie bei Kerr und Bie) oder mit dem kurzen Urteil abqualifiziert wird, er habe "plump und stillos"[67] gewirkt. Dagegen gehen die New Yorker Besprechungen ausführlich auf den *hanamichi* und seine Wirkung auf die Zuschauer ein:

> In "Sumurun" there is a narrow runway reaching from the back of the orchestra floor over the tops of the seats and on to the stage. Along this runway most of the characters of "Sumurun" cross from the back of the theater over the heads of the audience and on to the stage. This is a daring device for one who is working on your imagination and create the effect of delusion. And it is all the more tribute to the acting of the German company, who present "Sumurun" and to the staging that, although some of the audience could put out their hands and touch the garments of the actors as they past them, none of the spell that enveloped the actors on the stage left them as they crossed the runway at the end of the play and made their way back.[68]

Während dieser Rezensent nur staunend anmerkt, daß die Schauspieler auch auf dem *hanamichi* nichts von ihrem Zauber verlören, wendet ein anderer Kritiker prinzipiell gegen ihn ein, daß er "distracts the audience's attention", weil "the actors make their entrances at some vital point in each scene of the play". Denn kein Zuschauer sei fähig, "to resist the temptation of turning round or looking skyward as a flock of very fat eunuchs or a bevy of gayly fledged ladies of the haven come clattering down the centre of the theatre just two feet above your head". Und so kommt der Rezensent zu dem Schluß, daß der *hanamichi* nicht nur überflüssig, sondern geradezu kontraproduktiv sei: "It destroys a great deal of the illusion and it makes the audience miss many points of the play."[69]

---

67 Lion Feuchtwanger 1911, S. 82.

68 Nicht näher identifizierte Kritik vom 4. Februar 1912 aus dem Archiv des Wiener Theatermuseums.

69 "Why Lot's Wife Could not Have Sat out 'Sumurun'. The pedestrians on that bridge would have aroused her curiosity so that she would have turned into twenty pillars of salt." Nicht näher identifizierte New Yorker Rezension aus dem Archiv des Wiener Theatermuseums.

Aus diesen beiden Kritiken lassen sich interessante Schlußfolgerungen hinsichtlich Funktion und Wirkung des *hanamichi* ziehen. Zum einen können wir annehmen, daß die Zuschauer *nicht* der Versuchung widerstanden, sich umzuwenden. Sie richteten ihren Blick sowohl auf die Bühne als auch auf den *hanamichi*. Die Zuschauer hatten also zwei verschiedene *foci* und zwei verschiedene Perspektiven. Sie konnten ihren Blick nicht nur über die Bühne schweifen lassen, sondern ebenso zwischen Bühne und *hanamichi* hin und her. Da die Schauspieler "an den spannendsten Momenten des Stücks" auftraten, war es nicht zu vermeiden, daß die Zuschauer, die sich nach dem auftretenden Schauspielern umsahen, die Geschehnisse auf der Bühne verpaßten. Wer es dagegen vorzog, seinen Blick nicht von der Bühne zu lösen, verpaßte die Auftritte auf dem *hanamichi*. Wie auch immer die Zuschauer sich entschieden, in jedem Fall versäumten sie etwas, das ihr Nachbar, der eine andere Wahl getroffen hatte, wahrnahm. Da man seinen Blick nicht gleichzeitig auf zwei verschiedene Punkte im Raum heften kann, mußte jeder Zuschauer notwendigerweise etwas anderes wahrnehmen; schuf, seiner eigenen subjektiven Wahrnehmung folgend, seine eigene Auswahl und Kombination von Elementen. Auf diese Weise brachte letzten Endes jeder seine eigene Inszenierung hervor.

Die subjektiven Bedingungen, welche dem Rezeptionsprozeß – als Prozeß von Wahrnehmung und Bedeutungskonstitution – zugrunde liegen, markierte der *hanamichi* auch noch in anderer Hinsicht. Aus der Beschreibung des *hanamichi* im ersten Zitat erfahren wir, daß die Figuren "über die Köpfe der Zuschauer hinweg" auftraten. Der Kritiker des *Erie Dispatch* beschreibt den *hanamichi* als "a flower-decked path, illuminated by colored lights". Die Figuren "in the wordless drama come apparently from nowhere and walk upon the stage over this symbolic pathway to take their places in the moving scenes of the amusing melodrama"[70].

Setzt man diese Beschreibung zur Struktur der Pantomime in eine Beziehung, die mit Körperbewegungen, Farbe, Licht und Musik eine multivalente theatrale Wirklichkeit erschafft, dann eröffnen sich interessante Möglichkeiten für eine Funktionszuweisung hinsichtlich der Verwendung des *hanamichi*. Das farbige Licht stellt zunächst eine Verbindung zwischen *hanamichi*, Kostümen der Schauspieler und Bühnenraum her. Die Blumen auf dem Steg – sozusagen die bildliche Umsetzung des Wortes "Blumensteg", welches Reinhardt benutzte, – verweisen darauf, daß die Figuren nicht über die harten Planken der Wirklichkeit auf die Bühne gelangen, auch wenn sie aus derselben Richtung kommen, aus der die Zuschauer das Parkett betreten haben.

70 *Erie Dispatch*, 28. Januar 1912. (Vgl. Anm. 69).

Dennoch tauchen sie nicht von "nowhere" auf; vielmehr, in einer Höhe mit den Köpfen der Zuschauer tanzend, hüpfend, wandelnd, schreitend, scheinen sie ihren Köpfen entsprungen zu sein, treten auf als Geschöpfe ihrer Einbildungskraft, ihrer Träume. Die verschiedensten (New Yorker) Kritiker stellen immer wieder heraus, daß die Inszenierung eine "atmosphere of unreality" schaffe, welche "recalls Japanese art and Japanese methods far more than it does either Arabia or Persia"[71]; daß "seeing 'Sumurun' [...] is like looking on in a tense, vivid dream", daß "there is a quality of unreality, a rich, mysteriously exotic spell which the pantomime weaves about the spectator as he sits looking at it, that is like nothing as much as the feeling in a heavy dream"[72]. Wenn wir dies berücksichtigen, läßt sich durchaus die Schlußfolgerung ziehen, daß der *hanamichi* als Verbindungssteg zwischen der Phantasie des einzelnen Zuschauers und der Traumwelt der Bühne fungierte. Er hob nachdrücklich ins Bewußtsein, daß diese Traumwelt nicht als Abbildung einer objektiven Wirklichkeit zu verstehen sei, sondern als subjektive Schöpfung der Einbildungskraft des Zuschauers: Durch seine Rezeption – als Wahrnehmung und Bedeutungskonstitution – wird die Welt der Bühne zur Welt seiner subjektiven Träume. Wer auf dem *hanamichi* auftaucht, steigt aus der Phantasie des Zuschauers auf und gelangt über diesen Steg in die Welt der Bühne – in der seine Wünsche und Ängste ausagiert werden.

Indem Reinhardt in *Sumurun* den *hanamichi* verwendete, reflektierte er mit den Mitteln des Theaters auf die Möglichkeiten des Theaters, sich als subjektive Schöpfung, als Konstruktion – nicht nur des Regisseurs, sondern vor allem – des Zuschauers zu konstituieren. Jeder Zuschauer, der "der Versuchung nicht widerstand" und in der Tat die Augen von der Bühne löste, den Kopf zurückbog, um zu sehen, welche Gestalten am Ende jenes Steges von "nowhere" auftauchten, seine Augen zwischen *hanamichi* und Bühne hin- und herschweifen ließ, seine Aufmerksamkeit zwischen beiden Orten – wiederum in subjektiv bedingter, je unterschiedlicher Weise – teilte, vollzog implizit diese Reflexion nach.

Der Einsatz des *hanamichi* markierte also in zweifacher Hinsicht die eingetretene bzw. eingestandene Subjektivierung in der Verwendung semiotischer Systeme. Zum einen wies er daraufhin, daß die Gestalten und Geschehnisse auf der Bühne nicht eine allen in gleicher Weise vorgegebene Wirklichkeit abbilden, sondern der Phantasie jedes einzelnen Zuschauers entsprungen sind. Dieser Aspekt wurde durch die Struktur der Aufführung, ihre Dominantenbildung sowie die Prinzipien ihrer Zeichenbildung und -verwendung

71 "Why Lot's Wife could not Have Sat Out 'Sumurun'".
72 Gollomb (vgl. Anm. 65).

zusätzlich betont. Zum anderen forderte er den Zuschauer dazu auf, seinen Blick schweifen zu lassen, eine subjektive Wahrnehmung und entsprechend eine subjektive Bedeutungskonstitution vorzunehmen. Der Zuschauer avancierte damit zum eigentlichen Schöpfer der Inszenierung.

Reinhardt verwendete also den *hanamichi* weder im Einklang mit seinen von der Japan-Literatur herausgestellten "ursprünglichen" Funktionen noch auch, um aus Schauspielern und Zuschauern eine Einheit im Sinne einer Gemeinschaft herzustellen, wie Georg Fuchs es propagierte. Er setzte ihn vielmehr ein, um jedem Zuschauer eine je eigene Wahrnehmung und Bedeutungskonstitution zu ermöglichen, um die Subjektivierung von Wahrnehmung und Bedeutungskonstitution voranzutreiben.

Reinhardt verwendete den *hanamichi* in dieser Funktion auch in späteren Inszenierungen: in Offenbachs *Schöner Helena* (Münchner Künstlertheater 1911) und in Gozzis/Vollmoellers *Prinzessin Turandot* (Salzburger Festspiele 1926) – hier allerdings in Kombination mit jeweils anderen Funktionen, die er zum großen Teil bereits früher mit anderen Mitteln realisiert hatte.

Bei diesen Inszenierungen erkannten nun auch einzelne Kritiker die spezifischen Funktionen des *hanamichi* wenigstens zum Teil. So schreibt Feuchtwanger über seine Verwendung in der *Schönen Helena:*

> [...] er stellt zunächst, gemäß dem Uebermut der Buffo-Oper, einen intensiven Kontakt zwischen Publikum und Bühne her, verbindet Thorax und Smoking zu einem possierlichen Hendiadyoin und schlägt eine Brücke zwischen nebulos pathetischer Vergangenheit und höchst real befrackter, kritizistischer Gegenwart; [...] und [er] verstattet endlich dem Regisseur, die Illusion je nach Bedarf zu verstärken oder zu mindern. Lichte Bewegtheit ist alles. Das zuckt und wirbelt und flattert immerwährend und immer anders, tänzelt irgendwo aus der Mitte des Publikums heraus und huscht über die Bühne und läßt einem nicht Zeit, über all den wirbelnden Unsinn mit ernster Trockenheit nachzudenken.[73]

Und über den *hanamichi* in *Turandot*, den Reinhardt in seinem Regiebuch folgendermaßen eingezeichnet hatte,[74]

73 Feuchtwanger 1911, S. 82.

74 Reinhardt hatte Gozzis *Turandot* zum ersten Mal 1911 am Deutschen Theater inszeniert. Ob er hier bereits den *hanamichi* verwendet hat, läßt sich weder aus den überlieferten Fotos noch aus den Kritiken zweifelsfrei feststellen. Da Reinhardt seine Regiebücher für jede Inszenierung aktualisierte, ist auch die Zeichnung im Regiebuch nicht als ein Beleg für die frühere Verwendung zu werten. Da Reinhardt allerdings zum ersten Mal 1910 mit dem *hanamichi* experimentiert und die Experimente mit der *Schönen Helena* 1911 fortgesetzt hatte (Premiere 30.6.1911), wäre der erneute Einsatz des *hanamichi* in *Turandot* (Premiere 27.10.1911) zumindest nicht unwahrscheinlich.

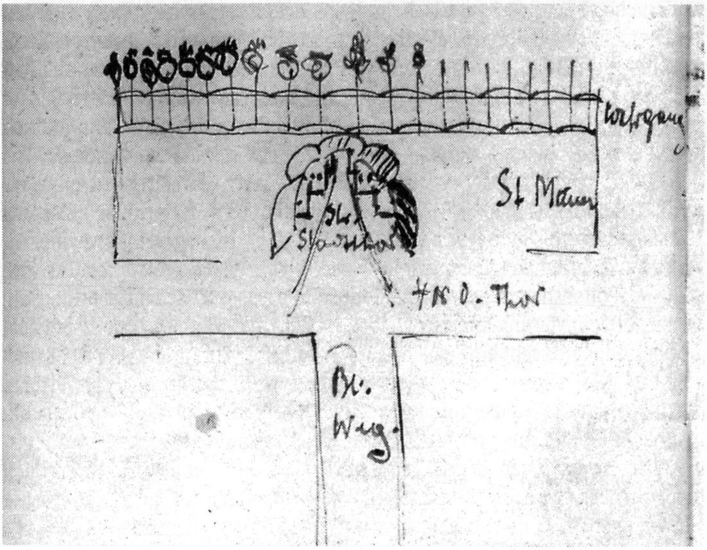

Regiebuch Max Reinhardts zu *Turandot.* Zeichnung des *hanamichi.* Binghamton Libraries, Special Collections.

äußert sich Felix Salten:

> Schön die Bühnenbilder, die aus der berauschten Stimmung eines Li-Tai-Po-Schwärmers geboren scheinen. Sie lenken von allem Gewohnten und Alltäglichem ab und geben ein übersinnliches, fernes, in die Nacht vergangener Jahrhunderte entschwundenes China und sie verbinden dieses China unmerklich mit feinen Übergängen mit dem Festspielsaal, darin deutsche Gotik und Ansätze des bayerisch-österreichischen Barock herrschen. Der Blumensteg, der hinten von dem Podium bis zur Mitte des Parketts ragt, der von den Darstellern bei ihren Auftritten und Abgängen benutzt wird, ist eine solche Verbindung. Die zwei Leuchtornamente, die in den Pausen aufstrahlen, sind Verbindungen ebenso wie die gemalten Teppiche, welche die Brüstung der Galerien nahe der Szene verkleiden.[75]

Zwar moniert der Kritiker Hanns Braun, daß "Reinhardt die Parallele zur Revue durch den tief ins Parkett hineinführenden Laufsteg und das Auftreten der Schauspieler von den Zuschauerausgängen her betont", weil "dieses

75 *Neue Freie Presse* ohne Datum.

äußerliche Dem-Zuschauer-Nahebringen keinen seelischen Kontakt, eher einen nicht angenehmen körperlichen (die Schauspieler sind ja auf Fernwirkung geschminkt!) hervorruft"[76], aber ganz offensichtlich hat auch er begriffen, daß der *hanamichi* im Hinblick auf das Verhältnis zwischen Schauspielern und Zuschauern, Bühne und Auditorium eine Funktion erfüllt, auch wenn er die Notwendigkeit dieser Funktion nicht einzusehen vermag.

Daneben entwickelte Reinhardt jedoch andere Verfahren – vor allem andere Raumkonzeptionen –, die diese Funktionen zu erfüllen ebenfalls imstande waren. Die theatergeschichtliche Bedeutung von Reinhardts Rezeption des japanischen *hanamichi* in *Sumurun* wird davon nicht berührt. Die neue Rezeptionshaltung, die Reinhardt dadurch seinen Zuschauern ermöglichte, die Subjektivierung ihres schweifenden Blicks wurde hier zum ersten Mal unübersehbar durch eine spezifische räumliche Anordnung zum Prinzip erhoben und ausdrücklich markiert.[77] Auch wenn die Kritiker dies Prinzip nicht erkannten – weil es ihre Konzeption von Theater sprengte –, wurde die räumliche Anordnung von den Zuschauern durchaus als eine Art Handlungsanweisung verstanden, der sie gerne folgten. Sie ließen in der Tat ihren Blick schweifen und vollzogen so im Prozeß der theatralen Kommunikation eine Subjektivierung von Wahrnehmung und Bedeutungskonstitution.

4. Heldendramen des Kabuki-Theaters

Seit den siebziger Jahren des 19. Jahrhunderts erschienen Übersetzungen japanischer Kabuki-Dramen in westlichen Sprachen, darunter vor allem Stücke der beiden bedeutenden Dramatiker Chikamatsu Monzaemon (1653–1724) und Takeda Izumo (1688–1765). 1874 veröffentlichte Georges Bousquet in der *Revue des Deux Mondes* seine Übersetzung von Chikamatsus *Shinju ten no Amijima*, der in den zwanziger Jahren noch zwei englische, eine französische und eine deutsche Übersetzung folgten. Im Jahre 1880 erschienen sowohl eine englische als auch eine deutsche Übersetzung von Takedas *Kanadehon chûshingura*. Frederick V. Dickens publizierte seine Übertragung unter dem Titel *Chiushingura: or the loyal league*, F.A. Junker

76 *Münchner Zeitung* vom 18.8.1926, zit. nach Rühle 1988, S. 717.

77 Bereits in seinem Kabarett "Schall und Rauch" hatte Reinhardt mit der "Hofloge", von der aus Serenissimus und Kindermann das Geschehen kommentieren, bei der Matinée im deutschen Theater für den Blick des Zuschauers einen zweiten räumlichen Brennpunkt geschaffen. Mit dem epochemachenden Einsatz der Drehbühne in seiner Inszenierung des *Sommernachtstraums* im Deutschen Theater (1905) revolutionierte er die Wahrnehmung des europäischen Zuschauers – wenn auch in ganz anderer Weise als in *Sumurun*.

von Langegg die seine unter dem Titel *Vasallentreue*. 1886 legte Albert Dousdebès eine französische Übersetzung aus dem Englischen von Dickens vor: *Tchou-chin-goura ou une vengeance japonaise*; 1892 und 1894 entstanden zwei weitere englische Übersetzungen: James Murdocks *Scenes from the Chiushingura and the story of the forty-seven ronin* und Jukichi Inoues *Chiushingura or the loyal retainers of Akao*. Das Drama über die 47 Ronin wurde bis Ende der dreißiger Jahre noch mehr als zehnmal ins Englische, Deutsche oder Französische übertragen.

Karl Florenz veröffentlichte 1900 sowohl eine deutsche als auch eine französische Übersetzung des VI. Aktes von *Sugawara denju te narai kagami*: *Scènes du Théâtre japonais, l'école de village (Terakoya)* bzw. *Terakoya*. Der VI. Akt stammte aus der Feder von Takeda Izumo, während die übrigen fünf Akte von Namiki Senryu und Miyoshi Shoraku geschrieben wurden. Von diesem Teil des Stückes hatte Adolf Fischer in seinem Aufsatz eine ausführliche Inhaltsangabe (nach einer Aufführung) gebracht. 1907 erschien eine weitere deutsche Übersetzung von Wolfgang von Gersdorff, 1927 eine Übersetzung von Klabund (*Das Kirschblütenfest*), sowie eine von Maria Piper. Englische Übersetzungen kamen 1916 (M.C. Marcus, *Matsu, the pine-tree)*, 1921 (Samuel A. Eliot, *Bushido*, adapted from *Terakoya or The Village School*, tr. from Florenz French version), 1924 (Mrs. J.N. Penlington, *The village school*) und 1928 (A.H. Sakai, *The terakoya school*) heraus. Die russische Kulturzeitschrift *Vestnik Evropy* veröffentlichte im Augustheft 1905 eine russische Übersetzung (nach der deutschen Fassung von Florenz) und 1909 übertrug Meyerhold *Terakoya* noch einmal aus dem Deutschen ins Russische.

Angesichts der Häufigkeit der Übersetzungen nimmt es nicht wunder, daß Takedas Dramen zu den ersten japanischen Stücken zählten, die auf europäischen Bühnen aufgeführt wurden: *Terakoya* kam im Oktober 1905 in Kraków zur Aufführung, im Februar 1907 im Schauspielhaus Köln (Regie Max Martersteig), im Mai 1908 im Königlichen Schauspielhaus in Dresden, im September desselben Jahres in Reinhardts Kammerspielen in Berlin (unter der Regie von Woldemar Runge) und in der Spielzeit 1909/10 im Litejnij Teatr in St. Petersburg. *Chushingura* wurde in der Bearbeitung von Paul Anthelme unter dem Titel *L'Honneur Japonais* in einer Inszenierung von André Antoine im Pariser Théâtre de l'Odéon von April bis Juni 1912 gespielt und im März 1913 noch einmal wieder aufgenommen.

Die Dramaturgie von Takedas Stücken, vor allem von *Terakoya*, weist eine Reihe von Merkmalen auf, welche einem europäischen Publikum zu Beginn des 20. Jahrhunderts im höchsten Maße befremdlich erscheinen mußten. So werden in *Terakoya* dem Zuschauer einzelne Szenen von höchster Emotionalität geboten, ohne daß er vorher auch nur einen Hinweis auf die Gründe oder Motive für die ihm gezeigten Gefühle erhalten hätte oder in irgendeiner Weise auf sie vorbereitet würde. Wenn in der ersten Szene des Stücks die vornehme Dame (Chiyo) und ihr Sohn (Kotaro), den sie eben in die Dorfschule gebracht hat, sich mit allen Zeichen großer Erregung, ja eines heftigen Seelenkampfes voneinander verabschieden, dann weiß der Zuschauer weder, daß dies ein Abschied für immer ist, noch daß Mutter und Sohn beide vom baldigen Tod des Sohnes wissen und in ihn selbst eingewilligt haben. Wenig später tritt Matsuo mit einigen Kriegern auf, die dem Dorfschullehrer (Genzo) befehlen, ihnen das Haupt des von ihm verborgenen Fürstensohnes Kanshusai zu übergeben. Matsuo soll es identifizieren, weil er als einziger den Fürstensohn gekannt hat. Nach einem schweren inneren Kampf stürzt Genzo ins Nebengemach, wo er – wie der Zuschauer weiß – statt Kanshusai den fremden Knaben Kotaro enthauptet. Wenn Matsuo das Kästchen öffnet und das Haupt als das des Fürstensohnes identifiziert, dann ahnt der Zuschauer noch nicht einmal, daß er das Haupt seines eigenen Sohnes erkennt, ja daß er selbst das Täuschungsmanöver initiiert hat, um seinen eigenen Sohn für den Fürstensohn zu opfern. Der Zuschauer nimmt nur wahr, was in Gersdorffs Übersetzung folgendermaßen beschrieben ist:

> Gemba: [...] Ist das des Prinzen Kopf?
>
> Matsuo übernimmt schweigend das Kästchen, setzt es auf eines der Pulte und läßt sich, mit halber Front dem Hörer zugewandt, davor auf die Erde nieder. Im Hintergrund stehen die Krieger, seitlich beobachtet Genzo die Szene, und vor dem Knienden hat mit halbem Profil Gemba Aufstellung genommen, der als scharfer Beobachter die Hand an das Schwert legt. Tonami (die Frau des Dorfschullehrers e.A.) schluchzt rechts in der Tiefe. Matsuo zieht die Schachtel dicht zu sich heran, öffnet mit geschlossenen Augen den Deckel und schlägt dann langsam, wie träumend, die Lider auf. Indem er schweigend den Kopf eine Weile betrachtet, berührt er ihn tastend mit zitternder Hand. Auf seinem Gesicht zeigt sich der Ausdruck tiefen Seelenschmerzes. Endlich gibt er Antwort mit gleichem Ton auf beiden Silben.
> Matsuo: Er ist's![78]

Weder beachtet diese Dramaturgie die zeitliche Reihenfolge der Ereignisse noch die kausale Relation von Ursache und Wirkung noch gar irgendeine Psychologie. Der Zuschauer nimmt das spätere Ereignis vor dem früheren wahr, dessen Folge es doch ist, sieht die Wirkung, ohne die Ursache zu kennen. Deswegen haben deutsche Kritiker – wie z.B. Alfred Kerr – diese Dramaturgie mit Ibsens analytischer Dramaturgie gleichgesetzt (und natürlich

78 Gersdorff, *Japanische Dramen*, S. 81f.

nicht recht glauben wollen, daß ein japanischer Dramatiker bereits mehr als hundert Jahre vor Ibsen diese Dramaturgie erfunden und perfekt beherrscht haben soll). Der Unterschied zu Ibsens Dramen der verborgenen Lebenslüge liegt m.E. jedoch auf der Hand. Bei Ibsen macht sich der Leser/Zuschauer zusammen mit der als Katalysator wirkenden dramatischen Figur, die – sozusagen – von draußen kommt, auf, nach Gründen für das ihm in mancher Hinsicht unverständliche Verhalten der Figuren in ihrer Vergangenheit zu suchen; es ist ein archäologisches Verfahren, das Stück für Stück die Teilchen ans Licht befördert, die im Puzzle noch fehlen. Ziel ist es, alle verlorenen Teile wiederzufinden, das Puzzle zusammenzusetzen und so die Figur zu verstehen – auch wenn dies Ziel häufig nicht erreicht wird.

Bei Takeda dagegen steht im Mittelpunkt des Interesses nicht der Wunsch, die Figuren zu verstehen; die Aufmerksamkeit des Zuschauers ist vielmehr auf die je vereinzelten Momente konzentriert, in denen Emotionen von größter Stärke mit höchster Intensität zum Ausdruck gebracht werden. Diese Momente klinken sich – so könnte man sagen – aus der zeitlichen und kausalen Kette von Ereignissen aus. Der ganz und gar von der Emotion bestimmte und ausgefüllte Augenblick dehnt sich aus, konstituiert – jenseits der linearen Zeitenfolge – eine andere, eine subjektive Zeit. Die Rezeption solcher Momente durch den Zuschauer bedarf daher auch nicht eines speziellen Vorwissens; der Zuschauer muß vielmehr bereit sein, sich von der Linearität der Zeit, von der Kausalität der Ereignisse zu lösen und in der vollkommenen Konzentration auf den Augenblick intensivsten Gefühlsausdrucks eine Zeiterfahrung ganz eigener Art zu erleben. Die später nachgelieferten Erläuterungen und Begründungen berühren die Rezeption dieses Augenblicks nicht. Sie rücken vielmehr nur die mit ihm verbundenen Ereignisse in ein bestimmtes kulturelles Wertsystem ein.

Da die Übersetzung von Gersdorff, die in den deutschen Inszenierungen verwendet wurde, die Dramaturgie des Stückes in dieser Hinsicht nicht antastet, erhebt sich die Frage, ob und in welcher Hinsicht die Inszenierungen die von der Dramaturgie ermöglichte spezifische zeitliche Qualität realisiert und gegebenenfalls produktiv gemacht haben.

In den Kritiken finden sich bis auf eine Ausnahme kaum Hinweise. Allein Willi Handl geht in seiner Besprechung der Berliner Inszenierung durch Woldemar Runge (Abb. 35) in der *Schaubühne*, auf eben diesen Punkt ausführlich ein. Er beklagt sich zunächst über die generell um sich greifende Tendenz, anstelle des "Dramatischen" nur noch "Kunsthandwerk" auf die Bühne zu bringen und fährt dann fort:

> [...] wir brauchen einen Moment außerordentlicher Ergriffenheit; den brauchen wir Publikum ja immer. Ist diese als Moment eines großen, ganzen Dramas, das Blut von unserm Blute hält, aus irgendwelchen Gründen nicht

> aufzutreiben, so gebt sie uns in handlicher Form zum praktischen Gebrauch, als einzelnes Stück, aber schmuck, neuartig und im gediegensten Material, gebt sie uns, wenn sie in eurer Kunst gerade nicht zu haben ist, in eurem Kunsthandwerk. Laßt Herrn Kayßler einen Vater spielen, der das Kästchen mit dem Haupte seines geopferten Sohnes langsam auftut. Er spielt es wunderbar ergreifend; allzu langsam vielleicht, mit allzu innigem schauspielerischen Entzücken an jedem kleinsten Detail. Aber in jedem kleinsten Detail auch voll Größe, voll Tiefe, voll Adel. Nur von Novelli hat man noch so aufwühlende Mimik gesehen. Hier ist Schmerz von unserem Schmerz. [...] Mit den Augen der Seele sieht man nichts als diesen Vater und seinen langsam zehrenden furchtbar beherrschten Schmerz um den erschlagenen Sohn. Ein wahrhaft dramatischer Moment und für uns Publikum wohl zu brauchen. Aber ohne irgendwelche dramatische Verbindung, die uns noch menschlich anginge. Da tritt nun das Kunsthandwerk her und gibt ihm die handliche Form schmuck, neuartig und in gediegenem Material.[79]

Was Handl über Kayßlers Spiel schreibt, vor allem über das Ausspielen der Details und die akzentuierte Langsamkeit, läßt vermuten, daß hier in der Tat ein solcher Augenblick von subjektiver Zeit geschaffen wurde, der völlig losgelöst von der Abfolge der Ereignisse für sich stand und seinen eigenen Wert schuf. Handl erkennt durchaus die besondere Wirkung dieses Momentes an, akzeptiert jedoch gerade nicht, daß dieser Moment "ohne irgendwelche dramatische Verbindung, die uns menschlich anginge", für sich steht. Während ihn die emotionale Intensität des Augenblicks durchaus zu beeindrucken vermag, steht er seiner spezifischen zeitlichen Qualität empfindungs- und verständnislos gegenüber. Da dem Moment eine "dramatische Verbindung" fehlt, die nach geltender Vorstellung allein fähig wäre, ihm eine – von allen in gleicher Weise erkennbare – Bedeutung beizulegen, bleibt er für den Rezensenten letztlich bedeutungslos. Entsprechend stellt er ihn in einen Zusammenhang mit der Sinnlichkeit der auf der Bühne präsentierten Elemente und ihrer eingestandenen Asemantizität. Statt in diesem Merkmal die Bedingung der Möglichkeit für eine Subjektivierung der Rezeption zu sehen, denunziert Handl es allerdings als "Kunsthandwerk":

> Und da, wo nur mehr unser körperliches Auge zu sehen, nur unsere Sinne zu ergreifen haben, können wir schon ganz keck japanisch werden; und werden es mit Begeisterung. Bewundern diese zarten, schönen Farben, die süße Schlankheit dieser Linien, das Zittern und Ineinanderspritzen der bunten Lichter, den seltsamen Fall der Gewänder; saugen die Atmosphäre japanischer Kunst. Seht, das liebliche Trippeln, Sichneigen, Hinkauern der Durieux, wie unnachahmbar echt! Seht die schmale, hart aufgereckte Figur des Herrn Abel,

79 "Terakoya", in: *Die Schaubühne*, IV. Jg. Nr. 39, 24.9.1908, S. 269–271, S. 270f.

> seinen ergrimmten Mörderschritt! Und hört das rührend feine Vogelgezwitscher der Eysoldt, in dem die verhallte Blumensprache der Sada Yakko wieder auflebt! Hört nur; die Worte bleiben ja unverständlich, aber was tuts? Was kümmert euch die Sprache einer Mutter, die das Unaussprechliche getan hat und beklagt? Für euch ist sie ein rührender kleiner Vogel, der bänglich zwitschert, ein japanisches Ornament für das Gehör. Wie wunderbar fein und duftig ist diese Technik japanischer Linien, Farben, Tönungen, wie tief ergreifend (und langgezogen) ist jener dramatische Augenblick! Wir könnten eines ohne das andre gar nicht gebrauchen, so klug und geschickt sind sie ineinander gearbeitet. Kunsthandwerk.[80]

Wohl hat also die Inszenierung – so können wir schließen – die sinnliche Wahrnehmung der einzelnen auf der Bühne präsentierten Elemente fokussiert und so eine von ihr ausgehende subjektive Bedeutungskonstitution ermöglicht, wohl hat sie sogar die spezifische zeitliche Qualität der Momente stärksten emotionalen Ausdrucks ("tief ergreifend und langgezogen") realisiert. Publikum und Kritik waren durchaus bereit, diese Neuerungen, vor allem die Fokussierung auf die sinnliche Wahrnehmung, unter dem Etikett des "Japanischen" hinzunehmen, sie vielleicht sogar als Ausdruck des ganz Anderen, Fremden – also in ihrem exotischen Wert – zu goutieren (denn "der japanische Mensch bleibt absolut unübersetzbar", wie Handl hervorhob[81]); sich aber ernsthaft auf diese Neuerungen einzulassen, überstieg denn doch das Maß an Zumutbarem ("Wären das alles nicht Japaner, sondern sagen wir: Holländer – man hätte das Stück nicht zu Ende gespielt. Vor dem Unwillen des Parketts ... Woraus folgt, daß hier ein ethnologischer Anteil."[82]). Zwar räumte man ein, daß für das deutsche Theater "diese Erweiterung seiner sinnesättigenden Künste (die Reinhardts Namen zu einem geschichtlichen machen wird) ein unermeßlicher Vorteil" sei[83], bezweifelte jedoch, daß das "neue Drama", aus dem allein ein neues Theater entstehen könne, von "Japan und Kunsthandwerk" "herbeizuzwingen" sei. Die von der Inszenierung offensichtlich durchaus realisierte neue Zeiterfahrung – das Erlebnis subjektiver Zeit – blieb dagegen völlig unbeachtet.[84]

---

80 Ebda., S. 271.

81 Ebda., S. 270.

82 Alfred Kerr, "Japanisches Drama", 16.9.1908, in: Kerr 1917, Reihe 1, IV, *Eintagsfliegen*, S. 314–316, S. 316.

83 Handl, S. 271.

84 Manchen mag ein Bezug zwischen der Aufführung von *Terakoya*, in der eine neue Zeitqualität, oder besser – ein Gefühl für die neue Zeitqualität sich artikuliert, und den Entwicklungen der Theoretischen Physik eher abwegig erscheinen. Immerhin bleibt festzuhalten, daß gerade drei Jahre vorher – nämlich 1905 – Albert Einstein seine Arbeit *Zur Elektrodynamik bewegter Körper* publiziert hatte, mit der er die Spezielle Relativitätstheorie begründete.

Für André Antoines Inszenierung von Takedas *Chûshingura* vermochte die spezifische Dramaturgie allerdings weder ein Problem noch eine Herausforderung darzustellen. Denn Paul Anthelme hatte sie in seiner Bearbeitung einer so gründlichen Veränderung unterzogen, daß sie sich unter seinen Händen in eine "französische" Dramaturgie verwandelt hatte, der das Publikum ohne Schwierigkeiten folgen konnte. Dem gefielen offensichtlich besonders "die französischen Qualitäten des Autors, die Klarheit, die Logik, die Ausgewogenheit, die präzise Beredsamkeit, die zügige Handlung. Dieses japanische Drama präsentiert Charaktere, besitzt die Qualitäten einer Corneilleschen Tragödie. Das ist, wie ich glaube, der tiefere Grund dafür, daß es dem Publikum gefällt."[85] In ähnlicher Form findet sich der Vergleich mit Corneille immer wieder: "Die Gründe, die die Handlungen der Personen M. Paul Anthelmes bestimmen, sind mehr oder weniger die des Corneilleschen Theaters: der Kult der Ehre, das Opfer der Liebe, welches der Pflicht gebracht wird, die Ritterlichkeit."[86] Da also "die japanische Ehre der französischen sehr stark ähnelt"[87], und "die nipponischen Tugenden [...] gleichzeitig romanische Tugenden sind"[88], war die begeisterte Aufnahme der Inszenierung sicher zum nicht geringen Teil dadurch ermöglicht, daß die Bearbeitung die fremde, japanische Tradition umstandslos an die eigene vertraute französische Tradition anschloß.

Der große Erfolg der Inszenierung ist allerdings wohl zum größten Teil auf ihre Ausstattung zurückzuführen. Die Kritiker waren sich einig: "Die Inszenierung ist mehr als prunkvoll. Sie ist für sich genommen schon durch ihre pittoreske Ausstrahlung interessant und fast eine Handlung. Ihr allein ist der Erfolg zuzuschreiben."[89] Und ein anderer Kritiker faßte den Gesamteindruck beinahe mit denselben Worten zusammen, die Arsène Alexandre zur Charakterisierung des Gastspiels der Kawakami-Truppe verwendet hatte: "Die ganze Inszenierung ist eine Augenweide."[90]

Um diese Wirkung zu erzielen, orientierte Antoine sich nicht – wie bei ihm als dem Gründer des "Théâtre libre" zu vermuten wäre – an der Wirklichkeit des japanischen Mittelalters, obwohl dies, wie Edouard Gauthier in seinem – dem einzigen – Verriß der Inszenierung ausdrücklich bestätigt,

---

85 Adolphe Brisson, *Temps*, 22.4.1912.

86 Robert de Flers, *Figaro*, 22.4.1912.

87 Nozière, *Intransigeant*, o.D.

88 Brisson, a.a.O.

89 Guy Laurens, nicht identifizierte Kritik ohne Datum aus dem Archiv der Bibliothèque d'Arsenal, Paris.

90 Paul Souday, nicht identifizierte Kritik ohne Datum aus dem Archiv der Bibliothèque d'Arsenal, Paris.

aufgrund einer Fülle von Veröffentlichungen und Dokumentationen zur Ikonographie der Legende sowie der Originalkostüme leicht möglich gewesen wäre. Statt dessen ging er, wie Anthelme in einem Interview bekräftigte, von einigen japanischen Drucken aus: "Mein Stück war der Vorwand für eine Rekonstruktion des so seltsam schönen alten Japan, das auf Aquarellen und Drucken so charmant wirkt. Antoine wollte sie unbedingt wiedergeben. Er war ein unvergleichlicher Regisseur."[91]

Das Ergebnis dieser Vorgehensweise beschreibt der Kritiker Marc Vromant folgendermaßen:

> Die Inszenierung Antoines überrascht durch ihre Originalität und Genauigkeit. Und zwar nicht durch die realistische Genauigkeit, also die Fotografie des japanischen Lebens, sondern durch die Umsetzung jener Drucke in gedämpften Farben und in feinen Abtönungen, die wir beispielsweise im Museé Guimet und in zahlreichen Veröffentlichungen bewundern können. Flache, durch dekorative Linien begrenzte Farbtöne, Lawinen von Glyzinen nach der Phantasie eines von Zeichnungen berauschten Japans angeordnet, dekorative Leinwände, auf denen sich ein Hahn spreizt oder wo der Bambus blüht; parallele Perspektiven. Eben nicht die Realität einer Landschaft, sondern die Anordnung nach den Regeln eines unbekannten Rhythmus. Dieses Dekor – zum Beispiel das letzte – mit dem bewaffneten Samurai im Vordergrund ist die exakte Wiedergabe des Druckes. Das andere – das erste – unterdrückt jede Tiefe. Das gesamte Bühnenbild scheint auf einer Ebene angeordnet zu sein. Stellen Sie sich vor, daß dies beabsichtigt ist, und sehen Sie, welche Wirkung es erzielt: eine Zeichnung mit präzisen Linien, wie der Mappe eines geduldigen Sammlers entnommen.[92]

Wohl legte also Antoine bei seiner Inszenierung die Prinzipien des Naturalismus zugrunde und schuf exakte Kopien, allerdings nicht Kopien einer japanischen "Wirklichkeit", sondern Kopien japanischer Drucke. (Abb. 36–38) In diese Kopien komponierte er einerseits die Schauspieler als Tableaux hinein:

> Und nun – voller roter und schwarzer Lackarbeiten – der große Saal des Palastes, wo sich der Prinz von Osaka tötet. Man muß dieses Tableau des Todes bewundern. Die Gefolgschaft und die Diener sind niedergekniet, die beiden Abgesandten des Königs ungerührt und dann in der Folge der Schwur der *Samurai* auf die Leiche. Nach diesem erhabenen Tableau, wo das Schwarze nur noch schwärzer erschien, das Rot noch roter, kommt der Charme des Teehauses. Oh, diese niederträchtigen Gesichter, die hinter dem Perlenvor-

91 Anthelme im Interview mit Jacques Hebertot vom 13.4.1912 ohne Ortsangabe; Archiv der Bibliothèque d'Arsenal, Paris.

92 Marc Vromant, 20.4.1912, ohne Ortsangabe, Archiv der Bibliothèque d'Arsenal, Paris.

> hang auftauchen! Und der große *Samurai*, der den Betrunkenen mimt! Und der Tod des Verräters [...]. Wundervolles Tableau.[93]

Damit sich die Schauspieler entsprechend in das Bild einfügen konnten, waren andererseits die Kostüme, welche "die malerische seltsame Romantik des japanischen 18. Jhd. bewahrt hatte, mit ihren steifen Hosen und buntscheckigen Mänteln"[94] in ihrer Farbgebung sorgfältig sowohl auf die jeweilige Dekoration als auch untereinander abgestimmt. Z.B.: "Sendai ist da. Er trägt ein weißes Kleid mit violetten und gelben Blumenmustern. Seine Männer tragen seine Farben, d.h. rot und grün mit weiß."[95]

Indem Antoine für seine Inszenierung solcherart japanische Drucke als Ausgangspunkt für die Herstellung einer Illusion von Wirklichkeit auf der Bühne nach streng naturalistischen Prinzipien wählte, gelang es ihm, einen Bühnenraum zu schaffen, der konsequent mit den Prinzipien des Naturalismus brach. Zum einen wurde die Einheitsperspektive aufgegeben. Die Einführung von "Parallelperspektiven" ließ eher den Eindruck eines a-perspektivischen Raumes entstehen. Zum anderen zielte die Auswahl und Kombination einzelner Bildelemente – "wie dekorativer Linien", "Lawinen von Glyzinen", "dekorativer Leinwände, auf denen sich ein Hahn spreizt oder wo ein Bambus blüht" – sowie ihre Anordnung im Raum nicht darauf, "die Realität einer Landschaft" wiederzugeben oder auch nur zu suggerieren; vielmehr war sie nach "den Regeln eines unbekannten Rhythmus" vorgenommen. Dieser Bühnenraum schien also nicht nur aperspektivisch konstruiert zu sein, sondern auch nach rhythmischen Prinzipien, welche ebenfalls die Tableaux bestimmten, mit denen die Schauspieler zu einem je wechselnden, aber stets integrierenden und integrierten Bestandteil der 'rhythmischen Räume' wurden. Da sich so auf der Bühne ein Spiel ständig wechselnder Relationen zwischen den Elementen – statischer und sich bewegender Farben und Formen – ereignete, konnte zuletzt endlich der Eindruck entstehen, daß der auf diese Weise gestaltete Bühnenraum bereits als solcher "fast eine Handlung" sei: Die Zeichen im Raum wurden zu Zeichen in der Zeit.

Die Orientierung an japanischen Drucken ermöglichte es Antoine, den Prinzipien des Naturalismus folgend, eine den Naturalismus aufhebende antiillusionistische Bühne zu schaffen. Nicht um Abbildung einer vorgegebenen Wirklichkeit ging es hier, sondern um Herstellung einer eigenen raum-zeitlichen Wirklichkeit, die durch gezielte Auswahl spezieller Elemente (Formen, Farben, Motive) und ihre Kombination nach den Prinzipien "paralleler Per-

93 Nozière, a.a.O.
94 Vromant, a.a.O.
95 Henri Bidou, *Journal des Debats*, 22.4.1912.

spektiven" und eines "unbekannten Rhythmus" hervorgebracht wurde. Da diese Prinzipien weder die syntaktische noch die semantische Dimension im Sinn eindeutiger Zuordnungen festlegen, war hier – paradoxerweise – mit den Mitteln des Naturalismus eine Bühne realisiert, welche die pragmatische Dimension zur Dominante im Prozeß der Bedeutungskonstitution erhob. Die Bühne konnte so losgelöst von der in den Dialogen ablaufenden familiarisierten Handlung des Dramas zu einer ganz andersartigen neuen "Handlung" avancieren – einem Spiel von Beziehungen, welches jeder einzelne Zuschauer, ausgehend von der sinnlichen Wahrnehmung der einzelnen Elemente, die es zu verknüpfen galt, im Prozeß der Konstitution von Bedeutung auf seine eigene subjektive Weise je anders realisierte bzw. spielte.

Da die wichtigste Funktion der Schauspieler in Antoines Inszenierung darin bestand, mit ihren Handlungen, Gesten, Bewegungen den Bühnenraum auch im Wechsel der Relationen als einen rhythmischen Raum zu konstituieren, nimmt es nicht wunder, daß die Besprechungen die Darsteller – bis auf wenige Ausnahmen – eher summarisch abhandeln. So finden sich immer wieder allgemeine Urteile wie: "alle Haltungen sind gerechtfertigt", ein Schauspieler habe "einen schönen Moment" gehabt oder sei "ein wenig arg gedrängt in seiner Art, seine Figur zu gestalten", gewesen oder "hervorragend wie immer"[96]; eine Akteurin sei "anmutig und rührend" gewesen, ein anderer "ein stark ergreifender Liebender", ein dritter "habe alle nur denkbare Vornehmheit und Güte gezeigt"[97]usw.

Im Mittelpunkt des Interesses von Kritik und Publikum stand die Schauspielkunst dagegen bei der Inszenierung eines anderen japanischen Dramas, welches das Théâtre de l'Œuvre ein gutes Jahr vorher im Théâtre de l'Odeon herausgebracht hatte: *L'Amour de Késa* in der Bearbeitung von Robert Humières. (Premiere am 10. November 1910). Das Stück war bereits von der Kawakami-Truppe gezeigt worden und hatte beim Berliner Gastspiel den Rezensenten der *Schaubühne* zu einer ausführlichen Beschreibung von Kawakamis Spiel in der Mord- und der Selbstmordszene veranlaßt. Diese Rolle des unglücklich verliebten Samurai wurde in der Pariser Aufführung von Edouard de Max gespielt, die Rolle der Kesa von Suzanne Desprès und die Rolle ihres Gemahls von Lugné-Poë. Die Kritik hob übereinstimmend hervor, daß die Protagonisten ihre Darstellungsweise an der Schauspielkunst der Japaner orientiert hätten:

96 Edmond Sée; Kritik ohne Datum und ohne Ortsangabe; Archiv der Bibliothèque d'Arsenal, Paris.

97 Robert de Flers, a.a.O.

> Es spielten de Max und Suzanne Després und die Art und Weise, in der diese großen Schauspieler die japanische Kunst verstanden haben, war unvergleichlich. Sie bewegten sich mit denselben gleichermaßen weichen, verzweifelten und harmonischen Gesten und Haltungen, die den Künstlern des fernen Ostens eigen ist. Es gelang ihnen, einen solchen Eindruck des Schreckens, des Leidens und der Liebe hervorzurufen, daß Bühnenbild und Kostüme in Vergessenheit gerieten, um den ausgedrückten Leidenschaften den ganzen Raum zu überlassen. Die Gestik Suzanne Després war anbetungswürdig. Ihre kleinen Mousmée-Bewegungen drückten durch eine bewundernswerte Einfachheit die ganze Gewalt der großen Liebenden aus. De Max war ein seltsamer und schrecklicher Endo, eine Erscheinung aus einem Alptraum, aus einer Legende und dann plötzlich von größter Leidenschaft und Menschlichkeit und von vollkommener Wahrheit. Lugné-Poë an ihrer Seite wußte der Rolle des Hiroshima großen Charakter zu verleihen.[98]

Der Bezug zur japanischen Schauspielkunst scheint sich vor allem über die Konzentration auf den körperlichen Ausdruck außerordentlicher Gefühle und Leidenschaften wie "Schrecken", "Leiden", "Liebe" hergestellt zu haben. Diese Fähigkeit hatte man seinerzeit beim Gastspiel der Kawakami-Truppe an den japanischen Schauspielern bewundert und immer wieder staunend herausgestellt. Ganz offensichtlich waren die französischen Schauspieler in dieser Inszenierung in der Lage, ihren Körper auf eine den Japanern insofern vergleichbare Weise zu verwenden, als es ihnen gelang, ihn als vollkommenen Ausdruck ungewöhnlicher Leidenschaften erscheinen zu lassen. Ihre Orientierung an japanischer Schauspielkunst realisierten sie dabei jedoch auf unterschiedliche Weise. Während Suzanne Després "ganz Anmut" war und in dieser Hinsicht mit den stereotypen Vorstellungen der Europäer von Japanerinnen übereinstimmte, so daß das Publikum bezaubert war, bezog sich de Max auf das japanische Muster in einer so unerwarteten und eigenwilligen Weise, daß die Kritiker sein Spiel immer wieder mit den Epitheta "seltsam" und "außergewöhnlich" belegten und das Publikum sich offen irritiert zeigte: "Was M. de Max angeht, so zeigte er uns einen außergewöhnlichen Ronin. Er nahm die Maske und das Spiel eines japanischen Schauspielers an. Er sang, grunzte, brüllte, bewegte sich katzenhaft wie dieser. Und das verwirrte ein wenig das Publikum, das diese Imitation nicht immer verstand."[99] (Abb. 39)

Seine Irritation brachte es mit wiederholtem Gelächter an den "unpassendsten" Stellen zum Ausdruck, so daß es in einer Kritik heißt: "Das Publikum lachte gezwungen."[100] Diese Publikumsreaktion nimmt der Kritiker zum

98 André Warnod, *Comoedia*, 20.11.1910.

99 Pierre Mille, Kritik ohne Datum und ohne Ortsangabe, Archiv der Bibliothèque d'Arsenal, Paris.

100 Ki-Lo-Nai, *Fantasio*, ohne Datum.

Anlaß, um die Frage genauer zu untersuchen, auf welche Weise sich de Max' Darstellung an japanischer Schauspielkunst orientiert habe: "M. de Max ist das Kraftstück gelungen, nipponischer zu sein als der Mikado, japanischer als Togo. Noch nie hat man, nicht einmal in den Kunstsammlungen d'Ennerys, eine schrecklichere Maske gesehen. Das Gesicht des Samurai de Max war so verzerrt, daß die applaudierenden Zuschauer sich nicht enthalten konnten zu lachen."[101]

Während die europäischen Zuschauer und Kritiker beim japanischen Gastspiel den Gegensatz zwischen Sada Yakko und Kawakami in diesen beiden Rollen als den zwischen "blumenhaft und schlächterhaft"[102] empfanden, entstand hier eine andere Opposition. Wohl realisierte Suzanne Desprès den Pol "blumenhaft" ("ganz Anmut"), ihr trat jedoch in de Max' Darstellung ein völlig anderer Gegenpol gegenüber. De Max bemühte sich offenbar weder, denselben Eindruck wie Kawakami – eventuell mit anderen Mitteln – hervorzurufen, noch dessen Mittel zu imitieren. Er wählte vielmehr einzelne für den Europäer besonders auffällige Merkmale des japanischen Schauspielers aus wie die Schminkmaske, grimassierende Mimik, ungewöhnliche Beinstellung und Körperhaltung, spezifischen Einsatz der Stimme, die er in ganz eigener Weise übertrieb und miteinander kombinierte. Er gestaltete sein Spiel entsprechend als Abfolge einzelner grotesker Körperbilder, die als solche einzeln rezipiert und – in Karikatur und Fotographie – festgehalten und vielfach reproduziert wurden wie de Max' Auftritt vor dem Mord an Hiroshima, der zu einem Mord an Kesa wird: "M. de Max erschien, ein Messer zwischen den Zähnen"[103]. (Abb. 40 und 41) De Max setzte seinen Körper also nicht nur zum Ausdruck starker Emotionen ein. Er verwendete ihn vielmehr gezielt zur Produktion grotesker Körperbilder, die weder irgendeiner bekannten Wirklichkeit noch auch der japanischen Bühne entsprungen zu sein schienen, sondern einem "Alptraum".

Entsprechend ambivalent war die Reaktion des Publikums. Es applaudierte durchaus einer noch nie gesehenen Kunstleistung, die es jedoch befremdete und deswegen – als Abwehrreaktion? – zum Lachen reizte. Da sich diese grotesken Körperbilder nicht umstandslos als "japanisch" identifizieren ließen, bildeten sie eine beunruhigende Antithese zum geltenden Ideal eines "natürlichen Körpers", das seit dem 18. Jahrhundert die europäische Bühne dominiert hatte – und dem die Fähigkeit zum Ausdruck starker Gefühle noch bis zu einem gewissen Grad zu integrieren war. De Max' Darstellung gab dies Ideal

101 Ebda.

102 Alfred Kerr, "Japaner" (1903), in: Kerr 1917, Reihe 1, V, *Das Mimenreich*, S. 349–352, S. 352.

103 Ki-Lo-Nai, a.a.O.

offen preis. Er verwendete seinen Körper als ein Material, mit dem bzw. an dem er Bewegungen und Stellungen (Zeichen) hervorbrachte, die auf die Entwicklung einer neuen Ästhetik zielten: einer Ästhetik des Grotesken.[104] Der Körper des Schauspielers hörte hier auf, in seiner "natürlichen" Ganzheit als Verkörperung – und in diesem Sinne als Zeichen – für eine Rollenfigur zu fungieren. Er emanzipierte sich in gewisser Weise – in der Fokussierung auf die einzelnen von ihm hervorgebrachten grotesken Stellungen und Bewegungen – vom vorgegebenen Bezug auf eine Rollenfigur, die es "darzustellen" gelte. Denn die einzelnen mit ihm bzw. an ihm produzierten Zeichen (Stellungen, Bewegungen, Körperbilder) ließen sich – statt wie bisher untereinander zur "Ganzheit" der Rollenfigur – nun auch mit anderen Elementen der Inszenierung wie z.B. mit der von allen Kritikern erwähnten japonisierenden Musik (Maurice Lévy) oder spezifischen Details des Bühnenraumes kombinieren; d.h. sie übernahmen eine Funktion jenseits bzw. neben der Repräsentation einer Rollenfigur und konnten entsprechend als Ausgangspunkt für höchst unterschiedliche semiotische Prozesse fungieren, die *nicht* darauf zielten, als ihre Bedeutung eine Rollenfigur zu konstituieren. De Max' Spiel eröffnete so dem Körper des Schauspielers neue Möglichkeiten, übertrug ihm neue Funktionen.

5. Chinesische Märchenspiele

Während Informationen über das japanische Theater den Europäern erst nach der Öffnung Japans (1853) zugänglich wurden, waren vereinzelte Nachrichten über das chinesische Theater bereits seit dem 18. Jahrhundert nach Europa gelangt. Im Jahre 1736 erschien in La Hague J.B. du Haldes *Description*

---

104 In seinem Aufsatz *Balagan* aus dem Jahre 1912 propagiert Meyerhold eine Ästhetik des Grotesken auf dem Theater (vgl. Meyerhold 1979, Bd. 1, S. 196–220, spez. S. 216–220). Viele seiner Experimente sind als ein Versuch zu werten, ein Theater der Groteske zu begründen. Eine erste theoretische Abklärung des Begriffs nahm der russische Formalist Boris Ejchenbaum in seinem programmatischen Aufsatz *Wie Gogols "Mantel" gemacht wurde* (1918) vor: "Der Stil der Groteske verlangt erstens, daß die beschriebene Situation oder das beschriebene Ereignis in eine bis ins Phantastische kleine Welt künstlerischer Erlebnisse eingeschlossen wird, daß sie völlig von der großen Realität, von der wirklichen Fülle des seelischen Lebens, isoliert ist, und zweitens, daß das nicht mit einem didaktischen und nicht mit einem satirischen Ziel geschieht, sondern mit dem Ziel, ein weites Feld zum Spiel mit der Realität zu öffnen, zur Zerlegung und freien Verlagerung ihrer Elemente, so daß die üblichen Wechselbeziehungen und Verbindungen (psychologische und logische) in dieser von neuem konstruierten Welt sich als unwirklich erweisen und jegliches Detail gewaltige Ausmaße annimmt." (In: Jurij Striedter (Hrsg.): *Texte der russischen Formalisten*, 2 Bde., München 1969).
Diese Bestimmung läßt sich auch auf de Max' Art und Weise, seine Figur zusammenzusetzen, anwenden.

géographique, historique, chronologique, politique, et physique de l'empire de la Chine et de la Tartariechinoise. Der Band enthielt u.a. die Übersetzung eines chinesischen Dramas von Ji Junxiang aus der Zeit der Yuan-Dynastie (1277–1368), welche Père Prémare angefertigt hatte: *Histoire du petit Orphelin de la Famille des Tchao qui se venge d'une façon éclatante.* In einer sehr weitgehenden Bearbeitung durch Voltaire wurde das Stück als *L'Orphelin de la Chine* am 20. August 1755 in der Comédie Française uraufgeführt. Die Hauptrollen spielten Mlle. Clairon und Lekain.

Die nächsten eher spärlich erfolgenden Übersetzungen chinesischer Stücke erschienen erst im 19. Jahrhundert, darunter Stanislas Juliens Übersetzung des *Huilanji* von Li Xingdao, einem Dichter der Yuan-Periode: *L'Histoire du Circle de Craie* (1832) sowie Francois Bazin Ainés Übersetzung des *Pipaji* von Gao Ming (1404): *L'Histoire de la Luth* (1841). Juliens Übersetzung nahm Wollheim da Fonseca als Ausgangspunkt für seine Übertragung des *Kreidekreises* ins Deutsche (1876).

In den dreißiger und vierziger Jahren wurden auch die ersten Arbeiten über das chinesische Theater veröffentlicht wie J.J. Ampères "Du théâtre chinois" in der *Revue des Deux Mondes*[105] oder Charles Magnins "Des Romans et du Théâtre de la Chine" im *Journal des Savants* (Mai 1842). In größerer Anzahl erschienen derartige Publikationen, die über die aus europäischer Sicht besonders auffälligen Charakteristika der chinesischen Bühne wie das Fehlen von Dekorationen, den besonderen Gebrauch der Requisiten, die Bühnendiener, die kodifizierte Schauspielkunst, die Musik u.a. berichteten, seit den achtziger Jahren.

Die ersten Aufführungen chinesischer Dramen wurden ungefähr zur selben Zeit vorgenommen wie die ersten Aufführungen japanischer Dramen. Zu Beginn des Jahres 1908 brachte Antoine am Théâtre de l'Odéon eine Inszenierung von *L'esclave de l'argent achète un innocent et fait l'usure où L'Avare* heraus, eine "comédie chinoise en quatre Actes et six Tableaux d'un Auteur Chinois inconnu. Traduit et adaptée par Mme Judith Gauthier" (Programmheft). Am 9. Juni 1911 hatte im Théâtre des Arts Durecs Inszenierung von *Le chagrin dans le palais de Han* Premiere, eines "drame en cinq actes de M. Louis Laloy. D'après le drame chinois de Ma-Tchen-Yen (XIVe siècle)" (Programmheft). Sie wurde im Dezember desselben Jahres noch einmal wieder aufgenommen.

Nach den verfügbaren Materialien zu urteilen, sind beide Inszenierungen für unsere Problemstellung wenig ergiebig. Die chinesische Dramaturgie war von den Bearbeitern jeweils konsequent in eine französische Dramaturgie

105 Tome XV, S. 737–771.

transformiert; die bereits bekannten Konventionen des chinesischen Theaters blieben offenbar unberücksichtigt. Weder das Bildmaterial noch die Kritiken enthalten entsprechende Hinweise. An Antoines Inszenierung wird vielmehr "la couleur locale" gelobt. "Man hörte nicht auf, die Kostüme zu bewundern, die so überraschend realistisch waren und die von den Schauspielern getragen wurden, als hätten sie ihr Leben nichts anderes getan. Echte Chinesen, echte Chinesinnen! Ich versichere es Ihnen."[106] D.h. es handelte sich offensichtlich um eine naturalistische Inszenierung, deren "couleur locale" wohl exotisch war, jedoch kaum zu strukturellen Änderungen in Gestaltung und Verwendung der theatralen Zeichensysteme führte. Allein aus der Beurteilung, die Figuren seien "de vrais Chinois, de vraies Chinoises" gewesen, läßt sich noch kaum der Schluß ziehen, daß sie "fremde" Körperbilder auf der Bühne präsentiert hätten.

Die Bilder ebenso wie die Kritiken zu Durecs Inszenierung am Théâtre des Arts vermitteln den Eindruck einer an den Prinzipien des Symbolismus orientierten Aufführung. Die Ausstattung und vor allem die Lichtführung dienten in erster Linie der Herstellung einer bestimmten Atmosphäre: "Ich weiß nicht, ob die Bühnenbilder und die Kostüme M. René Piots exakte Wiedergaben chinesischer Vasenbilder oder Drucke waren. Ich weiß nur, daß die Atmosphäre, die sie schaffen, exquisit ist und daß dem Licht eine unendlich suggestive Poesie innewohnt."[107] Zumindest einige Schauspieler verstärkten diese Wirkung nicht nur durch die Verwendung entsprechender Schminkmasken wie Charles Dullin, der "sich eine Art Goldmaske geschaffen hatte, sehr beeindruckend"[108], sondern auch, indem sie "vereinfachte und starre Haltungen annahmen, die wie in Bronze gegossen wirkten"[109]. Dullin paßte diesem Modus der Haltung darüber hinaus auch seine Gestik und seine Sprechweise an: "Und seine nüchterne Gestik, seine klar artikulierte Stimme waren so, als trüge er ein wunderschönes Gedicht vor."[110] Gravierende Abweichungen von der symbolistischen Theaterästhetik lassen sich nicht feststellen.

Ganz anders dagegen verlief die Rezeption der *Gelben Jacke.* Im Unterschied zu den beiden oben genannten Stücken, *L'Avare* und *Le chagrin dans le palais de Han,* handelte es sich hier nicht um die Adaptation *eines* chinesischen Dramas; vielmehr hatten die Bearbeiter George C. Hazelton und Benrimo sich aus mehreren Vorlagen bedient. Dabei hatten sie große Sorge getra-

106 Maximin Roll in *Comoedia,* ohne Angabe des Datums; Archiv der Bibliothèque d'Arsenal, Paris.

107 Robert Brussel, ohne Angabe von Ort und Datum; Archiv der Bibliothèque d'Arsenal, Paris.

108 Francis de Miomandre in *Le Théâtre,* No. 328, Aout 1912, S. 16–18.

109 Louis Schneider in *Comoedia,* ohne Angabe des Datums, Archiv der Bibliothèque d'Arsenal, Paris.

110 Miomandre, a.a.O.

gen, die aus westlicher Sicht besonders charakteristischen Merkmale nicht etwa – wie die französischen Bearbeiter – zu eliminieren, sondern beizubehalten und in mancher Hinsicht noch zusätzlich zu markieren.

Die Handlung des Dramas erscheint als ein Märchen, das aus beliebten Szenen verschiedener Stücke vor allem der Tradition der Kanton-Oper kompiliert ist, die – insbesondere im III. Akt – Gelegenheit bieten, die für europäische Zuschauer besonders merkwürdigen Konventionen des chinesischen Theaters in möglichst großer Anzahl aufzuführen. Erzählt wird das Märchen mit den Mitteln einer – wie wir sie heute nennen würden – epischen Dramaturgie, wie sie typisch für das chinesische Drama ist. Die Figur des Chorus leitet das Spiel mit einer Anrede an die Zuschauer ein:

> The Chorus [...] enters, bows right, left and center. His costume is that of a rich Chinese scholar, the dominant note being red. His manner is most dignified. His actions are ceremonious.
>
> Chorus: Most honorable neighbors, the bows, which I so humbly and solemnly divest myself of, are given in reverence to the three powers – Heaven – Earth – Man. I have been appointed by my humble brothers of the Pear Tree Garden to conduct you through a story of our celestial land to be played upon our most unworthy stage. Permit me to thank that vice of curiosity which beckoned you hither that we might paint before your august eyes our humble fancy [...].[111]

Im weiteren Verlauf des Stücks bezeichnet der Chorus die Orte, an denen sich die Handlung zuträgt, wie: "'Tis the garden of Due Jung Fah, the second wife of Wu Sin Yin, the Great," oder "'Tis a courtyard in the palace of Wu Sin Yin, the Great," erläutert Handlungen einzelner Figuren wie "He ascends to Heaven!" bzw. wichtige Ereignisse wie "'Tis a snow-storm".[112] Zu Beginn des III. Aktes trägt er in einer Überleitung die Geschehnisse nach, die sich seit Ende des zweiten Aktes ereignet haben, und am Ende des Stücks nennt er dem Publikum – als Aufforderung zum Applaus – noch einmal die handelnden Figuren:

> Company lined up across stage. Chorus now points out each member of the company in turn, beginning with Chee Moo, then Wu Hoo Git, Plum Blossom etc., indicating character first one side of the stage then the other, property man last.
> Chorus: Chee Moo, the mother! My hero! [...][113]

---

111 *The Yellow Jacket.* A Chinese Play Done in a Chinese Manner in Three Acts by George C. Hazelton and Benrimo, Indianapolis 1913, S. 1f.

112 *The Yellow Jacket*, S. 7, S. 23, S. 177, S. 175.

113 Ebda., S. 188.

Die für das chinesische Drama typische Selbsteinführung der Figuren ist konsequent beibehalten. Jede tritt mit einer entsprechenden Wendung an das Publikum auf; so z.B. Wu Sin Yin mit der Ankündigung: "I am the most important personage in this play. Therefore, I address you first. By your gracious leave, with many apologies, I will state in all modesty, for your edification only, for of course I know who I am and how great and august I am, while you are not so favored, that I am Wu Sin Yin the Great. I have the third eye of wisdom here [...]."[114]; oder seine erste Frau mit den Worten: "Oh, woe is me! Murder is in the air. The evil spirits build walls about me whichever way I go. Now you know that I am Chee Moo and this the child, Wu Hoo Git [...]."[115]

Sowohl der Chorus als auch das Verfahren der Selbsteinführung der Personen haben die Funktion, die externe theatrale Kommunikation zwischen Bühne und Publikum zu markieren und so der Herstellung einer Illusion von Wirklichkeit entgegenzuwirken.

Andererseits haben die Bearbeiter die Konventionen der chinesischen Bühne als Szenenanweisungen ausdrücklich in den Text eingeschrieben. Der "Property Man" und die "Assistant Property Men", die auf der chinesischen Bühne als unsichtbar geltenden Bühnendiener, sind hier – sozusagen als dramatis personae – bereits im Personenverzeichnis aufgeführt. Ihre einzelnen Handlungen werden sorgfältig angegeben, zum Teil sogar ausführlich beschrieben. Wenn Chee Moo stirbt, heißt es in der Szenenanweisung: "She now becomes faint with the loss of blood and sinks to the stage. Property man and his assistant bring ladder and place it at center of upper opening. Chee Moo rises and climbs up four rungs of the ladder. Property man holds ladder."[116] Als eine Bootsfahrt projektiert wird, finden wir folgende Anweisung:

> Property man's assistants push four stools together, then bring four chairs and place them back of stools, touching them. An assistant exits right but returns immediately with two bamboo poles to be used as oars. Hands one to another assistant and they stand a little above and to the right of the chairs. Property man gets drapery and places it over back of chairs. Then he places two cushions on the stools which he gets from left near property box.[117]

Nachdem Chorus den Schneesturm angekündigt hat, heißt es:

114 Ebda., S. 5f.
115 Ebda., S. 22.
116 Ebda., S. 49.
117 Ebda., S. 81.

> Music. Property man's assistants enter doors right and left with white flags rolled with cut paper, which they shake out. They come down stage, cross and exeunt opposite doors from which they enter. Property man walks to center with tray of cut paper which he throws into the air, over his shoulders, then crosses to left again.[118]

Wenn eine Person ankündigt, daß sie stirbt, findet sich beispielsweise folgende Anweisung:

> Falls to stage. Property man puts pillow under his head, kneeling above him; spreads white cloth over him, then pulls out his beard, spreading it on white sheet. Music.[119]

In ähnlich ausführlicher Weise werden einzelne schauspielerische Aktionen beschrieben. Tai Fah Mins Auftritt zu Pferde liest sich so:

> [...] Tai Fah Min enters followed by two men; he carries a whip and does pantomime of riding and driving a horse; one of the men who follow him carries a banner inscribed with Chinese characters; this banner is red; the other carries a large fan on a stick; he comes down to left, then crosses right, then to center; goes through business of dismounting his horse, throwing his leg high in the air; the property man assists him and helps his man hold his supposed horse; he lays his whip on the ground behind him; during all this, music.[120]

Wu Hoo Gits Bergbesteigung hat man sich folgendermaßen vorzustellen:

> Property man and assistant bring table on which are two stools to center. Wu Hoo Git takes one stool, places it right, at table, the other stool remaining on table. [...] Climbs on table impulsively. [...] Climbs to top of chair on table back to audience. Music.[121]

Ebenso minutiös ist der – fast durchgehende – Einsatz von Musik notiert, beispielsweise während Wu Sin Yins Auftritt: "[...] during this business the orchestra plays, the cymbals crash, the drum rolls and the wooden block is struck. The cymbals are struck also, when he mentions the name of the Emperor."[122] Die Bühne, auf der sich all diese Handlungen zutragen sollen, wird als weitgehend dekorationslos beschrieben.

> There are two doors, one stage left for entrance and one stage right for exit. In the center at the back is an oval opening surrounded by a grill, within which

118 Ebda., S. 175.
119 Ebda., S. 177.
120 Ebda., S. 10.
121 Ebda., S. 161f.
122 Ebda., S. 5.

> the musicians sit. Above this opening is another, square in form, which represents Heaven. About the walls of the scene are Chinese banners and signs of good cheer. Huge lanterns hang from above. At the left is a large property box, and above it are chairs, tables, cushions, etc., in fact all properties used in the play.[123]

In unserem Zusammenhang ist nun nicht die Frage von Belang, ob die hier beschriebenen Konventionen den tatsächlich im chinesischen Theater gültigen exakt entsprechen, sie vielleicht in unterschiedlichem Maße abwandeln oder gar als ihre Parodie aufzufassen sind. Uns interessiert vielmehr, welche Prinzipien der Zeichenbildung und Zeichenverwendung den im Dramentext aufgeführten Konventionen zugrunde liegen, bzw. welche Prinzipien sie befolgen.

Bei Tai Fah Mins Auftritt ist es die Reitgerte, welche als Zeichen für das Pferd fungiert, auf dem er reitet. Nachdem der Schauspieler sie auf den Boden gelegt hat, ist das Pferd nicht mehr anwesend. Welche Beziehung besteht nun zwischen der Reitgerte – dem Zeichen – und dem Pferd – dem von ihm Bezeichneten? Die Reitgerte bildet das Pferd nicht ab, sie ist also kein deskriptiv repräsentierendes Zeichen. Sie ist vielmehr auf das Pferd über die Handlung des Reitens bezogen; sie erhält erst eine Funktion durch diese Handlung. Die Reitgerte als Zeichen für "Pferd" setzt also das von ihr bezeichnete Objekt zu einer Handlung in eine Beziehung, die von Menschen an bzw. mit diesem Objekt vollzogen werden kann. Das Zeichen ist folglich so gebildet, daß es einerseits eine Relation zwischen der von ihm bezeichneten Sache und einer Handlung herstellt und daß es andererseits funktional in bezug auf diese Handlung ist.

Untersuchen wir ein weiteres Beispiel: Wann immer einer Figur im Stück der Kopf abgeschlagen wird, zieht der Bühnenmeister ein rotes Bündel hervor, das den abgeschlagenen Kopf bedeuten soll. Die rote Farbe des Bündels bezieht sich auf das Blut, das beim Köpfen geflossen ist. Das hervorstechendste Merkmal des Zeichens verbindet also auch hier die bezeichnete Sache mit einer Handlung, die an ihr vollzogen ist. Die Zeichenbildung wird in den beschriebenen Bühnenkonventionen demnach generell nicht nach deskriptiv-abbildenden Prinzipien vollzogen, sondern nach relationalen und funktionalen. Folglich gilt nicht einfach – wie auf der europäischen Bühne –, daß eine Reitgerte zunächst eine Reitgerte, ein Bündel ein Bündel, ein Tisch einen Tisch, ein Stuhl einen Stuhl bedeutet, ehe sie vielleicht – wie im symbolistischen Theater – eine darüber hinausgehende symbolische Bedeutung annehmen können. Vielmehr ist die relational-funktionale Bildung der Zeichen unmittelbar auf ihre spezifische Verwendung bezogen.

---

123 Ebda., S. 4.

Wenn die Bühnendiener Tisch und Stühle auf die Bühne gestellt haben, ohne daß noch eine Figur eine Aktion an bzw. mit ihnen vollzieht, fungieren Tisch und Stühle überhaupt noch nicht als theatrale Zeichen. Auf der Bühne steht lediglich ein Tisch mit zwei Stühlen, die als Objekte für die Handlung des Stückes ohne Belang und ohne Bedeutung sind. Wenn Wu Hoo Git einen Stuhl vom Tisch nimmt, ihn rechts an den Tisch stellt und dazu sagt: "I will build a mountain that shall kiss high heaven", dann wird auf den Tisch als auf ein theatrales Zeichen für "Berg" Bezug genommen; wenn Wu Hoo Git fortfährt: "I ascend"[124] und auf den Tisch steigt, dann transformiert diese Aktion den Tisch in ein theatrales Zeichen für einen Berg; wenn er anschließend auf den Stuhl auf dem Tisch klettert, so verwandelt er damit den Stuhl in ein Zeichen für die Spitze des Berges, die an den Himmel reicht. Indem die Schauspieler mit ihren Handlungen sich unterschiedlich auf Objekte beziehen oder unterschiedliche Beziehungen zwischen den Objekten herstellen, verändern diese ihre Bedeutung: Es ist die Handlung des Schauspielers, welche ein Objekt in ein theatrales Zeichen transformiert. Daher vermag dasselbe Objekt sich als theatrales Zeichen auf höchst unterschiedliche Objekte, Handlungen, Prozesse zu beziehen. Aus der spezifischen Eigenart des Objekts – beispielsweise seiner Ähnlichkeit mit einem anderen Objekt oder seiner metaphorischen Ähnlichkeit mit einer Idee o.ä. – geht seine spezifische Zeichenfunktion also nicht hervor. Sie wird ihm erst durch die Handlungen übertragen, welche der Schauspieler an ihm bzw. mit ihm vollzieht. Sowohl die möglichen Funktionen als auch die möglichen Bedeutungen, welche ein Objekt auf der Bühne übernehmen mag, sind aus dem Objekt als solchem nicht abzuleiten. Sie entstehen vielmehr als Folge von Relationen, die der Schauspieler durch seine Handlungen etabliert.

Von diesem Verfahren ist auch der Modus der Rezeption betroffen. Denn da die auf der Bühne präsentierten Objekte als solche keinerlei Informationen über mögliche Zeichenfunktionen und Bedeutungen vermitteln, muß der Zuschauer Objekte und von den Schauspielern vollzogene Handlungen nun seinerseits zueinander in Beziehung setzen, wenn er in Erfahrung bringen will, wofür das Objekt als ein Zeichen verwendet wird und welche Bedeutungen aktualisiert werden. Rezeption muß als ein aktiver Prozeß des In-Beziehung-Setzens vollzogen werden.

Die gelbe Jacke schlägt also Verfahren der Zeichenbildung und -verwendung vor, die sich von den im europäischen Theater zu Beginn des 20. Jahrhunderts praktizierten grundlegend unterscheiden. Insofern mag es zunächst überraschen, daß das Drama zum Erfolgsstück der Saison 1913/14 avan-

124 Ebda., S. 161f.

cierte. Es wurde u.a. in New York, London, Madrid, Düsseldorf, Berlin, Wien, Budapest, St. Petersburg und Moskau aufgeführt. Bedeutende Regisseure wie Max Reinhardt, Gustav Lindemann und Alexander Tairov haben das Stück inszeniert.

Der Erfolg des Stückes erscheint um so bemerkenswerter, als sich die Regisseure offenbar weitgehend an die im Text notierten bzw. beschriebenen Konventionen gehalten haben. Über die Londoner Aufführung im Duke of York's Theater (7. April 1913) (Abb. 42 und 43) schreibt der Rezensent von *The Sketch*:

> "The Yellow Jacket" is [.....] presented, as far as reasonably may be, after the fashion prevailing in the theatres of Canton, the scenic arrangements of which bear curious resemblances to those of the Elizabethan theatre [...]. Fundamentally, it is very interesting because it shows how needless is realism, how prodigiously an audience is capable of make-believe. A long rug spread over some seats to represent a bark, a couple of boatmen some distance behind the incredible craft, the scratching of something against wood, sensuous sounds produced mainly by the scraping of catgut, a pair of lovers [.....] and behold, a gorgeous pleasure-barge almost as beautiful as Cleopatra's, and the melody of Shakespeare, music of Gounod, and a momentary surrender by all of us to elementary instincts of passion.[125]

Wenn man Nick Worrals Zusammenfassung von Tairovs Inszenierung folgt, die am 21. Dezember 1913 im Svobodny Teatr Premiere hatte, muß auch Tairov sich weitgehend an Hazelton/Benrimos Vorgaben orientiert haben.

> Two stools with a board laid across them represented a flowing stream. An ordinary wooden ladder stood for the road to Heaven up which the hero's mother ascended to the Kingdom of the Righteous. Mountain tops were represented by an ordinary table with stools placed on top. The 'decapitated' hero carried his own severed head in the shape of a household cushion. Flowers strewn on the floor denoted the fact that the action was taking place in Paradise. By leaping in the air and beating himself about the legs the hero suggested that he was galloping along on a milk-white steed. The props man acted as a kind of silent executant, instigating the changes and transformations and facilitating the development of the action, scattering confetti to suggest a snowstorm, holding out a stick to represent a door, creating the illusion of a boat journey and raising a lighted candle in a hoop on a stick to suggest moonlight.[126]

---

125 E.F.S. (Monocle) in *The Sketch*, april 9, 1913, S. 10.

126 Worral 1989, S. 24. – Alice Koonen berichtet in ihren Erinnerungen über diese Inszenierung Tairovs: "Mitten auf der Bühne saß der Requisiteur, der im Lauf des Stücks aus seiner Kiste die notwendigen Gegenstände herauszog: Er legte einen Stab auf den Boden, der einen Baum darstellte, stellte eine Leiter auf, auf welcher der vom bösen Kaiser von China enthauptete Held

Über die Düsseldorfer Inszenierung (3. März 1914) durch Gustav Lindemann – die auch in München während eines Gastspiels am Münchner Künstlertheater, also an Georg Fuchs' Reformbühne, gezeigt wurde (9. Juli 1914) – erfahren wir vom Rezensenten der *Frankfurter Zeitung* (vom 11. Juli 1914) Ähnliches.

> Es zeigte sich vor allem, daß wir der Phantasie alles mögliche zumuten dürfen, und daß die Illusion durchaus nicht davon abhängig ist, ob die Mutter ein Kind oder ein Bündel von Bambusstäben auf den Armen wiegt. Wenn sie es nur zu wiegen versteht. Die Männer öffnen Türen und besteigen Pferde, die nicht vorhanden sind, die Liebenden fahren in einem reizenden Blumenboot, das aus zwei Schemeln besteht, und der feige Bösewicht wandelt zitternd in seinem Blütengarten, dessen Düfte ihn berauschen, ohne daß wir auch nur eine Blume zu sehen bekommen.

Über Reinhardts Inszenierung (Kammerspiele des Deutschen Theaters Berlin, 31. März 1914) (Abb. 44) war Entsprechendes zu berichten:

---

in den Himmel aufstieg, er pustete Konfetti aus einer Schüssel, was einen Schneesturm darstellen sollte usw. usf." Vgl. Koonen 1985, S. 185. – Bühnendiener waren auf der russischen Bühne zum ersten Mal von Meyerhold eingesetzt worden. Er hatte von der Existenz und Funktion der Bühnendiener im japanischen Theater aus dem oben zitierten Aufsatz von Adolph Fischer (1900/01) erfahren. Dort wird ihre Verwendung folgendermaßen beschrieben:
"Ebensowenig stößt sich jemand (d.h.: die Zuschauer im Kabuki-Theater, F.-L.) daran, daß die [...] Kurombos, diese dienstbaren Geister in schwarzen Kapuzen, sich ungeniert neben einen Darsteller kauern, ihm soufflieren, einem anderen das Kostüm zurechtrücken oder die Schleppe hübsch in Falten legen, sein Haar arrangieren, ihm eine Tasse Thee bringen oder sonst allerlei Liebesdienste erweisen. Diese Braven sind von einem geradezu peinlichen Ordnungssinn; es widerstrebt ihnen, nach einer Kampfszene Kleidungsstücke, Waffen oder Leichen herumliegen zu lassen; sie schleppen während des Spiels alles Unnötige von der Scene weg, vor die gefallenen Helden aber breiten sie ein schwarzes Tuch, hinter dem die entseelten Streiter auf allen Vieren von der Scene kriechen. Auf kleineren Bühnen sah ich noch oftmals, wie beim Dunkelwerden die Kurombos mit einer brennenden Kerze an einer langen Stange den Hauptakteuren wie ihr Schatten nachliefen, damit das Publikum deren Mienenspiel und Kostüm besser bewundern könne." (S. 504, vgl. die fast wörtliche Wiedergabe in Meyerhold 1979, Bd. 1, S. 184f.)
Meyerhold verwendete die schwarz gekleideten Bühnendiener zum ersten Mal in seiner Inszenierung von Molières *Dom Juan* (1910). Er verwandelte sie allerdings in "Mohrenknaben, welche die Bühne in betäubende Wolken von Spezereien hüllen, indem sie aus Kristallfläschchen Parfüm auf glühendes Platin träufeln, Mohrenknaben, die über die Bühne huschen, Don Juans Spitzentüchlein aufheben und den müden Schauspielern Stühle heranrücken, Mohrenknaben, die dem Don Juan die Schuhschleifen zurechtzupfen, während er mit Sganarelle disputiert, Mohrenknaben, die den Schauspielern Laternen überreichen, wenn die Bühne im Halbdunkel versinkt, Mohrenknaben, die nach dem erbitterten Kampf Don Juans mit den Räubern Mäntel und Degen von der Bühne wegräumen, die sich unterm Tisch verkriechen, als die Statue des Komtur erscheint, die das Publikum mit silbernen Glöckchen herbeirufen und bei offener Bühne die Pausen ansagen – [...]." (Meyerhold 1979, Bd. 1, S. 187)
Die Mohrenknaben übten zwar die Funktion der Bühnendiener aus, erfüllten sie allerdings nicht als Bühnendiener, sondern als zusätzliche Rollenfiguren. Darüber hinaus fungierten sie, indem sie die direkten Publikumsadressen vollzogen, wie der Chorus in der *Gelben Jacke* als Agenten der externen theatralen Kommunikation.

> Kommt ein Schauspieler hoch zu Roß auf die Bühne, so deutet er das durch das Stampfen der Füße an. Der Maschinenmeister bringt immerzu auf offener Bühne die Requisiten herbei: eine Fahnenstange bedeutet einen Weidenbaum, in die Luft geworfene Papierschnitzel sind ein furchtbarer Schneesturm, vier übereinander gestellte Stühle einen kaum zu übersteigenden Berg usw. Das alles kann, wie sich in einzelnen Augenblicken bestätigt hat, auf die Phantasie wirken. [...][127]

Die Vorlage eines chinesischen Dramas, eines schlichten – und wie in manchen Rezensionen zu lesen war: "primitiven" – Märchenspiels, der Verweis auf das chinesische Theater mit seinen bekanntermaßen "absurden" Konventionen erlaubten den Regisseuren eine so vollständige "Emanzipierung von aller Illusionsmechanik der abendländischen Guckkastenbühne"[128], wie sie zu diesem Zeitpunkt noch in kaum einer anderen Inszenierung eines europäischen Theaters verwirklicht war. Der Spielcharakter der Vorgänge konnte so ungehindert hervortreten, die Theatersituation als solche reflektiert werden. Der hier realisierte Modus der Zeichenbildung und -verwendung markierte Polyfunktionalität und Polyvalenz der theatralen Zeichen und befreite sie von ihrer Festlegung auf eine einzige Funktion, nämlich die einer deskriptiv-abbildenden Repräsentation. Die Bühne hörte auf, Kopie einer vorgegebenen Wirklichkeit zu sein; sie konstituierte sich vielmehr als eine Wirklichkeit ganz eigener Art, mit ganz eigenen Gesetzen – als ein Spiel, in dem in einem prinzipiell unendlichen Verweisungsprozeß jedes Objekt verschiedene Funktionen zu übernehmen und letztendlich jedes beliebige andere Objekt zu bedeuten vermag.

Bei der Konstituierung der Bühne als eines derartigen semiotischen Raumes kamen den beiden Figuren des Chorus und des Property man besonders wichtige Funktionen zu. Entsprechend werden sie in nahezu allen Rezensionen zur Londoner, Düsseldorfer und Berliner Aufführung erwähnt. Der Rezensent des *Sketch* nennt den Chorus, "who explained everything and nothing, who announced the changes of the scenery that did not exist, who put the actors into their proper places from the point of view of the author" – "our greatest pleasure", und" the real joy of the audience"[129]. Walter Turszinsky von der *Breslauer Zeitung* kategorisiert in seiner Besprechung der Reinhardt-Inszenierung den Chorus "als Prologus, Epilogus und Erklärer", als "den bald selbstbewußten, bald demütig um Nachsicht bittenden Mittler zwischen Bühne und Publikum"[130]. Seine Aufgabe bestand offenbar in beiden Inszenie-

127 *Badische Presse* vom 1.4.1914.

128 Richard Elchinger, "Die gelbe Jacke", in: *Neueste Nachrichten*, München, 11.7.1914.

129 *The Sketch*, a.a.O.

130 Walter Turszinsky in *Breslauer Zeitung* vom 1.4.1914.

rungen darin, nachdrücklich darauf hinzuweisen, daß der theatrale Prozeß als eine Interaktion zwischen Bühne und Zuschauern vollzogen wird, diese Interaktion scheinbar um ihrer selbst willen aufrechtzuerhalten und so tatsächlich den Vorgang der externen theatralen Kommunikation zu markieren. Die Bedeutungen, die im theatralen Prozeß von Produzenten und Rezipienten konstitutiert werden, hängen von den "Verabredungen" ab, die im Prozeß der theatralen Kommunikation zwischen beiden Seiten getroffen werden; sie werden als Resultat der Interaktion zwischen Schauspielern und Zuschauern von beiden Gruppen hervorgebracht. Chorus übernimmt hier also die Funktion eines unmittelbaren Agenten der externen theatralen Kommunikation.

Am Property man der verschiedenen Inszenierungen streichen die Rezensenten vor allem seine völlige Gleichgültigkeit gegenüber dem Bühnengeschehen heraus, das er doch mit seinen Aktionen in Gang hält. Dem Londoner Property man attestiert der Rezensent des *Sketch* "an air of the profoundest contempt and boredom – not even the youngest of our dramatic critics could show a profounder scorn for actors and acting"[131], (Abb. 45) und Walter Turzinsky hebt an Rudolf Schildkrauts Bühnenmeister hervor, daß er, "den Rücken zum Publikum, Zigaretten paffend oder Zeitung lesend oder Reis kauend, in seiner Ecke [sitzt] und [...] nur dann in Aktion [tritt – oder besser schlampt], wenn es gilt, die Ausdruckmittel der Bühne zu erhöhen. [...] Zugleich aber bedient er, den Stummel im Mundwinkel, mit einem Ausdruck von niederträchtigstem Stoizismus [...] die Schauspieler mit jenen Requisiten, die ihr Spiel nicht entbehren kann."[132]

Während im chinesischen – und japanischen – Theater die Bühnendiener als unsichtbar gelten und daher, der geltenden Konvention entsprechend, von den Zuschauern nicht in ihre Wahrnehmung der Bühnenvorgänge einbezogen werden, erfüllte der Property Man in den hier genannten Inszenierungen offenbar die Funktion, nachdrücklich und unübersehbar auf den theatralen Charakter der Bühnenvorgänge hinzuweisen. Weder bemüht, sich möglichst unauffällig zu bewegen, noch irgendein Interesse für die Bühnenvorgänge vortäuschend, präsentierte er sich – mit Zeitung, Zigarette und Reis – als einen Mann, der nicht der Welt der Bühnenhandlung zugehört, sondern aus der Alltagswelt kommt und aus ihr Objekte in die Welt der Bühnenhandlung hineinträgt, die sich dann durch das Spiel der Schauspieler in theatrale Zeichen mit wechselnden Funktionen und Bedeutungen verwandeln. Der Property Man agiert als eine Art Grenzgänger zwischen den beiden Welten der Alltagswirklichkeit und des Bühnenlebens und seine unübersehbaren Grenz-

131 *The Sketch*, a.a.O.
132 Turzinsky, a.a.O.

gänge zwischen beiden Welten lenken die Aufmerksamkeit des Zuschauers auf die Eigenart des theatralen Prozesses, der imstande ist, beliebige Objekte der Alltagswelt in theatrale Zeichen für beliebige andere Objekte und Handlungen zu transformieren. Zwar sind beide Welten hier in einem fiktiven China oder besser: in einem fiktiven chinesischen Theater zu situieren – der Property man der verschiedenen Inszenierungen war durch sein Kostüm klar als Chinese ausgewiesen; der Hinweis auf die Theatersituation und ihre spezifische Eigenart wird davon jedoch prinzipiell nicht berührt.[133]

Da die chinesischen Märchenspiele kaum als Abbildung einer objektiv gegebenen Wirklichkeit zu lesen waren, schienen sie den Theaterreformern offenbar in besonderer Weise geeignet, um mit ihrer Inszenierung eine Reflexion auf die Theatersituation zu vollziehen und beim Zuschauer auszulösen. Eine vergleichbare Schlüsselfunktion wie der *Gelben Jacke* kommt in diesem Zusammenhang Carlo Gozzis "Fiaba chinese teatrale tragicomica" *Turandot* zu. Reinhardt inszenierte sie 1911 im Deutschen Theater in Berlin; 1912 brachten I.N. Nezlobin und Fedor F. Kommissarževskij sie in St. Petersburg heraus und gingen anschließend mit ihrer Inszenierung auf Tournee.[134] 1922 hatte Vachtangovs später weltberühmt gewordene Inszenierung der *Prinzessin Turandot* Premiere, die er fast zwei Jahre lang als Arbeit des Dritten Studios des Moskauer Künstlertheaters entwickelt hatte; 1923 folgte eine Inszenierung von Jacques Copeau in seinem Pariser Théâtre du Vieux Colombier und 1926 erarbeitete Reinhardt für die Salzburger Festspiele eine neue Inszenierung, in der er nach längerer Zeit wieder den *hanamichi* einsetzte.[135] Natürlich ist Gozzis "tragikomisches chinesisches Theatermärchen" kein Stück aus der chinesischen Tradition. Dennoch wurde es von den Regisseuren in gewisser Hinsicht so rezipiert: Es bot ihnen jedenfalls den doppelten Reiz, bei seiner Inszenierung zugleich mit Konventionen des fernöstlichen Theaters (wie Bühnendienern, *hanamichi*, Umkodierung von Objekten zu Requisiten) *und* der Commedia dell'arte-Tradition experimentieren zu können.[136]

---

133 Franz Lehár verwendete den Text der *Gelben Jacke* als Libretto für seine gleichnamige Operette (1923). Sie ist allerdings eher der Tradition des Exotismus zuzurechnen, so daß sie im Kontext der vorliegenden Untersuchung von geringerem Interesse ist.

134 Eisenstein sah die Inszenierung von Nezlobin und Kommissarževskij bei ihrem Gastspiel in Riga. Sie wirkte auf ihn wie ein "Donnerschlag": "Von diesem Augenblick an war das Theater für mich Gegenstand konzentriertester Aufmerksamkeit und verzehrender Begeisterung." (1973, Bd. 1, S. 185 und S. 294).

135 Busoni schrieb Gozzis Stück in ein Libretto für seine Oper *Turandot* um, die am 11.5.1917 in Zürich uraufgeführt wurde. Ebenfalls auf Gozzis Text bezogen sich die Librettisten Guiseppe Adam und Renato Simani, die das Libretto für Puccinis Oper *Turandot* (1923) schufen. Sie hatte am 25.4.1926 in der Mailänder Scala Premiere.

136 Insofern ist es nur zu verständlich, daß *Turandot* von den avantgardistischen Regisseuren wie eine Art Glücksfall aufgegriffen wurde. Denn neben oder besser noch vor fernöstlichen Theater-

Vachtangov leistete in seiner Inszenierung von *Prinzessin Turandot* die Reflexion auf die Theatersitutation als solche prinzipiell auf zwei Ebenen: 1) auf der Ebene des "framing" der Aufführung durch spezifische Markierung von Anfang und Ende und 2) auf der Ebene der szenischen Abläufe innerhalb der Aufführung durch spezifische theatrale Verfahren.[137]

Vachtangov ging bei seiner Arbeit von der Prämisse aus, daß "auf der Bühne keine Märchenwelt entstehen" solle, "sondern die Welt des Theaters. Die Vorführung des Märchens soll auf der Bühne entstehen."[138] Deswegen kam dem Vorgang des "framing" besondere Bedeutung zu.

> Die Aufführung muß mit dem gegenseitigen Bekanntwerden beginnen. Alles steht den Augen des Publikums offen. Die ganze Bühne. Sie begegnen in Ihrer alltäglichen Kleidung vielleicht den Zuschauern auf der Treppe des Vestibüls. Jeder hat das Recht, Ihnen einen guten Tag zu wünschen, sich nach Ihrem Befinden zu erkundigen [...]. Juri begrüßt die Theaterbesucher, unsere Gäste, er unterhält sich mit ihnen als der sogenannte erste Schauspieler unserer Truppe und lädt sie ein, den Zuschauerraum zu betreten. Unterwegs antwortet er auf alle Fragen. Dann läßt er seine Gäste Platz nehmen [...]. [Sie] begeben [...] sich auf die Bühne [...]. Sie schminken sich auf der Bühne und ziehen sich vor den Augen des Zuschauers um.[139]

Dieser Vorschlag, den Übergang von der Alltagswelt in die Welt der Bühnenhandlung sowohl für die Zuschauer als auch für die Schauspieler sinnfällig zu inszenieren, wurde später wieder verworfen. Ebenso wenig hatte die Idee Bestand, den vom *hanamichi* ermöglichten Auftritt der Schauspieler aus der Mitte der Zuschauer dahingehend abzuwandeln, daß die Schauspieler sich im Zuschauerraum in ihrer "Arbeitskleidung" (Frack und Abendkleid) neben die Zuschauer setzen und von dort – also buchstäblich aus ihrer Mitte – sich auf die Bühne begeben sollten.

Den Aufzeichnungen Boris Sachawas und Nikolaj Gorchakovs sowie dem Bericht Fedor Stepuns zufolge hat man sich die endgültige Version etwa so vorzustellen: Die vier Masken der Commedia dell'arte Pantalone (Altums

---

formen stellte die Commedia dell'arte den wesentlichsten Bezugspunkt für Regisseure wie Meyerhold, Tairov, Reinhardt oder Copeau dar.

137 Zu Vachtangovs Inszenierung vgl. u.a. die Beiträge im Programmheft der Städtischen Bühnen Frankfurt, das aus Anlaß der Inszenierung von Gozzis *Turandot* durch Nikolaus Wolcz (Premiere am 5. Februar 1981) wichtige Beiträge aus dem Buch, welches das Moskauer Akademische Künstlertheater nach Vachtangovs Tod 1923 über seine Inszenierung von *Prinzessin Turandot* herausbrachte, in deutscher Sprache zugänglich machte (ein Exemplar des Buches befindet sich im Besitz der Stiftung Preußischer Kulturbesitz, Staatsbibliothek Berlin), Worral 1989 sowie meinen eigenen Aufsatz zu Vachtangovs Inszenierung "Grenzgänger zwischen den Welten" in Mennemeier/Fischer-Lichte (Hrsg.) 1994.

138 Wachtangow 1982, S. 302.

139 Ebda., S. 335f.

Sekretär), Tartaglia (Großkanzler von China), Brighella (Pagenmeister an Altums Hof) und Truffaldino (oberster Eunuch in Turandots Serail) traten in ihren traditionellen Kostümen vor den Vorhang, verbeugten sich und kündigten den Beginn des Spieles an: "Die Aufführung von Carlo Gozzis Märchen *Prinzessin Turandot* beginnt." (Abb. 46) Tartaglia stellte die übrigen drei in ihren Rollen dem Publikum vor. Auf seinen Zuruf: "Parade!" öffneten er und Pantalone den Vorhang zu beiden Seiten hin und die Schauspieler traten auf: die Damen zur linken, die Herren zur rechten Seite. Sie waren in Abendkleider und Fräcke gekleidet. Alle traten in einer Reihe vorn an die Rampe. Zu den Klängen des Turandot-Walzers öffnete sich dann der Vorhang ganz und gab den Blick auf die Bühne frei, auf der in kleinen Haufen Umhänge, Hüte, Handtücher, Schals, Kleiderbürsten, Dolche, Knochenmesser, Lampenschirme, Blechlöffel u.a.m. herumlagen. Truffaldino rief "Allez-hop!" und die Schauspieler verteilten sich über die Bühne. Jeder blieb vor dem Haufen seiner Kostümteile stehen. Mit wenigen rhythmischen Gesten zur Musik wurden sie aufgenommen, durch die Luft gewirbelt und über Fräcke und Kleider als Kostüme geworfen, z.B. Handtücher zu Turbanen gewunden oder als Bärte umgehängt. (Abb. 47) Nachdem die Schauspieler so vor den Augen des Publikums die Verwandlung in ihre Rollenfiguren vollzogen hatten, traten sie noch einmal an die Rampe, sangen einen Vierzeiler ("Das schlichte Lied, / Das wir heut singen, / Soll euch hinweg / Ins alte China bringen.") und gingen ab. Nach einer kurzen Pause traten dann die *zanni*, die Bühnendiener, zu den Klängen einer Polka auf, um die Bühne mit wenigen Hängern und Tauen in den Schauplatz "Peking" zu verwandeln.

In ähnlicher Weise wurde der Schluß markiert. Nach Turandots letzten Worten an die männlichen Zuschauer ("Du liebes Volk der Männer – hört: ich bin euch gut, / Euch allen bin ich gut. Und weil ich reuig bin, / Sollt ihr ein Zeichen der Vergebung mir nicht weigern!") stellten die Schauspieler sich wie bei der Eröffnungsparade vor dem Vorhang auf, verbeugten sich, liefen in einer Reihe durch den zeltartig geöffneten Vorhang von der Bühne und die Masken verkündeten: "Unsere Vorstellung von Carlo Gozzis Märchen *Prinzessin Turandot* ist zu Ende."

Die deutliche Markierung von Anfang und Ende der Aufführung hob so die spezifischen Bedingungen hervor, unter denen die dazwischen erfolgenden "Verwandlungen" vollzogen wurden: die Verwandlung der Schauspieler in dramatische Figuren, die Verwandlung der Bühne in unterschiedliche Schauplätze, die Verwandlung von Objekten der Alltagswelt in Kostümteile und Requisiten mit unterschiedlichsten Bedeutungen. D.h. das "framing" wies die Theatersituation als ein besonderes Setting aus, in dem grundsätzlich andere Prinzipien und Regeln der Zeichenbildung und -verwendung gelten als in der Alltagswelt: Theatrale Zeichen sind grundsätzlich polyfunktional und polyvalent.

Auf die Theatersituationen mit allen ihren Implikationen wurde auch innerhalb der Aufführung immer wieder mit den unterschiedlichsten Verfahren ganz ausdrücklich hingewiesen. Eines dieser Verfahren bestand in der Einführung von Bühnendienern in deutlicher Differenz zu den Darstellern von Rollenfiguren. Im Unterschied zu den Regisseuren der *Gelben Jacke* legte Vachtangov größten Wert darauf, daß die Bühnendiener alles unterließen, was die Aufmerksamkeit der Zuschauer von ihren Handlungen ab- und auf die Art und Weise ihrer Ausführung hätte hinlenken können:

> Darin besteht ja gerade der Witz, daß die Zani alles ausführen, was im Laufe der Aufführung nötig zu tun ist, und dabei im Grunde unsichtbar bleiben. [...] Man muß die Schauspieler, die bei uns die Zani spielen werden, lehren, daß sie auf der Bühne alles, was man von ihnen zu tun verlangt, so ausführen, als ob sie in dem betreffenden Augenblick gar nicht auf der Bühne sind. Kein Spiel! Keine Mimik! Keine *Beziehung* zu dem, was vor ihren Augen auf der Bühne geschieht![140]

Die Bühnendiener waren bereits durch ihre Kleidung von den Protagonisten der Bühnenhandlung unterschieden. Sie trugen bequeme blaue Overalls mit Nummern auf dem Rücken. Ihre Funktion bestand darin, das Spiel zu ermöglichen. Sie wechselten vor den Augen des Publikums die Dekoration, indem sie Züge herabließen, die auf Stangen aufgerollten Prospekte aufhängten, hochzogen oder wieder abnahmen. Sie trockneten Barach und Kalaf in der Expositionsszene die Tränen mit Handtüchern und brachten dem Darsteller des Kalaf einen Stuhl, als er seinen Schmerz bis zur Grenze der Erschöpfung ausspielte. Sie zogen Kalaf in der Nachtszene die Schuhe aus und reichten Adelma den Dolch, mit dem sie sich erstechen will. Sie schliffen den Henkern die Axt und trugen die auf Lanzen gespießten Köpfe der hingerichteten Bewerber von der Bühne. D.h. sie vollzogen ausschließlich praktische Handlungen, die nicht der Welt der fiktiven Handlung zugehörten, sondern vielmehr ihren Ablauf ermöglichten. Ihr Umgang mit den Objekten war entsprechend auch nur auf deren praktische Funktionen gerichtet: der Stuhl wurde gebracht, damit der Darsteller des Kalaf sich setzen könne, das Handtuch, damit man ihm und Barach die Tränen trockne usf. Die Objekte wurden durch die *zanni* weder in ihren Funktionen noch in ihren Bedeutungen verändert. Sie blieben Objekte der Alltagswelt mit spezifischen praktischen Funktionen.

---

140 Ebda., S. 395.

Wenn dagegen die Darsteller von Rollenfiguren sie in die Hand nahmen, verwandelten sie sich in theatrale Zeichen: das Handtuch wurde als Turban oder Bart verwendet, der Tennisschläger als Szepter, der Lampenschirm als Hut usf. Es war das Spiel der Akteure, welches aus Objekten der Alltagswelt mit bestimmten praktischen Funktionen theatrale Zeichen mit den verschiedensten symbolischen Funktionen und Bedeutungen machte.

Die Opposition, die sich dergestalt zwischen dem Umgang der Bühnendiener mit den Objekten und dem Umgang der Akteure mit den Objekten ergab, reflektierte so ausdrücklich die Theatersituation und ihre spezifischen Bedingungen auf der Ebene der szenischen Abläufe innerhalb der Aufführung.

Ein anderes Verfahren bestand in der Potenzierung der Fiktion. Sachawa berichtet, daß Vachtangov den Schauspielern vorschlug, "nicht die Stückfiguren entsprechend dem Text des Stückes, sondern italienische Schauspieler" darzustellen, "die diese Rollen spielen".

> Er schlug A.A. Orotschko vor, nicht die Adelma, sondern eine italienische Schauspielerin zu spielen, die die Adelma spielt. Wachtangow phantasierte, daß sie die Frau des Direktors der Truppe und Geliebte des ersten Schauspielers der Truppe sei, daß sie verschlissene Schuhe trägt, daß die Schuhe zu groß sind, so daß sie ihr beim Laufen von den Fersen rutschen und über den Boden schlurfen, daß sie am liebsten t-t-r-r-ragische Rollen spielt und während des Spiels immer einen Dolch in der Hand hält, um noch furchtbarer und tragischer zu sein. Die Schauspielerin, die die Selima spielte, sollte sich als faul erweisen. Sie hatte keine Lust zum Spielen und verheimlichte das dem Zuschauer in keiner Weise. Sie wollte schlafen.[141]

Die Potenzierung der Fiktion zielte darauf, den Schauspielern zu ermöglichen, beim Spielen zu zeigen, daß sie spielen. Sie sollte ihnen helfen, eine Spieltechnik zu entwickeln, mit der sie dem Zuschauer das Spielen einer Figur als eine spezifische Kunstleistung vorführten, so daß er über dem Vorgeführten nie die Kunst des Vorführens selbst vergaß. Dies galt auch – oder ganz besonders – für leidenschaftliche und gefühlvolle Stellen. Hier sollte der Schauspieler innerhalb der gedoppelten Fiktion durchaus "wirkliche Gefühle"[142] zeigen, wenn auch nicht "psychologische Beweggründe". Für das Ausspielen von Gefühlen waren nur "Rechtfertigungen" zugelassen, "die sich vom Theater herleiten lassen. Das Weinen von echten riesigen Tränen, um das Gefühl über die Rampe zu bringen."[143] Dem Zuschauer sollte so stets die Theatersituation bewußt bleiben.

---

141 Ebda., S. 303f.
142 Ebda., S. 156.
143 Ebda., S. 302.

Als weiteres Verfahren zur Reflexion auf die Theatersituation läßt sich die spezifische Realisierung der vier Masken aus der Commedia dell'arte anführen. Als einzige von Anfang an in Kostüm und Maske, eröffneten und beschlossen sie nicht nur die Aufführung, sondern blieben auch während ihres gesamten Verlaufs anwesend, um ständig zwischen Bühnengeschehen und Publikum zu vermitteln. Sie attackierten zum Beispiel Zuschauer, die zu spät kamen, und beleidigten sie. Oder sie spielten Verstecken zwischen Bühne und Zuschauerraum, wobei Brighella sich mitten unter die Zuschauer setzte. Sie intervenierten in der Bühnenhandlung, wenn sie als Einleitung zu Kalafs Rätselbefragung ihre eigenen Rätsel formulierten:

"Was hat zwei Rausstecker, vier Runterhänger, einen Schwanz und ist, allgemein gesprochen, ein Haustier?" "Eine Kuh", antwortete Pantalone und zeigte sich sofort äußerst verlegen, weil er die Lösung verraten hatte. Tartaglia kroch dann auf allen Vieren herum und ahmte eine Katze nach:

> Tartaglia: "Was hat vier Beine. Einen Schwanz. Einen hübschen buschigen Schwanz, fängt Mäuse und miaut?"
> Pantalone: "Ich weiß es." Tiefsinnige Pause. " Eine Katze!"
> Tartaglia: "Nein, das habe ich auch zuerst gedacht. Stimmt aber nicht; es ist ein Kätzchen."[144] (Abb. 48)

An anderer Stelle mischten die Masken sich in die Arbeit der Bühnendiener ein. Truffaldino befahl ihnen, "Straße" in "Versammlungsraum" zu ändern. Daraufhin stürzte Brighella auf die Bühne und schrie: "Vorhang", wobei er wie ein Rasender versuchte, die szenischen Vorgänge vor dem Publikum zu verbergen. Während der Vorhang tatsächlich fiel, vollführten die Masken eine Reihe von *lazzi*.

Durch ihr Kostüm als traditionelle Figuren des komischen Theaters – oder genauer: der italienischen Commedia dell'arte – gekennzeichnet, wiesen die vier Masken die aktuelle Situation unmißverständlich als Theatersituation aus: Wo sie auftreten, ereignet sich Theater. Durch ihre wiederholten Wendungen an das Publikum definierten sie die Theatersituation – darin dem Chorus aus der *Gelben Jacke* vergleichbar – als Interaktion zwischen Bühne und Auditorium, handelten als Agenten der externen theatralen Kommunikation. Zugleich aber agierten sie anders als Chorus auch auf der Ebene der internen theatralen Kommunikation als Darsteller von Figuren innerhalb der Bühnenhandlung wie als Altums Sekretär, als Großkanzler von China, als Pagenmeister an Altums Hofe oder als oberster Eunuch in Turandots Serail. Die vier Masken wechselten also permanent zwischen den beiden Systemen der internen und

144 Vgl. Worral 1989, S. 133.

der externen theatralen Kommunikation hin und her und lenkten so die Aufmerksamkeit des Zuschauers sowohl auf das spezifische Funktionieren beider Systeme als auch auf ihre Differenz und Interdependenz.

Das Experiment mit Konventionen sowohl des fernöstlichen Theaters als auch der Commedia dell'arte schuf so besondere Bedingungen zur Reflexion der Eigenart der Theatersituation. Es ermöglichte zunächst eine prinzipielle Dreiteilung der Figuren in:

1) durch ihr Kostüm von Anfang an als Theaterfiguren ausgewiesene Figuren, die für das "framing" eingesetzt werden und ständig zwischen den Systemen der externen und der internen Kommunikation hin- und herwechseln;

2) Darsteller der Bühnenhandlung, welche die Verwandlung in die Figuren als Gang von der Rampe auf die Bühne und Anlegen von Kostümteilen vor den Augen der Zuschauer vollziehen und anschließend überwiegend innerhalb des Systems der internen theatralen Kommunikation agieren, und zwar gleichzeitig auf zwei fiktionalen Ebenen;

3) Bühnendiener, die anstelle eines "Theaterkostüms" Arbeitskleider tragen, und weder im internen noch im externen System der theatralen Kommunikation agieren, sondern für den störungsfreien Ablauf der internen Kommunikation der Bühnenhandlung sorgen.

Die Bühnendiener sind auf die Darsteller der Rollenfiguren bezogen, indem sie ihnen die notwendigen Requisiten bringen oder auch einen Stuhl zum Ausruhen oder ihnen mit einem Handtuch die Tränen abwischen. Die Masken dagegen agieren nicht nur als Rollenfiguren und als Entertainer des Publikums, sondern vermitteln ausdrücklich zwischen beiden. Wenn Barak zum Beispiel in der Expositionsszene weint und ein Bühnendiener ein Handtuch bringt, kommt Tartaglia "mit einem Rasiernapf hinter dem Vorhang hervorgesprungen. Darin sammelt er Baraks Tränen. Baraks echte Tränen. Nachdem er sie aufgefangen hat, läuft er zu den Zuschauern und zeigt sie, als wollte er sagen: 'Seht, wie unsere Schauspieler spielen! Echte Tränen!'"[145]

Jede Kollision zwischen Mitgliedern der verschiedenen Figurengruppen wies so den Zuschauer ausdrücklich auf die Theatersituation und ihre spezifischen Bedingungen hin. Eine ähnliche Wirkung ergab sich, wenn vorübergehend einer Gruppe Funktionen übertragen wurden, die der Zuschauer bisher Mitgliedern der anderen Gruppen vorbehalten geglaubt hatte. So wurde beispielsweise zwischen der Nachtszene und dem Schluß eine Pantomime der Bühnendiener eingeschoben. Direkt an der Rampe mimten sie vor dem ge-

145 Wachtangow 1982, S. 346.

schlossenen Vorhang eine gekürzte Version der ganzen Aufführung, beginnend mit der Parade, jedoch mit tödlichem Ausgang für alle Betroffenen. Einerseits agierten die Bühnendiener hier als Darsteller von Rollenfiguren, andererseits zielte ihr Spiel auf eine Täuschung der Zuschauer, das Ende des Spieles betreffend. Der Übergang von einer Funktion (der Bühnendiener) zur anderen (als Darsteller von Rollenfiguren) wurde – außer durch den spezifischen Einsatz von Musik – durch den Modus des Umgangs mit Objekten geleistet und ausgewiesen: Die Bühnendienerin, die Turandot darstellte, drückte den extremen emotionalen Zustand des Zorns mit Hilfe eines über das Gesicht geworfenen Schleiers aus, der bei jedem heftigen, synchron mit der Musik ausgeführten Atemzug quasi eingeatmet wurde. Und der Dolch, den jede(r) trug, wurde verwendet, um einen Selbstmord zu mimen. D.h. die Objekte wurden durch spezifische Gesten in theatrale Zeichen verwandelt und als solche eingesetzt.

Durch das Strukturmerkmal einer prinzipiellen Opposition zwischen den Funktionen der verschiedenen Figurengruppen ebenso wie durch die punktuellen Funktionswechsel wurden die Zuschauer permanent auf die Theatersituation und ihre besonderen Bedingungen der Zeichenbildung und -verwendung sowie der Bedeutungskonstitution hingewiesen und so nachdrücklich zu ihrer Reflexion aufgefordert. Dabei stand der "Übergang" im Mittelpunkt des Interesses: der Übergang von der Alltagswelt zum Beginn des Spieles, der Übergang vom Schauspieler als Mensch zum Schauspieler als Darsteller einer Rolle, der Übergang von der Bühne als einem Arbeitsplatz für Schauspieler zur Bühne als einem Schauplatz, der Übergang von Objekten der Alltagswelt in Kostümteile und Requisiten, der Übergang vom Spiel zurück in die Alltagswelt, kurz: der Übergang zwischen Theater und Alltagswelt – oder besser: zwischen theatraler und nicht-theatraler Wirklichkeit – sowie die Transformation von Menschen, Räumen und Objekten in theatrale Zeichen. Vachtangovs Inszenierung ging solcherart der Frage nach – die sie zugleich den Zuschauern stellte –, auf welche Weise theatrale Zeichen und theatrale Wirklichkeit entstehen.[146]

146 Bei seiner Inszenierung des *Kreidekreises* in der Bearbeitung von Klabund (Frankfurt 3.3.1925) versuchte Richard Weichert die Reflexion auf die Theatersituation durch Auftritte der Schauspieler aus dem Zuschauerraum, eine vorhanglose Bühne und den Einsatz von Bühnendienern auszulösen. Er hielt offensichtlich ebenfalls das chinesische Märchenspiel – hier des *Kreidekreises* – für besonders geeignet, um mit seiner Inszenierung auf die Theatersituation zu reflektieren. 1925 fand auf deutschen Bühnen eine ganze Serie von *Kreidekreis*-Inszenierungen statt. Die wichtigsten waren die der beiden vom Expressionismus kommenden Regisseure Richard Weichert und Karlheinz Martin (Raimundtheater Wien, 16.9.1925) sowie die Inszenierung von Max Reinhardt mit Elisabeth Bergner als Tschang Haitang (im Deutschen Theater, Berlin 20.10.1925). 1926 kam *Der Kreidekreis* unter dem Titel *Čang-Gaitang* in Leningrad heraus, 1929 in London mit der Filmschauspielerin Anna May Wong als Tschang

6. "Japanologische" Inszenierungen und spätere Gastspiele fernöstlicher Truppen (Ichikawa Sadanji II, Tsutsui Tokujiro, Mei Lanfang)

Die von mir untersuchten Inszenierungen des Fremden haben bereits bis zur Saison 1913/14 grundlegende Veränderungen im tradierten System der theatralen Zeichen erbracht:

– Die Dominantenbildung innerhalb des Systems der theatralen Zeichen hat sich von der Sprache auf nichtkodierte Zeichensysteme verschoben, vor allem auf den Körper des Schauspielers.

– Das Verhältnis der semiotischen Ebenen zueinander hat sich verändert. Anstelle der semantischen Dimension dominiert nun einerseits der Zeichenkörper in seiner je spezifischen Materialität, andererseits die pragmatische Dimension. Die theatralen Zeichen werden so als prinzipiell polyvalent und polyfunktional ausgewiesen.

– Die dominierende Zeichenfunktion ist entsprechend ausgewechselt. Statt einer deskriptiv-abbildenden Funktion herrschen nun expressive (emotionale) und relationierende Funktionen vor.

– Die Prinzipien der Kombination von theatralen Zeichen haben sich geändert. Anstelle einer kausalen, logischen, psychologischen und in diesem Sinne linearen Verkettung wird eine Verselbständigung einzelner Zeichen bzw. Zeichenkomplexe vorgenommen. Die selbständigen Elemente werden nach rhythmischen Prinzipien zueinander in Beziehung gesetzt.

Diese Umstrukturierung der semiotischen Systeme verschiebt zum einen den Schwerpunkt von der internen zur externen theatralen Kommunikation. Zum anderen hat sie tiefgreifende Folgen für die Prozesse der Wahrnehmung und der Bedeutungskonstitution. Beide erfahren eine hochgradige Subjektivierung bzw. erweisen sich als hochgradig subjektabhängig und subjektiv bedingt. Entsprechend erscheint die Inszenierung nicht mehr als Repräsentation einer anderweitig "objektiv" gegebenen Wirklichkeit, sondern als subjektive Konstruktion theatraler Wirklichkeit, und zwar sowohl durch die Produzenten als auch durch die Rezipienten.

Indem sie diese Umstrukturierung leisten, weisen die untersuchten Inszenierungen des Fremden einen Ausweg aus der Kulturkrise, der sich Nietzsche

---

Haitang. Sowohl Reinhardts Inszenierung als auch die Leningrader und die Londoner Produktion wurden von der Kritik als "süßlich" und auf einen modischen Exotismus bauend abgelehnt.

und Hofmannsthal konfrontiert sahen – nicht allerdings, indem sie das von ihnen mit der Sprachkrise intendierte Problem lösen, sondern indem sie ein anderes Problem formulieren und bewußt machen, welches dem Problem der Sprachkrise vorgeordnet ist bzw. es einschließt: Alle diese Inszenierungen werfen die Frage auf, wie Bedeutung entsteht. Wenn Bedeutung einem theatralen Zeichen weder aufgrund geltender Konventionen zugewiesen werden kann noch aufgrund des Merkmals der Ähnlichkeit noch auch, weil es als allgemein bekannte Folge eines bestimmten Vorgangs wahrgenommen und identifiziert wird, sondern als Resultat wechselnder interner und externer Beziehungen entstehen soll, woher kommt dann seine Bedeutung?

Am radikalsten wird diese Frage von Reinhardts *Sumurun*-Inszenierung, den verschiedenen Produktionen der *Gelben Jacke* und von Vachtangovs *Prinzessin Turandot* gestellt und zugleich am gründlichsten untersucht. Während Reinhardt in *Sumurun* die Relevanz der subjektiven Wahrnehmung fokussiert und die Inszenierungen der *Gelben Jacke* nachdrücklich auf die prinzipielle Polyfunktionalität der theatralen Zeichen hinweisen, arbeitet Vachtangov in verschiedenen Variationen die Abhängigkeit vom jeweils gewählten Rahmen und von den spezifischen Funktionen der fraglichen Elemente innerhalb dieses Rahmens heraus. Alle diese Inszenierungen weisen nachdrücklich Bedeutung als eine subjektive Größe aus.

Über den von ihnen erreichten Stand gelangten die bis zur Mitte der zwanziger Jahre nachfolgenden Inszenierungen des Fremden nicht hinaus. Weder die verschiedenen *Kreidekreis*-Inszenierungen[147] noch auch die vor allem von expressionistischen Regisseuren wie Richard Weichert und Gustav Hartung vorgenommenen Inszenierungen der Sanskrit-Dramen *Vasantasena* (Lübeck 1920, Graz 1920, Frankfurt 1924) und *Sakuntala* (Köln 1925, Wien 1926) noch auch Copeaus/Suzanne Bings Inszenierung des Nô-Spiels *Kantan* (1924) mit Schülern der Schauspielschule des Vieux Colombier[148] erbrachten weitere Umstrukturierungen im System der theatralen Zeichen oder ein neues "Argument" für die Diskussion um die Entstehung von Bedeutung.

Für diesen letzteren Zusammenhang erscheinen allerdings zwei Inszenierungen von Interesse, die 1927 völlig unabhängig voneinander in Leningrad und in Paris herauskamen. Sergej Radlov inszenierte mit Schülern der Theaterschule des Leningrader Gosudarstvennyj Akademičeskij Teatr Dramy Okamoto Kidos *Oda Nabunago* (Premiere am 9. Januar 1927), ein Stück über einen furchtlosen Heerführer, der Fischer und Bauern gegen verbrecherische Mönche verteidigt. Firmin Gémier brachte aus Anlaß des Ersten Internatio-

147 Vgl. Anm. 146.

148 Vgl. zu dieser Inszenierung Fischer-Lichte 1990(c).

nalen Theaterkongresses in Paris im Juni 1927 ein Drama desselben Gegenwartsautors auf die Bühne: *Shuzenji Monogatari* (*Die Maske*, 24.–27. Juni 1927), dessen Handlung ebenfalls im Mittelalter angesiedelt ist und das berufliche Schicksal eines Maskenmachers mit der Liebesgeschichte seiner Tochter verbindet. An beiden Inszenierungen waren maßgeblich Japanologen und Kenner des japanischen Theaters beteiligt; beide Inszenierungen erhoben den Anspruch, die Konventionen und Regeln des Kabuki-Theaters genau zu beachten.[149] Für die Leningrader Produktion wurde die Übersetzung vom Japanologen Konrad besorgt, der auch als Berater für die gesamte Inszenierung fungierte. In Paris betätigten sich Albert Keim und der Japanologe Albert Maybon als Bearbeiter der Übersetzung, die Kuni Matsuo und Steinilber Oberlin angefertigt hatten. An Gémiers Inszenierung arbeiteten außer dem japanologischen Berater auch japanische Künstler mit wie der Bühnenbildner Foujita, als weiterer Regisseur Omori, die Kostümbildnerin Yanagi sowie vier Schauspieler und eine Tänzerin.

Der Anspruch des Authentischen wurde von den Kritikern bei beiden Produktionen zustimmend akzeptiert und bekräftigt. Gvozdev hebt an Radlovs Inszenierung im Unterschied zu der "entschieden abgeschmackten fernöstlichen Maskerade, welche man kürzlich in den Inszenierungen *Čang Gaitang* und *Čun-jun-vaj* sehen konnte", die Möglichkeit hervor, die sie biete, "sich mit der echten japanischen Dramaturgie vertraut zu machen". Sie führe "an eine ernsthafte Beziehung zum Schaffen der fernöstlichen Länder heran, die gewöhnlich auf dem Theater mit dem unzulässigen Beigeschmack hohler Exotik dargestellt werden, mit schablonenhaften 'Geishas' und chinesischen 'Tee'-Häuschen"[150].

Ganz ähnlich heißt es bei den Pariser Kritikern: "Es handelt sich in diesem Werke nicht um jene laeppischen 'Japonika' (japoniaiseries), die eine allzu leichte Literatur eine zeitlang in Schwung brachte. Wir sehen weder Musmés, noch Geishas, noch bluehende Kirschbaeume oder kindische Taendeleien."[151] "[...] die Hauptanziehungskraft dieses Schauspiels besteht darin, dass es uns von jenem kitschigen Japan befreit, das man uns allzuoft vorgesetzt hatte."[152]

149 Parallel zu Radlovs Inszenierung, die bis Anfang April acht Vorführungen erlebte, lief im Konferenzsaal der Akademie vom 26.3. bis zum 9.4. eine "Ausstellung zum Fernöstlichen Theater". Im Ausstellungskatalog findet sich eine kurze Charakteristik des Kabuki-Theaters.

150 *Žizn Iskusstva*, No. 3, 18.1.1927, S. 11f.

151 Etienne Rey im deutschsprachigen Heft *Erster Internationaler Theater-Kongress und Erstes Internationales Festspiel*, hg. *Cahiers du Théâtre, Paris 1927, S. 168.* Die französischen Kritiken werden nach dieser Textsammlung zitiert.

152 Franc-Nohain im *Echo de Paris* vom 28.6.1927, ebda., S. 170.

Entsprechend wird dem Regisseur und den Schauspielern ausdrücklich attestiert, daß sie die Prinzipien des japanischen Theaters präzise befolgt hätten. So schreibt Mokulskij über Radlovs Arbeit: "Radlov vermittelte gekonnt das eigentümliche Pathos der japanischen Tragödie, ihren ursprünglichen szenischen Stil, und zeigte eine meisterliche Ausarbeitung des komplizierten Musters der für das japanische Theater traditionellen Bewegungen, Gesten und mises-en-scène."[153] (Abb. 49) Und Etienne Rey bescheinigt seinerseits Gémier, der die Rolle des Yashao, des Maskenmachers, übernommen hatte, daß er den "Eindruck eines grossen japanischen Künstlers" machte. "Die Stellungen, die Bewegungen, der Gesichtsausdruck, der Vortrag, alles war genau studiert. Ich glaube nicht, dass es einen japanischen Meister geben kann, der japanischer ist als Herr Gémier."[154]

Auf die von beiden Kritikern angesprochenen Bewegungen und Gesten geht Pierre Brisson in seiner Besprechung der Pariser Produktion im *Temps* (27. Juni 1927) ebenso wie auf die besondere Sprechweise genauer ein. Er stellt dabei einerseits "die Verlangsamung aller Bewegungen" heraus, die "zuerst eine gewisse Muedigkeit hervor[ruft], [...] aber schliesslich dem Ganzen einen besonderen Reiz" verleiht[155], und vergleicht die Aufführung mit einem "langsam gedrehten Film"[156]. Zum anderen gibt er hinsichtlich der Sprechweise zu bedenken: "Er [Gémier] hebt unserer Meinung nach den Singsang des Textes zu sehr hervor. Aber er folgt darin nur gewissenhaft der Ueberlieferung japanischer Schauspieler."[157]

Der Feststellung des Merkwürdigen, ja Befremdlichen der angeführten Verfahren folgt die Berufung auf ihre nicht bezweifelbare Authentizität. Sie werden nicht als künstlerische Verfahren hinsichtlich ihrer Eignung für spezifische Funktionen diskutiert. Vielmehr scheint an ihnen vor allem interessant zu sein, daß sie wohl ausdrücklich als theatrale Zeichen hervorgebracht werden – nämlich als Zeichen des japanischen Theaters, worauf die wiederholte Berufung auf ihre Authentizität unüberhörbar hinweist –, ohne daß jedoch ihre Produzenten das Publikum in den Stand setzen, ihnen die Bedeutung beizulegen, die ihnen in ihrem Ursprungskontext, dem japanischen Theater, eignet. Sie werden also im Bewußtsein dessen produziert und rezipiert, daß es sich um klar abgegrenzte theatrale Zeichen mit bestimmten Bedeutungen handelt, auch wenn die entsprechenden Bedeutungen nicht

---

153 Vorwort zu Radlov 1929, S. 18f.

154 Etienne Rey, a.a.O., S. 169f.

155 Brisson, in: *Erster Internationaler Theaterkongress*, S. 176.

156 Zum Verhältnis von Kabuki-Theater und Film vergleiche Eisenstein 1929 (in Hesse 1963) sowie im vorliegenden Beitrag S. 232f.

157 Brisson, a.a.O., S. 176.

allgemein bekannt sind. Entsprechend haben wir es hier nicht mit dem Vorgang einer Desemantisierung der szenischen Vorgänge durch Rückgriff auf nichtkodifizierte Elemente zu tun. Vielmehr werden Elemente eingesetzt, von denen alle Beteiligten wissen, daß sie streng und präzise kodifiziert sind, ohne daß jedoch der Kode den Zuschauern mitgeliefert würde. Da mit dem Anspruch und der Berufung auf Authentizität das Bewußtsein sich ausspricht, daß es sich hier um theatrale Zeichen handelt, läßt dieser Vorgang sich im Hinblick auf europäische Zuschauer als eine gezielte Löschung ihrer ursprünglichen (d.h. im Kode des Kabuki-Theaters festgelegten) Bedeutung begreifen: Die theatralen Zeichen des Kabuki-Theater werden in den "japanologischen" Inszenierungen bewußt als desemantisiert eingesetzt und in diesem Sinne als "leere" Zeichen präsentiert.[158] Indem diese Inszenierungen solcherart die Bedeutung der von ihnen verwendeten theatralen Zeichen löschen, formulieren sie implizit die Frage, woher ihnen denn nun Bedeutung zuwachsen kann, wenn der Kode, der die Bedeutungszuweisung regelt, unbekannt oder verloren ist. Was von Lord Chandos beim Zerfall der Sprache als "Schwindel" erfahren wurde, wird hier bewußt herbeigeführt: Die Bedeutung der theatralen Zeichen wird gelöscht; sie werden zu "Wirbeln", die den Zuschauer zunächst ins "Leere" führen,[159] aus dem er erst mit dem Akt einer subjektiven Bedeutungssetzung wieder herausfinden kann. Die Inszenierung des Fremden wird entsprechend als Inszenierung spezifischer Bedingungen vollzogen, unter denen Bedeutung gelöscht und andere Bedeutungen hervorgebracht werden können.

Ende der zwanziger Jahre interessierten die besonderen Verfahren des japanischen (oder chinesischen) Theaters also kaum mehr unter der Fragestellung, welchen Beitrag sie zur Umstrukturierung des Systems der theatralen Zeichen – zur Retheatralisierung des Theaters – zu leisten vermöchten. Denn diesen Prozeß hatten die Avantgardisten zu diesem Zeitpunkt längst vollzogen. Eine entsprechende Veränderung in der Einstellung zum fernöstlichen Theater wird auch von der Rezeption der Gastspiele japanischer Truppen nachdrücklich dokumentiert. So bemerkt ein Rezensent anläßlich des Gastspiels der Kabuki-Truppe Ichikawas Sadanji II im August 1928 in Moskau, "daß das Ganze gar nicht so neu sei: [...] Meyerhold habe die Japaner längst

---

158 Der Ausdruck "leeres Zeichen" stellt natürlich einen Widerspruch in sich dar. Indem ein Objekt als Zeichen hervorgebracht und rezipiert wird, wird ihm auch eine Bedeutung beigelegt, sonst wäre es per definitionem kein Zeichen. Wenn die auf einen bestimmten Kode zurückzuführende Bedeutung eines Zeichens nicht bekannt ist und der Rezipient ihm weder aufgrund des internen noch externen Kontextes eine Bedeutung beizulegen vermag, nimmt er es überhaupt nicht als ein Zeichen wahr. Der Ausdruck "leeres Zeichen" wird hier gebraucht, um die von den japanologischen Inszenierungen provozierten Erfahrungen auf die Erfahrungen des Lord Chandos im eingangs zitierten *Brief* zurückzubinden.

159 Vgl. *Brief des Lord Chandos,* zit. S. 69.

'ausgenommen'!"[160] Ganz ähnlich rezipiert Pierre Ducroq das Gastspiel der Truppe Tsutsuis Tokujiro in Paris (Mai und August 1930) unter Aspekten, die ihm an Meyerholds Inszenierungen aufgefallen sind, welche wenige Wochen zuvor bei einem Gastspiel in Paris zu sehen waren: "Es ist oft nichts anderes als eine Pantomime, ein Tanz, aber manchmal voll glänzender Einfälle, köstlicher realistischer Szenen: diese Bekenntnisse der beiden jungen Leute im Wald in der 'Schlummernden Vorsehung'. Und durch die Vielzahl von kleinen lebendigen Zügen, wie beispielsweise das ständige Ausklopfen der Kleider, nähert sich das japanische Theater stark dem Theater Meyerholds."[161] Ducroqs Kollege Jean Bastia kommentiert das Gastspiel ironisch: "Man dachte zunächst, einer Aufführung des avantgardistischen Theaters beizuwohnen. Niemand verstand irgendetwas. [...] Man dachte – Sieh an, Baty ist wieder da! Erst nach einiger Zeit erfuhr man, es war japanisch."[162] Und beim Gastspiel der Truppe Tsutsuis in Berlin zog Herbert Ihering in seiner Kritik vom 4. Oktober 1930 Parallelen zwischen Brecht und den Japanern:

> Aber wir selbst gewinnen zu Versuchen der deutschen Bühne eine andere Einstellung, wenn wir sie von der großen Überlieferung und den großen Leistungen des japanischen Theaters aus sehen. Wir erkennen, wo viele Experimente bei uns, etwa die Versuche von Brecht, hinwollen. Nicht zur individuellen Zersetzung der Bühnenkunst, sondern zur Schaffung eines Grundstils, einer Grundhaltung, einer Form, einer Tradition.[163]
>
> (Abb. 50 und 51)

Zwar wurden vom fernöstlichen Theater – anders als um die Jahrhundertwende – keine wesentlichen Beiträge zur Retheatralisierung des europäischen Theaters mehr erwartet. Das heißt jedoch nicht, daß nicht im Anschluß an diese Gastspiele durchaus einzelne Verfahren des japanischen Theaters in neue Inszenierungen übernommen worden wären. So baute Brecht in seine Inszenierung von *Mann ist Mann* (Berlin 26. Februar 1931) gleich zwei Verfahren ein, die er in den Aufführungen der Japaner kennengelernt hatte: die Charakterisierung unterschiedlicher emotionaler oder Entwicklungszustände einer dramatischen Figur durch Anlegen verschiedener Masken und den Wechsel von einem Zustand in den anderen durch Verbergen hinter einem Tuch (bei Brecht hinter einer Tischplatte), hinter dem die Verwandlung vollzogen wird. Als weiteres Beispiel vgl. Peter Lorre als Galy Gay mit dem Messer zwischen den Zähnen (Abb. 41). Meyerhold, der Tsutsuis Truppe in

160 Zit. nach Eisenstein 1973, Bd. IV, S. 186.
161 Kritik vom 20.8.1930 ohne Angabe des Ortes aus der Bibliothèque d'Arsenal, Paris.
162 Kritik ohne Angabe von Zeit und Ort aus der Bibliothèque d'Arsenal, Paris.
163 Ihering 1961, Bd. 3, S. 96.

Paris gesehen hatte (während des Gastspiels der Truppe Ichikawas Sadanji II hielt er sich nicht in Moskau auf), gestaltete in seiner Inszenierung von Višnevskijs *Poslednij rešitelnyj* (7. Februar 1931) das Finale der Sterbeszene nach dem Muster einer japanischen Sterbeszene:

> Das Sterben wird in viele (übrigens wunderbar dargestellte) Phasen zerlegt – bis zu dem Moment, wo der Matrose ein Tuch in den Mund stopft, um das Blut zurückzuhalten, und umsinkend, mit verkrampfter Hand das Tuch aus dem Mund zieht. Es ist voll Blut [...]. Der große Regisseur Meyerhold macht daraus eine große Szene im Sinne des japanischen Theaters.[164] (Abb. 52)

Die von den Japanern übernommenen Verfahren wurden jedoch in beiden Fällen nicht eingesetzt, um die Umstrukturierung des Systems der theatralen Zeichen weiter voranzutreiben, sondern um innerhalb des bereits umstrukturierten Systems ganz spezifische Probleme zu lösen. "Es soll also", so notiert Brecht entsprechend im Anschluß an das Gastspiel, "eine Technik von höchst wesentlichen Voraussetzungen gelöst, wegtransportiert und wesentlich anderen Bedingungen unterworfen werden. [...] Die japanische Schauspielkunst [...] kann natürlich für uns nur insoweit etwas bedeuten, als sie für unsere Probleme Bescheid weiß."[165] Die spezifischen Probleme, um die es sich hier handelt, lassen sich als Probleme der Bedeutungskonstitution beim Vorgang der Kombination selbständiger Einheiten – beim Vorgang der Montage – beschreiben und bestimmen.

Unter diesem Blickwinkel wurde das Gastspiel der Truppe Ichikawas Sadanji II auch von Eisenstein rezipiert. Er stellte die These auf, daß "die darstellende Kunst der Japaner auf dem Montageprinzip begründet ist"[166]. Als Voraussetzung dafür, daß dies Prinzip funktioniert, führt er die besondere Art der Wahrnehmung an, die vom Kabuki-Theater gefordert und ausgelöst werde:

> Die Japaner zeigen uns einen anderen, höchst interessanten Ensemble-Typ, das monistische Ensemble. Bei ihnen akkompagnieren Ton, Bedeutung, Raum und Stimme einander nicht (ja parallelisieren einander noch nicht einmal), sondern werden als gleichbedeutende Elemente behandelt. Die erste Assoziation, die sich bei einer Kabuki-Rezeption einstellt, ist der Fußball, die kollektivste und ensemblehafteste Sportart. Denn im Kabuki scheinen sich Stimme, Holzklapper, mimische Bewegung, Vorleserschreie und zusammenklappbare Bühnendekorationen den dramaturgischen Ball gleichsam wie unzählige Verteidiger, Torhüter und Stürmer zuzuspielen, um ihn dann einem verdutz-

164 Ebda., S. 180f.
165 Bertolt Brecht-Archiv 158/44.
166 Eisenstein 1929, in Hesse 1963, S. 264.

> ten Zuschauer ins Tor zu schießen. [...] Hier liegt ein einheitliches, monistisches Gespür für den theatralischen 'Reizerreger' vor. Der Japaner betrachtet jedes theatralische Element nicht etwa als inkommensurable Größe unterschiedlicher Einwirkungskategorien (auf jeweils unterschiedliche Sinnesorgane), sondern als einheitliche Theatergröße. [...] Anstelle des Akkompagnements glänzt im Kabuki der bloßgelegte Kunstgriff des Umschaltens. Das Umschalten einer grundlegenden Einwirkungsintention von einem Material in ein anderes, von einer Reizerreger-Kategorie in eine andere [...]. Tatsächlich 'hören' wir hier 'eine Bewegung' und 'sehen den Ton'.[167]

Die Bedingung, die Eisenstein hier herausstellt, besteht in einer spezifischen Form einer konzertierten Erregung von Sinnesreizen, die insofern zu einer 'synästhetischen' Wahrnehmung führen, als sie beim Wahrnehmenden die Vorstellung erwecken, er würde visuelle Sinneseindrücke durch das Ohr und auditive durch das Auge wahrnehmen. Dieser Modus der Wahrnehmung erleichtert die Isolierung des wahrgenommenen Sinneseindrucks als Isolierung eines theatralen Elementes.

Die solcherart zu isolierenden Elemente werden durch das Verfahren der Montage zueinander in Beziehung gesetzt. Am Beispiel der Schauspielkunst unterscheidet Eisenstein drei Arten, in denen das Montageverfahren eingesetzt wird. Interessanterweise handelt es sich dabei gerade um jene Verfahren, die Brecht und Meyerhold nach dem Gastspiel der Tsutsui-Truppe in ihre Inszenierungen übernommen haben. Die erste Art – auf die Brecht zurückgreift – nennt Eisenstein das "Darstellen ohne Übergänge":

> In einem bestimmten Moment seines Spiels hält er [der japanische Schauspieler] inne, der schwarz verkappte *Kurogo* verbirgt ihn dienstfertig vor den Zuschauern. Und seht! – er ist umgeschminkt neu erstanden. Und mit einer neuen Haartracht. Nun wird eine andere Phase [eine andere Abstufung] seines emotionellen Zustandes charakterisiert. So muß etwa der Schauspieler Sadanji in dem Kabuki-Stück *Narukami* von der Trunkenheit zum Wahnsinn überwechseln. Diesen Übergang löst ein mechanischer 'Schnitt'. Und eine Abwandlung in dem Arsenal von Schminkfarben auf seinem Gesicht, wodurch nun jene Striche betont werden, die dazu dienen, gegenüber seiner vorherigen Aufmachung eine gesteigerte Intensität zum Ausdruck zu bringen.[168]

Die Schminkmaske fungiert als Zeichen eines bestimmten emotionalen Zustandes der Rollenfigur. Jeder Strich auf ihr ist als ein distinktives Merkmal zu lesen, das den von ihr bedeuteten Zustand von jedem anderen hinsichtlich des von diesem Strich gemeinten Aspektes unterscheidet. Indem zwei Arten

167 Eisenstein 1973, Bd. 4, S. 184.
168 Eisenstein 1929, in Hesse 1963, S. 279.

von Schminkmasken sozusagen mit hartem Schnitt gegeneinandergesetzt werden, wird nicht der Übergang von einem Gefühl zum anderen betont, sondern der abrupte Wechsel, der ihre Differenz hervortreten läßt: Eine neue Bedeutung entsteht. Als Vorbedingung für diesen Vorgang erscheint die Isolierung der einzelnen theatralen Elemente – hier der Schminkmasken – nicht nur als Wahrnehmungseinheiten, sondern auch als semantischer Einheiten. Jede Maske bedeutet einen bestimmten, von jedem anderen klar unterschiedenen Gefühlszustand.

Das zweite Verfahren, das Meyerhold zusammen mit dem dritten von Eisenstein erwähnten in der Sterbeszene von *Poslednij rešitelnyj* verwandte, nennt Eisenstein das Prinzip des "entmischten Spielens":

> Socho, der in den weiblichen Hauptrollen mit dem Kabuki-Theater in Moskau gastierte, gab bei der Darstellung der sterbenden Tochter in '*Yashao*' ['*Der Maskenmacher*'] seine Rolle als völlig voneinander losgelöste Vorstellungen seiner Kunst: Spiel nur mit dem rechten Arm. Spiel mit einem Bein. Spiel nur mit Hals und Kopf. [Der gesamte Vorgang der Todesagonie war zu Solovorstellungen jedes einzelnen Gliedes entmischt, wobei jedes seinen eigenen Part spielte: die Rolle des Beines, die Rolle der Arme, die Rolle des Kopfes.] Ein Auseinanderbrechen in Aufnahmen. Mit dem allmählichen Kürzerwerden der einzelnen Abschnitte, je näher sie dem tragischen Ende kamen.[169]

Jedes Glied des Schauspielers bringt hier eine eigene semantische Einheit hervor. Keine ist der anderen über- oder untergeordnet. Hierarchische Beziehungen bestehen nicht zwischen den so hervorgebrachten semantischen Einheiten. Die Bedeutung, die ihre Gesamtheit hervorbringt, entsteht aufgrund einer bestimmten Rhythmisierung ihrer Montage: Die Zeiterstreckung der einzelnen Elemente wird immer kürzer. Die Bedeutung des Spiels entsteht also als Produkt einerseits des Zusammentreffens der verschiedenen semantischen Einheiten in der Montage, andererseits des rhythmischen Prinzips, nach dem die Montage verfährt.

Die dritte Art der Montage in der Schauspielkunst des Kabuki bezeichnet Eisenstein als "Zeitdehnung":

> Die berühmte Szene des Hara-kiri in '*Chushingura*' beruht auf einer nie dagewesenen Verlangsamung aller Bewegungen – und geht damit weit über alles hinaus, was wir jemals in dieser Hinsicht erlebt haben. Während wir im vorigen Beispiel eine Entmischung der Übergänge zwischen den Bewegungen sahen, haben wir hier die Entmischung des Bewegungsvorgangs selbst, also die Zeitdehnung.[170]

---

169 Ebda., S. 280.
170 Ebda.

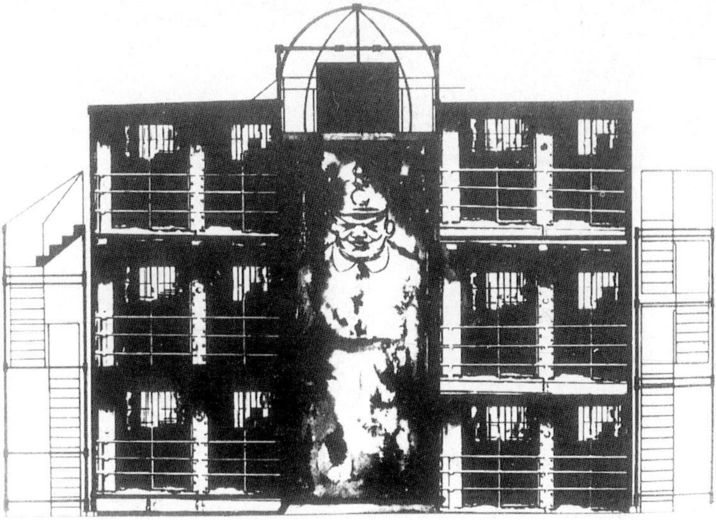

Abb. 1: Modell des Bühnengerüsts mit Projektionen (Gefängnisszene) zu Piscators Inszenierung von Tollers *Hoppla, wir leben!* Universität zu Köln. Institut für Theater-, Film- und Fernsehwissenschaft. Theaterwissenschaftliche Sammlung.

Abb. 2: Modell des Bühnengerüsts mit Projektionen (Montage) zu Piscators Inszenierung von Tollers *Hoppla, wir leben!* Kritikenabteilung am Institut für Theaterwissenschaft der FU Berlin.

Abb. 3: Szenenfoto (II. Akt, 1. Szene) aus Piscators Inszenierung von Tollers *Hoppla, wir leben!* Kritikenabteilung am Institut für Theaterwissenschaft der FU Berlin.

Abb. 4: Asta Nielsen als Zigeunermädchen und liebende Spionin in Das *Mädchen ohne Vaterland*, Mimisches Drama in 3 Akten, 1912. Der hingerissene Offizier: Max Wogritsch. Stiftung Deutsche Kinemathek, Berlin.

Abb. 5: Asta Nielsen als Hamlet in *Hamlet*, Drama in einem Vorspiel und 6 Akten, 1920 (UA 1991). Stiftung Deutsche Kinemathek, Berlin.

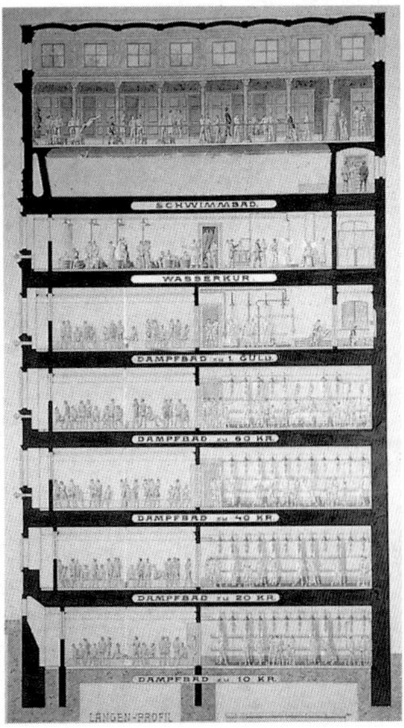

Abb. 6: Längsschnitt des Esterházy-Bades in Wien (ca. 1835). Historisches Museum der Stadt Wien.

Abb. 7: Schüler-Brausebad (1912). Aus: Mayer, Johann Eugen: *Badeeinrichtungen und Badeanstalten*, Leipzig, 1913.

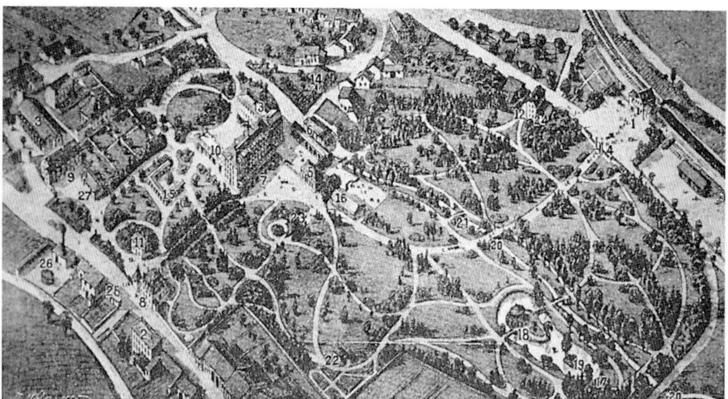

Abb. 8: Martigny-les Bains: Plan der Anlage (1885). Bibliothèque Nationale, Paris.

Abb. 9: Eingangshalle des Bades in Alloa. Royal Commission on the Ancient and Historical Monuments of Scotland.

Abb. 10: Sprungturm im Amalienbad in Wien (ca. 1926). Historisches Museum der Stadt Wien.

Abb. 11: Kurhaus in Vittel, erbaut von Charles Garnier (1884). Société Générale des Eaux Minérales de Vittel.

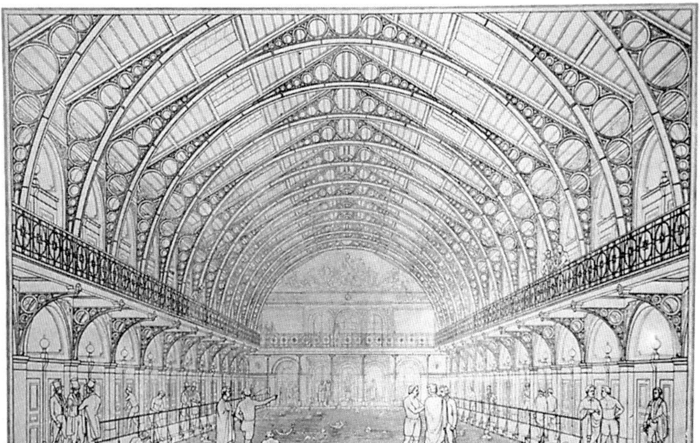

Abb. 12: Winter-Schwimmhalle des Diana-Bades in Wien (nach 1843). Historisches Museum der Stadt Wien.

Abb. 13: Maskenball in der umgewandelten Schwimmhalle des Diana-Bades (1865). Historisches Museum der Stadt Wien.

Abb. 14: Tanz im Ottakringer Bad, Wien (um 1935). Historisches Museum der Stadt Wien.

Abb. 15: Wasser-Spiele im Film der 20er Jahre: *Footlight Parade* von Busby Berkeley. Aus: Kobal, John: *Gotta Sing, Gotta Dance. A Pictorial History of Film Musicals*, London, 1970.

Abb. 16: Pablo Picasso: *Deux femmes courant sur la plage/La Course* (1922). © VG Bild-Kunst, Bonn,1994.

Abb. 17: Bühnenbild von Henri Laurens zu *Le Train bleu* (1924). Bibliothèque de l'Opéra.

Abb. 18 u. 19: Sport- und Strand-Spiele im Tanzstück *Le Train bleu.* Die "Tennismeisterin" und der "Golfspieler", die "Strandschöne" (Perlouse) und der "Schwimmer" (Beau Gosse). Bibliothèque de l'Opéra.

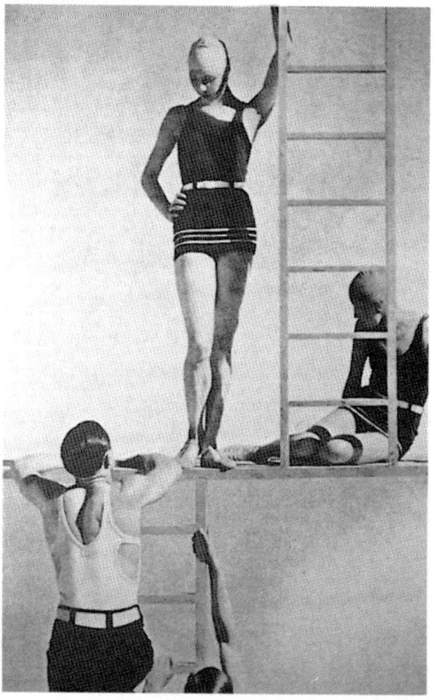

Abb. 20 u. 21: Sport- und Freizeit-Mode: Tenniskleid und Badekostüme der 20er Jahre. Archiv G. Brandstetter, München.

Abb. 22 u. 23: Tableaux von Gymnastik- und Sport-Posen aus dem Tanzstück *Le Train bleu* (1924). Bibliothèque de l'Opéra.

Abb. 24: Bronislawa Nijinska als "Tennisspielerin" in *Le Train bleu* (1924). Archiv G. Brandstetter, München.

Abb. 25: Suzanne Lenglen beim Training für die Wimbledon-Spiele (1924). Aus: Corino, Karl: Musil. Leben und Werk in Bildern und Texten, Reinbek 1988.

Abb. 26: Die Hagenbeck'sche Singhalesen-Karawane. Originalzeichnung von L. Beckmann. Aus: *Die Gartenlaube*, Illustriertes Familienblatt, Leipzig, 1884, Nr.54, S. 565.

Abb. 27: Bella-Coola in Berlin 1886. Bildarchiv Preußischer Kulturbesitz.

Abb. 28: R. Temple als "Der Mikado". Mit freundlicher Erlaubnis des Victoria and Albert Museums.

Abb. 29: Sada Yakko in: *Die Geisha und der Ritter.* Akt I: Der Kampf um den Kopf von Katsuragi. Theater der Loïe Fuller, Paris 1900. Aus: *The Sketch,* 26. Juni 1901, S. 389. Mit freundlicher Erlaubnis der British Library.

Abb. 30: Sada Yakko in: *Die Geisha und der Ritter.* Akt II; Theater der Loïe Fuller, Paris 1900. Aus: *Le Théâtre,* Nr.41, September 1900.

Abb. 31: Sada Yakko in: *Die Geisha und der Ritter,* Theater der Loïe Fuller, Paris 1900. Aus: *L'Illustration,* Paris 8.9.1900.

Abb. 32: Torii Kiyotada, Uki-e, Theater-Szene. Riccar Art Museum, Tokyo.

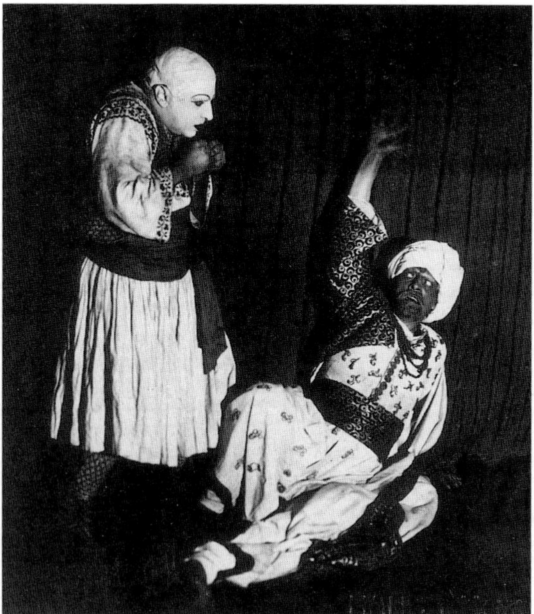

Abb. 33: Szene aus *Sumurun* von Freksa, Inszenierung: Max Reinhardt; Berliner Kammerspiele 24.4.1910. Österreichisches Theatermuseum, Wien.

Abb. 34: Szene aus *Sumurun* von Freksa; Inszenierung: Max Reinhardt; Berliner Kammerspiele, 24.4.1910: Der Bucklige und die Tänzerin. Max Reinhardt-Forschungs- und Gedenkstätte.

Abb. 35: Szene aus *Terakoya*; Inszenierung: Woldemar Runge; Berliner Kammerspiele, 14.9.1908. Österreichisches Theatermuseum, Wien.

Abb. 36: *L'Honneur japonais* (Akt II, 1.Bild, 3. Szene); Inszenierung: André Antoine; Théâtre de l'Odéon, Paris, April–Juni 1912. Aus: *L'Illustration Théâtrale*. 8. Jg., Nr. 215, 25. Mai 1912. Bildstelle der Universitätsbibliothck Frankfurt a.M.

Abb. 37: *L'Honneur japonais* (Akt II, 2. Bild, 6. Szene); Inszenierung: André Antoine; Théâtre de l'Odéon, Paris, April–Juni 1912. Aus: *L'Illustration Théâtrale*. 8. Jg., Nr.215, 25. Mai 1912. Bildstelle der Universitätsbibliothek Frankfurt a.M.

Abb. 38: *L'Honneur japonais* (Akt V, 5.Szene: Der Tod des Prinzen Sendai); Inszenierung: André Antoine; Théâtre de l'Odéon, Paris, April–Juni 1912. Aus: *L'Illustration Théâtrale.* 8. Jg., Nr.215, 25. Mai 1912. Bildstelle der Universitätsbibliothek Frankfurt a.M.

Abb. 39: *L'Amour de Késa*; (Zeichnung von de Max als Endo); Inszenierung Lugné-Poë; Théâtre de l'Odéon, Paris, November 1910. Aus: *Comoedia*; Sonntag 20.11.1910.

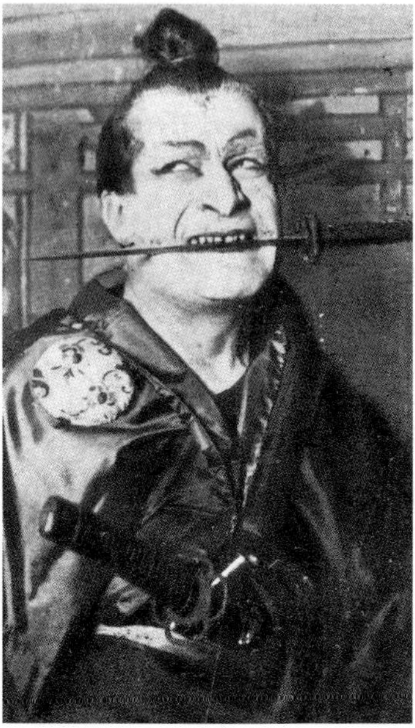

Abb. 40: *L'Amour de Késa*; M. de Max als Samurai Endo. Inszenierung Lugné Poë, Théâtre de l'Odéon, Paris, November 1910.

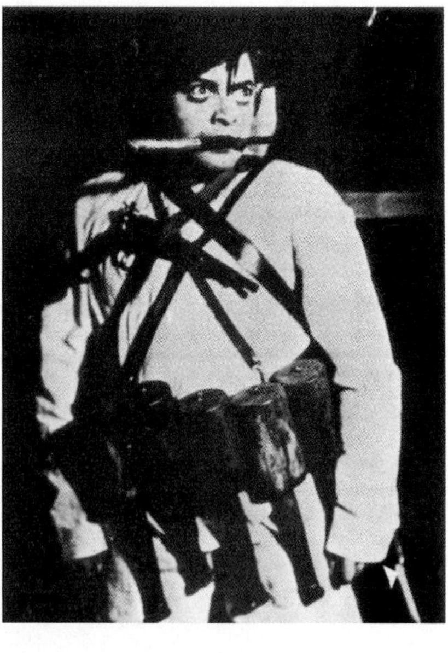

Abb. 41: Peter Lorre als Galy Gay in Bertholt Brechts Inszenierung seines *Mann ist Mann*. Berlin, Februar 1931.

Abb. 42: Szene aus *The Yellow Jacket*, Duke of York's Theatre, London 1913. Aus: *The Sketch* Supplement, 9. April 1913. Mit freundlicher Erlaubnis der British Library.

Abb. 43: Szene aus *The Yellow Jacket*: Chee Moo, die erste Frau von Wu Su Yin, fürsorgliche Mutter des Babys Wu Hoo Git; Duke of York's Theatre, London 1913. Aus: *The Sketch* Supplement, 30. April 1913, S. 8. Mit freundlicher Erlaubnis der British Library.

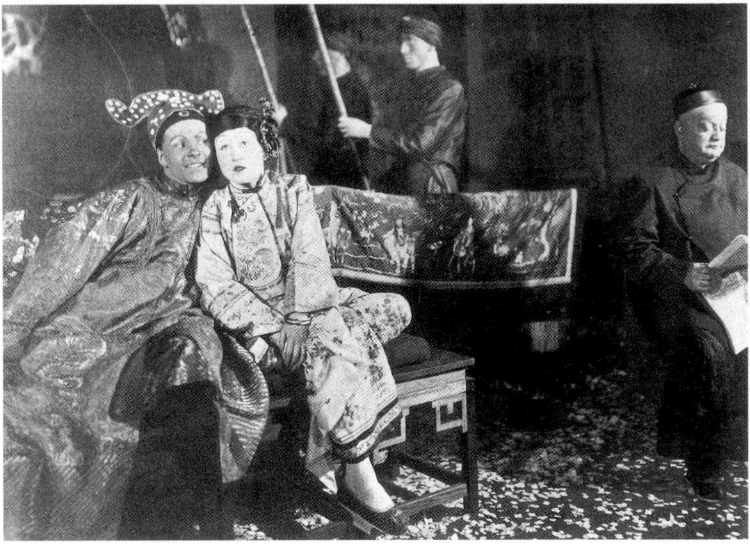

Abb. 44: *Die gelbe Jacke*; Inszenierung: Max Reinhardt; Kammerspiele Berlin, 30.3.1914. Max Reinhardt-Forschungs- und Gedenkstätte.

Abb. 45: *The Yellow Jacket*: "The intensely invisible! Mr. Holman Clark as the Property man." (*The Sketch*). Aus: *The Sketch*, 9. April 1913, S. 11. Mit freundlicher Genehmigung der British Library.

Abb. 46: *Prinzessin Turandot*; Inszenierung: J.B. Vachtangov: Beginn der Aufführung. 3. Studio des Künstlertheaters, Moskau 1922. Bildarchiv Preußischer Kulturbesitz.

Abb. 47: *Prinzessin Turandot*; Inszenierung: J.B. Vachtangov; Die Schauspieler kostümieren sich auf offener Szene; 3. Studio des Künstlertheaters, Moskau 1922. Bildarchiv Preußischer Kulturbesitz.

Abb. 48: *Prinzessin Turandot*; Inszenierung: J.B. Vachtangov: Die Masken proben die Rätselbefragung; 3. Studio des Künstlertheaters, Moskau 1922. Bildarchiv Preußischer Kulturbesitz.

Abb. 49: Oda Nabunago: Inszenierung S. Radlov; Leningrad 1927. Aus: Radlov, Sergej: Desjat' let v teatre. Leningrad: Priboj Verlag, 1929.

Abb. 50: Tokujiro Tsutsui (r.) in *Kangincho* im Globe Theatre, London 1930. Aus: *The Sketch*, 2. Juli 1930, S. 29. Mit freundlicher Erlaubnis der British Library.

Abb. 51: Szene aus *Kage-no chikara*. Aus: *The Sketch*, 21. Mai 1930, S. 387. Mit freundlicher Erlaubnis der British Library.

Abb. 52: Letzte Szene aus *Die letzte entscheidende Schlacht*; Bogolybov als Bushuev. Inszenierung: S. Meyerhold. Aus: Rudnitsky, Konstantin. *Meyerhold the Director,* Ann Arbor: Ardis Verlag, 1981.

Abb. 53: *Der Vater*: Schlußszene in der Aufführung des Intima teatern 1908. Die Darsteller v.l.n.r.: Fanny Falkner (Bertha), Karin Alexandersson (Laura), Anna Flygare (Amme), August Falck (Rittmeister, liegend), Gösta Gustafson (Pastor) und Anton de Verdier (Doktor). Foto: Atelier Jaeger, Strindbergsmuseet, Stockholm.

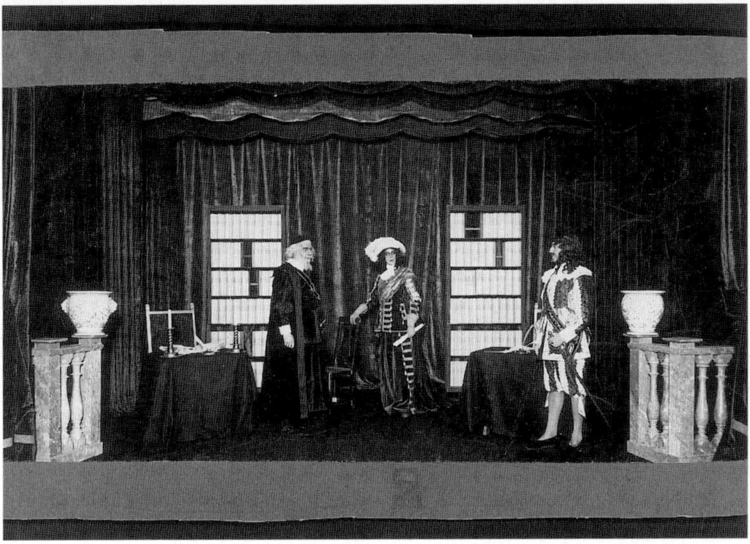

Abb. 54: *Königin Kristina* in der "Molière-Bühne" des Intima teatern 1908. Die Darsteller v.l.n.r.: Johan Ljungquist (Oxenstierna), Manda Björling (Kristina) sowie Anton de Verdier (Tott). Foto: Atelier Jaeger, Strindbergsmuseet, Stockholm.

Abb. 55: *Schwanenweiss* in der späteren Bühnenausstattung des Intima teatern, 1909. Die Darsteller sind Fanny Falkner und Johan Ljungquist. Strindbergsmuseet, Stockholm.

Abb. 56 u.57: Anna Flygare in der Rolle der Eleonora in Strindbergs *Ostern* am Intima teatern 1908 (l.) und ein gleichzeitiges Privatbild der Schauspielerin. Drottningholms teatermuseum, Stockholm.

Abb. 58: Bühnenbildskizze von Alfred Roller zu August Strindbergs *Ein Trauerspiel*: Indras Tochter. Dramatiska teaterns arkiv, Stockholm.

Abb. 59: August Strindberg: *Inferno* (1901). Strindbergsmuseet, Stockholm.

Abb. 60: August Strindberg: *Triple Exposure*. Strindbergsmuseet, Stockholm.

Abb. 61: Ansky, *Der Dybbuk* Akt I; Bühnenbild von Altman. The Israel Goor Theatre Archives and Museum, Jerusalem.

Abb. 62: Ansky, *Der Dybbuk* Akt II; Bühnenbild von Altman. The Israel Goor Theatre Archives and Museum, Jerusalem.

Abb. 63: Ansky, *Der Dybbuk* Akt III: Lea im Haus des Rabbi. The Israel Goor Theatre Archives and Museum, Jerusalem.

Abb. 64: Pirandello, *Sechs Personen suchen einen Autor*, Inszenierung: George Pitoëff, Théâtre des Champs Elysées.

Abb. 65: Bertholt Brecht, *Die Dreigroschenoper*, Theater am Schiffbauerdamm, Berlin 1928. Ullstein Bilderdienst, Berlin.

Die Zeitdehnung zerlegt die ansonsten als Einheit wahrgenommene Bewegung in eine Abfolge von Einheiten, die – ebenso wie das Spiel der einzelnen Glieder beim "entmischten Spiel" – als Auseinanderbrechen in einzelne Einheiten wahrgenommen wird: Diese einzelnen Einheiten erscheinen nun als aneinander montiert.

Das Problem der Entstehung von Bedeutung beim Verfahren der Montage stellt sich Eisenstein hier vor allem auf zwei Ebenen: 1) Es müssen klar unterschiedene und unterscheidbare Einheiten vorliegen, und zwar sowohl als Wahrnehmungs- als auch als semantische Einheiten, und 2) die Vereinigung von zwei verschiedenen Einheiten darf nicht "als ihre Summe" angesehen werden, "sondern als ihr Produkt, d.h. als Wert einer anderen Dimension, einer anderen Potenz"[171].

Während in den "japanologischen" Inszenierungen die Löschung von Bedeutung, die Reduzierung der semantischen Einheit auf eine Wahrnehmungseinheit als Voraussetzung für die subjektive Setzung von Bedeutung erschien, stellt Eisenstein ausdrücklich als Bedingung für die Entstehung von Bedeutung durch Montage die Identifizierung der präsentierten Einheiten als Bedeutungseinheiten heraus – wie auch immer die Zuweisung von Bedeutung an diese Einheiten geregelt sein mag (im vorliegenden Fall des Kabuki-Theaters zum Beispiel durch einen besonderen, Produzenten und Rezipienten vorgegebenen Kode). Sein spezifisches Interesse gilt der Bedeutung, die durch die Montage entsteht. Sie ist nicht in dem Sinn aus den Bedeutungen der montierten Einheiten abzuleiten, daß sie als ihre "Summe" beschrieben werden könnte. Eisenstein bezeichnet sie vielmehr als ihr "Produkt, d.h. als Wert einer anderen Dimension, einer anderen Potenz". Bedeutung, die durch das Verfahren der Montage entsteht, läßt sich folglich nur als ein emergentes Phänomen angemessen fassen und bestimmen.

Während die "japanologischen" Inszenierungen die spezifischen Bedingungen inszeniert haben, unter denen Bedeutung als subjektive Setzung hervorgebracht wird, rezipiert Eisenstein die Aufführungen beim Gastspiel der Kabuki-Truppe Ichikawas Sadanji II als Inszenierung der Bedingungen, unter denen im Verfahren der Montage Bedeutung als Emergenz entsteht.

Von März bis November 1935 gastierte in Moskau der chinesische Frauendarsteller Mei Lanfang mit seiner Truppe. Seine Aufführungen wurden von der crème de la crème der europäischen Theateravantgarde besucht: von Stanislavskij, Nemirovič-Dančenko, Meyerhold, Tairov, Keržencev, Tretjakov und Eisenstein, von Craig, Brecht, Piscator und von dem schwedischen Regis-

171 Ebda., S. 265.

seur Alf Sjöberg.[172] Tretjakov und Eisenstein publizierten noch im Laufe des Gastspiels ihre Reaktionen: Tretjakov den in das chinesische Theater einführenden Beitrag *Unser Gast Mei Lanfang*[173], Eisenstein eine längere Studie zu Mei Lanfangs Kunst und zu Besonderheiten des chinesischen Theaters und der chinesischen Kultur: *Der Zauberer vom Birnengarten.*[174] Brecht veröffentlichte seine vom Gastspiel ausgelösten Reflexionen *Verfremdungseffekte in der chinesischen Schauspielkunst* später im Rahmen des *Messingkaufs.*[175]

Eisenstein und Brecht rezipieren beide die Aufführungen Mei Lanfangs unter dem Aspekt der Bedeutungsgenerierung. Brecht interessieren vor allem – wie seinerzeit beim Gastspiel der Truppe Tsutsuis – spezifische theatrale Verfahren als "transportables Technikum (als vom chinesischen Theater loslösbarer Kunstgriff)"[176]. Hier stellt er allerdings Verfahren in den Mittelpunkt seiner Untersuchung, welche dem Zuschauer "diese Dinge", die der Schauspieler vorführt, als "etwas Erstaunliches" erscheinen lassen: "Alltägliche Dinge werden durch diese Kunst aus dem Bereich des Selbstverständlichen gehoben."[177] Sie ermöglichen also – Brechts Meinung nach – dem Zuschauer, die vorgeführten Dinge auf neue Weise wahrzunehmen und ihnen eine neue Bedeutung beizulegen. Wahrnehmung und Bedeutung erscheinen so als Resultat und Produkt einer Wechselwirkung zwischen spezifischen theatralen Verfahren (die Brecht als Verfremdungseffekt bezeichnet) auf der einen und den vom Zuschauer in diesen Prozeß eingebrachten subjektiven Bedingungen auf der anderen Seite. Die Verfahren haben die Funktion, die vorgeführten Dinge zu "verfremden", d.h. die an sie herangetragenen Wahrnehmungsmuster zu zerstören und ihre Bedeutung zu löschen. Sie schaffen so die "Leere", die der Zuschauer als Folge seiner subjektiven Wahrnehmung mit einer subjektiv bedingten Bedeutungssetzung wieder "füllt". Brecht rezipiert also die Aufführungen des chinesischen Theaters als Inszenierungen eines Prozesses bewußter Dekonstruktion von eingefahrenen Wahrnehmungsmustern und fixierten Bedeutungen.

Eisensteins Interesse richtet sich dagegen vor allem auf die Polyfunktionalität und Polyvalenz der Zeichen im chinesischen Theater.

---

172 Vgl. hierzu den von Lars Kleberg aus Äußerungen der hier angeführten Regisseure zusammengestellten Dialog *Die Zauberlehrlinge.* Protokoll einer Diskussion vom 14. April 1935 in Moskau aus Anlaß des Gastspiels des chinesischen Schauspielers Mei-Lan-fang in der Sowjetunion, in: *Lettre international*, 2, Herbst 1988.

173 In: Sergej Tretjakow, *Gesichter der Avantgarde.* Portraits – Essays – Briefe. Berlin und Weimar 1985, S. 380–383.

174 In: Mei Lan Fang, 1986, S. 43–53.

175 Brecht 1967, Bd.16, S. 619–631.

176 Ebda., S. 626.

177 Ebda., S. 621.

> Even more varied (als die von Tisch und Stuhl – F.-L.) are the functions of *Yingch'en* – a broom made of horsehair. On the one hand *Yingch'en* represents the attribute of a demigod. Only gods, demigods, Buddhist priests and spirits of various sorts are entitled to possess it. In the hands of a servant on the other hand, it becomes merely a household object. A Chinese description of the function of an *Yingch'en* says: "Generally speaking, a broom may represent any number of objects on the Chinese stage." This aspect of multifariousness and elasticity is even more striking than the conventional method of acting.[178]

Im chinesischen Theater ist also gerade die Bedingung nicht gegeben, die Eisenstein als Voraussetzung für die Entstehung von Bedeutung in der Montage ausgeführt hatte: die feste Zuordnung einer Bedeutung zu einer theatralen Einheit. Hier hängt vielmehr die jeweilige Bedeutung einer Einheit von ihrer Verwendung ab. Damit wird das Problem der Entstehung von Bedeutung von der Ebene der Kombination einzelner theatraler Zeichen auf die Ebene ihrer Verwendung vorverlagert:

> A word, a sign, an object and a phrase are not used to convey a definite meaning. While European logic attempts to establish the exact meaning of a given sign, the Chinese sign pursues a different goal. The Chinese hieroglyph serves first of all to convey an emotional impression perceived through a whole aggregate of accompanying impressions. The purpose of the hieroglyph or the symbol is not to give a rigidly defined idea. On the contrary, its purpose is to give a diffused image which is perceived indirectly. The role of the multifarious image is to allow each concept to inject its emotional experience, communicating with its neighbors in the most general terms. [...] this method [...] is based, first of all, upon emotional communication and presented by a symbol which lacks intellectual rigidity [...].[179]

Eisenstein zufolge wird also Bedeutung in der chinesischen Kultur nicht als eine klar abgegrenzte Größe aufgefaßt, nicht als ein präzise definierter Begriff. Sie erscheint vielmehr als ein "Gefühlseindruck, der durch eine ganze Ansammlung begleitender Eindrücke wahrgenommen wird", bzw. als ein "diffuses Bild, das vermittelt wahrgenommen wird". Dies Verständnis von Bedeutung schließt den Begriff nicht aus. Es bindet ihn jedoch stets an eine "emotionale Erfahrung" zurück. Begriff und Gefühl sind in der Bedeutung stets eng aufeinander bezogen: Bedeutung enthält sowohl emotionale als auch kognitive Anteile. Es ist die Funktion des "diffusen Bildes", beides gleichzeitig zu übermitteln. Es eröffnet eine Vielzahl von Möglichkeiten, die in Abhängig-

---

178 In: Mei Lan Fang 1986, S. 48.
179 Ebda., S. 51.

keit vom Kontext und von der Subjektivität des Zeichenbenutzers jeweils anders aktualisiert werden.

Bedeutung, verstanden als "diffuses Bild", erscheint also zum einen als eine Potentialität, die auf die subjektiven Bedingungen ihrer Konstitution verweist. Zum anderen läßt sie sich nicht von der Wahrnehmung trennen. Wahrnehmung und Bedeutungskonstitution werden beide als Erregung bzw. Erfahrung von Gefühlseindrücken qualifiziert: Die Wahrnehmung des Symbols – des theatralen Zeichens – realisiert sich als Erregung eines Gefühlseindrucks, der zugleich als seine Bedeutung erfahren wird. Wahrnehmung vollzieht sich als Bedeutungskonstitution, beide Vorgänge sind polyvalent, beide subjektiv bedingt.

Diesen Typus von Bedeutung bestimmt Eisenstein als ästhestische Bedeutung. Er untersucht das chinesische Theater entsprechend als ein Modell, an dem sich exemplarisch das Problem ästhetischer Bedeutungsproduktion studieren läßt:

> The experience to be derived from the Chinese theatre is even wider and deeper (als die vom Kabuki-Theater abgeleitete, F.-L.). In its own sphere it is the acme of perfection, the sum total of those elements which form the kernel of any art work – its imagery. The problem of imagery is one of the main problems of our new aesthetics.[180]

Eisenstein rezipiert also die Aufführungen des chinesischen Theaters beim Gastspiel Mei Lanfangs als Inszenierungen von Prozessen ästhetischer Wahrnehmung und Bedeutungsgenerierung.

Während die Inszenierungen des Fremden im Prozeß der Umstrukturierung des Systems der theatralen Zeichen die Bedingungen geschaffen haben, um Wahrnehmung und Bedeutungskonstitution als subjektiv auszuweisen und entsprechend theatrale Wirklichkeit als subjektive Konstruktion durch Produzenten und Rezipienten, wurden die Aufführungen des "fremden" Theaters, die Ende der zwanziger/Anfang und Mitte der dreißiger Jahre Europa bereisten, von den Avantgardisten so rezipiert und beschrieben, als würden sie derartige Prozesse ästhetischer Wahrnehmung und Bedeutungskonstitution modellhaft inszenieren. Die produktive Rezeption des fernöstlichen Theaters hat in beiden Fällen als eine Art Katalysator fungiert, der die Konturen einer avantgardistischen Theaterästhetik im reflektierenden Blick schärfer hervortreten ließ.

180 Ebda., S. 52.

Literaturverzeichnis

Altenberg, P.: *Ashantee* (1898), Berlin 1987.

Appia, A.: *Œvres Complètes.* Edition élaborée et commentée par Marie L. Bablet-Hahn. Introduction génerale par Denis Bablet, Bd. I–IV, Montreux 1983–1992 (II 1986, III 1988).

Blei, F.: "Otojiro Kawakami", in: *Die Insel*, 3. Jg., Nr. 7/8, April/Mai 1902, S. 63–71.

The annotated Gilbert and Sullivan: 1, I. Bradley (Hrsg.), Harmondsworth, Middlesex (2. Aufl.) 1985.

Brandstetter, G. / Ochaim, B.M.: *Loïe Fuller.* Tanz. Licht-Spiel. Art nouveau, Freiburg 1989.

Brecht, B.: *Gesammelte Werke* in 20 Bänden, Frankfurt a.M. 1967.

Edwards, O.: *Japanese Plays and Playfellows*, London 1901.

Eisenstein, S.M.: "Hinter der Leinwand" (1929), in: Hesse, E. (Hrsg.): *Ezra Pound, Ernest Fenollosa, Sergej Eisenstein, Nô – Vom Genie Japans*, Zürich 1963.

Eisenstein, S.M.: *Schriften.* Hrsg. von Hans Joachim Schlegel, München 1973ff.

Exotische Welten, Europäische Phantasien. Ausstellungskatalog. Institut für Auslandsbeziehungen und dem Württembergischen Kunstverein (Hrsg.), Stuttgart 1987.

Feuchtwanger, L.: "Reinhardt in München", in: *Die Schaubühne*, 7. Jg., Bd. 2, Nr. 30/31, 1911, S. 81–86.

Fischer, A.: "Japans Bühnenkunst und ihre Entwicklung", in: *Westermanns Illustrierte deutsche Monatshefte*, 45. Jg. Bd. 89, 1900/01, S. 449–514.

Fischer-Lichte, E.: *Semiotik des Theaters*, 3 Bde., Tübingen 1983 (4. Aufl. 1994).

Fischer-Lichte E. (Hrsg.): *Zeitschrift für Semiotik*, Bd.11, H.1, 1989: Inszenierung von Welt – Theatersemiotik.

Fischer-Lichte, E.: "Die Inszenierung der Übersetzung als kulturelle Transformation", in: Fischer-Lichte, E. / Paul, F. / Schultze, B. / Turk, H. (Hrsg.): *Soziale und theatralische Konventionen als Problem der Dramen-Übersetzung*, Tübingen 1988, S. 129–144.

Fischer-Lichte, E.: "Das Theater auf der Suche nach einer Universalsprache", in: *Forum Modernes Theater*, Bd. 4, H. 2, 1989, S. 115–121.

Fischer-Lichte, E.: "Intercultural Aspects in Postmodern Theatre. A Japanese Version of Chekhovs 'Three Sisters'", in: Scolnicov, H. (ed.): *The Play out of Context, Transferring Plays from Culture to Culture*, Cambridge University Press, Cambridge 1989, pp. 173–185.

Fischer-Lichte, E.: *Geschichte des Dramas, Epochen der Identität auf dem Theater von der Antike bis zur Gegenwart*, 2 Bde., Tübingen 1990 (1990a).

Fischer-Lichte, E.: "In Search of a New Theatre. Re-theatricalization as Productive Reception of Far Eastern Theatre", in: Ahrends, G. / Diller, H.J. (eds.): *Non-literary Traditions in modern Theatre*, Tübingen 1990, S. 161–180 (1990b).

Fischer-Lichte, E.: "Mettre 'l'autre' en scène. La réception productive au théâtre en tant que transformation culturelle", in: Fleury, A. (ed.): *France, Allemagne, Japon. Opinions publique entre les deux guerres mondiales*, Orléans 1990 (1990c).

Fischer-Lichte, E. / Riley, J. / Gissenwehrer, M. (eds.): *The Dramatic Touch of Difference. Theatre Own and Foreign*, Tübingen 1990 (1990d).

Fischer-Lichte, E.: "Zum kulturellen Transfer theatralischer Konventionen", in: Schultze, B. et al. (Hrsg.): *Literatur und Theater*, Tübingen 1990, S. 35–62 (1990e).

Fischer-Lichte, E.: "Vermittlung des Fremden oder produktive Rezeption? Zur Theorie einer interkulturellen Inszenierung", in: *Akten des VIII. Kongresses der IVG*, Tokyo 1992, 215–226.

Fischer-Lichte, E.: *Kurze Geschichte des deutschen Theaters*, Tübingen/Basel 1993.

Fischer Lichte, E.: "From Theatre to Theatricality. How to Construct Reality", in: *Theatre Research International*, Spring 1995.

Fischer-Lichte, E.: "What are the Rules of the game? Some Remarks on *The Yellow Jacket*", in: *Theatre Survey* 1995.

Foerster, H. von: *Wissen und Gewissen*. Versuch einer Brücke. Hrsg. von S. Schmidt, Frankfurt a.M. 1993.

Freksa, F.: *Hinter der Rampe* – Theaterglossen, 2. Auflage, München/Leipzig 1913.

Fuchs, G.: *Die Schaubühne der Zukunft*, Berlin/Leipzig 1905.

Fuchs, G.: *Der Tanz*. Flugblätter für künstlerische Kultur, Stuttgart 1906.

Fuchs, G.: *Die Revolution des Theaters*, München 1909.

Gide, A.: *Prétextes*, Paris, Société du Mercure de France 1903.

Goldmann, S.: "Zur Rezeption der Völkerausstellungen um 1900", in: *Exotische Welten. Europäische Phantasien*. Katalog zur Ausstellung. Institut für Auslandsbeziehungen, Württembergischer Kunstverein 1987, S. 88–93.

Goldmann, S.: "Wilde in Europa. Aspekte und Orte ihrer Zurschaustellung", in: Theye T. (Hrsg.): *Wir und die Wilden*. Einblicke in eine kannibalische Beziehung, Reinbek 1985.

Gorchakov, N.: "Notate zu *Prinzessin Turandot*", in: Wachtangow 1982, S. 316–414.

Hagenbeck, C.: *Von Tieren und Menschen*. Erlebnisse und Erfahrungen, Berlin 1909.

Hazelton G.C. and Benrimo: *The Yellow Jacket. A Chinese Play Done in a Chinese Manner in Three Acts*, Indianapolis 1913.

Hofmannsthal, H. von: *Gesammelte Werke* in 10 Bänden. Hrsg. von B. Schoeller. in Beratung mit R. Hirsch, Frankfurt a.M. 1979.

Ihering, H.: *Von Reinhardt bis Brecht*. Vier Jahrzehnte Theater und Film, Berlin 1961.

Japanische Dramen. Für die deutsche Bühne bearbeitet von W. von Gersdorff, Jena 1926.

Kerr, A.: *Die Welt im Drama. Gesammelte Schriften in zwei Reihen*, Berlin 1917.

Kim, K.: *Theater und Ferner Osten*, Bern/Frankfurt a.M./New York 1982.

Klotz, V.: "Räumliche Entrückungen. Klingender Exotismus", in: ders.: *Operette*. Portrait und Handbuch einer unerhörten Kunst, München/Zürich 1991, S. 86–108.

Koonen, A.: *Stranicy Žizni*, Moskau 1985.

Koppelkamm, S.: "Das neunzehnte Jahrhundert", in: *Exotische Welten. Europäische Phantasien*. Katalog zur Ausstellung. Institut für Auslandsbeziehungen. Württembergischer Kunstverein, Stuttgart 1987, S. 346–391.

Lehmann, A.: "Zeitgenössische Bilder der ersten Völkerschauen", in: Lang, W. / Lippold, W. / Spannaus, G. (Hrsg.): *Von fremden Völkern und Kulturen*. Beiträge zur Völkerkunde. Hans Plischke zum 65. Geburtstage, Düsseldorf 1955, S. 31–38.

Lequeux, A.: "Le théâtre au Japon", in: *Revue d'art dramatique*, April, Juni 1988, S. 1–18.

Mach, E.: *Die Analyse der Empfindungen und das Verhältnis des Physischen zum Psychischen*, 1886, 9. Auflage Jena 1922.

Mach, E.: *Erkenntnis und Irrtum*. Skizzen zur Psychologie der Forschung, Leipzig 1905.

Marquart, A.: "Der Mond an Nil und Euphrat", in: *Exotische Welten. Europäische Phantasien*, S. 256–261.

Maturana, H. / Varela, F.: *Der Baum der Erkenntnis*. Die biologischen Wurzeln des menschlichen Erkennens, 2. Aufl. Bern/München/Wien 1987.

Mei Lang Fang: *My Life on the Stage*. To which is added "The Enchanter from the Pear Garden" by S.M. Eisenstein, ed. International School of Theatre Anthropology, Rome 1986.

Mennemeier, F.-N. / Fischer-Lichte E. (Hrsg.): *Drama und Theater der europäischen Avantgarde*, Mainzer Forschungen zu Drama und Theater, Bd.10, Tübingen 1994.

Meyerhold, W.E.: *Schriften*, 2 Bde., Berlin 1979.

Nietzsche, F.: *Werke*. Hrsg. von K. Schlechta, Frankfurt a.M./Berlin/Wien 1969.

Prinzessin Turandot. Programmheft der Städtischen Bühnen Frankfurt a.M., Spielzeit 1981/82, Frankfurt a.M. 1982.

Pronko, L.C.: *Theater – East & West*. Perspectives of a Total Theatre, Berkeley 1967.

Radlov, S.: *Desjat' let v teatre*, Leningrad 1929.

Roth, K.: *"Japanisches" im Theater der russischen und sowjetischen Avantgarde*, 1995. Erscheint demnächst.

Rühle, G.: *Theater für die Republik*. Im Spiegel der Kritik. 2 Bde., 2. Aufl. Frankfurt a.M. 1988.

Sachawa, B.: "Wachtangow und sein Studio", in: *Wachtangow* 1982, S. 200–314.

Schmidt, S.J. (Hrsg.): *Der Diskurs des Radikalen Konstruktivismus*, Frankfurt a.M. 1988.

Schuster, I.: *China und Japan in der deutschen Literatur 1890–1925*, Bern/München 1977.

Sokolowsky, A.: *Carl Hagenbeck und sein Werk*, Leipzig 1928.

Stanislawsky, K.S.: *Mein Leben in der Kunst*, Berlin 1987.

Stepun, F.: "Die Prinzessin Turandot", in: *Prinzessin Turandot*, Programmheft 1982, S. 27–34.

Varela, F.J.: *Kognitionswissenschaft – Kognitionstechnik*. Eine Skizze aktueller Perspektiven, Frankfurt a.M. 1988.

Verhandlungen der Berliner Gesellschaft für Anthropologie, Ethnologie und Urgeschichte, in: *Zeitschrift für Ethnologie*, 1869 ff.

Wachtangow, J.B.: *Schriften*. Aufzeichnungen, Briefe, Protokolle, Notate. Hrsg. von D. Wardetzky, Berlin 1982.

Williamson, A.: *Gilbert & Sullivan*. A new assessment, London 1955.

Worral, N.: *Modernism to Realism on the Soviet Stage: Tairov – Vakhtangov – Okhlopkov*, New York 1989.

Der totgesagte Dialog und das monodramatische Experiment

Symptome der 'Umsetzung' im modernen Schauspieltheater

Hans-Peter Bayerdörfer

Klaus Lazarowicz zum fünfundsiebzigsten Geburtstag

1. Einleitung

1.1 Leitmotiv: Toterklärung seit 1890

Wie ein Leitmotiv durchziehen die Theatergeschichte seit den neunziger Jahren des letzten Jahrhunderts Äußerungen, die den Tod des dramatischen Dialogs verkünden und ihm das Lebensrecht auf den Bühnen der Zukunft absprechen. Mit die prägnanteste Position nimmt Maurice Maeterlinck ein, der jenseits der Wechselrede einen Dialog zweiten Grades – offensichtlich a-dialogischer und non-verbaler Art – annimmt und von einem Kunstwerk verlangt: "Neben dem notwendigen Dialoge läuft fast immer noch ein anderer Dialog, der überflüssig scheint. Bei aufmerksamer Betrachtung aber wird man sehen, daß es der einzige ist, den die Seele von Grund aus versteht [...]. Man wird auch einsehen, daß es die Güte und Ausdehnung dieses 'unnötigen' Dialoges ist, welche die Güte und unaussprechliche Tragweite des Werkes bestimmt."[1] Knapp vier Jahrzehnte später, gleichsam am Ende der Phase der klassischen Avantgarde, formuliert Antonin Artaud die provokative grundsätzliche Stellungnahme, die das europäische, dialogisch verfaßte Theater insgesamt als Fehlentwicklung gegenüber etwa dem orientalischen klassifiziert und den Dialog als a-theatrale, rein literarische Erscheinung ausweist: "Der Dialog – etwas Geschriebenes und Gesprochenes – gehört nicht eigentlich zur Bühne, er gehört ins Buch."[2]

Keineswegs ist mit diesem locus classicus der modernen Theatertheorie freilich die Sachlage ein für allemal geklärt; im Zeichen der neo-avantgardisti-

1 Maeterlinck 1898, S. 69. – "A côté du dialogue indispensable, il y a presque toujours un autre dialogue qui semble superflu. Examinez attentivement et vous verrez que c'est le seul que l'âme écoute profondément ... Vous reconnaîtrez aussi que c'est la qualité et l'étendue de ce dialogue inutile qui détermine la qualité et la portée ineffable de l' œuvre.", Maeterlinck 1946, S. 138.

2 Artaud 1969, S. 39. – "Le dialogue – chose écrite et parlée – n'appartient pas spécifiquement à la scène, il appartient au livre", La mise en scène et la métaphysique, Artaud 1978, S. 36.

schen Positionen der 60er Jahre sieht sich Handke im Verlauf der *Publikumsbeschimpfung* zu erneuter Grundsatzerklärung motiviert: “Wir erzählen Ihnen nichts, kein Dialog bahnt sich an. Wir stehen nicht im Dialog”, und schon vorher ist der dezidiert theatrale Aspekt des Bühnen-Dialogs zur Sprache gekommen, wenn dem Publikum zugerufen wird: “Unsere Gespräche gehen nicht mehr im rechten Winkel zu Ihren Blicken.”[3] Selbst für das Gegenwartstheater der neunziger Jahre scheint der totgesagte Dialog nach wie vor nicht nur lebensfähig zu sein, sondern die Norm der Erwartung zu bilden; die drei Spielzeit-eröffnenden Premieren des Jahres 1993/94 am Hamburger Schauspielhaus werden unter der Überschrift “Dialogallergie im Monologbunker” rezensiert, und damit werden nicht nur – mit negativer Bewertung – die Tendenzen der jüngsten Dramatiker, in Gestalt von Rainald Goetz' *Kritik in Festung* und Elfriede Jelineks *Wolken.Heim* charakterisiert, sondern auch die Neigungen der jungen Generation der Theatermacher: Leander Haußmann läßt, so der Rezensent, die Rollen von *Troilus und Cressida* gar nicht entstehen, sondern “immer jeden Akteur eine kleine gestische Anekdote erzählen”, so daß die Schauspieler als “vergnügt plappernde Monologisten” übrig bleiben, “die nichts miteinander zutun haben”[4].

Angesichts dieser – leicht zu erweiternden – Blütenlese fühlt sich der unbefangene Beobachter zu der Frage herausgefordert, ob es mit den vielfältigen Prognosen, die seit hundert Jahren den dramatischen Dialog totgesagt haben, überhaupt seine Richtigkeit haben kann. Jedenfalls ist ein Ende dialogischen Theaters nirgendwo abzusehen, und mögen selbst die Bestände monologischer, monodramatischer und nonverbaler Theaterpräsentation sich im Laufe dieses Zeitraums vervielfacht haben, so rechtfertigen sie keineswegs eine Prognose vom endgültigen Verschwinden des Dialogs von der Bühne. Sieht man des weiteren davon ab, daß die Debatte seit den sechziger Jahren, wie sie das Handke-Zitat u.a. repräsentiert, zunächst als Reprise der Auseinandersetzungen zu verstehen ist, wie sie sich bereits zwischen 1890 und 1930 abgespielt haben, so bleibt des weiteren das systematische Problem, daß das Theater auf die vorgebliche Dialogkrise recht unterschiedlich reagieren kann und reagiert hat. Zu nennen sind zum einen explizit monodramatische Entwürfe des Schauspieltheaters, zum zweiten latente oder offene Techniken der Monologisierung, zum dritten die Veränderung der Spielrichtung über die Rampe hinweg, die das Spiel vor den Augen des Zuschauers ersetzt durch ein Spiel zum Zuschauer hin, zum vierten die Ersetzung von verbal-dialogischem Spiel durch die Vielfalt nonverbaler Ausdrucks- und Spielformen, wie sie die Bühne

3 Handke 1972, S. 21/16.

4 Stadelmaier, G., in: *Frankfurter Allgemeine Zeitung* vom 20.10.1993.

wiedergewonnen und entwickelt hat: Nicht nur Monologisierung, sondern auch Theatralisierung sind Antworten auf die behauptete Dialogkrise, und damit Tendenzen, die über das Schauspieltheater hinaus Analogien im Musik- und im Tanztheater aufweisen, wenn nicht von vornherein grenzüberschreitende Konzepte erprobt werden.

Damit eröffnet sich ein kaum überschaubares theatergeschichtliches Feld, das über die Jahrhundertmitte weit hinausreicht. Die Wiederaufnahme von 'Leitmotiven', wie sie etwa die Passagen in Handkes Stück belegen, verweisen darauf, daß Nationalsozialismus und Stalinismus den durch die Avantgarde inspirierten Formationsprozeß des modernen Theaters abrupt unterbrochen haben, wie auch der Nachkriegs-Sozialismus durch Realismus- und Erbe-Diktate die Wiederanknüpfung aufgehalten hat. Insofern verläuft die Wirkungs- und Vermittlungsgeschichte der historischen Avantgarde zweiphasig, ohne daß die zweite Phase lediglich als Wiederholung verstanden werden könnte. Thema ist im Folgenden der Zeitraum der klassischen Moderne im genannten Sinne, spätere Erscheinungsformen, vorwiegend der zweiten Jahrhunderthälfte, werden nur durch Verweis berücksichtigt. Dabei bilden monodramatische Entwürfe die als heuristisch zu verstehenden Anzeiger: Als Grenzwerte und Eckwerte der Entwicklung sind sie selbst Symptome, die aber auf bestimmte Phänomenbereiche aufmerksam machen, nicht jedoch das zugrunde liegende, als solches verbreiterungsfähige Muster selbst. Hinzu kommt freilich eine weitere Schwierigkeit: Indikationswert im genannten Sinne gewinnen monodramatische Entwürfe, Monologisierungsverfahren und dergleichen erst im Zusammenhang mit dem Aufbruch der Moderne und den entsprechenden programmatischen, theoriegeleiteten Optionen. In der Wirklichkeit der Theatergeschichte nehmen sie auf breiter Basis hingegen einen selbstverständlichen funktionalen Raum ein, vor allem in denjenigen Zonen der Unterhaltungsdramatik, in denen die Spitzenstandards des historischen Bildungstheaters und seiner Ästhetik nicht maßgebend sind, sich nur zeitweilig oder sehr bedingt Geltung verschafft haben. Radikale Forderungen der Theateravantgarde lassen sich auf diesem Hintergrund dann zu einem größeren Teil als Strategien der Verlagerung und der Umwertung beschreiben, in denen Techniken und Formen der pauschal als Trivialtheater bezeichneten Bereiche prägnant aufgewertet und funktional neu bestimmt wurden. Die Symptomatik des Monodramatischen verweist damit auf historisch in verschiedenen Phasen sich vollziehende paradigmatische Wechsel, die eine Verschiebung der Grenzen zwischen Theaterbereichen und Theatergattungen bedeuten. Inwieweit diese freilich ein historisches Gesamtbild ergeben, das den Anspruch der Zeit selbst, **die Moderne** zu sein, ausweist und rechtfertigt, bleibt des weiteren grundsätzlich zu prüfen. Weder Eckwerte und Grenzgänge als solche, noch eine summierende Darstellung allein können den Charakter einer 'Schwellenzeit' unmittelbar erweisen. Der Versuch, Theatergeschichte der Avantgarde zu erfassen, ist auf breitere Fundierung angewiesen.

1.2 Leitfaden: Umbesetzung und Sanierung

Nicht die Daten machen die Epoche, sondern die Zustände, die sie herbeiführen und ihren historischen Rang bemessen. Nicht der Einschnitt an sich ist bestimmbar, sondern seine Relation zu der "Eigenschaft und Eigenart der durch ihn getrennten Zeiträume"[5].

Die Frage der Epochenbestimmung muß daher von der Möglichkeit der eindeutigen Datierung der "initialen" Einzelphänomene abgelöst werden. Im Verlangen nach dem epochalen Stichdatum und Schlüsselphänomen drückt sich weniger die Geschichte aus als das Prägnanz- und Sinnbedürfnis "aller, die Subjekt der Geschichte sein möchten"[6], und wenn schon nicht derer, die Geschichte machen, so doch derer, die Geschichte verstehen wollen. In diesem Sinne sollen die Daten herangezogen werden, die hier unter den Stichworten 'monodramatisch', 'Monologisierung' und 'Wendung *ad spectatores*' zusammengestellt wurden. Sie sind nicht zu verstehen als (teleologische) Reihe einer formgeschichtlichen Entwicklung. Zunächst eignet ihnen nicht mehr als eine gewisse Auffälligkeit, gemessen an der Fülle der andersartigen Erscheinungen. Die Zusammenhänge zwischen dem Auffallenden und dem Geläufigen sollen aber jeweils dahingehend überprüft werden, ob die in Erscheinung tretenden Phänomene – und dann in welchem Sinne – gleichgerichtet sind, so daß sie insgesamt als Ausweise einer "Epochenschwelle" zu begreifen wären, wie sie die "Moderne" und die "Avantgarde" für sich in Anspruch genommen haben.[7] Mit der 'Schwelle zwischen Mittelalter und Neuzeit', wie sie Hans Blumenberg in seiner weit ausholenden ideengeschichtlichen Studie zur "Legitimität der Neuzeit" dargestellt hat, teilt die "Moderne" die Eigenart, daß sie "nicht eher da [ist] als ihre Selbstauslegung, durch die sie zwar nicht hervorgetrieben wird, deren sie aber ständig zu ihrer Formierung bedarf. Das Selbstverständnis ist eines der konstituierenden Phänomene der beginnenden Geschichtsphase. Das macht den Epochenbegriff

5 Blumenberg 1988, S. 534.

6 Ebda., S. 635.

7 Anleihen zur Überprüfung entnehme ich dem Kapitel "Die Epochen des Epochenbegriffs", einem methodologischen Ertragskapitel aus der Darstellung Blumenbergs. Ob die analoge Fragestellung sich rechtfertigt, einmal in der Übertragung von dem allgemein ideengeschichtlichen Vorgehen Blumenbergs auf dezidiert theatergeschichtliche Fragen, zum anderen von der frühen Neuzeit auf die 'Moderne', muß durchaus offen bleiben.

selbst zum signifikanten Element der Epoche."[8] Analoges ließe sich für die Moderne durchaus behaupten. Das Selbstverständnis in Gestalt der Programmatik geht den inhaltlichen Umbesetzungen voraus, es überspitzt sich in der Weise, daß, etwa im Falle des Futurismus, die Innovation zum maßgebenden Inhalt selbst und deren Proklamation, als Manifest, zum führenden literarischen Genre wird. Dennoch bliebe zu fragen, ob die radikale Tonart der Ansprüche nicht verdeckt, in welchem Maße hier Kontinuität waltet; zum einen gibt es mit Blick auf das 18. Jahrhundert ja die nicht nur terminologisch debattierenswerten Vorschläge, das 'Projekt der Moderne' mit der Aufklärung beginnen zu lassen, zum andern ist vielfach und mit guten Gründen diskutiert worden, ob nicht die Romantik als die eigentliche Wiege der Moderne zu gelten hat, so daß auch die radikaleren Spielarten der Avantgarde eher als Testamentsvollstrecker jener Grundsätze zu verstehen wären, die bereits in der romantischen Kunsttheorie dem Prinzip nach vorformuliert waren.

Wenn es aber zum Inhalt des Begriffs 'Epochenschwelle' gehört, daß darin die 'alte Zeit' in die neue hineinragt, die neue die alte überlappt, so kann der Versuch, sich der Zeit der Avantgarde zu nähern, nur besagen, daß es nicht um 'die Theatergeschichte der Avantgarde' geht, sondern um die Theatergeschichte im Wirkungsbereich von Avantgarde. Reinhart Koselleck hat die geschichtshermeneutische Regel dafür formuliert, "daß die je überraschende Novität aller konkreten Geschichten methodisch nur in Erkenntnis überführt werden kann, wenn sie mit mittel- oder längerfristigen Erfahrungssätzen zusammengeführt wird"[9]. Auch Blumenberg formuliert prinzipiell, daß der "Wechsel der Erscheinungen auf das Beharrliche verweise", das für den Historiker freilich weder anthropologische Konstante noch metaphysische Essenz ist, sondern "ein **relativ** Überdauerndes"[10]. Inhaltlich ist dieses Überdauernde ein System von Bedürfnissen und Fragen, auf die auch widersprechende, radikal kritische Antworten und Angebote noch beziehbar sein müssen, wenn eine historische Aussage möglich sein soll. Das daraus abgeleitete heuristische Postulat besagt, daß "das geschichtliche Leben", gerade da, wo es "Zusammenbrüche und Neuformierungen durchläuft", nur "unter dem Prinzip der Selbsterhaltung" zu verstehen ist:

> Noch die Epochenwende als schärfste Zäsur hat eine Funktion der Identitätswahrung, indem die Veränderung, die sie zulassen muß, nur das Korrelat für die Konstanz der Anforderungen ist, die sie zu erfüllen hat. Dann produ-

8 Ebda., S. 543.
9 Koselleck 1988, S. 35.
10 Blumenberg 1988, S. 545.

ziert, diesseits des großen Konzepts der epochalen Entwürfe, der geschichtliche Prozeß seine 'Umbesetzungen' als Sanierungen seiner Kontinuität.[11]

Für die Theatergeschichtsschreibung kann das nur bedeuten, daß – unbeschadet der Frage, ob es in freilich recht begrenztem Rahmen eine Entwicklungslogik avantgardistischer Techniken gibt – jedes Symptom monodramatischer Art gleichzeitig unter der Kategorie der Innovation und der Kontinuität zu beschreiben ist, ehe entschieden werden kann, ob und in welchem Maße eine wirkliche Umwertung erfolgt. Aber auch wenn diese zu konstatieren wäre, ist noch keineswegs ausgemacht, ob die erfolgte Umbesetzung historische Grenzverschiebungen zur Folge hat oder aber historisch isoliert, als Partialdatum bei sich bleibt. Und wiederum erst danach läßt sich überprüfen, in welcher Verbindung mit anderen Faktoren die Verrückung der Grenze weiterreichende Folgen zeitigt, die, in Korrelation mit vielen anderen, die Annahme eines Einschnitts rechtfertigen würde.

1.3 Leitfrage: Sprachkrise, Ich-Krise, Wahrnehmungskrise

Wenn es zutrifft, daß sich Zeitalter "eher in der Umwandlung ihrer Gewissheiten und Fraglosigkeiten in Rätsel und Inkonsistenzen als in deren Auflösung"[12] erschöpfen – wie Blumenberg argumentiert gegen Heine, der meinte, die Zeit sei eine Sphinx, die sich in den Abgrund stürzt, wenn ihr Rätsel gelöst sei – wenn dies zutrifft, so wäre als umfassender diskursiver Hintergrund für die verschiedenen Stellungnahmen zur Überlebtheit des Dialogs zunächst die sog. Sprachkrise der Jahrhundertwende geltend zu machen.[13] Im Hinblick auf "Sprachbewußtsein und Poetik in der literarischen Moderne" hat Erich Kleinschmidt jüngst aus literaturwissenschaftlicher Sicht das Problem umfassend zu formulieren versucht.

> Die Gewißheit, daß Sprache eine äußere wie innere Wirklichkeit zu bezeichnen vermag, von der das 19. Jahrhundert noch weitgehend überzeugt und in seinem Textverhalten bestimmt war, verlor ihre selbstverständliche Gültigkeit. Die Entdeckung der an Sprache gebundenen, geistigen Bewegungsdynamik des Menschen, die nicht mehr nur als positives Element empfunden, sondern zunehmend auch als Verunsicherung gedacht wurde, sprengte das statische, vom deutschen Idealismus und seinem klassischen Literaturumfeld sanktionierte Bild, daß Sprache eine unsere Welterfahrung und damit die objektive Welt selbst setzende oder zumindest strukturierende Größe sei. [...]

11 Ebda., S. 539.
12 Ebda., S. 539.
13 Vgl. dazu auch den Beitrag von E. Fischer-Lichte, insbesondere die S. 168/170 und 226/227.

> Der Leistungs- und Funktionsraum der Sprache war neu zu vermessen, womit die Formen einer naiven Sprachpraxis zwar keineswegs erledigt, aber zumindest fragwürdig geworden waren. Sprache bestimmt denn neu als Gegenstand intellektueller Reflexion die abstrahiert wissenschaftlichen wie die eher anwendungsorientierten Debatten und es verändert sich dadurch die Art der mentalen Identifikation mit dem Mitteilungsmedium.[14]

Mit diesen Beobachtungen ist die universelle Reichweite der Sprachkrise in allen intellektuellen Reflexionsbereichen festgestellt, zugleich wird aber – zu Recht – festgehalten, daß die "Formen einer naiven Sprachpraxis", man könnte auch sagen, ein naiver Sprach-Realismus, damit ebenso wenig beseitigt sind – und de facto historisch weiterbestehen bis heutigen Tages – wie die Wirkung älterer mentaler Dispositionen. Damit ist zugleich verständlich, daß die Sprachkrise unterschiedliche Vorschläge zu ihrer Behebung oder ihrer Überwindung hervorruft, deren jeweilige Art sich aber noch keineswegs aus dem Bestand der Problematik selbst ableiten läßt.

Ohne daß an dieser Stelle das Ausmaß und die vielseitige Bedeutung des Phänomens in toto weiter erörtert werden müßte, sind Gesichtspunkte hervorzuheben, die für die folgenden Überlegungen von besonderer Relevanz sind. Sprachkrise ist prinzipiell auch beschreibbar als Ich- und Identitätskrise: "Die Gewissheit der Sprache verloren zu haben, trifft den Kern menschlicher Identität, steht doch seine soziale Existenz dadurch mit auf dem Spiel."[15] Die Tatsache, daß die Abfassung des Zentraldokuments im deutschsprachigen Bereich, Hofmannsthals *Ein Brief* (des Lord Chandos), in die Hauptzeit der Rezeption von Ernst Machs Wahrnehmungs- und Erkenntniskritik fällt, weist die Sprachkrise zugleich als Krise des Wahrnehmungsvermögens, sowohl der Außenwelt, wie der menschlichen Innenwelt, nicht zuletzt hinsichtlich der menschlichen Körperlichkeit aus.[16] Ebenso liegen die Konsequenzen in ästhetischer Hinsicht auf der Hand. Mit dem Mißtrauen gegenüber einer "realistischen Referentialität"[17] der Sprache fallen alle einfachen mimetischen Kunsttheorien ebenso dem Zweifel anheim wie solche der unmittelbaren 'realistischen' Ausdrucks- oder Kreativitätskundgabe. Die "Einsicht in die weltbilderzeugende 'konstruktive' Rolle der Sprache", die mit ihren syntaktischen Verlaufsvorschriften wie mit ihrem historisch angesammelten semantischen Denk-, Vorstellungs- und Assoziationsmaterial Vorgaben bereitstellt, "die nicht einfach als selbstverständlich hingenommen werden können", führt

14 Kleinschmidt 1992, S. 19f.

15 Ebda., S. 14.

16 Vgl. dazu den Beitrag von G. Brandstetter in diesem Buch, S. 123–155.

17 Ebda., S. 13.

nicht nur zur Sprachskepsis im generellen wie auch im engeren historischen Sinn der Jahrhundertwende, sondern auch zu neuem, freisetzendem, kreativem Sprachbewußtsein; insgesamt aber wird dadurch ein grundlegender "mentalitätsprägender Prozeß", der sich "um die erkenntnisleitende Rolle der Sprache für das Wahrnehmungsbewußtsein dreht"[18], in Gang gesetzt.

Abgesehen von allen Konsequenzen, welche die hier nur in wenigen Teilaspekten differenzierte Situation zeitigt – und für die Frage der Literatur liegen die Probleme besonders deutlich auf der Hand –, ergeben sich einschneidende Verschiebungen im Verhältnis der Künste zueinander, insbesondere im Verhältnis von Literatur und Theater. Mit der Problematisierung von sprachlicher Kommunikation und individuellem Sprachausdruck steht unmittelbar das literarische Drama in seinen Grundlagen zur Disposition, und wo das Verhältnis von Sprache und Wahrnehmung und d.h. auch Selbstwahrnehmung fragwürdig erscheint, ist das Wesen von Körperlichkeit inbegriffen. Damit tritt die sprachliche wie die außersprachliche Verfassung von Theater als Grundproblem ins Zentrum des Interesses. Die Infragestellung des Dialogs als Wesenselement von Theater steht in Zusammenhängen, die zugleich alle anderen Grundfaktoren bisherigen Theaterverständnisses in Frage stellen: Ich- und Identitätskontur der Rolle, Wahrnehmung und Wahrnehmungswiedergabe in allen grundsätzlichen Strukturen, Selbstwahrnehmung im Sinne von Körperwahrnehmung, Körperausdruck und Körperbewegung. Theater bestimmt sich nicht mehr auf der Basis eines literarischen oder gar dialogischen Substrats und ausgehend von dem sprachästhetisch zu beschreibenden 'Drama'; dieses muß sich vielmehr – und damit das Schauspieltheater qua Sprechtheater – im neuen Horizont ausdrücklich legitimieren und reformieren. 'Modernes Drama' gerät unter Rechtfertigungsdruck im Verhältnis zu 'modernem Theater', genauso wie es in anderer Richtung, gegenüber literarischen Gattungen und ihrer Ästhetik, sich neu bestimmen muß. Dieser Rechtfertigungsdruck, in spezieller wie in genereller Sicht, erhöht sich durch die Kriegserfahrung, die nicht nur eine umfassende Sinn- und Wertkrise mit sich bringt, sondern auch fundamentale Wahrnehmungsirritationen, zum einen durch die kriegstechnisch veränderte Raum- und Zeiterfahrung, zum anderen durch die aus Vernichtung und Beschädigung erwachsende Körperwahrnehmung. Mit der weiteren Provokation des Theaters durch Revolution und der Formation der Nachkriegs-Republiken hat es zu tun, daß avantgardistische Optionen früherer Jahre aufgegriffen, umgewertet werden und dann in radikalisierter Form oder auch in vermittelter Brechung theatergeschichtliche Wirkung entfalten.

---

18 Ebda., S. 19.

1.4 Rückblick: Vom status quo ante der Theorie und vom status quo der Bühnen

Bevor die Konsequenzen, die aus Dialog- und Sprachkrise gezogen werden, hier im Hinblick auf das Schauspieltheater genauer zu erörtern sind, sowie die Symptome, die dabei die neue Lage historisch indizieren, bleibt zu überprüfen, in welchem historischen Stand die avantgardistische Kritik eigentlich das Schauspieltheater und seine theatergeschichtlichen Bedingungen vorfindet. Dabei ist leicht zu demonstrieren, daß der zentrale Punkt der Überlebtheit des Dialogs, der offensichtlich nicht mehr den Vorstellungen von der sozialen Bedingtheit von Kommunikation wie auch von der a-dialogischen Natur der Psyche entspricht, im Zusammenhang mit den übrigen 'Ergebnissen' der theatergeschichtlichen Entwicklung des 19. Jahrhunderts zu sehen ist, d.h. mit den Vorstellungen von der immanenten, in sich abgeschlossenen Illusionswelt der Bühne, der strengen Trennung zwischen Bühne und Zuschauersphäre, der einstimmigen, illusionsbezogenen Funktionalität von Bühnenausstattung, Kostüm.

Die ästhetische Theorie, die sich auf die literarische Dramatik des ausgehenden 18. und 19. Jahrhunderts bezieht, verficht ohne grundsätzliche Einschränkung die Dramaturgie des dialogischen Prinzips. Die Entwicklung der Gattung, die einmal damit begonnen hat, daß der "logos", und zwar der im Sprechrhythmus der Konversationssprache gesprochene "logos" zum 'Protagonisten' wurde, scheint auf ihrem Höhe- und Endpunkt angelangt zu sein.[19] Hegel gibt in der ästhetischen Theorie die Begründung des Dialogs als der "vollständig dramatische[n] Form":

> Denn in ihm allein können die handelnden Individuen ihren Charakter und Zweck sowohl nach seiten ihrer Besonderheit als in Rücksicht auf das Substantielle ihres Pathos *gegeneinander* aussprechen, in Kampf geraten und damit die Handlung in wirklicher Bewegung vorwärtsbringen.[20]

Gustav Freytag trägt in seinem dramaturgischen System die praktisch-technischen Überlegungen nach; für ihn liegt der Sinn des Dramas so sehr in "Kampf und [...] Einwirkung des einen Menschen auf den anderen [...], daß jede Isolierung des Einzelnen einer gewissen Entschuldigung bedarf"[21]. So gibt

---

19 Aristoteles 1961, S. 28f. 'Konversationssprache' steht für 'διάλεκτος ἡ προς ἀλλήλους'; vgl. Aristoteles 1965, S. 14.

20 Hegel 1965, S. 527.

21 Freytag 1887, S. 192f. Wie schmal, dramengeschichtlich gesehen, der Bereich der 'reinen Form' vom 'Drama' ist, der im Zeichen der Aristoteles-Interpretation seit dem französischen Klassizismus zur Norm erklärt wird, braucht an dieser Stelle nicht erörtert zu werden; daß sich insbesondere der Bereich der Komödienformen, von wenigen Ausnahmen abgesehen, nie den

sich Freytag – mehr als Hegel, in diesem Punkt seinem Vorgänger Gottsched gleich – als Scholastiker des Dialogs.

Nicht eingegangen in diesen dramaturgischen Purismus ist der doppelte dramengeschichtliche Aufbruch des Sturm und Drang und Büchners. Schon im Sturm und Drang verbindet sich mit der Berufung auf Shakespeare eine bezeichnende Verschiebung im Verhältnis der dialogischen zu den monologischen Partien, der die gleichzeitig in Erscheinung tretenden Erfahrungen zugrunde liegen, daß die Möglichkeit von Dialog sowohl durch soziale Bedingungen der Kommunikation wie durch innerseelische Bedingungen des Ausdrucks eingeschränkt ist. Die Folge ist nicht nur die Entlassung von ganzen Monolog-Sequenzen aus der *liaison de scènes*, die Öffnung des Ventils Monolog für das "Verdrängte, Verbotene, Anarchische", sondern auch eine Verwischung der Differenz:

> Die Personen suchen nicht, den Partner im Dialog zu überwinden, sondern sich selbst zu behaupten gegen ihr Geschick. Insofern nähern sich im offenen Drama Monolog und Dialog einander an.[22]

Zwar gelingt in der Klassik zumindest auf einem Sektor die Vermittlung mit den Implikationen der klassischen Tragödienformen dank der poetischen Leistung der Sprache, welche die neuentdeckten seelischen Tiefenschichten ausdrückt, ohne sie dabei zu deformieren. Aber das heikle Gleichgewicht zwischen *individuum ineffabile* und vollgültigem Dialog währt nur kurze Zeit. Die formgeschichtliche Prolepse von Lenz wiederholt sich bei Büchner und zeigt damit an, daß auch der erneuerten klassischen Form die historische Stunde geschlagen hat. Dennoch führt auch dieser zweite Anstoß nicht zu einem generellen Einbruch in die Entwicklung der literarischen Dramatik. Diese folgt, obwohl bei allen bedeutenden Dramatikern der Zeit, wie Grillparzer oder Hebbel, sich die Anzeichen für Probleme der Dialog-Konstitution mehren und zahllose Nuancen festzustellen sind, vielmehr dem formgeschichtlichen Trägheitsgesetz, das in Freytags Dramaturgie seine lehrbuchhafte Formulierung findet.

Wendet man sich unter diesen historischen Prämissen dem realen Zustand des Theaters im Jahrzehnt des Aufbruchs der Moderne, also 1880–90, zu und versucht, einen historischen Querschnitt durch die bestehenden Theaterformen zu legen, so ergibt sich ein wesentlich vielfältigeres Bild. Diese Suche erbringt relativ rasch die Einsicht, daß seitens der Theater Erwartungen

---

theoretischen Postulaten angeglichen hat, ist von größter theatergeschichtlicher Bedeutung. – Es genüge an dieser Stelle der Hinweis auf das von Günther Mahal zusammengestellte und erörterte Material (Auktoriales Theater – die Bühne als Kanzel, 1982).

22 Klotz 1969, S. 188.

und Bedürfnisse bestehen und befriedigt werden, die sich keineswegs mit der für das 19. Jahrhundert insgesamt behaupteten 'reinen' Dialogik und deren szenischer Präsentation mittels der abgeschotteten Illusionsbühne in Einklang bringen lassen.

Dem professionellen Schauspieltheater auf der Ebene der residenzstädtischen Repräsentationsbühne ist wohl zu bescheinigen, daß Freytagsche Regeln insgesamt eingehalten werden, d.h. innerdramatisch nur motivierte Monologpassagen zur Aufführung gelangen, das *a parte* motiviert sein muß etc., weiterhin daß auch die szenisch-schauspielerische Realisation nach Motivationszusammenhängen hinsichtlich des dramatischen Geschehens erfolgt. Das Spiel *ad spectatores* über die Rampe hinweg ist tendenziell ausgeschlossen zugunsten der Bühnenimmanenz. Aber ein Blick in zeitgenössische Aufführungsberichte, so etwa in Strindbergs Essay *Über modernes Drama und Theater*,[23] belehrt auch hier, welche Motivationslücken hinsichtlich der szenischen Präsentation auf den Bühnen bestehen bleiben und vom Publikum hingenommen werden. Die einschlägigen Reformforderungen von den Meiningern bis zum frühen Stanislawski lassen in entsprechenden Umkehrschlüssen den realen Stand des Schauspieltheaters ermessen. Für den Bereich des kommerziellen Theaters ist mit einer ähnlich starken Durchsetzung der Regeln ohnehin nicht zu rechnen. Die theoretische Geltung der Motivationsregeln verbürgt keineswegs die entsprechende Aufführungspraxis, und dasselbe gilt im Hinblick auf das Spiel über die Rampe hinweg. Bis weit in die 70er und 80er Jahre hinein hält sich auf den vorstädtischen Unterhaltungsbühnen die lokale Posse samt ihren Nachfolge-Genres, die u.a. den konstitutiven Szenentypus von Monolog plus Couplet *ad spectatores* aufweist; dieser Typus überlebt auch nach dem Verschwinden der Lokalposse als zentralem Genre in der um das Couplet reduzierten Form auf den Schwankbühnen und in der modernisierten und musikalisch üppigeren Gestaltung in der Operette, die beide in gewisser Weise die von der Posse hinterlassene Position im Unterhaltungstheater der Stadtkultur übernehmen.

Wendet man sich dem Unterhaltungsbereich des professionellen Tingeltangels, der Variety Show, des Varieté zu, so sind die dort anzutreffenden dialogischen Präsentationsformen deutlich in der Minderzahl. Abgesehen davon, daß eine Ästhetik der Bühnenimmanenz, der Trennung von Bühne und Zuschauerraum, der realistischen oder historischen Illusion ohnehin nicht in Geltung ist, widerspricht das Varietätsprinzip selbst jeder Art von Werkverständnis, wie es sich in Analogie zum literarischen Werkbegriff auch für das

23 Strindberg 1966, S. 38. – In der deutschen Gesamtausgabe von E. Schering erscheint der Essay unter dem Titel "Der Einakter" in dem Band *Elf Einakter*, 1918, S. 323.

Verständnis der Schauspielbühne und ihrer Leistung (etwa in bezug auf literarische Vorgaben) ausdehnen läßt. Der Dialog als Träger des Szenischen tritt zurück, zum einen hinter der visuellen Bestimmung der Szene, etwa vom Typus 'Bild', des weiteren hinter den Szenentypus von monologischem Rahmentext plus Gesang, der Deklamation, zu schweigen von den zahllosen nonverbalen Szenentypen, etwa pantomimischen oder tänzerischen Charakters bis hin zu zirzensischen Einlagen; des weiteren wird dialogische Immanenz der Bühne überspielt von der Direktzuwendung über die Rampe hinweg an das Publikum, die vornehmlich durch die Conférence getragen wird, der überdies die Verknüpfungsrolle im Rahmen der Varietät zufällt. Selbst die spätere, auf großformatige Rahmung bedachte Revue – zunächst als sog. Jahreszeitenrevue, später auch als Ausstattungsrevue nach dem älteren französischen Vorbild "à grand spectacle"[24] – weist kein durchgehendes Handlungsprinzip mit dialogischer Strukturierung der Szenen auf, sondern allenfalls inhaltliche Leitlinien, die in verschiedensten Szenentypen inhaltliche Analogien hervorbringen: "Was sollte aber die Revue sein? Eine geistreiche Aneinanderreihung unzusammenhängender Auge-, Ohr- und Vernunft-befriedigender Szenen, die unseren Alltag verspotten, nebenher pikanten Soubretten, süßen Tänzerinnen, smarten Theater-Don-Juans und schlagkräftigen Komikern Gelegenheit geben, mit Laune, Schneid, Rhythmus und schmissigem Unsinn die Trübsal unserer Tage uns aus dem Gehirn zu blasen" – dies konstatiert Fritz Grünbaum im Rückblick des Jahres 1925.[25]

Von vergleichbarer Varietät ist das theatrale Angebot in denjenigem Bereich der wilhelminischen Kultur, der als Haus- und Vereinstheater zu bezeichnen wäre.[26] Obwohl auch hier bisweilen literarische Ambitionen anzutreffen sind, ist das Veranstaltungsprogramm des gemischten Abends oder des bunten Abends offensichtlich beherrschend. Der ganze Sektor des dilettierenden Vereinstheaters, der überdies nicht nur im Bürgertum, sondern auch in der Arbeiterschaft seine soziale Basis hat, läßt einen lückenlosen Übergang von szenisch dialogischen bis szenisch monologischen Präsentationsformen erkennen, mit einem hohen Anteil des Spiels zum Zuschauer hin, wobei hier wieder halbszenische und deklamatorische Formen überwiegen.[27]

Die Theaterkultur zum Ende des Jahrhunderts ergibt ein Gesamtbild, das mit den Ansprüchen der Theorie und der führenden Theaterinstitute wenig

24 Kothes 1977, S. 13.

25 Ebda., S. 14.

26 Zum Spielbestand dieses Bereiches vgl. Bayerdörfer 1978, insbes. S. 297–99.

27 Eine weitere Überprüfung verdiente das im wilhelminischen Deutschland ebenso etablierte wie profilierte Schultheater, in dem sich der Typus der Dilettantenbühne mit didaktischen sowie literar-ästhetischen Ambitionen verbindet.

überein kommt. Die Scheidung der Sphären, vor allem zwischen Schauspiel- und Musiktheater, die Trennung entlang der Rampe zwischen Bühnengeschehen und Zuschauer, die Trennung zwischen Darstellung und Deklamation etc. – alle diese Grenzlinien bestehen nur sehr bedingt und werden permanent unterlaufen. Und insgesamt scheint der Inbegriff ästhetischer Theatralität, Werkganzheit und Einheit, zurückzubleiben hinter dem Prinzip der Varietät.

Erst auf dem Hintergrund dieses – bruchstückhaft gezeichneten – Gesamtbildes des Schauspieltheaters, im Zentrum wie an seinen Rändern, ist die Frage nach der innovativen Energie und ihrer Leistung, wie sie sich mit den avantgardistischen Forderungen angesichts der konstatierten Dialogkrise ergeben, historisch angemessen zu beurteilen.

> Alle Veränderung, aller Wechsel vom Alten zum Neuen sind nur dadurch für uns zugänglich, daß sie sich [...] auf einen konstanten Bezugsrahmen beziehen lassen, durch den die Erfordernisse definiert werden können, denen an einer identischen 'Stelle' zu genügen ist. Daß das Neue in der Geschichte nicht das jeweils Beliebige sein kann, sondern unter einer Strenge vorgegebener Erwartungen und Bedürfnisse steht, ist die Bedingung dafür, daß wir überhaupt so etwas wie 'Erkenntnis' von der Geschichte haben können. Der Begriff der 'Umbesetzung' bezeichnet implikativ das Minimum an Identität, das noch in der bewegtesten Bewegung der Geschichte muß aufgefunden oder zumindest vorausgesetzt und gesucht werden können.[28]

Die Situation im Schauspieltheater in der Phase der 'Moderne' ist nun dadurch gekennzeichnet, daß zur Behebung der Sprach- und der Dialogkrise auf der Ebene der literarischen, d.h. dramatischen Gestaltung und auf der Ebene der Bühnengestaltung ganz unterschiedliche Umbesetzungen vorgeschlagen und vorgenommen werden.

Folgt man, um zunächst auf der literarischen Ebene zu argumentieren, der neu-hegelianischen Gattungstheorie Peter Szondis,[29] so ergibt sich der umfassende Befund, daß die reine Dialogik des neuzeitlichen 'Dramas', deren geschichtliche Voraussetzungen im Laufe des 19. Jahrhunderts geschwunden sind, verschiedenen Formen epischer Organisation der Stücktexte weicht, in denen die Prämissen von Dialog eigens thematisiert werden können. Die auf ganz verschiedenen Ebenen vorgenommene latente oder offene Episierung von Drama besagt, daß den jeweiligen Dialogbeständen, soweit sie erhalten bleiben, eine epische Gesamtstruktur vorgelagert ist, welche die Möglichkeit und die Reichweite von Dialog klärt und festlegt, ehe die dialogischen Passa-

---

28 Blumenberg 1988, S. 541.
29 Szondi 1965.

gen im Gesamtwerk Tragfähigkeit gewinnen. Dieser historischen Grenzverschiebung im Gefüge der Gattungen ist freilich eine weitere innerhalb der dramatischen Formen an die Seite zu stellen, die das Verhältnis von dialogischen und monologischen Konstituenten des Dramas, gemessen an den Vorgaben der literarischen Dramatik des 19. Jahrhunderts, entscheidend verändert – wobei zahlreiche Einzelergebnisse der Analyse Szondis nicht referiert zu werden brauchen, da sie weitgehend Allgemeingut der Forschung und auf vielfältige Weise bestätigt, erweitert oder modifiziert worden sind. Zum Übergang ins Epische, so in der *Theorie des modernen Dramas,* kommt als zweites die Lyrisierung, so in seinem Werk über *Das lyrische Drama des Fin de Siècle.*[30] Offensichtlich ist im einen wie im anderen Falle, daß sich Szondi am literarischen Kanon, d.h. an weltliterarisch akzeptierten dramatischen 'Höchstleistungen' orientiert. Dramatische Genres, die diese Kanonisierung nicht erfahren haben – allgemein der 'Trivialdramatik' zugeordnet, so etwa der gesamte Komödienbereich des späten französischen Boulevard – werden nicht berücksichtigt, u.a. wohl weil Szondi – zu Unrecht – hier keine innovative Komponente erwartet. Abgesehen von solchen Einschränkungen der historischen Materialerhebung ist Szondis Untersuchung zu bescheinigen, daß sie nicht teleologisch einseitig verfährt. Vielmehr führt die Datenerhebung aus unterschiedlichen und gleichzeitig verlaufenden dramengeschichtlichen Zusammenhängen dazu, daß, durchaus im Sinne Blumenbergs, Indices einer Epoche namhaft gemacht werden. Sie erscheinen als gehäuft, beschleunigt auftretend und analog ausgerichtet. Zumindest wird damit in dem Sinne Unumkehrbarkeit angedeutet,[31] daß die erreichten dramengeschichtlichen Positionen nicht lediglich Einbahnstraßen, Dead-end-Erscheinungen darstellen, sondern historische Wirkung auf breiterer Basis anzeigen.

Analog zu den Grenzverschiebungen im Felde der literarischen Gattungen lassen sich Grenzverwischungen im Verhältnis zwischen Monolog und Dialog, innerhalb der dramatischen Formen selbst, verstehen. Die Systematisierung von Manfred Pfister extrapoliert, wenn man seine Beobachtungen auf die Dramatiker der Jahrhundertwende hin historisiert, was in Szondis Analyse mit impliziert ist.[32] Die Frage der Verankerung des Monologs ist für den gesamten Zeitraum von doppelter Relevanz: Zum einen verlangt die literarische Dramatik Ende des Jahrhunderts grundsätzlich die inhaltliche und szenische Motivation – zu Recht verweist Pfister auf entsprechende Aus-

30 Szondi 1975.

31 Blumenberg 1988, S. 544.

32 Der Begriff Monolog wird hier ausschließlich nach dem "situativen Kriterium" verwendet, vgl. dazu das Kapitel 'Monolog und Dialog', in: Pfister 1982, S. 180–195.

führungen Strindbergs in seinem Vorwort zu *Fräulein Julie.* Zum anderen gerät aber auch der Monolog als konstitutiver Bestandteil von bestimmten historischen Dramentypen ins Blickfeld, und zwar in dem Maße, als in der Dramatik der Jahrhundertwende formgeschichtliche Rückgriffe unternommen werden. Von vergleichbarer grundsätzlicher Bedeutung ist weiterhin die Beobachtung, daß die Polarität Monolog und Dialog nicht absolut ist, sondern in zunehmendem Maße Grenzverwischungen zuläßt. Strategien der Monologisierung des Dialogs, etwa indem das Aneinandervorbei geradezu systematisiert wird, wie bei Schnitzler oder Čechov, kennzeichnen die Dramengeschichte der Zeit ebenso wie die latente Mehrstimmigkeit, die in Monologen gestaltet wird. Von derselben weitreichenden Relevanz sind die bei Pfister unter der Rubrik "Monologisches Beiseite" genannten Phänomene, mit denen die zunehmende Ausrichtung monologischer Äußerungen auf das Publikum zur Debatte steht. Damit zeichnet sich die theatergeschichtliche Verschiebung im Verhältnis von Bühne und Parkett ab, wie sie wenig später in verschiedenen historischen und programmatischen Varianten verlangt wird; sie sind auch ein Teil der von Szondi hervorgehobenen Erscheinungen der Episierung und gewinnen Funktion als direkte Anredeformen, die das Verhältnis von Bühne und Publikum neu qualifizieren.

Zugleich wird so der Zusammenhang erkennbar, wie er sich zwischen literarischen und theatralen Reaktionen auf die Dialogkrise herstellt. Auf der Seite der Theatertheorie sind die Entwürfe freilich in dem Sinne radikaler, als hier ein neuer, theatral zu erfassender Werkbegriff, der des Theaterkunstwerks, zur Debatte steht, des weiteren die grundsätzliche Um- und Neubewertung aller nonverbalen Gestaltungsweisen dazu führt, daß in der Reformdebatte die Theatersparten, die der Sprache nur untergeordnete oder gar keine Funktion zuweisen, an exemplarischem Gewicht gewinnen. Die theoriegeschichtliche Verknüpfung zwischen Dramen- und Theaterbereich ist an keinem Punkt deutlicher aufzuzeigen als in der Debatte um Maeterlincks Theorem des *dialogue du second degré*, der inhaltlich als Dialog des menschlichen Wesens (im Status des Unbewußten) mit seinem Schicksal definiert ist. Nach dramaturgischen Kriterien gemessen ist der Dialog zweiten Grades ein (metaphysischer) Subtext, der in Verbindung mit dem Oberflächendialog der *dramatis personae* vernehmbar gemacht werden soll. Meyerhold hat in seinen Überlegungen zum 'stilisierten Theater' (uslovnij teatr) dargelegt, Richard Wagner habe den "inneren Dialog" durch das Orchester hörbar gemacht; er, Meyerhold, mache ihn hingegen sichtbar durch körperliche Bewegung und Ausdruck.

Damit ist der theoretische Horizont, der die alternative Lösung der Dialogkrise andeutet, umrissen. Die wesentliche Ebene der vor- und außersprachlichen Inhalte wird der Körper- und Bewegungsästhetik zugewiesen. Zugleich wird mit den Formulierungen Meyerholds sichtbar, wie die Theaterkunst als Werk denkbar wird. Mit Hilfe von Wagner wird ein Werkbegriff entwickelt, der als dezidiert theatraler dem literarischen Werk, dem literarischen Drama gegenübergestellt werden kann. In diesem Sinne ist Wagner Katalysator der Theatertheorie, und zwar in europäischem Rahmen dank dem europäischen Symbolismus.[33] Soweit dabei Körperausdruck und Bewegung die Musik ersetzen, werden theaterspezifische, historische Bewegungsmodelle diskutiert: Gattungen des Tanztheaters, Figurentheater, Commedia dell'arte, oder außereuropäische Formen wie das japanische Nô.[34] Unter Hinzunahme von Bild und Farbe ergeben sich weitere Möglichkeiten, das Theaterwerk zu definieren: Mit der Korrelation von Tonwert und Farbwert als den eigentlich seelen-berührenden Bereichen, wie sie Kandinsky vorschlägt, scheidet die Sprache aus dem Theaterkunstwerk ganz aus, allenfalls hinführend oder einleitend bleibt sie als Hilfsgröße, dann in monologisch-chorischer Verwendung, noch akzeptabel.

Insgesamt reagiert die Theaterreform-Theorie der Jahrhundertwende auf die Dialogkrise mit der Etablierung des Theaterkunstwerks, das – bis zum Aufbruch des Futurismus – als 'Gesamtkunstwerk' mit neuen theatralen Prämissen ausformuliert wird. Theaterwerk und literarisches Werk stehen damit in Konkurrenz, zumal das Theaterwerk die Sprach- und die Dialogprobleme auf neben- oder untergeordneten Rang rückt. Monodramatische Entwürfe aus dem gesamten Zeitraum müssen also historisch so befragt und beschrieben werden, daß ihre symptomatische Relevanz sowohl für den literarisch-dramatischen wie für den theatralen Bereich sichtbar wird, ihr innovativer und ihr Kontinuitäts-wahrender Status im einen wie im anderen Falle hervortritt.

2. Symptomatik

2.1 Typus 1: Krisis an sich

Einer der ersten systematischen Grenzgänge der Moderne, der durch die dramatische Formenwelt, etwa des Jahres 1890, unternommen wird, ist die zweiteilige Einakterserie von August Strindberg. In seiner Abhandlung *Über modernes Drama und Theater* von 1889 proklamiert er das "Quart d'heure"

33 Vgl. Bayerdörfer 1987, S. 182–201.
34 Vgl. dazu auch den Beitrag von E. Fischer-Lichte, S. 156–241.

zur "Formel des kommenden Dramas". Damit sei das Drama "auf eine Szene reduziert", und zwar diejenige, deretwegen man ohnehin in der Regel ein großes Stück schriebe – gemeint ist die Szene der Entscheidung oder Wendung, d.h. die dramatische Krisis an sich – und diese Kürze und Prägnanz entspräche sowohl der modernen Weltanschauung vom "Leben als Kampf" wie auch dem Erlebnis- und Illusionsvermögen der heutigen Menschen.[35] Diesem Postulat, mit dem Strindberg sich auf die dramatischen Experimente der Zola-Schule und die theatralen des Antoineschen Theaters bezieht, kommt er in den Jahren 1888–92 mit der Abfassung seiner beiden Einakter-Sammlungen (von insgesamt 11 Stücken unterschiedlichsten Zuschnitts) selbst nach, und diese Sammlung enthält das erste prononciert modern sich gebende Monodrama, *Die Stärkere* (*Den Starkare*), ein Stück, dem an prominenter Stelle literaturwissenschaftlicher Drameninterpretation, in Szondis *Theorie des modernen Dramas*, eine wichtige formgeschichtliche Rolle zugeschrieben wird.[36] Auch theatergeschichtlich wie genregeschichtlich verweist das Strindbergsche Monodrama auf grundsätzliche Grenzverschiebungen, denn Strindberg entwirft seine ersten Einakter mit Blick auf eine eigene experimentelle Kleinbühne nach französischem Muster.

Antoines vorbildgebendes Théâtre Libre entsteht durch Umwidmung der Bühne des Liebhabertheaters. Kontinuität und Innovation verschränken sich. Einem bestehenden Organ der alten Theaterkultur wird, im Rahmen seiner Bandbreite, in doppelter Hinsicht eine Grenzwert-Verpflichtung auferlegt. Zum einen wird dem dilettierenden Theaterverein, der sich allenfalls von weitem an hochästhetischen Forderungen orientiert, der Anspruch der ästhetischen Innovation verpflichtend gemacht, zum zweiten wird der dezidiert private Charakter für eine öffentliche Wirkung in Anspruch genommen: Seine Unabhängigkeit von ökonomischem Erfolgsdruck sowie von der öffentlich artikulierten Meinung der Kritik, schließlich von den Einschränkungen der Zensur, wird der Absicht dienstbar gemacht, der neuen Ästhetik den öffentlichen Weg zu bereiten. Die historische Wirksamkeit dieses Schachzugs, den Strindberg selbst mit seiner Kopenhagener Experimentierbühne zu kopieren versucht, ist bekannt: Das folgende Jahrzehnt ist die Zeit der europaweit sich anschließenden analogen Vereinsgründungen, die mit latenten und dann offenen Übergängen in den professionellen Bereich der Theater-Reform Institute hervorbringen, die in Gestalt von intimen Theatern, später den Typus

35 August Strindberg 1966, S. 52ff.

36 Ich folge Egil Törnqvists Vorschlag, sowohl das Einpersonenstück also auch das Zweipersonenstück mit nur einem Sprecher als 'Monodrama' zu betrachten, nehme des weiteren aus sachlich-systematischen Gründen den Evreinovschen Typus, der die Grenze zur Ich-Dramatik markiert, hinzu. Vgl. dazu Törnqvist 1973, S. 145–58.

Werkstattbühne vorwegnehmenden Einrichtungen in das öffentliche und das kommerzielle Theatersystem wieder rückgebunden werden, gleichwohl aber in mehr oder minder deutlicher Weise den Status des experimentierenden Schrittmachers beibehalten.

Gattungsgeschichtlich gesehen implizieren Strindbergs Einakter ebenso weitreichende Umwertungen. Das sprichwörtliche 'Genre Théâtre Libre' – er selbst nennt als bezeichnendes Stück zu Recht Henri Becques *La Navette* – verdankt sich der Umwertung der für die Liebhaberbühnen charakteristischen Kleinformen im Sinne literarisch programmatischen, provokativ zeitkritischen Anspruches. Daß sich dieses Genre durch einen 'ton rosse', und d.h. durch die Gattung der Comédie rosse (zynische Komödie) profiliert, ist als inhaltliches Pendant zu der Provokation zu verstehen, daß hier vorgebliche Trivialgenres mit hochliterarischem Programm versehen worden sind. Strindbergs Einaktersammlungen enthalten mehrere dramaturgisch unterschiedlich gearbeitete Musterstücke für die Rosserie.

Auch in seinem monodramatischen Exempelstück *Die Stärkere* verbergen sich Kontinuität, Innovation und Umwertung in entsprechender Weise. Das Monodrama als Kleinszene ist im Rahmen des älteren Vereinstheaters als idyllisierende Intimszene ausgewiesen. Strindberg verwandelt sie gemäß seiner aus der zeitgenössischen Psychologie entlehnten neuen Sicht von Psyche und Konflikt: Die Szene wird dramatisch verabsolutiert. Der Textentwurf bildet, wie schon Szondi betont, so etwas wie den 'Nukleus' eines Ibsenschen analytischen Dramas mit zwei einander nachgeordneten Peripetien, die die dramatische Krisis in Reinform ausmachen. Innovativ ist die Verlagerung dieser dramaturgischen Struktur in den Monolog, der gemäß den psychoanalytischen Thesen eines Théodule Ribot oder Jean-Martin Charcot mehrstimmig gestaltet wird: Das monologische Ich äußert sich im Sinne einer *multiplicité du moi.* Damit verbunden ist aber die Rettung des dramatischen Konflikts, ja dessen Verschärfung. Wo das traditionelle Dialogduell in Zweifel geraten ist, entfaltet Strindberg die Konflikt-Substanz auf dem Wege der monologischen Explikation. Diese verbindet den Rückgriff der Erinnerung, wie ihn Ibsensche Dramen schrittweise vollziehen, mit dem 'Kampf der Gehirne', der Überwältigung des Kontrahenten auf dem Wege der *Suggestion im Wachzustand.*[37] Die

37 Der französische Terminus 'suggestion à l'état de veile' schließt die Vorstellung einer quasi hypnotischen Wirkungsmöglichkeit ein. – Strindbergs doppeltes Interesse an der individuellen Psyche, an ihrer lebensgeschichtlichen Genese, zum anderen an ihrer aktuellen, im – sprachlichen wie außersprachlichen – Handeln sich vollziehenden aggressiven Entladung, prägt die zweiteilige Einaktersammlung. Dabei gelangt er zu grundsätzlichen Varianten wie zu Extremwerten der dialogischen oder monologischen Verfassung. 1888 versucht er mit *Gläubiger,* rein dialogisch-agonal in durchgehender Überlagerung der lebensgeschichtlichen Enthüllung mit dem verbalen Schlagabtausch, den Kampf der Gehirne unmittelbar wiederzugeben. Das kom-

stummen Reaktionen der nicht sprechenden Person motivieren die Erinnerungsschübe und Reflexionsgänge der anderen und verleihen diesen zugleich den Wert von Strategien der Auseinandersetzung. Die (Selbst-)Analyse erbringt die Spannungen, die den Konflikt artikulieren. Dementsprechend gleitet der Monolog hin und her zwischen Selbstgesprächen an der Grenze des *monologue interérieur* und fragenden, beschuldigenden oder höhnischen Anreden an das Gegenüber, d.h. Versuchen der verbalen Angriffe. Bestimmte Stadien der Bewußtwerdung setzen Verlaufszäsuren mit peripetischem Charakter. Strindbergs Monodrama bringt mit der Gestaltung der nichtsprechenden Rolle jenen weitreichenden Wandel im Schauspieltheater ins Blickfeld, der allen non-verbalen Gestaltungsebenen die rasante Aufwertung gegenüber der linearen Sprachbindung der Rollen gebracht hat. Nichts beleuchtet dies stärker als die Tatsache, daß das Stück die Frage, wer in dem Duell der ungleichen Mittel die Oberhand behält, die sprechende oder die nichtsprechende Kontrahentin, letztlich offenbleibt.

Als formgeschichtlicher Typus betrachtet, liefert Strindbergs Stück ein zukunftsträchtiges Modell von 'Mono-Dramatik' für das ganze Jahrhundert. Indizien etwa der dreißiger Jahre bieten – aus dem Umkreis der durch den Surrealismus neu entfachten Diskussion um die Psychoanalyse – die beiden Monodramen von Jean Cocteau. *Der schöne Teilnahmslose*[38] ist als unmittelbares Gegenstück zu Strindbergs *Stärkere* zu verstehen. Hier wie auch in dem zehn Jahre früher verfaßten Telefon-Monodrama *Die menschliche Stimme*[39](1930), das den stummen Partner außer Sicht rückt, kommt es jedoch zur eindeutigen Kennzeichnung des Verlierers, jeweils in Gestalt der sprechenden Rolle, wozu in dem früheren Text auch surrealistisch unterlegte Schockeffekte der älteren Handlungsdramaturgie – der Selbstmord am Telefon – genutzt werden.[40] Aber damit nicht genug. Die Rollenkonstellation, die auf der einen Seite den Erinnerungsmonolog mit dem Versuch sprachlicher Machtausübung verbindet und auf der anderen Seite Sprachlosigkeit mit außersprachlichen Ausdrucksmöglichkeiten kompensiert, bietet sich sowohl

---

plexere Stück *Fräulein Julie,* das eine Vielzahl sozialer wie psychischer, biologisch-genetischer wie geschichtlicher Faktoren für das Verhalten der Figuren ansetzt, kommt nicht ohne stärkere Differenzierung der sprachlich-seelischen Formen aus. Die Kampfdialoge der psychisch-suggestiven Unterwerfung sind mit langen rückblickenden Erinnerungsschüben durchsetzt, die sich vom klassischen Status des Monologs stark abheben und stellenweise fast den Charakter eines *stream of consciousness* annehmen.

38 Cocteau: *Le bel indifférent,* in: Höllerer, W. (Hrsg.) 1961, S. 191–199.

39 *La voix humaine,* in: Cocteau Paris o.J., Bd.VII, S. 396.

40 Die Konstruktionsformel, die tiefenpsychologisches Interesse und entsprechende monologische Strukturen in größere handlungsdramatische Zusammenhänge mit Schockeffekten einfügt, dürfte als Grundmuster in einem großen Teil psychologisierender Dramatik seit 1930 identifizierbar sein.

unter den Prämissen des sog. Absurden Theaters an, wie auch für die Erneuerung eines sozialkritischen Zeittheaters in der zweiten Jahrhunderthälfte. Der erste Akt von Thomas Bernhards *Ein Fest für Boris,* um nur einen Anhaltspunkt zu nennen, könnte geradezu als Neuformulierung der Strindbergschen monodramatischen Konzeption aufgefaßt werden, auf die der Autor in seinen späteren Stücken vielfach wieder zurückgreift. Im engeren Rahmen der Jahrhundertwende betrachtet, deutet Strindbergs Monodrama aber dank der Perspektivierung – auf der reinen Textebene bedeutet der Grad der sprachlichen Explikation gegenüber der undifferenziert stummen Expression des Gegenübers eine inhaltliche Blicklenkung – auf die sog. Ich-Dramatik voraus, die ihrerseits, unter bestimmten formalen Prämissen, die 'Rettung des Dialogs' für die Dramatik ermöglicht. Grundsätzlich liegt die symptomatische Bedeutung des Stückes darin, daß es, auf dem Wege von Umbesetzungen verschiedenen Grades, den Konflikt als dramatisches Zentrum erhält, wo dessen traditioneller Garant, der Duell-Dialog, in entsprechender Handlungsführung, fragwürdig geworden ist. Innovation und Sicherung des Überkommenen gehen Hand in Hand.

2.2 Typus 2: Spiel ad spectatores

Vergleichbare Symptomatik in einem anderen Sektor weist ein 'Gegenstück' aus dem Werk Čechovs auf. Die Forschung hat die Herkunft seiner frühen Klein-Komödien, meist in einaktiger Gestalt, aus der Tradition der russischen Vaudeville- und Unterhaltungsbühnen eingehend beschrieben. Auch hier findet eine genregeschichtliche Umsetzung, d.h. eine Belastung mit literarisch-innovativem Anspruch statt. Ende der achtziger Jahre entwirft Čechov das Stück *Über die Schädlichkeit des Tabaks,*[41] mit dem er sich in sechs Fassungen immer wieder bis 1903, dem Jahr der Arbeit am *Kirschgarten*, befaßt. Die monodramatische Situation ist hier – in subtiler Anlehnung an die besondere Tradition des *a parte* und der Wendung *ad spectatores* in Komödie und Posse – so beschaffen, daß der Monolog zum Publikum hin, dem damit eine fiktive Rolle unterschoben wird, gesprochen werden kann. Der Zuschauer wird gleichsam der direkte Adressat der fiktiven Ansprache: Der Pantoffelheld Njuchin, Raucher aus Passion, hat sich – nach altem Schwankrezept – von seiner Frau dazu bestimmen lassen müssen, vor Clubfreunden eine Rede über die Schädlichkeit des Rauchens zu halten. Die Rede wandelt sich in dem Moment, als er vermeint, seine Frau sei gar nicht unter den Zuhörern, in eine beredte Klage über Eheleben und Erniedrigung, die in eine verzweifelte, in

41 *O vrede tabaka. Scena-monolog,* in: Tschechow 1968, S. 135–42.

zahlreichen Digressionen sich verlierende Lebensgeschichte übergeht. Erst nachdem Njuchin seine Frau hinter den Kulissen entdeckt hat, schwenkt er in die Bahnen des Themas wieder ein, indem er vorgibt, über nichts anderes gesprochen zu haben, nicht jedoch ohne im Schlußsatz die Wahrheit zu statuieren: dixi et animam levavi.

Die Wandlungen von der ersten bis zur letzten Fassung bestehen in der Zurückdrängung der komisch-schwankhaften Effekte, bis der Monolog so von Erinnerung und Assoziation des Sprechenden geprägt ist, daß in der Schwankfigur die zwischen Lächerlichkeit und Melancholie sich öffnenden Abgründe der Psyche sichtbar werden. David Magershack wertet daher Čechovs Monodrama als Experiment "in the new method of writing dramatic dialogue which depends for its main effect on inner rather than outer action"[42]. Das auf diese Weise erreichte Ineinander von schwankhafter Situation, deren Lächerliches nicht aufgehoben wird, und psychologischer Feinzeichnung wahrt ein Moment zynischen Kontrasts, das Čechov mit der französischen comédie rosse teilt. Damit dürfte die Grundformel des Čechovschen Theaters, auch und gerade der großen Komödien, genannt sein, deren Unterschlagung in Stanislawskis Čechov-Stil auf Jahrzehnte zu eher elegischen 'Sittengemälden' geführt hat.

Die Grundsätzlichkeit aber, mit der Čechovs Monodrama auf dem situationsinhärenten Kontrast beharrt und gleichzeitig die Ausrichtung des Bühnengeschehens auf das Publikum hin forciert, bestätigt sich in einem weiteren Stück. Es geht insofern noch einen Schritt weiter, als die Dimension der direkten Zuwendung an das Publikum hier zur Selbstthematisierung des Theaters führt. Die Szene *Schwanengesang*[43] ist nicht völlig monodramatisch, da sie einen schwankhaften Auftritt als Auslöser braucht. Aus dieser Situation – der ältere Schauspieler, der betrunken nachts in das Theater eingedrungen ist, stößt auf der Bühne auf den Souffleur und hält ihn für ein Gespenst – löst sich der lange Erinnerungsmonolog, in dessen Verlauf der Mime seinen lebenslangen Enttäuschungen nachsinnt und nun vor leerem Haus all die geträumten dramatischen Monologe andeklamiert, zu denen er in seiner kümmerlichen Bühnenlaufbahn nie gekommen ist.

Es ist deutlich, daß Čechov mit der Reaktivierung eines *ad spectatores* gerichteten komödiantischen Spiels auf Komödien- und Schwanktraditionen zurückgreift, die sich im 19. Jahrhundert nur im trivialen Sektor der Unterhaltungsbühnen erhalten haben, die von den literarisch bestimmten Repräsentationsbühnen, vor allem aber von der maßgebenden ästhetischen Theorie

42 Magershack 1960, S. 150.
43 *Lebedinaja pesnja. Dramatičeskij etjud v odnom dejstvii*, in: Tschechow 1968, S. 35–46.

durchweg geächtet worden sind. Čechovs Monodramen indizieren, indem sie Verfahrensweisen aus dem sog. Trivialbereich des Theaters umsetzen, jene grundsätzliche Wendung der Theaterreform und ihrer Theorie, die in den folgenden Jahrzehnten die Umorientierung des Spiels über die Rampe hinweg auf das Publikum hin avisiert.[44]

2.3 Theater ad spectatores: Monoszene und Varietät

Ein solcher Umbesetzungsprozeß größeren Stiles vollzieht sich in den neunziger Jahren in Frankreich, in Deutschland ab 1901. Nicht ohne Grund weist die Tabak-Rede nach Situation wie nach Inhalt eine gewisse Nähe zu der unterhaltenden Conférence auf, wie sie im gleichzeitigen Varieté üblich ist, nicht zufällig erinnert die Monolog-Sequenz des alten Schauspielers an deklamatorische Szenen mit oder ohne parodistischem Einschlag in ähnlichen Veranstaltungstypen. Fast gleichzeitig fordert Otto Julius Bierbaum, der seiner eigenen Zeit Varieté-Nerven bescheinigt, eine neue, von Abwechslung und direktem Anreiz getragene Kabarett-Kunst, die er ausdrücklich mit den als trivial angesehenen Bühnen-Formen seiner Zeit in Verbindung bringt. Das Programm des Kabaretts, eines Theaters *ad spectatores*, das dazu weitgehend monodramatische Szenenstrukturen in einer Vielzahl von Brechungen entwickelt, versteht sich als Alternative zum illusionistischen literarischen Theater und stützt sich offen und programmatisch auf das a-literarische Unterhaltungstheater. Insbesondere versteht es sich als Provokation der Dialog-Dramatik. Das Verhältnis des Kabaretts, wie es sich in Deutschland ab 1901 formiert, zur traditionellen Schauspieldramatik und ihrer Dialogbasis ist das der Parodie; symptomatisch ist in dieser Hinsicht Hanns von Gumppenbergs bei den Münchner Scharfrichtern gespielte Parodie auf den europäischen Naturalismus: *Der Nachbar. Monodrama in einem Satz.*

Für die Bewußtheit des Umbesetzungsprozesses bezeichnend sind Sätze, mit denen Heinrich Lautensack die Gründung der Scharfrichter kommentiert:

> Varieté und ernste Kunst, diese beiden scheinbar äußersten Extreme unseres kulturellen Lebens zu vereinigen, war die Losung. Das heißt mit anderen Worten: die Kunst in den Dienst der leichten, gefälligen Unterhaltung zu stellen, die literarischen Elemente des Varieté zu verfeinern. Alles, was dort einer künstlerischen Entwicklung fähig ist, den Tanz, die Pantomime, die grotesken Unsinnigkeiten der Exzentrik, das Puppenspiel, die politischen

44 Unter rein formgeschichtlicher Perspektive liegt hier der Verweis auf zahlreiche Formen des komischen Theaters nahe, die in der Debatte um die Vorgeschichte der Episierung namhaft gemacht worden sind.

> Seitenhiebe des Coupletkomikers, die flachen Eindeutigkeiten der Soubrette – alles dies in eine andere, künstlerische Sphäre emporzurücken und so eine Unterhaltungsstätte zu schaffen, die alle äußeren Annehmlichkeiten des Spezialitätentheaters mit echtem Kunstgenuß vereinigen sollte.[45]

Kontinuität und Innovation sind hier gleichermaßen deutlich formuliert. Dem rückblickend konstatierten Befund im Falle des Spezialitätentheaters entspricht die Proklamation der neuen ästhetischen Postulate. Hinzuzusetzen ist, daß sich das theatrale Profil des frühen Kabaretts als *cabaret artistique* einer systematischen Theatralisierung von ursprünglichen Vortragsformen verdankt: der Gedichtdeklamation, dem gesungenen Lied, dem Solotanzauftritt[46] u.a.m. Die Herkunft aus Varieté (bzw. Spezialitätentheater) und aus den bunten Programmen der Vereinstheater wird aber überformt durch eine hochkalkulierte Theatralik *ad spectatores*. Ihr springender Punkt – erneut im Sinne einer Umbesetzung diskutierbar – ist die Entdeckung der Spielbarkeit von Lyrik, der gesprochenen wie auch gesungenen und der Mischformen, und zwar im Sinne einer szenischen Neubewertung, die über die alten Deklamationstraditionen entscheidend hinausgeht. Der gleichsam latente szenische Wert des Gedichts wird aufgespürt, die Lyrik im weiten Spektrum ihrer Formen wird – über das gemischte Programm des Vereins hinaus – dem traditionellen Hausschatz abspenstig gemacht, der Goldschnitt-Anthologie, dem Schulbuch, dem Poesie-Album entrissen. Die lyrischen Trivial- und Gebrauchsformen hingegen werden bühnenfähig. Neu gesehen wird der Rollencharakter lyrischen Sprechens; dem 'lyrischen Ich' werden die imaginierten Dimensionen einer Figur verliehen, die mehr oder minder andeutungsweise hervortreten und szenisch agieren kann. Den Ansatz dieser Wende bilden die 'Lebenslauf-Lieder' Aristide Bruants, sei es in der Form des echten Rollen-Liedes, sei es in der Ich-Form der lyrischen Biographie.[47] Dem Vorbild Bruants kongenial etwa ist Wedekinds Wiederbelebung des Bänkelsangs in der Form der Moritat, die dessen Moral zur ästhetischen Attitüde ummünzt. Die mimischen und szenischen Möglichkeiten, die diese Texte bieten, liegen auf der Hand. Zahlreiche Gedichte, u.a. von Hanns von Gumppenberg, sind bei den 'Scharfrichtern' szenisch voll ausgespielt worden, mit Dekoration, Kostüm

---

45 Bühne und Brettl, Jg. III/1903, H. 4, S. 2.

46 Die entsprechenden Auftrittsformen reichen von relativ statischen Szenen, nach Art des *tableau vivant* bis zu Auftritten, die den zeitgenössischen Gesellschaftstanz parodieren und Szenen, die von der Programmatik des neuen Tanzes inspiriert sind. Gabriele Brandstetter danke ich für den Hinweis, daß das tänzerische Monodrama (als Solo-Recital) für die Entwicklung des modernen Tanztheaters "die entscheidende Innovationsform" darstellt. "Von hier aus ergeben sich die anderen Innovationen und schließlich die Rückwirkung auf die Formen des Balletts im zwanzigsten Jahrhundert."

47 Riha, in: Rothe (Hrsg.) 1974, S. 384ff.

und Maske. Stehende Rollen, wie die ebenfalls bei den 'Scharfrichtern' vorgetragenen *Pierrot*-Gesänge, und Soldatenlieder bilden einen weiteren Typus der Umsetzung des lyrischen Vortrags in einen Auftritt. Die szenische Neubewertung macht aber auch bei diesen Gruppen nicht Halt. Die wiedererrungene Freiheit, Gedichte zu 'agieren', kommt den *Liedern aus dem Rinnstein*, 1903 bis 1906 von Hans Ostwald herausgegeben, ebenso zugute wie *Des Knaben Wunderhorn*, Volksliedern aus allen europäischen Traditionen, oder Novalis' *Hymnen an die Nacht.* Das artistische Kabarett der Jahrhundertwende ist auf diese Weise nicht nur zur Wiege der modernen Ballade und des Songs geworden, sondern bildet den Ursprung eines neuen Verhältnisses zur Lyrik insgesamt. Für das Theater beginnt damit eine neue Relation zum Gesamtkomplex der literarischen Formen. In dem Maße, wie die Bindung an die dramatische Vorgabe sich lockert, werden andere literarische Gattungen zur Textvorlage, deren sich die Bühne nach ihren eigenen theatralen Vorgaben bedient.

Der lyrische Auftritt im Kabarett verdient freilich genauere Analyse, damit die Dramaturgie *ad spectatores* präziser umrissen werden kann. Offensichtlich ist ein Kabarettist der Frühzeit, der ein Chanson, ein lyrisches Gedicht, eine Ballade, eine Moritat vorträgt, weder einfacher Rezitator oder Sänger, noch *dramatis persona*, noch befindet er sich auf Kanzel oder Katheder, wie sehr auch die moralisierende und deiktische Attitüde des Bänkelsangs zu einem festen Formmoment des Auftritts werden kann. Weder der Sprech- noch der Musikbühne wirklich zugehörig, ist die 'Podiums-Szene' ein *tertium* von eigener Prägung. Wenn von Rolle die Rede sein kann, dann nicht im Sinne der vollen Verkörperung, allenfalls von partieller Andeutung: Hinzu kommt aber, daß die Diseuse in einer bestimmten Charaktermaske auftritt, die stereotyp ist und beim Vortrag keineswegs abgelegt wird. Yvette Guilbert hat sich in ihrer Autobiographie dazu geäußert:

> La scène pour moi était un salon dans lequel je m'exerçais à entrer comme une grande dame; puis, j'y produisais mon art avec tout ce qu'il comportait de variantes et je devenais une Pierreuse de Montmartre, un apache au besoin, casquette en tête, foulard au cou, etc., etc., mon organe se vulgarisant, devenant celui d'une goualeuse, s'il le fallait; mais tout cela fini, je quittais la scène avec le même souci d'élégance et de distinction et je voulais que mon sourire signifiât: "Tout ceci pour nous amuser, n'est-ce pas?"[48]

Die Ausführungen von Yvette Guilbert lassen erkennen, daß eine Rollenüberlagerung den Kabarett-Auftritt ausmacht. Die mimetischen Momente sind

48 Guilbert 1927, S. 106.

nicht die primären, erzeugen keinesfalls eine kohärente Illusion, lassen sich aber auch nicht als nur peripher oder illustrativ abtun; sie ergeben die Silhouette einer Rolle. Diese Silhouette, die sich aus dem Thema des Textes ergibt und mit minimalen Mitteln angespielt wird, profiliert sich vor der zweiten Rolle: Hochstilisiert in Attitüde und Gebärde entspricht diese der Vorstellung vom 'Salon', seinerseits einem fiktiven Bereich, gemessen an der Realität der Kabarettbühne, der aber das – in diesem Fall – ausschlaggebende Kontrastelement des Mondänen bietet. Schließlich kommt mit der letzten Geste der Diseuse beim Abgang der Unterhaltungscharakter der Veranstaltung, des Kabaretts, eigens ins Spiel, als Selbstbezug des theatralen Aktes. Damit ist andeutungsweise die Komplexität des Kabarettauftritts umrissen.

Die einzelnen szenischen Präsentationsformen des Kabaretts sind insgesamt nach dem Varietätsprinzip organisiert, d.h. nach Abwechslung und Kontrast; die verklammernde Größe ist nicht ein umgreifendes Formprinzip, sondern allenfalls die improvisierende, überleitende Tätigkeit des Conférencier, eine ebenfalls auf Direktkontakt mit dem Publikum angelegte funktionale Rolle. Äquivalent zur Dramaturgie *ad spectatores* ist somit das Prinzip der (ergänzenden) Improvisation, welches es erlaubt, dem *imprévu* von Seiten des Publikums, d.h. dessen spontanen Reaktionen und gegebenenfalls Entgegnungen, Rechnung zu tragen.

Mit dem Programm des artistischen Kabaretts als künstlerische Umbesetzung des Varieté erfolgt ein Umbruch von großer Tragweite. Seine langfristigen Konsequenzen sind zunächst nicht gleich absehbar, zumal die Kabarettbewegung (in Deutschland) binnen eines Jahrzehnts in vielfacher Amalgamierung mit Revue und Operette, aber auch dem alten Tingel-Tangel, nicht zuletzt dem dilettierenden Vereinstheater rasch adaptiert wird, so daß die Sichtbarkeit der ästhetischen Programmatik nachläßt. Seine Publikumsdramaturgie wie auch die Improvisationsangebote aber bilden einen Spielraum von Flexibilität, der unter den Voraussetzungen des politischen Umbruchs nach 1918/19 neue funktionale Möglichkeiten eröffnet – unter anderem dank der Tatsache, daß die Kontinuität populärer Unterhaltungskultur bei aller künstlerischen, anspruchsvollen Umbesetzung dennoch gewahrt bleibt.[49] Weitere grundlegende Verschiebungen, die sich daraus für das Verhältnis der literarischen und der theatralen Komponenten im neuen Schauspieltheater der zwanziger Jahre ergeben, sind unten genauer zu verfolgen.

---

49 Deutlich ist dies auch in der Folgezeit darin, daß Kabarettauftritt und Kabarettsong die Nähe zu der neuen Popularmusik, zum Jazz wie zum Schlager herstellen lassen.

2.4 Typus 3: L'être et sa destinée

Spuren des alten Vereinstheaters und seiner Veranstaltungstypen läßt auch das symbolistische Experimentiertheater der neunziger Jahre erkennen. Das *Théâtre d'art* und das *Théâtre de l'Œuvre* übernehmen in den Anfangsjahren das gemischte Programm, in dem dramatische Werke kleineren Umfangs mit musikalischen und lyrisch-deklamatorischen Szenentypen abwechseln. Letztere, etwa auf der Basis von Gedichten Baudelaires, Rimbauds u.a., signalisieren die innovative Komponente inhaltlich und poetologisch, erstere präsentieren innovative Entwicklungsrichtungen symbolistischer Dramatik. Diese gewinnt bekanntlich ihr wichtigstes Paradigma mit dem *théâtre statique* Maeterlincks, einer Theaterform, die den Konflikt als explizite *action psychologique* oder zwischenmenschliche Aktion überhaupt verwirft zugunsten der Darstellung der *situation de l'homme dans l'univers.* Zentrum des *théâtre statique* ist der bereits genannte *dialogue de l'être et sa destinée.* Das symbolistische Theater tendiert daher folgerichtig zur Gattungsüberschreitung, sei es zum Lyrischen oder Epischen hin, oder, in anderer Richtung, zur radikalen Aufwertung der Szene und ihrer Ausdruckswerte in Bild- und Farbwirkung gegenüber der Sprache. Für die Nähe zu Episierungsverfahren ist schon bezeichnend, daß aus symbolistischer Wurzel die erste Form und die erste Theorie des *monologue intérieur* von Edouard Dujardin stammt. Die Lyrisierung ist im deutschsprachigen Einflußbereich Maeterlincks besonders markant. Im dramatischen Frühwerk Hofmannsthals wird – wie schon in Mallarmés *Hériodiade* – dialogische Stimmführung, soweit sie überhaupt noch gegeben ist, durch die übergeordnete Lyrisierung der Diktion überspielt. Die innere Konsequenz lyrischer Dramatik wird im monodramatischen Extrem sinnfällig: Eine Reihe von Monologen, von zwar verschiedenen Stimmen, aber genau abgetönter atmosphärischer Stimmung, bilden das *Kleine Welttheater* der Seelen.

Bei Maeterlinck selbst ist die Monologisierung nicht zum Extrem durchgeführt. Sie drückt sich zum einen aus in der Zusammenführung der verschiedenen Stimmen des Kollektivs der *Blinden* zum Chor, in dem sich die Individuation der Stimmen genauso aufhebt, wie die Gestalten auf der Bühne durch Kostümierung ununterscheidbar gemacht werden. Das chorische Sprechen ist in *Les Aveugles* gleichsam nur die Verlautbarung der szenischen Symbolik von Insel, Nacht, Dickicht, die inhaltlich vorgeordnet ist. Noch deutlicher zeigen sich die Konsequenzen der Monologisierung in dem Stück *Intérieur.* In dem 'Rahmenspiel' ergibt sich ein weltdeutender übergeordneter Monolog über Leben und Schicksal, verteilt auf komplementäre Rollen (ohne Ansatz von Konflikt), den Alten und den Fremden. Diesem Rahmenmonolog eignet deiktische Funktion. Gezeigt wird auf das als 'Stilleben', als Bild im

Bild, nonverbal sich abspielende menschliche Dasein, das alltägliche, unscheinbare Leben einer Familie, das durch die Begegnung mit dem Tod seine Tragik gewinnt. Die Bühne weist daher eine durchgehende Teilung auf, die sprachlich vermittelte Deixis und das Gezeigte, die epische *demonstratio* und die pantomimische *actio* treten auseinander.[50]

Die theaterhistorischen Konsequenzen, die sich aus Maeterlincks dramatischem Frühwerk sowie aus seinen Schriften, vor allem den Essays *Androidentheater* und *Tragik des Alltags* ergeben, wirken als Ferment der Theatralisierungsdebatte auf rund zwei Jahrzehnte. Die wichtigsten Momente sind die theatrale Vermittlung des Seelischen und die Umstrukturierung der Szene zum symbolischen Raum. Der meditative und synthetische bzw. synästhetische Grundzug symbolistischer Lyrik wird – dies die entscheidende Umbesetzung – im Theaterbereich der visuellen und akustischen, d.h. musikalisch-klanglichen Sphäre zugeschrieben. "Prétexte au rêve"[51] soll das Bühnenbild nach Pierre Quillard sein, die Einstimmigkeit des lyrischen Gebildes wird *per analogiam* auf die 'theatrale Atmosphäre' übertragen, deren bedeutungsmäßiges Pendant im Bewußtsein des Rezipienten zu synthetisieren ist. Die Traummetapher – Traumbild, Traumspiel etc. – wird damit disponibel für theatrale Programme und Phänomene, sie schlägt zugleich die Brücke zu Psychologie und Psychoanalyse, so daß mit ihrer Hilfe – auch von symbolistischer Seite – Theater sowohl ästhetisch als auch wissenschaftlich verortet werden kann.[52]

Alle grundlegenden Prämissen symbolistischen Theaters, die Vorordnung des Akustischen sowie des Visionär-Bildhaften vor dem Sprachlichen, das Atmosphärische und Synästhetische, schließlich die Vertiefung des Traums zum Alptraum, finden Eingang in das monodramatische Experiment, das als fortgeschrittene Maeterlinckiade im Musiktheater entsteht, Arnold Schönbergs *Erwartung,* nach dem Libretto von Marie Pappenheim. Gattungsgeschichtlich weist der Text an sich noch Züge einer psychologischen Studie mit stark melodramatischem Einschlag auf, d.h. mit trivialisiertem nach-naturalistischem Psycho-Schock. Aber die räumlich-bildliche und die musikalische Totalität

50 Das analoge szenische Verfahren hat Maeterlinck in *Les Sept Princesses* angewandt. – Zahlreiche Einzelszenen, in denen nonverbale Symbolhandlung und visuelle Wirkung im Verhältnis zum sprachlichen Geschehen aufgewertet werden, finden sich in *Pelléas und Mélisande.*

51 "De l'inutilité absolue de la mise en scène exacte" (*La Revue d'Art dramatique,* 1er mai 1891), in: Robichez 1957, S. 188.

52 Damit weist die Theatertheorie, nicht nur soweit sie vom Naturalismus samt seinen Wissenschaftsimplikationen inspiriert ist, sondern auch auf der Seite des Symbolismus einen systematischen Grundzug auf. Auch symbolistisches Theater ist Theater des wissenschaftlichen Zeitalters, so sehr es sich seinen inhaltlichen Formationen nach gegen die 'Verwissenschaftlichung' der Themen und Formen von Theater und Literatur wenden mag.

blendet die formalen Grellheiten zugunsten der atmosphärischen Gesamtwirkung ab, so daß sich ein Maeterlinecksches Szenar ergibt. Auch rein unter dem Blickwinkel der Geschichte des Musiktheaters ist die Gleichzeitigkeit von prägnanter Innovation und Kontinuität nachzuweisen. Einerseits läßt sich das Stück als Fortsetzung und Erneuerung der großen musikdramatischen Lamento- bzw. Wahnsinnsszene – schon seit dem 17. Jahrhundert tradiert – verstehen. Andererseits besteht in der dramatischen Isolierung zum Monodrama – zu schweigen von der Komposition und ihrem Verfahren selbst – eine provokative Neuerung, wobei die von der Musik getragene seelische Eruption von der 'selbständig sprechenden' Symbolkulisse, dem Dickicht der Psyche und des Verhängnisses in Gestalt von Wald und Dunkelheit überschattet wird: "la situation de l'homme dans l'univers", mit extremer Isolation des Einzelnen – eine Konstellation, welche Züge der späteren absurden Befindlichkeit vorwegnimmt.[53]

2.5 Ich-Dramatik und 'Monodrama-Methode'

Die großräumige Weiterführung des Modells der Traum-Szenerie, unter Erweiterung der mono-dramatischen Anlage zur Ich-dramatischen, leistet das spätere Werk August Strindbergs. Es erbringt die Synthese zwischen der Mono-Perspektivik nach dem Muster von *Die Stärkere* und dem Maeterlinckschen Monologprinzip des 'dialogue de l'être et sa destinée'. Als erste dramatische Großform, die nach der explizit gewordenen Sprach- und Dialogkrise entsteht, bedeutet sie einen ersten Versuch zur Rettung des Dialogs auf neuer Ebene. Was Strindberg mit Maeterlinck verbindet, ist die Suche nach einem

53 An dieser Stelle wären weitere avantgardistische 'Monostrukturen' im Musiktheater zu erörtern. Aufgrund der komplexeren Struktur ergeben sich differierende Fälle, für die Schönberg die Musterwerke entwirft: zum Monodrama des Sängerdarstellers, *Erwartung*, tritt das Monodrama der Gegenüberstellung zwischen Sänger und mimisch agierender Figuren, *Die glückliche Hand*, schließlich die Variante Sänger und Sprechrolle, wie in der Großform *Moses und Aaron*. – Zu diskutieren bliebe in diesem Zusammenhang Kontinuität und Neubestimmung des Verfahrens der musikalisch-melodramatischen Stimmführung, dessen theatergeschichtliche Tragweite in den verschiedenen Sparten noch keineswegs hinreichend geklärt ist. Bis weit in die zweite Jahrhunderthälfte gehört die Unterlegung von überwiegend monologischen Sprechtexten mit Punkt für Punkt dazu entworfener Musik zu üblichen Gestaltungsmöglichkeiten des Schauspieltheaters. Die Verdrängung der melodramatischen Szene aus dem Sprechtheater der 'gehobenen Ästhetik' führt zu ihrer Regeneration mit erheblicher Ausweitung auf alle Übergangs- und Zwischenlagen zwischen Sing- und Sprechstimme im Kabarett ab 1880/1900. Aber auch im Musiktheater gibt es Erneuerungsversuche grundlegender Art, so bei Engelbert Humperdinck. Die generelle ästhetische Neubewertung unternimmt Schönberg mit *Pierrot Lunaire* sowie, reduziert in den beiden Einaktern; im Falle von *Moses und Aaron* stellt die Konstellation zwischen melodramatisch geführter Baßstimme und hohem, melismatisch geführtem Tenor dann die Wiedergewinnung einer spezifisch akzentuierten Form musikdramatischer Dialogik dar.

seelischen Zentrum, welches der 'multiplicité du moi' Halt verleiht. Indem die neue dramatische Form dieses Zentrum als Telos, nicht als Maeterlincksche Substanz bestimmt, entgeht es der Statik des monologischen Symbolismus und gewinnt dem 'Dialog zweiten Grades' eine dynamische Basis. Dynamik entsteht dadurch, daß das Strindbergsche Ich gegen die Übermacht seiner Bestimmung kämpft.[54] Es vertritt die allgemeine 'situation de l'homme dans l'univers' im Modus des Ankämpfens gegen die darin eingeschlossenen Bedingungen. Die Gegenmacht ist dabei auf verschiedene Weise symbolisch präsent. Die einzelnen Situationen gewinnen als 'Stationen' allegorische Bedeutungshorizonte. Die zentrale Station, Asyl, weist mit der Metapher vom Jakobs-Kampf auch die leitende Chiffre auf. Die aus der Psyche des Unbekannten extrapolierten Gegenfiguren enthüllen in der Asyl-Szene ihre geheime transpersonale Identität mit dem zentralen Ich. Schließlich ergibt sich auf der verbalen wie non-verbalen Ebene ein dichtes Netz von Zeichen in Mehrfachbedeutung, die insgesamt in der Funktion des Omens einen unentrinnbar als Verhängnis durchwirkten Bedeutungsrahmen schaffen. Hinsichtlich der Kompositionsform selbst genüge es hier in Erinnerung zu rufen, daß Strindbergs nachträgliche Bezeichnung 'Traumspiele' nicht Begriff für die äußere Machart, sondern Metapher für die Ich-dramatische Form ist. Der springende Punkt dürfte dabei sein, daß das Subjekt zweifach gegeben ist. Als gleichsam monodramatisches, imaginierendes, allen Inhalten vorgeordnetes, wird es zum Zentrum der Perspektive, zum anderen tritt es in der Hauptfigur samt dem Horizont der figural verkörperten Erinnerungsinhalte sich selbst entgegen. Als Sehendes und Gesehenes, Imaginierendes und Imaginiertes, bildet das Subjekt den Geschehensraum, in dem sich die Suche nach dem eigenen Ich als Kampf gegen die widerständige Macht vollzieht. In diesem Innenraum wird Dialog als Erfassung der Vielstimmigkeit des Innen wiederum möglich. Dialog wird sogar emphatisch erneuerbar, denn alle ihm entgegentretenden Personen sind dem Unbekannten zugleich bekannt und fremd; die Dame etwa bekennt ihm, daß sie ihm nichts sagen kann, was er nicht selbst schon weiß. In der Asylszene erfährt der Unbekannte dann die Schemen-Gestalten als Bewußtseinsfiguren der Erinnerung, als Objektivationen seiner multiplicité, die ihn zugleich auf sich zurückstoßen. Zu Recht bemerkt Alfred Polgar zu *Damaskus*: "Alle dramatische Aktion ist ins Wort gebannt, nichts 'geschieht', aber der Dialog ist gesprochene Gewalttat." Das Konfliktprinzip von Dramatik entsteht erneut, umbesetzt zum 'inneren Kampf' und in innovativer Aufnahme der

---

54 Daß dieser Kampf nicht zum Ziel führt, sondern in sich zurückgeworfen wird, bedingt die Kreisform von *Nach Damaskus I,* wodurch sich die neue Form von der alten Dramaturgie der linearen Zielrichtung grundsätzlich unterscheidet (unbeschadet des Kompromisses eines Erlösungszieles in "Nach Damaskus III").

neuen psychologischen Sichtweisen. Strindbergs Ich-dramatische Großform konstitutiert sich, indem die monodramatische Wurzel überformt wird und erneut eine Polyphonie der inneren Stimmen Dialog gestattet. So spiegelt sich im Subjekt-Subjekt-Innenraum, in dem prinzipiell alles mit allem in Kontakt treten kann, das Problem der Ich-Findung in der Situation der Entfremdung und zugleich das Problem der Kommunikation. Der dramatisch gestaltete Erfahrungsraum des Ich ist die Antwort auf die grundlegende Sprach- und Dialogkritik der Zeit.

Daß sich die für dieses Konzept erforderliche szenische Dichte später an Strindbergs *Intimem Theater* nicht herstellen läßt, zumal im Falle von *Nach Damaskus I*, dürfte Strindberg zu einer weiteren theatralen Funktionalisierung seiner Dramaturgie angeregt haben, die er im Jahre 1907 in einem Brief an Emil Schering als Monodrama-Methode bezeichnet hat:

> Mit neueren freien Begriffen vom Drama glaube ich jetzt, die Erzählungen lassen zu können, *so wie sie sind*! [...] – Die Szenen wechseln dann [...] die Reflexionen des Verfassers würden Monologe. Oder man könnte eine neue Person einführen (entsprechend dem griechischen Chor) und das wäre – der Souffleur, halb sichtbar, der Beschreibungen liest (Landschaften usw.) und berichtet oder reflektiert, während die Bühne umgebaut wird [...].[55]

Dieses Konzept einer epischen Spielleiter-Dramaturgie realisiert Strindberg selbst jedoch nicht mehr, sowenig wie seine Nachfolger im folgenden Jahrzehnt. Als 'Option' einer innovativen Struktur bleibt der Impuls zu diesem historischen Zeitpunkt sozusagen leer, ehe spätere Dramatiker in ganz anderen Zusammenhängen den 'Spielleiter auf der Bühne' verwirklichen.

Die Verfahren des expressionistischen Theaters, soweit es sich Strindbergscher Konzepte bedient, lassen sich als Rückübersetzung, d.h. als Vermittlung zwischen der Ich-Dramatik Strindbergs und Geschehens- bzw. Handlungsdramaturgien beschreiben. Der springende Punkt ist, daß das Ich und die widerständige Macht nicht ineinander, sondern getrennt verkörpert werden. Inhaltlich gesehen ist dabei der Aspekt der Kontinuität besonders ausgeprägt, da es um die Wiedergewinnung ideeller Positionen geht. Theater ist die Institution, wo die ideelle Erneuerung zur Debatte steht, und dieses Problem ist für die Expressionisten bezeichnend, unabhängig davon, ob sich im jeweiligen Stück diese Option durchsetzt oder nihilistisch untergraben wird.

Damit ergibt sich die Polarisierung zwischen einem zentralen Ich und seinem Sendungsbewußtsein einerseits und dem Kollektiv andererseits. Die Strindbergsche Stationenfolge wird vereinfacht, zu Lebenslaufstadien, und die-

---

55 Strindberg 1966, S. 217.

se in teleologischer Reihung. Als zielgerichteter Prozeß hat das expressionistische Stationendrama das, was bei Strindberg ausgespart bleibt, die Damaskus-Kehre selbst, als vollzogene oder anfangs sich vollziehende Wandlung zur Voraussetzung, wobei es grundsätzlich gleichgültig ist, ob der Gewandelte an der Gegenwelt scheitert oder ihr führend voranschreitet. Die Aufspaltung in Real- und Traumbilder, bei Toller, oder die Rückkehr zur Fabel, etwa bei Kaiser, zeigen an, daß die Strindbergsche Form der psychischen Innenwelt preisgegeben ist zugunsten einer Einstimmigkeit von Perspektivierung und Schicksal auf seiten des Helden, während die Gegenmächte auf der Handlungs- wie auch auf der Sprachebene im Modus der Deformation erscheinen. Sprach-Satire und Sprach-Groteske kennzeichnen die leere Gesprächskonvention oder den verbalen Machtkampf in der dem Helden entgegenstehenden Welt. Diesem bleibt die Ausdruckswelt des Unverfälschten und der Verkündigung vorbehalten. Dialog und Monolog treten sich im Sinne von uneigentlich und eigentlich gegenüber. Die Restitution des Dialogs geschieht damit um den Preis seiner Abwertung, ermöglicht aber erneut Konflikt. Die Folge ist die ideelle Überbürdung des Monologs, der seinen sprachlichen Schwerpunkt in der Proklamation der Idee, der Ideologie erhält, dies bedeutet letztlich die Ideologisierung des Ich. Nichts zeigt dies deutlicher, als dasjenige Monodrama, das dramaturgisch die Nachhut des expressionistischen Jahrzehnts bildet: Arnolt Bronnens *Ostpolzug* (1927). Die stufenweise sich vollziehende Annäherung des antiken und des modernen Welteroberers Alexander im Zeichen einer nach Nietzsche verstandenen Übermensch-Idee mündet am Ende in die Formel einer Ich-Setzung, die die Welt und die Menschheit als Voraussetzung unter sich läßt. Dem entspricht der sprachliche Verlauf; der Monolog, der anfangs noch Gefühlsexpression ist, wird immer mehr zum Akt der Ich-Proklamation. Die Extremform des Monodramas zeigt hier *post festum* die Beschränktheit der expressionistischen Ich-Dramatik, die Dominanz des Monologs signalisiert die Neigung, die zwischenmenschliche Konstitution von Sprache überhaupt auszuschließen, zugunsten ihrer Instrumentalisierung im Dienste des Ich. Ideologiegeschichtlich und sozialgeschichtlich erklärt sich hieraus die Kürze der historischen Wirkungszeit expressionistischer Dramatik, wohingegen die szenisch-theatralen Komplementär-Entwicklungen des expressionistischen Theaters auf breiter Basis tradierbar werden. Indirekt verweist das Monodrama des Jahres 1927 aber auch auf die Sozial- und Zeitdramatik, die ab Mitte der zwanziger Jahre die sozialpolitisch und sozialkulturell begründete Wiedergewinnung von Dialog als sozialem und politischem Indikator betreibt. Dokumentationsverfahren der Neuen Sachlichkeit kommen zu Hilfe und erlauben, mit Hilfe des der sozialen Wirklichkeit entnommenen Sprach- und Dialogmaterials die literarisch beglaubigten Formen der expressionistischen Dramatik zu desavouieren.

2.6 Typus 4: Bewußtseinsstrom

Wesentlich anders ausgerichtete Konsequenzen, als der deutsche Ich-dramatische Expressionismus sie aus Strindbergschen Vorgaben zieht, entfalten sich in der psychologisch ausgerichteten Dramatik seit den zwanziger Jahren. Bezeichnend dafür sind – gerade aufgrund auch zeitweiliger Berührung mit dem Expressionismus – Eugene O'Neills lebenslange dramatische Experimente mit dem Verhältnis von Dialog und Monolog, wobei immer wieder die Synthese mit traditionellen, handlungsdramatischen Mustern oft vielteiliger Konfliktdramen versucht wird.[56] Psychologisch wie dramaturgisch besonders profiliert sind die Strategien der Differenzierung und zugleich der Rückvermittlung in dem Stück *Emperor Jones* (1920), das ein monodramatisches Binnengeschehen, mit starker Ausrichtung an Jungscher Psychologie, d.h. der Archetypenlehre, in einen dialogisch gestalteten Handlungsrahmen einsetzt.

Die Rahmenhandlung zeigt den Aufstand der Bevölkerung einer karibischen Inselrepublik gegen den Diktator Brutus Jones, einen ehemaligen Sklaven und Kriminellen. Seine Flucht in den Dschungel, die immer stärker durch die hetzenden Rhythmen der Signaltrommeln der Verfolger angetrieben wird, macht das Binnengeschehen aus. Je mehr Jones im Zeichen der zunehmenden Angst die rationale Selbstkontrolle verliert, desto deutlicher wird der Fluchtweg zum Pfad in das psychische Dickicht. Die sechs Stationen der Flucht sind Stufen des Abstiegs in das Innere. Dem gehetzten Ich des Jones, dem die monologisch-sprachliche Artikulation vorbehalten bleibt, treten Schicht um Schicht, mit der sich die psychische Stabilität auflöst, die Schreckgestalten der eigenen Erinnerung, der verdrängten traumatischen Erlebnisse, schließlich die des kollektiven Unbewußten mit vorzeitlichen Drohungen entgegen. Ihre stumme Übermacht symbolisiert sich zuletzt in einem gegen das Bewußtsein aufgebotenen animistischen Opferritual. Dem Ich, das hier den Jedermann-Namen Jones trägt und das sich selbst als caesarenhaftes Machtbewußtsein identifiziert, erwächst im Unbewußten sein Brutus, der es umbringt, noch ehe – in der Rahmenhandlung – die Kugel des äußeren Feindes es erreicht.

Das Binnen-Monodrama verwirklicht in hoher theatralischer Verdichtung die Bloßlegung der seelischen Schichten, in denen sich individuelle wie psychohistorische kollektive Verhältnisse abgelagert haben. Der Kunstgriff, den Bereich des Unbewußten im Gegeneinander von monologischer Sprechstimme, visuellem Bühnengeschehen und akustischer Emotionalkulisse darzustellen, wahrt die Besonderheit des innerpsychischen Vorgangs und leistet so, bei

56 Dies gilt seit O'Neills Frühwerk, etwa *Bound East for Cardiff.*

voller Nutzung aller Mittel eines artifiziell-theatralisierten Theaters, "the presentation of an 'exterior spectacle in correspondence with the internal spectacle'"[57], und zwar aus der Perspektive des letzteren.

O'Neills zahlreiche Experimente der folgenden Jahre ergeben sich aus dem angestrengten Bemühen, die monodramatischen Implikationen eines Theaters der Psyche mit einer Darstellung der konkreten sozialen Lebenswelt, getragen von Handlung und Dialog, in Einklang zu bringen. Die Aufspaltung etwa der *dramatis personae* mit Hilfe von Masken (*The Great God Brown*) zielt in dieselbe Richtung wie die durchgehende Teilung des Sprachgeschehens in Dialog und simultan ablaufenden inneren Monolog (*Strange Interlude*). Diese Systematisierung des *a parte*-Sprechens bietet die Möglichkeit, die vielfältigen Beziehungen der Personen auf den Ebenen von Konversation und 'Subkonversation' darzustellen. Es bleibt jedoch die doppelte Aporie einer schematischen Teilung der Psyche und einer unmittelbaren Versprachlichung des Außersprachlichen. In keinem Fall wird die konzeptuelle Geschlossenheit von *Emperor Jones* erreicht. So ist es eher konsequent, daß O'Neill seit *A Touch of the Poet* zu den Mustern aus Strindbergs früherem Schaffen zurückkehrt und mit *Long Day's Journey into Night* seine eigene Fassung von *Totentanz* schreibt. Die dramatischen Kampf- und Enthüllungsdialoge sind hier mit langen Erinnerungsmonologen durchsetzt, in denen sich – motiviert durch die bewußtseinsauflösende Wirkung von Drogen – äußere Realitätswahrnehmung und menschliche Beziehung immer stärker im Strom von Empfindung, Wachtraum und Halluzination verlieren.

Mit O'Neill gewinnt daher die literarische und psychologische Dramatik den Anschluß an die vornehmlich in der Epik weiterentwickelte Technik des *stream of consciousness.* Die dramaturgischen Konsequenzen von O'Neills Spätwerk lassen die Tragweite auch schon in Gestalt eines Monodramas sichtbar werden. In seiner Joyce'schen Gestalt wird der *stream of consciousness* in höherem Maße als der frühere *monologue intérieur* gattungspoetisch neutral und kann daher leichter in die Dramatik übernommen werden. Die Durchlöcherung und Auflösung der Oberflächen-Kontinuität des Textes, bis hin zur a-grammatischen Fügung, löst das Problem der 'Sprache der Seele'. Das Außersprachliche wird nicht gewaltsam versprachlicht, sondern artikuliert sich an den Rändern, in den Brüchen, in der Regellosigkeit, in der Fragmentierung des Textes, so daß die Vielstimmigkeit der Psyche hörbar werden kann. Daß jeder direkte kommunikative Bezug nach außen entfällt, verhindert freilich eine Übertragung des Bewußtseinsstromes ins Drama ohne besondere gattungsspezifische Vorkehrungen. O'Neill trifft sie in den vierziger

57 O'Neill 1962, S. 116.

Jahren in seinem nachgelassenen Einakter *Hughie* in einer formgeschichtlich für das Zwei-Personen-Monodram bezeichnenden Weise, nämlich wie Čechov in *Schwanengesang.* Die wenigen Sätze der Titelfigur, des Nachtportiers Hughie – dessen Person nur in den schildernden Partien der szenischen Anweisungen umschrieben ist – haben auslösende und intermittierende Funktion für den zentralen Monolog Eries, des Gastes. Inhaltlich bilden diese Floskeln nur die sprachliche Komplettierung der szenischen Situation und sind ohne jeden kommunikativen Wert – denn die Situation, nicht das Gegenüber, ist es, die den Erinnerungs- und Reflexionsstrom, "the guest's story of his life"[58], auslöst. Dieser 'Erguß' ist bar aller kommunikativen Momente, und so ist es am Ende auch das Mißverständnis, nicht das Einverständnis zwischen den beiden Personen, das zu einem Brechen des Monologs führt.

O'Neills drei Jahrzehnte umfassende Grenzgänge bezeichnen dramen- und theatergeschichtliche Verfahren, welche die Rückvermittlung der avantgardistischen Extremwerte monodramatischer Art mit den überkommenen Spielformen des Schauspieltheaters zu leisten versuchen. Der zwischen dem Normalbereich und dem Extremwert eröffnete Spielraum wird Schritt für Schritt vermessen durch Übergangslösungen und Vermittlungen. Deren Status ist einerseits durch ein Zurücktreten vom Extremwert gekennzeichnet, zugleich aber durch Vergrößerung und Differenzierung der gehaltlichen Reichweite, welche die Extremform dadurch gewinnt. Denn der provokative Extremfall selbst hat zunächst eher symptomatischen als direkt modellbildenden Wert. Zu seiner unmittelbaren Wirkung gehört das Moment der Überraschung, dessen wirkungsgeschichtliche Potenz gering ist, da diese sich prinzipiell der Wiederholung entzieht. Der Grenzwert erweist sich nicht unmittelbar selbst als Fortschritt, sondern als Voraussetzung für Fortschreiten, ohne daß seine historische Wirksamkeit prognostiziert werden könnte. Erst im Nachhinein zeigt sich seine Bedeutung an der Fülle der Varianten und Rückübersetzungen, in denen seine inhaltliche Tragweite ausdifferenziert wird.

Mit *Hughie* freilich – und bei aller Differenz ist die Nähe zu *Krapp's Last Tape* unübersehbar – wird eine geschichtliche Phase ansichtig, in der der ehemalige Grenzwert des Monodramas seine theatrale Sonderstellung zu verlieren beginnt, da er sich in vielen Bereichen eingespielt hat. Gerade die Komplementarität etwa von *Hughie* und *Krapp* ist dafür ein Indikator. Ab den fünfziger Jahren kann die monodramatische Szene den Redestrom einfach dadurch auslösen, daß ein formal-theatrales Zeichen gesetzt wird, akustisch

58 O'Neill 1962, S. 14. – Die quasi thematische Formulierung findet sich in den beschreibenden 'Regieanweisungen' des Stückes, die bei experimentellen Aufführungen in den USA gelegentlich nach Art von 'Strange Interlude' mitgesprochen wurden, in: Törnqvist 1968, S. 216.

oder optisch, wie in Becketts Spätwerk. Thomas Bernhard kann dann ab *Der Schein trügt* oder *Einfach kompliziert* ohne jedes erkennbare äußere Signal seine Solitär-Figuren in den Redestrom eintreten lassen. Das vielstimmig-multiple Ich hat szenische Präsenz gewonnen, die auf jegliche dialogische Restbedingungen verzichten kann.

2.7 Typus 5: 'Monsieur Moi'

In ganz anderer Richtung wirkt die *multiplicité du moi*, wenn die Teilung der psychischen Instanzen nach anderen Voraussetzungen unternommen und in dramaturgische Verhältnisse gebracht wird. Nikolaj Evreinovs nach-Strindbergscher Entwurf, der ein theatrales Modell unter Einschluß einer neuen Dialogik vorsieht, versetzt dramatisches Geschehen direkt in den psychischen Innenraum. Indem er das Monodrama zum Paradigma moderner Dramatik überhaupt erklärt, will Evreinov die Konsequenzen aus der naturalistischen wie der symbolistischen Entwicklung ziehen und zudem dem neuen Stand der Tiefenpsychologie entsprechen. Die Einfühlungsmöglichkeiten des Zuschauers wie die Komplexität der psychischen Verhältnisse lassen nur noch die Präsentation einer menschlichen Psyche im Widerstreit ihrer inneren Stimmen auf der Bühne zu. Gemäß dieser Synthese von Wissenschaft und Theatralik ist das Musterdrama *Die Kulissen der Seele* gestaltet, das noch vor dem Ersten Weltkrieg seine Uraufführung auf Evreinovs Petersburger Experimentierbühne Krivoje Zerkalo erlebt.[59] Im "Prolog" erläutert der Medizinprofessor den "streng wissenschaftlichen" Charakter des Stücks unter Berufung auf Freud, Wundt und die "empirische Psychoanalyse" allgemein. Die dann auftretenden Ich-Gestalten samt ihren halluzinatorischen 'Erscheinungen' tragen mit ihrer uniformähnlichen Kostümierung und ihren Halbmasken prä-expressionistische Züge; auch die Bühne als Inneres des Brustraums, mit schlagendem Herzen und Nerven-Telephon zum Gehirn, mutet vor-expressionistisch grotesk an, ebenso Gestik und Bewegung. Handlung und Dialogik folgen hingegen traditionellen Mustern. Den Konflikt zwischen Treue (Erscheinung der Gattin) und Verlockung (Erscheinung der Geliebten) tragen Erstes und Zweites Ich, "Verstand" und "Gefühl" dialogisch-agonal aus. Da der Mord am "Verstand" naturgemäß den Selbstmord des "Gefühls" bedeutet, kann sich am Schluß das bis dahin schlafende Dritte Ich, "das unsterbliche Unterbewußte", erheben und sich – mit deutlicher Reminiszenz an den Symbolismus – von dem als Schaffner auftretenden Tod zum Umsteigen "in einen anderen Herrn Iwanow" bewegen lassen.

59 Evreinov 1920.

Es ist offensichtlich, daß die unmittelbare Umsetzung des psychoanalytischen Befunds in eine dramatische Devise hier zur Handlungsdramaturgie der Dreiecksverhältnisse zurückführt. Die alte Dialogform wird den personifizierten Seelenteilen übergestülpt, psychische Prozesse verlieren ihre Besonderheit im Verhältnis zur Sprache. In der konventionellen Sprache spricht die Seele nicht mehr. "The playwright seems to have carried his theory of identification to a point where it defeats its own end."[60]

Obwohl der innovative Einfall das vorgegebene Problem nicht erreicht, ist Evreinovs Monodrama bezeichnend für das Grundproblem des Jahrzehnts vor dem Ersten Weltkrieg, für die Versuche, zwischen der dialogischen Handlungsdramaturgie und neuen psychologischen Einsichten im Zusammenhang mit der Sprachkrise zu vermitteln.

Konsistenter geht Ivan Goll im Rahmen seiner nachexpressionistischen Komödie *Methusalem* vor. Im Dialog des Studenten mit Ida ist dieser in dreifacher Gestalt als "sein ICH, sein DU und sein ER, die zusammen ein Individuum ausmachen", auf der Bühne. Die schematische Aufspaltung entspricht in diesem Drama freilich der mechanischen Deformation, der alle Figuren unterzogen werden, wie auch der Deformation der Sprachebene durch sprachliche Collagierungsverfahren. Dennoch bleibt auch die szenische Lösung Golls von begrenzter Wirkung, da sie relativ eng auf karikaturistische Wirkung hin angelegt ist.

Grundlegende Tragweite gewinnt das Modell erst bei Jean Tardieu, der mit einem erweiterten theatralen Mittelfundus arbeitet. In *Monsieur Moi* haben Titelfigur und ihr *partenaire* theatral wie auch sprachlich unterschiedlichen Status. Monsieur Moi ist eine 'normale' menschliche Gestalt, "un personnage prétentieux qui fait des phrases", wobei der Doppelsinn von "der Sätze bildet" und "der Phrasen drischt" den bekannten Vorbehalt gegen Bewußtsein und Sprache ausdrückt. Sein *partenaire* erscheint als Kunstfigur des Theaters, "sorte de clown hilaire et stupide aux cheveux rouges, aux vêtements trop larges"; seine Sprachfähigkeit ist auf den begrifflosen Ausdruck reduziert, (il) "ne parle guère que par interjections". Monsieur Moi hört sich immer nur selbst, wenn er den Partner zu vernehmen meint, und bildet sich ein, das ihm Unbegreifliche, ihn Hemmende, jenes "je ne sais quoi d'incompréhensible et d'inacceptable" zu erfahren und zu bewältigen, während er sich nur um sich selbst dreht. Er verkörpert nicht nur die Kommunikationslosigkeit des modernen Ich, sondern auch seine Unfähigkeit, sich mit dem psychischen *partenaire*, von dem es abhängt, zu verständigen. Dieser ist genau an der Grenze zwischen Sprache und Sprachlosigkeit angesiedelt, eine

60 Törnqvist 1973, S. 155.

artifizielle theatralische Figur, die aber – statt als einfache Personifikation – als Inbegriff nonverbaler Fähigkeit ausgewiesen ist. Daher kommt ihm die theatergeschichtlich beglaubigte Statur jener komischen Figuren und Clowns zu, deren vornehmste Leistung es immer war, in artistischer, hochstilisierter Aktion derjenigen Seite des Humanum, die sich unter der Bewußtseins- und Sprachwelle verbirgt, zur Sichtbarkeit zu verhelfen. In dieser Funktion gibt der partenaire an dem entscheidenden Punkt, als Monsieur Moi sich selbst als Intellekt buchstäblich zu Ende räsonniert und damit in seiner angemaßten Autonomie zerstört hat, den ausschlaggebenden Anstoß, der den vitalen Impuls zum Weiterleben darstellt – die einzige Äußerung diesseits von Interjektionen:

> Le partenaire, *après un énorme effort.* Et alors?
> Monsieur Moi, *tiré de son abîme de réflexions.* Hein? Quoi? Comment: et alors?
> Le partenaire, *montrant le chemin.* Alors ... on y va?[61]

Tardieus Monodrama ist historisch auf der Schwelle zum Absurden Theater angesiedelt, es verkörpert geradezu dessen Zusammenhang mit der Sprach- und Bewußtseinskrise der Jahrhundertwende. Seine monodramatische Plausibilität verdankt es der Wiedergewinnung der theatralen Figuren der Commedia dell'arte und ihrer circensischen Nachfahren sowie der ihnen entsprechenden gestischen und szenischen Verfahrensweisen, wie sie wenig später protoypisch mit Becketts Gogo und Didi in Erscheinung treten und auf Jahre Bühnengeschichte machen. Monsieur Moi erscheint erneut, in Gestalt Luckys, als der nun unendlich in sich kreisende sprachmächtige Intellekt, der freilich von einem Mächtigeren, als einem partenaire, an die Leine gelegt ist. Damit sind die Bedingungen umrissen, die im Beckettschen Theater, das im übrigen kaum wie ein zweites Theater der Jahrhundertmitte sich auf monodramatische und monologische Strukturen hin entwickelt, Dialog regenerierbar erscheinen lassen. Es ist die Isolierung von Monsieur Moi mit seinem ehemaligen europäischen Deutungs- und Machtanspruch in Gestalt der Sklavenrolle, die es den übrigen Gestalten gestattet, ihre Lage, *Waiting for Godot,* miteinander zu besprechen: "'s ist zu viel für einen allein", lautet die entsprechende Losung Wladimirs.[62] Die zweite Bedingung ist die, daß die Gestalten des Stücks ihren Status als Theaterfiguren zu erkennen geben. In den späteren Werken ist es das Theaterklingelzeichen (*Glückliche Tage*) oder der Spot (*Spiel*), was überhaupt die Äußerungsmöglichkeit der Figuren in Gang

61 Tardieu 1966, S. 97.
62 Beckett 1963, S. 11.

setzt. In *Warten auf Godot* artikulieren die Gestalten freilich nicht nur ihren Bühnenstatus, sondern deuten zugleich an, daß sich dieser einer theatergeschichtlichen Grenzüberschreitung von der Seite des Nicht-Literarischen, Nicht-Dramatischen verdankt:

WLADIMIR: Reizender Abend
ESTRAGON: Unvergeßlich
WLADIMIR: Und noch nicht vorbei
ESTRAGON: Es sieht so aus
WLADIMIR: Es fängt erst an
ESTRAGON: Es ist schrecklich
WLADIMIR: Wie im Theater
ESTRAGON: Im Zirkus
WLADIMIR: Im Varieté
ESTRAGON: Im Zirkus[63]

3. Gebändigte Provokation

3.1 Varietät als Auflösung von Werkeinheit

Mit der theatralen Selbstbestimmung der Figuren aus *Warten auf Godot* hat es theatergeschichtlich eine weit grundsätzlichere Bewandtnis, als die zitierte Passage direkt zu erkennen gibt. "Auf jede erdenkliche Weise muß man die Gattung der Clowns und der exzentrischen Amerikaner fördern", schreibt Marinetti 1913 mit Blick auf Clownerie und Slapstick, "ihre erhebend grotesken und erschreckend dynamischen Effekte, ihre derben Gags, ihre enorme Brutalität [...]. Daraus wird mit vielen anderen Dingen die große futuristische Heiterkeit hervorgehoben, die das Gesicht der Welt verjüngen soll."[64]

Grenzgänge zwischen Schauspieltheater, Varieté und Zirkus führen in der Tat im zweiten und dritten Jahrzehnt des 20. Jahrhunderts zu einer Fülle von direkten und indirekten Grenzüberschreitungen, die das Schauspieltheater insgesamt nachhaltig verändern. Voraussetzung ist dafür zum einen die bereits auf Varieté-Prinzipien aufbauende und weiterführende Kabarett-Dramaturgie, wie sie oben erläutert wurde, andererseits die provokative Verschärfung der Varieté-Ästhetik in der Theaterprogrammatik des futuristischen

63 Ebda., S. 69. Auch im *Endspiel*, wo mittels abdeckender Tücher und Taschentuch zu Beginn und am Ende die Hebung und Senkung des Vorhangs repräsentiert ist, verweisen Hamm und Clov außer durch ihre Namen (Ham: schlechter, übertrieben spielender Schauspieler, Schmierenkomödiant, Clov/Clown) durch ihre "sehr rote Gesichtsfarbe" auf ihre theatergeschichtliche bzw. circensische Herkunft.

64 Marinetti 1982, S. 91.

Dynamismus. Folgt man dem Varieté-Manifest, dem wichtigsten Theatermanifest des frühen Futurismus, so werden die geringen Anteile dialogischer Spielformen des Varieté, wie Sketch oder Kleinkomödie, endgültig ausgeschlossen zugunsten von monologischen oder nonverbalen Solo-Präsentationen – "Geflecht aus geistreichen Witzen, Wortspielen und Rätseln", "lehrreiche satirische Pantomimen" u.a.m.[65] Deren Bereich wird unbeschränkt erweitert bis hin zu dem später geforderten 'aerodynamischen' Luftttheater. Im gleichen Maße wird die dem Varieté eigene, direkte Zuschauerrelation zur Konfrontation programmatisch überschärft. "Der Futurismus will das Varieté in ein Theater der Schockwirkungen, des Rekords und der Psychotollheit verwandeln", heißt die eine Forderung, die andere konstatiert, das Varieté sei "das einzige Theater, das sich die Mitarbeit des Publikums zunutze macht", und zwar durch direkte Anrederelation zwischen Schauspieler und Publikum.[66] Soweit der Futurismus Spielszenare in Bühnenform entwirft, dienen sie, auch wo sie mehrere Personen als Bühnenfiguren aufweisen, zur Demonstration von Nicht-Kommunikation, von simultanen Abläufen, von Ereignisfolgen nach aleatorischem Prinzip. Texte und nonverbale Aktion werden nach Art des Collageprinzips organisiert, so etwa in Marinettis Szenar *Simultaneität*. Auf der einen Seite der formal nicht geteilten Bühne geht, in kleinbürgerlichem Interieur, eine fünfköpfige Angestelltenfamilie ihren alltäglichen Verrichtungen nach, unter Einschluß belangloser Sätze der einfachsten Verständigung. Auf der anderen Seite verrichtet eine junge Kokotte ihre abendliche Toilette, die von mehreren Dienstleistungsbesuchen unterbrochen wird. Dieser Szenenteil vollzieht sich rein pantomimisch. Die Szene schließt mit einem einseitigen Akt der Aggression gegen die geordnete kleinbürgerliche häusliche Welt.

Auch in diesem Fall findet a-dialogisches Theater statt. Der einzige Akt von Relevanz, der das collagierte Nebeneinander beendet, ist ein kommunikationsloses, mit dem einseitigen Imperativ "Schlaft!" unterstrichenes Ereignis der Aggression, das sich allegorisch auf das Verhältnis von futuristischer Kunst und bürgerlicher Gesellschaft hin verstehen läßt.[67] Abgesehen von den Prinzipien der Simultanität und der Collagierung verdeutlicht die Szene eine weitere grundsätzliche Kategorie des Futurismus. Der traditionelle Begriff des Kunstwerks wird unterlaufen zugunsten einer Ästhetik des Ereignisses, dessen Inbegriff das spontaneistische Happening und die provokative Wirkung auf das Publikum sind. So erbringt die futuristische Soirée eine Kette von teilweise improvisierten, konfrontativen Ereignissen – einschließlich der

65 Ebda., S. 86.
66 Ebda., S. 90/87.
67 Marinetti 1989, S. 13f.

futuristischen Wort-Kunstwerke, dem Lautgedicht etc. –, die, in sich a-dialogisch, *ad spectatores* gerichtet werden. Im einzelnen läßt sich in der Tat Kontinuität der Verfahrensweisen in der Übernahme der Varieté-Ästhetik und ihrer Formen unterschiedlichster Herkunft konstatieren, einschließlich der semi- oder paratheatralen Spielmodelle aus Zirkus und Jahrmarktschau – Clowns, Taschenspieler, Gedankenleser, Rechenkünstler, Komiker, Imitatoren, Parodisten, Musical-Clowns und Slapstick-Künstler, nennt Marinetti.[68] Doch dominiert das innovative Prinzip über die reine Umbesetzung, da das radikalisierte Verständnis von Theater den Ausschlag gibt. Das Konfliktprinzip wird ohne Rest auf die Achse Bühne-Zuschauer umgepolt. Sequenzbildung ergibt sich, unter Aufhebung aller kompositorischen und regulativen Ganzheits-Postulate, durch Aleatorik, durch komprimierte Kontrastwirkung und den irregulierbaren Effekt der Überraschung. "In den Varietévorstellungen muß", so lautet die Forderung, "die Logik völlig aufgehoben, der Luxus [d.h. die Ausstattung] übertrieben, die Kontraste vervielfältigt werden, und auf der Bühne müssen das Unwahrscheinliche und das Absurde herrschen."[69]

Theatergeschichtliche Wirkung gewinnen die futuristischen Extremforderungen und Extremereignisse durch die Rückbindung an Kabarett und Bühne der europäischen Nachkriegszeit. Die erste Vermittlungsinstanz zum deutschsprachigen Raum ist die Dada-Bewegung in den letzten Kriegsjahren. Im *Cabaret Voltaire* wird das entfesselte futuristische Varieté-Prinzip in die inzwischen etablierte Kabarett-Szene umgesetzt, wobei hier die literarisch-monologischen Bühnenformen des *cabaret artistique* sozusagen futuristisch unterwandert werden mittels dadaistischer Lautgedichte in szenischem Vortrag. Mit dem Simultangedicht in szenischem Arrangement wird ein weiterer Extremwert von indizierendem Charakter erreicht: Die monologische Mehrstimmigkeit, die stimmlich, textlich und polyglott in Erscheinung tritt, bildet die völlig durchgestaltete Alternative zu dialogischer Mehrstimmigkeit auf der Bühne der Tradition. Damit stellt das Dada-Kabarett von 1917 die bühnengeschichtliche Möglichkeit, futuristische Prinzipien aufzunehmen und szenisch zu realisieren, unter Beweis.

Die politische Umsetzung durch *Berlin Dada* und andere politische Dada-Gruppierungen bedeutet im Zeichen der neuen Republik weder die ungebrochene Weiterführung der Züricher Ansätze noch die einfache Fortsetzung der futuristischen Vorkriegssoirée. Vielmehr übernimmt die politische Dada-Bewegung die Theatralisierung der öffentlich-politischen Sphäre mit Hilfe von futuristischen Prinzipien, wobei die rasch sich verschleißenden Schockeffekte

68 Marinetti 1982, S. 88.
69 Ebda., S. 90.

anzeigen, wie bedingt und kurzatmig die Grenzwerte futuristischer Überrumpelungen wirken, soweit sie unvermittelt umgesetzt werden. Die entsprechenden Happenings erreichen allenfalls punktuelle Irritation ohne weiteren Nachhall. Von langwirkender Bedeutung erweist sich hingegen die Rückversetzung der dadaistischen Erfahrungen, einschließlich der neuen Methoden sprachlicher Konstruktion wie der Collage, in den Theaterbereich des großstädtischen Kabaretts, wobei die 'Initialzündung' von *Schall und Rauch II,* eingerichtet an Max Reinhardts Bühnen und vom futuristischen Elan Walter Mehrings inspiriert, ausgeht. Damit beginnt die Politisierung der Kleinkunstformen des Vorkriegskabaretts sowie die durchgehende politische Umgestaltung der Institution und ihrer Ästhetik.

Wo das frühere Kabarett in erster Linie sich als ästhetisches Varietätentheater verstand, werden nun Sketch und Conférence, Deklamationsauftritt und große Song-Szene durchgehend politisiert als kritische und provokative Kernelemente eines Kabaretts für die Republik.

In der offenen, variablen Geschehnisfolge der Kabarettauftritte, einschließlich des Improvisationsspielraums sowie in direkter Wendung *ad spectatores,* tritt die Wirksamkeit des Varieté-Prinzips für die zwanziger Jahre in Erscheinung. Varieté- und Kabarett-Strukturen finden – unter Einschluß ihrer futuristischen Verschärfung, aber unter Preisgabe der Extreme des spontaneistischen bzw. aleatorischen Moments – ihre Rückübersetzung auch auf die Vereinsbühne, vor allem die politische Vereinsbühne der Gruppierungen und Parteien. Je nach Anlaß und Zusammenhang wird auch die Einbindung in ein Rahmenthema, welches die heterogene Varieté-Sequenz funktional umschließt, vorgenommen und mittels einer die Rampe rituell überspringenden Abschlußgeste, etwa der Einbeziehung des Publikums durch Sprechchor, Parole und Lied, eine neue politische Theaterästhetik in der politisierten Umgebung der Weimarer Zeit entworfen. Weitere einschlägige Impulse kommen vom Theateroktober, der seinerseits den Dynamismus in den Varianten des russischen Futurismus und seiner Spielarten zur Voraussetzung hat. Die frühen Piscatorschen Revuen der zwanziger Jahre erbringen eine neue synthetische Gesamtform, in der die Dramaturgie monologischer Auftritte unterschiedlichsten Zuschnitts und die Gesamtausrichtung direkt zum Zuschauer mit einer wechselnden Anzahl dialogischer Sketche und Szenen kombiniert wird. In seiner multimedial erweiterten Gestalt, in der auch die Technik-Fixierung des Futurismus noch eingefangen wird, stellt die Piscatorsche Variante eines epischen Theaters dann eine neue Großform dar, die auf der Basis von Varietät und Konfrontation das Gegenmodell zum geschlossenen Theaterkunstwerk der Vorkriegszeit darstellt. Ihr wirkungsgeschichtliches Potential, auf der Basis bestimmender a-dialogischer Szenenformen und auf das Publikum gerichteter Präsentationsstrategien, wird ein halbes Jahrhundert später nicht nur in der theatralen Revue von Jerôme Savary oder Peter Zadek wieder ansichtig, sondern erweist sich als grundlegender Fundus für das sog. Regietheater der siebziger und achtziger Jahre. Dessen Innovationsleistung ergibt sich aus einer Rückvermittlung der bereits in den zwanziger Jahren 'gebändigten Provokation', wie sie von der futuristisch und dadaistisch interpretierten Varieté-Ästhetik ausgegangen ist, mit dem literarischen Fundus des Schauspieltheaters, der sich seit den fünfziger Jahren erneut konsolidiert hat.

3.2 Literarische Rückbindung

Brechts Auseinandersetzung mit Chancen und Auflagen der nachfuturistischen Ästhetik verläuft eher in literarischen Bahnen als die Piscators und wirkt daher stärker im Sinne der Erhaltung bzw. Wiederbegründung von Dialogdramatik. Seinen Ansatz bilden vornehmlich die bereits literarisierten kabarettistischen Grundformen, vor allem monodramatischer Lied-, Chanson- oder Deklamations-Szenen mit der charakteristischen 'halbszenischen', rollenbrechenden Realisierung. Zusammen mit anderen Verfahrensweisen der Episierung von unterschiedlicher Herkunft ermöglichen diese Szenentypen die Umgestaltung des Dramas zur episch-dramatischen Gesamtform, welche dialogisch und linear dann als Fabelverlauf bestimmbar bleibt. Werkgeschichtlich ergeben sich zwei Phasen: Von der ersten Fassung des *Baal* bis zu *Leben Eduard II.* werden im wesentlichen Kabarett-Elemente aus dem deutschen Vorkriegskabarett aktiviert, d.h. die Formen der spätwilhelminischen Kleinkunstbühne, wie etwa die aus symbolistischem Geist umgedichtete Form des 'Choral', die weiteren aus Kabarett-Auftritten stilisierten Lieder Baals, die 'Ballade vom toten Soldaten' in der entsprechenden Kneipen-Szene in *Trommeln in der Nacht*, oder das satirisch gewendete Bänkellied im Falle des Balladenverkäufers in *Leben Eduard II.* Solche handlungsmäßige und inhaltliche Motivation der Song-Szenen entfällt danach. Ab *Mann ist Mann* ist es der stärker politisierte, wie auch musikalisch und stilistisch modernisierte Song des Kabaretts der beginnenden zwanziger Jahre, der in die dramatischen Verläufe integriert wird; hinzu kommt aber, und dies ist die ausschlaggebende formale Konstellation, die kabarettistische Form der Conférence, die etwa in Gestalt des "Zwischenspruchs" von *Mann ist Mann* auftaucht. Dieser Zwischenspruch, der im Namen des Verfassers, "Herrn Bertolt Brecht", von der Rollenfigur der Witwe Begbick vorgetragen wird, deutet an, was bereits die Strindbergsche Monodrama-Methode als verkappte Spielleiter-Position des Jahres 1910 an strukturellen Möglichkeiten avisiert. Strindberg wie Brecht stellen latent ein episches Ich vor. Die bei Brecht zu verfolgende Genese aus dem Conférencier läßt zugleich die theatrale wie die dramaturgische Konsequenz genau erkennen. Zum einen verweist Brecht in theoretischer Hinsicht ausdrücklich auf die theatrale Differenz zwischen seiner *ad spectatores*-Dramaturgie und der alten innerszenischen Monolog-Stilistik: "Erfolgt die Wendung zum Publikum, so muß es eine volle Wendung sein und darf nicht die des Beiseitesprechens oder die Monologtechnik des alten Theaters sein."[70] Zum zweiten zeigt der "Zwischenspruch" selbst die im Zeichen der Spielleiterdramaturgie mögliche Festlegung der Reichweite und Tragfähigkeit von Dialog, in diesem Falle als sozialem Zwischen. Die Demonstration, daß ein Mensch ummontiert werden kann wie ein Auto, die das Stück unternimmt, setzt voraus, daß man diesem Menschen "zu nahe tritt" und ihn schon dazu bringt, "seinen Privatfisch schwimmen zu lassen".[71] Diese Verfügung des "Zwischenspruchs" besagt, daß die innere Komplexität der Psyche eines Menschen und die Frage, wie sie sich zu dessen Verlautbarungen verhält, für den dramatischen Vorgang belanglos ist. Dialog, so lautet die Konsequenz, erscheint nicht als zwischenmenschlicher Ausdruck und Artikulation von Subjektivität, sondern als Vollzug von sozialer Auseinandersetzung und Macht. Diese Festlegung bedeutet aber gerade dadurch, daß sie den Dialog in seiner Tragweite beschränkt, grundsätzlich dessen Rettung und Wiedereinsetzung in das literarische Werk. Dieser Befund läßt sich erweitern. Unbeschadet dessen, daß das epische Prinzip nicht auf die ausdrückliche Inkarnation in einer Bühnenfigur angewiesen ist, lassen sich als Varianten des Spielleiter-Modells, wie es *Mann ist Mann* zunächst aus der Conférence herleitet, ablesen, wie sich dessen literarische Installierung auf die Verhältnisbestimmung von Monolog und Dialog jeweils auswirkt. Die rigorose und zynische Didaktik des "Zwischenspruchs" bringt nur eine besonders restriktive Bestimmung der Dialogik mit sich. Die spätere historisch-dialektische Kompetenz, die etwa der Spielleiter bzw. Sänger im *Kaukasischen Kreidekreis* vertritt, läßt wesentlich vielseitigere, auch in das Innere der Figur reichende Leistungen des Dialogs wieder zu. Auf anderer Ebene verbürgt die quasi metaphysische Kompetenz des Spielleiters von Thornton Wilders *Our Town* eine lebende und tote, in gleicher Weise zum Ausdruck ihres Innen befähigende Sprache, während, um ein drittes Beispiel anzuführen, die mit der traumdeutenden Hellsicht eines Homunculus ausgestattete Kompetenz in Dylan Thomas' Stimmenspiel *Under Milk Wood* die sprachliche Basis bestimmt und die Bewußtseinsströme einer ganzen Stadt abzurufen erlaubt.

---

70 Brecht 1967, S. 337ff.
71 Brecht 1988, S. 123.

Grundsätzlich wird in allen diesen Beispielen sichtbar, wie die Episierung des Theaters, als Antwort auf Sprach- und Dialogkrise, jeweils in ganz spezifischer Weise Dialog erneut ermöglicht und das Verhältnis von Monolog und Dialog reguliert. Sie tut dies im Rahmen literarischer Vorgaben des Epischen, und dies bedeutet, daß damit zugleich die Reliterarisierung theatraler Ausprägungen von monodramatischen und monologischen Szenentypen in die Wege geleitet wird. Die Einbindung solcher Szenentypen, einschließlich ihrer u.U. direkten Ausrichtung *ad spectatores* in eine übergeordnete Form mit Fabel-Linearität erzeugt eine neue, literarische Werkeinheit, unbeschadet dessen, daß ihr eingebautes Spannungspotential gegenüber älteren Formen der Dramatik entsprechend erhöht ist.

3.3 Neue theatrale Kohärenz

Die vielberufene Theatralisierung des europäischen Theaters läßt sich in vielerlei Zusammenhängen als Entliterarisierung beschreiben.[72] Aber dies schließt keinesweg aus, daß auf dem Wege der Rückvermittlung von Grenzwerten auch eine Reliterarisierung eintritt. Episches Theater in den zuletzt genannten Varianten hat diese vollzogen und verliert daher konsequenterweise mit der Rezeption der Artaudschen Theatertheorie ab Mitte der sechziger Jahre an bühnenbestimmender Wirkung.

Im Vergleich dazu bleibt Piscators Verfahren – nicht nur in der proletarischen Revue der Jahre 1924–1925 – prinzipiell revuehaft und theatral konstituiert, obwohl seinen Produktionen literarische Texte zugrunde liegen – dramatische Texte wie im Falle von Ernst Toller, *Hoppla, wir leben!*, dramatisierte Texte wie im Falle von Jaroslav Hašeks *Schweijk*, episch-dramatisch entworfene bei Walter Mehrings *Kaufmann von Berlin*. Nicht dramatische Linearität ist bestimmend, sondern der theatrale Ablauf, der Simultanität szenischer und medialer Elemente aufweist. Collage, Projektion, Überblendung von fiktiven und dokumentarischen Szenenteilen und dergl. gehorchen dem Prinzip der Varietät, das Impulse des Futurismus integriert hat. Dem entspricht letztlich der Verzicht auf ein nach literarischem Vorbild zu artikulierendes Werkverständnis, genauso wie die Beziehung zum Zuschauer in dieser

72 Erneut wäre hier [s.o. Anm. 19] die Problematik des 'epischen Theaters', und zwar in seiner Brechtschen wie in seiner Piscatorschen Variante, in dem von G. Mahal gattungsgeschichtlich eröffneten Rahmen eines "auktorialen Theaters" zu diskutieren. Dabei ließe sich zeigen, daß die Prägnanz der Innovation in erster Linie sich auf der theoretischen Ebene gegen die traditionelle Theorie der 'dramatischen Form' artikuliert. Dramen- und theatergeschichtlicher Vergleich die Kontinuität im Sinne der Erneuerung und funktionalen Umwertung von Formenbeständen aus allen Epochen seit der Antike, wie sie im Sinne 'auktorialer' Verfahrensweise sich vielfältig entwickelt haben.

Hinsicht noch abgewandelte futuristische Prinzipien, d.h. eine dynamische Relation, erkennen läßt.

Beide Konzepte des sog. 'epischen Theaters' sind dadurch charakterisiert, daß die Dominanz des Dialogs, die das alte Schauspieltheater bestimmte, relativiert ist. Aber die Ausrichtung der non-dialogischen Partien ist so unterschiedlich, daß eine literarische und eine theatrale Grundorientierung unterscheidbar wird. Abgesehen davon, daß diese Differenz rezeptionsgeschichtlich in der Nachkriegszeit zu einer Verschiebung der Wirkung Piscators gegenüber der von Brecht um mehr als ein Jahrzehnt führt, ist die Grundsätzlichkeit der theatergeschichtlichen Weichenstellung auch schon in den zwanziger Jahren gelegentlich erkannt worden. Auf der einen Seite bleibt das 'epische Drama' an literarische Vorstellungen und Kriterien gebunden, wie sehr auch die Selbständigkeit der einzelnen beteiligten Künste betont werden mag. Schauspielästhetische Neuerungen werden der literarischen Konzeption von Rollen und Szenen nachgeordnet. Auf der anderen Seite ist in der Beziehung auf Bühnengeschehen und Wahrnehmung eine gegenteilige Akzentuierung erkennbar, die angesichts des Simultanitäts- und Varianzprinzips alle literarischen Bestandteile dem Bühnengeschehen und dessen ganzer Vielfalt nachordnet. Auch Varieté-Ästhetik, die hier erneut aufgerufen wird, kennt eine Kohärenz, diese aber ist mittels des Begriffs der Heterogenität ausgewiesen, und eine prospektive Einheit ist nicht in der Kategorie des Werkes, sondern der Wahrnehmung zu formulieren: "Was [der Revue] Einheit und Struktur verleiht, ist der Kontrast, das Gegeneinander und Nebeneinander sensualer Effekte, die Wechselwirkung heterogener Reizeindrücke."[73] 'Episches Theater' verbindet auf einige Jahrzehnte divergente Ausprägungen des Verhältnisses von Literatur und Theater; so oder so aber führt die avantgardistische Provokation aus der futuristischen Generation zu einer Stabilisierung des Theaters, das die Herausforderung angenommen und durch Umbesetzungen seine Gestalt verändert, d.h. durch Komplexität angereichert hat.

4. Offener Schluß

Totgesagte leben bekanntlich länger. Das Theater arbeitet sich seit Ende des Jahrhunderts an den damals zuerst konstatierten Krisen weiterhin ab, ein Ende des Dialogtheaters ist nicht absehbar. Zwar kann man feststellen, daß

---

73 Stuckenschmidt, H.H.: "Lob der Revue", in: *Die Bühne*, Jg. 3, Heft 7, S. 10, urspr. in: *Tanz in dieser Zeit. Musikblätter des Anbruchs*, hrsg. v. P. Stefan, Wien 1926, zitiert nach Kothes 1977, S. 15.

seit den fünfziger Jahren im Schauspieltheater monodramatische und monologische Grundformen sozusagen regulär werden, d.h. den Charakter des Besonderen, des Provokativen verlieren, und eine hochentwickelte Schauspielästhetik für die Präsentation dieser Formen erbringt eine ebenso große Varianzbreite seitens der aufführenden Schauspieler wie große Akzeptanz seitens des Publikums. Seit 1960 ist die Überformung des Schauspieltheaters von Körper- und Bewegungskonzepten, vor allem aus dem Bereich des Tanztheaters, offenkundig, und seit den siebziger Jahren haben einerseits die Theaterereignisse des Happenings und andererseits das sprachferne, visuell und akustisch um so komplexer geschichtete Wahrnehmungstheater die Schauspielszene erreicht und umgeformt. Dennoch, das Dialogtheater regeneriert sich, behauptet sich, wandelt sich. Die einfache Erklärung, hier handele es sich eben um Zurückgebliebenheit und veraltete Ästhetik, kann historischem Verstehen nicht genügen.

Angesichtig gemacht werden sollte im Vorhergehenden, wie avantgardistische Grenzwerte, Monodrama und Monoszene, die sich zunächst als direkte Reaktion auf die Sprach-und Dialogkrise verstehen lassen, ihrerseits kontinuitätsbildend wirken. Grenzgänge bewirken Grenzverschiebungen, und diese stabilisieren die Verhältnisse in neuem Maßstab. Dadurch, daß Theaterverfahren aus bestimmten Bereichen in andere versetzt und umgewertet werden, werden Grenzwerte selbst integrierbar, ohne daß sie dabei selbst automatisiert oder schlechterdings nivelliert würden. Vielmehr werden sie revidiert, einer erneuten Sichtung unterzogen, d.h. in ein anderes theatrales Gelände verbracht, wo sie in anderem als den ihnen ursprünglich zugedachten Sinne Dialog- und Handlungstheater wieder ermöglichen und legitimieren. Es sind nicht die Grenzwerte, die an sich Kontinuität stiften, sondern die Vermittlungslagen, in denen sie zur Geltung gebracht werden. Als punktuelle Ereignisse, die teils absichtsvoll methodisch hervorgebracht werden wie bei der Avantgarde, teils aber auch spielerisch und beiläufig sich einstellen, entfalten sie Wirkung in vorgegebenen Zusammenhängen, in die sie eingebracht werden. Umbesetzungen in diesem Sinne wurden seit Jahrzehnten innerhalb der literarischen Gattungslehre diskutiert, die den argumentativen Rahmen bildete. Es kommt darauf an, über diesen Rahmen hinaus die theatergeschichtlichen Umbesetzungen ins Spiel zu bringen. Als eigentlicher Fundus für die 'Sanierung' des Schauspieltheaters erweisen sich dabei diejenigen Bereiche des angeblich trivialen Theaters, in denen nie die konsequente Spartentrennung zwischen Musik-, Schauspiel- und Tanztheater durchgeführt, in denen nie der rigorose Werkbegriff, orientiert an literarischen Mustern oder am Gesamtkunstwerk-Konzept, eingeführt, in denen nie die illusionistische Bühnenimmanenz und die Isolierung zwischen Spielsphäre und Publikumssphäre wirklich durchgesetzt worden ist. Grenzüberschreitungen aus diesen Bereichen in das Schauspieltheater gestatten es, die avantgardistischen Eckwerte mit bestehender Theaterpraxis zu vermitteln und ihnen so Wirksamkeit zu verschaffen. Das Schauspieltheater mit seinen dramatischen Genres reformiert sich, indem es seine Grenzen und seine Reichweite im Bereich des Theaters insgesamt neu absteckt. Das geschichtlich auf diese Weise Hervorgebrachte ist nicht nur "von den Absichten und den Regeln abhängig [...], aus denen und nach denen es hervorgegangen ist"[74]. Zwischen dem geplanten, programmierten Phänomen und seinen Wirkungen, zwischen den intentionalen Motiven und den Veränderungen klafft ein Hiatus, öffnet sich der "Spielraum der Wechselwirkung des Gleichzeitigen und Ungleichzeitigen", und das Bild der Epoche ergäbe sich, wollte man es vollständig ausführen, als "Inbegriff aller Differenzen von Handlungen zu dem durch sie 'Gemachten'"[75].

Als Artaud den dramatischen Dialog in das Buch verwies, stellte er gleichzeitig die historische Frage: "Wie kommt es überdies, daß das abendländische Theater das Theater nur unter dem Aspekt des dialogisierten Theaters sieht?"[76] – Unabhängig von der Antwort auf diese Frage belehrt die Theatergeschichte im zwanzigsten Jahrhundert, daß bei aller Veränderungsbereitschaft und samt den Veränderungen selbst, die das dialogische Schauspieltheater gegenüber anderen Formen von Theater 'relativiert' haben, die alte, traditionelle Bindung wohl gelockert, aber keineswegs aufgehoben ist. Die Jahrhundertentwicklung im Zeichen der Moderne hat das Schauspieltheater endgültig aus der ästhetischen und rangmäßigen Abhängigkeit von Literarästhetik und dramatischem Werk befreit und damit Kategorien wie 'Werktreue' sistiert bzw. ihrerseits historisiert. Es bleibt aber zu erörtern, warum die Beziehung zwischen Literatur und Bühne bestehen bleibt und nach wie vor enger ist als die zwischen Bühne und bildender Kunst, so daß sie immer wieder zu Regeneration und ästhetischer Gültigkeit des Theaters nach dem dialogischen Prinzip führt. Einer der Gründe mag sein, daß das Schauspieltheater nach hundert Jahren Umbesetzungen und Grenzgängen synthetisch, und das heißt in vielerlei Varianten von Kohärenz, realisiert, was Artaud sich nur alternativ vorstellen konnte: die "Poesie der Sprache" und die "Poesie im Raum"[77].

74 Blumenberg 1988, S. 554.

75 Ebda., S. 555.

76 Artaud 1969, S. 39. – "[...] comment se fait-il que le théâtre occidental ne voie pas le théâtre sous un autre aspect que celui du théâtre dialogué?", in: Artaud 1978, Bd. IV, S. 36.

77 Ebda., S. 40. – "[...] Et cela permet la substitution à la poésie du langage, d'une poésie dans l'espace", Artaud 1978, Bd. IV, S. 37.

Literaturverzeichnis

Aristoteles: *Poetik*, übersetzt von O. Gigon, Stuttgart 1961.

Aristoteles: *De Arte Poetica Liber*, komm. von R. Kassel, Oxford 1965.

Artaud, A.: "Die Inszenierung und die Metaphysik", in ders.: *Das Theater und sein Double*, Frankfurt a.M. 1969, S. 35–50.

Artaud, A.: *Œuvres complètes*, Bd. IV: Le Théâtre et son Double. Le Théâtre de Seraphin. Les Cenci, Paris 1978.

Bayerdörfer, H.-P.: "Überbrettl und Überdrama. Zum Verhältnis von literarischem Kabarett und Experimentierbühne", in: Bayerdörfer, H.-P. et al. (Hrsg.): *Literatur und Theater im Wilhelminischen Zeitalter*, Tübingen 1978, S. 292–325.

Bayerdörfer, H.-P.: "Wege des Mythos ins 'Theater der Zukunft'. Richard Wagner und die Theaterreformbewegung der Jahrhundertwende", in: Borchmeyer, D. (Hrsg): *Wege des Mythos in der Moderne. Richard Wagner: Der Ring der Nibelungen*, München 1987, S. 182–201.

Beckett, S.: *Dramatische Dichtungen*, Bd. 1, Frankfurt a.M. 1963.

Blumenberg, H.: *Die Legitimität der Neuzeit*[2], Frankfurt a.M. 1988.

Brecht, B.: "Neue Technik der Schauspielkunst", in ders.: *Gesammelte Werke in 20 Bänden*, Bd.15: Schriften zum Theater, Frankfurt a.M. 1967, S. 341–388.

Brecht, B.: *Große kommentierte Berliner und Frankfurter Ausgabe*, hrsg. von W. Hecht et al., Berlin/Weimar/Frankfurt a.M. 1988ff., Bd. 2.

Cocteau, J.: "Le bel indifférent" (1940), deutsch von W. Riemerschmidt, in: Höllerer, W. (Hrsg.): *Spiele in einem Akt. 35 exemplarische Stücke*, Frankfurt a.M. 1961, S. 191–199.

Cocteau, J.: *Œuvres Complètes*, Paris o.J.

Evreinov, N.N.: *Die Kulissen der Seele. Monodrama*, übersetzt von F.T. Csokor, Wien/Zürich/Leipzig 1920.

Freytag, G.: *Gesammelte Werke Bd.14: Die Technik des Dramas*, Leipzig 1887.

Guilbert, Y.: *La Chanson de ma Vie. Mes Memoires*, Paris 1927.

Handke, P.: "Publikumsbeschimpfung", in ders.: *Theaterstücke in einem Band*, Frankfurt a.M. 1972.

Hegel, G.W.F.: *Ästhetik*, hrsg. v. F. Bassenge, Bd. 2, Berlin/Weimar 1965.

Kleinschmidt, E.: *Gleitende Sprache. Sprachbewußtsein und Poetik in der literarischen Moderne*, München 1992.

Klotz, V.: *Geschlossene und offene Form im Drama*, München 1969.

Koselleck, R.: "Erfahrungswandel und Methodenwechsel. Eine historisch-anthropologische Skizze", in: Meier, C. / Rüsen, J. (Hrsg.): *Historische Methode* (=Theorie der Geschichte. Beiträge zur Historik Bd. 5), München 1988, S. 13–61.

Kothes, F.-P.: *Die theatralische Revue in Berlin und in Wien 1900–1938. Typen, Inhalte, Funktionen*, Wilhelmshaven 1977.

Maeterlinck, M.: *Der Schatz der Armen*, übersetzt von F. v. Oppeln-Bronikowski, Leipzig/Florenz 1898.

Maeterlinck, M.: *Le Trésor des Humble,*. Paris 1946.

Magershack, D.: *Chekhov the Dramatist*, New York 1960.

Mahal, G.: *Auktoriales Theater – die Bühne als Kanzel. Autoritäts-Akzeptierung des Zuschauers als Folge dramatischer Persuasionsstrategie*, Tübingen 1982.

Marinetti, F.T.: "Das Varieté", in: Brauneck, M.: *Theater im 20. Jahrhundert*, Reinbek bei Hamburg 1982, S. 85–92.

Marinetti, F.T.: "Simultaneität", in: *Es gibt keinen Hund. Das futuristische Theater. 61 theatrale Synthesen von Marinetti u.a.*, übersetzt und hrsg. von B. Landes, München 1989, S. 13–14.

O'Neill, E.: "Memoranda on Masks", in: Cargill, O. / Fagin, N.B. / Fischer, W.S. (Hrsg.): *O'Neill and his Plays*, London 1962.

O'Neill, E.: *Hughie*, London 1962.

Pfister, M.: *Das Drama*, München 1982.

Riha, K.: "Literarisches Kabarett und Rollengedicht. Anmerkungen zu einem lyrischen Typus in der deutschen Literatur nach dem Ersten Weltkrieg", in: Rothe, W. (Hrsg.): *Die deutsche Literatur in der Weimarer Republik*, Stuttgart 1974, S. 382–395.

Robichez, J.: *Le Symbolisme au Théâtre. Lugné-Poë et les Débuts de l'Œuvre*, Paris 1957.

Strindberg, A.: *Über Drama und modernes Theater*, hrsg. von M. Kesting / V. Arpe, Köln 1966.

Strindberg, A.: *Werke. Deutsche Gesamtausgabe*, unter Mitwirkung von E. Schering als Übersetzer vom Dichter selbst veranstaltet. München/Leipzig 1902–1930.

Szondi, P.: *Theorie des modernen Dramas*, Frankfurt a.M. 1965.

Szondi, P.: *Das lyrische Drama des Fin de Siècle*, Frankfurt a.M. 1975.

Tardieu, J.: *Théâtre de Chambre*, Paris 1966.

Törnqvist, E: *A Drama of Souls, Studies in O'Neill's Super-naturalistic Technique*, Uppsala 1968.

Törnqvist, E.: *Monodrama: Term and Reality, in: Essays on Drama and Theatre. Liber Amicorum Benjamin Hunningher*, Amsterdam/Baarn 1973.

Tschechow, A.: *Dramen*, übersetzt von G. Düwel, Nachwort von P. Rehder, München 1968.

Eine verschrumpfte Avantgarde

Das Intima Teatern des August Strindberg

Willmar Sauter

Strindbergs Intima Teatern ist ein Ärgernis. Schon vor seiner Eröffnung im November 1907 bereitete es den beiden Augusts – Falck, dem Theaterleiter und Strindberg, dem Stückelieferanten – erheblichen Kummer. Es gab immer zu viele Pläne und immer zu wenig Geld. Als schließlich das Unternehmen vom Stapel gehen konnte, wurde der Ärger nicht geringer. Die Kritiker verhielten sich reserviert, das Publikum blieb oft aus. Strindberg verfaßte seine berühmten Briefe an das Intima Teatern, aber der Weltruhm ließ zunächst auf sich warten.[1] Tourneen führten das Theater zwar in die schwedischen Provinzstädte, aber nicht in die europäischen Metropolen. 1910 stellte das Intima Teatern nach gut drei Jahren seine Arbeit ein. Der eine August war ebenso wie der andere sehr darüber verärgert. Der Saal des Intima Teatern existiert heute noch, doch das Theater ist verschwunden. Sein Name wurde mehrmals wiederverwendet, aber seine Ideen kehrten nicht wieder zurück.

Um das Ärgernis noch zu steigern, könnte die Forschung noch einige Konditionalsätze hinzufügen: Wäre es Strindberg gelungen, internationale Gastspiele durchzuführen, dann wären seine Experimente am Intima Teatern in der ganzen Welt berühmt geworden. Hätte Strindberg den Engländer Gordon Craig mit seiner amerikanischen Frau Isadora Duncan über die Schwelle seiner Wohnung gelassen, dann hätte die Zeitschrift *The Mask* eine Plattform für seine Theaterästhetik werden können – aber Strindberg hielt aus Scheu mehrere Tage die Tür vor ihnen verschlossen. Hätte Strindberg seine bruchstückartigen Ideen zu zusammenhängenden theoretischen Überlegungen formuliert – anstatt in der Stadt nach Requisiten zu suchen – dann hätte es keines Reinhardts bedurft, um seine Stücke spielbar zu machen. Gewiß sind diese Fragen spekulativ, aber das Ärgerliche daran ist, daß auch die möglichen Antworten immer wieder auf die Ereignisse am Intima Teatern zurückverweisen.

1 *Intima Teatern* wird als Eigenname in der schwedischen Schreibweise wiedergegeben.

1. Präsentation und Rezeption

Strindbergs Position als Erneuerer des modernen Dramas dürfte seit seinen Traumspieldichtungen außer Frage stehen. Inwieweit aber Strindberg auch zur Theateravantgarde der Jahrhundertwende zu rechnen ist, läßt sich nur aus seiner Beschäftigung mit dem Theater selbst ablesen. Es ist zunächst zu ermitteln, was sich zu jener Zeit am Intima Teatern zugetragen hat, was wie dargeboten wurde und wie jenes historische Geschehen sich aus heutiger Sicht darstellen läßt. Grundsätzlich ist dabei voranzustellen: Die Ereignisse waren schon damals nur als Schnittpunkte verschiedener Linien zu verstehen – zwischen den Urhebern, August Falck und August Strindberg, ihren Mitstreitern und deren aller Intentionen einerseits und den Rezipienten der Darbietungen, dem Publikum, andererseits. Einige daraus, die Kritiker nämlich, äußerten sich schriftlich, die übrigen geben nur ihrer Anzahl nach Auskunft.

Die Schnitt- oder Berührungspunkte zwischen Bühne und Publikum, zwischen Präsentation und Rezeption, können nur als geschichtliche Ereignisse verstanden werden.[2] Als solche sind sie historisch einmalig und nicht wieder herstellbar. Gleichwohl haben sie Spuren hinterlassen, die sich auf Einzelereignisse an diesem Theater zurückführen lassen. Auch diese Spuren beziehen sich jeweils auf die Präsentationen beziehungsweise auf die Rezeptionen, die im Laufe der drei Jahre am Intima Teatern vor sich gegangen sind.

Was die Präsentationsseite anbelangt, gerät schnell ein besonderes theoretisches Problem in den Blick. Der Begriff der Präsentation beinhaltet mehrere dynamische Kategorien, die sich gegenseitig nicht völlig voneinander trennen lassen. Der Akt der Präsentation stellt immer eine zeitlich und damit historisch abgrenzbare Aufführung dar. Die Aufführung als Einzelereignis ist die Konkretisierung einer Inszenierung, die im allgemeinen in einer Reihe von Aufführungen zutage tritt. Dabei muß allerdings darauf hingewiesen werden, daß es die Inszenierung im konkreten Sinn gar nicht gibt und auch nicht geben kann. Eine Inszenierung stellt ein Potential von Können und Wollen dar, das sich nur als Aufführung konkretisieren kann. Die Inszenierung entspricht damit auch nicht der Summe aller Aufführungen, sondern ist eine theoretische Konstruktion, deren sich sowohl die Theaterschaffenden als auch die Forscher bedienen. Streng genommen ändert sich die Inszenierung mit jeder Aufführung, da die Erfahrungen jeder Aufführung mit in die Voraussetzungen der darauffolgenden eingehen. Dennoch muß angenommen werden, daß jede Aufführung ein Maximum der in der Inszenierung festgelegten

2 Der Begriff Präsentation wird im Sinn von Beckerman 1990 verwendet.

Momente auf die Bühne zu bringen trachtet, wenigstens soweit es das moderne Regietheater anbelangt.

Auch wenn die Inszenierung nur ein abstraktes Gebilde sein kann, das sich zudem im Laufe der Spielzeit verändert, stellt sie ein zentrales Objekt der Theaterforschung dar. Der Grund dafür liegt darin, daß gerade die Inszenierung auch ein Ausdruck für die Intentionen der Urheber ist. Neben dem im modernen Theater dominierenden Regisseur gehören zu diesen Urhebern der Autor des zugrunde liegenden Texts, die Bühnen- und Kostümbildner, die Techniker und nicht zuletzt die an den Aufführungen unmittelbar Beteiligten, die Schauspieler.

Während also die Präsentationsseite Intentionen und Inszenierung in der künstlerischen Praxis vereinigt und diese in den einzelnen Aufführungen "präsentiert", gehört es zu den Eigentümlichkeiten des Theaters, daß dieser Präsentation eine gleichzeitige Rezeption entspricht. Auch in der Rezeption lassen sich nun verschiedene Phasen unterscheiden. Neben die unmittelbare Aufnahme des Bühnengeschehens als bestimmte Sinneseindrücke tritt deren kognitive Bearbeitung, die ihrerseits wieder affektive, emotionale und rationalbewertende Reaktionen auslöst. Daraus ergeben sich sowohl die Freude am Zuschauen als auch die Deutung und Beurteilung des Geschauten. Qualitativ sind diese Reaktionen im nachhinein aus den Kritiken zu ersehen, während die Quantität aus der Laufzeit einer Produktion sowie aus der Anzahl der Zuschauer zu rekonstruieren ist.

Diese Differenzierungen sind wesentlich für die Erforschung historischer Theaterereignisse, weil alle Materialien, die der Forschung zur Verfügung stehen, sich jeweils auf bestimmte Phasen des Theaterereignisses beziehen, bzw. aus bestimmten Phasen stammen und eben nur für diese Phasen aussagekräftig sind.

2. *Der Vater* – der individuelle Kontext

Die Unterscheidung zwischen Materialien in bezug auf die Präsentation und in bezug auf die Rezeption ließe sich zum Beispiel in einer Untersuchung von Strindbergs Arbeit an *Der Vater* zumindest stellenweise durchführen. Diese Inszenierung ist mit Hinblick auf Strindbergs Funktion als Regisseur von besonderem Interesse.[3] Auch ist zu dieser Inszenierung besonders reichhaltiges Material vorhanden. Die Verantwortung, die Strindberg als Regisseur für dieses Stück fühlte, gab ihm den Anlaß zur Niederschrift seines berühmten

3 Im übrigen ist Strindbergs Anteil an der Arbeit des *Intima teatern* eher als der eines Dramaturgen zu bezeichnen. Vgl. Regos dos Santos 1992.

Memorandum an die Mitglieder des Intima Teatern (1908),[4] das er stolz mit "Intima Teaterns regissör" unterzeichnete. Auch unzählige Briefe sind vorhanden, sowohl an den Theaterleiter August Falck, der zugleich die Titelrolle spielte, als auch an die übrigen Schauspieler. Diese Briefe berühren im Grunde alle Aspekte der Theaterarbeit, von den Prinzipien der Schauspielkunst bis zu Vorschlägen, wo ein gewisses Requisit am billigsten einzukaufen wäre. Der Arbeitsprozeß ist darüber hinaus durch August Falcks Memoiren *Fünf Jahre mit Strindberg* (1935) dokumentiert. Eine Vielzahl von Rezensionen sind erhalten, einige Fotos zeigen Bühnenbild, Szenen und Schauspieler; eine Aufführungsstatistik ist zugänglich. Im Jahre 1911, schon nach der Schließung des Intima Teaterns, aber noch zu Lebzeiten Strindbergs, wurde das Stück mit weitgehend gleich gebliebenem Ensemble verfilmt. Der Film ist erhalten. Noch 1926 wurde die Inszenierung auf Tourneen gezeigt. Sie ist eine theatergeschichtliche Fundgrube, die aber im Rahmen einer Avantgarde-Diskussion ärgerlicherweise ihre Schätze nur unter Widerstand preisgibt.

Der Vater gehörte zu den Inszenierungen des Intima Teatern, die sich nicht ohne weiteres stilistisch einordnen lassen. Das Stück, das Strindberg als "Trauerspiel in 3 Akten" bezeichnete, war zu diesem Zeitpunkt schon 20 Jahre alt. Es gehörte, zusammen mit *Die Kameraden*, *Fräulein Julie* und einigen Einaktern zur Periode der "Naturalistischen Trauerspiele"[5]. Obwohl *Der Vater* deutliche Spuren der Ehekrise Strindbergs mit Siri von Essen trägt – unter anderem im Hinblick auf die Erziehungsprobleme mit den Töchtern –, traten die biographischen Aspekte etwas in den Hintergrund, als sich Strindberg nun selbst mit der Regie des Stücks auseinandersetzte. Weder der Text des Dialogs noch die Bühnenanweisungen waren ihm heilig. Das zentrale Thema war ein gesetzlich legitimierter Mord als moralisches und gesellschaftliches Problem. 1908 war es Strindberg daran gelegen, dieses Stück in einem für die damalige Zeit symbolisch stilisierten Raum und in psychologisch überzeugender Darstellung auf die Bühne zu bringen. Davon zeugen seine endlosen Briefe an die Mitglieder des Ensembles:

> Nimm nur solche Rollen an, die Dir besonders gut passen. Gib den Vater freiwillig ab, an Ljungqvist, der liegt Dir nicht. Das kann ein Ausrutscher werden.[6]

4 Die Werke Strindbergs werden entsprechend der zur Zeit stattfindenden Herausgabe der Nationaledition angeführt. Vgl. Theatre Research International, vol. 18/Supplementary Issue, p. 71. Bezüglich der deutschen Übersetzungen ist in den meisten Fällen immer noch auf Emil Schering, Strindbergs Freund und deutscher Herausgeber, zu verweisen.

5 So wird auch der ganze Band 23 der *Samlade Skrifter*, der Gesammelten Schriften, genannt. Strindberg 1921.

6 Brief an August Falck, der dann doch die Titelrolle spielte, vom 24.7.1908.
Die Briefe werden nach der noch nicht abgeschlossenen Briefausgabe zitiert: *Strindbergs brev*. Es wird jeweils auf den Adressaten und das Datum verwiesen. Übersetzungen des Verfassers.

> Die Rolle vorsichtig analysieren, aber nicht auseinander rupfen; nicht zu sehr darüber nachdenken, Tiefen suchend, wo es keine gibt.
> Zu ihrer Charakteristik trägt ja das bei, was der Rittmeister, der Bruder und die Amme über sie sagen, wenn sie draußen ist. Das müssen Sie wissen: wie sie als Kind war, als Schwester des Pastoren, wie als Ehefrau, Mutter und als Arbeitgeberin (der Amme). Hören Sie ihnen in den Kulissen zu, wenn Sie draußen sind. Die können freilich lügen, einseitig sein oder übertreiben, aber das dürfte hier nicht der Fall sein [...]. Aber wir dürfen kein Monstrum aus ihr machen, und das haben Sie auch nicht gemacht. Wird eine Figur zu allseitig beleuchtet, dann wird sie leicht flach, unscharf, fade. Auf der Bühne ist die einseitige Beleuchtung besser: die Schatten werden zwar schwarz und das Licht ganz hell, aber die Figur tritt ins Relief. Ich glaube, daß Sie die Rolle etwas zu human angehen; aber ich bin mir dieser Sache nicht sicher. Und haben Sie sich ein lebendes Bild von Laura gemacht, dann behalten Sie es, ich werde es nicht auseinander reissen.[7]

> Im Vater sollst Du nicht nur einen Kapitän im allgemeinen spielen, sondern individualisieren; nimm den Kapitän im Totentanz, von dem ich gesprochen habe. Rede auf eine besondere Weise, aber behalte den Ton bei und wackle nicht im Register, wie Du das sonst tust.[8]

> Das Kolorit ihrer Stimme hat einen gewissen Charme, aber Sie dürfen es nicht übertreiben. Letzthin im *Vater* blieb sie etwas im Rachen stecken und glitt ein bißchen durch die Nase.[9]

> Wenn morgen eine Probe von *Der Vater* ist, dann will ich Dich bitten, heute einige Wörter und Phrasen nach Angabe dieses Exemplars zu streichen. Dann braucht mich das morgen nicht zu ärgern.[10]

Die Anmerkungen sind typisch für Strindbergs vielfältiges und detailliertes Interesse an allen Phasen der Probenarbeit. Seine Anteilnahme erfolgt zwar eher schriftlich als praktisch, für die Forschung ist dies allerdings ein Vorteil. In einem längeren Brief vom 26. Juli 1908 "An das Personal des Intima Teatern", unterzeichnet mit "Der Regisseur", setzte er seinen Schauspielern auseinander, wie die schwedische Sprache auf der Bühne auszusprechen sei. Als dann zwei Wochen vor der Premiere einige Schauspieler den Text immer noch nicht beherrschten, weigerte er sich, bis auf weiteres zu den Proben zu erscheinen.

Immer wieder zeigen sich in Strindbergs Theaterauffassung verschiedenartige und manchmal gegensätzliche Ansichten: Er diskutiert im Detail,

7 Brief an Karin Alexandersson, die die Laura spielte, vom 30.7.1908.
8 Brief an August Falck vom 15.8.1908.
9 Brief an Anton de Verdier, der den Arzt spielte, vom 30.8.1908.
10 Brief an August Falck vom 15.8.1908.

wie die Rollen zu spielen sind, macht aber offene Vorschläge, weil er den Schauspielern die Schaffensfreude nicht nehmen will. Sein eigener Text ist nicht sakrosankt, sondern er ändert ihn anhand der Probenergebnisse; gleichzeitig verlangt er von den Schauspielern, daß sie sehr langsam sprechen sollen, damit nichts vom Text für den Zuschauer verloren ginge.

Was nun wirklich auf die Bühne kam, läßt sich zum Teil am vorhandenen Bildmaterial ablesen. Die Fotos suggerieren dem heutigen Forscher einen verhaltenen, fast introvertierten Darstellungsstil. Im Vergleich zu anderen zeitgenössischen Bildern zeigt sich, daß die Wirkung großer Beherrschtheit nicht auf die Bedingheiten der zeitgenössischen fotografischen Technik zurückzuführen ist, sondern als Ausdruck einer theatralen Ästhetik gedeutet werden kann (Abb. 53). Strindbergs Wunsch, im niedrigen Stimmregister zu bleiben und ohne übertriebene Gesten und Tonfälle auszukommen, ist offensichtlich entsprochen worden. Als die Amme dem Rittmeister den Revolver wegnimmt, erscheint sein Körper wie gelähmt, sein Gesicht vor Trauer starr. In den Schlußszenen, als der Rittmeister schon auf der Couch festgebunden ist, sind keine aufgeregten Gesten zu sehen, kein Hinweis auf ein kopfloses Rennen zu erkennen.

Das Bühnenbild präsentiert sich entsprechend den eingeschränkten Möglichkeiten der mit 6 x 4 Metern sehr kleinen Bühne recht anspruchslos. Hell tapezierte Wände, geschmückt mit Bildern und Waffen, eine weiße Decke mit einer Petroleumlampe, auf dem Fußboden ein Teppich über die ganze Bühnenbreite. Einige Möbel, die für die Handlung notwendig erscheinen: ein Tisch mit ein paar Stühlen, eine Couch, ein Chiffonier; die Tischlampe fehlt – der Kapitän hat sie im vorhergehenden Akt seiner Frau Laura hinterher geworfen. Wie sehr das Bühnenbild den engen Verhältnissen Rechnung trägt, zeigen die Türen. Sie wurden schräg in die beiden Ecken gestellt, um am wenigsten Platz wegzunehmen. Ein Vergleich mit dem "Zimmer" des bereits erwähnten Films, in dem das Dekor sehr überladen und viktorianisch wirkt, macht übrigens deutlich, wie symbolisch und modern das Zimmer im Intima Teatern angemutet haben mag. Schließlich ist noch darauf hinzuweisen, daß das Bühnenzimmer keine sichtbaren Fenster enthält. Der Gesamteindruck ist widersprüchlich: Das Zimmer erscheint nach außen abgeschlossen und gleichzeitig vermittelt es eine helle und freundliche Atmosphäre. Aus der Sicht des Rittmeisters könnte es als das Gefängnis einer guten Seele gedeutet werden.

August Falck zitiert in seinem Buch drei Kritiken, die allesamt sowohl das Stück als auch die Inszenierung loben. Ein Blick in die Zeitungsarchive zeigt, daß Falck tatsächlich repräsentative Kommentare ausgewählt hatte: Die Premiere war ein wirklicher Kritikererfolg. Ein Rezensent stellte sogar hellseherisch fest, daß er einem theaterhistorischen Ereignis beigewohnt habe.[11] Falck selbst faßte 1935 die veränderte Einstellung der Kritiker so zusammen, daß das Intima Teatern jetzt vom Prügelknaben zum Wickelkind der Zeitungen geworden sei.[12] Für den Forscher ist ein solcher Schluß nicht gerade zwingend, aber Falcks Feststellung entbehrt sicher nicht der Grundlage. Ungewöhnlicherweise finden sich auch Kommentare zur Regie, auch wenn diese eher kritisch ausfallen:

> Das langsame Tempo der Darstellung muß auf das Konto des Regisseurs (Strindbergs) gerechnet werden. Es schien mir nicht immer ganz glücklich.[13]

Der Forschung eröffnen sich von hier aus zwei Wege zum weiteren Studium der Geschehnisse am Intima Teatern. Einerseits könnte der Versuch unternommen werden, das Einzelereignis der Premiere genauer zu untersuchen, d.h. die kommunikativen Prozesse zwischen Bühne und Zuschauer – soweit das möglich ist – im Detail zu erfassen. Andererseits ist es auch von Interesse, die individuelle Inszenierung *Der Vater* zu anderen Inszenierungen in Bezug zu setzen, um sich so den Konventionen dieses Theaters anzunähern. In den folgenden Abschnitten wird zunächst die letzte der beiden Möglichkeiten verfolgt.

3. Konventioneller Kontext

Dem Erfolg bei der Kritik entsprach auch ein Erfolg beim Publikum. Insgesamt erreichte die Inszenierung von *Der Vater* 77 Aufführungen am Intima Teatern. Diese Zahl besagt nur dann etwas, wenn sie mit anderen Inszenierungen verglichen wird. Unter den 24 Stücken Strindbergs, die am Intima Teatern auf die Bühne kamen, erreicht *Der Vater* die fünfthöchste Aufführungszahl. Drei Stücke wurden über 100 mal gespielt, *Der Totentanz* erreichte 85 Aufführungen, *Königin Kristina* 65, weitere vier Inszenierungen wurden etwa 50 mal aufgeführt, die übrigen 14 Stücke mußten sich mit niedrigeren Aufführungszahlen begnügen.[14]

Das quantitative Maß kann auch anders beschrieben werden. Die drei erfolgreichsten Inszenierungen verbuchten jeweils über 10% aller Aufführungen auf sich, *Der Vater* erreichte 6,7%; zusammengenommen bestritten die sechs meistgespielten Stücke über 60% der Spielabende. Die verblei-

---

11 Sven Söderman in *Stockholms Dagblad* vom 5.9.1908.

12 Falck 1935, S. 214.

13 Bo Bergman in *Dagens Nyheter* 5.9.08

14 Nach der Zusammenstellung in Falck 1935, S. 360–362.

benden 40% verteilten sich auf 18 weitere Stücke, die weniger oft aufgeführt wurden. Während alle 24 Stücke, die Strindberg und sein Theaterleiter Falck auf die Bühne brachten, sicherlich mit vergleichbarem Ehrgeiz inszeniert wurden, d.h. mit der Absicht, dem Publikum zu gefallen, entschieden die Zuschauer an der Abendkasse, inwieweit das kommunikative Potential der Aufführungen tatsächlich die andere Seite der Rampe erreichte. Zu bemerken ist dabei eine gewisse Übereinstimmung zwischen dem Geschmack der Rezensenten und der Bereitschaft des Stockholmer Publikums, Karten für die jeweiligen Aufführungen zu kaufen. Da die Reaktionen der Kritiker und der Zuschauer Ausdruck für die ästhetischen Normen, die das Theaterleben im Stockholm der Jahrhundertwende beherrschten, sind, wird darauf noch zurückzukommen sein.

Man möchte nun vielleicht meinen, daß zwischen den erfolgreichen Inszenierungen in irgendeiner Form künstlerische Übereinstimmungen zu erkennen sein müßten. Hier stoßen wir auf das nächste Ärgernis mit dem Intima Teatern. Sowohl die genremäßige Zugehörigkeit als auch der Inszenierungsstil der erfolgreichsten Aufführungen lassen sich kaum auf einen Nenner bringen. Die Vielfalt der Darstellungsstile könnte allerdings auch ein Zeichen dafür sein, daß Strindberg tatsächlich als experimentierender Avantgardist zu Werke ging. Hier ein kurzer Überblick über die Inszenierungen und ihre wichtigsten Charakteristika in chronologischer Folge:

Fräulein Julie wurde im Dezember 1907 schon als zweite Aufführung gespielt. Die Inszenierung, die August Falck mit ins Theater brachte, hatte 1906 Strindberg zur Zusammenarbeit mit Falck geführt. Auch in bezug auf den damaligen Theaterstandard kann die Inszenierung als traditionell beschrieben werden. Unter anderem ist dies aus den erhaltenen Fotos zu entnehmen. Die Gutsküche war in reinstem Realismus auf die Kulissenleinwand gemalt und die Türen, der gußeiserne Ofen und der Eisschrank als Praktikablen auf die kleine Bühne gestellt worden. In bezug auf den Darstellungsstil finden sich in den Besprechungen nur wenige Aussagen, was so gedeutet werden kann, daß sich die Schauspieler im Rahmen der erwarteten, "normalen" Konventionen bewegten.

Königin Kristina ist, wie der Titel andeutet, ein historisches Stück über die schwedische Königin, die 1654 abdankte und katholisch wurde. Diese Inszenierung vom März 1908 ist die erste, in der Strindberg seinen Kammerspielen radikal den Rücken kehrte. Er ließ sich dabei von den damaligen Forschungen über die Bühne Molières inspirieren – zumindest so, wie er sie in der ersten schwedischen Theatergeschichte Europas von 1898 kennengelernt hatte.[15]

15 Ring 1898.

Abraham Bosses Stich von den "Gauklern im Hotel de Bourgogne" von etwa 1630 regte ihn dazu an, sich mit einem neutralen Vorhang als Hintergrund sowie einer Balustrade auf beiden Seiten der Vorderbühne zu begnügen. Mit einfachen Attributen wie Blumentöpfen, Bücherregalen (die später dann auch noch weggelassen wurden), römischen Tripoden etc. wurde das Milieu der Szenen angedeutet (Abb. 54). Die Kostüme hingegen waren aufwendig und historisch zeitgerecht in Berlin geschneidert worden. Strindberg wehrte sich dagegen, daß die Rollen die Kostüme wechselten, da dies das Publikum verwirre und außerdem dem einheitlichen Charakter der Rolle entgegenwirke.[16] Seine Reformbühne faszinierte Strindberg derart, daß er sie kurzerhand für alle Inszenierungen vorschlug, wenn er sich gegen Theaterleiter Falck in diesem Punkt schließlich auch nicht durchzusetzen vermochte. Hier zeichnet sich eine völlig neue Ästhetik Strindbergs ab, die er in einem Brief an Falck zwei Monate nach der Premiere folgendermaßen zusammenfaßte:

> Mit Einfachheit gewinnt man die feierliche Ruhe und Stille, in denen der Bühnenkünstler nur seine Rolle hören kann. Mit einfachen Dekorationen kommt die Hauptsache zum Vorschein: die Person, die Rolle, die Rede, der Gesichtsausdruck, die Gebärde. Meistens ist es vergebliche Mühe, für kurze Szenen umzudekorieren; der Zuschauer wird kaum die Pracht erfassen, denn er hat genug Mühe, das gesprochene Wort zu hören und aufzunehmen! "Am Anfang war das Wort". Ja, das Wort, das gesprochene Wort bedeutet alles. Du siehst es in *Kristina*, das kunstreiche Zusammenweben von Schicksal und Wille. Aber man kann es überall spielen, vor einem aufgehängten Smyrnateppich in einem Kellerlokal in einer Provinzstadt.[17]

Hier zeichnet sich ganz deutlich ein Bruch mit der vorherrschenden Theaterkonvention ab. Strindberg nahm damit die avantgardistischen Strömungen eines Craig, aber auch der späten Symbolisten in sein kleines Theater auf – jedoch nur, um sie schon in den nächsten Inszenierungen wieder links liegen zu lassen.

Ostern erlebte bereits am 16. April 1908, einen Monat nach *Kristina*, seine erste Aufführung. In den nächsten Jahren sollten noch über 180 folgen. Noch vor Sommer desselben Jahres wurde das Stück über 50 mal gezeigt. Obwohl Strindberg meinte, sowohl *Ostern* als auch *Der Vater*, die beide in Vorbereitung waren, als die *Kristina*-Bühne sich eben als erfolgreich erwiesen hatte, könnten mit Vorteil ebenfalls auf einer Molière-Bühne gespielt werden, wurde die Vereinfachung der Bühnenbilder in beiden Fällen auf eine Stilisierung des Zimmerinterieurs beschränkt. Der Reiz der *Ostern*-Inszenierung lag

16 Falck 1935, S. 143. Vgl. auch Bergman 1966, S. 292f.

17 Brief an August Falck vom 9.5.1908.

vermutlich auf einer ganz anderen Ebene: die Intensität, mit der die junge Schauspielerin Anna Flygare die Rolle der Eleonora gestaltete. Dazu eine Kritikerin:

> Wie das Stück vorgestern am Intima Teatern vorgeführt wurde – eine Darstellung, die im übrigen allem, was dort bisher gezeigt worden ist, überlegen ist – wurde es wirklicher, einfacher, wahrer als in der kunstfertigen Inszenierung des Dramatischen Theaters. Dieser Eindruck ist größtenteils der Verdienst von Fräulein Flygare als das grübelnde und überempfindliche Mädchen. Man sah an ihr keine Spur von Steifheit, man glaubte so stark an sie, daß man einmal von ihren milden Worten gerührt wurde, einmal Mitleid und fast Unbehagen spürte mit dieser zerbrechlichen Person, die bis ins Detail als ein gutes Kind dastand, dessen Verstand etwas verrückt war, aber das es doch wert gewesen wäre, das Dasein eines gewöhnlichen, glücklichen kleinen Mädchens in einem trauten Heim zu erleben.[18]

Kurz nach der Sommerpause 1908 hatte die bereits besprochene Inszenierung von *Der Vater* Premiere, in einem ähnlichen Bühnenbild wie *Ostern*. Für die folgende Inszenierung arbeiteten Falck und Strindberg dann mit zwei verschiedenen Konzeptionen, die einander ablösten.

Schwanenweiß gehört zu den heute fast vergessenen Stücken Strindbergs. Es erzählt die Geschichte der schönen Schwanenweiß, die den jungen Prinzen liebt und auch von ihm geliebt wird. Sie wird von der bösen Stiefmutter verfolgt und von dem jungen König umworben. Ihr geliebter Prinz ertrinkt, aber sie erweckt ihn durch die Reinheit ihrer Liebe wieder zum Leben. Dieses Stück hatte sich Strindberg 1901 als Morgengabe für seine neue Gattin Harriet Bosse ausgedacht. Jetzt, 1908, wurde die Titelrolle abwechselnd von zwei jungen Schauspielerinnen am Intima Teatern übernommen: von der eigentlich dafür bestimmten Anna Flygare, die schon aus der *Ostern*-Inszenierung bekannt war, sowie von Strindbergs letzter Geliebten, Fanny Falkner.

Das Stück spielt in einem sagenhaften Mittelalter. In der ursprünglichen Inszenierung zeigte das Bühnenbild unter anderem einen gemalten Rittersaal mit einer Pforte ins Freie.[19] Bei einem Fest, das anläßlich des ersten Jahrestags der Eröffnung des Intima Teaterns auf der Bühne abgehalten wurde, bemerkte Strindberg jedoch, wie die Vorhangbühne durch Bewegung und Beleuchtung verändert und belebt werden konnte. August Falck beschreibt die Szene 30 Jahre später folgendermaßen:

> Um Feststimmung zu schaffen, hatte ich auf der Bühne die "Vorhangbühne" aufhängen lassen, unsere schweren Samtvorhänge, über die ich jetzt ver-

18 Vera von Kraemer in *Socialdemokraten* vom 14.4.1908.

19 Vgl. die Abbildung bei Falck 1935, S. 228.

> schieden gefärbte Scheinwerfer spielen ließ, wobei die wunderbarsten Effekte entstanden, leberbraun, aschgrau, lila, taubenblau, altrosa, purpurn.
> Vor diesem schimmernden Hintergrund tanzten Anna Flygare und Fanny Falkner "improvisierte" Tänze à la Duncan. [...] Durch den Tanz wurden die Vorhänge in Bewegung gesetzt und eine neue Symphonie von schillernden Farben entstand.[20]

Sofort wurde nun auch die Inszenierung von *Schwanenweiß* geändert. Das bisherige Bühnenbild wurde durch eine Vorhangbühne ersetzt.[21] Wiederum und in noch weiter reichendem Maße als in *Königin Kristina* wurde jeglicher Bühnenrealismus von der Bühne verbannt und diese in ein imaginäres Bild verwandelt, in dem nur noch der Schauspieler und das Wort dominieren sollten.

Der Totentanz wurde am 8. September 1909 als das letzte der hier als erfolgreichste Stücke des Intima Teatern vorgestellten Inszenierungen zur Premiere gebracht. Im Oktober desselben Jahres wurde dem 1. Teil dieser Tragödie aus dem Jahre 1900 auch der 2. Teil hinzugefügt. Innerhalb eines Jahres wurde das Doppelstück dann 85 mal aufgeführt, obwohl sich die Kritiker gegenüber dem Strindbergschen "Schauerstück" sehr kühl verhielten. Das Bühnenbild stellte ein altmodisch-bürgerliches, überladenes Wohnzimmer dar, für das sogar der ausgestopfte Adler aus dem Foyer geholt wurde. Doch die Schauspieler ernteten Lob – selbst August Falck in der Rolle des Edgar, von dessen Darstellungen die Kritiker sonst meist nicht begeistert waren. Insbesondere wurden aber erneut Anna Flygare – hier in der Rolle der Alice – sowie für den 2. Teil auch Fanny Falkner als die Tochter Judith herausgehoben.

Vergleicht man die sechs Inszenierungen, die hier zwar aufgrund ihres besonderen Erfolgs gewählt wurden, aber dennoch als repräsentativ für das Intima Teatern gelten dürfen, ergibt sich der ärgerliche Befund, daß kaum größere Übereinstimmungen festzustellen sind. Weder im Bühnenbild noch in den Genres der Stücke oder in ihrer Anpassung an die enge Bühne lassen sich dominierende Züge finden.

In zwei der Stücke, *Fräulein Julie* und *Der Totentanz*, fiel die Bühnengestaltung eher altmodisch denn zeitgemäß aus. Der Realismus der Gutsküche bzw. der Wohnstube in den jeweiligen Stücken hätten aus dem Fundus eines jeden Theaters dieser Tage zusammengestellt werden können. Die Dekorationen für *Ostern* und *Der Vater* sind demgegenüber schon eher als stilisiert zu bezeichnen; wenigstens glich man sie durch Farbwahl, spärliche Möblierung und Einheitlichkeit der ganzen Bühnengestaltung der modischen L'Art

20 Falck 1935, S. 238f.
21 Siehe Abb. 55.

nouveau an. Dazu stellte man symbolische Attribute, wie die Waffen des Rittmeisters oder die gemalten Schatten der Außenwelt vor dem Fenster. *Königin Kristina* und in noch höherem Maß *Schwanenweiß* kehrten dem Realismus und auch dem Symbolismus ganz den Rücken. Hier wurden durch Schleier und Samtvorhänge und mit Hilfe von Scheinwerfern visionäre Welten geschaffen. Dem Publikum gefielen sie anscheinend ebenso gut wie der gemalte Hintergrund in Fräulein Julies Küche.

Auch in der Gattungszugehörigkeit unterschiedliche Befunde: zwei, wie Strindberg sie 1887–88 selbst bezeichnete, "naturalistische Schauspiele", zwei symbolisch-existentielle Familiendramen aus dem Jahr 1900, ein historisches Stück und ein mittelalterliches Märchen.

4. Intentionen des Präsentationsbereichs

Man ist versucht, bei der weiteren Ermittlung einer durchgehenden Konvention, die man für das Intima Teatern zugrunde legen möchte, wieder auf Strindbergs eigene Äußerungen zurückzugreifen, sowohl auf die gedruckten – also vor allem das *Memorandum* (s.u.) und die darauf folgenden *Briefe an das Intima Teatern* – als auch die unzähligen privaten Briefe, die Strindberg dem Leiter und den Mitgliedern des Ensembles zukommen ließ. Einige Grundzüge lassen sich darstellen, aber bevor diese kurz zusammengefaßt werden, ist voranzustellen, daß die Kritik fast immer eine andere Meinung vertrat als Strindberg selbst.

Da seine Schriften auch außerhalb des skandinavischen Sprachraums bekannt sind, sollen Strindbergs Notate hier nur kurz erwähnt werden. In seinem *Memorandum an die Mitglieder des Intima Teatern* wandte sich Strindberg in erster Linie an die Schauspieler. Die Äußerungen zur Schauspielkunst nehmen entsprechend einen zentralen Platz ein. "Die Schauspielkunst", schreibt er, "ist die schwierigste und die leichteste aller Künste. Aber sie ist, wie das Schöne, fast unmöglich zu definieren."[22] Zunächst legt er Wert darauf, das Verhältnis zwischen Schauspieler und Dramatiker zu klären, wobei er folgendes drastische Urteil abgibt:

> Die Schauspielkunst wird in der Ästhetik nicht als selbständige Kunst gerechnet, sondern als eine angehängte [sic!]. Sie kann ja nicht für sich selbst stehen, ohne den Text des Autors. Ein Schauspieler kann nicht den Verfasser entbehren, aber der Verfasser kann im Notfall den Schauspieler entbehren.[23]

---

22 Strindberg 1921, S. 14.
23 Ebda.

Strindberg nimmt an, daß der Schauspieler sich in eine Art Trancezustand versetze, so daß er sich selbst vergesse und schließlich zu dem werde, was er vorstellen solle. In diesem Prozeß sei das Wichtigste aber das Lernen der Rolle, und dieses Lernen beginne mit dem Wort: “Es fängt mit dem gesprochenen Wort an; das glaube ich, ist die Hauptsache der szenischen Kunst.” Wenn der Tonfall stimme, ergäben sich die übrigen Ausdrucksweisen wie Mimik, Gestik, Haltung usw. von selbst. Um sauber zu sprechen, sei die erste Bedingung, daß langsam gesprochen werde – auf der Bühne sei übertrieben langsames Sprechen sogar ein Gebot. Strindberg wisse dies aus eigener Erfahrung, weil er nämlich selbst als angehender Schauspieler die Dialoge der namhaftesten Schauspieler nachgesprochen habe – allerdings fast 40 Jahre zuvor. Jede Silbe, jeder Vokal und jeder Konsonant müsse zu hören sein. Strindberg gibt eine Reihe von Beispielen, wie gegen dieses Gebot verstoßen werde.

Ebenso wichtig ist ihm das stumme Spiel, das Zuhören, wenn ein Mitspieler auf der Bühne das Wort hat. Noch nach 150 Aufführungen müsse Jean die biographische Erzählung Julies so aufnehmen, als höre er sie zum ersten Mal. Dabei müsse auch sehr darauf acht gegeben werden, wie man sich auf der Bühne bewege. Auch hier geht Strindberg ins Detail. Beispielsweise schreibt er vor, wie sich die Herren setzen sollten, damit die Hose auch im Sitzen die Schuhe bedecke – diese Art sich zu setzen ist übrigens noch im Film *Der Vater* von 1911 zu beobachten.

Seinem Wunsch entsprechend, das Einfache nicht ins Banale abgleiten zu lassen, gibt er seinen Bühnenkünstlern Ratschläge, die an Hamlets Rede an die Schauspieler erinnern. Aber auch im Intima Teatern dürfe der Schauspieler das Publikum nicht vergessen: Er müsse zwar für das Publikum spielen, dürfe aber niemals um die Gunst des Publikums werben.

Auch die Funktion des Regisseurs bezieht Strindberg in seine Betrachtung ein. Obwohl der Regisseur vielleicht die Rollen nicht selbst gestalten könne, wisse er dennoch, wie sie auszuführen seien. Jedenfalls sei dem Regisseur immer Recht zu geben – schon um des Hausfriedens willen – und um so mehr, wenn er selbst der Autor sei.

Das *Memorandum* ist auf den 26. Juli 1908 datiert. Zu diesem Zeitpunkt war Strindberg schon zum Regisseur seines Theaters aufgerückt. Zum einjährigen Jubiläum im November desselben Jahres verfaßte Strindberg für sein Ensemble eine Schrift, die hauptsächlich eine dramaturgische Analyse von *Hamlet* beinhaltet.[24] Im Anschluß daran zieht er eine erste Bilanz aus den Erfahrungen mit den vereinfachten Dekorationen auf der Bühne des Intima Teatern. Sie geht besonders auf die Vorhang- oder Molière-Bühne ein, die mit

24 Strindberg 1921, S. 49ff.

Königin Kristina erprobt wurde. Er preist diese Bühne, sowohl aus praktischen als auch ästhetischen Gründen und empfiehlt sie auch für eine Inszenierung von *Hamlet*. Bei der Jubiläumsfeier im Theater kam es zu dem oben beschriebenen Tanz auf der Vorhangbühne, der zu radikalen Änderungen in der *Schwanenweiß*-Inszenierung führte.

In den Briefen an August Falck, von denen Strindberg oft mehrere täglich schrieb, werden die zukünftigen Pläne für eine Erneuerung der Gestaltungsprinzipien weiter entwickelt, besonders auch mit Hinblick auf eine Inszenierung von *Das Traumspiel*. Die Vereinfachung sollte noch weiter getrieben werden und sowohl die Bühne als auch die Kostüme einschließen:

> Phantasiekostüme werden eingeführt (etwa nach Craig, oder im Stil der L'Art nouveau). Agnes kann sicher eine weiße Tunika anhaben; der Dichter eine römische Toga mit Zubehör (Laute oder so); der Advokat mit Perücke, 18. Jahrhundert, wie die englischen Advokaten noch heute ...[25]

Für Flygare und Falkner hatte sich Strindberg drei Tänze ausgedacht, jeweils einen im Theaterkorridor, bei der Promotion und in Schönbucht. Die Choreographie könnten sich die Damen selber ausdenken, wenn sie nur "im großen Stil komponierten (Duncan)"[26].

Derartige Vereinfachungen galten aber nur für das Intima Teatern. Eine Inszenierung von *Traumspiel* an diesem Theater kam leider nie zustande. Als das Stück 1907 am Svenska Teatern in Stockholm die Uraufführung erlebte, freute sich Strindberg noch über die gemalten, für diese Zeit denkbar konventionellen Kulissen aus der Werkstatt des Bühnenbildlieferanten Karl Grabows. Zwar hatte er sich dazu Skioptikonbilder aus Deutschland gewünscht, doch diese ließen sich damals noch nicht technisch befriedigend projizieren – solche "Wolkenapparate" sollten erst Anfang der 20er Jahre an der Stockholmer Oper eingeführt werden. Ähnliche Gestaltungsprinzipien hatte sich Strindberg auch für die kommende Arbeit mit Stücken wie *Die Nachtigall von Wittenberg*, *Damaskus I* und das Märchenspiel *Abu Casems Pantoffeln* ausgedacht.

Betrachtet man die Stellungnahmen Strindbergs, die er 1908 zu Papier brachte und bis zu einem gewissen Maß auch auf der Bühne des Intima Teaterns verwirklichte, dann tritt uns hier eine völlig andere Theaterauffassung entgegen. Sie hat keinerlei Berührungspunkte mit den naturalistischen Dogmen mehr, die Strindberg genau 30 Jahre zuvor im Vorwort zu *Fräulein Julie* verfocht. Der zeitliche Abstand macht derartige Veränderungen nachvoll-

25 Zitiert nach Falck 1935, S. 275.
26 Ebda.

ziehbar, wenngleich sie für Strindberg selbst nicht unbedingt selbstverständlich waren. Die Autorität des Dichterwortes galt auch für seine eigenen Schriften, von denen er sich keinesfalls distanzieren wollte. Gleichzeitig war er aber pragmatisch genug, nicht alles wörtlich zu nehmen, nicht einmal sich selbst: Daraus ergaben sich einige Widersprüchlichkeiten, die auch die Arbeit des Intima Teatern beeinflußten.

Obwohl Strindberg die Notwendigkeit langsamen Sprechens immer wieder unterstrich, dachte er dabei an eine einfache, intime Darstellung, die eine Illusion des natürlichen Sprechens geben sollte. Obwohl das Wort das zentrale Gestaltungsmittel sein sollte, spielte Strindberg in seiner Phantasie mit Tanzeinlagen, die gar von den Schauspielerinnen selbst im Sinne von Isadora Duncans Bewegungsduktus erfunden werden sollten. Der Fluß der Bewegungen sollte zusammen mit den Kostümen und der "leeren" Bühne die Traumvisionen unterstreichen, für die Strindbergs Texte offenbar allein nicht ausreichten. Hier trat ganz deutlich der Theatermann neben den Dichter.

In bezug auf das Bühnenbild standen einander zwei Forderungen gegenüber, die sich bisweilen ergänzten, meist aber gegeneinander wirkten: Strindbergs visionäre Einfachheit und der Pragmatismus des Theaterleiters Falck. Strindbergs Stellungnahmen sind durch stark wechselnde Positionen gekennzeichnet. Bereits im ersten Jahr des gemeinsamen Theaterunternehmens gab es einige Veränderungen. Für seine Kammerspiele dachte Strindberg noch an symbolisch vereinfachte Räume, die der zeitgemäß-modischen L'Art nouveau verbunden waren. Den Ausgangspunkt bildeten Maeterlinck und Lugné-Poë, beide für den schwedischen Dramatiker keine Unbekannten. Für Falck stellte sich dies zunächst als eine Anpassung an die technischen Gegebenheiten des kleinen Theaters dar: Die Feuerwehr hatte es untersagt, gleichzeitig mehrere Bühnenbilder im Theater zu lagern. Neue Dekorationen mußten daher jedesmal über den Hinterhof des Gebäudes getragen werden. Die radikale Vereinfachung der Bühne für *Königin Kristina* vom März 1908 ging aber für Falck zu weit: Die Kritik hatte die Inszenierung wenig begrüßt. Die Zurückhaltung der Rezensenten dürfte allerdings andere Gründe gehabt haben, nämlich die mangelhafte Leistung der Hauptdarstellerin Manda Björling, der Frau von August Falck. Der Theaterleiter nahm *Königin Kristina* als Warnung, Strindberg dagegen als einen Beweis, daß es auch ohne Dekorationen ging. Dieser Zwiespalt vereitelte weitere Experimente mit der Bühnengestaltung, wenn man von den im Nachhinein hinzugefügten Veränderungen in *Schwanenweiß* absieht. Die Forschung muß sich so wieder mit ärgerlichen Spekulationen zufrieden geben: Hätten weitere Versuche mit "dekorationslosen" Bühnen, etwa für *Das Traumspiel*, zu wirklich neuartigen, avantgardistischen Inszenierungen führen können? Das Intima Teatern blieb den Beweis schuldig.

Möglicherweise hätte hier *Hamlet*, nach Strindbergs dramaturgischer Analyse, wie er sie dem Ensemble zum ersten Jahrestag des Theaters in seinem gedruckten Brief vorexerzierte, einem solchen Inszenierungsprinzip zum Durchbruch verhelfen können. Strindberg sprach sich nachdrücklich für die Pflege der Klassiker und des schwedischen Dramas aus. Aber die Bilanz des Intima Teatern zeigt, daß nur Strindbergs eigene Stücke gespielt wurden. Bei der ersten Inszenierung eines anderen Stücks – Maeterlincks *L'Intruse* – fiel das Unternehmen letztlich auch deshalb auseinander. Auch hier gingen die Intentionen und die Praxis weit auseinander.

Strindbergs Intentionen für ein avantgardistisches, intimes Theater lassen sich in folgenden Schlagworten kurz zusammenfassen: einfaches, "natürliches" Spiel mit zentraler Bedeutung des Wortes; Vereinfachung des Bühnenaufbaus; Deutlichkeit gegenüber dem Publikum; Pflege des klassischen und des nationalen Dramas. Diese Prinzipien für das Intima Teatern wurden aber nicht konsequent durchgesetzt, und dies aus verschiedenen Gründen. Abgesehen von den bereits erwähnten Widersprüchlichkeiten in Strindbergs eigener Einstellung, wäre nun danach zu fragen, wie die Aufführungen tatsächlich rezipiert wurden. Zunächst stellt sich dabei die Frage, welche Theaterkonventionen den einzelnen Rezeptionen zugrunde gelegt werden können. Neben diesem, konventionellen Kontext ist daran anschließend der strukturelle Kontext des Rezeptionsbereichs genauer ins Auge zu fassen, d.h. klarzustellen, wie sich die Strukturen des Stockholmer Theaterlebens im ersten Jahrzehnt dieses Jahrhunderts auf Strindbergs und Falcks Theater ausgewirkt haben. Dabei wäre auch zu fragen, ob nicht etwa andere, der Theaterarbeit unmittelbarer zuordenbare Faktoren auf die Erfolgsmöglichkeiten des Intima Teatern Einfluß genommen haben könnten.

Mit diesen Fragen wird auch schon eine theoretische Stellungnahme zum Begriff der Avantgarde angedeutet, der zum Ende dieser Untersuchung noch aufzugreifen bleibt. Wenn die Rezeption sowohl im konventionellen als auch im strukturellen Bereich als wesentlich für die Gesamtdarstellung des Intima Teatern eingestuft wird, dann ist damit bereits darauf hingewiesen, daß der Avantgardebegriff nicht nur auf die Intentionen eines Theatermachers oder Stückeschreibers bezogen bleiben darf, sondern als Teil einer historischen Theaterlandschaft verstanden werden muß.

5. Aufnahme innerhalb des Rezeptionsbereichs

Ohne eine entsprechende Rezeption in der Presse verpuffen die Präsentationen des Theaters ins Leere. Nun kann man nicht behaupten, die Presse hätte sich durchweg negativ zum Intima Teatern geäußert. Vielmehr lassen sich deutliche Veränderungen registrieren, die die Kritiker, als Gruppe betrachtet, im Zeitraum der Existenz des Intima Teatern durchliefen.

Gleich zur Eröffnung des Theaters wurden sowohl Stückauswahl als auch Darstellung grundsätzlich in Frage gestellt. Um den kritischen Ton der Reaktionen auf das erste der Kammerspiele, *Der Pelikan*, anklingen zu lassen, sei hier eine kurze Passage des an und für sich wohlwollenden Kritikers August Brunius zitiert:

> Es ist zu beklagen, daß als Einweihungsprogramm ein Stück gewählt wurde, das außerordentliche Kräfte erfordert, um zur Geltung zu kommen. Herrn Falcks Gesellschaft ist mit allem Respekt für die Energie und Unverwegenheit des jungen Direktors nicht in der Lage, diesem mittelmäßigen Stück zur Anerkennung zu verhelfen. [...] Es ist ja ganz selbstverständlich, daß eine Truppe nicht auf einmal die Technik eines intimen Theaters beherrschen kann, die so äußerst verfeinerte Nuancen und einen gedämpften aber doch natürlichen Ton erfordert. Aber den Schauspielern, die gestern auftraten, fehlte es doch noch sehr; der größte Fehler mit diesem intimen Theater ist, daß es kein intimes Theater ist.[27]

Fräulein Julie wurde zwar akzeptiert, aber ohne Enthusiasmus – die Inszenierung war ja schon ein Jahr zuvor in Stockholm gezeigt worden. Die folgenden Kammerspiele wurden durchwegs von der Kritik abgelehnt, da die Stücke unbegreiflich und die Darstellung ungenügend für sie waren. Doch allmählich schien sich das Ensemble dem intimen Darstellungsstil zu nähern, so sehr sogar, daß der in Schweden berüchtigte Kritiker Bo Bergman entrüstet ausrief: "Intimität ist doch nicht Begräbnistempo und Begräbnisstimmung."[28] Eine Milderung folgte mit *Königin Kristina*. Zwar fand man das Stück ungeeignet oder gar unspielbar, aber die Darstellung hatte den Abend wenigstens nicht verschlechtert.[29] Ein Kritiker erklärte die Darstellung der Titelrolle für ebenso unzusammenhängend wie die Rolle selbst, stellte aber unverhohlen fest, daß die Schauspielerin dekorativ in ihrer Rolle gewesen sei.[30]

Die erste Anerkennung wurde mit *Ostern* im darauffolgenden Monat erzielt. Sogar der strenge Bo Bergman gibt zu: "Die Darstellung war die ausgeglichenste und beste, die das Theater bisher erreicht hat. Niemand störte ganz und gar, und eine war ausgezeichnet. Ich meine Fräulein Anna Flygare."[31] Die

27 *Svenska Dagbladet* vom 27.11.1907.
28 *Dagens Nyheter* vom 26.2.1908.
29 *Dagens Nyheter* vom 28.3.1908.
30 *Svenska Dagbladet* vom 28.3.1908.
31 *Dagens Nyheter* vom 17.4.1908.

große Bedeutung der Schauspielerin wurde schon oben angedeutet, aber hier ist hinzuzufügen, daß diese sich nicht nur auf die *Ostern*-Inszenierung bezog, sondern für den ganzen Rezeptionsverlauf des Intima Teaterns eine nachhaltige Wirkung hatte.

Ein wirklicher Durchbruch kam mit *Der Vater*, der ersten Premiere der Herbstsaison 1908. Auch hier wurden die Schauspieler gelobt: Karin Alexandersson als Laura, die die beste Diktion an diesem Theater besitze; Anna Flygare als Amme, obwohl es sich um eine Nebenrolle handele; Fanny Falkner als die Tochter Bertha machte in den kurzen Augenblicken ihres Auftretens genügend Eindruck, um von mehreren Kritikern lobend erwähnt zu werden. Letzere war auf besonderen Wunsch Strindbergs am Theater als Schauspielschülerin engagiert worden. Wenig später durfte sie auch eine Hauptrolle übernehmen, nämlich die der Schwanenweiß. Auf ihre schon kurz erwähnte Leistung wird nochmals zurückzukommen sein.

Auch im weiteren Verlauf der Saison fand das Intima Teatern bei den Kritikern immer wieder Anerkennung, in der darauffolgenden Spielzeit 1909/10 schienen jedoch Ermüdungserscheinungen einzutreten. Man kannte nun Strindberg, und man kannte den Stil des Ensembles. Nur ein einzig wirklich neues Stück von Strindberg hatte in dieser Saison Premiere, *Die große Landstraße*, ein Traum- und Versöhnungsspiel, und zugleich Strindbergs letztes Drama. Im Sommer 1910 wurden Gerüchte laut, die Zusammenarbeit zwischen Strindberg und Falck würde sich dem Ende zuneigen. Die Nachricht wurde zunächst dementiert, aber bald schon wurden die Differenzen öffentlich in der Presse ausgetragen – wie immer bei solchen Gelegenheiten, unter begeisterter Anteilnahme der Allgemeinheit. Am 11. Dezember 1910 zeigte das Intima Teatern zum Abschluß noch einmal drei Aufführungen: *Königin Kristina*, *Der Vater*, *Fräulein Julie*. Dann war Strindbergs Theaterunternehmung zu Ende.

War die Handvoll Kritiker, die die Presse in Stockholm in diesen Jahren dominierten, für den Untergang des Intima Teatern mitverantwortlich? Und wenn man ihnen ein gewisses Maß von Mitverantwortung zuschreiben konnte, waren sich die Kritiker ihres Einflusses bewußt? Hatten sie überhaupt die Voraussetzungen und Erfahrungen, das Strindbergsche Projekt hinreichend zu würdigen?

Die meisten der Stockholmer Kritiker kamen aus gutbürgerlichen Häusern, waren im Stadtmilieu aufgewachsen und hatten – mit Ausnahme von zwei Frauen – in Uppsala studiert.[32] Die Mehrzahl von ihnen war an Tages-

32 Die in diesem Abschnitt angeführten biographischen Angaben sind entnommen aus Isaksson 1987.

zeitungen als Journalisten angestellt. Dies hielt sie allerdings nicht davon ab, auch selbst schriftstellerisch tätig zu werden. Bei manchen kam es dadurch zu Doppelfunktionen: Sie kritisierten auf der einen Seite, was sie auf der anderen, als Autoren oder durch ihre Freundschaften mit Theaterleuten, recht gut kannten.

Um die Jahrhundertwende kam es in der Stockholmer Presse zu einem Generationswechsel, der auch die Theaterkritik einschloß. Während der ersten Jahre des Jahrhunderts wurden an fast allen Zeitungen neue Theater- und Kunstkritiker angestellt, die zu diesem Zeitpunkt mit 39 Jahren das niedrigste Durchschnittsalter für die ganze erste Jahrhunderthälfte aufwiesen. Die ästhetischen Vorstellungen der neuen Generation hatten sich in den 90er Jahren des vorigen Jahrhunderts herausgebildet. Sie stellten sich größtenteils hinter die für die schwedische Literatur der Zeit dominierenden Bestrebungen nach einer Abkehr vom Realismus. Mit Werner von Heidenstam – einem der wichtigsten Gegner Strindbergs – als Bannerführer wurde eine literarische Phantasieproduktion befürwortet, für die Selma Lagerlöf als die international bekannteste Autorin zu nennen wäre. Für das Theater bedeutete dieser Umschwung eine gewisse Stärkung traditioneller Werte, die besonders am Dramatischen Theater gepflegt wurden. Der Realismus, der in den 1880er Jahren noch gefordert – wenn auch selten erreicht – worden war, war nicht länger gefragt. Das Schöne galt mehr als das Wirkliche.

Dieser Relativismus, der eher bedeutende Schauspielkunst als große Dramen hervorbrachte, dehnte sich in das neue Jahrhundert aus. Ästhetik wurde groß geschrieben, Form und Phantasie freien Lauf gelassen und das Inhaltliche etwas in den Hintergrund gedrängt. Stilistisch könnte das Theater der Jahrhundertwende durch das Stück *Cyrano de Bergerac* gekennzeichnet werden, das auch in Stockholm mit Nils Personne in der Titelrolle einen andauernden Erfolg verbuchen konnte. Im Grunde ein Konversationsstück mit geschmeidigen Dialogen, bot es doch Gelegenheit für großartige Szenen und heftige Gefühle. Eine geschliffene Diktion war ebenso eine Voraussetzung für den Erfolg solcher Produktionen wie die Herausarbeitung schöner Theaterbilder.

In einer dialektischen Bewegung lenkten die Erfolge den Blick auch auf die spezifischen Kommunikationsbedingungen und Konventionen des Theaters und schufen so die notwendige Basis zu deren Veränderung. Der Hauptdarsteller des Cyrano beschrieb in einer Vorlesung für Schauspielschüler beispielsweise sein Verhältnis zum Verismus italienischer Prägung folgendermaßen:

> Das Bestreben, die Wirklichkeit abzubilden (der Verismus auf der Bühne), hat zu einer Menge von Unarten geführt; so z.B. zu dem beliebten Spiel mit dem Rücken zum Publikum. Wenn damit ein besonderes künstlerisches Ziel verfolgt und erreicht wird, dann ist dagegen natürlich nichts einzuwenden.

> Verwerflich ist es, wenn sich kein anderes Motiv anführen läßt, als daß es im täglichen Leben so vorkomme. Das beweist gar nichts. Das Richtige im Leben ist noch lange nicht das Richtige auf dem Theater. Das Natürliche auf der Bühne ist eine Mischung aus Wahrheit und Konvention.[33]

Diese Prinzipien in der Darstellungskunst, die auch für die Kritiker ausschlaggebend waren, hätten Strindbergs Theaterunternehmen eigentlich einen günstigen Boden bereiten müssen. Die Grundzüge – gutes Sprechen und freie Phantasie – gehörten durchaus zu dem, was Publikum und Kritik zu dieser Zeit zusagte. Dazu kam die Tatsache, daß die neue Kritikergeneration des am Dramaten seit mehreren Jahrzehnten gepflegten Stils etwas müde und somit für allerlei Experimente offen war.

Als der Schauspieler August Lindberg 1901 Shakespeares *Der Sturm* allein in einer zwei Stunden langen Lesung darbot, kommentierte Tor Hedberg im *Svenska Dagbladet*:

> Nicht daß ich meine, daß solche Lesungen jetzt oder in Zukunft dramatische Darbietungen ganz ersetzen könnten – um mehr als eine Übergangsform, und zwar eine zufällige, handelt es sich nicht – aber es zeigt, mit welch kleinen und einfachen Mitteln eine szenische Illusion und ein dramatischer Eindruck zustande gebracht werden können, wenn zwei Voraussetzungen gegeben sind: Eine wirkliche Dichtung zur Interpretation und eine lebende und kreative Phantasie des Interpreten.[34]

Man könnte somit eine gewisse Offenheit gegenüber Strindbergs Experimenten am Norra Bantorget voraussetzen. Diese an sich positive Perspektive wurde aber durch andere Faktoren entscheidend eingeschränkt, die dann doch, wenigstens für eine gewisse Zeit, die Oberhand behielten. Zunächst ist festzustellen, daß der Blick auf Strindbergs Theaterunternehmen in erster Linie Strindberg selbst galt. Stockholm war damals noch eine kleine Stadt, in der sich die Leute in bestimmten Kreisen ganz gut kannten. Auch wenn sich Strindberg immer seltener in der Öffentlichkeit zeigte, wurde sein Theater ganz bestimmt als Instrument seines persönlichen Willens und der Theaterleiter Falck nur als sein Handlanger aufgefaßt. Das führte bereits in den ersten Monaten zu einigen Erschwernissen. Einmal waren die Kammerspiele, mit denen das Intima Teatern eröffnet wurde, eine für die Kritiker an sich schwerverdauliche Kost. Zum zweiten konnte man die autobiographischen Anspielungen der Stücke zuordnen, was in einer kleinen Stadt nicht unbedingt als moralisch hochstehend geschätzt wurde. Zum dritten aber hatte Strindberg

33 Zitiert nach Lewenhaupt 1988, S. 236.

34 *Svenska Dagbladet* vom 7.1.1901.

kurz vor der Eröffnung des Theaters eine beißende Satire, *Schwarze Fahnen*, veröffentlicht, in der er das ganze Stockholmer Kulturestablishment angegriffen hatte. Auch wenn sich einzelne Kritiker nicht betroffen zu fühlen brauchten, war doch ihr ganzer Berufsstand ins Lächerliche gezogen worden.

Während die Bedingungen in Anbetracht der ästhetischen Normen eher günstig als abträglich für das neue Theater gewesen wären, deuten die Anfeindungen Strindbergs bereits auf einen spezifischen strukturellen Kontext hin, das heißt auf die damaligen Theaterverhältnisse in Stockholm.

6. Struktureller Kontext

Am 24. November 1907, zwei Tage vor der Eröffnung des Intima Teatern, veröffentlichte aus diesem Anlaß der Kritiker Sven Söderman eine Betrachtung, die bedeutende Erwartungen an das neue Theater verrät und als solche sicher repräsentativ für viele theaterinteressierte Stockholmer war.

> "Das intime Theater", für das seit einiger Zeit so gewaltig Reklame in allen Zeitungen gemacht wird, beginnt am Dienstag seine Tätigkeit. Der Gedanke eines solchen Theaters ist nicht neu, wenngleich bei uns bisher nicht erprobt, und kann unter gewissen Umständen als berechtigte künstlerische Forderung erscheinen. Die allgemeinen Theater sind entweder von Staat oder Fürst subventionierte Bühnen oder private Unternehmen, und die Leiter müssen teilweise Faktoren in Betracht ziehen, die einer ausschließlich von künstlerischen Gesichtspunkten betriebenen Arbeit im Wege stehen können. Eine Volksrepräsentation kann allzu einseitige ethische oder nationale Gesichtspunkte festlegen, ein Fürst kann willkürlich eingreifen in die Wahl des Repertoires, die Rollenverteilung usw., und für alle ist die Geldfrage die erste und letzte Entscheidung. [...]
> In einer Zeit, in der diese Äußerlichkeiten so scharf hervortreten, entsteht ganz natürlich der Gedanke eines intimen Theaters. [...] Das soll frei, uneigennützig und im weitesten Sinne rücksichtslos sein.[35]

Als das Intima Teatern seine Tätigkeit aufnahm, war es das elfte Theater in der schwedischen Hauptstadt. Von den bereits vorhandenen Theatern erhielt nur eines, das Königliche Theater/die Oper, staatliche Zuschüsse. Dem Königlichen Dramatischen Theater, Dramaten, waren die öffentlichen Subventionen 20 Jahre zuvor, 1888, entzogen worden. Damals hatten die Schauspieler des Theaters eine Gesellschaft gegründet, die die königliche Bühne in ein privates Unternehmen umfunktionierte. Inzwischen war jedoch ein Konsorti-

35 *Svenska Dagbladet* vom 24.11.1907.

um gebildet worden, das ein neues Haus für das Dramatische Theater erbauen ließ. Dieses Theatergebäude in zeitgemäßem Jugendstil sollte in Kürze, genauer am 19. Februar 1908, eröffnet werden. Die Schauspielergesellschaft wurde in eine Aktiengesellschaft umgewandelt und kam wieder in den Genuß öffentlicher Subventionen.

Während im November 1907 dem Intima Teatern viel Platz in der Presse gewidmet worden war – mit ausführlichen, reichhaltig illustrierten Reportagen über Baulichkeiten und Einrichtung –, wandte sich bald das ganze Interesse dem neuen Dramaten zu. Das wechselnde Interesse der Zeitungen wäre kaum nennenswert, wenn es nicht auch dem Intima Teatern entgegengewirkt hätte. Es sind aber wiederholt Verlautbarungen zu lesen, die die Notwendigkeit eines literarischen Theaters wie des Intima Teatern in Frage stellen, da doch entsprechende Aufgaben dem wiedererstandenen Nationaltheater zukämen. Dieser Auffassung wurde noch dadurch zusätzliche Nahrung gegeben, daß als Eröffnungsprogramm des Dramaten ausgerechnet August Strindbergs *Meister Olof* gewählt worden war.

Die Mehrzahl der übrigen Theater Stockholms war in der Hand eines einzigen Impressarios, Albert Ranft, selbst Schauspieler, der in den 80er und 90er Jahren seinem Imperium ein Theater nach dem anderen einverleibt hatte. Ranft führte seine Geschäfte mit theatraler Sachkenntnis. Er verstand es, die Theater genügend zu differenzieren und auf verschiedene Publikumsbedürfnisse abzustimmen. Im Svenska Teatern verfügte er über eine große Bühne, auf der er mit Klassikern, Strindberg und gehobenerem Repertoire dem Dramaten Konkurrenz machte, wogegen er auf anderen Bühnen Komödien anbot und schließlich auf wieder anderen Bühnen Farcen und Revuen auf den Theatermarkt brachte. Das Ranftsche Imperium, das sich auch auf Städte außerhalb Stockholms erstreckte, hatte fast während der ganzen aktiven Schaffensperiode Strindbergs einen großen Einfluß auf das schwedische Theaterleben.

Als Strindberg am 22. Januar 1909 seinen 60. Geburtstag feierte, war dies ein großes Presse- und Theaterereignis. In Stockholm wurden an vier Bühnen Stücke von Strindberg gegeben – am Dramaten, am Svenska Teatern, am volkstümlichen Östermalms Teatern sowie am Intima Teatern. Es muß somit eingeräumt werden, daß Strindberg ein populärer, wenngleich vom Establishment gefürchteter Dramatiker war. Das Intima Teatern hatte also nicht die Aufgabe, einem unbeachteten Autor einen Platz auf der Bühne zu verschaffen. Vielmehr muß man es als Strindbergs eigene Experimentierstube betrachten, die auch dementsprechend beurteilt wurde.

Den 11 Stockholmer Theatern mit einem Fassungsvermögen von etwa 6.000 Plätzen pro Abend standen ungefähr 300.000 Einwohner gegenüber.

In einem Monat hätte fast jeder von ihnen einmal ins Theater gehen können. Die Konkurrenz um das Publikum war somit bedeutend.

Das Publikum jener Zeit wurde von zwei sozialen Schichten dominiert. Auch in Schweden nahm das Bürgertum im ausgehenden 19. Jahrhundert eine gesellschaftliche Vorrangstellung ein. Bildung und Kulturinteresse orientierten sich an seinen Bedürfnissen. So hatte z.B. das Großbürgertum in der Oper allmählich die Aristokratie in den teuren Logen ersetzt.[36] Das Bildungsbürgertum hingegen sprach eher der gehobenen Komödie zu, die nicht zuletzt am Dramaten gut gepflegt wurde. Eine zweite große Bevölkerungsgruppe in Stockholm machten die vom Lande zugezogenen Arbeitskräfte aus, die in den engen Wohnungen der neuerbauten Stadtteile zusammengepreßt lebten. Auch für diesen Teil der Bevölkerung war für Unterhaltung gesorgt, nicht zuletzt in den Theatern der Vorstädte.

Woher kam das Publikum des Intima Teatern? Diese Frage läßt sich heute natürlich nur noch schwer beantworten. Einige in der Presse wiedergegebene Anekdoten geben doch einen gewissen Einblick. Zur Eröffnung kamen die üblichen Honoratioren und jene, die sich sonst noch die dreifach verteuerten Karten leisten konnten. Vor dem Theater waren viele Neugierige versammelt, die den Geld- und Bildungsadel sehen wollten. In den Rezensionen wird, wie das damals üblich war, auch über Publikumsreaktionen berichtet. In einer Kritik heißt es, daß sich nach dem ersten und zweiten Akt keine Hand gerührt habe. Der Kritiker nimmt an, daß es dafür verschiedene Gründe geben könne. Erst nach dem Schlußvorhang sei dann doch noch geklatscht worden.

Einige Abende später wurde *Fräulein Julie* gegeben. In zwei Zeitungen wird berichtet, daß die Leute nach dem Ende der Aufführung nicht gehen wollten – offenbar, weil sie glaubten, dies wäre nur der erste Akt gewesen. Die Berichterstatter nehmen wohl richtig an, daß das Publikum das über 20 Jahre alte Stück, das zudem ein Jahr zuvor in Stockholm aufgeführt wurde, nicht kannten. Es ist jedoch schwierig, aus derartigem Material auf die Schichtung des Publikums zu schließen. Anderen Aussagen entsprechend dürfte das Publikum in der Hauptsache ein intellektuelles gewesen sein. Daß sich das Intima Teatern auch um das weibliche Publikum bemühte, läßt sich schon an der Gestaltung der Foyers ablesen: Neben dem Raucherzimmer, das den Herren vorbehalten war, gab es einen besonderen Aufenthaltsraum für die Damen – Strindberg ließ hier übrigens später eine Büste von sich aufstellen. Darüber, wie hoch der Anteil weiblichen Publikums für das Intima Teatern tatsächlich war, sind heute keine stichhaltigen Aussagen mehr möglich. Auffallend ist zumindest, daß unter den wichtigen Kritikern des Intima Tea-

36 Vgl. Baude 1957.

tern gleich zwei Frauen zu nennen sind: Anna Branting von *Stockholms Tidning* und ihre Tochter, Vera von Kraemer, die für *Socialdemokraten* arbeitete. Übrigens schrieb, wenn auch zu einem anderen Zeitpunkt, ein weiteres Mitglied der Familie Theaterkritiken: Hjalmar Branting, Ehemann bzw. Stiefvater der oben Genannten, der 1925 dann zum ersten sozialdemokratischen Regierungschef in Schweden gewählt wurde.

Aus den Zeitungen ist es schwer herauszulesen, ob sich geschlechtliche oder politische Unterschiede im Publikum auf die Rezeption der Aufführungen auswirkten. Alle Vermutungen, die politische Schattierung einer Tageszeitung würden sich auch in den Kulturberichten niederschlagen, haben sich bei näherer Untersuchung als falsch erwiesen.[37] Auch gaben Strindbergs Stücke wenig Anlaß zu politischen Kommentaren, wogegen seine Person immer wieder zum Gegenstand von Kontroversen avancierte.

Festzustellen bleibt, daß 1910 das Publikum ausblieb, besonders nachdem der Streit um das Theater die Öffentlichkeit erreicht hatte.

7. Theatrale Kommunikation

Nachdem sich die Ausführungen vom Einzelereignis über die individuelle Inszenierung, dem konventionellen Kontext von Theater und Zuschauer zum strukturellen Feld des Stockholmer Theaterlebens bewegt haben, ist jetzt der Augenblick, zu einzelnen Aufführungen zurückzukehren, um das Verhältnis zwischen Bühne und Publikum genauer unter die Lupe zu nehmen.

> Die junge Schauspielschülerin Fräulein Falkner gab in ihrer durchscheinenden Jungfräulichkeit eine unbeschreiblich zarte Darstellung des märchenhaften Schwanenweiß und ihre Interpretation war ungekünstelt und richtig. Aber noch ist sie nicht ganz Herr über ihre Stimme und ihr Gesicht, die beide weiterer Arbeit bedürfen, um tatsächliche, gefühlsmäßige Ausdrücke zu erreichen. Dagegen konnte man in ihren Bewegungen eine unbewußte Redekunst beobachten, die verklärte.[38]
>
> Jungfräulich, prinzessinnengleich und mild verkörperte sie die märchenhafte Schwanenweiß mit dem Leben, das die Dichtung erforderte.[39]

Derartige Formulierungen von Kritikern werden in der Theatergeschichtsschreibung meist als ein Beweis für den Erfolg einer Aufführung oder einer Schauspielerin angeführt. Die Äußerungen der Kritiker können auch her-

37 Vgl. Isaksson 1987.

38 *Stockholms Dagblad* vom 31.10.1908.

39 *Aftonbladet* vom 31.10.1908.

angezogen werden, um, wie es Erika Fischer-Lichte vorschlägt, die dominanten Zeichen einer Aufführung zu rekonstruieren.[40] Die zitierten Abschnitte sind für die Aufführung des *Schwanenweiß* tatsächlich repräsentativ. In anderen Zeitungen wird vom "seelenvollen Gesicht und der zarten Gestalt" oder vom "Spiel, erfüllt von stiller Poesie" gesprochen, und sogar die einzige negative Rezension spricht der Hauptdarstellerin ein "rührendes Äußeres" zu.[41]

Die Zitate verweisen auf drei verschiedene Ebenen. Erstens steht ein Mädchen auf der Bühne, das bereits durch sein Äußeres auf den Zuschauer und den Kritiker wirkt. In fast allen Rezensionen kehrt das Wort "Jungfräulichkeit" wieder. Die Zartheit, das fast durchsichtig Märchenhafte usw., all das ist bereits mit der Gestalt und dem bloßen Auftreten der Schauspielerin Fanny Falkner verbunden und wirkt auf einem sensorischen Niveau auf den Zuschauer ein. Gleichzeitig wird aber bemängelt, daß die Schauspielerin ihre Stimme und ihre mimischen Ausdrucksmittel nicht genügend beherrsche. Von der persönlichen Ausdrucksweise läßt sich also ein artistisches Niveau abheben und als eigene Ebene betrachten. Es wird an bestimmten Normen gemessen, die für ein Genre, ein besonderes Theater oder ein bestimmtes Land Geltung haben. Je besser der Zuschauer diese Normen kennt, desto differenzierter kann das Niveau beurteilt werden, etwa wenn der oben erwähnte Rezensent weitere Arbeit mit der Stimme empfiehlt. Neben der sensorischen, unmittelbaren Kommunikation und dem auf Normen basierenden artistischen Ausdruck, zielt das Theater sicher auch darauf ab, eine Illusion für das Publikum entstehen zu lassen. Diese dritte Ebene kann als das fiktive Niveau bezeichnet werden. Ob zu Recht oder Unrecht, auf alle Fälle hat sich einer der obigen Kritiker zum Interpreten des Stücks gemacht, indem er angibt, daß die vorgefundene Art der Darstellung für die Sichtbarmachung der Dichtung oder, in anderen Worten, für das Entstehen eines fiktiven Gebildes wesentlich sei (Abb. 55).

Für den Erfolg von *Schwanenweiß* bildet eine wirkungsvolle sensorische Kommunikation den Ausgangspunkt. Das Auftreten der jungen Fanny Falkner, sowohl ihr Aussehen als auch ihr Gebaren, kann als exponierendes Handeln beschrieben werden. Die Reaktionen, die die Wahrnehmung der Erscheinung der Schauspielerin beim Zuschauer auslöst, sind sowohl affektiver als auch kognitiver Art, d.h. man könnte in diesem Fall auch von Affektion und Wertschätzung sprechen. In bezug auf das artistische Niveau kann das Handeln als kodiert bezeichnet werden. Kodierte Aktionen rufen beim Zuschauer z.B.

40 Vgl. z.B. Fischer-Lichte 1990.

41 *Dagens Nyheter, Stockholms Dagblad, Svenska Dagbladet*, jeweils vom 31.20.1908.

intuitiv Freude oder Irritation, kognitiv aber Beurteilungen hervor. In Fanny Falkners Fall gab es anscheinend Grund, mit ihren kodierten Ausdrucksmitteln, vor allem mit ihrer Bühnensprache, nicht ganz zufrieden zu sein. Durch performatives oder vorstellendes Handeln wird schließlich das fiktive Niveau aktiviert, das dann auf seiten des Zuschauers beispielsweise zu emotionaler Identifikation mit den fiktiven Personen, aber auch zu einer intellektuell geprägten Interpretation einer Rolle oder eines Stücks führen kann. Hier tritt dann die Rollenfigur Schwanenweiß vor Fanny Falkner.

Mit einer derartigen Differenzierung wäre es möglich, sämtliche das Intima Teatern betreffende Rezensionen zu analysieren. Im vorliegenden Zusammenhang müssen einige Beispiele genügen. Selbstverständlich ist hier noch einmal auf die Rolle der Eleonora in *Ostern* zurückzukommen. Es wurde bereits festgestellt, daß diese Rolle ein bedeutender Erfolg für Anna Flygare wurde. Einer der Kritiker, August Brunius, bedient sich schon fast der hier vorgeschlagenen Terminologie, wenn er schreibt:

> Sie hat eine gewinnende Unmittelbarkeit, sie gibt sich ganz ihrer Aufgabe hin und bekommt gleich einen starken Griff um die Phantasie des Publikums.[42]

Es besteht kein Zweifel daran, daß die Inszenierung ihre Wirkungskraft vom Einsatz dieser Schauspielerin bezog. Das Publikum und die Kritiker teilten diese Ansicht (Abb. 56 und 57). Mit 182 Aufführungen ist *Ostern* die erfolgreichste Inszenierung des Intima Teatern. Etwa ein Jahr nach der Premiere faßte ein Zeitungsschreiber den Erfolg so zusammen:

> In selten hohem Grad hat es das Drama vermocht, sein Publikum zu fesseln und zu ergreifen, vielleicht nicht zuletzt aufgrund der künstlerischen Darbietung, die der zentralen Figur des Dramas, der psychisch leidenden Eleonora, zuteil geworden ist.
> Diese Rolle hat in Fräulein Anna Flygare eine Darstellerin gefunden, die der vom Autor gedachten Bühnengestalt am nächsten zu stehen scheint.[43]

Dieselbe Zeitung brachte auch ein Interview mit einem Foto der Schauspielerin. Anna Flygare entwickelte sich zusehends zum Star des Theaters. Im Herbst 1910 erhielt sie ein Engagement am Dramaten, beglückte als Eleonora aber auch noch ein Jahr lang die Zuschauer des Intima Teatern. Es kam sogar noch eine weitere Rolle dazu: die Alice in *Totentanz*. In dieser Inszenierung wurde auch August Falck gelobt. Eine Zeitung behauptete sogar, Edgar sei die beste Rollenfigur Falcks seit seiner Kreation von Fräulein Julies Jean. Die beste

42 *Svenska Dagbladet* vom 18.4.1908.
43 *Stockholms Dagblad* vom 11.4.1909.

Leistung erbrachte nach der Mehrzahl der Zeitungen erneut Anna Flygare. Für den zweiten Teil von *Totentanz*, der etwa einen Monat später Premiere hatte, übernahm Fanny Falkner die Rolle der Judith und auch ihr wurde eine große Begabung bescheinigt, auch wenn sie noch zu lernen hätte.

Glaubt man damit, dem Ärgernis des Intima Teatern entkommen zu sein, kennt man nur die halbe Wahrheit. Vorerst bleibt jedoch festzustellen: Das Ensemble des Intima Teatern wurde sowohl in der Presse als auch unter Kollegen als schwach angesehen. Der Theaterdirektor mußte sogar einmal seine Schauspieler und ihre berufliche Vorbildung in einem offenen Brief in einer Zeitung verteidigen.[44] Unter den Schauspielern, von denen tatsächlich mehrere eine gute Ausbildung genossen hatten, ragten nur einige wenige heraus: die bereits erwähnten Anna Flygare und Fanny Falkner sowie Manda Björling, die Frau des Theaterleiters Falck. Letztere hatte schon vor Beginn des Intima Teatern in Stockholm Fräulein Julie zum ersten Male auf der Bühne verkörpert und spielte auch am Intima Teatern einige Hauptrollen, u.a. Königin Kristina. Während die beiden ersteren Darstellerinnen höchstes Lob in der Presse erfuhren, kann von Manda Björling nicht behauptet werden, daß sie von den Kritikern verwöhnt worden wäre. Im Gegenteil, weder als Fräulein Julie noch als Kristina wurde ihr ungeteilte Anerkennung zuteil. Dennoch gehören auch diese beiden Rollen zu den länger anhaltenden Erfolgen des Intima Teaterns.

Um noch einmal zusammenzufassen: An vier der sechs erfolgreichsten Aufführungen des Intima Theatern sind die beiden Schauspielerinnen Flygare und Falkner beteiligt, allein oder zusammen. Ihre besonderen Leistungen werden durchwegs anerkannt. Sie umfassen jeweils wenigstens zwei der drei kommunikativen Niveaus: Entweder fallen die sensorischen und die fiktiven Ebenen zusammen, wie bei Falkner in *Schwanenweiß*, oder die künstlerische Leistung ist so genial, daß die Schauspielerin mit der fiktiven Rolle zusammenschmilzt, wie Flygare in *Ostern*. Die Übereinstimmung zwischen Gestalt, Gestaltung und Rolle kommt offenbar so stark zur Wirkung, daß das Publikum darauf unmittelbar mit Gefühl und mit Intellekt reagiert. Solche Sternstunden der Schauspielkunst sind für ein so kleines Theater durchaus beachtenswert.

Zu diesem Befund wäre eine weitere Differenzierung hinzuzufügen. Im Fall Fanny Falkners ist eigentlich von einer Laiendarstellerin zu sprechen. Sie wurde von Strindberg persönlich ins Ensemble des Intima Teatern eingeführt, was zum einen im Zusammenhang mit Strindbergs engem Verhältnis zu diesem noch jugendlichen Mädchen, zum anderen mit den damaligen Gewohnheiten der Theater, verhältnismäßig ungeprüft Debütanten hervortreten

44 *Dagens Nyheter* vom 24.12.1908.

zu lassen, zu sehen ist. Der Einsatz von Laiendarstellern in für diese besonders geeigneten Rollen war darüber hinaus eines der Charakteristika der experimentellen Theater – zumindest seit Antoines Théâtre Libre, das Strindberg übrigens sehr gut kannte.

Anna Flygare war dagegen nicht nur eine Naturbegabung, sondern sie hatte auch eine gediegene Theaterschulung hinter sich. Mehrere bedeutende schwedische Schauspieler, u.a. der als Interpret von Shakespeares *Der Sturm* bereits erwähnte August Lindberg, hatten ihr Unterricht erteilt. Am Intima Teatern gestaltet sie eine Reihe von wichtigen Rollen, die immer wieder von den Rezensenten besonders hervorgehoben wurden. Das Lob galt dabei vor allem ihrer Beherrschung der theatralen Ausdrucksmittel, dem Bühnensprechen sowie der verhaltenen, intimen Plastik ihrer Gebärden.

Manda Björlings Erfolge lassen sich nicht auf diese Weise beschreiben. Eine überdurchschnittliche schauspielerische Leistung scheint hier nicht gegeben zu sein, kann man doch ausschließen, daß der gesamte Kritikercorps unbewußt sich gegen sie verfeindet hätte. Wie lassen sich aber dann die Erfolge – *Fräulein Julie* mit 134 Aufführungen, *Königin Kristina* mit 65 Aufführungen – erklären? Es sieht so aus, als wären solche Erklärungen nur bedingt auf der Ebene der einzelnen Aufführung und der verschiedenen kommunikativen Potentiale zu finden. Viel wahrscheinlicher dürften andere Faktoren von Bedeutung gewesen sein, die auf der Ebene der Konventionen bzw. der der Theaterstrukturen untersucht werden müssen.

Fräulein Julie ist ohne Zweifel das erfolgreichste Stück Strindbergs überhaupt. Nachdem es zunächst in Kopenhagen verboten und dann zensiert worden war, wurde es erst 16 Jahre später in Schweden auf die Bühne gebracht. Manda Björling war die zweite schwedische Julie überhaupt, und es dürfte nicht übertrieben sein, der Falckschen Produktion den Rang einer Sensation zuzusprechen. Am Intima Teatern bot sich über drei Jahre lang Gelegenheit, *Fräulein Julie* zu sehen – auch für ein Publikum, das, wie oben angemerkt, von dem Stück kaum etwas wußte. Ohne Zweifel füllte das Stück die Tageskasse, und der Theaterleiter konnte darauf zurückgreifen, sich selbst mit seiner Frau auf die Bühne zu stellen, um das Wocheneinkommen zu sichern. Für *Fräulein Julie* spielte also der Status des Stückes im allgemeinen Bewußtsein eines potentiellen Publikums für den Erfolg ebenso eine entscheidende Rolle, wie die Möglichkeit des Theaterdirektors, nach Belieben Aufführungen anzusetzen.

Im Fall von *Königin Kristina* liegen die Verhältnisse etwas anders. Das Stück war kaum bekannt und wurde von der Kritik als dramatisches Werk heftig in Frage gestellt. Manda Björling machte in der Titelrolle keinen überragenden Eindruck. Es ist aber kaum anzunehmen, daß der Theaterdirektor seiner Frau 65 Aufführungen zugestanden hätte, wenn das Publikum nicht auch danach gefragt hätte. Zwar darf der Familienprotektionismus – gegen den auch Strindberg selbst Einwände hatte – nicht unterschätzt werden, aber eine andere Erklärung sollte hier schon möglich sein. Vorerst kann nur eine spekulative Antwort angeboten werden.

Die Figur der Königin Kristina genießt im schwedischen Volksbewußtsein eine außerordentlich hohe Wertschätzung. Sie gilt als die Letzte aus dem großen Königsgeschlecht der Wasa, die abtrünnige Tochter des Heldenkönigs Gustav Adolf, der einen Glaubenskrieg ausgefochten hatte – während sie eine ausschweifende, barocke Hofhaltung pflegte –, dazu ist sie noch eine Frau. All das sind Vorstellungen, die sich in der Bevölkerung seit den Volksschuljahren festsetzen. Es ist daher anzunehmen, daß schon das Thema und die Titelrolle eine Vielzahl von Theaterbesuchern anlockte. Daß dabei die Vorhangbühne, auf die Strindberg so stolz war, eine Bedeutung hatte, steht dagegen leider kaum zu vermuten.

Für die Erfolge Manda Björlings tritt also die fiktionale Gestaltung in den Vordergrund, wodurch sie sich wesentlich von Anna Flygare und Fanny Falkner unterscheidet. Sie trat in Rollen auf, für die vom Publikum ein besonderes Interesse vorausgesetzt werden konnte.

Beweise für die Richtigkeit der hier angestellten Vermutungen hätten die weiteren Karrieren der hier genannten Schauspielerinnen liefern können. Keine von ihnen trat nach der Schließung des Intima Teatern im schwedischen Theaterleben jedoch noch einmal besonders in Erscheinung. Fanny Falkner war ohne Zweifel künstlerisch begabt, verließ aber das Intima Teatern schon 1908, um sich in Zukunft vor allem als Miniaturmalerin einen Namen zu machen: U.a. wurde sie damit beauftragt, das dänische Königspaar zu porträtieren.

Anna Flygare, die 1968 mit 88 Jahren starb, widmete sich in den späteren Jahren vor allem der Theaterpädagogik. Zwar trat sie kurze Zeit am Dramatischen Theater auf, spielte dann einige Rollen an einem Stockholmer Privattheater und wirkte in mehreren Filmen mit – u.a. verkörperte sie Ellen Key, eine bedeutende schwedische Frauenrechtlerin –, heiratete dann aber und brach ihre Karriere ab. Ihre Erfahrungen vom Intima Teatern wirkten sich später nur noch indirekt auf die kommenden Generationen von Schauspielschülern aus.

Manda Björling schließlich blieb weiterhin in der Gesellschaft von August Falck und trat wiederholt in Strindberg-Rollen auf, allerdings ohne festes Engagement. Eine gewisse Wirkung kann man dem Umstand beilegen, daß ihre Tochter Renée Björling lange Zeit am Dramatischen Theater besonders die Sprechtraditionen des Intima Teatern weiterführte.

8. Schluß

Die Betrachtungen zu August Strindbergs Intima Teatern ergeben eine verblüffende Bilanz. Das Theater, das nur die Stücke eines einzigen Autors spielte, hielt sich ohne irgendwelche Subventionen über drei Jahre lang im Stockholmer Theaterleben. Trotz übermächtiger Konkurrenz brachte es Inszenierungen hervor, die über mehrere Jahre liefen und z.T. über 100 Aufführungen erreichten. Die engen Verhältnisse der Bühne wurden durch verwegene Erfindungen und Anleihen aus der Theatergeschichte ausgeglichen. Ein junges Ensemble erarbeitete sich einen intimen Darstellungsstil, der sich wesentlich von den üblichen Theaterkonventionen abhob. Obwohl der kleine Zuschauerraum nicht immer voll war, ließen sich auch weniger enthusiastische Kritiker hin und wieder von der Qualität des Theaters überzeugen. Das Intima Teatern weckte in der noch recht provinziellen Stadt Stockholm genügend Neugierde, um sich eine ausreichende Abendkasse zu sichern.

Eine derartige Beschreibung mag nun so aufgefaßt werden, als hätte es sich bei Strindbergs Intima Teatern um ein recht geglücktes Unternehmen gehandelt. Dem läßt sich entgegenhalten, daß Strindbergs avantgardistischer Vorstoß nur eine halbe Sache blieb – in Stockholm wenig beachtet, international kaum bekannt und historisch fast ohne Folgen. Eine Erklärung dafür kann nur einleuchten, wenn Strindbergs Intentionen, seine tatsächlichen Möglichkeiten ihrer Verwirklichung sowie ihre Aufnahme in der Öffentlichkeit als eine Gesamtheit betrachtet werden. Erst aus den kontextuellen Rahmenbedingungen kann deutlich werden, wie ein historisches Unternehmen in seiner Zeit gedeihen konnte. Diese Betrachtungsweise ließe sich in folgendes Schema bringen:

t	Präsentation	KONTEXT	Rezeption
	------------------------	Konzeptionell	------------------------
	------------------------	Strukturell	------------------------
	------------------------	Konventionell	------------------------
↓	Intention---Praxis--	*Individuelle Aufführung*	--Rezeption---Quantität
	exponierend	sensorisch	affektiv/schätzend
	kodiert	artistisch	erfreuend/wertend
	performativ	fiktional	identifiz./deutend

Skizze eines Modells theatralischer Kommunikation

Wie produktiv solche Denkweisen sein können, wird immer wieder erst die Forschungspraxis erweisen. Entscheidend ist, die Notwendigkeit einer Differenzierung der theatralen Kommunikation auf verschiedenen Ebenen noch einmal nachdrücklich hervorzuheben. Ebenso selbstverständlich sollte es sein, daß der theatrale Kommunikationsprozeß zwei Agenten voraussetzt, die zu einem Konsens kommen müssen, und daß das Theater damit als ein Bereich kommunikativen Handelns gekennzeichnet ist.

Strindberg kann in diesem Zusammenhang als ein Vertreter des modernen Regietheaters gesehen werden, dem eine gewisse Widersprüchlichkeit eigen ist. Diese Widersprüche beziehen sich auf das Verhältnis seiner Intentionen zur Präsentation und, in dessen Verlängerung, auf das kommunikative Potential der Präsentation gegenüber einem bestimmten Publikum. Auch die Verarbeitung des Gesehenen durch den Zuschauer macht einen wesentlichen Anteil dieses Prozesses aus.

In der Geschichte der Avantgarde stößt man immer wieder auf zwei grundverschiedene typologische Muster: Zum einen auf jenes Avantgardetheater, das zum Zeitpunkt seines Hervortretens ein spürbares Echo – und damit wenigstens eine gewisse Publikumswirkung – hervorruft, sowie zum anderen auf jene Avantgardisten, die im Grunde nur ihre Intentionen formulieren und eigentlich erst im Nachhinein zur Wirkung kommen. Zu den ersteren gehören beispielsweise Antoines Théâtre Libre, die Expressionisten und später auch die Vertreter des Absurden Theaters. Sie alle griffen Stoffe und Formen auf, für die – meist aufgrund von existentiellen Krisen der Gesellschaft, wie der Erste Weltkrieg oder das atomare Wettrüsten des Kalten Krieges – im Publikum ein neuartiges, aber adäquates Bedürfnis vorhanden war. Antonine Artaud hingegen gelang es nicht einmal, eine seinen Ideen entsprechende Form der Präsentation zu finden, geschweige denn ein interessiertes oder verständnisbereites Publikum. Seine Intentionen blieben ein theoretisches Konstrukt, das erst eine Generation später einen entscheidenden Einfluß auf Theaterleute wie Grotowski, Brook, Schechner etc. ausüben konnte.

Dies ist allgemein bekannt und bräuchte hier nicht noch einmal erwähnt zu werden, wenn daraus nicht – als historisches Fazit – ein Hinweis auf eine wesentliche Grundfrage des Avantgardetheaters und vielleicht des Theaters überhaupt geleistet würde. Das avantgardistische Denken geht fast immer von den Theatermachern, d.h. den Regisseuren, aus. Inwieweit sie aber im Theater ihrer Zeit zur Wirkung kommen, hängt weitgehend davon ab, ob sie einen entsprechenden Stab von Schauspielern, oftmals im eigenen Theater geschult, an sich binden können. Dafür sind nicht nur Michail Tschechow, Helene Weigel, Binyomin Zuskin, Judith Malina, Ryszard Cieslak, Jutta Lampe und viele andere gute Beispiele. In fast jeder bedeutenden Gruppe von Avantgardisten lassen sich entsprechende "Ideenträger" identifizieren. Erst durch die Verkörperung des Schauspielers werden die Intentionen in ein kommunikatives Ereignis übersetzt, das dann auch den Zuschauer mit einschließen kann.

Sollte man aus den vorliegenden Ausführungen tatsächlich den Schluß ziehen, Strindbergs Intima Teatern sei zur europäischen Avantgarde der Jahrhundertwende zu rechnen? Die Antwort auf diese Frage hängt freilich viel mehr davon ab, wie man die Avantgarde definiert, als von einem absoluten Maßstab, nach dem man Strindbergs Beitrag zum modernen Theater bewerten könnte. In der vorliegenden Darstellung wurde dennoch der Versuch unternommen, Strindberg nicht nur als Dramatiker, sondern auch als Theatermann ins Visier zu nehmen.

Zwei Jahre nach der Schließung des Intima Teatern starb Strindberg. Seine Pläne, Aufzeichnungen und Briefe verschwanden in den Archiven, seine Schauspieler zerstreuten sich. Allein seine Stücke blieben dem europäischen Theater erhalten. Nun widerfuhr Strindbergs Werk das ärgerliche Mißgeschick, daß sich allzu bedeutende Regisseure seiner annahmen. Durch Reinhardt, Wachtangow, Dullin u.a. wurden Strindbergs Dramen neue Funktionen zugewiesen, und in Schweden wurden sie durch Olof Molander biographisiert. Strindbergs eigene, zukunftsweisende Konzeptionen für die szenische Darstellung etwa von *Traumspiel* wurden eigentlich erst durch Inszenierungen wie der von Ingmar Bergman im Jahre 1970 aufgegriffen: eine neutrale Bühne mit einfachen, symbolischen Projektionen, auf der das Dichterwort dominieren durfte. Damit hatte der Theaterbetrieb den Avantgardisten endlich eingeholt.

Literaturverzeichnis

Baude, H.: "Stockholms teatrar och teaterpublik vid 1800–talet slut. Några topografiska randanteckningar", in: *Nya teaterhistoriska studier* 12 (1957).

Beckerman, B.: *Theatrical Presentation. Performer, Audience and Act*, New York/London 1990.

Bergman, G.M.: *Den moderna teaterns genombrott 1890–1925*, Stockholm 1966.

Dahlbeck, L: "The National Edition of August Strindberg's Collected Works", in: *Theatre Research International* vol. 18/Supplementary Issue.

Falck, A.: *Fem år med Strindberg*, Stockholm 1935.

Fischer-Lichte, E.: "All the World is a Stage. The Theatrical Metaphor in the Baroque and Postmodernism", in: *Nordic Theatre Studies, Special International Issue*, Kopenhagen 1990.

Isaksson, C.: *Pressen på teatern. Teaterkritik i Stockholms dagspress 1890–1941*, Stockholm 1987.

Lewenhaupt, I.: *Signe Hebbe – skådespelerska, operasångerska, pedagog*, Stockholm 1988.
Regos dos Santos, S.: *Strindberg as Dramaturg*, Stockholm 1992.
Ring, H.: *Teaterns historia från äldsta till nyaste tid*, Stockholm 1898.
Ollén, G.: *Strindbergs dramatik*, Stockholm 1982.
Strindberg, A.: *Samlade Skrifter*, hrsg. von John Landquist, Bde. 23 u. 50, Stockholm 1918–21.
Strindbergs brev, hrsg. von Björn Meidal, Bde. 16–17, Stockholm 1990–91.

Der Deus ex Machina im Theater der historischen Avantgarde

Freddie Rokem

Einleitung

Aristoteles lehrt uns in der *Poetik*[1], das theatrale Mittel des Deus ex Machina sei minderwertig und absoluten Notfällen vorbehalten. Ein Gott oder eine andere übernatürliche Erscheinung wird zumeist mit Hilfe einer Maschine bzw. anderer mechanischer Hilfsmittel auf die Bühne herabgelassen, um den Figuren bei der Lösung ihrer Probleme behilflich zu sein und damit das Stück zu beenden. Aristoteles´ Beurteilung des Deus ex Machina als äußerlicher, mechanischer Auslöser eines künstlichen Schlusses förderte die skeptische, mißtrauische und meistens abwertende Einschätzung des Mittels Deus ex Machina in der modernen und der zeitgenössischen Kritik. Das Resümee im *Wörterbuch der literarischen Begriffe* von Beckson und Ganz, demzufolge "serious modern writers avoid the Deus ex Machina, though it has sometimes been used in comedy"[2], gibt als relativ aktuelles Beispiel diese Haltung wieder.

Der Rückgriff auf Platon bei der Diskussion ästhetischer und speziell theatralischer Gegenstände zeigt eine andere Sichtweise als die aristotelische. Im Dialog *Kratylos* entwickelt Platon sein allgemeines Verständnis des semiotischen Prozesses und behauptet: "Lächerlich wird es freilich herauskommen [...], wie durch Buchstaben und Silben nachgeahmt die Dinge kenntlich werden."[3]

Um einen Ausweg aus der Wahrheitsproblematik bei der Benennung von Dingen und Menschen zu finden, müssen wir Platon zufolge "[...] auf ähnliche Art, wie die Tragödienschreiber, wenn sie sich nicht zu helfen wissen, zu den Maschinen ihre Zuflucht nehmen und Götter herabkommen lassen, uns

1 Aristoteles 1987, S. 49.

2 Beckson/Ganz 1961, S. 48. Vgl. auch: Schmidt 1992, S. 21. Auch wenn Schmidt sich nicht explizit mit modernem Theater auseinandersetzt, vertritt er implizit eine vergleichbare Position, wie folgende Behauptung zeigt: "in modern drama [...] the sudden reversal of fortune (occurring as the result of chance rather than through the influence of a higher power) may occur nearly simultaneously with recognition, followed by little or no denouement."

3 Platon 1957, S. 167.

auch hier aus der Sache ziehen, (indem wir sagten, die ursprünglichen Wörter hätten die Götter eingeführt, und darum wären sie richtig)."[4]

In Anbetracht der allgemeinen platonischen Argumentation über das Verhängnis der Poesie und der Poeten, muß Platons tiefgehendes Bewußtsein von den kulturellen Prozessen, die Erfindungen wie dem Deus ex Machina zugrunde liegen, sowie deren Bedeutung wesentlich ernsthafter in den Blick genommen werden, als es die aristotelische Tradition zuließ oder es ihr möglich war.

Platons Ausgangsbild zeigt die Abhängigkeit der Wahrheitssuche in der Sprache von einem göttlichen Eingriff in diese Welt. Er formuliert dies symbolisch mit Hilfe einer theatralischen Begrifflichkeit als Aktivierung einer gewaltigen Bühnenapparatur, die in vorliegender Studie über die Bedeutung des Deus ex Machina im Theater der historischen Avantgarde als immer wiederkehrendes Bild erscheint. Sprache, Theatermaschinerien und göttliche Intervention scheinen im Theater auf enge Weise verknüpft. Eine historisch differenzierte Vorstellung des Phänomens Deus ex Machina läßt sich durch die Einsicht in mit Illustrationen versehene Abhandlungen zum Barocktheater gewinnen. Das Theater des Barock ist eine der historischen Theaterformen, die aus strukturell-skenographischer Sicht das moderne Theater beeinflußten. Die auf Wolken oder mit Hilfe verschiedener Wagen im Brennpunkt der szenischen Zentralperspektive herabsteigenden Figuren sind – bildlich gesprochen – theatralische Götter, die im Himmel ihren Auftritt erwarten. Diese Götter, die beim Abstieg aus den himmlischen Sphären in den menschlichen Existenzbereich im allgemeinen von einer Engelsschar umgeben sind, stellen einen bedeutenden Aspekt der geschlossenen Konzeptions- und Wahrnehmungsmechanismen in der fiktionalen Welt des Theaters dar.

Meine Hypothese lautet, daß der Deus ex Machina immer ein wichtiger Bestandteil der Theatermaschinerie war, durch die es möglich wurde, Geschöpfe anderer Existenzebenen in die menschliche Sphäre eindringen, wirken und sogar in das Schicksal der menschlichen Protagonisten eingreifen zu lassen. Die Theatergeschichte zeigt, daß eine ungeheure Faszination im Umgang mit derartigen Maschinerien besteht. Diese Faszination erhielt in der Moderne einen neuen Antrieb.

Die vorliegende Studie wird verschiedene Aspekte der kulturellen und der theatralischen Bedeutung des Deus ex Machina untersuchen, besonders anhand herausragender Dramen der historischen Avantgarde – also anhand von Texten, die ungefähr zwischen 1900 und 1930 geschrieben worden sind und in denen dieses Mittel eingesetzt wurde: August Strindbergs *Ein Traumspiel* (1901–5), Anskys *Der Dybbuk* (1918), Luigi Pirandellos *Sechs Personen*

4 Platon 1957, S. 167.

suchen einen Autor (1921) und Bertolt Brechts *Dreigroschenoper* (Uraufführung: 1928, Veröffentlichung: 1929). Darüber hinaus sollen verschiedene Inszenierungen dieser Dramen während der genannten Epoche in die Untersuchung einbezogen werden, um die Realisierungsweisen des Mittels Deus ex Machina auf der Theaterbühne zu zeigen.

Die Grundfrage nach der Möglichkeit, einen Gott oder eine übernatürliche Erscheinung im Theater in einer Zeit auftreten zu lassen, die den Glauben an derartige Erscheinungen verloren hat, läßt sich allerdings nicht auf die Epoche der historischen Avantgarde beschränken. Diese Frage muß auch an das Theater vor der Jahrhundertwende gestellt werden und ist für das Gegenwartstheater und das Kino immer noch von großer Bedeutung. Durch die Erklärung, daß Gott tot und das Ende der Metaphysik gekommen sei, konnte das Theater paradoxerweise die Maschinerie an sich ins Zentrum der Aufmerksamkeit rücken und deren Konstruktions- und Funktionsweise in spielerischer, freier Weise ergründen. Der Gebrauch des Deus ex Machina im modernen Theater verweist auf diverse geistige und existentielle Grundprobleme hinsichtlich der Moderne, mit denen sich die allgemeine Kulturkritik und besonders die Theaterkritik gewöhnlich nicht explizit auseinandersetzen.

Zunächst soll die Analyse eine Beschreibung des paradigmatischen Modells ermöglichen, das den unterschiedlichen Verzerrungs- und Verwandlungsformen des Deus ex Machina in den genannten Texten und in einigen herausragenden, innovativen zeitgenössischen Inszenierungen zugrunde liegt, um die Bedeutungsvielfalt des Mittels anhand seiner verschiedenen Formen und Beispiele zu erfassen. Die Bedeutungsanalyse des Deus ex Machina in den o.g. dramatischen Texten und einigen ihrer Bühneninszenierungen mündet am Ende der Studie in den Versuch der Beantwortung bestimmter Grundfragen, die sich aus der dominanten Verwendungsweise des traditionellen Motivs und der Ikonographie des Deus ex Machina ergeben.

Die Geschichte des Theaters dokumentiert die Entwicklung einer spezifischen visuellen und inhaltlichen Sprache bzw. Ausdrucksform, die als Theatermaschinerie[5] bezeichnet wird. Der Deus ex Machina als integrierter Bestandteil dieser Maschinerie verbindet die visuellen, szenographischen und architektonischen Möglichkeiten der Theaterbühne mit den allgemeinen thematischen und narrativen Produktionsbedingungen dramatischer Texte in einer komplexen dialektischen Interaktion. Diese muß bei der Untersuchung

---

5 Ich habe mich in verschiedenen Aufsätzen um eine Analyse der Dialektik zwischen dramatischem Text unter verschiedenen thematischen Gesichtspunkten und Bühnentechnik bzw. Theatermaschinerie bemüht, die entweder unumgänglich war, oder die in einer Inszenierung eingesetzt werden konnte. Vgl.: *A Walking Angel: On the Performative Function of the Human Body* (1992) und: *What, has this thing appeared again tonight* (1994).

der beiden Aspekte der theatralischen Sprache, d.h. von Theaterbühne und dramatischem Text, mitbedacht werden. Die Untersuchung des historisch verwurzelten Mittels im Kontext der besonderen ideologischen, geistigen, sozialen und psychologischen Diskurse eines bestimmten Zeitraumes bedarf der Kenntnis der Theatermaschinerie.

Die Tatsache, daß zur Zeit der Renaissance die Theaterbühne als "Kammer" (Camera) konzipiert war, d.h. als ein Raum, an den ein weiterer Raum für die Zuschauer anschloß, diktierte nicht nur die Entwicklung und die Perfektionierung der Zentralperspektive aus optischer Sicht, sondern gab auch die Art der Ereignisse – inklusive Deus ex Machina – vor, die dem Dramatiker zur Verfügung standen. Selbstverständlich traten auch in früheren Theaterformen, z.B. im klassischen, mittelalterlichen Theater oder im Theater Shakespeares übernatürliche Wesen auf. Die Erscheinung des Deus ex Machina im Brennpunkt der auf die Mitte ausgerichteten Zentralperspektive entstammt jedenfalls dem Barocktheater und wurde vom modernen und zeitgenössischen Theater als eine besondere Form des Gebrauchs der Theatermaschinerie übernommen. Über den Auftritt des Deus ex Machina im zentralen Brennpunkt hinaus gehört die grelle Beleuchtung zu den wichtigsten ikonographischen Merkmalen und symbolisiert die traditionelle Verbindung zwischen Göttlichkeit und Licht.[6] Im Zentrum der vorliegenden Untersuchung steht die Rezeption und Veränderung der grundlegenden ikonographischen Merkmale des Deus ex Machina im modernen Theater.

Von der hoch entwickelten und ausgeklügelten Barockbühne, die zum Vorbild der modernen Guckkastenbühne wurde und von der die gesamte historische Avantgarde grundlegend bestimmt ist, wurden bestimmte Merkmale direkt übernommen und andere verworfen. Die Analyse dieser Veränderungen und Entwicklungen muß berücksichtigen, daß die Theaterbühne zum einen ein mechanischer, technischer Apparat, zum anderen eine Wahrnehmungsapparatur ist, die durch den Einsatz einer speziellen Maschinerie besondere Wahrnehmungsformen ermöglicht. Dies ist ein weiterer wichtiger Aspekt der Theatermaschinerie. Die Doppelbedeutung des Wortes "Camera", das einmal den Raum selbst meint und darüber hinaus die Wirkungen, die das Medium Licht im wahrgenommenen und sichtbaren Raum erzeugt, verweist auf eine wichtige Grundlage der doppelten Natur der Bühne. In den Bedingungen des Theaters sowie seiner modernen technischen Weiterentwicklungen, z.B. Kino, Fernsehen, Hologramm etc., entsteht ein Bewußtsein für die Notwendigkeit bestimmter Maschinerien und technischer Vorrichtungen zur sichtbaren Darstellung bestimmter Ereignisse und Erzählungen.

6 Vgl.: Bergman 1977.

Marshall McLuhans Aussage, daß das Medium nicht nur die Botschaft, sondern auch die conditio sine qua non der Möglichkeit einer Wahrnehmung der Botschaft ist, bildet einen Ausgangspunkt für die Analyse der hier vorliegenden Studie. Im Sinne McLuhans ist der Deus ex Machina als Bestandteil der Theatermaschinerie ein technisch-rhetorisches Mittel. Darüber hinaus dient der Deus ex Machina der Sichtbarmachung verborgener metaphysischer oder existentieller Vorgänge. Die dem Mittel immanente Ideologie wurzelt metatheatralisch in unterschiedlichen Aspekten der Theatermaschinerie und in den grundlegenden Theatercodes. Die äußerst vielschichtigen Beziehungen zwischen den metaphysischen und metatheatralischen Dimensionen der Theatermaschinerie, speziell des Deus ex Machina, sollen nachfolgend anhand der dramatischen Beispiele gezeigt werden.

Bereits der in seiner lateinischen Form etablierte Begriff "Deus ex Machina" verweist auf die Komplexität des Mittels. Traditionell wird ein Schauspieler oder ein Wagen mittels unterschiedlicher Bühnenmechaniken, d.h. Schienenvorrichtungen über der Bühne, an denen Seile, Spulen und Eisenstangen befestigt sind, herabgelassen. Durch diese Vorrichtung kann eine göttliche Figur vor den Zuschaueraugen zur Erscheinung gebracht oder in der Luft bewegt werden. Nur durch die Theatermaschinerie kann ein übernatürliches Wesen sichtbar vor dem Theaterzuschauer in Erscheinung treten. Der theatrale Vorgang verkörpert einen direkten Eingriff des Göttlichen. Seine theatralische Immanenz enthüllt ein extrem komplexes Beziehungsgeflecht zwischen Theater und Religion während der Entstehung des nachklassischen europäischen Theaters. Der Begriff der Allegorie, den Walter Benjamin im *Ursprung des deutschen Trauerspiels* entwickelt, thematisiert die Verwandlung der antiken Gottheiten im Kontext der religiös dominierten Epoche des Barock.

Benjamin zufolge drückt sich diese Verwandlung als Ausgangspunkt verschiedener Erlösungsvorgänge durch unterschiedliche Herabsetzungsstrategien aus. Er erläutert dies folgendermaßen:

> Dreifach ist zwischen der barocken und mittelalterlichen Christlichkeit die sachliche Verwandtschaft. Der Kampf gegen die Heidengötter, der Triumph der Allegorie, das Martyrium der Leiblichkeit gilt ihnen gleichermaßen notwendig. [...] Wie hieraus zu entnehmen ist, wies die allegorische Exegese vor allem in zwei Richtungen: sie war bestimmt, die wahre, die dämonische Natur antiker Götter christlich festzulegen und galt der frommen Mortifikation des Leibes.[7]

Die Tendenz zu physischem Leid und Dämonisierung findet sich in jedem der nachfolgend behandelten Dramen. Weiterhin argumentiert Benjamin, daß die

7 Benjamin 1993, S. 196, S. 198.

Allegorie – allerdings erst nach dem Aussterben der antiken Götter – auch eine "Einsicht ins Vergängliche der Dinge"[8] bewahrt. Auf der Ebene des Plots bewahrt die Theatermaschinerie einen klarer isolierten Aspekt der antiken Theatergötter sowie einen reineren theologischen Aspekt der göttlichen Immanenz, als Benjamin zuzugestehen bereit ist. Die Strategien, mit Hilfe derer das moderne Theater die Position des Deus ex Machina im Mittelpunkt der Bühne verteidigt, und die verschiedenen Einsatzformen des Lichtes belegen, daß die Bühne über eine eigene Sprache verfügt, die ihr die Darstellung göttlicher Figuren ermöglicht. Im Gegensatz zu den göttlichen Figuren betreten dämonische Kräfte die Bühne gewöhnlich durch eine Öffnung im Bühnenboden. Alle auf der Bühne erscheinenden übernatürlichen Mächte können aufgrund der Dichotomie von oben und unten eingeordnet werden. Zwischen den verschiedenen ikonographischen Ausdrucksformen von übernatürlichen Mächten auf der Bühne muß differenziert werden.

Ob Gott aus theologischer Sicht als Uhrmacher wahrgenommen wird, dessen Schöpfung eine perfekte Maschine ist, und ob göttliche Immanenz in dieser Welt angenommen werden kann, sind Fragen, die vom Standpunkt des Theaters aus besser den Metaphysikern oder den Theologen überlassen werden sollten. Die leidenschaftliche Gegnerschaft religiöser Kreise gegen das Theater wurde von Jonas Barash anhand verschiedener Epochen nachgewiesen[9], obwohl diese selbst, z.B. die mittelalterliche Kirche oder die Jesuiten, ohne zu zögern in pädagogischer Absicht auf das theatralische Spektakel zurückgriffen. Die Gegnerschaft resultiert u.a. aus dem blasphemischen Gebrauch des Deus ex Machina als göttliche Theatermaschinerie. Solange das Theater mit der Kirche oder auch mit deutlich rituell strukturierten Handlungen, die als integrierter Bestandteil der sozialen und religiösen Normen anerkannt waren, in enger Verbindung stand, stellte dies im allgemeinen kein Problem dar. Als sich das Theater aber auf eigene Füße stellte, besonders durch die Selbstreflexion seiner Fiktionalität, galt es den religiösen und politischen Machthabern als subversive Praxis.

Die autonome Ausdrucksqualität des Theaters entsteht aus zahlreichen Konfrontationen mit der religiösen Orthodoxie. Der Grundkonflikt, d.h. das Konkurrenzverhältnis zwischen Theater und Kirche, bezieht sich auf die verschiedenen Formen und Interpretationen des fundamentalen Begriffes "Mimesis", der im allgemeinen mit "Imitation" oder "Repräsentation" übersetzt wird. Die komplexe Geschichte des "Mimesis"-Begriffes ist vielfach mit dem Deus ex Machina als Repräsentation göttlicher Wesen im Theater ver-

8 Ebda., S. 199.
9 Barash 1981.

bunden, vor allem nach der Entstehung des Christentums. Die Hauptursache dieser komplexen Verbindung zwischen Mimesis und Deus ex Machina besteht in der Anlehnung an die verschiedenen klassischen Interpretationen von Mimesis, entweder als graduelle Entfernung von den wahren Realitätsformen (Platon) oder als unabhängige ästhetische Realität mit eigenen internen Gesetzen (Aristoteles). Dagegen entwickelte die christliche Theologie ein eigenes Verständnis von Imitation und Repräsentation: "Imitatio" bedeutet die geistige Beziehung zum christlichen Gott und besonders zum Leben Jesu und seiner Rolle als Erlöser.

Die Erlösung des Individuums wird durch die Inkarnation, die besondere Form des göttlichen Abstieges von Jesus als menschlichem Wesen in diese Welt, möglich. Sie hängt von der Befähigung zur geistigen Beziehung im Sinne der "imitatio" zu Christus ab. Seit die historische Inkarnation Christi in der Welt nur noch als metaphorische Rede gilt, d.h. als eine Form des Deus ex Machina, entstand ein extrem harter Konflikt in bezug auf die verschiedenen konkurrierenden Formen der Repräsentation. "Imitatio" wurde als Quelle religiöser Erhebung und persönlicher Rettung anerkannt, während "Mimesis" hauptsächlich als grundlegendes ästhetisches Prinzip verstanden wurde. "Mimesis" gilt als objektiv und unpersönlich ausgerichteter Mechanismus, der die dramatische Schreibpraxis und die szenische Präsentation und im metaphorischen Sinne alle semiotischen Prozesse ermöglicht, im Sinne des anfänglich genannten Platon-Zitates. Die äußerst komplexe Differenz zwischen "Imitatio" und "Mimesis" müßte in einer eigenen Studie diskutiert und analysiert werden. Beide Begriffe stehen in enger Verbindung zu der Diskussion des Deus ex Machina, insofern als beide – "Imitatio" und "Mimesis" – für verschiedene und sogar gegensätzliche Auffassungen und Interpretationen der Idee von göttlicher Immanenz oder Verkörperung von Bedeutung sind.

Dies bezieht sich auch auf die Tatsache, daß der Schauspieler auf der Theaterbühne einen fiktionalen Charakter durch verschiedene Formen mimetischer Repräsentation *verkörpert*. Die Schauspielkunst betont die ästhetischen Dimensionen des menschlichen Körpers und seiner Verwandlung in ein Kunstwerk. Auch in der christlichen Vorstellungswelt besitzt die Verwandlung des menschlichen Körpers einen hohen Stellenwert, da der Leib Christi *per se* metaphysischen oder göttlichen Status besitzt, und da dieser Aspekt seines Körpers, seines Fleisches und seines Blutes rituell durch die stete Wiederholung der Transsubstantiation in Brot und Wein wieder in Kraft gesetzt wird. Theatralische und christliche Rituale verbinden dies auf sehr unterschiedliche Weise mit den Vorstellungen von Verkörperung und göttlicher Immanenz. In dem Augenblick, in dem das Theater ernsthaft den Anspruch auf Verkörperung in einem betont metaphysischen Sinn erhebt, und besonders, wenn die

Inkarnation göttlicher Figuren in einen Kontext gestellt ist, der nicht genau in den traditionellen religiösen Rahmen paßt, entstehen offene und verborgene Konflikte zwischen den beiden Systemen der Repräsentation und der körperlichen Verwandlung. Der Gebrauch des Deus ex Machina steht anscheinend symptomatisch für den Konflikt zwischen einer fiktionalen Ontologie, die bewußt auf die Theatermaschinerie zurückgreift und diese in Gang setzt, um Götter erscheinen zu lassen, wodurch im modernen Theater eine starke Betonung auf das metatheatralische Potential dieses Mittels gelegt wird, und einer theologisch-religiösen Weltsicht, welche deutlich auf völlig differenten Prämissen beruht.

Stücke wie z.B. *Ein Traumspiel*, das das Leben des Individuums metaphysisch interpretiert, und in bestimmter Hinsicht *Sechs Personen suchen einen Autor*, in dem die Bildung eines ästhetisch unabhängigen Rituals für das Theater versucht wird, müssen im Bewußtsein des fundamentalen Konfliktes zwischen den oppositionellen religiösen und theatralen Formen der Verkörperung und Immanenz gelesen werden. Auf ähnliche Weise behandelt *Der Dybbuk* die radikale Auseinandersetzung zwischen religiösem Denksystem und Theater. Das Stück wurde zugleich als in sich geschlossene Handlung und im Konflikt mit der orthodoxen jüdischen Denkweise geschrieben und aufgeführt. Die jüdische Orthodoxie verbietet die Kunstform des Theaters streng und gestattet sie ausschließlich an dem karnevalesken Feiertag Purim, an dem sich die Juden traditionell verkleiden und betrinken. Hintergrund dieser Feier ist die Befreiung aus der Gefangenschaft des Königs Ahasveruns im alten Persien, von der im Alten Testament das Buch Ester berichtet.

Die Ablehnung des Theaters und aller den Menschen abbildenden Künste entstammt im jüdischen Kontext folgendem biblischen Gebot: "Du sollst dir kein Gottesbild machen und keine Darstellung von irgend etwas am Himmel droben, auf der Erde unten oder im Wasser unter der Erde."[10] Hauptursache dieses Gebotes ist das Verbot der Verehrung fremder Götter, aber auch die Schöpfungsgeschichte in *Genesis* spielt eine Rolle, nach der Gott den Menschen nach seinem eigenen Bildnis schuf. In *Exodus* kommen die hebräischen Worte "pesel" (Statue, Götzenbild) und "tmuna" (Bildnis, Ähnlichkeit) vor. Die Schöpfungsgeschichte im Buch *Genesis* gebraucht den wesentlich abstrakteren Begriff "tselem", mit der Bedeutung Bild, Form oder eben Repräsentation. "Dann sprach Gott: Laßt uns Menschen machen als unser Abbild, uns ähnlich. [...] Gott schuf also den Menschen als sein Abbild; [...]."[11]

10 *Exodus* 20; 4.
11 *Genesis* 1; 26–27.

Der Mensch ist als "tselem" Gottes geschaffen. Das Wort besitzt noch eine zweite Bedeutung, und zwar als Bezeichnung der heidnischen Götter, deren Verehrung den Israeliten verboten war. Doch "tselem" mit der Bedeutung "Repräsentation", die im traditionellen jüdischen Kontext als Anwesenheit Gottes in seinem Geschöpf – dem Menschen – gedacht wird, steht im Gegensatz zur heidnischen oder theatralischen Form der Repräsentation, der Mimesis.

Historisch bedeutete dies die Ermöglichung einer Ablösung des jüdischen Theaters vom religiösen System. Allerdings noch nicht während der Aufklärung, als sich Emanzipation und Säkularisation des Judentums allmählich festigten. Zu dieser Zeit entstanden eine große Anzahl von Dramen in hebräischer Sprache. Vor dem Ende des 19. Jahrhunderts waren Aufführungen in der heiligen Sprache noch nicht denkbar, da heilige Texte nur im rituellen Kontext rezitiert werden durften. Die einst als Inkarnation der Worte Gottes empfangenen, kanonisierten hebräischen Texte durften nicht aus dem rituellen Kontext der Synagoge gelöst werden, bevor ein außerritueller Gebrauch der hebräischen Sprache erlaubt war. Die traditionell vorrangige Beziehung zur als heilig geltenden hebräischen Sprache war für die berühmte Inszenierung von *Der Dybbuk* durch Vachtangov (1922) in Zusammenarbeit mit dem Moskauer Habima-Theater von zentraler Bedeutung. Diese Aufführung repräsentiert die bedeutende Verlagerung aus einem rituell religiösen in einen theatralischen Kontext und wird im folgenden im Hinblick auf die Realisation des Deus ex Machina und die Thematik der Immanenz Gottes in der Sprache untersucht. Im Anschluß wird im Detail analysiert, ob die entscheidende Veränderung, die jene Transformation aus dem rituellen in einen theatralischen Kontext überhaupt ermöglichte, in der Integration des theologischen Konzepts in die visuelle Sprache der Bühne und der Theatermaschinerie besteht.

Die Auseinandersetzung mit der Thematik Theater und Religion, vor allem im Kontext der Moderne und besonders bei der Untersuchung des Mittels Deus ex Machina und seiner Transformationen in einem Zeitraum, in dem am Tode Gottes angeblich nicht mehr gezweifelt werden konnte, so daß seine Wiederbelebung auf der Theaterbühne sinnlos wäre, wirft nicht nur hinsichtlich des Theaters verschiedene grundlegende Probleme auf, sondern auch in bezug auf allgemeine, zu dieser Zeit vorherrschende kulturelle und ideologische Vorstellungen. Darum ist es notwendig, einige der Problemstellungen zu Gebrauch und Bedeutung des Deus ex Machina innerhalb des speziellen historischen und ideologischen Milieus zu verorten, woraus die Entwicklung des modernen Theaters von mehr oder weniger "gut gemachten" realistischen Schauspielen zu den verschiedenen modernen und sehr viel offeneren Umgangsformen mit dem dramatischen Text und der Theateraufführung des sogenannten Avantgardetheaters resultiert.

In diesem Kontext muß den neuen und innovativen Formen, die das realistische Drama im frühen zwanzigsten Jahrhundert im Umgang mit der traditionellen Ikonographie des Deus ex Machina entwickelte, Aufmerksamkeit geschenkt werden. In Ibsens Dramen – zum Beispiel – transformiert sich das übernatürliche Wesen häufig in eine tote oder dem Tode nahe Vaterfigur. Anstatt durch den Eintritt in die Alltagswelt das Leben des Protagonisten zu retten, verursacht die Vaterfigur durch verschiedene destruktive Racheakte das tödliche Ende des Protagonisten. Der Typus des gütigen, außerirdischen "Gottes", der Erlösung, d.h. einen glücklichen Ausgang erwirken soll und damit die traditionelle Funktion des Deus ex Machina erfüllt, verwandelt sich bei Ibsen in einen psychologischen Mechanismus, der zugleich zerstörerische Rache aus dem Inneren als Resultat einer innerlichen Charakterschwäche und – durch die geerbten sozialen Auswirkungen der destruktiven Vaterfigur – äußerlich motivierte Rache bedeutet.

Ibsen kennzeichnet sehr sorgfältig den physischen Ort der rächenden väterlichen Macht in den Szenenbeschreibungen seiner Dramen. Die Vaterfigur erscheint häufig im zentrierten Brennpunkt im hinteren Teil der symmetrischen Guckkastenbühne. Die Verschiebung und Transformation der traditionellen Ikonographie des Deus ex Machina, wie sie im Barocktheater realisiert wurde, ist zur Darstellung von Ibsens "theologischem" Schema der väterlichen Vergeltung geeignet. Die Entwicklung der szenischen Maschinerie und Bühnensprache der Guckkastenbühne legt Ibsen einen derartigen Gebrauch nahe. Die Transformation des Gebrauchs der Theatermaschinerie im psychologischen Kontext gehört zu Ibsens Beiträgen zum Theater. Das tragische Ereignis, das den Tod des Helden herbeiführt, hat seine Ursache in der Intervention der übernatürlichen Vaterfigur im Brennpunkt, die, geradeso wie der traditionelle Deus ex Machina, von der erhöhten Position auf die Bühne herabsteigt.

Dramen wie *Gespenster, Die Wildente, Hedda Gabler, Rosmersholm, Baumeister Solness* und *John Gabriel Borkmann* realisieren die Umwandlung der traditionellen Ikonographie des zentralen Brennpunktes der Bühne, dem Ort des Lichtes und der göttlichen Illumination, zum Ort der väterlichen Rache. Gegen Ende dieser Dramen steigen die Vaterfiguren auf verschiedene Weise herab und beeinflussen und zerstören sogar direkt das Leben ihrer Nachkommen. Dieses Ende kann auch in greller Beleuchtung erscheinen, z.B. zum Schluß von *Gespenster*, als Oswald von der vom Vater geerbten Krankheit überwältigt wird, während gleichzeitig die Sonne endlich die Wolken durchdringen kann, die während des ganzen Stückes die Sicht auf die Fjorde verdeckten. Bereits am Ende des zweiten Aktes kommt aus dieser Gegend ein relativ grelles Licht. Das Waisenhaus, das unter der scheinheiligen Prämisse, daß der Vater ein gütiger Mann gewesen sei, zu seinen Ehren erbaut worden war, brennt ab. Doch die Sonne ist noch überragender und machtvoller als das Feuer in ihrem zerstörerischen Einfluß auf Oswald.

Die Pistolen in *Die Wildente* und *Hedda Gabler* sind Werkzeuge der göttlichen Vergeltung und werden in beiden Dramen im direkten Zusammenhang mit Gegenständen benutzt, welche mit den jeweiligen Vätern Hedwigs und Heddas in Beziehung stehen. Hedwig will die Ente, die ihr von ihrem biologischen Vater, dem alten Werle, geschenkt worden war, mit der Pistole töten, tötet aber stattdessen sich selbst. Hedda begeht Selbstmord unter dem Portrait ihres Vaters, des Generals Gabler, während sie zugleich als Zeichen ihrer aristokratischen Abstammung am Klavier sitzt. In *Rosmersholm* verwandeln sich die Portraits der Vorfahren, vor allem das von Rosmers toter Frau Beate, in ironischer Verzerrung in eine “Maschinerie”, die Rosmer und Rebekka dazu bringt, in einen Mühlbach zu springen, um zu sterben. Ein vergleichbar fataler Sturz von seinem selbst erbauten Turm herab führt auch zum Tod des *Baumeisters Solness.* In *John Gabriel Borkmann* steigt der Protagonist von seinem hohen Wohnsitz herab, um Rache zu üben, aber dieser Abstieg führt schließlich zu seinem eigenen Tod. Es ist, als ob sich der Deus ex Machina selbst zerstört.

Unter den Bedingungen der Theatermaschinerie transformiert Ibsen den traditionellen Gott in verschiedene rachsüchtige Vaterfiguren, welche selbst dann, wenn sie persönlich nicht in das Leben der anderen Charaktere eingreifen, im Verborgenen immer noch durch bestimmte Objekte oder Vererbungen wirken, z.B. durch Krankheiten, eine verwundete Ente oder ein persönliches Portrait und ein paar Pistolen. Und in allen diesen Fällen, vielleicht mit Ausnahme des *John Gabriel Borkmann*, ist der Einfluß des destruktiven Vaters direkt mit dem zentral angeordneten Brennpunkt der Guckkastenbühne verbunden, exakt so wie zur Zeit des Barocktheaters.

Einer Hauptthese dieser Studie zufolge werden nach der Jahrhundertwende zum zwanzigsten Jahrhundert solche psychologisch orientierten Problemstellungen radikal reformuliert. Es bestand nicht mehr, wie noch bei Ibsen, vorrangig die Frage nach der Transformation der mythischen Rolle der Vaterfigur in eine psychologisch destruktive Macht, die in der Enge der bürgerlichen Familie über das Individuum herrscht. Mit Beginn des neuen Jahrhunderts zielen die Themen des Theaters existentiell und sozial auf die Überwindung der abgegrenzten Familie. Die sozialen und psychologischen Entwicklungen des neuen Jahrhunderts können ohnehin nicht mehr länger adäquat in den Begriffen intimer familiärer Strukturen analysiert werden. Daraus ergeben sich auch bedeutende Veränderungen des Deus ex Machina.

Becketts Dramentexte z.B. eröffnen Perspektiven, die nicht oder zumindest nicht ausschließlich in einem psychologischen Kontext oder in sozialen Begriffen zu entschlüsseln sind. Ohne die Aktivierung einer radikal anderen Macht gibt es in diesen Dramen weder literarisch noch existentiell eine Lösung. Becketts Stück *Warten auf Godot* zeigt die Reaktion Vladimirs und Estragons auf Godots Abwesenheit. Im Rahmen der vorliegenden Untersuchung lautet nun die Frage: Was geschieht, wenn die Theatermaschinerie des Deus ex Machina nicht mehr funktioniert?

Das Drama der Avantgarde artikuliert den Mangel und die Sehnsucht nach etwas Unaktivierbarem, das vielleicht nicht mehr existiert und schon deshalb unerreichbar bleiben muß. Nur das Eine kann mit Gewißheit ausgesagt werden: "Das (was nicht ist) war da." Die Verwendungsweise des Deus ex Machina im modernen Theater reflektiert den komplizierten Trauerprozeß über den Tod Gottes und das Ende der Metaphysik. Eine zentrale Frage dieser Untersuchung lautet: Wieso kann die überirdische "Erinnerung" bzw. das "Vergessen" noch immer in die fiktionale Welt der modernen Bühne eindringen? Im dramatischen und theatralen Diskurs der Wende zum zwanzigsten Jahrhundert drückt sich das existentielle/fiktionale Paradoxon in einer extrem komplexen Dialektik von Individualpsychologie und deren Beziehung zu differenten Utopieformen aus, die abwechselnd in sozialen, revolutionären, existentiellen sowie in metaphysischen oder mystischen Begriffen formuliert wurden. Die gleichermaßen uneingeschränkte Offenheit jedem erdenklichen Thema und jeder möglichen Fragestellung sowie narrativen Strukturen gegenüber brachte den totalen Kollaps des traditionellen dramatischen und theatralen Genres während des ersten Jahrzehnts dieses Jahrhunderts mit sich.

Der Wandel, der trotz des Verlustes der metaphysischen Dimension deren psychische Erscheinung auf der Bühne ermöglicht, läßt sich mit den Bemühungen kritischer Theoretiker wie Ernst Bloch und Walter Benjamin im ersten Jahrzehnt dieses Jahrhunderts um eine charakterisierende Beschreibung der komplexen Beziehungen zwischen ästhetischer Erfahrung und utopischer Vision vergleichen. Einige der kritisch-philosophischen Positionen sind für die Idee des Deus ex Machina im Theater relevant, z.B. Benjamins Idee der Allegorie im *Ursprung des deutschen Trauerspiels* oder die Philosophie Ernst Blochs.

Richard Wolin erkennt in Blochs Philosophie:

> [...] works of art remain merely aesthetic, symbolic totalities that fulfill an essential *anticipatory* function in the re-creation of totality, but which can never embody the latter in an of themselves. They are for Bloch Messianic promises which explode in the dark and meaningless continuum of contemporary life to light the way toward the long sought after homeland ("Heimat"). However, he is careful to point out that as aesthetic symbols they remain only

> fictive, imaginary incarnations of this ideal, and thus are merely one aspect of a larger process of coming to self-consciousness on the part of the species, a process whose traces are equally discernable in the mystical and esoteric aspects of the great world religious systems, the tradition of Western metaphysics, daydreams, fantasy, etc.[12]

Die Paradoxien innerhalb des ästhetischen Feldes treffen im Hinblick auf die Bedeutung des Deus ex Machina den eigentlichen Kern des modernen Theaters.

Auch Matei Calinescu ordnet in seiner verschiedene Aspekte berührenden Auseinandersetzung, die er als "faces of modernity" bezeichnet, Blochs Denken innerhalb eines umfassenderen modernen, theologischen Kontextes ein. Calinescu behauptet, daß ein "social and religious philosopher like Ernst Bloch" eine radikale Annäherung an die Idee der Utopie ausspricht, die er als "the sole legitimate heir of religion after the death of God" bezeichnet, und fügt hinzu, daß, Bloch zufolge, die Aufgabe des modernen Menschen darin besteht, "to fill the place into which God's were imagined", "a place that the philosopher defines in terms of an open-ended futurity, as the not-yet that never grows old [...]"[13]. Blochs Denkweise ist in diesem Zusammenhang so interessant, weil er konstant die zeitliche und die räumliche Dimension in seiner Utopieauffassung vermischt. Der ehemalige Ort Gottes hat sich in eine offene utopische Vision in der Zeit verwandelt und ist mit dem Medium Theater vergleichbar, das eine Dialektik zwischen einer zeitlichen Aktion innerhalb einer klar umrissenen räumlichen Dimension enthält. Kritisch betrachtet ist der Deus ex Machina der Ort, an dem sich die beiden Dimensionen treffen.

Jürgen Habermas´ Kommentar zu Ernst Blochs Idee der Utopie stellt die Bedeutung der räumlichen Metapher für das Verständnis des utopischen Geistes in einer Welt heraus, in der Gott nicht mehr anwesend ist. Seine Aussage ist außerdem relevant für das Verständnis des modernen Theaters und den Vorgang, der die Theaterbühne für einen kurzen fiktionalen Augenblick in einen Raum verwandelt, der die früher von Gott bewohnte Leere ausfüllt. Habermas expliziert:

> Gott ist tot, aber sein "Ort" hat ihn überlebt; der Raum, in den die Menschheit Gott und die Götter hineinimaginiert hat, bleibt nach dem Zerfall dieser Hypostasen gleichsam als ein Hohlraum zurück; dessen "Tiefenabmessungen", nämlich die des endlich begriffenen Atheismus, verraten den Grundriß eines künftigen Reichs der Freiheit.[14]

12 Wolin 1982, S. 252.
13 Calinescu 1987, S. 65.
14 Habermas 1991, S. 143.

Das moderne Theater versucht, die Leere, die unsere Denksysteme hinterlassen haben, zu füllen. Die Metamorphose des Deus ex Machina im modernen Theater gehört zu den bedeutendsten Strategien in der Konfrontation mit dieser Leere. Sie wird mit Hilfe des Spektakels gefüllt.

1. Der Deus ex Machina als Traum

Der fiktionale Raum in Strindbergs *Ein Traumspiel*, dessen erste Fassung mit Ausnahme des Prologs und der Kohlenschlepperszene im November 1901 fertiggestellt war, ist deutlich in die himmlische Sphäre auf der einen und die materielle Alltagswelt auf der anderen Seite geteilt. Es geht in dem Stück hauptsächlich um die Reise und die Forschungen der Tochter Indras in der Welt der menschlichen Leiden. Obwohl sie glaubt, einen Funken Hoffnung in der irdischen Existenzform finden zu können, muß sie bald erkennen, daß die menschliche Grundsituation nur aus Leiden besteht. Darum sehnt sie sich nach Rückkehr in die himmlische, überirdische Sphäre. Das Stück beginnt mit ihrem Abstieg vom Himmel durch die Wolken und endet mit ihrem Aufstieg zurück in diese Sphäre, wodurch die zyklische Bewegung von Geburt und Tod vollendet wird.[15]

Der Prolog als der eigentliche Deus ex Machina, mit dem das Stück in seiner derzeitigen Form beginnt, wird von Strindberg Ende 1906 anläßlich der ersten Inszenierung im Svenska Theater in Stockholm im April 1907 hinzugefügt. Im Prolog steigt Indras Tochter genau wie ein Deus ex Machina vor einem Hintergrund aus Wolken und Sternen langsam herab, so daß das Stück mit diesem Mittel anfängt, anstatt in traditioneller Weise damit zu enden. Damit ist ein wichtiger struktureller Wandel benannt, der auch in weiteren hier zu analysierenden Beispielen, z.B. mehr oder weniger deutlich in *Der Dybbuk* und in *Sechs Personen suchen einen Autor* vorgefunden werden kann.

Der Prolog zu *Ein Traumspiel* läßt die Stimme Indras hören, der seine Tochter warnt:

> Du hast dich verirrt, mein Kind, gib acht, du
> sinkst ... Wie kamst du hierher? (269)[16]

---

15 Zur ausführlichen Erörterung dieses Stückes vgl.: Carlsson 1982, Sprinchorn 1982, Tornquist 1982. Auch Gunnar Olléns Anmerkungen zur neuen schwedischen Edition der gesammelten Werke Strindbergs (1988) sind von großem Interesse für die Diskussion des Entstehungsprozesses von *Ein Traumspiel* und seiner frühen Rezeption in Schweden.

16 Die Übersetzung der Dramen Strindbergs für diese Version meines Aufsatzes entstammt dem Band *Gespenstersonate und sechs andere Dramen* (Bethke 1984). Die Seitenzahlen werden in Klammer hinter dem Zitat angegeben.

Darauf antwortet sie:

Ich folgte dem Blitzstrahl, hoch aus dem
Äther, und nahm eine Wolke als Reisewagen ...
Aber die Wolke sank, und abwärts geht nun die Fahrt ...
Sag, Indra, Vater, in welche Regionen
ich geraten bin?
Es ist so drückend hier,
so schwer zu atmen! (269)

Während ihres langsamen und schmerzhaften Abstieges erkennt sie unter sich die Erde, die Indra als "die dichteste und schwerste aller Kugeln, die im Raume wandern" (269) bezeichnet, und von deren dort lebenden Geschöpfen – wie der Gott fortfährt – nur Klagen zu hören sind.

Als sich die Wolken auflösen, hört dagegen die Tochter Jubelrufe und Lieder von "Lob und Dank" (270), die an den Himmel gerichtet sind. Der Vater erwidert:

Steig hinunter, Tochter, sieh und hör,
komm dann zurück, mir zu berichten,
welch Fug und Recht
ihr Klagen hat da unten ... (270)

Die Anfangssequenz enthält die gesamte Entwicklung des Stückes. Der Abstieg der Göttin in diese Welt ist zugleich die Geburt eines besonderen, Agnes genannten Individuums in die Qualen und Leiden der Welt. Die Qualen der Geburt, die in Wahrheit der Deus ex Machina selbst ist, werden aus der Perspektive eines neugeborenen Babys beschrieben:

Die Wolke sinkt, die Luft erstickt mich ...,
nein, nicht die Luft – Rauch, Wasser sind es,
die mich quälen ...,
schwer und drückend, mich niederziehen,
nieder in diese schwankende Welt,
die, ich spür schon, nicht die beste ist ... (270–271)

Der Staub, den die Menschen auf der Erde atmen müssen, besteht aus einem Gemisch aus Rauch und Wasser, wodurch sie Indra zufolge schwindlig werden. Der Abstieg ist mit dem Trick des Sultans Harun ar-Rashid, einem Helden der Geschichten aus *Tausend und einer Nacht*, vergleichbar, der, als gewöhnlicher Bürger verkleidet, von seinem königlichen Thron herabsteigt, um zu erforschen, ob seine Untergebenen mit ihrem Schicksal zufrieden sind.

Die "Geburt" von Indras Tochter/Agnes und ihr Abstieg auf die Erde ist in *Ein Traumspiel* mit der Idee des Einschlafens verbunden. Daraus folgt, im

Kontext der logischen Entwicklung des Stückes, daß das Leben innerhalb dieser Welt in Wirklichkeit ein Traum ist. In der nach Beendigung des Stückes entstandenen, kurzen Einführung bemerkt Strindberg, daß, gerade wenn sich die Charaktere "spalten", "verdoppeln" und "verflüchtigen",

> [...] ein Bewußtsein [über allem] steht, das des Träumenden. Für dieses Bewußtsein gibt es keine Geheimnisse, keine Inkonsequenz, keine Skrupel, kein Gesetz. Es verurteilt nicht, es spricht nicht frei, es gibt nur wieder. Und weil der Traum meistens schmerzlich ist und selten heiter, geht ein Ton von Wehmut und Mitleid mit allem, was lebt, durch den voranschwankenden Bericht. Der Schlaf, der Befreier, peinigt oft; doch wenn die Pein am Stärksten ist, kommt das Erwachen und versöhnt den Leidenen mit der Wirklichkeit, [...]. (267)

Strindberg setzt die Befreiung von der Welt mit dem Erwachen aus einem Alptraum gleich, wenn er seine kurze programmatische Einführung zu *Ein Traumspiel* mit der Überlegung beendet, daß die "Wirklichkeit, [...], so qualvoll sie auch sein kann, in diesem Augenblick, verglichen mit dem peinigenden Traum, doch eine Erleichterung ist."(267)

Strindberg überlagert in *Ein Traumspiel* mehrere Perspektiven der Idee vom Traum, die durch das Mittel des Deus ex Machina zum Ausdruck gebracht werden. Die Traumerfahrung als Welterfahrung im Gegensatz zur wahren Realitätserfahrung in den himmlischen Sphären steht mit dem Mittel des Deus ex Machina in Verbindung. Indras Tochter kann nur aus dem Horror der irdischen Alptraumexistenz befreit werden, wenn sie aus ihrem Traum "erwacht" und in die himmlische, ewige Sphäre zurückkehrt, die im Sinne des Stückes als Ort der Befreiung der Seele vom Körper gedacht wird. Auf diese Art kann sie die Welt des Todes und der wahren Realität erreichen. Auf der konkreten Handlungsebene des Stückes ermöglicht der Dichter als Verkörperung reiner ästhetischer Lebensform Indras Tochter den endgültigen Aufstieg in dem brennenden Schloß. Zum Abschied spricht sie zu ihm:

> Der Abschied steht bevor, das Ende naht;
> leb wohl, du Erdenkind, du Träumer,
> du Dichter, der versteht zu leben,
> auf Flügeln schwebend,
> nur manchmal niedertauchend,
> die Erde streifend, ohne doch an ihr zu haften! (340)

Die vorherrschende Metapher in *Ein Traumspiel*, die Täuschung und Lügenhaftigkeit der materiellen Welt, drückt sich in verschiedenen Beschränkungen und Formen von Gefangenschaft aus. Die der Welt entgegengesetzten himmlischen Sphären der Wahrheit implizieren Offenheit und Bewegungsfreiheit.

Die Rückkehr von Indras Tochter/Agnes in die himmlischen Sphären ist als konstante Opposition zur Gefangenschaft innerhalb der diesseitigen Welt konzipiert, die Indras Tochter auf verschiedenen Wegen überwinden muß, um zurückkehren zu können. Der Gegensatz zwischen Bildern der Offenheit und der Geschlossenheit kann als von Strindberg implizit geführte Diskussion über die Grenzen des theatralischen Realismus gelesen werden. Die geschlossene Guckkastenbühne des realistischen Theaters ermöglicht keine Überwindung der begrenzten materiellen Formen der irdischen Existenz. Strindberg zeigt in seinem Stück eine zumindest teilweise Überwindungsmöglichkeit dieser Begrenzung, nämlich auf ästhetischer Ebene durch die zentrale Position des Deus ex Machina.

Zum einen zeigt der Abstieg von Indras Tochter in diese Welt, daß sie in der begrenzten Guckkastenbühne, d.h. in den Grenzen bürgerlicher Existenz gefangen ist. Das Eingesperrtsein zeigt sich deutlich in der Szene, in der Agnes mit dem Rechtsanwalt verheiratet wird. Der Anwalt repräsentiert Gerechtigkeit und Wahrheit, allerdings nur in ihrer begrenzten irdischen Version. Schauplatz dieser Szene ist ihre Wohnung. Kristin blockiert alle Ausgänge des Raumes, indem sie Zeitungen um die Fenster klebt, um die Kälte abzuhalten. Auf metatheatralischer Ebene sagt die Szene etwas anderes aus. Kristin unterbricht alle Kommunikationswege der Tochter in die äußere Welt, einschließlich der metaphysischen Dimension ihres Ursprungs und der Maschinerie, welche die Bewegung zwischen den beiden unterschiedlichen Existenzebenen ermöglicht, die jedoch – zumindest zeitweise – nicht mehr funktioniert. Dies ist Agnes' Version von *Warten auf Godot* und bedeutet in Wahrheit, daß weder ein Zuhause noch eine Ehe und im übertragenen Sinn das realistische Theater tatsächlich verlassen werden kann oder ein Eindringen aus anderen Welten erlaubt. Die Kommunikation zwischen beiden Existenzebenen ist unterbrochen und gibt dem erlösenden Deus ex Machina keine Chance, zu erscheinen.

Doch *Ein Traumspiel* beinhaltet einen Erlösungsmechanismus für Indras Tochter und auf ästhetischer Ebene für das realistische Theater, wodurch beide die Grenzen der Wohnzimmerexistenz überwinden können. Im Hinblick darauf komponiert Strindberg eine Allegorie der Überwindung der realistischen Theaterkonvention. Die realistische Szene, die traditionell die Einheit von Zeit, Raum und Handlung herzustellen hat, wird räumlich und zeitlich aufgrund der komplizierten Form des Stückes als Stationendrama fragmentarisiert. Die Reisestationen von Indras Tochter erfassen zuerst – einem "Zoom" vergleichbar – die einzelnen Schichten der Existenz ihres Eintrittes in die diesseitige Welt. Dann wiederholt sich dieser "Zoom" während ihrer Rückkehr in die himmlischen Sphären. Die Bewegung erhält von

Strindberg eine deutlich kinematographische Form, obwohl zur Zeit der Niederschrift des Stückes, eine Realisation kontinuierlicher Bewegungen im Medium Film durch den Gebrauch von beweglichen Kameras oder komplizierten Linsen noch nicht möglich war.[17] Aus dem innovativen Gebrauch einer noch nicht entwickelten kinematographischen Szenerie läßt sich auf eine Transformation einerseits der Wahrnehmung, andererseits des inneren Bewußtseins schließen, für das die deutlich erkennbaren Grenzen des individuellen Charakters nicht länger relevant sind. Auf diesem Wege könnte Strindberg einen theatralen Raum des Traumes erschaffen, der die Grenzen des realistischen Theaters überschreitet. Statt dessen werden in Strindbergs theatralischem Raum die metaphysischen Dimensionen auf der Bühne während des ganzen Stückes konkret realisiert, da eigentlich die ganze Handlung ein Deus ex Machina ist.

Die Aufführungsgeschichte von Strindbergs *Ein Traumspiel*, gleich ob die frühe oder die spätere, ist in sich sehr komplex und war lange mit diversen Schulen verbunden.[18] Zum ersten Mal wurde das Stück im Svenska Teatern (Schwedisches Theater) in Stockholm im April 1907 durch Victor Castengren inszeniert und die Rolle der Tochter Indras spielte Harriet Bosse. Nach Strindberg sollte die spezielle "Sciopticon"-Ausstattung, die vom Theater für eine Inszenierung des *Faust* angeschafft worden war, auch für sein Stück benutzt werden. Doch Carstengren war ängstlich und griff auf die traditionelle Form der szenischen Dekoration zurück. Er vermied auch den Gebrauch unrealistischer Lichteffekte, da er befürchtete, daß sie der Inszenierung eine Musikhallenstimmung verleihen würden. In seinen *Offenen Briefen an das intime Theater* schreibt Strindberg: "Das Aufbauen auf der Bühne störte die Konzentration der Schauspieler [...] Dazu kam, daß die ganze Vorstellung zu einem Materialisationsphänomen wurde, statt zu dem beabsichtigten Gegensatz (Dematerialisation)."[19] Die Inszenierung wurde sehr unterschiedlich rezipiert. Der Regisseur und Kritiker Tor Hedberg bemerkte: "[...] man hofft, auf der Bühne die Magie eines Traumes realisiert zu sehen, aber man sieht stattdessen nur die schwere Bühnenmaschinerie."[20] Seine Reaktion kann als repräsentativ gelten.

Die Verwandlung der theatralischen Maschinerie in diese magische Gestalt bedarf eines phantasievollen Einsatzes der verfeinerten technischen Mittel des Theaters. Dies war anscheinend erst bei der nächsten Inszenierung

---

17 Zur detaillierten Diskussion der kinematographischen Technik, die von Strindberg in *Ein Traumspiel* benutzt wird, vgl.: Rokem 1988, S. 107–128.

18 Bark 1981, Bayerdörfer/Horch/Schultz 1983, Kvam 1974, Ollén 1966, Stockenström 1972.

19 Strindberg 1921, S. 220.

20 Tor Hedberg, in: Svenska Dagbladet, 18/4, 1907.

von *Ein Traumspiel* möglich, nahezu zehn Jahre später, 1916, als Rudolf Bernauer das Stück im Theater der Königgrätzerstraße in Berlin inszenierte. Lichteffekte, die an die Technik des Kinos erinnerten, wurden in dieser Inszenierung benutzt. Die Ausstattung übernahm der dänische Maler Sven Gade, der zu dieser Zeit stark von den visuellen Entwicklungen des Expressionismus beeinflußt war. Gade wurde auch für die Inszenierung im Lorensbergtheater in Göteborg in Schweden von dem Regisseur Mauritz Stiller verpflichtet, der heute besonders durch seinen bedeutenden Anteil an den frühen Entwicklungen des Stummfilmes in Erinnerung geblieben ist. Das deutsche Publikum anerkannte die stärker experimentelle Konzeption der metaphysischen Qualitäten von Strindbergs Stück, während das deutlich provinziellere schwedische Publikum die Göteborg-Inszenierung scharf kritisierte. In Gades Szenographie zu diesen beiden Inszenierungen erscheint Indra, wie üblich genau im Brennpunkt, umgeben von ihrer himmlischen Aura aus Licht.

Der erste Regisseur, der wirklich erfolgreich die spezielle Atmosphäre von *Ein Traumspiel* auf der Bühne für ein schwedisches Publikum umzusetzen wußte, war Max Reinhardt, der das Stück 1921 für das Königlich Dramatische Theater in Stockholm inszenierte. Die Gestaltung des Bühnenbilds übernahm Alfred Roller (Abb. 58). Die Eröffnungsszene zeigt Indra erhöht, durch einen Sternenhintergrund stark beleuchtet und begleitet von musikalischen Effekten. Strindberg selbst stellte sich die Szene ebenfalls mit musikalischer Begleitung vor. In einem Brief an seinen deutschen Übersetzer Schering schrieb er bereits vor der Premiere von 1907, daß ihm als Musik für den neugeschriebenen Prolog die Pastoralsymphonie seines bevorzugten Komponisten Beethoven vorschwebe, "der Satz Gewitter und Sturm".[21] Die Musik, die Reinhardt in seinem Regiebuch als "seltsame, fremde sphärische Klänge, seltsame Harmonien" aus den himmlischen Sphären beschreibt, die durch "ein chaotisches Gegeneinander – Glocken und Schreie – Orgel und Schüsse – Jauchzen und Schlagen – Maschinenlärm und Pfiffe – Gewitter, Donner, Wind und Sturm"[22] kontrastiert werden, ist mit Beethovens Musik nicht vergleichbar und wurde von dem bulgarischen Komponisten Pantscho Wladigeroff geschrieben. Sie unterstützte ohne Zweifel die Erschaffung eines eindrucksvollen Deus ex Machina zu Beginn der Inszenierung. Im ganzen wurde diese Inszenierung von der Kritik sehr positiv aufgenommen. Später, im gleichen Jahr, inszenierte Reinhardt *Ein Traumspiel* auch im Deutschen Theater in Berlin, jetzt mit einer Szenographie von Franz Dworsky.

21 Strindberg 1976, S. 355.
22 Kvam 1974, S. 108.

Die visuelle Imagination in Strindbergs Dramatik griff den Entwicklungen der damaligen Bühnentechnik deutlich voraus. Es dauerte annähernd fünfzehn Jahre, bis es möglich wurde, seine visuellen und räumlichen Innovationen auf der Bühne umzusetzen. Welch klare Vorstellungen Strindberg von den visuellen Möglichkeiten seiner Ideen in den Dramen besaß, die während seiner kreativen Phase um die Jahrhundertwende entstanden sind (er schrieb zwanzig Dramen von *Damaskus I*, 1898, bis *Ein Traumspiel*, 1901), läßt sich auch an seinen Arbeiten als Maler und Fotograf aus der Zeit zwischen der Niederschrift von *Ein Traumspiel* und dessen erster Inszenierung 1906 erkennen. Dazu nenne ich nur zwei Beispiele: das Gemälde *Inferno* von 1901 (Abb. 59), in dem das höhlenähnlich beleuchtete zentrale Feld im Kontrast zur dunklen Umgebung eine deutliche Reminiszenz an den Effekt darstellt, den er sich wahrscheinlich für *Ein Traumspiel* vorstellte; und zweitens eine Fotografie, die zu seinen *Celestographien* gehört (Abb. 60) In einer ganzen Serie von Fotografien mit doppelter und dreifacher Belichtungszeit um 1906 wollte Strindberg Wolken und Himmelsphänomene während der stürmischen Nächte Stockholms darstellen, die ihn während der Arbeit an dem Stück inspirierten. Strindberg glaubte, daß Wolken in sich selbst Reflexionen sind, eine Art außerirdischer Fotografie irdischer Phänomene aus verschiedenen Zeitperioden.[23] Dieser Glaube beeinflußte deutlich die Grundkonzeption von *Ein Traumspiel*.

Um die extreme Komplexität der Fragen nach der Relation zwischen dem Gebrauch des theatralischen Raumes und den psychologischen sowie den metaphysischen Dimensionen der Charaktere und der fiktionalen Welt in Strindbergs Stücken aufzuzeigen, möchte ich diesen Abschnitt mit einer Diskussion der ikonographischen Bedeutung einiger zentraler Szenen aus der *Gespenstersonate* (1907) und aus *Fräulein Julie* (1888) beenden. Eine eingehende Betrachtung dieser Szenen macht deutlich, daß Strindbergs Lösung für den Deus ex Machina in *Ein Traumspiel* kein isoliertes Einzelphänomen darstellt, sondern als integrierter Teil seines dramatischen Projektes angesehen werden muß.

In *Gespenstersonate* sitzt die Figur Hummel im Rollstuhl, eine ironische Umkehrung des Wagens, dessen sich die Götter zu ihrem Auftritt bedienen. Hummel ist die Vaterfigur, die ihrer biologischen Tochter Adele, der jungen Heldin des Dramas, den Tod bringt. Am Anfang des Stückes rettet sie der junge Student Arkenholtz vor einem umstürzenden Haus: Dies ist Adeles 'Eintritt' in die Welt des Leidens. Am Ende des Stückes erscheint der Tod, der durch diese Szene in Wirklichkeit nur hinausgeschoben wurde, als Wiederver-

23 Zur Vertiefung dieser Fragen vgl. Rokem 1992 (im Druck).

einigung mit der Sonne. Der Gestus des Dieners, der in der letzen Todesszene einen Wandschirm bringt und vor dem jungen Mädchen aufstellt, bedeutet die Trennung zwischen der diesseitigen Welt und der Welt der Ewigkeit. Die Worte des Studenten Arkenholtz, die ihren Abschied begleiten, wären auch dem Aufstieg von Indras Tochter am Ende angemessen:

> Der Befreier kommt! Willkommen du bleicher, milder! – Schlaf, du Schöne, Unselige, Unschuldige, ohne Schuld an deinem Leiden, schlaf ohne Träume, und wenn du wieder erwachst ..., mögest du von einer Sonne begrüßt werden, die nicht brennt, in einem Heim ohne Staub, von Verwandten ohne Schande, von einer Liebe ohne Makel ... Du weiser, mildtätiger Buddha, der du dort sitzt und wartest, daß ein Himmel aus der Erde wachsen möge, gib uns die Geduld in der Prüfung, Reinheit im Willen, daß die Hoffnung nicht zuschanden werde![24]

Das Rauschen der Saiten einer Harfe wird hörbar, während sich der Raum mit weißem Licht füllt, das die Leiden der Welt schrittweise überblendet. Der Student rezitiert ein Gedicht an die Sonne, den wahrhaftigen Deus ex Machina.

> Die Sonne sah ich, und mir schien es,
> daß ich schaute den Verborgenen.
> Jeder Mensch sein eigen Werk genieße
> und selig, wen das Gute nicht verdrieße.
> Deines Zornes Tat, die du begingest,
> nun mit Bosheit nicht vergelte.
> Tröste ihn, den du betrübtest,
> mit deiner Güte, das wird dir frommen.
> Niemand bebt, der Böses nicht getan;
> schuldlos sein, hinfort dein Ziel allein. (469)

Während der Rezitation dieser Zeilen hört man das letzte Wimmern des Mädchens. Der Regieanweisung des Stückes zufolge verschwindet der Raum und "Böcklins *Toteninsel* wird Hintergrund. Von der Insel her ist leise Musik zu hören, ruhig, angenehm traurig."(469)

In der *Gespenstersonate* betont Strindberg die thematische Verbindung zwischen der Erwähnung der Sonne und der entsprechenden Intensivierung des Lichts auf der Bühne als Ausdruck des Sterbeprozesses, der sich im Kontext des Stückes als Berührung mit einer Erscheinungsform der göttlichen Präsenz ausdrückt. Anstelle des mit Hilfe der Theatermaschinerie herabsteigenden Gottes, wird das Mädchen mit Hilfe des Mediums Licht als visuelle Entsprechung und metaphorische Erweiterung des Deus ex Machina erhoben.

24 Strindberg 1989, S. 469.

Die Bühnenmaschinerie transformiert die göttliche Erleuchtung zu einem intensiven Lichteffekt. Wie bereits erwähnt, beruht die Ikonographie des Deus ex Machina im Theater des Barock nicht nur auf der Maschinerie, sondern auch auf den Lichteffekten, die ebenfalls bei Strindberg eingesetzt werden.

Im einführenden Teil habe ich kurz analysiert, auf welche Weise Ibsen die traditionelle Ikonographie des Deus ex Machina verwandelt, um ihn seiner Idee der Rache toter Vaterfiguren anzupassen. In *Gespenster* ist diese Rache vollbracht, als am Ende des letzten Aktes die Sonne über dem Fjord aufgeht und Oswald sich gezwungenermaßen der vom Vater geerbten Krankheit ergibt. Dieser Deus ex Machina, der als Illumination erscheint, kann metaphorisch auch als Verständigung interpretiert werden, als Form finaler "Anagnorisis", durch die die reale Macht des toten Vaters auf der Seite der Charaktere ebenso wie des Publikums erkannt wird. Das, was früher im Dunkeln versteckt wurde, ist jetzt, aufgrund des intensiven Lichtes, deutlich sichtbar. Dieser Prozeß in der *Gespenstersonate* enthüllt sich graduell durch das berühmte Geistermahl, an dem die häßlichen Wahrheiten zum Vorschein gebracht werden und der rächende Vater Hummel bestraft wird. Dies hat allerdings keinen Einfluß auf den Ausgang des Stückes.

Ibsens Verwendung des plötzlichen Sonnenaufgangs am Schluß von *Gespenster* diente Strindberg als interessante Herausforderung, während er *Fräulein Julie* schrieb. Strindberg verband in diesem Stück direktere Anspielungen auf den Deus ex Machina mit einer wesentlich realistischeren Bühnenmaschinerie, verglichen mit seinen Spätwerken. Er behauptete, für seine naturalistische Tragödie nur einen Akt für den Sonnenaufgang zu benötigen, für den Ibsen in *Gespenster* drei Akte brauchte. In *Fräulein Julie* geht die Sonne gegen Ende des Stückes auf, nachdem das Spiel der kurzen Mittsommernacht beendet ist und besonders Julie sich gezwungen sieht, der Wahrheit ihrer Situation ins Auge zu sehen. Die fatale Nacht, die für Jean nur eine Episode bleiben wird, bedeutet für Julie die letzte Konfrontation mit ihrem Leben in einem Schlaf- bzw. Hypnosezustand, zu dessen Erzeugung sie Jean braucht. Sie befiehlt ihm, sie zu hypnotisieren und ihr umgekehrt zu befehlen, einen Besen zu nehmen. Dazu, so behauptet er, müsse sie einschlafen, und sie antwortet "ekstatisch": "Ich schlafe schon – der ganze Raum umgibt mich wie Rauch – und Sie sehen aus wie ein eiserner Ofen – der einem Mann in Schwarz mit einem Zylinder gleicht – und ihre Augen leuchten wie Kohlen, wenn das Feuer verglimmt – und ihr Gesicht ist wie ein weißer Fleck, wie Asche." (214) Strindbergs Szenenanweisung zu dieser Stelle gibt an, daß Sonnenlicht auf den Fußboden fällt und Jean beleuchtet.

Jeans Gestalt soll offenbar von hinten beleuchtet sein und verwandelt sich in Julies Perspektive in einen dunklen Todesboten, der gekommen ist, um sie in eine andere Welt mitzunehmen. Die ganze Szene ist deutlich von der Ikonographie des Deus ex Machina inspiriert, allerdings aus der Wahrnehmungsperspektive des Trancezustands von Julie, während parallel dazu die realistische Handlung weiterläuft. "Es ist so warm und gut"(214), sagt sie und wärmt ihre Hände an etwas, das sie für Feuer hält. Bevor Jean ihr danach das Rasiermesser gibt, das sie für einen Besen hält, mit dem sich alle Qual davonkehren ließe, fügt sie hinzu: "Und so hell – und so still" (214). Ihre einzige Frage an Jean vor ihrem Abgang enthält die Bitte um das Geschenk der Gnade. Und als die Inkarnation des Göttlichen, als die er ihr in diesem Moment erscheint, kann er auch diesen Wunsch – von ihrem subjektiven Standpunkt aus – erfüllen.

Doch auch die vorübergehend göttliche Figur des Jean wird ihre Macht verlieren. Der Graf, Julies Vater und gleichzeitig Jeans Herr, beendet das theatralische "Spiel" Julies. Auch der Graf ist auf seine Art eine Inkarnation der rachsüchtigen Vaterfigur, obwohl er die Autorität über die Familie verloren hat, wie sich aus der Eingangsgeschichte über die versuchte Revolte von Julies Mutter erschließen läßt. Der Graf beherrscht Jean, wenn auch sein Erscheinen auf der Bühne nur durch das Telefonläuten aus seinem Raum in die Küche realisiert wird. Dabei handelt es sich wiederum um eine deutliche Transformation der Maschinerie, mit deren Hilfe die Götter in die Handlungen der Menschen eingreifen. In dem Augenblick, in dem Jean die Kraft besitzt, Julie hinauszuschicken, glaubt er, gesehen zu haben, daß sich die Telefonglocke bewegt. "– Solche Angst vor einer Glocke zu haben! – Ja, aber das ist nicht nur eine Glocke – es sitzt jemand dahinter – eine Hand setzt sie in Bewegung – und etwas anderes setzt die Hand in Bewegung –" (214). Der Graf regiert als übergeordneter Deus ex Machina den begrenzten Einfluß Jeans, der in Relation zu Julie ebenfalls als Deus ex Machina fungiert. Ohne ihn kann sie sich nicht aus den Fesseln der materiellen Welt befreien. Schließlich erteilt Jean Julie den Befehl zu gehen. Die läutende Glocke hängt drohend über seinem Kopf.

Die drei von mir analysierten Stücke Strindbergs konzipieren die endgültige Befreiung einer jungen Frau aus den Fesseln dieser Welt und ihre Vereinigung mit einem metaphysischen Prinzip thematisch und ikonographisch als Aufstieg zu oder durch das himmlische Licht. Vollstrecker des immanenten Todes, des Aufstieges der jungen Frau, ist in allen Fällen ein junger Mann, der Dichter, der Student oder der Diener – jeder ein potentieller Partner der jungen Frau. Demgegenüber steht ein alter Mann, eine Vaterfigur, der in *Fräulein Julie* und in *Gespenstersonate* verschiedene Ausprägungen des Rächers repräsentiert und in *Ein Traumspiel* als Gott Indra erscheint. Dieser beobachtet mehr oder weniger passiv oder hilflos den endgültigen Abgang der jungen Frau. In *Ein Traumspiel* und *Fräulein Julie* erscheint die gottgleiche Vaterfigur nicht auf der Bühne. In *Gespenstersonate* ist diese dagegen überdeutlich in der Figur des Hummel präsent. Ein Dreiecksverhältnis zwischen einer jungen Frau und zwei männlichen Figuren konstituiert in Strindbergs Stücken die komplexe Maschinerie des Deus ex Machina. Durch die Erotisierung der jungen, beinahe "göttlichen" weiblichen Figur gestaltet Strindberg die komplexe Theatermaschinerie auf seine individuelle Weise. Im folgenden Abschnitt der Studie soll untersucht werden, wie das im Grundzug ähnliche Dreiecksverhältnis der Deus ex Machina-Maschinerie in *Der Dybbuk* auf sehr unterschiedliche Weise als Verwandlung eines jungen Mannes zusammen mit einer jungen Frau in eine göttliche Figur durch den theatralischen Eingriff heiliger Texte realisiert wird.

2. Der Deus ex Machina als heiliger Text

Mit der Habima-Inszenierung von Anskys *Der Dybbuk* in Moskau 1922[25] gelang dem um 1890 begründeten, modernen hebräischen Theater der endgültige Einstieg in die europäische Avantgardeszene.

Das Stück wurde unter dem Pseudonym "Ansky" von Shlomo Rappaport geschrieben, der als Ethnograph durch diverse Feldstudien zur jüdischen Geschichte der Besiedlung hervortrat. *Der Dybbuk* basiert auf authentischem folkloristischem Material über unterschiedliche religiöse Bräuche der Exkommunizierung bei Besessenheit. Gewöhnlich wird der Körper einer jungen unverheirateten Frau durch den Geist eines toten, sozial untergeordneten Mannes in Besitz genommen. Solch einen Geist eines toten Mannes, der in einem lebendigen Menschen wohnt, nennt man einen "Dybbuk". Zwischen dem Großteil des Materials, das Ansky während seiner Feldstudien sammelte, den Darstellungen solcher Exkommunizierungen in anderen Quellen[26] und dem von Ansky selbst geschriebenen Stück über den Brauch besteht ein Unterschied.[27]

25 Die Habima-Inszenierung des *Dybbuk* wurde bereits ausführlich in früheren Forschungen behandelt. Vgl. zum Beispiel: Aslan 1979, Yizraeli 1971, Fishman 1980, Rokem 1988.

26 Bilu 1985.

27 Werses 1986, S. 154–194. Ansky begann 1917 mit einer vorbereiteten russischen Version und besprach sich mit Konstantin Stanislawski, der die Empfehlung gab, das Stück mit jüdischen Schauspielern zu besetzen. Danach stellte Ansky eine überarbeitete jiddische Fassung her, die er um den Charakter des Meshulach erweiterte. Diese Version wurde zuerst durch das Jüdische Avantgardetheater in Vilna, genannt die "Vilnaer Truppe", aufgeführt und dann für die berühmte Habima-Inszenierung durch den bekannten Dichter Chaim Nachman Bialik ins Hebräische übersetzt. Sie hatte im Januar 1922 Premiere und wurde von Jewgeni Vachtangov inszeniert.

Allgemein üblich ist die Darstellung einer erfolgreichen Austreibung eines widerspenstigen Geistes aus einer jungen Frau, der meist mit ihrer Zunge spricht, durch einen heiligen Rabbi, so daß das Ereignis sozialer und erotischer Überschreitung zu einem guten Ende gebracht wird. Dagegen schreibt Ansky ein Stück, in dem sich die junge Frau Leah mehr oder weniger freiwillig für eine Vereinigung mit ihrem toten Liebhaber Chanan im Jenseits entscheidet, anstatt ihn zurückzuweisen und die Verbindung mit der etablierten sozialen Ordnung wiederherzustellen. *Der Dybbuk* wird dadurch zu einem sehr gut zum damaligen "Zeitgeist" der Sowjetunion passenden Stück über die Revolte einer wahrhaft liebenden jungen Generation gegen die bürgerlichen Maßstäbe der älteren Generation, die besonders von Leahs Vater Sender und der religiösen Institution repräsentiert wird. Sender will Leah einem reichen Mann namens Menashe zur Frau geben, anstatt sein Gelübde gegenüber seinem alten Freund, Chanans Vater, zu erfüllen. Vor der Geburt ihrer Kinder versprachen sich die Väter mit einem Treueschwur, sie zu verheiraten. Der Hauptpunkt der melodramatischen Handlungskonstruktion besteht darin, daß der Treueschwur in den himmlischen Sphären "aufgezeichnet" wurde, so daß die mystische Vereinigung zwischen Leah und Chanan bereits lange, bevor an eine irdische Hochzeit überhaupt gedacht werden konnte, vollzogen war. Die Entweihung der metaphysischen Hochzeit durch Senders irdische, materielle Wünsche, bringt den Geist Chanans dazu, als *Dybbuk* in Leah einzudringen.

Der Dybbuk mit dem Untertitel *Zwischen zwei Welten* basiert auf dem Kampf zwischen irdischer und himmlischer Macht, der mit Begriffen der kabbalistischen Mystik beschrieben wird. Am Anfang der Habima-Inszenierung des Stückes hört man das Raunen eines mystischen Mottos. Das Motto wird von der Musik Yoel Engels begleitet, die auf chassidischen Melodien beruht, und ist ein grundlegendes Glaubensbekenntnis.

> For what cause, for what cause, does the soul, ho descend, for what cause, for what cause, does the soul descend.
> From the high abode to the deep, ho, abyss, from the high abode to the deep abyss.
> Ho-oh, the fall is necesseary so that it may rise again.
> Ho-oh, the fall is necesseary so that it may rise again.[28]

28 Meine Übersetzung ins Englische, in der die hebräischen Buchstaben und die signifikanten Wörter beibehalten wurden (mit Übersetzungen und Erläuterungen in Klammern), geht auf den vom Habima-Theater benutzten hebräischen Text zurück, der als Transskription der phonographischen Aufzeichnung der Inszenierung von 1922 vorliegt (Tel Aviv, CBS-Records, 1965). Er unterscheidet sich in verschiedenen Punkten von der kürzlich publizierten hebräischen Version (Ansky 1983) ebenso wie von der englischen Übersetzung dieses Abschnitts bei Landis 1966. Obiges Zitat ist eine Übersetzung der hebräischen Version, S. 7–8.

In der Inszenierung ist nur ein kleiner Ausschnitt der bedeutend größeren und umfassenderen zyklischen Entwicklung zu sehen. Nur ein kurzer Augenblick aus der langen Kette von Seelenwanderungen unter Beteiligung göttlicher Mächte wird – wie in *Ein Traumspiel* – theatralisch auf der Bühne konkretisiert.

Der Tod Chanans am Ende des ersten Aktes ist das erste, deutlich sichtbare Zeichen dieses Prozesses auf der Bühne und findet in der Synagoge vor dem heiligen Schrein des Pentateuch, der *Torah*, statt. Das von Nathan Altman gestaltete Bühnenbild der Habima-Inszenierung plaziert den heiligen Schrein signifikant im zentralen Brennpunkt der Bühne als Anspielung auf die grundlegende ikonographische Gestaltung des Deus ex Machina. Der von einem Vorhang mit Davidstern und dem traditionellen Zeichen der segnenden Hände des Priesters bedeckte Schrein ist die konkrete Repräsentation himmlischer Mächte innerhalb der Welt. Chanan stirbt vor dem Schrein, als ob er von den Kräften, die von dem Schrein und dem darin enthaltenen heiligen Buch ausgehen, niedergestreckt worden sei, gleich nachdem er von der geplanten Hochzeit seiner geliebten Leah erfährt, die er nur für einen kurzen Moment, während er sich in den Lehren der kabbalistischen Mystik übt, in der Synagoge traf. Die Ausübung der mystischen Praktiken ist für ihn eigentlich verboten, hauptsächlich weil er zu jung ist und noch nicht die Stufe des Lernens erklommen hat, die ihm ermöglichen würde, jene erhabenen Sphären zu erreichen. Sein Versuch, die Sphäre des ihm gestatteten Wissens zu überschreiten, ist ein klarer Verstoß, eine Form der "Hybris".

Chanans brennende Leidenschaft für Leah führt ihn in diese verbotenen Sphären. Unmittelbar vor ihrem kurzen Zusammentreffen, als er zum ersten Mal die Synagoge betritt, spürt er, durch die Buchstaben der heiligen Bücher, ihre Anwesenheit:

> Is the shrine open? Who opened it in the middle of the night? And for whom? The scrolls are standing there as if they were alive, close together, calm and silent [...] and in them all the veiled allusions of the world are hidden, all the hidden secrets. Who will bring out all those concealed messages? One, two, three, four, five, six, seven, eight, nine – nine books, like the numerical value of the word "Emet"(truth). And each book has four handles, each called a Tree of Life – all in all "Lamed Vav"(thirty-six), again "Lamed Vav", there is not a day when I don't stumble on this number. And what does it allude to – I do not know – but I feel a big secret has been concealed in it. "Lamed Vav" is two times, "Chaj" (life, consisting of the letters "Chet Jot"), which is also Leah ("Lamed Aleph Hej" – the three Hebrew letters of her name). And what does Leah mean? "Lo Hei"(the three Hebrew letters of her name which mean "not

God") Without God, God forbid! What a terrible idea, and how it attracts me.[29]

Schon zu diesem frühen Zeitpunkt des Stückes entdeckt Chanan das Geheimnis seiner Liebe zu Leah durch die Interpretation des heiligen Textes, der Schriftrollen und durch den Wert der hebräischen Buchstaben.

Die Anwendung der *Gematrie*, d.h. die Interpretation eines Wortes im Sinne der Zahlensymbolik seiner Buchstaben und bestimmter bedeutungsgeladener Zahlen- und Buchstabenkombinationen, ermöglicht mit Bezug auf die Kabbala die Enträtselung der geheimen Weltmysterien. Auf diese Weise werden die "Bäume des Lebens", die vier Titel der Schriftrolle mit neun multipliziert. Die Anzahl der Schriftrollen im heiligen Gewölbe bringen Chanan auf die Zahl 36, und die Worte "Lamed Vav" geben die Zahl der wahrhaft heiligen Rabbis in der jüdischen Geschichte wieder und sind in vorliegendem Kontext eine sehr deutliche Anspielung. Wenn Chanan am Ende des ersten Aktes vor dem heiligen Gewölbe tot zusammenbricht, weil der Heiratskontrakt zwischen Leah und Menashe unterschrieben wurde, schreit Meshulach, der als Bote zwischen den beiden Welten vermittelt, auf: "He has peeped, and died." Damit spricht er aus, daß Chanans Blick in geheime, erleuchtete, mystische Bereiche – mit dem Buch des Engels Raziel, einem anderen Boten des Lichtes, in der Hand – die eigentliche Ursache seiner Blendung ist und ihn zu Tode verbrennt. Das zeigt die gewaltige Macht des Deus ex Machina in diesem Stück.

Die hebräische Sprache und die Buchstaben des Alphabets sind der letzte Beweis der Anwesenheit Gottes im Diesseits. Diese von Chanan zu Beginn des Stückes klar zum Ausdruck gebrachte Idee bringt die Habima-Inszenierung auch sichtbar auf die Bühne. Die Anwesenheit der Worte Gottes besteht nicht nur durch den Schrein mit den Schriftrollen im zentralen Brennpunkt, sondern auch durch die Inschrift "Shema Israel" – "Höre Israel" – oberhalb der Bühne (Abb. 61). Dies sind die Anfangsworte eines der wichtigsten jüdischen Gebete, das die absolute Einheit Gottes verkündet, "Höre Israel, Jahwe, unser Gott, Jahwe ist einzig", ein Zitat aus dem Buch *Deuteronomium*.[30] Während des ganzen ersten Aktes, der vor dem heiligen Schrein in der Synagoge stattfindet, ist die Inschrift sichtbar oberhalb der Bühne plaziert. Sie ist die zusätzliche Materialisierung der aktiven Intervention göttlicher Mächte und Gottes absoluter Einheit auf der Bühne. Die eigentliche Bedeutung des Zitats besagt, daß die göttliche Einheit dem Volk Israels durch das Gehör

29 Die Erläuterungen in den Klammern dienen dem Verständnis der mystischen Bedeutungen der hebräischen Buchstaben, sie entsprechen der in Fußnote 28 erwähnten Aufzeichnung.

30 Vgl. *Deuteronomium* 6; 4.

nahegebracht wird, die Worte Gottes müssen gehört werden. Der theatralische Kontext ironisiert die Inschrift dadurch, daß später der tote Chanan durch den Mund Leahs spricht. Er wird zu einem Teil der göttlichen "Maschinerie", die durch den Mund der Geliebten sprechen wird.

Während der Hochzeitszeremonie im zweiten Akt zeigt die über der Bühne angebrachte Inschrift ein kurzes Zitat aus der traditionellen jüdischen Hochzeitszeremonie, das folgendermaßen lautet: "Kol Chatan ve-Kol Kala" – "Die Stimme des Bräutigams und die Stimme der Braut" (Abb. 62). Der Ausdruck entstammt *Jeremiah*[31] und folgt im Gebet der Hochzeitszeremonie ebenso wie im biblischen Vers auf den strukturellen und phonetischen Parallelsatz: "Kol Sasson ve-Kol Simcha" – "Die Stimme der Freude und die Stimme der Fröhlichkeit". Besonders in der aschkenasischen, osteuropäischen Aussprache des Hebräischen werden Sasson-Chatan und Simcha-Kala, der Reim und das Wort "Kol" (Stimme) viermal wiederholt. Bei genauerer Betrachtung zeigen diese biblischen Verse jedoch, daß sie sich im Kontext der Prophezeihung des Jeremiah eigentlich auf eine Situation beziehen, die der Hochzeitsfreude diametral entgegensteht. In ihrem originalen Kontext sagen diese Verse folgendes: "Verstummen lasse ich in den Städten Judas und auf den Straßen Jerusalems Jubelruf und Freudenruf, den Ruf des Bräutigams und den Ruf der Braut; denn das Land wird zur Wüste werden."

Im theatralen Kontext der Habima-Inszenierung von *Der Dybbuk* findet das unheilschwangere Ereignis durch den Geist Chanans, der als "Dybbuk" in Leahs Körper eingeht und durch ihren Mund spricht, unter dem Hochzeitsdach statt. Die ursprüngliche Bedeutung der Verse, die von einem Vorgang der Zerstörung berichten und durch die traditionelle Hochzeitszeremonie dekontextualisiert werden, wird zum Teil in ihrer originalen biblischen Bedeutung re-kontextualisiert. Das Stück stellt das Eindringen der Stimme des wahren Bräutigams Chanan in den Körper der wahren Braut Leah dar und bezeugt nicht im Sinne des traditionellen Textes innerhalb des zeremoniellen Kontextes den gemeinsamen Jubel der Stimmen des Ehemanns und der Braut, sondern tatsächlich das Eindringen der Stimme des Bräutigams in die Braut. Diese Stelle ironisiert ohne Zweifel die Inschrift über der Bühne. Man kann behaupten, daß die Stimme des rächenden Gottes den Körper Leahs als Medium benutzt, um während der Hochzeitsszene hörbar zu werden. Die wahren Liebenden werden im Sinne der Inschrift über der Bühne durch eine androgyne Integration ihrer Stimmen wahrhaftig vereint.

Die Komplexität der Interaktion zwischen den Ideen von Text und Stimme in dieser Aufführung kann anhand einiger Änderungen, die während der

31 *Jeremiah* 7; 34.

Proben der Hochzeitszeremonie vorgenommen wurden, genauer beleuchtet werden. Die exakte Bestimmung des Probenstadiums, während dessen diese Änderungen entschieden wurden, ist nicht möglich. Dennoch zeigen sie, daß Vachtangov und alle anderen Teilnehmer der Inszenierung sich des möglichen Nachhalls der antiken rituellen Texte im von ihnen geschaffenen theatralischen Kontext wenigstens teilweise bewußt waren. Während der durch den Hochzeitshandel der Väter bestimmte Bräutigam Menashe Leahs Gesicht mit dem Schleier bedeckt, springt Leah laut schreiend von dem Stuhl, auf den sie gesetzt wurde, auf: "No, no, you are not my bride."[32] Unmittelbar nachdem Chanans Stimme aus Leahs Mund herausbricht, wird in der Habima-Inszenierung eine bedeutende Veränderung an Anskys Text vorgenommen.

Statt, wie in der gedruckten Version des Textes, Chanans Stimme aus Leahs Mund den Satz sprechen zu lassen: "You buried me and now I have returned to my bride whom I shall never leave"[33], zitiert Chanan in der Habima-Bühnenfassung einen anderen biblischen Text, *Das Hohelied*, indem er sagt, "Hinach Yafah ..."[34] – "Behold thou art fair" (Bedeutung: "Wie schön du bist ..."). Das Zitat dieser Verse ist erst mit dem Wort "Ra'yati" – "my beloved" or "my betrothed" – im nächsten Akt, als der Rabbi versucht, den Dybbuk Chanan aus Leahs Körper zu exorzieren, vervollständigt. Die beiden einleitenden Worte an diesem Höhepunkt der Aufführung genügten den hebräisch verstehenden Zuschauern mit Sicherheit, um die Quelle zu erkennen. Das Liebesgedicht wird traditionell König Salomon zugeordnet und wurde im Rahmen der jüdischen hermeneutischen Tradition zur Rechtfertigung der Zugehörigkeit zum biblischen Kanon als Ausdruck der Liebe Gottes für sein Volk interpretiert.[35] Indem Gottes Wort an das Volk Israel aus Leahs Mund als Rede des *Dybbuks* Chanan gesprochen wird, untergräbt die Habima-Inszenierung von *Der Dybbuk* die traditionelle Interpretation des biblischen Textes und gibt ihr zugleich eine neue Bedeutung.

---

32 Hebräischer Text: S. 43. In der Aufzeichnung der Aufführung sagt Leah nur einmal "Nein" und nicht – wie im veröffentlichten Text – zweimal.

33 Ebda.

34 *Das Hohelied*, 1; 15 und 4; 1.

35 *Das Hohelied* wird traditionell am Sabbat während Passover gelesen, dem Feiertag, der die Befreiung der Juden aus ägyptischer Gefangenschaft und Sklaverei in Erinnerung bringt.
Zur Analyse der frühen gestalteten Lesungen dieses biblischen Textes, vgl. Boyarin 1990, S.128. Boyarin schreibt: "*The Song of Songs* – as the high point of poetry in the Scriptures, understood as the record of theophany – became the focus of desire for the two greatest theophanic moments in biblical history: the relevation at Mt. Sinai and the crossing of the sea. Midrash, by continuing the process of creation of Scripture, by being Oral Torah and not mere paraphrase of written Torah, became a spiritual vehicle for the reliving of these great events, for making them present." Die Behauptung, daß *Der Dybbuk* auf seine Weise die Tradition des Midrash fortsetzt, ist nicht übertrieben. Vergleiche neuere Interpretationen des *Hoheliedes*, z.B.: Falk 1990, Pardes 1992.

Die Intertextualität zwischen dem Stück *Der Dybbuk* und dem *Hohenlied* ist extrem komplex, da auch beachtet werden muß, daß der biblische Text auf einer dialogischen Strategie beruht, in der eine Frau auf verschiedene Weisen über ihre Liebe zu ihrem Geliebten spricht, indem sie ihn in Wirklichkeit zitiert. Der Austausch zwischen den beiden Liebenden ist in einigen Passagen in eine literarische Form übertragen, mit Hilfe derer die Frau Worte ihres Geliebten ausspricht, so daß die weibliche Stimme die männliche Stimme tatsächlich trägt oder enthält und sich der gemeinsame Text auf metatextueller Ebene zu einer Metapher der erotischen Beziehung zwischen ihnen verwandelt. Zum Beispiel im folgenden Vers ist die Repräsentation der weiblichen Stimme an sich bereits eine Reflexion des erotischen Charakters des Textes. Gleichzeitig wird die in ihr enthaltene männliche Stimme in direkter Weise als sexueller Berührungspunkt zwischen beiden thematisiert: "Ich schlief, doch mein Herz war wach. / Horch, mein Geliebter klopft: Mach auf meine Schwester und Freundin, / meine Taube, du Makellose! Mein Kopf ist voll Tau, / aus meinen Locken tropft die Nacht."[36] Am entscheidenden Wendepunkt der Hochzeitsszene in *Der Dybbuk* geschieht dies tatsächlich, als Chanans Stimme durch Leahs Mund spricht.

Der Eintritt von Chanans Stimme in Leahs Körper ist ebenso erotisch wie aggressiv und stellt zugleich eine Form der androgynen Einheit auf der Bühne her. Die beiden Liebenden sind durch ihre Stimmen vereint, gerade so wie im *Hohelied* die Stimmen des Paares als Ausdruck gegenseitigen Begehrens durch die weibliche Stimme hindurch tönen. Ein sehr wichtiges, bemerkenswertes Kennzeichen des biblischen Textes ist die Offenheit, mit der die weibliche Stimme mutig, kühn und machtvoll von ihrer Liebe und ihrem Begehren spricht, so wie Leah durch ihre Liebe auch gegen ihre persönliche und soziale Situation revoltiert. Ihre utopische Liebe kann innerhalb der Grenzen der existierenden sozialen Strukturen nicht realisiert werden, so daß eine wirkliche Vereinigung Chanans und Leahs, nicht nur als vokales Konstrukt, sich erst in den himmlischen Sphären vollziehen kann. Der hohe Ort erinnert an die Eröffnungszeilen des Stückes. Die totale Vereinigung kann vermutlich erst nach ihrem Tode stattfinden, der während der magischen Beschwörung des Rabbis durch heilige Texte eintritt, als dieser im letzten Akt erfolglos versucht, Chanans Geist aus Leahs Körper zu vertreiben.[37]

Die Inschrift, die während dieses Aktes über der Bühne erscheint, lautet: "Ze ha-Sha'ar la-Adonai" – "Das ist das Tor zum Herrn" (Abb. 63). Dies ist die

---

36 *Das Hohelied* 5; 2.

37 Die gedruckte Fassung hat vier Akte. Die Habima-Inszenierung faßt die letzten beiden Akte zu einem Akt zusammen.

erste Hälfte eines Psalmverses[38], dessen zweite Hälfte heißt: "[...] nur Gerechte treten hier ein." Das Zitat über der Bühne in *Der Dybbuk* und seine implizierte Wiederaufnahme verweist direkt auf die komplexe Textmaschinerie, die während der ganzen Inszenierung am Werk ist. Alle szenographisch und durch komplexe verbale Assoziationen während der Aufführung aktivierten Texte sind heilig. Sie stellen aus jüdischer Perspektive die konkrete Manifestation der Anwesenheit Gottes in der Welt dar. Die Habima-Inszenierung von *Der Dybbuk* fügt den bereits existierenden, in sich sehr komplexen Interpretationsschichten verschiedene ironische Dimensionen hinzu.

Die Theatermaschinerie des Deus ex Machina, in diesem Fall der gleichzeitige Aufstieg des jungen Mannes und der jungen Frau durch Leahs Tod, wird aufgrund einer komplexen Interaktion zwischen heiligen Texten, die zugleich über der Bühne "verkündet" und von Charakteren "gesprochen" werden, aktiviert. Die sichtbar über der Bühne angebrachten Texte, die in einer komplexen Interaktion mit den gesprochenen Worten dieser speziellen Inszenierung stehen, gehören in eine bestimmte Texttradition. Diese beruht auf der mystisch kabbalistischen Vorstellung, daß im Bild Gottes die Vereinigung des männlichen und des weiblichen Prinzips mitgedacht ist, welche in und durch *Sephirot*, die zehn Aspekte Gottes, realisiert werden muß.

In *Der Dybbuk* läßt sich der Deus ex Machina als theatralische Realisation auf unterschiedlichen Schicksalsebenen von individuellen Charakteren durch heilige oder göttliche Texte beschreiben. Die Schicksale sind in den himmlischen Sphären schriftlich vorgezeichnet. Die Texte steigen auf die irdische Ebene herab und verwandeln sich so in einen Deus ex Machina. Im Kontext der Gesamtkonstruktion des Stückes haben die beiden ersten Akte die Funktion, den Abstieg der göttlichen textuellen Maschinerie in die tieferen Regionen zu zeigen. Der erste Akt führt die Ursache des Todes Chanans vor, d.h. den Mißbrauch bzw. sein falsches Verständnis der Texte, der zweite Akt enthält Chanans sprachliches Eindringen in Leahs Körper. Der dritte Akt schließt mit der "Rückkehr" des nun göttlichen, androgynen Paares durch die Tore des Himmels in die himmlischen Sphären.

Die verschiedenen thematischen Aspekte der Idee des Textes in der Inszenierung von *Der Dybbuk*, besonders das Faktum, daß Chanan durch Leah spricht, thematisieren als komplexe Intertextualitätsphänomene zusätzlich die metatheatralische Dimension der Schauspielkunst. Schauspieler und Schauspielerinnen sind tatsächlich Individuen, deren Körper von *Dybbuks* besessen sind, d.h. von einem spezifischen fiktionalen Charakter, der auf

38 118; 20.

verschiedene Weise durch seinen oder ihren Körper spricht. Teilweise Ursache der Semiotisierung des Schauspielerkörpers ist seine Besessenheit durch einen abgeschlossenen Text, der zum Vehikel der Verwandlung des menschlichen Körpers in ein Kunstwerk wird. Diese häufige Form der ästhetischen Transformation findet sich auch im modernen Theater, besonders im Ritualtheater, das diesen Vorgang in spirituellen Begriffen als Verbindung oder Kontakt zu unterschiedlichen, übernatürlichen Kräften beschreibt. Die sakrale Dimension des Theaters impliziert die Aktivierung eines geistigen Deus ex Machina. Auch wenn die Götter nicht "buchstäblich" auf die Bühne herabsteigen, der Schauspielerkörper wird göttlich oder heilig: Er ist durch die Ausübung seiner Kunst besessen.

Die theatralische Ritualisierung ist eine wichtige Grundlage der frühen Arbeit des Habima-Theaters, besonders in der Art, wie dies die Schauspieler in der Inszenierung von *Der Dybbuk* 1922 ausdrückten. Der Tanz der Bettler vor der Hochzeitszeremonie ist nur ein herausragendes Beispiel unter den Szenen, die das Überirdische thematisieren, für die Variabilität der Benutzung ritueller Formen auf der Theaterbühne. Die Ritualisierung muß zugleich aber auch vor dem Hintergrund der allgemeinen kulturellen Ziele des Habima-Theaters innerhalb des damaligen jüdischen Kontextes gesehen werden. Vorrangig hatten die Mitglieder des Habima-Kollektives einen theatralischen Stil zu entwickeln, der die Arbeit mit traditionellen Formen der jüdischen, theaterfeindlichen Kultur ermöglichte und in den grundlegend säkularen Theaterkontext integrierte. Die doppelte Konfrontation fokussierte in erster Linie den Status der kanonischen Texte, die nur im rituellen Kontext des Gottesdienstes und des Gebets rezitiert werden durften.

Die eigentliche Leistung des Habima-Theaters besteht in der Übertragung streng religiöser Rezitationsformen von heiligen hebräischen Texten in den säkularen Kontext des Theaters. Letzterer überlagert die traditionellen religiösen Formen dieser Texte gleichsam durch eine psychologische Dimension der Individualität und Subjektivität sowie durch Formen ästhetischer Repräsentation und Fiktionalität. Diese Strategie der Verlagerung der heiligen Texte und darüber hinaus sogar der ganzen heiligen Sprache aus der Synagoge auf die Theaterbühne ermöglichte es den Schauspielern, hebräisch zu sprechen und diese Sprache nicht nur für rituelle Rezitation zu benutzen. Die kulturelle Säkularisationsbewegung von "Rezitation" zum "Sprechen", die das Habima-Theater vollzieht, ist Bestandteil der allgemeinen sprachlichen Ideologie der zionistischen Bewegung. Die noch immer bestehende Nähe zwischen der "Rede" der Charaktere und der traditionellen Form der "Rezitation" ist in einer Aufnahme von *Der Dybbuk* deutlich hörbar. In diesem Kontext ist es gewiß kein Zufall, daß der hebräische Name des Theaters *Habimah*, der

"Bühne" bedeutet, auch für die "Kanzel" in der Synagoge benutzt wird, von wo aus die heiligen Texte rezitiert werden.

Walter Benjamins 1916 geschriebener und postum veröffentlichter Essay *Über Sprache überhaupt und über die Sprache des Menschen* entstammt einer ähnlichen intellektuellen Atmosphäre, wie sie sich in der Habima-Inszenierung von *Der Dybbuk* ausdrückt. Ein kurzes Zitat dieses Essays genügt als Beleg der engen Verbindung seiner Ideen zur Grundintention von *Der Dybbuk*:

> Wenn im folgenden das Wesen der Sprache auf Grund der ersten Genesiskapitel betrachtet wird, so soll damit weder Bibelinterpretation als Zweck verfolgt noch auch die Bibel an dieser Stelle objektiv als offenbarte Wahrheit dem Nachdenken zugrunde gelegt werden, sondern das, was aus dem Bibeltext in Ansehung der Natur der Sprache selbst sich ergibt, soll aufgefunden werden; und die Bibel ist zunächst in dieser Absicht nur darum unersetzlich, weil diese Ausführungen im Prinzipiellen ihr darin folgen, daß in ihnen die Sprache als eine letzte, nur in ihrer Entfaltung zu betrachtende, unerklärliche und mystische Wirklichkeit vorausgesetzt wird. Die Bibel, indem sie sich selbst als Offenbarung betrachtet, muß notwendig die sprachlichen Grundtatsachen entwickeln.[39]

Die Habima-Inszenierung von *Der Dybbuk* zeigt, wie sich die konkrete Aktivierung einer ultimativen, mystisch-sprachlichen Realität auf der Bühne vollzieht und in einen aktiven Agenten der Theatermaschinerie verwandelt.

Am Ende der Analyse des Deus ex Machina als heiliger Sprache soll kurz auf die grundlegenden Interpretationsmöglichkeiten der Ereignisse im Stück eingegangen werden, die mit der Utopie der mystischen Vereinigung von Chanan und Leah in den himmlischen Sphären in Zusammenhang stehen. Die extrem abstrakte Idee der Liebe und des Todes kann im aktuellen Kontext der Aufführung auch konkret sozial oder ideologisch interpretiert werden. Die damaligen Zuschauer konnten zugleich zwei mögliche Utopien aus der Aufführung herauslesen. Die erste Utopie bezieht sich auf die bolschewistische Revolution und den Kampf des jungen Paares an der Seite der Bettler, des Proletariats. Leah schöpft daraus die Kraft zur Gegenwehr gegen das von Sender vertretene Bürgertum und die religiöse Institution. Das rote Dach, unter dem die Hochzeit stattfindet, wurde als Zeichen der Revolutionsfahne, die über dem Paar weht, interpretiert.

Eine weitere Utopie repräsentiert den jüdischen Traum der Rückkehr in das gelobte Land zu Zion, d.h. die Rückkehr an den erhabenen Ort der endgültigen Seelenruhe. Diese Interpretation steht der Strategie der Inszenierung näher, doch es war notwendig, auch eine sowjetische Lesart zu ermöglichen,

---

39 Benjamin 1980, S. 147.

damit *Der Dybbuk* damals in Moskau produziert werden konnte. Der Austreibungsversuch des Dybbuks, den der Rabbi an Leah vornimmt, endet mit ihrem Tod. Sie steigt zu den himmlischen Sphären auf und wird mit ihrem wahrhaften Geliebten vereint, anstatt ihre Verbindung zu den proletarischen Kräften zur Verbesserung der Situation der Bettler in der Welt zu benutzen. Die Vereinigung von Leah und Chanan zur kabbalistischen Einheit des weiblichen und männlichen Prinzips wird hauptsächlich durch den Mut der jungen Frau in ihrem Widerstand gegen die normative Verengung der Gesellschaft realisiert und verkörpert vorrangig die jüdische, zionistische Utopie. Zur Etablierung einer neuen Gesellschaft ist es notwendig, die existierende soziale Umgebung zu verlassen.

Vachtangovs Inszenierung des *Dybbuk* wurde zur berühmtesten Aufführung des Habima-Theaters, vor allem nachdem das Theater Mitte der zwanziger Jahre endgültig von Moskau Abschied nahm und in den frühen dreißiger Jahren nach Tel Aviv übersiedelte. Dort blieb die Produktion bis in die sechziger Jahre im Repertoire und erlebte bis dahin mehr als tausend Aufführungen. Es gibt viele Gründe für diese anhaltende Popularität. Die Inszenierung besaß die Fähigkeit zur sich ständig erneuernden Bedeutungsgenerierung in Reaktion auf die realen Bedingungen, die eine Realisation der zionistischen Utopie durch die Institution des Staates Israel erschwerten. Der Abstand zwischen konkreter Realität und ursprünglicher Utopie spielt für die Rezeption der Aufführung des *Dybbuk* als spirituelle Blaupause künftiger historischer Entwicklungen keine Rolle.

Die Bemühung um ein Verständnis der Wirkung des *Dybbuk* muß einen weiteren Aspekt jüdischer Realität, der mit dem Erwachen aus dem zweiten Weltkrieg zusammenhängt, berücksichtigen. Die Konfrontation mit den Fakten des Holocaust und ihre Interpretation erzeugte ohne Zweifel eine zusätzliche Wirkung der Aufführung aus emotionaler, geistiger sowie nationaler Perspektive. Ursprünglich bezeichnet das Wort "Dybbuk" die Seele eines Individuums, die nach dem Tod keinen endgültigen Ruheplatz gefunden hat, und darum in ihrer Verzweiflung in ein lebendes menschliches Wesen eindringt. Nach dem Holocaust quälen sechs Millionen potentielle Dybbuks das jüdische Volk und auf abstrakter Ebene auch den Staat Israel und sprechen aus den Mündern der Überlebenden. Eine Analyse des *Dybbuk* aus dieser Perspektive übersteigt den Umfang dieser Studie bei weitem. Der theatralische Diskurs dieser Aufführung, vor allem durch die Art, in der Tod und Trauer und deren Beziehung zur geistigen und metaphysischen Dimension eines säkularisierten Judentums konfrontiert werden, besitzt eine Fähigkeit, auf Aspekte künftiger Realität zu reagieren, welche die Schöpfer dieser Inszenierung 1922 nicht ahnen konnten.

3. Der Deus ex Machina als ästhetisches Mittel

Pirandellos *Sechs Personen suchen einen Autor* nähert sich der Idee des Deus ex Machina aus einer völlig anderen Richtung, als zuvor anhand der Stücke Strindbergs und Anskys dargestellt werden konnte. Pirandello präsentiert kein religiöses, mystisches oder theologisches Substrat, auf dessen Grundlage das Mittel des Deus ex Machina interpretiert oder transformiert werden könnte, um es den metaphysischen, sozialen oder ideologischen Zielen des Stückes und seiner Aufführung auf der Bühne anzupassen. Stattdessen entwirft Pirandello ein in sich geschlossenes, ästhetisches Universum, in dem die sechs sogenannten Personen sowie Madame Pace in die "reale", d.h. die fiktionale Welt des Theaters aus der überirdischen Sphäre außertheatralischer Realität eindringen. Dort leben sie – unter Beachtung der Prämissen des Stückes muß man formulieren –, dort werden sie gelebt.

In den Bühnenanweisungen, die den ersten Auftritt der "Personen" beschreiben, legt Pirandello großen Wert auf die Betonung ihrer Überweltlichkeit. Darauf verweisen die Masken, die sie tragen, um "den eigentlichen Sinn des Stückes [zu verdeutlichen]", die so gestaltet sein sollen, daß sie "das Bild der künstlich geschaffenen Figur [...] prägen". Gerade weil die Personen angeblich "realer" als die fiktionale Realität des Stückes sind und sich wünschen, daß ihr Leben durch die Schauspieler in die fiktionale Realität transformiert wird, muß Pirandello betonen: "Die sechs Personen dürfen keinesfalls als Phantome erscheinen, sondern als erschaffene Wirklichkeiten, Schöpfungen der unwandelbaren Phantasie und daher wirklicher und dauerhafter als die unbeständige Natürlichkeit der Schauspieler."[40] Derartige "Schöpfungen der unwandelbaren Phantasie" stehen zweifelsohne in engem Bezug zu den in vorliegender Studie thematisierten göttlichen Figuren. Pirandello konfrontiert uns darüber hinaus mit dem Paradoxon, daß die Personen in ihrem eigenen Leben Darsteller eines banalen Familienmelodrams waren, welches sie nun mit Hilfe des Direktors und der Schauspieler in ein Kunstwerk verwandelt sehen möchten.

Das Erscheinen von Madame Pace, deren Auftritt in den Szenenanweisungen als "Erscheinung" bezeichnet wird, ist deutlicher als die Personen als Deus ex Machina konzipiert. Weil die Personen auf ihre Anwesenheit angewiesen sind, um die entscheidenden Ereignisse ihrer melodramatischen Geschichte nacherzählen zu können, legt der Vater verschiedene Kleider auf die Bühne, um – wie er sagt – sie "durch diese Gegenstände, durch die Atmosphäre ihres Geschäftes" (63) anzuziehen. Die Beschwörung gelingt, da

40 Pirandello 1967, S. 29.

sie sich als Fetischistin entpuppt. Der Vater fordert alle Anwesenden auf, zur Tür im Hintergrund zu blicken, und genau wie ein traditioneller Deus ex Machina hat Madame Pace ihren magischen Auftritt. Einige der Schauspieler glauben, dies sei ein billiger Trick, aber der Vater entgegnet laut: "Warum wollen Sie wegen einer trivialen Wahrheit dieses Wunder einer höheren Wirklichkeit zerstören, das, beschworen und herbeigerufen durch die Atmosphäre dieser Szene, sichtbar wird? Es hat mehr Recht hier zu leben, als Sie alle, denn es ist viel wahrer als Sie."(63) Natürlich existiert keine Lösungsmöglichkeit für Pirandellos ästhetisches Paradoxon. Die Theaterbühne, auf der die Realität ein Wunder darstellt, muß auf die Maschinerie des Deus ex Machina zurückgreifen, damit die fragmentarische Wirklichkeit in Erscheinung treten kann.

Eine der ersten Inszenierungen von *Sechs Personen suchen einen Autor* unternahm der in Rußland geborene Regisseur Georges Pitoëff im Jahr 1923 an der Comédie des Champs-Elysées in Paris. Pitoëff benutzte für den ersten Auftritt der Personen einen bereits existierenden Bühnenaufzug im rückwärtigen Teil der Bühne. Dies war unmöglich beizubehalten, falls der Bühnenaufzug auch für den Auftritt der Madame Pace benutzt wurde. Aus ikonographischer Sicht betont der Auftritt der Personen als Gruppe mit dem Aufzug ohne Zweifel die Tatsache, daß sie von einer anderen Existenzebene – einer anderen Welt – auf die Bühne herabsteigen. Der Gebrauch des Bühnenaufzugs, der zu der bereits vorhandenen Bühnenmaschinerie gehörte, paßt als bewußt eingesetztes ästhetisches Mittel haargenau zur im Stück angelegten Idee des Deus ex Machina-Auftrittes der Personen.

Angeblich erschrak Pirandello derart, als er von Pitoëffs Plan für diese entscheidende Szene hörte, daß er persönlich die Reise von Rom nach Paris unternahm, um zu protestieren. Aber nachdem er die Proben gesehen und den Regisseur getroffen hatte, ließ er sich von der Qualität der Idee überzeugen. Die Fotografie dieses Auftrittes zeigt die in den Aufzug gezwängten Personen bei ihrem Abstieg auf die Bühne (Abb. 64).

4. Der Deus ex Machina als opernhafter Distanzeffekt

Als letztes Beispiel für den Deus ex Machina im Avantgardetheater komme ich auf Brechts *Dreigroschenoper* zu sprechen. Brecht benutzt das Mittel in verschiedenen Stücken, u.a. in *Der gute Mensch von Sezuan*. Ausgangspunkt in diesem Kontext ist die Schlußszene der *Dreigroschenoper*, die Brecht explizit im Text Deus ex Machina nennt und die als künstlicher, opernhafter Schluß des Stückes erscheint. Sie wurde von Brecht während der Proben zur ersten Inszenierung des Stückes durch Erich Engel am Theater am Schiffbauerdamm in Berlin 1928 verfaßt.

In der *Dreigroschenoper* kreiert Peachum im fiktionalen Universum des Stückes eine künstliche Welt, innerhalb derer Betteln zunächst von allen als wundervolle Aufführung oder als Karneval wahrgenommen wird und schließlich als schmückendes Beiprogramm der Krönung der Königin. Auf einer tieferen Bedeutungsebene wird die Bettelszene zu einem christlichen Mysterienspiel, das sich in der verarmten Londoner Halbwelt abspielt. Peachums Büro ist mit Sinnsprüchen geschmückt, die der christlichen Moralität entstammen, z.B. "Geben ist seliger als Nehmen"[41], und innerhalb des Kontextes des Stückes selbstverständlich eine sehr ironische Bedeutung erhalten. Vor der Krönung sagt Peachum zu Brown: "Was Sie hier festnehmen können, sind ein paar junge Leute, die aus Freude über die Krönung ihrer Königin einen kleinen Maskenball veranstalten." (466)

Peachums Berufung ist eigentlich die eines Priesters, der seine Ästhetik der Armut aus Bibelzitaten ableitet. Bereits in seiner zynischen Eröffnungsrede erläutert er seine "geistigen Hilfsmittel" durch die Frage: "Was nützen die schönsten und dringendsten Sprüche, aufgemalt auf die verlockendsten Täfelchen, wenn sie sich so rasch verbrauchen. In der Bibel gibt es etwa vier, fünf Sprüche, die das Herz rühren; wenn man sie verbraucht hat, ist man glatt brotlos."(398) Während Peachum die heilige Schrift emporhält, die, wie Brecht in den Anmerkungen zu dessen Figur betont, nicht ohne Grund "aus Furcht, sie könne gestohlen werden"[42], an seinen Schreibtisch angekettet ist, bereitet er die Basis des Spektakels vor, das er auf Londons Straßen inszenieren will.

> In der Bibel gibt es etwa vier, fünf Sprüche, die das Herz rühren; wenn man sie verbraucht hat, ist man glatt brotlos. Wie hat sich zum Beispiel dieses "Gib, so wird dir gegeben" in knapp drei Wochen, wo es hier hängt, abgenützt. Es muß eben immer Neues geboten werden. Da muß eben die Bibel wieder herhalten, aber wie oft wird sie es noch?(398)

Trotz ihres moralischen Bankrotts dient die Bibel noch als Basis für das Spektakel des Bettlerhandwerks, von dem man sich Einkünfte verspricht.

Pollys Lied über die "Seeräuber-Jenny" zu ihrer Hochzeit mit Mac, die entsprechend der christlichen Grundstruktur des Stückes in einem Stall stattfindet, enthält eine komplexere Vision der Erlösung. Die von der Piratenfrau angeführte Armee des Lichts kämpft gegen die Mächte der Dunkelheit:

41 Brecht 1967, S. 398.
42 Brecht 1967 a, S. 994.

Und es werden kommen hundert gegen Mittag an Land
Und werden in den Schatten treten
Und fangen einen jeglichen aus jeglicher Tür
Und legen ihn in Ketten und bringen vor mir [...]. (416)

In diesem deutlich ikonographischen Kampf zwischen Licht und Dunkelheit erscheint der Pirat, den Polly darstellt und von dem ihr Lied handelt, zugleich als Zerstörer und Retter. Die ganze Szene inklusive Lied und Einführung erschafft eine weitere Fiktion innerhalb des Stückes. Es illustriert in ausgezeichneter Weise Brechts Schauspieltheorie als eine Form des Zeigens, wie er sie zum Beispiel in dem Essay *Die Straßenszene* erläutert. Darin wurzelt Macs spontane Erwiderung auf Matthias' Aussage "Sehr nett, ulkig, was?": "Was heißt das, nett? Das ist doch nicht nett, du Idiot! Das ist doch Kunst und nicht nett." (417) Und als Mac leise zu Polly sagt: "Übrigens, ich mag das gar nicht bei dir, diese Verstellerei, laß das gefälligst in Zukunft" (417), wird klar, daß sie einen gefährlichen Punkt berührt hat.

In der Filmversion des Stückes, die in Berlin im Februar 1931 Premiere hatte – und von der sich Brecht in einer Klage distanzierte –, singt Macs andere Frau das Lied der Seeräuber-Jenny. Jenny steht währenddessen allein im Bordell, nachdem sie ihn zugleich an die Polizei verraten hatte und vor dieser zu retten versuchte. Dadurch erhält das Lied eine völlig andere Bedeutung als im Stück. Das Bordell, in dem Mac jeden Donnerstag zu Besuch ist, wird als im Grunde bürgerliche Institution aufgefaßt. Im Stück singt Polly ihr Hochzeitslied im Stall vor der gesamten Bande. Sie entpuppt sich als Macs Erlöserin, der sich von dieser emotionalen Form der ästhetischen Rettung unangenehm berührt fühlt. Brechts komplexe dialektische Kritik an emotionaler Kunst wird innerhalb der dramatischen Situation gleichermaßen erläutert und in Frage stellt.

Die Bedeutung des Deus ex Machina-Endes, als der Polizeichef als reitender Bote auf einem weißen Pferd verhindert, daß Mac gehängt wird, läßt sich nur im Kontext der komplexen dialektischen Interaktion zwischen Kunst und Erlösung verstehen, die Brecht im Stück entwickelt. Der Prediger Peachum spricht nach der Verkündung von Macs Begnadigung, vor dem gesungenen Finale und bevor die Glocken Westminsters noch einmal läuten, die letzten, extrem doppeldeutigen Worte des Stückes:

> Darum bleibt alle stehen, wo ihr steht, und singt den Choral der Ärmsten der Armen, deren schwieriges Leben ihr heute dargestellt habt, denn in Wirklichkeit ist gerade ihr Ende schlimm. Die reitenden Boten des Königs kommen sehr selten, wenn die Getretenen widergetreten haben. Darum sollte man das Unrecht nicht zu sehr verfolgen. (485–486)

Brecht kommentiert ausführlich seine Intention, den reitenden Boten am Ende erscheinen zu lassen:

> Die Dreigroschenoper gibt eine Darstellung der bürgerlichen Gesellschaft (und nicht nur "lumpenproletarischer Elemente"). Diese bürgerliche Gesellschaft hat ihrerseits eine bürgerliche Weltordnung produziert, also eine ganz bestimmte Weltanschauung, ohne die sie nicht ohne weiteres auskommt. Das Auftauchen des reitenden Boten des Königs ist, wo das Bürgertum seine Welt dargestellt sieht, ganz unumgänglich. [...] Ohne das Auftauchen eines in irgendeiner Form reitenden Boten würde die bürgerliche Literatur zu einer bloßen Darstellung von Zuständen herabsinken. Der reitende Bote garantiert ein wirklich ungestörtes Genießen selbst an sich unhaltbarer Zustände und ist also eine conditio sine qua non für eine Literatur, deren conditio sine qua non die Folgenlosigkeit ist.[43]

Der Deus ex Machina fungiert als Distanzeffekt, der am Ende die Absurdität des gesamten sozialen Systems bloßstellt, wie auch Peachum mit großem theatralischen Gestus betont.

Im Finale laufen alle Fäden des Stückes zusammen. Ernst Bloch kommentiert die Bedeutung der engen Verbindung zwischen dem Lied der Seeräuber-Jenny und dem Schluß:

> Im Weill-Brecht-Land macht sich aber nicht nur die Frömmigkeit gemein, sondern die Blasphemie rechtsgläubig. *Der himmlische Bräutigam erscheint der Schubertschen Nonne, die hier die Seeräuber-Jenny ist, als Pirat, und das Hoppla ist so apokalyptisch, wie man nur will.* Und der reitende Bote des Königs, mit der *Dreigroschenoper* als "Opernparodie", ist aus der Fidelio-Gegend, sehr fühlbar; schlägt das Retterpathos auch nur durch wie Butterbrot durchs Papier. Ja, fast kommt der Kerl der Seeräuber-Jenny als reitender Bote des Königs wieder, viel zahmer, begnügt sich, den Banditenchef zu retten und die anderen zum Zeichen des Triumphes einen Choral singen zu lassen; dennoch gehen auch im Schlußchoral trauriger cantus firmus und Piraten-Credo ineinander. "Denn es ist kalt. Bedenkt das Dunkel und die große Kälte in diesem Tale, daß vom Jammer schallt" – gerade diesem Tal steht die Schiffsvision ausgezeichnet, bis zuletzt. Wenn die reitenden Boten des Königs nur öfter kämen: die Niedrigen werden erhöht, die Hohen erniedrigt werden, der Herr bricht ein um Mitternacht, zu Schiff statt zu Pferd und mehr gegen als vom König, mit fünfzig Kanonen wird das sicherer und unter acht Segeln schneller.[44]

43 Brecht 1960, S. 70.
44 Bloch, in: Brecht 1960, S. 196.

Brecht schlägt im Kommentar zum Stück vor, das Deus ex Machina-Ende nicht "mit vollkommenem Ernst und absoluter Würde"[45] zu spielen. Die Fotografien der ersten Inszenierung in Berlin 1928 (Abb. 65) und der Helsinki-Inszenierung 1930 zeigen die förmlichen und fast kalten Gesten, während Mac bereits mit einem Strick um den Hals kurz vor seiner "Kreuzigung" steht. Brecht beabsichtigt eine möglichst starke Veränderung des Bühnenbilds zwischen der Handlung und den Liedern. "Die Berliner Aufführung stellte in den Hintergrund eine große Jahrmarktsorgel, in die auf Stufen die Jazzband eingebaut war und deren bunte Lampen aufglühten, wenn das Orchester arbeitete."[46] Die Orgel steht im Mittelpunkt der Bühne und wird den Bühnenanweisungen des Stückes zufolge während der Lieder beleuchtet. Auf der Fotografie der Inszenierung in Helsinki sieht es fast so aus, als ob das weiße Pferd durch das Instrument der himmlischen Musik kommen würde. Aus ikonographischer Sicht stimmt dies völlig mit dem traditionellen Deus ex Machina überein, der in Brechts Stück, verglichen mit den anderen bereits analysierten Beispielen, wieder in die Schlußszene der Aufführung zurückgekehrt ist. Ein genauer Blick auf die Fotografien zeigt die mit schwebenden Engeln verzierte Orgel.

Der letzte Choral des Stückes erwähnt "das Dunkel und die große Kälte in diesem Tale, das von Jammer schallt", das im Gegensatz zu dem grellen Licht, das die Orgel und die Güte des Königs ausstrahlen, steht. Die Filmversion der *Dreigroschenoper* hat keinen ausgesprochenen Deus ex Machina, keinen reitenden Boten, aber die grundlegenden Komponenten des Mittels wurden bewahrt. Dem Drehbuch zufolge hatte Brecht folgende Idee für das Finale:

> Aus dem Dunkel steigt, ähnlich wie im Prolog, in unheimlicher Beleuchtung als Wachsfigurenkabinett die Gruppe Mackie, Peachum, Brown und die Bande Mackies. Mackie und seine Bande sind jetzt elegant als Bankdirektoren gekleidet. Brown in seiner Galauniform. Peachum als ganz abgerissener Bettler. Alle sind in schwere Ketten geschlagen. Während diese Gestalten auftauchen, ertönt der unsichtbare Chor: "Verfolgt das Elend nicht zu sehr". Diese Erscheinung und der Chor blenden gleichzeitig ab.[47]

Das letzte Bild des Films zeigt Menschengruppen, die inklusive der Bettler durch die Straßen Londons ziehen, während die Zeilen, die Brecht speziell für den Film schrieb, zusammen mit der Melodie der Eröffnungsballade ertönen.

45 Ebda., S. 70.
46 Csampsai/Holland 1980, S. 81.
47 Wöhrle 1988, S. 121.

Denn die einen sind im Dunkeln
Und die andern sind im Licht.
Und man siehet die im Lichte
Die im Dunkeln sieht man nicht.[48]

Während diese Zeilen hörbar werden, bewegt sich die Gruppe von einem weniger beleuchteten Teil der Leinwand in die Dunkelheit der oberen Hälfte und verschwindet. Alle ikonographischen Elemente des Deus ex Machina sind vorhanden, besonders die Idee des Lichts, aber sie wurden in die Sprache des Films übertragen. Der stockende Rhythmus der letzten Worte der Zeilen, die in der nicht sichtbaren Leere enden, welche nun durch Dunkelheit "angefüllt" ist, drückt die Bewegung vom Licht in den Schatten wesentlich besser aus, als es jede weitere Interpretation könnte: Dunkeln – Licht – Lichte – nicht.

Schluß

Die Analyse des Deus ex Machina im Avantgardetheater zeigt, daß sich in dem Moment, in dem das Mittel zum unentbehrlichen Element der Theatermaschinerie avanciert, ein Bedeutungswandel vollzieht, der mit der Schwächung der theologischen Basis zusammenhängt. Die Theatermaschinerie übernimmt das Mittel und den Bedeutungswandel. In den vormodernen Formen des Theaters sind die Grenzen zwischen menschlichen Charakteren und anderen Arten von Charakteren, unerheblich ob göttlich oder monströs, relativ deutlich. Der bedeutende Wandel im modernen Theater, dies läßt sich bereits bei Ibsen feststellen, besteht in der Verlagerung der nicht mehr existenten göttlichen Dimension des Deus ex Machina in die Seelen der Figuren. Das theatralische Mittel ist als eine Dimension der psychologischen Figurenkonstitution internalisiert. Die Fähigkeit des Theaters, solche Prozesse auf metapsychologische Weise greifbar zu machen, begründet das Vertrauen der Psychoanalyse (besonders in Freuds Version) und der modernen Handlungstheorien (z.B. Erwin Goffmans) in Metaphern aus dem Kontext des Theaters bei der Theoriebildung.

Was vor allem an den analysierten Beispielen gezeigt werden kann, ist die Fähigkeit des Theaters zur Bildung spezifischer theatralischer Ausdrucksformen, mit denen es möglich ist, göttliche oder metaphysische Mächte als

48 Brecht 1959, S. 241.

zentrale Aspekte des individuellen Charakters darzustellen. Agnes, Leah, Madame Pace und Polly sind alle auf die eine oder andere Art göttliche Figuren, die in die menschliche Handlungsebene vorgedrungen sind, um Veränderungen, aber vor allem auch Einblicke und Verständnis zu ermöglichen. Innerhalb der allgemeinen psychologischen und sozialen Entwicklungen des zwanzigsten Jahrhunderts ist von großer Bedeutung, daß alle göttlichen Figuren Frauen sind. Das göttliche Prinzip ist, wenn es sich in dieser Welt materialisiert, vorrangig weiblich. Doch man kann auch feststellen, daß eine Form der erotischen Beziehung zu einem männlichen Charakter notwendig ist, damit der Deus ex Machina die existentielle Leere füllen kann und damit sich eine theatralische Entsprechung zu den traditionellen ikonographischen Vorbildern und Modellen materialisiert. Die analysierten Stücke erzeugen das erotische Band auf jeweils unterschiedliche Weise. Diese Dynamik muß nicht noch einmal beschrieben werden, doch es ist zu betonen, daß die Faszination der vorrangig männlichen Autoren und Regisseure für die erlösende Kraft der Frau und das weibliche Prinzip nicht unbedingt auf Dominanzprinzipien beruht und, wie in verschiedenen Kontexten, besonders in der feministischen Filmtheorie behauptet wird, auf dem männlichen Blick.[49]

Das moderne Theater kreiert ein komplexes Gemisch aus irdischen und himmlischen Elementen innerhalb der Figuren. Statt einer deutlichen Grenzziehung zwischen den verschiedenen Sphären in bezug auf die traditionelle Idee der "great chain of being" sucht das moderne Theater nach einem göttlichen Element im Individuum, das dem Leben vielleicht eine Form der Bedeutung verleihen könnte. Aber gleich wie flexibel das Theater und seine Maschinerie in der Anpassung an die neuen theologischen, metaphysischen Bedingungen im Finden neuer externer, theatralischer Ausdrucksformen für den Deus ex Machina ist, es bleibt das Faktum der Leere und des Vakuums[50], die sich nach dem Zweiten Weltkrieg noch intensivieren.

Beckett zeigt, daß nicht einmal die Theatermaschinerie weiterhin funktioniert, daß Godot – nüchtern betrachtet – nicht erscheinen wird. Er vergrößert die Leere, die durch die Abwesenheit Godots entstanden ist, da die Leere um so akuter und schmerzhafter wird, wenn es wirklich "nichts zu tun gibt". Mit Hamm in *Endspiel* potenziert Beckett Strindbergs Hummel, denn beide sind verschiedene Versionen der gleichen pervertierten göttlichen Figur, die in ihrer absoluten Blindheit nichts von der göttlichen Maschinerie übrigbehalten hat als einen Rollstuhl, eine Sonnenbrille, einen kaputten Spielzeughund und ein paar alte Witze. Der Witz über den Schneider, den Hamm gerne seinen

49 Zu den Auslöserinnen dieser Debatte gehört Laura Mulvey.

50 Zur "Leere" siehe: Fischer-Lichte, S. 156–241, in diesem Buch.

"Ahnen" erzählt, kann als eine Parabel auf die Entwicklung des zeitgenössischen Theaters interpretiert werden.

Ein Mann bringt ein Kleidungsstück zum Schneider und nach mehreren Versuchen, die Hose in Ordnung zu bringen, wird der Kunde, d.h. der Zuschauer, ärgerlich auf den Schneider und schreit: "Goddam, Sir, nein, das ist wirklich unverschämt, so was! In sechs Tagen, hören Sie, in sechs Tagen hat Gott die Welt geschaffen. Ja, mein Herr, jawohl, mein Herr, sage und schreibe die Welt! Und Sie, Sie schaffen es nicht, mir in drei Monaten eine Hose zu nähen!"[51] Darauf antwortet der Schneider: "Aber Milord! Milord! Sehen Sie sich mal – *verächtliche Geste, angeekelt* – die Welt an ... Pause ... und sehen Sie da – *selbstgefällige Geste, voller Stolz* – meine Hose!"

Das Theater reproduziert den Schöpfungsakt. In der Zwischenzeit wird der Schneider zum postmodernen Regisseur, der meistens nur versucht, Material für das perfekte Simulacrum und die neue virtuelle Realität auf dem Müllhaufen der Geschichte zu sammeln, auf dem auch Hamms Eltern ihre Tage zubringen. Die ersten sieben Tage sind bereits lange Zeit vergangen, was in der Argumentation des Schneiders bedeutet: das Ergebnis wird vielleicht wesentlich besser sein, als die Welt ist ...

Aus dem Englischen von Susanne Marschall.

Literaturverzeichnis

Ansky: *Der Dybbuk*, Transskription der phonographischen Aufzeichnung der Inszenierung von 1922, (Tel Aviv, CBS-Records, 1960).

Ansky: *Ha-Dybbuk: Ben Shnei Olamot*, übersetzt von C. Nachman Bialik, Tel Aviv 1983.

Ansky: "The Dybbuk", veröffentlicht in: *The Great Jewish Plays*, in modern translations by J.C. Landis, New York 1966.

Aristoteles: *Poetik*, übersetzt und herausgegeben von M. Fuhrmann, Stuttgart 1987.

Aslan, O.: *Le' Dibbouk d'Ansky et la realisation de Vachtangov*, Les voies de la creation theatrale, VII. Paris 1979, S. 156–241.

Barash, J.: The *Anti-theatrical Prejudice*, University of California Press: Berkeley 1981.

Bark, R.: *Strindbergs drömspelsteknik i drama och teater*, Lund 1981.

Bayerdörfer, H.-P. / Horch, H.O. / Schultz, G.-M: *Strindberg auf der deutschen Bühne*, Skandinavische Studien, 17, Neumünster 1983.

Beckett, S.: "Endspiel", in: *Dramatische Dichtungen in drei Sprachen*, Frankfurt a.M. 1981.

Beckson, K. / Ganz, A.: *A Reader's Guide to Literary Terms*, London 1961.

Benjamin, W.: "Über Sprache überhaupt und über die Sprache des Menschen", in: ders.: *Gesammelte Schriften*, Bd. 4, Frankfurt a.M. 1980.

51 Beckett 1981, S. 235–237.

Benjamin, W.: *Ursprung des deutschen Trauerspiels*, 6. Aufl. Frankfurt a.M. 1993.
Bergman, G.M.: *Lighting in the Theatre*, Stockholm 1977.
Bilu, Y.: "The Taming of the Deviants and Beyond! An Analysis of Dybbuk Possession and Exorcism in Judaism", in: *Psychoanalytic Study of Society*, II, 1985, S. 1–32.
Bloch, E.: "Lied der Seeräuber-Jenny in der Dreigroschenoper", in: Brecht, B.: *Gesammelte Werke*, Bd. 17, Frankfurt a.M. 1697.
Boyarin, D.: *Intertextuality and the Reading of Midrash*, Indiana University Press: Bloomington 1990.
Brecht, B.: *Bertholt Brechts Dreigroschenbuch: Texte, Materialien, Dokumente*, Frankfurt a.M. 1960.
Brecht, B.: "Die Beule. Ein Dreigroschenfilm", in: ders.: *Versuche 1–12*, Heft 1–4, Berlin/ Frankfurt a.M. 1959.
Brecht, B.: "Die Dreigroschenoper", in: ders.: *Gesammelte Werke*, Bd. 2, Stücke 2, Frankfurt a.M. 1967.
Brecht, B.: "Anmerkungen zu Stücken und Aufführungen 1918–1956", in: ders.: *Gesammelte Werke*, Bd. 17, Schriften zum Theater 3, Frankfurt a.M. 1967.
Calinescu, M.: *Five Faces of Modernity*, Duke University Press: Durham 1987.
Carlsson, H.: *Strindberg and the Poetry of Myth*, University of California Press: Berkeley 1982.
Csampsai, A. / Holland, D. (Hrsg.): *Texte, Materialien, Kommentare zur Dreigroschenoper*, München 1980.
Fishman, P.: "Vachtangov's *The Dybbuk*", in: *The Drama Review*, 24, 3, 1980, S. 43–58.
Habermas, J.: "Ernst Bloch. Ein marxistischer Schelling", in: ders.: *Philosophisch-politische Profile*, erw. Ausg., 2. Aufl. Frankfurt a.M. 1991.
Kvam, K.: *Max Reinhardt og Strindbergs Visionare Dramatik*, Copenhagen 1974.
Mulvey, L.: *Visual Pleasure and Narrative Cinema*. Screen, 16, 3.
Ollén, G.: "Anmerkungen zur neuen schwedischen Edition der gesammelten Werke Strindbergs", in: *August Strindbergs Samlade Verk*, Volume 46, Stockholm 1988.
Ollén, G.: *Strindbergs Dramatik*, Stockholm 1966.
Pardes, I.: *Countertraditions in the Bible*, Harvard University Press: Cambridge, Mass 1992.
Pirandello, L.: *Sechs Personen suchen einen Autor*, aus dem Italienischen übertragen von G. Richert, Stuttgart 1967.
Platon: "Kratylos", in: *Sämtliche Werke*, Bd. 2, in der Übersetzung von F. Schleiermacher, hrsg. v. W.F. Otto und E. Grassi, Hamburg 1957, S. 123–181.
Rokem, F.: "A Walking Angel: On the Performative Function of the Human Body", *Assaph*, 8, 1992, S. 113–126; (ebenfalls in französischer Sprache veröffentlicht in: Protee, XXI, 3, 1993, 1023–110).
Rokem, F.: "Strindberg's Optical Unconcious", in: *Proceedings of the International Strindberg Symposium*, hrsg. v. K. Kvam, Copenhagen 1994, S. 71–84.
Rokem, F.: "The Camera and the Aesthetics of Reception: Strindberg's Use of Space and Scenography in Miss Julie, A Dream Play and The Ghost Sonata", in: *Strindbergian Theatre*, hrsg. v. G. Stockenström, University of Minnesota Press: Minneapolis 1988, S. 107–128.
Rokem, F.: "What, has this thing appeared again tonight", in: *Theatre Research International* 19, 2, 1994, S. 143–147.
Rokem, F.: "Ideology and Archetypal Patterns in the Israeli Theatre", in: *Theatre Research International*, 13, 2, 1988, S. 122–131.

Schmidt, H.J.: *How Dramas End*, The University of Michigan Press: 1992.
Sprinchorn, E.: *Strindberg as Dramatist*, Yale University Press: New Haven 1982.
Stockenström, G.: *Ismael i Öknen: Strindberg som mystiker*, Uppsala 1972.
Strindberg, A.: *Gespenstersonate und sechs andere Dramen*, hrsg. v. A. Bethke, übersetzt von A. Bethke und A. Storm, München/Wien 1989.
Strindberg, A.: "Brief an Schering, 1/4 1907", in: *Strindbergs Briefe*, vol. 15, Stockholm 1976, S. 355.
Strindberg, A.: *Öppna Brev till Intima Teatern*, Samlade Skrifter, vol. 50, Stockholm 1921, S. 220.
The Song of Song. A new translation and interpretation by M. Falk, San Fransisco 1990.
Törnquist, E.: *Strindbergian Drama: Themes and Structure*, Stockholm 1982.
Werses, S.: "The Dybbuk. Ansky's Yiddish Play and its Hebrew Translation", in: *HaSifrut*, 35–36, 1986, S. 154–194, (Hebrew).
Wöhrle, D.: *Bertholt Brechts medienästhetische Versuche*, Köln 1988.
Wolin, R.: *Walter Benjamin: An Aesthetic of Redemption*, Columbia University Press: New York 1982.
Yizraeli, Y.: *Vachtangov directing The Dybbuk*, Microfilm, Michigan 1971 (Ph.D-Dissertation).

Artaud und Witkiewicz

Zwei Theatermodelle des 20. Jahrhunderts

Małgorzata Sugiera

Das 19. Jahrhundert stand unter Leitbegriffen wie Industrialisierung, Arbeitsteilung, Rationalisierung und Säkularisierung. Der Fortschrittsoptimismus, von dem diese Prozesse ursprünglich getragen wurden, mündete gegen Ende des Jahrhunderts immer mehr in das Bewußtsein einer fortschreitenden Selbstentfremdung und Dekadenz des neuzeitlichen Europas. Die wohl umfassendste Diagnose in dieser Richtung findet sich in den Schriften Friedrich Nietzsches, der angesichts der historisch und gesellschaftlich erzeugten Entfremdung schließlich nur noch zur Umwertung aller Werte aufrufen kann. Die Kulturkrise wird dabei vor allem auch als eine Krise der Sprache aufgefaßt. Um dem Menschen seine verlorene Vollkommenheit wiederzugeben und ihn aus der Zivilisationsfalle zu befreien, müßten ihm neue Modi der Wahrnehmung und Bedeutungskonstitution verfügbar gemacht werden. Diese setzten ihrerseits eine fundamentale Umstrukturierung und Transformation der noch gültigen semiotischen Systeme sowie deren traditioneller Hierarchisierung und Verwendung voraus.

Keine andere Kunstform schien für eine beispielhafte Umsetzung dieses Programms so geeignet wie das Theater. Schon Wagner und die französischen Symbolisten waren auf das Potential des Theaters aufmerksam geworden, verschiedene Kunstformen zu einer Synthese zu bringen. Die aus heterogenem Material komplex aufgebauten Zeichen des Theaters ließen Raum für mehrdeutige Symbole und expressionsgeladene poetische Metaphern. Mit ihrer Hilfe schien es möglich, noch jene mythischen und metaphysischen Inhalte zu vermitteln, die sich in diskursiver Sprache nicht mehr transportieren ließen. Indem das Theater an alle Sinne des Empfängers appellierte, eröffnete es den Zugang zum Absoluten, zum symbolischen *au-delà*, oder wie immer man es definierte.

Ein vielleicht noch wichtigerer Grund für die wachsende Aufmerksamkeit dem Theater gegenüber, lag in seiner Möglichkeit, die traditionell passive Rezeption eines Kunstwerkes in einen aktiven oder geradezu kreativen Prozeß umzuwandeln. Die mystische Gemeinschaft von Zuschauern und Darstellern der mittelalterlichen Mysterien wurde ebenso in Erinnerung gerufen wie die kathartische Wirkung der griechischen Tragödie. In modernen "Festspielen", sah man die Chance für ein außergewöhnliches kollektives Erlebnis. Die Theateraufführung, glaubte man, könne den Zuschauern ein Gefühl der Gemeinschaft und Zugehörigkeit zu einer Gruppe zurückgeben, das im Laufe der Zivilisationsgeschichte von einem Gefühl der Einsamkeit verdrängt worden war. Wie Georg Fuchs in *Die Schaubühne der Zukunft* formulierte, stand außer Zweifel, daß "das Drama seinem Wesen nach *eins* ist mit der festlichen Menge. Denn es 'ist' ja erst, wenn es von dieser erlebt wird."[1]

Unabhängig davon, ob die Wiedergeburt des Theaters in symbolistischer oder pararitueller Gestalt erfolgen sollte, bestand doch in einem Punkt Einigkeit: Die grundlegende Voraussetzung dafür, daß das Theater seine Funktion als Keimzelle der geforderten und herbeigesehnten umfassenden Reform des gesellschaftlichen Lebens erfüllen konnte, war die Überwindung des auf den europäischen Bühnen dominierenden psychologisch und handlungslogisch motivierten Illusionstheaters und der ihm eigenen deskriptiv-abbildenden Repräsentation. Die historische Theateravantgarde brachte dies programmatisch auf die Forderung nach einer "Retheatralisierung des Theaters".

Für beide Theaterkünstler, von denen im weiteren die Rede sein wird, bildete die Erfahrung einer tiefgreifenden Kulturkrise zu Beginn des 20. Jahrhunderts den zentralen Hintergrund ihres Lebens und ihrer Arbeit. Stanisław Ignacy Witkiewicz (1885–1939) und Antonin Artaud (1896–1948) sind einander nie begegnet und haben höchstwahrscheinlich voneinander nicht einmal gewußt. Je größer die räumliche und persönliche Distanz, die man zwischen beide setzt, desto erstaunlicher erscheinen die Parallelen, die sich in den künstlerischen Biographien des Polen und des Franzosen nachzeichnen lassen.

Witkiewicz und Artaud können als zwei zwar unterschiedliche, doch jeweils exemplarische Fälle für das künstlerische Denken in den 20er Jahren unseres Jahrhunderts betrachtet werden. Beide begannen sich erst im Laufe ihrer künstlerischen Arbeit mit dem Theater zu beschäftigen. Für beide schloß sich der Versuch, das Wesen der Theaterkunst und ihre besondere Rolle im 20. Jahrhundert zu bestimmen, an eine pessimistische Diagnose ihrer Zeit und der sie umgebenden Kultur an. Beide formulierten nicht nur theoretische Positionen, sondern versuchten diese in ihren Dramen, Inszenierungen und Bühnenexperimenten praktisch umzusetzen. Nach dem Zweiten Weltkrieg avancierten beide zu Leitfiguren der Theatererneuerung. Witkiewiczs Theorie der *Reinen Form* und Artauds *Theater der Grausamkeit* bilden zwei für das ganze 20. Jahrhundert konstitutive Theatermodelle.

1 Fuchs 1905, S. 38.

Verfolgen wir zunächst die Parallelen in der Biographie und in der Rezeption der beiden Theaterkünstler. Beide fanden zu Lebzeiten nur wenig Anerkennung. Weder Witkiewicz noch Artaud hatten je das Gefühl, Akzeptanz bei ihren Zeitgenossen gefunden, geschweige denn die eigenen Vorstellungen verwirklicht zu haben. Unermüdlich blieben sie auf der Suche nach Methoden der Umsetzung ihrer Ideen in verschiedenen Kunstarten und außerhalb der Kunst. Die posthume, zum Teil euphorische Rezeption nach dem Zweiten Weltkrieg gründet sich zunächst wie auch für andere Avantgardisten darauf, daß sie das traditionelle psychologische Theater und dessen mimetisch-realistische Illusionspoetik radikal ablehnten. Sie hatten sich nachdrücklich hinter die Forderung nach einem wirklich autonomen, seine eigene Wirklichkeit schaffenden Theater gestellt, das aber nach ihrer Meinung gleichzeitig in einer engen Verbindung mit dem "authentischen" Leben bleiben müsse. Diese Position bot der Nachkriegsgeneration eine vorzüglich Quelle der Inspiration. Die Rezeption Witkiewiczs und Artauds wurde nicht unerheblich dadurch beeinflußt, daß ihre künstlerische und ihre reale Existenz untrennbar miteinander verbunden erschienen und einer mythischen Verklärung ihrer Persönlichkeit reichlich Nahrung geben konnten. Artaud suchte im Theater sowohl nach einem Mittel gegen seine psychische Krankheit als auch nach einem Weg, um die Welt vor der drohenden Apokalypse zu retten. Witkiewicz seinerseits "erlebte – wer weiß, ob nicht als der einzige Philosoph unserer Zeit – die Widersprüchlichkeit der zwei Tendenzen des Denkens im 20. Jahrhundert [des analytischen und des synthetischen Denkens] als sein persönliches Drama, als innere Zerrissenheit, gegen die er kein wirkungsvolles Medikament zu finden vermochte"[2]. Die Rauschgiftsucht und mehrmalige Behandlung von Artaud in Irrenanstalten und der stark exzentrische Lebensstil von Witkiewicz, der auf der Suche nach Inspiration ebenfalls zu Rauschgift griff, aber vor allem sein Selbstmord im September 1939, übten auf die Künstler der 60er Jahre zweifellos eine besondere Anziehungskraft aus. Der Wahnsinnige, "le pauvre Monsieur Artaud", und der "Narr aus der Krupówki-Straße", wie Witkiewicz von den Bergbewohnern in Zakopane bezeichnet wurde, bildeten willkommene Identifikationsmuster für das eigene Selbstverständnis.

So viele Parallelitäten und Konvergenzen sich auf den ersten Blick in bezug auf die pessimistische Kulturdiagnose, die theoretische Reflexion und das künstlerische Schaffen ergeben, so unterschiedlich erweisen sich die Positionen und Biographien in einer detaillierteren Betrachtungsweise.

2 Pomian 1969, S. 279.

1. Diagnose einer Kulturkrise und zwei Vorstellungen von der Zukunft

Ohne die Biographien der beiden Künstler überstrapazieren oder in ihnen den "unerklärbaren Rest" möglicher Deutungen zum Vorschein kommen lassen zu wollen, läßt sich doch davon ausgehen, daß Artauds und Witkiewiczs persönliche Erfahrungen einer Kulturkrise wichtige Perspektiven auf ihr jeweiliges Kultur-, Kunst- und Theaterverständnis eröffnen.

1917 befand sich Witkiewicz in Petersburg und trat mit dem Ausbruch der Revolution als Freiwilliger in die zaristische Armee ein. Bald gelangte er nach Wolhynien, dem Zentrum der revolutionären Umtriebe. Sein Regiment meuterte und lief zu den Bolschewiki über. Witkiewicz wurde zum Kommandanten bzw. Kommissar gewählt. Die Oktoberrevolution bedeutete einen Einschnitt in seinem Leben und seiner intellektuellen Prägung. Obwohl er über seine Erlebnisse nicht gern berichtete, nannte er jeden, der die großen Veränderungen nicht unmittelbar gesehen und miterlebt hatte, einen "geistigen Krüppel". Für seine Biographen bleibt dieser Lebensabschnitt weiterhin geheimnisvoll. Sowohl über sein Schicksal im revolutionären Rußland als auch über seine Rückkehr 1918 nach Polen herrscht Uneinigkeit.

Die Erfahrung der Sowjetrevolution hat in den geschichtsphilosophischen Konzeptionen von Witkiewicz etliche Spuren hinterlassen. Witkiewicz geht von einem grundsätzlichen Widerspruch zwischen individuellen und gesellschaftlichen Werten aus. Den höchsten Wert für den Menschen als Individuum stellt das "metaphysische Erlebnis" dar. Witkiewicz versteht darunter ein bewußtes Erleben "des Geheimnisses der Existenz". Die Erkenntnis der ontologischen Eigenart von "Ich" und "Nicht-Ich" verbinde sich darin mit der Bestätigung der Einheit des Individuums gegenüber der Vielfalt des Universums. Das Ziel der Menschheit sei dagegen eine derartige Organisation der Gesellschaft, daß sich ein jeder in ihr möglichst sicher und glücklich fühle. In dem Maß, in dem das Bedürfnis nach Selbstverwirklichung durch den Zwang gesellschaftlicher Pflichten verdrängt werde, würde der Mensch von seinen geistigen Sorgen und dem Gefühl metaphysischer Zerrissenheit befreit. Der allmähliche Schwund geistiger Erlebnisse setze etwa mit der Renaissance ein. Die Rolle der aus metaphysischer Unruhe hervorgegangenen Kultur werde seither immer geringer. Die Anzahl hervorragender Individuen gehe zurück, die Distanz zwischen einem Genie und der immer mächtiger werdenden Menschenmenge nehme immer weiter ab. In absehbarer Zukunft sei mit dem Untergang der auf der individuellen Erfahrung gegründeten Kultur – ohnehin nur ein Nebenprodukt in der Gattungsgeschichte – zu rechnen: Es entstehe "das glückliche Menschengewimmel".

Die Zukunftsvisionen von Witkiewicz sind frei von typischen Science-fiction-Elementen, wie etwa Warnungen vor den negativen Folgen des technischen Fortschritts. Die Erfahrung der Sowjetrevolution, in der die graue Menschenmenge die Macht ergriffen hatte und die Vorherrschaft der Gattung gegenüber dem Individuum verkündete, verlieh der Bedrohung durch eine künftige "Mechanisierung" einen in erster Linie soziologischen Charakter.

Die grundlegende existentielle Erfahrung von Artaud stellt demgegenüber die Problematik des Subjekts in den Vordergrund. 1923–1924 wurde in der *Nouvelle Revue Française* ein Briefwechsel Artauds mit Jacques Rivière veröffentlicht. Die Briefe zeigen das verzweifelte Bemühen Artauds, seinen lebhaften Empfindungen mit den widerspenstigen Instrumenten des Geistes Ausdruck zu verleihen. Der Dichter sieht sich an dem Versuch scheitern, die Logik der Worte dem Chaos seiner Gedanken anzupassen. Immer wieder wird er sich des Verlusts der inneren Einheit und der Vergeblichkeit seiner Suche nach dem eigenen "Ich" bewußt. Der ununterbrochene Kampf um sein "Ich" wird dabei von dem Gefühl begleitet, jemand stehle ihm seine Gedanken. Dieses Gefühl wurde für Artaud immer mehr zu einer Zwangsvorstellung.

Die persönlich empfundene Kluft zwischen den Worten und den Gegenständen deutet Artaud als grundsätzliche Erfahrungskategorie der ihn umgebenden Kultur. Die Kultur des 20. Jahrhunderts könne ihre grundsätzliche Funktion einer Erklärung und Erfüllung des Lebens nicht mehr ausüben und verwandle sich in eine selbstgenügsame und deshalb tote Sammlung von Texten und Systemen. Den Beginn dieser verhängnisvollen Entwicklung setzt Artaud ebenfalls mit der Renaissance an. Die Einführung des kartesianischen Systems und die schnelle Entwicklung des rationalen Denkens hätten dazu geführt, daß sich die Kluft zwischen Körper und Geist immer weiter vertiefen konnte. Das Fortschreiten dieses Prozesses glaubt Artaud an seinem eigenen Körper beobachten zu können.

Die Diagnosen in bezug auf den Zustand der Kultur des 20. Jahrhunderts in den Schriften von Witkiewicz und Artaud sind einander also auffallend ähnlich. Äußerst unterschiedlich sind demgegenüber ihre Spekulationen über die Zukunft. Witkiewicz präsentiert sich als ein entschiedener Determinist, der fest davon überzeugt ist, daß der Lauf der Geschichte durch nichts geändert werden kann: Der von ihm beobachtete Verfall der individualistischen Kultur entspreche dem natürlichen, biologischen Schema der Entwicklung der Menschengattung. Artaud dagegen glaubt fest an die Möglichkeit einer Kulturrevolution. Diese werde die Geschichte mit einer magischen Geste aufsprengen und die verdrängten Werte freilegen. Das kulturell geformte und an dieser Formung leidende "Ich" könne zerstört und die verlorengegangene

Einheit von Körper und Verstand wiederhergestellt werden. Schließlich werde es wieder möglich sein, mit seinem ganzen Leben zu philosophieren, so wie es der Stamm der Tarahumaras in Mexiko seit Jahrhunderten praktiziere.

Als magisches Instrument dieser Kulturrevolution, als Keim der neuen, zu den Quellen des wirklichen "kosmischen" Lebens zurückgebrachten Wirklichkeit tauge einzig das Theater. Artaud glaubte an die Kraft eines "wahren" Theaters, die durch Aberglauben und petrifizierte Konventionen der Gesellschaft des 20. Jahrhunderts unterdrückte menschliche Natur zu enthüllen und zu befreien. Das "wahre Theater" werde die Menschen zum Aufschreien bringen.

Einen obschon fast klassischen, doch unvermindert wertvollen Beitrag zum Verständnis des "wahren" Theaters stellt Jacques Derridas Aufsatz *Die soufflierte Rede* dar. Derrida nimmt darin das von Artaud in seinen Briefen an Rivière immer wieder erwähnte quälende Gefühl, jemand stehle ihm seine Gedanken, zum Ausgangspunkt. Die fortwährende Anwesenheit eines inneren "Diebes" bezeichnet Derrida als "soufflieren". Er beschreibt diesen Zustand als eine "Inspiration durch eine andere Stimme, die einen älteren Text als den meines Körpers, als das Theater meiner Geste liest"[3]. Zwischen dem Inhalt des erlebenden Subjekts und der durch "eine andere Stimme" soufflierten Form entstehe ein Spalt, durch den das einmalige Wesen des menschlichen "Ich" unwiederbringlich ausfließe. Nur eine authentische und einmalige Geste eines lebendigen Körpers könne dem fremden Kommentar entgehen und die innere Einheit retten.

Der einzige Ort, an dem eine solche Rettung für Artaud möglich scheint, ist das Theater. Der Schauspieler solle seine Gefühle nicht über das Wort, sondern über Schrei und Atem zum Ausdruck bringen. Im Körper des Zuschauers sollten dieselben Punkte angesprochen werden, an denen sich die Gefühle im Körper des Schauspielers äußerten.

In *Le Théâtre de Seraphin* formuliert Artaud, daß nur im Theater der der Brust entrungene Schrei durch den Abgrund der Geschichte zurückkehren könne, um dann als der erste Schrei des ersten Menschen gegen das Gewölbe einer Felsenhöhle zu schlagen und "die Zeit einzusperren".

Mit seinem Begriff des "Souffliercns" postuliert Derrida implizit auch die Möglichkeit eines Gegenbegriffs. Dieser bestünde in einer unmittelbaren Vermittlung der Erfahrung, oder wie es Peter Bürger formuliert, einer solchen *mimesis*, die "keinen Abstand zwischen dem Ausdruck und dem Ausgedrückten zuläßt, sondern beide in eins setzt"[4]. Dies ist im Grunde jedoch nur

3 Derrida 1972, S. 268.
4 Bürger 1992, S. 240.

möglich, wenn verhindert wird, daß sich in der Kunst festgelegte ästhetische Paradigmen, Konventionen oder Traditionen bilden. Auf der Suche nach neuen Ausdrucksmitteln, die den einmaligen Schattierungen individueller Erlebnisse ideal angepaßt sind und zugleich ihre außerindividuellen "kosmischen" oder "natürlichen" Wurzeln treffen, muß sich die Kunst der eigenen Verletzung preisgeben.

Artauds Kunstutopie ist damit letztendlich auch die Utopie eines authentischen Lebens, eines Lebens, das, aus den echten kosmischen Quellen schöpfend, zu einem alltäglichen Ritus wird.[5]

Artauds Bannfluch richtet sich jedoch nicht grundsätzlich gegen die künstlerische Form, sondern vor allem gegen ihre petrifizierten, von Generation zu Generation überlieferten, immer wiederholbaren Gestalten. Obwohl die Menschenmasse wie schon vor Jahrhunderten ein metaphysisches Geheimnis erfahren möchte, habe sich doch ihre Sensibilität entscheidend verändert. Die Sprache von Sophokles oder Shakespeare könne sie nicht mehr ansprechen, denn Formen wiederholten sich nie, sondern versiegten in einem einmaligen Akt der Teilnahme des Schauspielers und des Zuschauers. Jede Erfahrung, jedes Gefühl müsse aber zum Ausdruck gebracht werden können.

Für Artaud gewann die theatrale Geste damit eine große Bedeutung. Er deutete sie als eine Hieroglyphe, d.h. als ein Erlebnis in einer abstrakten Form. Aus dieser Perspektive läßt sich Peter Bürger nur schwer beipflichten, wenn er behauptet, daß Artaud die Kategorie der Vermittlung, der schöpferischen Arbeit und der Form in Frage stelle, indem er sich gänzlich für "kollektive Exzesse der Triebentladung" ausspreche.[6]

Artaud hoffte im Theater also keineswegs die chaotische Formlosigkeit des kollektiven Unterbewußten zu entdecken, sondern die Möglichkeit einer einmaligen Geste – oder besser einer Urgeste. Damit gemeint war eine Form, die nach ihrem einmaligen Zustandekommen wieder spurlos verschwinden sollte ohne jegliche Chance auf eine Wiederholung. In diesem Sinn bedeutete für Artaud die Kunst eine Form des Erlebens der Existenz. Sein *Theater der Grausamkeit* entwirft das Ideal einer ewig avantgardistischen Kunst, die aus einer unversiegbaren Quelle einmaliger Formen schöpfen und sich konsequent an die Veränderungen der menschlichen Sensibilität anpassen kann. Das ideale Theatermodell des *Theaters der Grausamkeit* schließt auf diese Weise auch die romantischen Träume von der Aufhebung der Grenze zwischen Leben und Kunst und zwischen Wort und Körper ein.

---

5 Die Notwendigkeit, mit der Tradition der europäischen Kultur zu brechen, führt Artaud beispielhaft in *En finir avec les chefs-d'œuvre* aus.

6 Bürger 1992, S. 251.

Die Theorien und poetischen Manifeste Artauds ihrerseits fanden vor allem in den Experimenten der paratheatralen Gruppen der 60er Jahre ihren Widerhall. Die Produktionen überließen die Handlung bewußt einem Zufall aus dem realen Kontext der Aufführung und verschoben damit die semantische Organisation des Stückes auf den Rezipienten. So sollte ein Musterbild einer ewig "lebendigen" Form wiedergefunden werden, die nicht an der ästhetischen Vollkommenheit, sondern an der Authentizität des Erlebnisses zu messen war. Ähnliche Ziele verfolgten auch die "ethnographischen" Reisen von Grotowski, Brook oder Barba in den 70er Jahren. Ihr Interesse galt den theatral-rituellen Bräuchen außereuropäischer Kulturen. Besonders hinter solchen Riten, in denen wie beim Voodoo-Zauber der Übergang vom Theater zur Besessenheit noch erkennbar war, vermutete man eine geheimnisvolle magische Kraft, die auch dem Theater neue Impulse geben konnte.

Auch das amerikanische Performance-Theater steht in der Tradition Artauds und ist zu den Erben der theatralen Moderne zu rechnen, ungeachtet dessen, daß es sich selbst meist eher als postmodern bezeichnet. In ihren Theorien haben Victor Turner und Richard Schechner die Utopie der 60er Jahre, Kunstwerk und Leben ineinander aufgehen zu lassen, zwar schon aufgegeben, doch verfolgen sie weiter das Ziel, den Menschen als eine existentielle Ganzheit wiederzugewinnen. Auch hier soll der Handlungsablauf auf der Bühne offen bleiben und ein Kontakt zwischen Publikum und Performern auf der Ebene des kollektiven Unterbewußten angeregt werden.

Die Konzeption Witkiewiczs, die Theorie der *Reinen Form*, befindet sich genau am entgegengesetzten Pol des von Artaud nachhaltig zur Wirkung gebrachten Paradigmas. Auch Witkiewicz glaubte an die grundsätzliche Möglichkeit einer Reaktivierung des durch die Kulturgeschichte verschütteten Wirkungspotentials des Theaters. Da aber für ihn der Prozeß der Sozialisierung des Lebens und der damit verbundene Schwund metaphysischer Gefühle unabwendbar war, sah er keine Chance für die Entstehung neuer Formen, selbst wenn er in Rechnung stellte, daß ohnehin nur noch ein Teil der Gesellschaft des 20. Jahrhunderts für das Geheimnis der Existenz empfänglich geblieben war. Witkiewicz glaubte auch nicht, daß Experimente, die sich zum Ziel setzen, die formalen Elemente aus einem Kunstwerk zu beseitigen, gelingen könnten. In *Erklärungen zur Frage der Reinen Form* (1921) schrieb er hierzu in seiner typischen, scherzhaft-polemischen Art:

> Sogar Dadaisten, die über die Tangente aus der Bahn fliegen möchten, schaffen Form und nichts als Form trotz der programmatischen Sinnlosigkeit, solange sie mit artikulierten Wörtern operieren. Es sei denn, daß sie einfach zu heulen beginnen. Dann schließt sich aber der Kreis und wir kommen wenigstens in der Kunst zu dem ursprünglichen Zustand zurück, zur Vertiertheit,

oder eher zur Bestialität, im Gegensatz zu der Aufrichtigkeit, Natürlichkeit und Schönheit wilder Tiere![7]

Es steht zu vermuten, daß Witkiewicz, hätte er von Artauds Idee einer Kulturrevolution Kenntnis erlangt, diese ebenso belächelt hätte wie die Träume der Dadaisten. Der Mensch des 20. Jahrhunderts war für ihn, besonders was seine psychische Disposition betrifft, zu weit von der naiven Natürlichkeit seiner Ahnen entfernt, als daß er ernsthaft an das Aufsprengen der Geschichte hätte denken können.

Das künstlerische Schaffen seiner Zeit trat für Witkiewicz damit in den Bereich des Wahnsinns und der Perversion. Da es in dem immer grauer werdenden Leben an authentischen Reizen mangele, biete sich als letzte Chance, die alten Formen zu verdrehen, zu verunstalten und zu komplizieren – oder mit anderen Worten: die Flucht in das Rauschgift des "Intertextualismus", um so die Existenz der Kultur auf eine künstliche Weise aufrechtzuerhalten. Lediglich Gauguin, nach Witkiewicz dem einzigen aufrichtigen Klassiker unter den Wahnsinnigen, sei es noch gelungen, dem Anblick der verkrüppelten europäischen Kultur zu entfliehen. Auf Tahiti hätte er noch harmonische und natürliche, einfache Werke schaffen können. Doch der sich ständig beschleunigende Strom des künstlerischen Lebens würde auch bald die klassischen Kompositionen von Gauguin resorbieren und als Nährboden für die mißgebildeten Blüten der sterbenden Kunst ausstreuen. Denn – kommentiert Witkiewicz in *Neue Formen in der Malerei* – "die Komplikation der Formen hat ihre Grenzen, so wie die Anzahl der Morphiumspritzen, die der versessenste Morphinist sich geben kann, danach erwarten ihn Verblödung und Tod"[8]. Witkiewicz zeichnet ein äußert negatives Bild des zeitgenössischen Künstlers. Den großen Meistern der Vergangenheit stehe ein "erschütterter Kümmerling" gegenüber, der in einer Zeit der Herrschaft grauer Menschenmassen zur Vernichtung verurteilt sei – ein biologischer Abfall der sich vervollkommnenden Gattung. Aber obwohl die Kunst der Gegenwart eher einem Alptraum als der alten Vorstellung des Schönen und Erhabenen ähnele, stelle sie den letzten Akt der Verzweiflung dar, die einzige Chance für die "letzten wahren Menschen", selbstlose Schönheit zu erleben, bevor diese endgültig gegen die Kategorie der Gemeinnützigkeit ausgetauscht werde. Damit ist auch die Aufgabe formuliert, die Witkiewicz an das Theater stellt.

Der fortschreitende Schwund metaphysischer Gefühle hat nach Witkiewicz zur Folge, daß das Theater im ausgehenden 19. Jahrhundert zu einer

7 Witkiewicz 1974, S. 277.
8 Witkiewicz 1992, S. 165.

reinen Nachbildung des Lebens geworden sei und im Gegensatz zu allen übrigen Kunstarten die Periode der formalen Komplikationen und Verunstaltungen in den 20er Jahren nicht durchgemacht habe – von gewissen rein äußerlichen "Merkwürdigkeiten" abgesehen. Das Theater war demnach als der letzte Unterschlupf und die letzte Möglichkeit des Aufblühens der individualistischen Kultur vor dem Eintritt der Epoche des gesellschaftlichen "Gewimmels" zu betrachten.

Witkiewicz war sehr gut über das Geschehen auf den europäischen Bühnen unterrichtet. Aber keine der dort vorgeschlagenen avantgardistischen Lösungen schien ihn zufrieden zu stellen. Experimente mit einer ausgeklügelten Inszenierung beurteilte er hinsichtlich des Einflusses auf die Zukunft des Theaters ebenso negativ wie die Suche nach äußerster Einfachheit. Seiner Meinung nach konnte das Theater nur durch einen neuen Typ von Dramaturgie revitalisiert werden, der das konservative und allzu stark vom Geschmack des Publikums abhängige Theater zu Reformen zwingen würde. Erst ein neues Drama, eine Art Bühnenlibretto oder Partitur, könne die Regisseure und Schauspieler zur Suche nach einer künstlerischen Wahrheit veranlassen, die sich nicht an einer trügerischen Treue gegenüber der Wirklichkeit messen ließe. Es sollte Figuren auf die Bühne bringen, deren Handlungen und Äußerungen keinen anderen Bezugspunkt hätten und nichts anderes mehr repräsentierten als das Werden selbst: das unablässige Ablösen einer Gegenwart durch die darauf folgende, ohne daß beide durch eine lebenspraktische Logik zueinander in Beziehung gebracht werden könnten.

Witkiewicz selbst kam zu dem Schluß, daß es ihm in seinem eigenen Schaffen nie gelungen sei, das Ideal der *Reinen Form* zu erreichen. Immerhin hatten seine Bemühungen um eine Erschütterung der zu seinen Lebzeiten auf der Bühne vorherrschenden realistischen Poetik zur Folge, daß man seine Dramen in den 50er und 60er Jahren als Vorgriff auf das Theater des Absurden und der Groteske neu rezipieren konnte. Heutzutage wird demgegenüber immer häufiger die Intertextualität in seinen Dramen hervorgehoben, und die Regisseure legen Wert darauf, Witkiewiczs formalen Eklektizismus auch in den Inszenierungen deutlich werden zu lassen.

2. Dekonstruktion als Vorbedingung für das künstlerische Schaffen

Im Juni 1927 wurde im *Théâtre Alfred Jarry*, das von Antonin Artaud, Roger Vitrac und Robert Aron ins Leben gerufen wurde, *Ventre brûle* nach einem Szenario von Artaud erstaufgeführt. Der Text ist leider verlorengegangen.

Robert Maguire, ein äußerst gewissenhafter Kritiker, hat den Verlauf der Handlung anhand von Interviews mit Schauspielern und damaligen Rezensenten rekonstruiert. Die erste Sequenz der Aufführung beschreibt er folgendermaßen:

> Auf die Bühne tritt eine in ein schwarzes langes Kleid und ebensolche Handschuhe gewandete Person; langes Haar, wie aus nassem und steifem Leder, verdeckt ihr Gesicht. In beinahe vollständiger Dunkelheit tanzt sie eine Art Charleston, tritt auf den vorderen Teil der Bühne hervor und schiebt einen Stuhl zurück, geheimnisvolle Worte murmelnd. Es donnert und die Person fällt auf den Bühnenboden. In dem Augenblick tritt Mystere Hollywood in einem langen roten Kleid und Maske auf. Durch ihre Mitte läuft ein Längsstrich, und die Augenwinkel fallen mit den Mundwinkeln zusammen. [...] Über die Bühne geht die Königin und stirbt (es sterben auch andere, die auf der Bühne sind), ihre Leiche erhebt sich zum letzten Mal in dem Moment, wenn der König über die Bühne geht, um hinter seinem Rücken das Wort zu schreien: "Hahnrei".[9]

Die "kurze Halluzination ohne Text und Prätext" – wie *Ventre brûle* von Maxime Jacob, dem Komponisten der Musik zu dieser Aufführung, genannt wurde – erinnert in einigen Punkten an die Beschreibung einer exemplarischen Aufführung der *Reinen Form*, wie sie Witkiewicz in seiner *Einführung in die Theorie der Reinen Form des Theaters* gibt:

> Es treten drei rotgewandete Personen auf, die sich, man weiß nicht vor wem, verneigen. Eine von ihnen deklamiert irgendein Gedicht (es muß den Eindruck erwecken, genau in diesem Augenblick notwendig zu sein). Es tritt ein sanfter Alter auf, eine Katze an der Leine führend. Bis hierher vollzog sich alles vor einem schwarzen Vorhang. Der Vorhang geht auf, und man blickt auf eine italienische Landschaft. Orgelmusik ist zu hören. Der Alte sagt etwas zu den drei Gestalten, etwas, das eine zu allem Vorhergehenden passende Stimmung erzeugen muß. Von einem kleinen Tisch fällt ein Glas herab. Alle werfen sich auf die Knie und weinen. Der Alte verwandelt sich aus einem sanften Menschen in einen grimmigen "Hüter" und ermordet ein kleines Mädchen, das kurz zuvor von der linken Seite herangekrochen ist. Darauf eilt ein schöner Jüngling herzu und dankt dem Alten für diese Mordtat, während die rotgewandeten Personen singen und tanzen. Anschließend weint der Jüngling über der Leiche des Mädchens und sagt überaus lustige Dinge, worauf der Alte sich wieder in einen sanften und gütigen Menschen verwandelt und in einer Ecke lachend erhabene und heitere Sätze äußert. Die Kostüme können beliebig sein, einem bestimmten Stil entsprechen oder phantastisch sein. Während einiger Partien des Stückes darf es Musik geben.[10]

---

9 Zitiert nach Béhar 1967, S. 230.

10 Witkiewicz 1985, S. 73f.

Ebenso wie Artaud verzichtet Witkiewicz auf jegliche lebensweltliche Wahrscheinlichkeit der raum-zeitlichen, kausalen und psychologischen Verhältnisse. Wie Artaud löst er die Linearität der Handlung in einzelne Situationen auf. Hier wie da scheinen die Personen, ihre Worte und Handlungen einzig aus der Laune des Autors heraus entstanden, der es sich zum Ziel gesetzt hat, alle gültigen dramatischen und theatralen Konventionen außer Kraft zu setzen, um so ein Werk ohne jeglichen Sinn zu schaffen.

Die vergleichende Lektüre der mehr als 20 Dramen von Witkiewicz, die zum größten Teil in den Jahren 1919–24 entstanden sind, mit den theatralen Texten und Szenarien von Artaud, von denen allerdings nur ein und zudem noch schwer zu datierender Teil erhalten ist (*Le Jet de sang, Samuraï, La Pierre philosophale* und *Il n'y a plus de firmament*), bestätigt diesen Eindruck. Die Destruktion bestehender Kanons und Konventionen der dramatischen Dichtkunst stellt für beide eine zentrale Vertextungsstrategie dar. Bei beiden entsteht die neue künstlerische Einheit aus einer Montage heterogener dramatischer Versatzstücke, die auf vermittelnde Fugenelemente so gut wie ganz verzichtet. Die Herkunft der verwendeten Kombinationselemente und deren Verknüpfungsarten sowie das Ziel ihrer Montage unterscheiden sich für die beiden Theaterkünstler jedoch beträchtlich. Die Ursachen dafür sind mit den Unterschieden in den künstlerischen Konzeptionen vorgegeben, die ihrerseits wesentlich durch die jeweilige kulturelle Tradition und den aktuellen Kontext ihrer Entstehung geprägt wurden.

Witkiewicz wird immer wieder in die Tradition des europäischen Dandyismus eingeordnet. Dafür wird sowohl der Einfluß der Lektüre von *Das Bildnis des Dorian Gray* auf den jungen Witkiewicz als auch seine Herkunft aus einer Familie der Krakauer Künstlerelite als Beleg angeführt. Für L. Sokół steht außer Frage: "Hätte es den Dandyismus nicht gegeben, dann hätte ihn Witkiewicz erfinden müssen."[11] Festzuhalten bleibt, daß für Witkiewicz von der Forderung nach einer Theatralisierung und Mystifizierung der alltäglichen Lebenswelt, wie sie Baudelaire und Wilde formuliert hatten, ein großer Reiz ausging. Der junge Künstler wußte zwar zunächst nicht, ob er Maler oder Dichter werden sollte, folgte aber entschlossen dem Postulat des Dandyismus, sich selbst in einem Kreationsakt auszudrücken und sein eigenes Leben in ein Kunstwerk zu verwandeln.

Von diesen Versuchen zeugen seine frühen literarischen Werke und Zeichnungen. Immer wieder werden hier Freunde und Bekannte unter leicht zu entschlüsselnden Masken fiktiver Personen vorgeführt. Interessant sind in diesem Zusammenhang auch mehrere Reihen fotografischer Selbstportraits,

11 Sokół 1992, S. 131.

die Witkiewicz anfertigte. Sie zeigen Witkiewicz in wechselnden Verkleidungen und "Grimassen", für die er sein Gesicht und seinen Körper auf verschiedene Art und Weise verunstaltete. Dabei handelte es sich um bewußt durchgeführte Experimente – auch seine Selbstversuche zum Einfluß von Alkohol und Rauschgift auf das künstlerische Schaffen folgten ja dem Muster wissenschaftlicher Experimente. 1904 erklärt er: "Ich bin, d.h. ich kommentiere mich selbst als Werk, das ich nie zu Ende bringen kann. Es bleibt mir nichts anderes übrig, als mit dem Mitautor meines Lebens zu experimentieren: mit meiner Psyche." In demselben Absatz fügt er noch hinzu: "Vielleicht wird es mir einmal gelingen – auch wenn es nicht länger als eine Minute dauern sollte – das Werk meines Todes zu imitieren."[12] Zwanzig Jahre darauf wiederholt Artaud in *Le Pese-Nerfs* diese Deklaration fast wie ein Echo: "Ich kenne mich und das reicht mir, das sollte mir reichen, ich kenne mich, denn ich begleite mich stets, ich begleite Antonin Artaud."[13] Das Gefühl einer Verdoppelung, einer unaufhörlichen Spaltung in einen Schauspieler und einen Zuschauer wird sowohl bei Artaud als auch bei Witkiewicz vom Bewußtsein der Tragik des menschlichen Lebens begleitet. Gerade das Bewußtsein der Tragik der Existenz unterscheidet Witkiewicz vom klassischen Dandyismus. Dessen Protagonisten gewannen aus der bewußten Mystifikation ihrer Alltagsexistenz ein Gefühl der Auserwähltheit oder auch eines Zuwachses an Freiheit und Zufriedenheit. Obwohl Witkiewicz nie aufhörte, sein Leben zu theatralisieren und sich selbst in seiner Künstlerrolle zu zelebrieren, stellte er sich doch die Frage: "Aber wenn man das Leben wie die Kunst schafft, was geschieht in dieser Atmosphäre der Umwertung aller Werte mit der Großen Dame Kunst selber?"[14] Die Antwort darauf gab er sich in der Theorie der *Reinen Form*.

Rein bedeutete für Witkiewicz, frei zu sein von Verschmutzungen durch lebensechte Elemente. Im Gegensatz zu den bewußten Konstruktionen "des lebensechten Theaters" entstehe das Kunstwerk der *Reinen Form* aus ungebrochener Spontaneität, als das Resultat künstlerischer Inspiration, in die das Bewußtsein erst in der Endphase eingreifen könne. Dies bedeutete jedoch nicht, daß darin die Persönlichkeit des Autors unmittelbar zum Ausdruck gebracht werden solle. Der Ursprung des Kunstwerks liege vielmehr in dem metaphysischen, allen Menschen gemeinsamen Gefühl einer doppelten Existenz in Zeit und Raum. Müßte dieses Gefühl nicht durch eine einem jeden eigene psychische Welt gefiltert werden, würde es immer dieselbe Folge haben, d.h. dasselbe Formsystem. Obwohl erst die Polarisation in der indivi-

12 Zitiert nach Jakimowicz 1985, S. 10.

13 Zitiert nach Virmaux 1991, S. 47.

14 Witkiewicz 1976, S. 501.

duellen psychischen Welt für die Gestalt eines Kunstwerkes entscheidend sei, bleibe das Kunstwerk ein objektives Gebilde, denn – wie es Witkiewicz mehrmals hervorhebt – das künstlerische Schaffen ziele darauf, "das Gefühl der Einsamkeit und der metaphysischen Furcht loszuwerden durch die Objektivierung der von der Persönlichkeit losgelösten und keinem Gebrauchsgegenstand eigenen Einheit in Vielheit"[15]. Die Befreiung vom Gefühl der Einsamkeit bedeute jedoch keine Rechtfertigung metaphysischer Schrecken durch ein Begriffssystem.

In dieser Hinsicht scheint Witkiewicz ebenso antisokratisch wie Nietzsche zu sein – besonders dann, wenn er gegen bestimmte Vertreter der relativistischen Philosophie wie etwa Bergson polemisiert. Das Mißlingen der Versuche, das Geheimnis der Existenz in ein kohärentes System von Begriffen zu fassen, sei kein Grund, metaphysische Probleme ganz aus dem philosophischen Denken zu verbannen. Sowohl Witkiewicz als auch Artaud setzten es sich zum Ziel, im Kunstwerk den unverhüllten Schrecken der menschlichen Existenz auszudrücken. Für Witkiewicz, der die Notwendigkeit einer Objektivierung des metaphysischen Erlebnisses voraussetzt, ist das geeignete Werkzeug zu dessen Ergründung der menschliche Gedanke. Artaud dagegen bevorzugt eine unmittelbare Manifestation subjektiver Gefühle, die jedoch formalen Anforderungen rigoros gehorchen müsse. Zur Verdeutlichung des Unterschieds zwischen beiden Konzepten läßt sich auf ein graphisches Schema zurückgreifen, mit dessen Hilfe Witkiewicz in *Die Neuen Formen in der Malerei* seine Auffassung von der Beziehung des metaphysischen Gefühls zum psychischen Leben des Menschen darstellt.[16] Die Skizze zeigt vier konzentrische Kreise. Der mittlere Kreis steht für die metaphysischen Gefühle, der zweite Kreis symbolisiert lebensechte Gefühle, der dritte die kontrollierende Sphäre, d.h. den Intellekt, der vierte schließlich die Sphäre der *Reinen Form.* Das Kunstwerk, das als eine Art Wölbung auf dem letzten Kreis dargestellt wird, hängt von den Proportionen aller Elemente ab. Zudem ist natürlich die Reihenfolge, in welcher das metaphysische Gefühl durch die drei Filter – insbesondere die Sphäre des kontrollierenden Intellekts – geht, von Bedeutung. Artauds Konzeption dagegen zielt gerade darauf, diese Sphäre aus der theatralen Kommunikation zu eliminieren. Der kontrollierende Intellekt war für ihn der vollständigste Ausdruck der Entfremdung. Bleibt man bei dem von Witkiewicz vorgeschlagenen Beschreibungskategorien, ging es Artaud darüber hinaus darum, die lebensechten Gefühle mit der Sphäre der *Reinen Form* zu verschmelzen. Der bevorzugte Ort dieser Verschmelzung war der Körper.

15 Witkiewicz 1992, S. 19.
16 Ebda., S. 16.

Der Versuch, die eigenen Erlebnisse in einem Kunstwerk zu objektivieren, wurde für Witkiewicz zu einem äußert problematischen Unterfangen. Seine "künstlerische Reifezeit" fiel in die Zeit unmittelbar nach dem Ersten Weltkrieg. Für eine kurze Zeitspanne stand Witkiewicz dem Formismus, einem Krakauer Künstlerkreis, nahe. Die Formisten führten in ihren Arbeiten Elemente des Kubismus, Expressionismus, Konstruktivismus, Futurismus und andere Richtungen der historischen Avantgarde zusammen. Ganz in deren Tradition verfolgte man die Strategie, durch Provokation des Publikums auf sich aufmerksam zu machen. So endeten einige der von den Formisten organisierten Lesungen mit dem Eingreifen der Polizei und der Festnahme der übereifrigen Künstler. Die Orientierung der meisten Kritiker innerhalb der neuen Kunstrichtungen war kaum besser als die eines durchschnittlichen Lesers. Sie deuteten die formistischen Aktionen als eine Offensive des Futurismus, der auf eine Vernichtung der echten und wahren Kunst aus sei. Solche Klassifizierungsversuche konnten schon damals kaum mehr eine Orientierungshilfe bieten. Der Synkretismus, mit dem in Polen Stile und Tendenzen, die in anderen Ländern als gesonderte avantgardistische Richtungen auftraten, vermischt wurden, weist der polnischen Avantgarde eine Sonderstellung zu. Diese ist unter anderem das Resultat der politischen Geschichte des Landes. Polen hatte 1918 seine Unabhängigkeit zurückgewonnen. Die bislang für die Kunst verpflichtenden patriotischen Aufgaben konnten entfallen. Die eigenen Traditionen und kulturellen Ressourcen öffneten sich einem neuen Blick und neuer Verfügbarkeit. Gleichzeitig galt es, den Anschluß an die avantgardistischen Strömungen nicht zu verpassen, und deren Neuerungen möglichst schnell einzuführen und durchzusetzen. Auf diese Weise entstand in Polen in den 20er Jahren eine Art künstlerisches "global village" im Kleinen. Für ein avantgardistisches Selbstverständnis war das simultane Auftreten verschiedener avantgardistischer Stile jedoch eher kontraproduktiv. Viele der polnischen Künstler konnten den naiven Glauben an eine Wiedergeburt der europäischen Kunst nicht mehr teilen. Im Gegenteil: Das Übermaß an antiillusionistischen Formen lieferte einen überzeugenden Beweis für die Erschöpfung des Repertoires der Formen. Witkiewicz sah deshalb auch nur eine Möglichkeit, um die von ihm theoretisch geforderte Objektivierung des metaphysischen Erlebnisses in die künstlerische Praxis umzusetzen: die "Perversion", d.h. die Stilisierung und Kombination bereits bekannter künstlerischer Lösungen.

Die Rezensenten der Zwischenkriegszeit interpretierten die Dramen von Witkiewicz vor dem Hintergrund bestehender Gattungsmuster. Ein Kritiker deutete die Stücke etwa als eine Art moderne Commedia dell'arte:

> Das so begriffene Drama ist wie die Commedia dell'arte verkehrt. Die Worte sind gegeben, aber nichts außer den Worten, nicht einmal Begriffe. Gestik, Gestalt, Intonation sind ganz der Improvisation des Schauspielers überlassen, der seinen eigenen Sinn in die gegebenen Worte hineinlegt. Anders gesagt, es kann tausende Weisen geben, diese Rollen gut zu spielen, tausende und extrem unterschiedliche.[17]

Die Beschreibung scheint treffend. Tatsächlich finden sich in den Szenenanweisungen nur wenig Informationen zu den Bewegungen und Gesten der Figuren. Witkiewicz konzentriert sich vielmehr auf die sprachlichen Zeichen. Seine Protagonisten ergehen sich in langen nach allen Regeln der Rhetorik gebauten Monologen, in denen sowohl philosophische Probleme als auch Probleme der Historiosophie und der Kunsttheorie verhandelt werden. Auch das eingeschränkte Figurenrepertoire der Dramen erinnert an die Commedia dell'arte. Zu den in verschiedenen Stücken immer wiederkehrenden Figurentypen zählen etwa der Titan, die Hetäre, das unschuldige, niedliche aber bereits erotisch anziehende kleine Mädchen, der mißratene Künstler, der seine träge Vorstellungskraft künstlich anregen will, und schließlich die Pragmatiker, Vertreter der künftigen mechanisierten Menschheit. Die Dramen wiederholen sich nicht nur in bezug auf das Personal, auch das Geschehen folgt ähnlichen Mustern. Es wird meist kurz vor dem Ausbruch einer Weltrevolution angesiedelt. Dabei ist abzusehen, daß diese zum Sieg des sozialen Pragmatismus und zum gänzlichen Schwund metaphysischer Gefühle führen wird – aus der Sicht Witkiewiczs also zum Ende der echten Menschheit. Während aber die Figuren in der Commedia dell'arte durch einen festen Handlungsknoten miteinander verbunden werden, folgen die Figuren in Witkiewiczs Dramen nur äußerst selten traditionellen Interaktionsmustern. Die Figuren lassen sich jeweils von ihren eigenen Intentionen und Empfindlichkeiten leiten. Das Geschehen ergibt sich eher aus dem gleichzeitigen Auftreten der Figuren als aus ihrer gegenseitigen Bezugnahme. Es entsteht der Eindruck von Chaos, Traum oder Karambolage. Die Figuren scheinen aus völlig unterschiedlichen Welten zu kommen. Ihre Aktionen entpuppen sich als Zitate, Anspielungen oder geradezu Parodien bekannter Dramen und theatraler Konventionen.

Diese Strukturen lassen sich mit J. Błoński beispielhaft an *Das Wasserhuhn* aufzeigen, das Witkiewicz selbst als gelungenste Umsetzung seiner Theorie der *Reinen Form* einstufte.[18] Solange man dem Geschehen aus der Außenperspektive folgt, fällt es ausgesprochen schwer, die Konstruktions-

---

17 Zitiert nach Degler 1973, S. 29.

18 Vgl. Błoński 1989.

prinzipien der "sphärische[n] Tragödie in drei Akten", wie *Das Wasserhuhn* im Untertitel genannt wird, zu erschließen. Ordnet man die Ereignisse allerdings aus der Perspektive der Protagonisten, insbesondere der des Vaters, erweist sich das Geschehen als eine spezifische Variante des Theater-auf-dem-Theater-Motivs; Tadzio wird in Anlehnung an die analytische Technik Ibsens charakterisiert, verfeinert mit ein wenig Freudscher Psychoanalyse; alle Szenen, in denen die Lady of Nevermore und das Wasserhuhn auftreten, oszillieren zwischen Farce und Melodrama; Edgar repräsentiert ein Theater des Ich Strindbergscher Prägung. Mit der Dominanz der jeweiligen Figuren wechselt auch die jeweils dominierende Gattungskonvention. Die einzelnen Konventionen stoßen ebenso unvermittelt aufeinander wie die Figuren selbst. Alle mimetischen Erwartungen des Publikums werden schnell zunichte gemacht. Die isolierte Präsentation der Konventionen rückt die formalen Kompositionselemente in den Vordergrund. Die Einheit der Handlung ergibt sich nicht aus der lebensechten Wahrscheinlichkeit oder einem logischen Kausalzusammenhang, sondern aus der Spannung zwischen heterogenen Elementen, formalen Ähnlichkeiten und formalen Unterschieden, die ähnlich wie in einem Panorama vor dem Rezipienten ausgebreitet werden. Diese Technik beschränkt sich jedoch nicht nur auf die Kombination formaler Elemente, sondern hat auch einen thematischen Bezugspunkt: *Das Wasserhuhn* schildert die Situation eines unmöglichen Zusammenlebens. Diese teilt sich in drei Phasen: Entstehung, Festigung und Zerfall der Familie Edgars. Die einzelnen Phasen sind in sich vollkommen statisch. In ihnen findet keine Entwicklung statt. Der Handlungsfortschritt ergibt sich allein aus den Unterschieden zwischen den präsentierten Sequenzen, die vom Autor wie einzelne Tableaux gegeneinander gestellt werden.

Die geschickte Manipulation mit "verfremdeten" formalen Ganzheiten findet sich auch in anderen Dramen Witkiewiczs, obwohl die "Perversion" der *Reinen Form* in *Das Wasserhuhn* auf die Spitze getrieben wird. Die Verletzung der Gattungseinheit gehört zu den charakteristischen Stilprinzipien in Witkiewiczs Dramenschaffen. In einigen Fällen veränderte er auch die Gattungszugehörigkeit als solche. Dies wird meist als ein parodistisches Verfahren gedeutet. Tatsächlich bezog Witkiewicz das Material für seine Montagen vor allem aus den 'großen Dramen' der Weltliteratur. Zum bevorzugten Repertoire gehören Shakespeare, Ibsen und Strindberg. Als Gattungsmuster ebenfalls zu erwähnen sind die Salonkomödie (z.B. in *Neue Befreiung*), die historische Tragödie (z.B. in *Janulka*) oder die analytische Technik von Ibsen (z.B. in *Im kleinen Landhaus*). Witkiewiczs übergeordnetes Ziel war es jedoch nicht, die benutzten Vorlagen parodistisch zu verspotten. Aus heutiger Perspektive scheint seine Dramenästhetik postmodernen Pastichen weitaus näher zu stehen als den Literaturparodien seiner Zeitgenossen. F. Jameson unterscheidet beide Formen wie folgt:

> Pastiche und Parodie sind Imitationen einer eigentümlichen Maske, Sprechen in einer toten Sprache. Pastiche ist die neutrale Praxis dieser Mimikry ohne die an ein Original gebundenen tiefer liegenden Beweggründe der Parodie, ohne satirischen Impuls, ohne Gelächter und ohne Überzeugung, daß außerhalb der vorübergehend angenommenen mißgestalteten Rede noch so etwas wie eine gesunde linguistische Normalität existiert.[19]

Witkiewicz verfolgt eine Pastiche literarischer Formen und Konventionen, ohne eine von ihnen für besonders ausgezeichnet oder nur für gültig zu halten. Er gibt sich nicht mit einem stilistischen Modell zufrieden. Auf seiner Jagd nach Objektivierung des metaphysischen Gefühls fordert er das Publikum zu einem spezifischen intertextuellen Spiel heraus. Eingefahrene Rezeptionsmuster sollen durch außergewöhnliche Zusammenstöße und Kontraste von stilistisch unterschiedlichen Fragmenten aufgebrochen und außer Kraft gesetzt werden. Der Sinn des Kunstwerks ist letztlich nur noch auf dieser Ebene auszumachen.

Auch die Bühnentexte von Artaud wurden immer wieder als Parodien klassifiziert. *Le Jet de sang* – die Handschrift datiert auf den 17. Januar 1925 – nennen die Herausgeber der *Œuvres complètes* eine "gehässige Parodie" des ein Jahr zuvor erschienenen Einakters *La Boule de verre* von Armand Salacrou.[20] A. und O. Virmaux wenden dagegen ein, daß es nicht das Ziel von Artaud gewesen sei, das szenische Werk des ihm damals nahestehenden Salacrou zu parodieren, zumal in gehässiger Absicht.[21] Artaud habe lediglich einige der Figuren sowie den Handlungsumriß als Nährboden oder eine Art Trampolin für seine eigenen Vorstellungen benutzt. Das von Salacrou entlehnte Motiv findet, wie sich anmerken läßt, nicht nur in *Le Jet de sang* Verwendung. Das Bild einer Glaskugel etwa wird von Artaud zwei Jahre später für das Drehbuch zu *La Coquille et le Clergyman* noch einmal aufgegriffen. Diese Form der Stimulierung der Kreativität durch Reize von außen erinnert an die Ideen der Surrealisten, denen Artaud übrigens ebenso kurz angehörte wie Witkiewicz den Krakauer Formisten.

Der Anführer der Surrealisten, André Breton, lehnte das Theater als gesellschaftliche Institution ab. Die durch die ökonomischen Zwänge entstehende Begrenzung der Freiheit des Künstlers sei ethisch nicht zu rechtfertigen. Ebenso stehe es dem Schauspieler nicht zu, sich der Maske einer

19 Jameson 1986, S. 62.
20 Artaud 1970, Bd. I.
21 Virmaux 1991, S. 160.

fremden Persönlichkeit zu bedienen und jeden Abend sein wahres Ich zu verkaufen. Erst nach der surrealistischen Revolution, die die Gesellschaft ganz verändern werde, könne das Theater für den wahren Künstler zu einem Ausdrucksmittel werden. Aus dieser Einstellung heraus kam es 1928 während einer *Traumspiel*-Aufführung zu einer öffentlichen Erklärung der Surrealisten, im *Second Manifeste du Surréalisme* schließlich zu einer offiziellen Verurteilung von Artaud und Vitrac für ihre Mitarbeit am *Théâtre Alfred Jarry*. Die künstlerische Praxis der Surrealisten ließ sich mit ihren öffentlichen Erklärungen jedoch nur zum Teil in Einklang bringen. Viele von ihnen hatten früher den Dadaisten angehört und konnten ihre Neigung zur Mystifizierung des Lebens und zur "theatralischen Geste" nicht ablegen. Breton, der sich einerseits grundsätzlich gegen die Einengung durch traditionelle Gattungsnormen aussprach, vertrat andererseits die Ansicht, daß der Dialog der surrealistischen Ausdrucksweise am besten entspreche. Im Dialog falle die entscheidende Rolle dem Rezipienten zu. Die Provokation durch paratheatrale Auftritte solle die Vorstellungskraft der Zuschauer anregen und das Bedürfnis nach Handlung wecken. Dieses für die Surrealisten typische Bestreben, die Geste von der Bühne in den Zuschauerraum zu übertragen und die Folgen der theatralen Handlung in der Realität meßbar zu machen, gilt auch für das *Théâtre Alfred Jarry*: "Der Zuschauer, der zu uns kommt, muß wissen, daß er sich einer wahren Operation unterzieht, in der der Einsatz nicht nur seine Seele, sondern auch Sinne und Körper sind. Von nun an wird er ins Theater gehen wie zum Chirurg oder Zahnarzt."[22]

Die Surrealisten behaupteten, man müsse zuerst die traditionelle Kunst verändern, um Einfluß auf das reale Leben nehmen zu können. Die gültige Logik sollte in ihren Werken außer Kraft gesetzt und der Rezipient überrascht werden. Der psychische Schock sei die Quelle für dessen schönste Erlebnisse. Als beste Art, einen psychischen Schock herbeizuführen, erschien es, verschiedene, einander entgegengesetzte Realitäten miteinander zu konfrontieren. Albert-Birot zum Beispiel verteilte in *Larountala* das Geschehen auf zwei konzentrisch angeordnete Spielflächen. Auf dem inneren Bühnensegment wurde eine realistische, auf der äußeren dagegen eine symbolische Spielweise eingehalten. Ivan Goll erzeugte eine ähnliche Opposition, indem er die ansonsten als korrekte Spießbürger gezeichneten Figuren durch eingeblendete Filme konterkarierte, die deren zügellose Phantasien zum Vorschein brachten. Die Mehrheit der Surrealisten beließ es bei einer weniger deutlichen Trennung der dargestellten Realitäten bzw. der zur Darstellung verwendeten künstlerischen Konventionen. Im Gegensatz zu Witkiewicz bewerteten sie die

22 Zitiert nach Béhar 1988, S. 68.

verschiedenen Wirklichkeiten jedoch nicht als gleichrangig. Im Zusammenstoß der alltäglichen Realität mit Fiktion lag die Betonung immer darauf, daß nur die Fiktion die Chance auf ein wahres Leben eröffnen könne.

Artaud verfolgte die Grundannahme der Surrealisten, nach der die aktivierte Vorstellungskraft zu einer völligen Veränderung der realen Welt beitragen werde, bis zur letzten Konsequenz. Auch um den Preis einer vollständigen Desorganisation der ästhetischen Ordnung müsse das Kunstwerk "die Wahrheit und die höhere Wirklichkeit" in Erscheinung bringen. Artaud trat aus der Gruppe der Surrealisten gerade zu dem Zeitpunkt aus, als Breton 1926 seinen Beitritt zur Kommunistischen Partei erklärte und damit seine Abkehr vom Glauben an eine Veränderung der sozialen Wirklichkeit durch die Kunst signalisierte. Jedoch schon zuvor waren die Unterschiede zwischen Artaud und Breton nicht zu übersehen. So veröffentlichten zum Beispiel 1925 einige Künstler mit Artaud an der Spitze eine Erklärung, in der sie neben Bretons *l'écriture automatique* auch "eine entsprechende Stufe von Wut" als Mittel zur Erreichung der surrealistischen Illumination propagierten. Während die anarchistischen Bestrebungen Bretons und seiner Anhänger sich innerhalb der traditionellen Ästhetik einordnen lassen, verlagert Artaud das Geschehen auf einen neuen Schauplatz. Der Krieg, den er mit Hilfe des Theaters führen will, soll dort stattfinden, wo sich ihm das metaphysisch Böse offenbart, an und in seinem eigenen leidenden Organismus. Die Vision einer schöpferischen Anarchie und eines gewaltigen Kampfes gegen die bestehende gesellschaftliche Ordnung, die Artaud in seinen theoretischen und künstlerischen Arbeiten ausbreitet, hatte insofern mit einer sozialen oder proletarischen Revolution wenig gemein.

Artauds Bühnentexte sind zunächst vor dem Hintergrund der von der historischen Avantgarde geforderten Entliterarisierung des Theaters zu lesen: *La Pierre philosophale* ist eine Pantomime, *Il n'y a plus de firmament* ein Opernlibretto, und in *Le Jet de sang* und *Samouraï* nehmen die Szenenanweisungen mehr Platz ein als der Haupttext. Die sprachlichen Zeichen der Figuren oder generell deren Handlungen werden durch folgenschwere, große Ereignisse oder geradezu Katastrophen vollkommen in den Hintergrund gedrängt. In *Le Jet de sang* tobt ein Sturmwind auf der Bühne, die Erde bebt, Sterne stoßen zusammen, es regnet blutige menschliche Glieder und Skorpione. Die Figuren sind den Kräften, die die Apokalypse verursachen, wie willenlose Marionetten untergeordnet. In *Il n'y a plus de firmament* wird eine Straßenkreuzung in einer modernen Stadt beschrieben. Die chaotisch hin und her laufende Menschenmenge ähnelt einem "von oben gesehenen Gewimmel". Eine öffentliche Bekanntmachung ist zu hören: Der Kontakt mit Sirius sei aufgenommen, die Pyrenäen verschwunden und das Himmelsgewölbe entzweigegangen. Die Menschenmenge ist von den Ereignissen überfordert. Sie reagiert nur noch passiv. Ihre Furcht steigert sich. Endlich tritt nach einem Sirenengeheul Stille ein: das unwiderrufliche Ende. Selbst nachdem das Geschehen nicht mehr durch die große Katastrophe dominiert wird, bleiben die Gesten der Figuren von den Kräften der Destruktion beherrscht.

Destruktion und Anarchie werden bevorzugt auch durch erotische Motive zum Ausdruck gebracht. Der Inzest in Artauds Adaption von *Les Cenci* bedroht die Familienbande und damit die unverrückbaren Fundamente der sozialen Gemeinschaft. In *Samouraï ou Le drame du sentiment*, einem Text aus den Jahren 1923–25, der allerdings erst in den 70er Jahren gefunden wurde, wird das Inzestmotiv in derselben Weise verwendet. In diesem Text erhält die Handlung durch den Ort des Geschehens eine zusätzliche Markierung. Möglicherweise unter dem Einfluß des Interesses von Dullin für das japanische Theater präsentiert Artaud das Geschehen vor dem Hintergrund des weißen Gipfels des Fujiyama. In der ersten Szene schlägt ein Samurai eine Sklavin – das Sinnbild der Unkeuschheit. Als seine zornigen Gesten immer mehr in den Ausdruck von Zärtlichkeit übergehen, setzt ein Traum ein. In ihm sollen die heimlichen Wünsche des Samurai dargestellt werden. Der Samurai erblickt das Bild eines Königs, ein Symbol für die kulturellen Barrieren, die die Verwirklichung seines Verlangens unmöglich machen. Daneben erscheint eine Gestalt hinter einer Maske, die gleichzeitig die Königin, die Tochter und die Magd bedeutet. Eine weitere Figur, ein Lehrer, kommentiert das Geschehen: "Seht mal, der Rhythmus wird schneller. Er ist nun nicht nur der Liebhaber seiner Mutter. Er wurde der Mann seiner Schwester, die durch den Traum zu seiner Tochter gemacht wurde. Auf diese Weise berührte er den Knoten seiner Begierden." Im letzten, vierten Akt zerschlägt der Samurai den Kopf des Königs mit seinem Schwert. Im Finale nimmt er die Maske eines alten Samurai ab, und darunter zeigt sich ein "unglaublich junges" Gesicht. Die symbolische Ermordung des Königs befreit den Samurai von den durch die Kultur aufgezwungenen Barrieren und läßt ihn in einer neuen, vollkommeneren Gestalt wiedererstehen.

Wie sich an diesem Beispiel zeigt, setzt Artaud in seinen Dramentexten besonders auf die Kollision der verschiedenen Bezugsebenen der verwendeten Symbole und Bilder. Das Prinzip ihrer Verbindung könnte – im Gegensatz zu der panoramaartigen Montage von Witkiewicz – als eine dynamische Montage bezeichnet werden. Sie verfolgt das Ziel, das "Ich" des Schöpfers auszudrücken und die durch das Chaos der Ereignisse durchschimmernden Umrisse einer höheren Ordnung zu enthüllen. Für Witkiewicz gilt es dagegen, die Prinzipien der formalen Konstruktion und die Art und Weise der Verbindung heterogener Textelemente zu entschlüsseln. Ein vergleichbarer Ausgangspunkt – die Destruktion aller bestehenden Konventionen und der radikale Bruch mit der kausalen oder alltagspraktischen Logik – und die Verwendung ähnlicher Verfahren führen die beiden Künstler also zu völlig unterschiedlichen Ergebnissen. Beide verfolgten die Programmatik der Gruppen, denen sie für kurze Zeit zugehörig waren, bis in die letzte Konsequenz – Witkiewicz die Suche der Formisten nach Objektivierung metaphysischer Erlebnisse durch Abstraktion, Artaud die Utopie, durch die Magie der Kunst die Welt in einer Überwirklichkeit neu erstehen zu lassen.

Beide Künstler lassen sich so in den Kontext der avantgardistischen Theaterkunst ihrer Zeit einordnen und weisen zugleich weit über diese hinaus.

3. Theatermodelle und das Theater der 20er Jahre

Für die 20er Jahre zählt man in Polen 18 Uraufführungen der Stücke von Witkiewicz. Die erhaltenen Dokumente liefern nur wenig Informationen zu den Aufführungen. Die Stücke wurden jeweils sehr schnell vom Spielplan abgesetzt. Wenn sie auf Bühnen staatlicher Theater gespielt wurden, fanden die Aufführungen außerhalb der eigentlichen Theatersaison statt und hatten einen eher "privaten und experimentellen" Charakter. Dennoch sorgten sie für einiges Aufsehen. Witkiewicz geriet nach den Uraufführungen regelmäßig mit den Rezensenten in heftige Diskussionen. Die Umsetzung der in der Theorie der *Reinen Form* aufgestellten Forderungen ließ ihnen doch zu wünschen übrig. Die sich neu herausbildenden Ansichten über die moderne Kunst blieben von diesen Auftritten zwar nicht unbeeinflußt, das Theaterpublikum begann die Vorschläge von Witkiewicz aber erst zu akzeptieren, als *Sechs Personen suchen einen Autor* von Pirandello nach der berühmten Pariser Uraufführung in den Spielplan polnischer Bühnen aufgenommen wurde. Janusz Degler, der Dokumente über die Aufführungen der Zwischenkriegszeit mit großer Akribie ausgewertet hat, kommt zu dem Schluß, daß dem damaligen Theater nur zwei Möglichkeiten blieben, mit den avantgardistischen Dramentexten Witkiewiczs umzugehen. Zum einen konnte es – sich auf die Theorie der *Reinen Form* berufend – die formalen Innovationen als Forderung nach einer völlig neue Bühnenpoetik begreifen. Dem Regisseur fiel dann die Aufgabe zu, mit Hilfe antinaturalistischer "formaler" Inszenierungseffekte die programmatisch festgeschriebene "Sinnlosigkeit" des Dramas hervorzuheben und sogar noch zu steigern. Zum anderen konnte das Theater das Postulat einer Erneuerung der theatralen Ausdrucksmittel zurückstellen und die Inszenierungseffekte unter Berücksichtigung ihrer Zweckmäßigkeit und

Funktionalität gemäßigt dosieren. Witkiewicz selbst beschritt in seinen eigenen Inszenierungen eher den zweiten Weg – auch wenn dies vor dem Hintergrund seiner Forderung nach einer Theaterreform zunächst merkwürdig erscheinen mag. Als Beispiel dafür können die zwei ersten Uraufführungen seiner Stücke angeführt werden.

Die Uraufführung von *Tumor Hirnsohn* fand am 30. Juni 1921 nach dem offiziellen Saisonabschluß auf der Bühne des Słowacki-Theaters in Krakau statt. Der Regisseur, Teofil Trzciński, legte sein Augenmerk auf diejenigen Probleme, die der Text unmittelbar ansprach. Die Willkür von Zeit und Raum versuchte er etwa besonders durch eine Stilisierung der Bühnenausstattung hervorzuheben. Die Präsentation des Geschehens blieben aber weitgehend traditionell. Witkiewicz bemängelte, daß "es noch etwas zu viel Realismus in ganz kleinen Einzelheiten gab", war aber sonst voller Begeisterung und Bewunderung: "Das Experiment ist ausgezeichnet gelungen: die Reine Form auf der Bühne ist also doch noch möglich."

Diese Beurteilung bezog sich dabei vor allem auf das leicht stilisierte, ernsthafte Spiel der Schauspieler:

> Ich bin begeistert, beinahe keine Gefühlserschütterungen, ausgezeichnete, mit meiner Theorie übereinstimmende Deklamation von Gedichten und Vortragen von Prosa, vortreffliche Haltungen in Momenten der Untätigkeit, Maß und Verhältnis von Effekten, was die einzige Methode ist, Kraft auf der Bühne zu erreichen, und zwar in der formalen und nicht in der lebensechten Bedeutung.[23]

Witkiewicz schien also der Meinung, daß eine überwiegend realistische Inszenierung und dem 19. Jahrhundert entstammende schauspielerische Ausdrucksmittel, d.h. Deklamation und stilisierte Haltungen, völlig ausreichten, um das Groteske seiner Welt und die "phantastische Psychologie" der Helden deutlich werden zu lassen. Seine Reaktion auf die zweite Uraufführung bestätigt diese Annahme. Das Warschauer Elsynor, in dem die Inszenierung gezeigt wurde, war zu Beginn der 20er Jahre das erste und im Grunde einzige experimentelle Theater in Polen. Zu seiner Eröffnung wurden am 29. Dezember 1921 *Die Pragmatiker* aufgeführt. Das Drama galt als ein Paradebeispiel für die Theorie der *Reinen Form*, als ein Werk ohne Inhalt im traditionellen Sinne, das direkt an die ästhetische Sensibilität des Zuschauers appellierte. Das übergeordnete Inszenierungsprinzip bildete eine "kubistisch-formistische" Stilisierung der Theatermittel. Die Bühne zeigte ein dreieckiges Zimmer mit dreieckigen Fenstern und Türen und dreibeinigen Stühlen. Auch die Schauspieler mußten

23 Zitiert nach Degler 1973, S. 26–27.

sich dem Prinzip der "Geometrisierung" unterordnen. Sie sprachen die Dialoge ohne Differenzierung in Tempo, Ton oder Intonation und bewegten sich dabei marionettenhaft in geraden Linien. Witkiewicz protestierte heftig gegen die in seinen Augen übermäßigen formalen Merkwürdigkeiten, die schließlich dazu führten, daß man "einen Winkel 3. Klasse aus Caligari machte". Künftige Regisseure sollten sich nicht bemühen, "mit bühnenausstatterisch-atmosphärisch-eingeweideartigen Kombinationen und einer anomalen Sprechweise etwas Sonderbareres zu machen, als es im Text selbst steht"[24].

Im Januar 1925 wurde in Zakopane auf Initiative von Witkiewicz und seiner Freunde die sogenannte Theatralische Gesellschaft gegründet. Zur Eröffnung wurde ein "futuristisch-formistisch-kostüm-magischer" Ball abgehalten. Ende März fanden die ersten beiden Uraufführungen statt: *Neue Befreiung* und *Narr und Nonne* – beide von Witkiewicz. Der Titel des zuletzt genannten Stücks mußte mit Rücksicht auf die Zensur in *Narr und Krankenschwester* geändert werden. Witkiewicz übernahm jeweils die Regie und entwarf Teile der Bühnenausstattung und Kostüme. Die Rezensenten lobten vor allem seine Farbgestaltung: Die grauen Wände der Zelle kontrastierten mit der grellroten Tür, die weißen Kittel der Ärzte mit der rosafarbigen Kleidung der Krankenschwestern und den roten Jacken der rothaarigen Wächter. Unter den Schauspielern wurde Miss Winifred Cooper besonders hervorgehoben, eine englische, in Zakopane lebende Malerin mit einem ungewöhnlichen "Indianer-Gesicht". Ihr ausländischer Akzent ließ ihren Auftritt noch sonderbarer wirken. Witkiewicz wählte auch für die folgenden Inszenierungen mit Absicht Darsteller, die polnisch mit fremdem Akzent sprachen.

Aus der Zakopaner Theatralischen Gesellschaft ging 1925 das Formistische Theater hervor, mit dem Witkiewicz seine Regie- und Bühnenbildarbeiten fortsetzte. Das Formistische Theater brachte *Im kleinen Landhaus* und *Die Pragmatiker* auf die Bühne. *Die Metaphysik des zweiköpfigen Kalbes* wurde geprobt, kam aber nicht mehr zur Aufführung. Unter den Mitgliedern bestanden so große Unterschiede in den ästhetischen Vorstellungen, daß das Theater seine Tätigkeit einstellen mußte. Witkiewicz gab den Gedanken an eine Reaktivierung des Theaters jedoch nicht auf. 1938 wurde – wiederum aus dem Freundeskreis des Künstlers heraus – die Gesellschaft für Unabhängiges Theater ins Leben gerufen und Witkiewicz als dessen literarischer Leiter eingesetzt. Die Bühne hatte sich den Kampf gegen den Naturalismus und das Streben nach künstlerischer Meisterschaft auf die Fahnen geschrieben. Als erstes wurde noch einmal *Die Metaphysik des zweiköpfigen Kalbes* in Angriff genommen. Darauf sollten *Der Tintenfisch* von Witkiewicz und *Intérieur* von Maeterlinck folgen.

24 Ebda., S. 49.

Witkiewicz schrieb: "Man könnte noch zum Abschluß ganz an dem ins Nichts fliehenden Spitzchen ein ernsthaftes künstlerisches Theater gebrauchen – wir leben ja nur einmal – ist es nicht einen Versuch wert."[25]

Bereits im Februar 1939 deutete sich an, daß seine Pläne im Sande verlaufen sollten, im September brach der Zweite Weltkrieg aus.

Für Witkiewicz stellte die Inszenierung seiner Dramen, die Zusammenmenarbeit mit Schauspielern und das Anfertigen von Bühnenbildern und Kostümen eine Herausforderung dar, der er für die eigene künstlerische Entwicklung eine große Bedeutung zumaß: "Wenig ist es zwar, aber es genügt, um eine andere Zukunft und unbekannte Perspektiven für das Theater zu sehen."[26] *Die Schuster*, das als sein "bühnenwirksamstes" Drama gilt, entstand, wie immer wieder betont wird, erst nach den theatralen Experimenten in Zakopane. Seine Erfahrungen mit dem Formistischen Theater gaben wohl auch den Ausschlag, daß er 1926 die Regie seines Stückes *Im kleinen Landhaus* in Lemberg übernahm. Im Ensemble dieser professionellen Bühne befanden sich die zwei berühmtesten polnischen Schauspielerinnen der Zwischenkriegszeit: Irena Solska und Stanisława Wysocka. Nach anfänglichen Presseinformationen sollte Witkiewicz selbst eine der Rollen übernehmen. Zu der Inszenierung ist jedoch nur wenig Dokumentationsmaterial erhalten. Es ist nicht sicher, ob Witkiewicz neben der Regie auch noch andere Aufgaben übernahm. Nach den lakonischen Bemerkungen der Kritiker zu urteilen, blieb die Inszenierung, zumindest was den Schauspielstil betraf, in einem konventionellen Rahmen. Die Schauspieler richteten sich offensichtlich nach Witkiewiczs Empfehlung, Gestalten "beinahe natürlicher Menschen" zu schaffen, "mit der ganzen Unverschämtheit ihrer alltäglichen Lächerlichkeit, nur mit Überspitzung ihrer charakteristischen Züge"[27]. Witkiewicz zeigte sich über den Vorwurf eines der Rezensenten, alle Effekte der Aufführung seien alt und abgedroschen, äußerst betroffen:

> Das Neue der Form beruht nicht nur auf dem Stoff an sich, sondern auf seiner Gestaltung. Wir operieren und wir werden weiterhin mit bestimmten bekannten Elementen der Handlung und der Äußerung operieren wie z.B. Tod, Umarmung, Vor-die-Tür-Setzen, oder auch mit Worten, die Zorn, Haß, Furcht ausdrücken usw. [...] Selbstverständlich ist das alles nicht meine Erfindung: Trivialisierung und Verspottung großer Sachen usw. Es handelt sich nur um das Neue der Konstruktion im Ganzen.[28]

25 Ebda., S. 101.
26 Ebda., S. 102.
27 Ebda., S. 136.
28 Ebda., S. 137.

Die Replik liefert einen weiteren Beleg dafür, daß Witkiewicz vom Theater keine besonderen, innovativen Inszenierungsmittel verlangte. Auch in seinen Dramen bediente er sich oft bekannter und abgedroschener Spiellösungen, stereotyper Situationen und verbrauchter Konventionen. Witkiewicz forderte nicht mehr, als der stilistisch uneinheitlichen Form seiner Dramen eine ebenso uneinheitliche, jedoch sinnreich konstruierte Bühnengestalt zur Seite zu stellen. Wenn dieser in der Konstruktion des Ganzen einen entsprechenden Platz fand, war also auch der sonst so verpönte Realismus als Stilmittel akzeptabel. Insgesamt zog Witkiewicz gemäßigtere Inszenierungsstrategien einem radikalen Neuerertum vor. Nicht die Widerstände des Theaters entschieden letztlich über die Durchsetzung der *Reinen Form*, sondern das Publikum. Das Theaterpublikum der Zeit war mit dem von Witkiewicz angebotenen Spiel mit den Bühnenkonventionen mehr oder weniger überfordert.

Ganz anders präsentiert sich das Verhältnis von Theorie und Praxis im Falle Artauds. Alain und Odette Virmaux gehen davon aus, daß es für Artaud kaum möglich war, sich dem Einfluß von Copeau oder des "Cartel des quatre" (Baty, Dullin, Jouvet, Pitoëff) zu entziehen: Artaud selbst spielte unter Dullin, Pitoëff und Jouvet.[29] Für Artaud bezog sich der Terminus Theater nicht auf den niedergeschriebenen oder vorgetragenen Dramentext, sondern erst auf dessen Inszenierung. Die vier Inszenierungen des *Théâtre Alfred Jarry*, die insgesamt nur sechs Aufführungen erlebten, waren von einer Atmosphäre des Erfolgs und des Skandals umgeben. Sie überraschten mit szenischen Lösungen, die die geltende Hierarchie der Inszenierungsmittel und Definition von Theater noch radikaler veränderten als selbst die Avantgarde. Einen Monat vor der ersten Uraufführung wurde das Theater in der Presse als ein gemeinsames Projekt junger Schriftsteller angekündigt. Ihr Ziel sei es, "ein Theater zu schaffen, das sich in Richtung einer völligen Freiheit und völligen Befriedigung sogar der äußersten Anforderungen der Vorstellungskraft und des Geistes entwickeln wird. Ein Theaterereignis hat für sie nichts mit Illusion zu tun, sollte sich aber durch die Realität desselben Grades auszeichnen, wie andere greifbare Wirklichkeiten."[30] Dagegen gaben Artaud und Vitrac an, die Aufführungen sollten einem Besuch der Polizei in einem Freudenhaus gleich kommen – der Zuschauer solle sich ebenso schuldig fühlen wie die Frauen und ebenso grausam wie die Polizisten.

Im Juni 1927 fanden zwei Aufführungen von *Les Mystères de l'Amour* von Vitrac statt. Das "surrealistische Drama", wie es im Untertitel heißt, hatte eine heftige, alle Konventionen brechende Liebesgeschichte zum Thema.

29 Vgl. Virmaux 1991, S. 51.
30 Zitiert nach Béhar 1966, S. 135.

Formal knüpfte es an gemeinsame Vorstellungen der Dadaisten und Surrealisten an. Es wollte die Zuschauer nicht nur überraschen, sondern auch in die Irre führen und sie durch List zur Teilnahme an den Ereignissen auf der Bühne zwingen. Ein Teil der Handlung spielte in einer der Proszeniumslogen, aus dem Zuschauerraum waren Stimmen zu hören, auf der Bühne erschien der Autor und gab den Figuren Hinweise. In der letzten Szene sollte ein Zuschauer von einer der Dramenfiguren erschlagen werden. Artaud verzichtete für die Inszenierung allerdings auf den Schluß des IV. und auf den gesamten V. Akt. Vielleicht erschien ihm kurz nach dem großen Erfolg von *Sechs Personen suchen einen Autor* der Kunstgriff des Theaters im Theater als zu abgenutzt, und er verließ sich statt dessen auf die Ausdruckskraft der Handlung der ersten drei Akte. Ähnlich wie für die Inszenierungen der Dramen von Witkiewicz sind auch über der Aufführungen des *Théâtre Alfred Jarry* nur wenige Quellen erhalten. Aus den vorhandenen Dokumenten lassen sich zumindest zwei Besonderheiten herauslesen: die Stilisierung des Bühnenbildes und die Rolle der *bruitage*, d.h. der Lärmeffekte, mit denen Artaud dem Despotismus der Stille im Theater zu Leibe rücken wollte.

Im Dezember 1928 präsentierte das *Théâtre Alfred Jarry* Vitracs *Victor ou Les enfants au pouvoir*, das er speziell für dieses Theater geschrieben hatte. Das spießbürgerliche Leben wird darin aus der Perspektive eines kleinen, doch schon früh gereiften Kindes als Verrat, übertriebener Patriotismus und Wahnsinn enttarnt. Das von Artaud entworfene Bühnenbild ist durch einige erhalten gebliebene Photographien dokumentiert. Sie zeigen einen beinahe konventionellen Innenraum, in dem jedoch einige der realistischen Details deutlich überzeichnet sind. Im I. Akt steht eine riesengroße Torte auf dem Tisch, die mit Kirchenkerzen geschmückt ist. Zwei auf dem Proszenium aufgehängte leere Bilderrahmen verweisen auf die Konzeption der "vierten Wand" und betonen damit die Rolle der Zuschauer als heimliche Beobachter. Im II. Akt steht eine riesengroße, drei Meter hohe Palme in der Mitte des Salons. Ähnliche Stilisierungen verfolgte Artaud in den Entwürfen zu *Le Coup de Trafalgar* und *Gespenstersonate*, die allerdings nicht aufgeführt wurden. Auch das von Balthus für *Les Cenci* entworfene Bühnenbild geht zunächst von einer realistischen Vorgabe aus – es zeigt ein Schloßgefängnis im Stil von Piranese – und übersteigert diese bis zur Irrealität. Das Prinzip der Überzeichnung gilt auch für die von Artaud so häufig verwendeten Lärmeffekte. Das Material der *bruitage* bilden jeweils Geräusche aus der Alltagswelt: Stadtlärm in *Le Coup de Trafalgar*, Schrittgeräusche in *Gespenstersonate*, die Domglocken von Amiens für *Les Cenci*.

Artaud war mit den Ergebnissen des *Théâtre Alfred Jarry* nicht zufrieden. In einem Brief an Frau Allendy, eine der Geldgeberinnen des Projekts, schrieb er, daß er sich nicht länger für die Bühnenbilder engagieren wolle, da ihm selbst solche Mittel fehlten, die einem durchschnittlichen Bühnenbildner üblicherweise zur Verfügung stünden. In einer kleinen Broschüre, in der die Aufführung von *Le Coup de Trafalgar* angekündigt wird, ermunterte er die potentiellen Sponsoren, sich nicht zu scheuen, mit der traditionellen Vorstellung von Theater völlig zu brechen und sich auf ein bislang unbekanntes "totales" Theater einzulassen. Die bereits erwähnte Inszenierung der Adaption von Shelleys *Les Cenci*, die 1935 im Théâtre Folies-Wagram Premiere hatte, wurde als Ankündigung eines solchen Theaters, eines *Théâtre de la Cruauté*, verstanden. Nach Artaud war dies der erste Fall im französischen Theater, in dem ein Dramentext mit dem Gedanken an eine konkrete Inszenierung geschaffen wurde.

Was unter dem von ihm gesuchten "totalen" Theater zu verstehen war, mag eine Beschreibung von Pierre Jean Jouve verdeutlichen: "Komplizierte Lichter, Bewegungen einzelner Gestalten und der Menge, Schalleffekte und Musik zeigen dem Zuschauer, daß Raum und Zeit hier eine affektive Realität bilden."[31] Raum, Rhythmus, Beleuchtung, symbolische Gesten, Schalleffekte lassen auf der Bühne eine materielle Wirklichkeit entstehen, die der realen Wirklichkeit in nichts mehr nachsteht. Artaud sah etwa vor, daß Iya Abdy, die die Beatrice spielte, im IV. Akt an ihrem Haar an einem riesengroßen an der Decke kreisenden Rad hängen sollte. Abdy setzte schließlich durch, daß das Rad vertikal auf dem Bühnenboden angebracht wurde. Sie befürchtete, daß Artaud, um die Wahrhaftigkeit ihres Spiels zu steigern und einen stärkeren Ausdruck zu erreichen, während der Uraufführung die kleine Bank, auf der sie sich abstützen sollte, umstürzen lassen würde.[32]

Die Schauspieleranekdote verdeutlicht, worin sich das "totale" Theater von einem Theater im herkömmlichen Sinn unterscheiden sollte. Sein Ziel war es, eine affektive Theatererfahrung zu bewirken, die der Erfahrung der Alltagswirklichkeit analog war. Kurz vor seiner Ausreise nach Mexiko schreibt Artaud am 13. Mai 1937 in einem Brief an Jean Paulhan: "Die Sprache zerbrechen, um das Leben zu ergreifen, das heißt Theater machen oder neu machen."[33]

Artaud träumte also von einem von Grund auf neuen und von Grund auf anderen Theater. Auf die bestehenden Möglichkeiten mußte zwar als Ausgangspunkt notgedrungen zurückgegriffen werden, doch sollten alle Anstrengungen letztlich auf deren Überwindung ausgerichtet werden.

---

31 Zitiert nach Virmaux 1970, S. 308.
32 Vgl. Franck 1950, S. 32.
33 Vgl. Artaud 1970, Bd. IV, S. 14.

Witkiewicz dagegen erteilt der Utopie von der befreienden Kraft neu zu entdeckender Theaterformen eine klare Absage. Viel eher als die Einführung neuer Theaterkonventionen könne das gezielte Gegeneinander-Ausspielen der vorhandenen Traditionen und Muster beim Zuschauer noch einen metaphysischen Schock auslösen und so das Theater wieder seine ursprüngliche Funktion übernehmen.

Allzu leicht ließen sich hier im Anschluß weitere Polarisierungen vornehmen. Die Qualifizierung oder je nach Standpunkt Disqualifizierung der *Theorie der Reinen Form* als tendenziell postmodernes und des *Theaters der Grausamkeit* als tendenziell modernes Konzept scheint ja unmittelbar plausibel. Gerade damit sollte man sich allerdings nicht zufrieden geben. Nicht nur für Witkiewicz und für Artaud war das Theater das bevorzugte Feld der Suche nach einer zeitgemäßen Kunst- und Lebensform. Ihre Konzepte bezeichnen extreme Standpunkte, die – immer wieder aufs Neue gelesen und interpretiert – zwei grundsätzliche Modelle für das Theater im 20. Jahrhundert bereitstellen.

Deutsche Fassung bearbeitet von Harald Xander.

Literaturverzeichnis

Artaud, A: *Œuvres complètes*, Paris 1970.

Artaud, A.: *Œuvres complètes. Nouvelle édition revue et augmentée*, Paris 1976ff.

Witkiewicz, St. I.: *Dramaty*, 2 Bde., Warschau 1962.

Witkiewicz, St. I.: "Wyjaśnienia w kwestii czystej formy" (1921), in ders.: *Nowe Formy w malarstwie. Szkice estetyczne. Teatr*, Warschau 1974.

Witkiewicz, St. I.: *Nowe formy w malarstwie. Szkice estetyczne. Teatr*, Warschau 1974.

Witkiewicz, St. I.: *Bez kompromisu. Pisma krytyczne i publicystyczne*, Warschau 1976.

Witkiewicz, St. I.: *Stücke*, Berlin (Ost) 1982.

Witkiewicz, St. I.: "Einführung in die Theorie der Reinen Form des Theaters", deutsch von F. Griese, in: ders.: *Verrückte Lokomotive*, Frankfurt a.M. 1985, S. 41–77.

Witkiewicz, S.I.: *Nowe formy w malarstwie i wynikające stąd nieporozumienia* (1919), Skierniewice 1992.

Błoński, J.: "*Kurka wodna*, czyli kuchnia Czystej Formy", in: A. Cieński (Hrsg.): *W kręgu Oświecenia i teatru*, Breslau 1989, S. 273–291.

Béhar, H.: *Roger Vitrac. Un réprouvé du surréalisme*, Paris 1966.

Béhar, H.: *Étude sur le théâtre dada et surréaliste*, Paris 1967.

Béhar, H.: *Littéruptures*, Lausanne 1988.

Bürger P.: "Mimetische Kunst und Kulturrevolution: Antonin Artaud", in: ders.: *Prosa der Moderne*, Frankfurt a.M. 1992, S. 236–252.

Degler, J.: *Witkacy w teatrze międzywojennym*, Warschau 1973.

Derrida, J.: "Die soufflierte Rede" (1965), in: ders.: *Die Schrift und die Differenz*, Frankfurt a.M. 1972, S. 259–301.
Derrida, J.: *Die Schrift und die Differenz*, Frankfurt a.M. 1972.
Franck, A: "Antonin Artaud", in: *La Revue Théâtrale* 13 (1950).
Fuchs, G.: *Die Schaubühne der Zukunft*, Berlin/Leipzig 1905.
Gerould, D.: *Witkacy. Stanisław Ignacy Witkiewicz as an Imaginative Writer*, London 1981.
Gouhier, H.: *Antonin Artaud et l'essence du théâtre*, Paris 1975.
Grimm, J.: *Das avantgardistische Theater Frankreichs 1885–1930*, München 1982.
Jakimowicz, I: *Stanisław Ignacy Witkiewicz. Witkacy. Malarz*, Warschau 1985.
Jameson, F.: "Postmoderne – zur Logik der Kultur im Spätkapitalismus", in: Huyssen, A. / Scherpe, K.R. (Hrsg.): *Postmoderne. Zeichen eines kulturellen Wandels*, Reinbek 1986.
Kapralik, E.: *Antonin Artaud. Leben und Werk des Schauspielers, Dichters und Regisseurs*, München 1977.
Pomian, K: "Filozofia Witkacego. Wstępny przegląd problematyki, in: *Pamiętnik Teatralny* 3 (1969), S. 265–280.
Sokół, L.: *Witkacy i Strindberg. Studium porównawcze*, Warschau 1990.
Sokół, L: "Le dandysme de Witkacy; le jeu et la métaphysique", in: *Polish Art Studies*, 14 (1992), S. 131–144.
Szpakowska, M.: *Światopogląd Stanisława Ignacego Witkiewicza*, Breslau 1976.
Sztaba W.: *Gra ze sztuką. O twórczości Stanisława Ignacego Witkiewicza*, Krakau 1982.
Virmaux, A.: *Antonin Artaud et le théâtre*, Paris 1970.

Zur Ästhetik der Theateravantgarde der zwanziger Jahre

Polen, Sowjetunion, Tschechoslowakei

Herta Schmid

Die europäische Avantgardebewegung entstand aus einem umfassenden Krisenbewußtsein – Krise der politischen und ökonomischen Ordnungssysteme, der bürgerlichen Moralvorstellungen, der Philosophie und Religion bis hin zur Krise der Sprache und der Kunst. Derartige Einbrüche des kulturellen und gesellschaftlichen Bewußtseins sind in der Geschichte immer wieder zu beobachten. Die Epoche des Barock wäre als historische Parallele zu nennen. Parallel ist hier nicht nur die Umbruchsituation eines lange gültig gewesenen Ordnungssystems – das hierarchische Ständesystem des Mittelalters dort, die bürgerliche Gesellschaftsordnung hier, die jeweils in verheerendem Kriegsgeschehen kulminierte – der Dreißigjährige Krieg war für das Barockzeitalter eine ebenso globale Erscheinung wie der Erste Weltkrieg es für die Gegenwart war –, sondern auch die schöpferisch-produktive Reaktion der Künstler auf den Zusammenbruch aller für stabil gehaltenen Werte. Krisen können lähmend wirken. Die gegenwärtige Situation der europäischen Kunst scheint die Lähmungskraft der ökologischen und ökonomischen Globalkrise zu bezeugen, denkt man an die "Documenta" des Jahres 1992 in Kassel, die zwar die höchsten Besucherzahlen in der Geschichte der "Documenta" 'verbuchen' konnte, bei Besuchern und Kunstkritikern jedoch beinahe einhellig den Eindruck von Orientierungslosigkeit und Apathie hinterlassen hat. Um so wichtiger ist daher die Rückbesinnung auf die historische Avantgarde. Denn in ihr kam es zu einer fast explosionshaften Entfaltung kreativer Kräfte. Dabei nahm gerade auch das Theater die Position einer 'Avantgarde der Avantgarden' ein. Diese Führungsrolle manifestierte sich mit besonderer Deutlichkeit in der jungen Sowjetunion. Eine zahlenmäßig starke Gruppe von Theaterregisseuren, deren Namen bis heute ihren Klang bewahrt haben wie K.S. Stanislavskij, Vs. Ė. Mejerchol'd (Meyerhold), B. Vachtangov, A. Tairov u.a., machte sich auf, um ein völlig neues Theater zu schaffen, das den Bau einer neuen, sozialistischen Gesellschaft und des "neuen Menschen" unterstützen sollte. In der Tschechoslowakei, die mit dem Ende des Ersten Weltkrieges den Rang einer autonomen Republik unter dem Präsidenten

T.G. Masaryk erhalten hatte, erhofften sich große Bevölkerungsteile und die Mehrheit der Künstler eine Ausbreitung der sozialistischen Revolution auch in ihrem Land. Die tschechoslowakische Theateravantgarde entwickelte sich in enger Anlehnung an das große Vorbild der russischen Regisseure. Besonders zu nennen ist hier das Befreite Theater in Prag, das unter der Leitung des Regisseurs Jindřich Honzl von 1925 bis 1938 bestand und die Entwicklung des tschechischen Theaters bis heute beeinflußt hat. In Polen hingegen konnte sich die revolutionäre Aufbruchstimmung nicht durchsetzen. Die bolschewistische Sowjetunion war hier, wohl auch bedingt durch über das Ende des Ersten Weltkriegs hinausdauernde kriegerische Verwicklungen zwischen beiden Ländern sowie durch den starken Einfluß der katholischen Kirche in weiten Kreisen der Bevölkerung, weniger Vorbild als abschreckendes Beispiel. Der größte Dramatiker der polnischen Theateravantgarde Stanisław Ignacy Witkiewicz hatte weder mit seinen dramatischen Werken noch mit seinem experimentellen Theater in Zakopane durchschlagenden Erfolg. Erst der 1992 verstorbene "ewige Avantgardist" Tadeusz Kantor, dessen eigenes Theaterschaffen nachhaltig von Witkiewicz beeinflußt wurde, konnte Witkiewicz seinen Landsleuten näherbringen. Im Repertoire des modernen polnischen Theaters hat Witkiewicz heute seinen festen Platz, und auch in Deutschland versuchen sich junge Regisseure jenseits der großen Subventionstheater gern an seinen Dramen. Am Bühnenschicksal Witkiewiczs in Polen und in den Nachbarländern spiegelt sich daher das Wiedererwachen eines allgemeinen Interesses an der historischen Avantgarde, das vielleicht Ausdruck der Suche nach einem neuen schöpferischen Atem der europäischen Kunst generell ist.

Das Augenmerk der theaterwissenschaftlichen Fachwelt richtet sich naturgemäß vor allem auf die Theaterproduktion der historischen Avantgarde und die ihr unmittelbar zugeordnete Programmatik der Künstler selbst. Im folgenden soll jedoch ein anderer Aspekt herausgearbeitet werden, der Aspekt der allgemeinen Ästhetik. Denn die eingangs erwähnte Globalkrise des Beginns unseres Jahrhunderts war auch eine solche der philosophischen Ästhetik. Hatte, eingeleitet durch Baumgarten, Kant und Hegel, das neunzehnte Jahrhundert bis hin zu Nietzsche eine Blüte des ästhetischen Denkens gezeitigt, so beklagt etwa der russische Phänomenologe Gustav Špet in den zehner und zwanziger Jahren des zwanzigsten Jahrhunderts einen allgemeinen Niedergang.[1] So wie Nietzsche eine Erschöpfung der kreativen Kraft der

1 Vgl. dazu Špet 1922a; vgl. auch Špet 1922b, wo der Autor die Unfähigkeit der modernen Kunst beklagt, Sinnvorgaben für das veränderte Leben der Gesellschaft machen zu können, wodurch der Mensch dem geistlosen Materialismus verfalle. Zu Špets Philosophie und Ästhetik vgl. Schmid 1993.

Sprache, die europäischen Symbolisten und ihre Nachfolger, die Avantgardisten, wiederum eine Ausgelaugtheit aller bestehenden künstlerischen 'Sprachen' konstatierten, scheint auch das philosophische und ästhetische Denken der Zeit im Verfallszustand. Hier ist nun bemerkenswert, daß gerade im Bereich der Theateravantgarde ein Ausweg aus der Krise der allgemeinen Ästhetik gesucht wird. Zwei Länder tun sich besonders hervor, Polen und die Tschechoslowakei. Seit der Künstlerbewegung des "Jungen Polen" (Młoda Polska) in der Epoche des europäischen Symbolismus über die Avantgarde der zwanziger Jahre bis hinein in die Gegenwart zieht sich wie ein roter Faden die Suche nach der "Reinen Form" (Czysta Forma) der Kunst und aller Einzelkünste. Wie in seinem dramatischem Schaffen so leistet auch in diesem theoretischen Bereich Witkiewicz Herausragendes. Seine Ästhetik der "Reinen Form" ist für uns von besonderem Interesse, da sie sich darum bemüht, das Theater als "Mischkunst" oder Synthese verschiedener Kunstarten zum Protagonisten einer Erneuerung der akademischen Disziplin der Ästhetik zu machen. In der Tschechoslowakei ist es der ästhetische Funktionalismus Jan Mukařovskýs, der der philosophischen Ästhetik neue Impulse verleiht, deren Denkpotentiale wohl bis heute noch nicht voll begriffen sind. Diese neue, funktionale Ästhetik ist soziologisch und anthropologisch orientiert, womit sie in einem diametralen Gegensatz zur metaphysischen Ästhetik der Polen steht. Zwar war Mukařovský selbst kein Künstler, sondern ausschließlich akademischer Lehrer, und weder Drama noch Theater bilden einen zentralen Gegenstand seiner Überlegungen, doch die Künstler der tschechoslowakischen Avantgarde, so auch Jindřich Honzl, erkannten sich in seinem ästhetischen Funktionalismus wieder.[2] Honzl wie auch andere Mitglieder des "Poetismus" – dies ist die Bezeichnung für eine 1920 in Prag entstandene Avantgardeströmung, die sich im "Devětsil"[3] korporiert hatte – schrieben ab den dreißiger Jahren theoretische Beiträge zur Theaterästhetik und Theatersemiotik für *Slovo a slovesnost*, das zentrale wissenschaftliche Publikationsorgan des Prager Linguistenkreises. Die Prager Theatersemiotik, der die moderne Theatersemiotik entscheidende Anstöße verdankt, hätte sich ohne die allgemeine Ästhetik des Funktionalismus nicht entwickeln können.[4] Im Unterschied zu den beiden westslawischen Ländern Polen und Tschechoslowakei schlägt die Theaterästhetik in der frühen Sowjetunion einen Sonderweg ein. Hier müssen die Künstler, allen

---

2 Vgl. dazu Chvatík 1970 und Chvatík/Pešat 1964.

3 Der Name bedeutet "Neunkraft", er bezieht sich auf eine Pestwurzart. Zur Geschichte von Poetismus und "Devětsil" s. Drews 1975.

4 Die Wegbereiterrolle der Prager Semiotik und Theatersemiotik für die moderne Theatersemiotik wird besonders deutlich in Elam 1980. Auch Fischer-Lichte 1988 diskutiert eingehend Begriffe und Axiome dieser Schule.

voran Mejerchol'd, ohne Stütze in einer akademischen Ästhetik auskommen. Dies hat seinen Grund darin, daß die wichtigste theoretische Schule der Zeit, der russische Formalismus, auf den Mejerchol'd sich in seinen Briefen und Schriften immer wieder bezieht,[5] die systematische, philosophische Ästhetik geradezu ablehnte. Die russischen Formalisten begriffen sich ebenso wie die russischen Avantgardekünstler als Revolutionäre – revoltierten jene gegen die Tradition der Kunst, so wandte sich die Revolte der Formalisten gegen den traditionellen akademischen Kunstbetrieb und die mit ihr verbundene Philosophie und Ästhetik. Dementsprechend hatten ihre ersten wissenschaftlichen Publikationen häufig den Charakter von Manifesten, d.h. Kampfschriften, die nun nicht, wie die Künstlermanifeste, neue Ideen und Techniken des Kunstschaffens, sondern Techniken der philologischen Analyse propagierten.[6] Es entstand eine Poetik ohne jegliche Anbindung an die Ästhetik. Mejerchol'ds Theatertheorie, die primär eine praxisgestützte Poetik des Theaters ist, versucht in wechselnden Anläufen, die Leerstelle aufzufüllen: In der ersten, von 1905 bis 1917 reichenden Phase lehnt er sich an die Ästhetik Schopenhauers an, danach wendet er sich der "Produktionsästhetik" Boris Arvatovs zu. Der Einfluß des poetologisch-technischen Denkens der russischen Formalisten bleibt jedoch immer vorherrschend. Diese Bindung manifestiert sich in einem Schlüsselbegriff seines Theaters, dem Konstruktivismus, spezifiziert zum Bühnenkonstruktivismus. Wäre es Mejerchol'd vergönnt gewesen, die Prager Schule kennenzulernen, so hätte er sich wahrscheinlich ebenso wie die Künstler der tschechoslowakischen Theateravantgarde in ihr wiederfinden können. Der Konstruktivismus in bildender Kunst, Theater und Dichtung beherrschte die Theateravantgarde in der Tschechoslowakei wie in der Sowjetunion. Die ihm adäquate Ästhetik ist der Funktionalismus der Prager Schule, der seinerseits die Ideen der theoretischen Poetik des russischen Formalismus aufgreift und weiterentwickelt. Auch Witkiewicz bekennt sich zum Prinzip des Konstruktivismus, verbindet ihn jedoch mit einer ganz anderen, einer metaphysischen Ästhetik, die die funktionale Ästhetik gerade bekämpft hatte.[7] In unserer folgenden Darstellung der Theateravantgarde der drei Länder, Polen, Sowjetunion, Tschechoslowakei, soll daher der Begriff des Konstruktivismus zum Vergleichspunkt werden. Es wird sich dabei zeigen,

5 Vgl. hierzu Schmid 1994b [im Druck].

6 Manifestcharakter haben insbesondere die Artikel Viktor Šklovskijs "Die Kunst als Verfahren" in: Striedter 1969, und "Die Auferweckung des Worts" in: Stempel 1972. Michail Bachtin bezeichnet polemisch die Ästhetik der Formalen Schule als "Materialästhetik" im Gegensatz zur "Inhaltsästhetik", die er auf Hegel zurückführt. Vgl. dazu Bachtin 1979.

7 Den Funktionalismus stellt Mukařovský programmatisch in dem Aufsatz "Význam estetiky" (1942) dar. Die deutsche Übersetzung "Die Bedeutung der Ästhetik" ist in: Mukařovský 1989 erschienen.

daß ein identischer Begriff, wenn er mit verschiedenartigen ästhetischen Systemen verbunden wird, ganz unterschiedliche theaterpraktische und ideologische Konsequenzen zeitigt.

1. Die polnische Theateravantgarde – Stanisław Ignacy Witkiewicz und die Metaphysik der "Reinen Form"

Witkiewicz wurde 1885 in der Künstlerstadt Zakopane geboren, wo er in den zwanziger Jahren kurzfristig und glücklos auch ein eigenes Theater zu führen versuchte. Doch wie in Polen generell, so blieb auch in der Heimatstadt das Wirken des Künstlers nicht ohne Spuren: Anfang der achtziger Jahre, als die unpopuläre Regierung General Jaruzelskis den Versuch machte, sich durch ein internationales Witkiewicz-Festival zumindest bei den Künstlern beliebt zu machen, verlagerte sich der Tagungsort zum Ende des Festivals von der Hauptstadt Warschau nach Zakopane. Schüler der dortigen Schauspielschule und Kunsthochschule inszenierten eine Montage aller Werke Witkiewiczs, worin der große Spötter und Parodist "Witkacy" (dies Pseudonym legte sich Witkiewicz selbst zu)[8], der die in der polnischen Kultur geheiligten Epochen des "Jungen Polen" und der Romantik gnadenlos verlacht hatte, selbst zum Objekt der Parodie geriet. Diese Montage des 'Gesamtkunstwerks Witkacy' war an einer Selbstparodie Witkiewiczs orientiert, worin der Künstler seinen Hang, nicht nur das Theaterkunstwerk, sondern auch das eigene Leben zum Schauobjekt zu machen, ironisch reflektiert.

Die Kindheit in der traditionsreichen Künstlerstadt sowie eine Ausbildung in Graphik und Malerei prädestinierten Witkiewicz zur Laufbahn des bildenden Künstlers, die in Polen bis heute oftmals in die Theaterlaufbahn mündet: Wyspiański, Leśmian, Kantor, Szajna und Mrożek, um nur einige zu nennen, fanden zum Theater über die bildenden Künste. Im Laufe der zwanziger Jahre verfaßte Witkiewicz über dreißig Dramen. Der Mißerfolg der Dramen wie auch seiner Regieversuche mag Anlaß dafür gewesen sein, daß er Ende der zwanziger Jahre Drama und Theater aufgab, um nur noch utopische Romane zu schreiben, obgleich er in der Romangattung weder eine Kunst, noch gar eine "Reine Form" erblickte.[9] Ein letztes, 1934 geschriebenes Drama, *Die*

8 "Witkacy" ist eine Kontamination der ersten Silbe des Familiennamens und der zweiten Silbe des Vornamens Ignacy. Zur Methode der neologistischen Namengebung Witkiewiczs s. auch Schmid 1994b.

9 Die Geringschätzung der Romangattung als bloßer Propaganda findet sich auch bei Benedetto Croce, vgl. dazu Croce 1970. Gustav Špet teilt Croces Auffassung, während Michail Bachtin versucht, den Roman zur führenden Gattung im gesamten Gattungssystem der Literatur

Schuster (*Szewcy*), faßt die wichtigsten poetischen Verfahren wie auch Kernsätze seiner Theorie der "Reinen Form" zusammen.[10] 1939 beging Witkiewicz Selbstmord: Er interpretierte den Einmarsch der deutschen Armee in Polen als Beginn der Erfüllung einer utopischen Prophetie zum Schicksal Europas, die er in dem Roman *Unersättlichkeit* (*Nienasycenie*) gemacht hatte. In dem Roman beschreibt er die Überflutung Europas durch rote und gelbe Invasoren, welche die Massenmenschen mit je neuen ideologischen Programmen zufriedenstellen, während die kulturtragenden Intellektuellen selbstironisch ihren eigenen Untergang kommentieren. In der Realität wollte er an der Verwirklichung seiner Utopie keinen Anteil haben.

Der wohlvorbereitete, beinahe schon inszenierte Selbstmord beendet ein Leben, das in vieler Hinsicht das Programm des polnischen Symbolismus fortsetzte. Die Symbolisten des "Jungen Polen", allen voran die Leitfigur dieser Epoche Stanisław Przybyszewski, machten ihr eigenes Leben zum künstlerischen Experimentierfeld. Die Methode des Experiments waren bewußtseinsverändernde Mittel wie Rauschgift, Alkohol, sexuelle Ausschweifung jeglicher Art, satanische Riten und Beschwörungen; Objekt des Experiments war das eigene Bewußtsein des Künstlers, dessen Tiefendimensionen, die in den der konventionellen Moral der bürgerlichen Gesellschaft gehorchenden Verhaltensweisen verschüttet blieben, erfahrbar gemacht werden sollten. Experimentbeobachter war das eigene Ich des Künstlers, ebenso auch die Künstlergemeinschaft und der fernere Kreis der bürgerlichen Gesellschaft, wobei die Ergebnisse bei beiden Beobachtergruppen, Künstlern und Bürgern, entgegengesetzter Art waren. Während die Künstler selbst symbolträchtige Tiefenerfahrung in ihre poetische Praxis umsetzten, stellte sich bei den Bürgern Provokation, Schock und moralische Verurteilung ein, aber auch Bewunderung sowie der Wunsch, zumindest in der Rolle des Rezipienten am künstlerischen Geschehen teilzunehmen. Bis hierher greift die Parallele zwischen dem Avantgardisten Witkiewicz und dem berühmten Symbolisten Przybyszewski, den Czesław Miłosz als "Zeremonienmeister der Boheme [...], Trinker, Causeur, Klavierspieler und Verkünder 'satanischer' Wahrheiten"[11] charakterisiert. Bei Witkiewicz wäre einzusetzen: 'Zeremonienmeister der Avantgarde, Trinker, Narkomane, Erotomane, Maler dämonischer Bilder und Verkünder philosophischer Wahrheiten'. Denn im Unterschied zu den Symbolisten sowie zu einem Großteil der polnischen Avantgardekünstler war Witkie-

aufzuwerten. Vergleiche dazu die Darstellung bei Schmid 1992b. Witkiewiczs Positionen sind in dem Sammelband seiner theoretischen Schriften "Bez kompromisu" 1976 nachzulesen.

10 Zur Analyse dieses Dramas s. Schmid 1994a.

11 Miłosz 1981, S. 267.

wicz ausgebildeter Philosoph, der trotz seiner orgiastischen Lebensweise rigorose geistige Disziplin wahrte. Auch der politisch begründete Selbstmord zeugt von einer anderen Funktionalisierung des 'Lebens als Selbstexperiment'. Witkiewicz will keine individualpsychologischen oder archetypischen Symbole zutage fördern. Die Programmatik einer symbolischen Rätselsprache lehnt er ab.[12] Das zur Schau gestellte, skandalöse Leben dient weniger der Vertiefung ins eigene Innere, als der Beobachtung der Beobachter, es wird zum Experiment mit den Zuschauern. Witkiewicz setzt die Zuschauer in zwei Schaffensbereichen in die Rolle der 'beobachteten Beobachter' ein: 1) im Bereich des Künstlerlebens, das dem Losungswort des "épater le bourgeois" des Symbolismus, Dadaismus wie Surrealismus verpflichtet ist, 2) im Bereich seiner Dramen, die dem Expressionismus, Surrealismus wie auch dem Absurdismus avant la lettre zugeschrieben werden.[13] Das Ende der Experimentenserie auf der Ebene des eigenen Lebens durch den Selbstmord entspricht dem Verzicht auf das Schaffen von "Reiner Kunst" in Drama und Theater. Der künstlerische 'Selbstmord', d.h. das Schweigen nach 1934 nimmt den politisch motivierten, realen Selbstmord um fünf Jahre vorweg. Es drängt sich daher die Frage auf, ob zwischen dem einen und dem anderen ein innerer Zusammenhang besteht. Witkiewiczs Metaphysik der "Reinen Form" mag darüber Auskunft geben.

Die metaphysische Ästhetik Witkiewiczs erfaßt zwei Dimensionen, die Geschichtsphilosophie und die systematische Ästhetik. Da erstere unmittelbarer mit der Lebenshaltung des zur Schau gestellten Selbstexperiments des Künstlers zusammenhängt, will ich mit ihr beginnen. Der Geschichtsphilosophie zugrunde liegt ein Theorem, das Witkiewicz unter das Schlagwort der "metaphysischen Erschütterung" bringt. Bewirkt werde diese Erschütterung durch die Erfahrung der "Einheit in der Vielheit" – Vielheit bezieht sich auf die Menge heterogener sinnlicher Erfahrungen, Einheit auf das die Erfahrungen transzendierende Subjekt, das sich gerade in der Vielheit seiner objektbezogenen Erfahrungsakte der Einheitlichkeit seines Bewußtseins bewußt wird. Die Erschütterung ist als positiv wertiges Erlebnisäquivalent der "Einheit der Vielheit" zu werten, bezeugt sie doch emotional die Individualität des menschlichen Subjekts. Nur durch die "metaphysische Erschütterung" erfährt sich der Mensch als Individuum, und nur als Individuum ist er wirklich Mensch. In der Geschichte der Kultur haben sich nach Witkiewicz Religion, Philosophie und Kunst gerade deswegen herausgebildet, weil in ihnen das ontologische Grundgefühl auf je eigene Weise bestätigt wird: Religion und

12 Vgl. dazu Witkiewiczs Programmaufsatz "O Czystej Formie" in: Witkiewicz 1976.
13 Vgl. dazu Błoński 1983.

Philosophie begründen dies Gefühl in ihren jeweiligen Begriffen, die Kunst dient dazu, es durch das Erlebnis des Kunstwerks, das selbst eine konstruierte "Einheit der Vielheit" ist, unabhängig von der Lebensbestimmtheit des Individuums, die aufgrund pragmatischer Interessen vom metaphysischen Grundgefühl ableiten kann, herbeizuführen. Doch Religion und metaphysische Philosophie haben in der modernen Kultur ihre Autorität verloren, vermögen die Erschütterung nicht mehr zu begründen. Die Kunst hat sich weitgehend den flachen Bedürfnissen nach Sinnenkitzel der Menschen in der modernen Massengesellschaft ergeben, stellt aber dennoch das letzte Residuum der metaphysischen Erschütterung dar, wenn sie im Sinne der "Reinen Form" geschaffen wird, von Künstlern, die sich bewußt dem Massenpublikumsgeschmack entziehen, um sich in den Dienst der menschlichen Individualität zu stellen. Da die Entwicklung der modernen, hochtechnisierten Gesellschaften jedoch dazu strebt, leicht produzierbare und reproduzierbare Waren in Umlauf zu bringen, die den unmittelbaren Bedürfnissen der Menschen widerstandslose Konsumbefriedigung bringen, wird die Zahl der Künstler, die die individualisierende "Einheit in der Vielheit" im Kunstwerk sichtbar machen, in Zukunft ebenso abnehmen, wie es weniger und weniger Rezipienten für wirkliche Kunstwerke geben wird. Seine eigene Zeit sieht Witkiewicz als Übergangsphase vor dem endgültigen Absterben der Kunst in der zukünftigen Massengesellschaft, worin die niederen Bedürfnisse der uniformierten Menschen zwar gestillt, der Mensch als individuelle Persönlichkeit aber ausgestorben sein wird. Witkiewiczs Geschichtsphilosophie propagiert wie Oswald Spengler[14] den Untergang der abendländischen Kultur. Dadurch wird Witkiewicz zum ersten Propheten des polnischen "Katastrophismus", der mit stets neuen Varianten über Bruno Schulz, Witold Gombrowicz bis Tadeusz Różewicz weiterwirken wird.

Die katastrophische Weltsicht wirft auf Witkiewiczs Lebensweise des skandalumwitterten Künstlers in der Tradition der Bohème ein bezeichnendes Licht. Konnte der symbolistische Bohémien sich noch der entweder verärgerten oder bewundernden Aufmerksamkeit eines großen Teils der gesellschaftlichen Öffentlichkeit gewiß sein, so muß Witkiewicz mit Unverständnis und Gleichgültigkeit zurechtkommen. Der Bürger der zwanziger Jahre ist nach Dezennien symbolistischer Selbstinszenierung extravaganter Künstler nicht mehr so leicht zu provozieren. Die Gleichgültigkeit wird zum Indiz, daß der künstlerische Lebensstil seine gesellschaftliche Funktion verloren hat, entweder, weil die mit ihm eroberten Freiräume in weiten Gesellschafts-

14 Oswald Spenglers Geschichtsphilosophie, die den Untergang des Abendlandes 'wissenschaftlich' beweisen will, hatte Witkiewicz beeinflußt. Vgl. dazu Błoński 1983.

kreisen Allgemeingut geworden sind, oder weil für das den Lebensstil der Exzentrik begründende Kunstwerk, das Werk der "Reinen Form", sowie die metaphysische Erschütterung kein Bedürfnis mehr besteht. Im einen wie im anderen Fall bestätigt die Reaktion des Publikums den Kulturpessimismus Witkiewiczs. Das letzte Drama *Die Schuster* integriert die Ergebnisse der experimentellen Publikumsbeobachtung in die Montage der Textarten: Das Stück spielt in prophetischer Vorausschau auf die politische Entwicklung in Europa eine Weltrevolution der Handwerker-Schuster, der Faschisten und schließlich Kommunisten, die roboterartig auftreten, durch. Den Reden der dramatischen Personen zur jeweiligen Handlungssituation der Revolutionen sind metapoetische Tiraden zur Philosophie der "Reinen Form" des Autors Witkiewicz und diesen wiederum Spruchbänder der Bühne mit Aufschriften wie "Langeweile", "Wachsende Langeweile", die die typische Reaktion der Besucher Witkiewiczscher Aufführungen selbstironisch abberufen, metatheatralisch zugeordnet. Den metapoetischen und metatheatralischen Textmontagen einher geht eine weitgespannte Intertextualität: Polnische Werke des Symbolismus, des Realismus, aber auch eigene Werke Witkiewiczs werden zitiert oder parodiert. Zwei Epochen der polnischen Moderne, Symbolismus und Avantgarde, laufen in der intertextuellen Montage zusammen, werden in der Perspektive der Theorie der "Reinen Form" zitiert und in den fiktiven Kommentaren des Publikums im Saal der lächerlich machenden Vergeblichkeit preisgegeben. Aus der kulturpessimistischen Perspektive besehen, ist schon Witkiewiczs letztes Drama ein Schwanengesang.

Die katastrophistische Weltsicht kann den Abbruch des Selbstexperiments und Publikumsexperiments bei Witkiewicz plausibel machen, doch die systematische Ästhetik der "Reinen Form" erst gibt Aufschluß über den wahren Charakter der angestrebten Theaterkunst. Witkiewicz bindet seine ästhetische Position an die Tradition der polnischen Künstlerbewegung des "Formismus", deren Mitglied er kurzfistig gewesen war, wichtiger ist jedoch der Konstruktivismus. Seine biographischen Beziehungen nach Kiev und Rußland – in Kiev war er Offizier der russischen Armee gewesen – sowie Einzeltheoreme lassen vermuten, daß er Kenntnis der russischen Formalen Schule und des russischen Konstruktivismus hatte.

Der Konstruktivismus in der Kunst generell versucht, das naturwissenschaftliche Denken des Maschinenbaus oder auch der Architektur in den künstlerischen Bereich zu übertragen. Einem derartigen Denken ist der praktische Funktionalismus näher als die philosophische Ästhetik, die Witkiewicz durch sein Studium der Philosophie beherrschte. Der Prager Strukturalismus wird in den dreißiger Jahren über den Begriff der "ästhetischen Funktion" eine Brücke zwischen technologischem Konstruktivismus und

Ästhetik schlagen. Witkiewicz, dessen Theorie der "Reinen Form" in den frühen zwanziger Jahren ausreift, greift aus Formismus und Konstruktivismus die Grundbegriffe von Material und Form heraus. Der Materialbegriff hebt auf die in der traditionellen Kunstästhetik gängige Unterscheidung zwischen einfachen, homogenen Materialien einer Kunst und heterogenen oder gemischten Materialien ab. Kunstarten mit einfachen Materialien sind Musik und ungegenständliche Malerei, Kunstarten gemischter Materialien sind die Literatur, der Tanz, das Theater oder auch die Architektur. Materialien an sich sind ästhetisch indifferent, ästhetisch relevant werden sie erst durch die Materialform.[15] Der Begriff der Materialform wird daher zum Unterscheidungsmoment der Ästhetiken des russischen Konstruktivismus, des tschechischen Funktionalismus und des polnischen Konstruktivismus. Alle drei Ästhetiken kämpfen dabei mit dem Erbe der Hegelschen "Inhaltsästhetik", die die Form des je kunstspezifischen Materials in den Dienst des philosophischen Gehalts stellte. Inhalt und Idee als Dominante der künstlerischen Konstruktion versuchen alle drei Richtungen der Avantgarde zu eliminieren. Witkiewicz deklariert Inhalt und Idee zu einem die Kunst verunreinigenden Element. "Reine Kunst" bedeutet in erster Linie also eine künstlerische Konstruktion ohne jeglichen ideellen Inhalt wie etwa die Musik oder die abstrakte Malerei – hier ist die materielle Basis der Kunstart schon Garant künstlerischer Reinheit im Sinne von Inhaltslosigkeit. Doch auch Poesie, darstellende Malerei und Theater seien in der Lage, "Reine Form"-Kunst zu werden. Voraussetzung dafür sei eine Konstruktion, die sich allein an formalen "Richtungsspannungen" (napięcia kierunkowe) orientiert, worunter kompositorische Spannungen der elementaren Materialformen wie etwa der Fläche, Farbe und Linie in der Malerei, die dramatischen Spannungen des Bühnenraums, seiner plastischen Figuren oder auch die abstrakten Spannungsbeziehungen dramatischer Handlungskonstellationen zu verstehen sind. Witkiewicz tut sich schwer, die Konstruktionsform der Kunst zu erläutern. Seine Probleme sind die Probleme der europäischen Kunst generell, die die theoretische Sprache einer Kunstpraxis des Abstraktionismus in den bis dahin mimetischen Kunstarten der Malerei, Literatur und des Theaters erst noch entwickeln mußte. Die Kompositionslehre der Musik und der ornamentalen Malerei hätten hier wohl Hilfestellung geben können. Zusammenfassend könnte man sagen, daß Witkiewiczs Konstruktionsbegriff eine formale Komposition meint, bei der selbst Inhalts- und Ideenelemente, wie sie das mitteilende Wort in der Dichtung, der dargestellte

15 Zu diesen Unterscheidungen der traditionellen Kunstästhetik, die in Witkiewiczs Reflexionen immer wieder bemüht werden, s. die Darstellung bei Jodl 1920. An Jodls Systematisierung der Kunstästhetik seiner Zeit zeigt sich die hölzerne Erstarrung der akademischen Ästhetik.

Gegenstand in der Malerei oder die Handlung im Drama sowie der Dialog der dramatischen Reden mit sich bringen, zu Faktoren der ganzheitlichen Formkomposition transformiert werden.[16]

Witkiewiczs Auffassung der Konstruktion hebt auf das Kunstsein eines Kunstwerks ab, die Wirkung auf den Wahrnehmenden im Sinne einer Rezeptionsästhetik oder Produktionsästhetik könnten allenfalls sekundäre Momente seiner Theorie bilden. Das ontologische Sein des Kunstwerks bestimmt er so: Grundregel allen Seins sei die Einheit in der Vielheit. Diese werde in der Kunst als einem Seinsbereich spezifischer Art ohne Rücksicht auf lebenshafte, praktische oder verstandesgelenkte Gesichtspunkte erfahrbar gemacht. Diese Erfahrung zeitige das "metaphysische Gefühl" (uczucie metafizyczne), worin der Mensch sich seiner selbst als Individualität bewußt werde. In seinen qualitativen Einzelkomponenten braucht dieses Gefühl nicht unbedingt angenehm zu sein. In den Mischkünsten, die heterogene Materialien verwenden, kann es zu störenden qualitativen Synkretismen kommen. In den "unreine" Materialien verwendenden Künsten wie der Literatur und dem Theater sind poetische Bildvorstellungen, Handlungsemotionen, psychologische Identifikationen sowie die Verstandeskategorien aktivierende Gedanken Störfaktoren des "metaphysischen Gefühls". Doch die ganzheitliche Komposition, die Witkiewicz auch den "Eisenbetonrahmen" der Konstruktion nennt,[17] muß alle Störungen zu letztlicher Harmonie vereinigen. Es mag für Zeitgenossen Witkiewiczs, die in ihm einen Verfechter exzentrischer Lebensführung und Propagator künstlerischer "Perversion", "Grellheit", "Obszönität" und des "Schocks" zu sehen gewöhnt waren, überraschend gewesen sein, Begriffe wie "Reinheit" und ganzheitliche "Harmonie" zu vernehmen. Nur im Zusammenhang einer metaphysischen Philosophie, worin das Sein auch das Gesetz des Kunstseins bestimmt, läßt sich die Harmonielehre Witkiewiczs begreifen.

Die Begriffe der Unreinheit und der Perversion sind ebenso wie ihre positiven Gegenstücke, die Harmonie und Reinheit, wichtig für Witkiewiczs Ästhetik. Während die Unreinheit als Kategorie der Ausdrucksmittel einer Kunstart in die Lehre von der Systematik der verschiedenen Kunstarten ge-

---

16 Seine Ideen zur "Reinen Form" hat Witkiewicz in dem Aufsatz "O Czystej Formie" von 1925 für ein breiteres Publikum zusammengefaßt, dies expressis verbis aus dem Bedürfnis heraus, seine philosophische Ästhetik dem Publikum, insbesondere aber auch den Kritikern zugänglich zu machen. Letzteren wirft er wiederholt größere Verständnislosigkeit der modernen Kunst vor als der gewöhnlichen Kunstöffentlichkeit. "O Czystej Formie" ist in Witkiewicz 1976 abgedruckt.

17 Dieser Begriff findet sich in dem Aufsatz "Formalne wartości dzieł Micińskiego" in: Witkiewicz 1976, S. 154. Der "Eisenbetonrahmen" der Ganzheitskomposition wird bei Witkiewicz deshalb nötig, weil die Verfahren der Groteske bzw. Deformation, die Witkiewicz aus kunst- und kulturgeschichtlichen Gründen anzuwenden müssen meint, an sich eine formale Sprengkraft enthalten, die nur gewaltsam gebändigt werden kann. S. dazu auch weiter unten; s. auch Scholze 1989.

hört, hebt die Perversion auf ein Spezifikum der historischen Situation der Kunst in der Avantgarde ab. Das Ideal der Konstruktion eines Kunstwerks ist für Witkiewicz die allseitig harmonische, gleichgewichtige Spannungskomposition. Sie sieht er in exemplarischer Weise in dem Werk des polnischen Symbolisten Miciński verwirklicht.[18] Sein eigenes Werk hingegen müsse aus Gründen der historischen Entwicklung der Kunst und Kultur nach dem Symbolismus perverse Mittel einsetzen. Die Perversion ist hier als ein ausschließlich konstruktivistischer Begriff zu verstehen: Gemeint sind Deformationen im formalkünstlerischen Bereich der Materialien wie etwa disharmonische Farbgebung und Linienführung der visuell-malerischen Elemente (ein anderes Beispiel sind die Disharmonien der modernen Musik) sowie alogische und unpsychologische Konstruktion von Handlung und Personen im Bereich der Inhaltselemente eines dramatischen Werks. In Witkiewiczs Dramen sterben Personen vielfache Tode, um unvermittelt gleich wieder lebendig zu werden (dies nimmt das Motiv der vielfachen Tode in Tadeusz Kantors Theater des Todes vorweg); die Personen sind psychologisch niemals stimmig, sondern wechseln im Sinne psychologischer und sprachlicher Groteske zwischen kontrastiven Affektlagen intensivster Lebensgier und metaphysischer Todessehnsucht, sprachlich parallelisiert durch gefühlsgeladene Dialoge im Stil des Expressionismus bzw. 'trockene' philosophische Tiraden zu Grundthemen der Metaphysik, die sich wie Zitate aus akademischen Lehrbüchern anhören. Die philosophische Rede ist allen dramatischen Personen unabhängig von ihrem sozialen Status und Bildungsgrad zugänglich. Die Technik ständigen grotesken Wechsels auf mehreren Konstruktionsebenen zeigt eine Verwandtschaft mit der Theatergroteske bei Mejerchol'd, ist im polnischen Kontext aber eher dem Expressionismus zuzuschreiben. Auf theoretischer Ebene verdankt Witkiewicz den Begriff der Deformation dem Einfluß des russischen Formalismus. So wie dieser verwendet er das komplementäre Begriffspaar von Deformation und Konstruktion: Die Technik der grotesken Deformation soll durch eine letztliche, einheitsstiftende Werkkonstruktion überwunden werden, damit sich die "Einheit in der Vielheit" als ontologische Form des Kunstwerks realisieren kann.

Da Witkiewicz Perversion und Deformation nicht zu den wesenseigenen, sondern zu den sekundären, zeitgebundenen Erscheinungen rechnet – als historische Gründe gibt er die Erschöpftheit der Künste und Kunstmittel an – ist der Vergleich mit den gleichlautenden Begriffen Deformation und Kon-

18 Vgl. dazu Anm. 17. Auch Wyspiański nennt Witkiewicz hier als Vorläufer seiner Reinen Form. Ihm wirft er jedoch eine ungleichgewichtige Bevorzugung des Elements visueller Bildlichkeit in seinen Dramen vor.

struktion der russischen Formalisten nicht ganz zutreffend. Die Formalisten rechneten weniger mit der Verbrauchtheit der künstlerischen Mittel, als mit dem psychologischen Prinzip der Gewöhnung und Automatisierung des wahrnehmenden Subjekts der Kunst, das durch die Abweichungen von habitualisierten Mustern zu erneuerter Wahrnehmungsfähigkeit gebracht werden sollte. Aus der zyklischen Folge von Automatisierung durch Habitualisierung und Desautomatisierung durch deformative Abweichung leiteten sie die Selbstbewegung der künstlerischen Formen in der Geschichte ab. Das psychologische Prinzip ersetzt die metaphysische Begründung der Kunst; Kunst 'dient' dazu, die menschliche Sinneswahrnehmung um ihrer selbst willen, als Selbstziel, zu schärfen. Metaphysische Erschütterungen lassen sich mit dieser Theorie nicht rechtfertigen. Bei Witkiewicz spielt zwar das Argument der Gewöhnung auch eine Rolle, wenn er dem zeitgenössischen Kunstrezipienten Fixierung auf Inhaltlichkeit im Sinne der Lebenssituationen, auf gedankliche Probleme und Psychologie dargestellter Personen vorwirft, die sich durch die lange Periode des Realismus als Normen etabliert hätten, doch läßt sich daraus keine Rechtfertigung seines Theorems der Erschöpftheit der Kunstmittel herleiten. Insofern sein eigenes Schaffen auf das Theater gerichtet ist, dem er von allen Kunstarten die stärkste Verhaftung an den Realismus bescheinigt, muß die Rede von der Erschöpftheit wohl kulturhistorisch interpretiert werden: Im Zustand des Verfalls metaphysischer Seinsgewißheit der modernen Kultur bedarf es einer Ablösung des Paradigmas der mimetischen Kunstperiode, die aus historischen Perioden des metaphysischen Denkens ererbt ist, durch eine antimimetische Kunst, die als einzige in der Lage ist, die metaphysische Erschütterung noch zu bewirken. Perversion, Deformation und Schock erscheinen somit als historisch bedingte Verfahren im Dienst der Metaphysik. Sinnliche Wahrnehmungen nicht um ihrer selbst willen, sondern um der Gesetzlichkeit des Seins willen, ist das Ziel des Witkiewiczschen Konstruktivismus. Derselbe Grundbegriff und sogar dieselben beigeordneten Einzelbegriffe in Witkiewiczs Theorie wie in der der Formalisten erhalten somit ganz andere Wertigkeiten.

Witkiewiczs Versuche, dem Theater eine spezifische kulturhistorische Mission zuzuschreiben, sind nicht sehr überzeugend. Sie laufen darauf hinaus, das Theater als Synthese aller Kunstarten – hier wirkt Richard Wagners These des Gesamtkunstwerks Theater nach – mit dem höchsten Faktor der "Unreinheit" zu belasten, der dialektisch höchste Reinheit und damit metaphysische Relevanz zeitigen soll. Die "Unreinheit" bindet er besonders an das sprachliche Ausdrucksmittel und an die dramatische Handlung. Beide sieht er als notwendige Elemente von Theater an, er will also nicht wie viele zeitlich parallele Innovatoren der Theaterkunst Wort und Handlung eliminieren.

Vielmehr soll sich gerade an ihnen die Deformation als metaphysisch wirksames Verfahren beweisen. Am Wort sollen imaginative Bildlichkeit und Begriff, an der Handlung die Logik und Psychologie der Personen deformiert werden, um rein formalen "Richtungsspannungen" Platz zu machen. Sein Argument, der Realismus habe im Theater nachhaltiger Fuß gefaßt als in anderen Künsten, kann man so verstehen, daß gerade der Theaterrealismus in intensivste Deformationskunst umschlagen muß.

Die geringe Überzeugungskraft dieser Erwägungen tritt hervor, wenn man seine Skizze eines idealen Werks der "Reinen Form" betrachtet. Witkiewicz entwirft diese Skizze, weil seine zahlreichen Dramen von der polnischen Kritik nicht als gelungene Beispiele reiner Formkunst anerkannt wurden. Witkiewicz verteidigt sich dagegen mit einer Attacke gegen das zeitgenössische Theater: Es sei nicht weit genug entwickelt, um seine Dramen im Sinne der "Reinen Form" zu stilisieren. Seine Idealvorstellung kondensiert er in der oben bereits ausführlich zitierten Beschreibung einer Modellinszenierung,[19] in der ein "sanfter Alter" zu einem "grimmigen Hüter" wird und ein kleines Mädchen ermordet. Der Entwurf, der besonders wegen seine Nähe zum Expressionismus ins Auge fällt, wird von Witkiewicz selbst wie folgt kommentiert:

> Ist das nicht schlicht ein Irrenhaus oder vielmehr das Hirngespinst eines Irren auf der Bühne? Möglich, daß das sogar stimmt, aber wir behaupten, daß man, wenn man nach dieser Methode ernsthaft ein Stück schreibt und es entsprechend aufführt, Dinge von bislang nicht dagewesener Schönheit schaffen kann; es mag ein Drama sein, eine Tragödie, eine Farce oder eine Groteske, alles in diesem besagten Stil, der in nichts dem gleicht, was es bisher gegeben hat.
>
> Beim Verlassen des Theaters muß der Mensch den Eindruck haben, aus einem merkwürdigen Traum zu erwachen, in dem selbst die alltäglichsten Dinge jenen eigenartigen, unergründlichen Zauber besaßen, der für Traumgebilde kennzeichnend ist, die sich mit nichts vergleichen lassen.[20]

Witkiewicz fügt hinzu:

> Unser Ziel ist nicht der programmatische Nonsens; vielmehr geht es darum, die Möglichkeiten der Komposition zu erweitern, indem wir die Lebenslogik in der Kunst aufgeben zugunsten einer phantastischen Handlung, um eine vollständige Freiheit der formalen Elemente zu erreichen.[21]

---

19 Vgl. dazu den Beitrag von M. Sugiera im vorliegenden Band S. 369–398.
20 Witkiewicz 1985, S. 73f.
21 Übersetzt aus dem englischen Text in: Miłosz 1969, S. 417.

Das Beispiel erinnert an Vasilij Kandinskijs expressionistisches Stück *Der gelbe Klang* (1912). Farben, plastische Körperformen, lyrische Rede und Musik fügen sich bei Kandinskij zu einer szenischen Sinfonie, die wie die musikalische Komposition nicht Bestehendes abbilden, sondern autonome Schöpfung sein will. Kognition und Psychologie sind ausgeschaltet zugunsten unmittelbar sinnlicher Eindrücke, die zu allseitiger Harmonie gebracht werden. Wie Witkiewicz, so will auch Kandinskij im Theaterkunstwerk eine metaphysische, kosmologische Dimension erreichen, worin die Dinge mit den Menschen und beide mit der Sphärenmusik des Kosmos vibrieren.[22] Die Deformation der Wirklichkeitsassoziationen dient hier wie dort nur als Übergangsmoment in die reine Welt der Kunst, die sich aus künstlerischen Materialelementen und allgemeinen Formgesetzen erschafft. Die kosmologische Dimension ist aber, so muß man hinzufügen, für diejenigen, die an sie glauben, in jeder Kunstart erreichbar. Die von Witkiewicz behauptete besondere kulturgeschichtliche Mission des Theaters verweist auf eine Traditionslinie der polnischen Avantgarde, die wir an zwei Namen demonstrieren wollen, Stanisław Przybyszewski und Bolesław Leśmian, die beide zum polnischen Symbolismus zählen. Aus der Filiation wird die nationale Besonderheit der Theateravantgarde in Polen ersichtlich.

Beide, Przybyszewski wie Leśmian, versuchten, die Literatur wie insbesondere auch das Theater in Polen zu reformieren. Beide verzeichneten wenig Erfolg – Przybyszewskis Dramen wurden wohl von Mejerchol'd wiederholt aufgeführt,[23] hatten in Polen aber nur wenig Durchschlagskraft, und Leśmian unterhielt von Mai bis November 1911 in Warschau ein eigenes Künstlertheater (Teatr Artystyczny), das sich an Stanislavskijs Moskauer Künstlertheater und Antoines Théâtre libre orientierte, vom Publikum der Hauptstadt aber nicht angenommen wurde. Der Anschluß an das durch Antoine eingeleitete Zeitalter der Großen Reform des europäischen Theaters gelang ihnen sowenig wie Witkiewicz etliche Jahre später. Beide propagieren eine Theorie des “Regresses zum Ursprung”, die für das kulturgeschichtliche Denken in Polen bis hin zu Bruno Schulz, mit dem Witkiewicz freundschaftlich liiert war, weiterwirkt. In Polen ergibt sich also eine merkwürdige Verbindung von Kunstinnovation durch Retrogradation, die im metaphysischen Denken verwurzelt ist. Witkiewicz markiert in diesem Umfeld eine Sonderstellung, insofern bei ihm der zeitliche Regreß in eine Linearität kulturellen Zerfalls umgewandelt wird, was sich seinem Katastrophismus verdankt. Dem-

---

22 Vgl. dazu Kandinskys “Über Bühnenkomposition” (1912) in: Kandinsky 1955.

23 Zu Mejerchol'ds Aufführungen von Stücken Przybyszewskis s. Schmid 1990a; zu Leśmians Künstlertheater s. Ratajczak 1979.

gegenüber vertreten Przybyszewski und Leśmian eine Position des evolutionären Optimismus. Dieser findet seinen Ausdruck in einer eigenartigen Sprachtheorie, die auf je spezifische Weise die kulturelle Innovation durch sprachlichen Regreß begründet.

Przybyszewski leitet die menschliche Sprache aus einem "Metawort" (metasłowo) ab. In der Urgemeinde habe der Mensch Urschreie geprägt, die den starken Eindruck einer Wirklichkeitserfahrung in Klang- und Vorstellungsbilder umsetzten. Die visuelle Komponente des Vorstellungsbildes, das in der überlieferten Sprache in der etymologischen Wortform noch erhalten sei, ist Przybyszewski wichtiger als das akustische Phänomen des Klanglichen; letzteres erfüllt nur eine Trägerfunktion gegenüber ersterem. Bei der weiteren Entwicklung habe die Sprache das Visuell-Bildliche immer mehr eliminiert, durch begriffliche Zeichen, die rein abstrakte Merkmale und Kategorien der erfaßten Gegenständlichkeiten benennen, ersetzt, so daß die bestehenden Sprachen zu Begriffskürzeln verkommen seien. Die Ursprungsemotion soll nun durch die symbolische Sprache der Dichtung wiederbelebt werden, die den Menschen in die Einheit des Seins wie des Kosmos einbindet. Wir haben hier eine polnische Variante des "Denkens in Bildern" vor uns, die zeitgleich in Rußland von Aleksandr Potebnja propagiert wurde.[24] Przybyszewski unterstellt dem sprachbildlichen Denken eine Intuition des Wesentlichen, eine Art Wesensschau, die in Opposition zum Rationalen des Verstandes steht. Die Intuition wird wie bei Bergson als Kraft der Seele ausgelegt, doch beruft sich Przybyszewski auf Schopenhauer und Nietzsche. Im Theater soll sich die intuitive Wesensschau, zu der der Künstler als Genie in Nachfolge des Nietzscheanischen Übermenschen besonders befähigt sei, durch leitmotivische Sprachbilder, die sich an Richard Wagners Leitmotivtechnik anlehnen, ausdrücken. Die Komposition der Leitmotive, welche Handlungslogik, Diskursivität des dramatischen Dialogs und Psychologie der Personen überformt, soll dann den sprachlichen Regreß in die Urgemeinschaft von dinglicher, menschlicher und kosmischer Welt bewirken.

Leśmian unterstellt eine ähnliche Ursprache, doch ist für ihn nicht das Visuelle, sondern das Klangliche der Wörter und Wortfolgen Garant der intuitiven Wesensschau, die er mit der Autorität der Philosophie Henri Bergsons abstützt. Er entwickelt eine eigene Weltanschauung des Rhythmus:[25] In der rhythmischen Wiederkehr des Gleichen auf der Ebene der Lautlichkeit von Sprache klinge der Rhythmus des Seins wider; die Erfahrung dieses

---

24 Zu Przybyszewskis Sprachtheorie s. Schmid 1994a. Zu Potebnja s. Viktor Šklovskij in: Stempel 1972.

25 S. dazu Leśmians Aufsatz "Światopogląd rytmu" in: Leśmian 1959.

Widerklangs lasse die Dinge der Wirklichkeit in ihren wesentlichen, rhythmisch pointierten Elementen hervortreten, die von der Kognition unterdrückt würden. Über das Theorem des ontologisch und kosmisch fundierten Allrhythmus wird Sprache zum Transmissionsriemen des Eintritts in die kosmische Ordnung. Leśmians Künstlertheater, stärker aber noch seine eigenen Dramen, die wie später Antonin Artaud alte und neue Mythen im Theater lebendig werden lassen, propagiert eine im Rhythmus begründete Stilisierung der theatralischen Ausdrucksmittel, die jede Disharmonie aufheben und den Menschen zu einem beglückenden Gefühl der Einheit alles Seienden, einer Art metaphysischem Glück, befähigen soll. Der Rhythmus als Faktor der stilisierenden Harmonie wird nun noch an eine besondere Zeitkomponente gebunden: Jede Epoche, jeder Künstler in einer Epoche, aber auch jedes Einzelwerk sei inspiriert durch ein je charakteristisches Musikinstrument wie Flöte, Harfe oder Geige u. dgl. Die richtige Wahrnehmung verlange Herausfühlen gerade dieses Instruments. Für Leśmians mythopoetische Dramen ist es die Geige, deren klanglich-rhythmische Möglichkeiten die gesamte Aufführung wie in einem 'instrumentalen' Schlüssel vorbestimmen. Der Titel eines seiner Dramen, *Der verzauberte Geiger* (Skrzypiek opętany), kündigt das Leitinstrument an.[26]

Regreß zum sprachlichen Urbild dort, zum Urklangrhythmus hier geben keine Vorbilder für Witkiewicz ab. Sein Theater glaubt nicht an zyklische Wiederkehr eines ursprünglichen Paradieszustandes, sondern entsteht aus der Verzweiflung über einen für unaufhaltsam gehaltenen Niedergang der Kulturgeschichte. Sein Kunstschaffen erscheint wie eine Geste der Auflehnung gegen das Entwicklungsgesetz, doch der theatralisch inszenierte eigene Tod verrät, daß die Skepsis des 'Beobachters der Beobachter' bei dem Experiment eines Anhaltens der kontinuierlichen Zerfallszeit mittels des Theaterkonstruktivismus von Anfang an vorherrschend war.

Die metaphysische Tradition des polnischen Avantgardetheaters schließt jegliche utilitaristische, gesellschaftliche Funktionalisierung von Kunst aus. Kunst in den Dienst des Aufbaus einer neuen Gesellschaft und eines neuen Menschen zu stellen, ist hier nicht möglich, da der gesellschaftliche Mensch gar nicht in den Blickpunkt von Metaphysik gerät. Jurij Lotman hat drei Arten von Beziehungen zwischen Kunst und gesellschaftlicher Wirklichkeit ermittelt: 1) Zwischen Kunst und Leben wird eine strenge Grenzlinie gezogen, beide Bereiche gelten als so unterschiedlich, daß kein Vergleich möglich ist.

26 Zur Editionsgeschichte dieses erst in den achtziger Jahren bekannt gewordenen "mimischen Dramas" (dramat mimiczny) Leśmians – das gesprochene Wort wird hier völlig ausgeschaltet – s. Stone 1985.

Eine Beziehung kann nur durch historische Konvention hergestellt werden. 2) Die Kunstsphäre wird zum Bereich von Modellen und Programmen. Über das Modell des Kunstwerks wird eine aktive Einwirkung auf das Leben angestrebt in dem Sinne, daß das Leben die Kunst nachahmt. 3) Die modellbildende Aktivität geht vom Leben aus, die Kunst schafft das Muster des Lebens nach. Der erste Typus gilt nach Lotman für den Klassizismus, der zweite für die Romantik, der dritte für den Realismus.[27] Witkiewiczs Theaterkonstruktivismus wäre demnach dem ersten Typus zuzuschreiben, wobei die konventionelle Verbindung zwischen gesellschaftlicher Wirklichkeit und Welt der Kunst durch die avantgarde-spezifische 'Konvention des Konventionsbruchs', des Verstoßes gegen alle bisher bestehenden Normen, geleistet wird. Deformation und Perversion, harmonisiert zu ganzheitlicher Konstruktion, sagen programmatisch den antifunktionalistischen Konstruktivismus an. Sowjetische und tschechoslowakische Theateravantgarde, die beide die gesellschaftliche Funktion von Kunst respektieren, lassen sich dann vorwegnehmend als je eigene Varianten des zweiten Typus einordnen, der Theater zum Modell für gesellschaftliches Leben macht.

2. Die sowjetische Theateravantgarde – Vsevolod Ėmil'evič Mejerchol'd (Meyerhold) und die Theorie der Theatergroteske

Die Biographie Mejerchol'ds steht unter dem Unstern des sozialistischen Gesellschaftsexperiments in Rußland. Seit der Oktoberrevolution hatte Mejerchol'd sich aktiv im öffentlichen Bildungswesen engagiert. 1921 gründete er die "Staatlichen Höheren Regierungswerkstätten", in denen das Prinzip der Biomechanik als Grundlage der Schauspielpädagogik erforscht werden sollte; ab 1922 schuf er ein eigenes Studio, das den amtlichen Namen "Staatliche Experimentierwerkstatt für Theater V. Mejerchol'd" erhielt. Dieses Experimentaltheater im staatlichen Auftrag existierte bis 1938. Im Jahr darauf wurde sein ehemaliger Direktor Mejerchol'd verhaftet, einige Jahre später starb er im Gefängnis (2. Februar 1940).[28] Mejerchol'd hatte mit seinen Bühnenexperimenten das sozialistische Experiment unterstützen wollen. Der gewaltsame Abbruch des Projektes und die physische Eliminierung des Experimentators durch den Staat läßt vermuten, daß die Entdeckungen im Feld des Theaters mit den Erwartungen des Außenbeobachters und Auftraggebers nicht überein-

27 Lotman, "Theater und Theatralik in der Kultur zu Beginn des 19. Jahrhunderts", in: Lotman 1981, S. 269–294, hier S. 270. Lotman bezieht sich hier auf das russische Theater.

28 Zur Biographie Mejerchol'ds vgl. Brauneck 1982, S. 314–322.

stimmten. Karl Popper bescheinigt der marxistischen Geschichtsphilosophie so wie allen Utopien einen Hang zur Gewaltsamkeit.[29] Der Entwurf, der dem Experiment vorausgeht, toleriert keine abweichenden Resultate, da diese den entwurflenkenden Begriff selber in Frage stellen würden. Mejerchol'ds Position als Experimentator ist umgekehrt analog zu derjenigen Witkiewiczs: War jener 'Beobachter der Beobachter', der freiwillig den Entschluß zum Abbruch seines Kunstexperiments und zum Selbstmord faßte, so wird dieser unfreiwillig in Experimentabbruch und Tod getrieben, weil sein externer Beobachter das Kunstexperiment mißbilligt. Mejerchol'ds Schicksal ist nicht einzigartig, sondern eher typisch für die sowjetische avantgardistische Kunstszene. Mord und Selbstmord gehörten in den dreißiger Jahren zum Tagesgeschehen der schöpferischen Elite. Es erhebt sich die Frage, was es war, das dem Staat am russischen Bühnenkonstruktivismus so mißfiel. Versuchen wir, durch die Rekonstruktion seiner begrifflichen Implikationen und historischen Konkretisationen die Antwort darauf zu finden.

Auf der begrifflichen Ebene sind zunächst zwei Aspekte zu unterscheiden, der technologische und der ideologische. Technologisch meint Konstruktion ein Verhältnis von Materialelementen und formalem Prinzip. Ideologisch ist der Begriff eine Anschauung von Kunst unter dem Aspekt der gesellschaftlichen Funktion. Kunst wird betrachtet als Mittel der Herstellung der neuen sozialen Ordnung und als ihr Ausdruck gleichzeitig. Qua Ausdruck muß sie die Prinzipien der Ökonomisierung und Organisation widerspiegeln, die auch der sozialen Ordnung zugrunde liegen. Als Mittel muß sie aktiv zu deren Entwicklung und Etablierung beitragen. Die ideologische Anschauung ist dem technologischen Aspekt vorgeordnet. Das Experiment mit dem Material-Form-Verhältnis hat die ideologischen Vorgaben zu respektieren. Die staatstragende Partei, das Organ des ideologischen Denkens, ist also Außenbeobachter im Sinne eines Zensors. Der Zensor hütet das ideologische Interesse, beeinflußt den experimentellen Verlauf, weist die Richtung, korrigiert sie oder bricht die Versuche ab. Mejerchol'd, der die marxistische Ideologie mittrug, war partiell sein eigener Zensor. Er war aber auch noch mehr. Er suchte zusammen mit anderen Repräsentanten der Theateravantgarde die "wahren Grundlagen der Theatralik"[30], d.h. das, was Theater zu einer eigenständigen Kunstart macht. Damit war sein Forschungsinteresse gespalten zwischen ideologischer Treue und Treue zur Kunst. Im Konfliktfall zwischen beiden scheint er sich für die

---

29 Vgl. Karl R. Popper, "Utopie und Gewalt", in: Neusüss 1986, S. 313–326.

30 So charakterisiert Jindřich Honzl die sowjetische Avantgarde, zu der er neben Mejerchol'd auch Tairov, Vachtangov, Ėjzenštejn, Radlov, Granovskij und Foregger zählt. Vgl. dazu Honzls "Moje divadelní praxe" in: Honzl 1937, S. 223–233.

künstlerische Treue entschieden zu haben.[31] Noch in den dreißiger Jahren, als der Druck des Regimes auf die Avantgardeszene bis zur Lebensbedrohlichkeit zunahm, versuchte er, zwischen Technologie und Ideologie eine Grenze zu ziehen. Er entwarf das Projekt einer Geschichte der Technik des europäischen Theaters von ihren Anfängen bis in die Gegenwart, die von den historischen ideologischen Systemen absehen wollte. Wie die Geschichte der Musik, so könne auch die Geschichte des Theaters ideologiefrei geschrieben werden.[32] Allein die Erfindungen im Bereich von Materialien und Formverfahren sollten 'Helden' dieser Geschichte sein.[33] Auch die Geschichte seiner eigenen theatralischen Suche läßt sich dementsprechend als Geschichte der Technik des Mejerchol'd-Theaters schreiben. Wir wollen für die folgenden Ausführungen zu Mejerchol'ds Bühnenkonstruktivismus zwei Leitlinien hervorheben: eine Linie der Technik ohne Ideologie und eine Linie der wechselnden Ideologien. Denn Mejerchol'd war nicht von Anfang an sozialistischer Künstler. Erst nach der bolschewistischen Revolution versuchte er, seine Kunst in den Dienst des Sozialismus zu stellen. Von 1905 an, dem Jahr seiner ersten Regieversuche am Theater der Komissarževskaja in Petersburg, bis 1917 folgte sein Schaffen keiner eindeutigen, expressis verbis artikulierten Ideologie und sozialen Funktion. Es ging ihm nur um die Erkenntnis der "wahren Grundlagen" der "Theatralik" (tealtral'nost'). Leitbegriffe dieser Phase sind die "Stilisierung", "Konventionalität" (uslovnost') und "Groteske". Alle drei werden in der zweiten, sozialistischen Phase nicht aufgehoben, sondern in einem neuen Sammelbegriff, dem "bedingten Realismus", zusammengefaßt und neu interpretiert. "Groteske" figuriert dabei als Grundkategorie aller systematischen und historisch hinzutretenden Einzelbegriffe, sie ist für Mejerchol'd ein Wesensbegriff des Theaters, der durch die Geschichte der Theatertechnik kontinuierlich in seinem Formpotential aufgedeckt wird.

Die Phasierung der Linie der technischen Entwicklung ohne Berücksichtigung der Ideologie gibt Mejerchol'd in der Retrospektive der frühen dreißiger Jahre selber an. Er unterscheidet zwischen vier Phasen: der Phase des "stilisierten Theaters" (1905–1906), einer Übergangsphase der Suche, der Phase des "bedingten Theaters" (1917–frühe zwanziger Jahre) und der anschließenden Schlußphase des "bedingten Realismus", die gewaltsam abgebrochen wird. Stilisierung und Bedingtheit beziehen sich nicht nur chronologisch,

31 Beispiel hierfür ist Mejerchol'ds Regiearbeit an Puškins *Boris Godunov* in der Mitte der dreißiger Jahre; vgl. dazu Schmid 1994b.

32 Vgl. dazu u.a. Mejerchol'ds "Gespräch mit Zirkelleitern des künstlerischen Laienschaffens" vom 12. Dezember 1933 in: Meyerhold 1979b, S. 260–275.

33 Ein ähnliches Programm entwirft Roman Jakobson, "Die neueste russische Poesie" (1919), in: Stempel 1972, S. 18–135.

sondern auch systematisch aufeinander und werden einerseits der ästhetischen Kategorie der Groteske zugeordnet, andererseits dem "Formalismus" der russischen Formalen Schule.[34] Die Formale Schule gibt hier die Basisbegriffe des Materials der Kunst und der formalen Bearbeitung nach rein künstlerischen Gesetzen der Komposition unter Ausschluß inhaltsbezogener Ideen und Ideologie vor.[35] Die Begriffe von Stilisierung und Bedingtheit entlehnt Mejerchol'd Valerij Brjusovs Theatertheorie,[36] und beide bindet er an die Ästhetik Schopenhauers. Die Groteske bezieht er auf die italienische Grottenmalerei, gleichzeitig wirken hier aber auch die Beschäftigung mit der Commedia dell'arte, der russischen Balagan-Tradition sowie die Erfahrung fernöstlicher Theaterkulturen nach.[37] Das "agitatorische Theater" erweitert den Technikbegriff um die "Organisation" großer Menschenmassen und technischer Instrumente für das "Massenspektakel". Vorbild derartiger Organisation liefert die Inszenierung von Auftritten des Papstes mit seinen kirchlichen Würdenträgern vor einem Massenpublikum in Rom.[38] Das "bedingte realistische Theater" kehrt in die Räumlichkeit des Theatergebäudes zurück, wo sich auch das "stilisierte" und das "bedingte" Theater abgespielt hatten, während das "agitatorische Theater" an den historischen Schauplatz Petersburg gezogen war, wo die ganze Stadt Ort der Aufführung wurde, an dem die historischen Ereignisse der bolschewistischen Revolution mit professionellen Schauspielern, aber auch mit einer Riesenmenge von Statisten sowie großen Teilen der Stadtbevölkerung nachgespielt wurden. Die Historisierung, die in der Zeit vor der Revolution in Mejerchol'ds Theater noch keine Rolle gespielt hatte, dringt, vermittelt durch die Agitationsphase, in den "bedingten Realismus" ein, der technisch und spieltechnisch gesehen eine Annäherung an den Realismus der psychologischen Schule K.S. Stanislavskijs bedeutet.

Insofern Bedingtheit und Stilisierung nach Brjusov Komplementärbegriffe des Theaters sind, bezeichnet Mejerchol'd die Zeit bis 1917 auch als Zeit der

---

34 Zum Begriff der Groteske bei Mejerchol'd s. Schmid 1994b. Boris Ėjchenbaum hat im Rahmen der russischen Formalen Schule den Begriff der Groteske am Beispiel Gogol's bestimmt. S. dazu Ėjchenbaum, "Wie Gogol's 'Mantel' gemacht ist" (1918), in: Stempel 1972, S. 122–159. Zu Mejerchol'ds historischer Rückschau s. Meyerhold 1979b, S. 37ff.

35 Die Begriffe Material, Form, Komposition und Konstruktion versuchte die Schule der Kompositionsanalytiker, die der russischen Formalen Schule nahestand, systematisch zu definieren. Zur Kompositionsschule in Rußland zählen Michail Petrovskij und Aleksandr Reformatskij. Eine Darstellung dieser Schule gibt Doležel 1972.

36 Vgl. dazu Brjusov, "Realism and Convention on the Stage" in dem Sammelband *Russian Dramatic Theory from Pushkin to the Symbolists,* 1981, S. 171–182.

37 Der Begriff Balagan (Schaubude) ist Überschrift des dritten Teils von Mejerchol'ds *Über das Theater,* in der Übersetzung abgedruckt in: Meyerhold 1979a. Zu Einflüssen fernöstlicher Theaterkulturen auf Mejerchol'd s. auch Brauneck 1982.

38 Vgl. dazu Meyerhold 1979a, S. 194.

"bedingten Stilisierung", bzw. "stilisierten Bedingtheit". "Bedingter Realismus" impliziert damit auch die Stilisierung der voragitatorischen Phase, es handelt sich um einen 'stilisierten und bedingten Realismus'. Das eigentlich Unterscheidende ist dabei nicht der "Realismus", denn auch dieser ist in "Stilisierung" enthalten, sondern die Implikation einer neuen Ideologie, die durch die Agitationskunst in das Begriffssystem hereingebracht wird. Realismus der Spätphase und Realismus der Frühphasen sind ideologisch geschiedene Begriffe. Unterscheidungskriterium ist die "Produktionsästhetik" Boris Arvatovs als Orientierung der Spätphase und die Ästhetik Schopenhauers als die der Frühphase.

Was bedeutet nun "bedingte Stilisierung" oder "stilisierte Bedingtheit"? Nach Brjusov ist Theaterkunst immer realistisch, insofern der Schauspieler als lebender Mensch konstitutiv für die Bühnenkunst ist. Kulissen, Dekoration und Requisiten können Vortäuschungen sein, der Schauspieler jedoch ist realer Mensch. Wird er durch eine ingeniöse Maschine oder Puppe ersetzt wie im Marionettentheater, so macht sich das Theater überflüssig. Denn die Marionette hat keine Schöpferkraft. An sich ist der lebende Mensch jedoch noch kein Kunstwerk. Er wird es durch stilisierende, d.h. abstrahierende Formierung seiner selbst und der Dinge in seiner räumlichen Umgebung. Die Raumumgebung trägt das Vorzeichen ihrer eigenen Konventionalität an sich, denn der Bühnenraum signalisiert durch seine architektonische Form, daß er Ort der stilisierenden Umformung des lebendigen Menschen zu einer künstlerischen Form ist. Mejerchol'd greift Brjusovs Gedanken so auf: Die "Stilisierung" sei eine analytische Phase, worin die sinnliche Erscheinung des menschlichen Körpers unter die Kategorie entweder der Zeit oder des Raums gebracht werde. Insofern der reale Körper immer unter beiden Kategorien steht, ist Stilisierung dann Schematisierung, da eine Kategorie dominant gesetzt wird. In seiner ersten Phase des "stilisierten Theaters" am Theater der Komissarževskaja in Petersburg favorisierte Mejerchol'd den statischen, unbeweglichen Schauspielerkörper, der flächig nach dem zweidimensionalen Raum der Malerei gelöst wurde: Die Schauspieler wirkten auf der Bühne wie Schattenrisse oder auch Holzschnittfiguren.[39] Die Kategorie der Zeit, üblicherweise enthalten in der Körperbewegung, sollte durch die Dynamik der Linienführung und Farbflächen der Dekoration ausgedrückt werden. Zur Orientierung an der Raumform der Malerei kam die Musik mit ihrer Eigenbewegung hinzu. Die formale Schematisierung geht einher mit Typisierung. Darin wird ein Einzelzug der sinnlich wahrnehmbaren Gestalt, der charakteristisch ist für

39 Ein Hinweis auf die Tradition der russischen Holzschnitte (lubok) findet sich in: Meyerhold 1979b, S. 402 (Erläuterung des Herausgebers). Zur Lubok-Technik vgl. auch Koschmal 1989.

die Gesamtgestalt, herausgehoben und zur Dominanten aller übrigen Merkmale gemacht. Auf der Ebene der Charakterpsychologie der dargestellten Person geschieht ein Gleiches. Es entsteht ein charakterlicher Typus, der sinnlich anschaulich gemacht wird. Der Typus kann leicht in Karikatur und Körpergroteske, die Hyperbolisierungen des typischen Charakterzugs sind, übergehen. Die durch Analyse gewonnene Schematisierung und Typisierung ist noch an die 'Realität' des wirklichen Schauspielerkörpers und die Charakterologie der vom Schauspieler darzustellenden dramatischen Person gebunden. Sie unterliegt, so Mejerchol'd, noch dem Prinzip der "Wahrscheinlichkeit", verbindet sich also mit Realismus im Sinne des empirisch Möglichen oder Üblichen. Die ästhetische Groteske beinhaltet dann die zweite Phase der Arbeit an der Schauspielergestalt. In ihr soll es zur "Synthese" der schematisch erfaßten typischen Einzelzüge zu einer ganzheitlichen Gestalt nach einem nun nicht mehr "wahrscheinlichen" Ganzheitsprinzip, sondern nach einem solchen der "freien künstlerischen Vision" kommen. Körperplastik und Bühnenraum werden nun aufeinander abgestimmt zu einem Totalbild, für das es in der Menschenwelt jenseits der Bühne keine 'Vorbilder' gibt. Groteske ist für Mejerchol'd eine "ausgemachte Unwahrscheinlichkeit".[40] In ihr wird das der Empirie entlehnte realistische Detail in ein rein künstliches, nach der künstlerischen Vision erstelltes Ganzes integriert, das Reale wird "verfremdet", der Schauspieler wird Kunstfigur.

Schon in der Phase der "Bedingtheit" ersetzt Mejerchol'd die malerische Zweidimensionalität durch plastische Dreidimensionalität. Dieser Übergang zeitigt eine Reihe weiterer bühnentechnischer Veränderungen: Rampe und Vorhang sollen verschwinden, die Dekoration ihre Eigenbedeutung verlieren, zu bedeutungslosen Raumobjekten entleert werden, die erst durch das schauspielerische Spiel funktionale Bedeutung zugewiesen bekommen. Dementsprechend weicht die statuarische Unbeweglichkeit der körperlichen Bewegungsdynamik. Phasen statuarischer Erstarrung wechseln im Verlauf der Aufführung mit solchen dynamischer Bewegungssequenzen. Die konstruktivistische Bühne, die historisch erst später erreicht wird, nimmt Mejerchol'd schon in seiner Theorie des "bedingten Theaters" vorweg. In der Perspektive der russischen Theatergeschichte vollzieht Mejerchol'd hier einen tiefgreifenden Einbruch. Folgt man der Darstellung von Jurij Lotman zur Geschichte des russischen Theaters im neunzehnten Jahrhundert, dann war die Romantik dem Kunstcode der Unähnlichkeit von Werk und Lebenswirklichkeit zugeord-

40 Meyerhold 1979b, S. 421. Mejerchol'd zitiert hier Puškins Theorie der Tragödie, die gegen Aristoteles' Begriff der Wahrscheinlichkeit gerichtet ist. In Puškin sieht Mejerchol'd einen seiner wichtigsten Vorläufer bei der Suche nach dem "bedingten Realismus".

net. Leitkunst des Theaters, so Lotman, war die Malerei, derem Bildrahmen die theatralische Rampe und die Guckkastenbühne äquivalent waren. Im achtzehnten Jahrhundert sei das Verhältnis umgekehrt gewesen: Die Malerei bezog ihre Sujets aus dem Theater, die malerische Form folgte der theatralischen. Die Orientierung an der Malerei beeinflußte das Verhältnis zwischen Bühne und Zuschauer so, daß weder eine Illusion von Wirklichkeit, noch eine Kommunikationsgemeinschaft zwischen Bühne und Publikum zustandekommen konnte. Die Bühne geriet zum "Szenengemälde"[41], das Heraustreten der Schauspieler auf das Proszenium wäre einem Heraustreten der Schauspieler aus dem Bildraum gleichgekommen. Mit der Forderung nach Aufhebung von Rampe und malerischer Dekoration intendiert Mejerchol'd also eine Abkehr von Romantik und Realismus des neunzehnten Jahrhunderts. Ebenso intendiert er eine Veränderung der Beziehung zwischen Bühne und Zuschauerraum. Die neue Beziehung beschreibt Mejerchol'd schon im Jahre 1907, zu einer Zeit also, als seine Theaterpraxis in eine Phase der orientierungslosen Suche überging. Alle folgenden technischen Schaffensphasen kann man als Wege der Realisierung der schon 1907 intendierten grundlegenden Erneuerung des Verhältnisses von Bühne und Zuschauer begreifen. Die Vision des Theaters der Zukunft nennt Mejerchol'd das "Theater der Geraden". Die "vier Grundlagen des Theaters" – Autor, Regisseur, Schauspieler, Zuschauer – sollen so systematisiert werden, daß zwischen Schauspieler und Zuschauer ein "Funke" übertragen wird, es soll zu einer spontanen schöpferischen Begegnung kommen. Beide, Schauspieler und Zuschauer, schaffen zwischen sich erst das eigentliche theatralische Kunstwerk. Das Schaffen des Schauspielers schematisiert Mejerchol'd mit folgender Skizze:

————————————>--->---> <————————————

x ———— x ———— x ———— x

Autor Regisseur Schauspieler Zuschauer

Er kommentiert:

> Die vier Grundlagen des Theaters werden von links nach rechts mit vier Punkten gekennzeichnet: Autor, Regisseur, Schauspieler, Zuschauer. Das ist die andere Form des Theaters: das "Theater der Geraden". Der Schauspieler öffnet dem Zuschauer seine Seele, nachdem er das Schaffen des Regisseurs

41 Der Begriff wurde von Goethe geprägt und in Lotmans Aufsatz "Bühne und Malerei als codierende Mechanismen des kulturellen Verhaltens zu Beginn des 19. Jahrhunderts", in: Lotman 1981, S. 295–307, hier S. 297, zitiert.

> und dieser das des Autors in sich aufgenommen hat [...] wodurch er die Wechselwirkung zwischen zwei Grundlagen des Theaters, dem Schauspieler und dem Zuschauer, vertieft.

Aufgabe des Regisseurs sei es, die "Seele" des Autors und "seine eigene Deutung" auf die Schauspieler übergehen zu lassen, denen es auf der Bühne aber überlassen bleibe,

> [...] ihre Seele in fast improvisierten Ergänzungen (natürlich nicht des Textes, sondern dessen, was der Regisseur nur angedeutet hat) zu öffnen, so daß das Publikum Autor und Regisseur über das Prisma des schauspielerischen Schaffens akzeptiert. Theater ist personifiziertes Spiel.[42]
>
> [Sperrung des Autors]

Mejerchol'ds "Theater der Geraden" will das ältere Theater des "Dreiecks" ablösen. Darin bilden Zuschauer und Regisseur die kommunikative Grundlage, der "Zuschauer rezipiert das Schaffen (von Autor und Schauspieler) über das Schaffen des Regisseurs"[43]. [Sperrung des Autors]

Indem Schauspieler und Zuschauer Hauptgrundlage der Theaterkunst werden, ist nicht nur der Schauspieler allein, sondern auch sein kommunikativer Partner zu kreativer Aktivität aufgerufen. Das Schaffen des Schauspielers (das dasjenige des Autors und Regisseurs in sich aufgenommen hat) soll auf eine Ergänzung durch das Schaffen des Zuschauers angelegt sein. Schon in der ersten Phase des "stilisierten Theaters" sieht Mejerchol'd Eigenaktivität des theatralischen Rezipienten vor: Das stilisierte, 'lebenswahrscheinliche' Detail am Schauspieler soll durch die Phantasie zum Ganzen des dargestellten Menschen 'zu Ende geschaffen' werden. Was auf der Bühne nur angedeutet ist, gestaltet der Zuschauer nach Maßgabe eigener schöpferischer Vorstellungskraft endgültig aus. Der Bühnenrealismus und -naturalismus Stanislavskijs hat eine totale seelische Einlebung des Schauspielers in die Rolle gefordert. Die realistische, allseitig detailgetreue Dekoration war hier eine technische Vorgabe, die dem Schauspieler selbst die Einlebung in die fiktive Rolle erleichtern sollte. Resultat der Einlebung sollte die vollständige Umverkörperung des Schauspielers zu einem anderen Menschen sein, der wie ein echter, lebender Mensch dem Zuschauer von der Bühne gegenübertrat.[44] Hier war für ein phantasiemäßiges Mitschaffen des Rezipienten kein Spielraum, der Zuschauer blieb passiv. Die nur andeutende Stilisierung bei Mejerchol'd hingegen, die

---

42 Meyerhold 1979a, S. 122–125.

43 Ebda., S. 123.

44 Einen systematischen Vergleich der Schauspielkonzepte Stanislavskijs und Mejerchol'ds gibt Schmid 1992a.

sowohl die Bühnendekoration wie auch den Schauspieler betraf, stimulierte den Rezipienten dazu, das Bühnenkunstwerk qua Ganzem nach Maßgabe der angebotenen Teile und der Richtlinien der grotesken Ganzheitsgestalt konkretisierend zu vollenden. Die groteske Konstruktion der Bühne verlangte getreu der Ästhetik Schopenhauers eine Konkretisierung durch den aktiven Rezipienten, so daß das ästhetische Objekt erst im Bewußtsein des Rezipienten entstand. Mejerchol'd näherte sich einer Rezeptionsästhetik. Die "vier Grundlagen des Theaters": "Autor, Regisseur, Schauspieler, Zuschauer" implizieren das ästhetische Zusammenwirken einer Vielheit schöpferischer Subjekte, deren letztes erst die eigentliche Vollendung des intendierten Objekts vollbringt.

Der von Mejerchol'd geforderte Wegfall der Rampe offenbart seine ästhetische Rolle erst, wenn man dieses schöpferische Zusammenwirken der "vier Grundlagen" bedenkt. Es geht hier nicht primär um einen Illusionsbruch, da Illusion im Theater nach Mejerchol'ds Auffassung sich letztlich gar nicht einstellen kann. Der Zuschauer bleibt sich immer bewußt, daß das Bühnengeschehen Spiel ist, ohne pragmatische Einbettung in die Lebenswirklichkeit. Die Abschaffung der Rampe ist vielmehr ein Signal für eine neue Konventionalität der Bühnenkunst: Statt der in russischer Romantik und Realismus vorherrschenden Orientierung an der Konvention der Malerei, worin der lebendige Schauspieler zu einem 'toten' Bildobjekt degradiert wird, tritt die theatereigene Konventionalität hervor, die darin besteht, daß das lebendige Subjekt des Schauspielers Faktor und Mitfaktor des erst entstehenden ästhetischen Objekts wird. Die Leitbegriffe von Stilisierung und Groteske präsupponieren die Aufhebung der Rampe als Zeichen dafür, daß das theatralische Kunstwerk auf Prozessualität seiner Entstehung beruht.

Diese Prozessualität will Mejerchol'd bewußt machen. Die Linie der wechselnden Ideologien Mejerchol'ds läßt sich nun als Wechsel der Funktionalisierung der kommunikativen Beziehung zwischen Schauspieler und Zuschauer beschreiben. Bis 1917 bleibt der soziale Aspekt der vier schöpferisch geforderten Subjekte völlig ausgeschaltet. Weder das im literarischen Drama manifestierte Autorsubjekt, noch das des Regisseurs, das den Dramentext visionär in die theatralische Vorstellung umsetzt, noch das des Schauspielers, welches die Vision des Regisseurs 'improvisierend ergänzt', noch schließlich das Subjekt des Zuschauers, das die schauspielerische Form ganzheitlich abrundet, werden als Teile eines konkreten, sozialhistorischen Ganzen gefordert. Mejerchol'ds Frühphase der "stilisierten Bedingtheit" abstrahiert bei allen vier Subjektarten auf die schöpferische Phantasie als solche; die Einbettung dieser Fähigkeit in den konkreten Lebenskontext der Einzelnen wie des gesellschaftlichen Ganzen bleibt außer Betracht. Dieser Abstraktionismus ist selber Ausdruck einer Ideologie der Ideologiefreiheit von Kunst, getreu dem Kunstcredo des russischen Formalismus, wonach nur Material und konstruktive Form relevant sind.

Nach 1917 versucht Mejerchol'd, diesen Abstraktionismus in wechselnden Anläufen zu überwinden. Das "agitatorische Theater" mit seiner Technik des "Massenspektakels" bedeutet zunächst ein Ausschlagen des Pendels in eine extreme Gegenrichtung: Die in das Gesellschaftsexperiment der realisierten sozialistischen Utopie investierte Ideologie des neuen Menschen, der nicht mehr Individuum, sondern Teil eines sozialen, kollektiven Körpers ist, soll auch in die konstruktive Ausdrucksform der theatralischen Aufführung eingehen. Das Theater verliert seine künstlerische Autonomie, wird medialisiert und instrumentalisiert für das gesamtgesellschaftliche Experiment. Die ideologisierte theatralische Ausdrucksform manifestiert sich in folgenden Erneuerungen dieser Schaffensphase: 1) in der Wahl des Repertoires – Mejerchol'd inszeniert zweimal (1917, 1920) Vladimir Majakovskijs Revolutionsstück *Mysterium Buffo (Misterija buff)*, das den biblischen Stoff der Sintflut parodistisch in eine die kapitalistische Gesellschaft 'wegspülende' kommunistische Revolution umsetzt, die den gesamten Erdkreis einschließlich der religiösen Bewußtseinsräume von "Himmel" und "Hölle" umstrukturiert. Noch charakteristischer waren die "Massenspektakel" wie etwa *Die Erstürmung des Winterpalais*, das am 7. November 1920 anläßlich des dritten Jahrestages der Oktoberrevolution in Leningrad auf der Grundlage eines von Evreinov ausgearbeiteten Szenariums inszeniert wurde.[45] Die Parodie der mythischen Geschichte wich nun einer Heroisierung der eigenen, historischen Zeit. Damit verband sich 2) ein Wechsel des Spielorts – das Theatergebäude wurde verlassen, verlagerte sich in Fabriken der Werktätigen und an historische Schauplätze der realen Revolution. Der Ortswechsel implizierte 3) eine Veränderung des Konzepts des Schauspielers – die Scheidung zwischen professionellem Schauspieler und schauspielerisch ungeschultem Zuschauer wurde aufgehoben. Laien und Statisten trugen das Spielgeschehen, die Zuschauer selbst erlebten sich als Mitspieler, analog den schon erwähnten Auftritten des Papstes auf dem Petersplatz in Rom, wo Priester und religiöse Gemeinde im geistlichen Spektakel der heiligen Messe vereint sind. Die Gleichsetzung von Schauspielern und Zuschauern unter dem Vorzeichen von Rollenträgern äußerte sich auch in den 4) Theaterkostümen. Mejerchol'd favorisierte in dieser Zeit ein "Arbeitskostüm" (prozodežda), das für alle Schauspieler gleich stilisiert sein sollte. Vorlage der Stilisierung war der Monteursanzug der Arbeiter in den Fabriken. Das Publikum, das ohne Umkleidung gleich vom

45 Vgl. dazu die Beschreibung bei Brauneck 1982, S. 319–320.

Arbeitsplatz in die Aufführung ging, sollte sich in den Schauspielern wiedererkennen. Der Wiedererkennung diente ebenfalls der Wegfall 5) der Schminke. Schauspieler und Publikum waren einander in ihrer äußeren Erscheinung also angeglichen. Das 6) biomechanische Spiel der Schauspieler trieb diese Angleichung auf die Spitze: Die Bewegungsabläufe der Schauspielerkörper sollten der Bewegung der Arbeiter an den Maschinen nachgebildet werden.[46] Kurzfristig kam es also zu einer Modellierung des Schauspielers nach dem Vorbild der außertheatralischen Wirklichkeit. Doch diese realistische Modellierung war nur eine Teilkomponente eines neuen Gesamtmodells Theater, das sich am ideologischen Modell der sozialistischen Revolution, die gerade erst stattgefunden hatte und ihrer allseitigen Umsetzung in eine neue Gesellschaft und ein neues Menschenbild noch harrte, orientierte. Ziel dieser modellierenden Tätigkeit war es, die schöpferische Kraft der Zuschauer nicht mehr auf das abgehobene ästhetische Objekt allein zu lenken, sondern sie durch dieses Objekt als einer bloßen Zwischenphase der Kreativität weiterzuleiten auf die Realität des gesellschaftlichen Lebensraums und dem diesem zugeordneten kollektiven Bewußtseinsraum, worin Residuen der alten, bürgerlichen Ideologie mittels der theatralisch inszenierten neuen Ideologie überwunden werden sollten. Theater wurde Instrument im Klassenkampf.

Diese "agitatorische" Phase bezog sich auf die "Produktionsästhetik" Arvatovs, die letztlich eine Aufhebung des Theaters als autonomem Schaffensbereich anstrebte. Die für Kunst unerläßliche Grenze zwischen Werk und Wirklichkeit sollte verschwinden, Kunst sollte organischer Teil des "Lebensschaffens" (žiznestroenie) werden. Mejerchol'd wich also in dieser Übergangsphase ab von seiner Suche nach den "wahren Grundlagen der Theatralik", die Treue zur Kunst machte derjenigen zur kommunistischen Ideologie Platz. Doch schon ab 1923 erfolgte eine Rückbesinnung auf die künstlerische Intention. Mejerchol'd wendet sich nun verstärkt dem Repertoire der russischen Romantik und des Realismus des neunzehnten Jahrhunderts sowie dem klassischen europäischen Erbe zu. Die Rückbesinnung war zunächst durch die Kulturpolitik des Sowjetstaates abgedeckt, denn Lunačarskij, der Minister für Bildung und Aufklärung, gab für die sowjetischen Bühnen die Losung aus: "Zurück zu den Klassikern!" Das klassische (in Rußland ist damit das Drama des neunzehnten Jahrhunderts gemeint) Erbe sollte mit seinen traditionellen Formen, aber ideologisch bereinigtem Inhalt wieder zugänglich gemacht werden. Die staatliche Bildungspolitik wollte also das formale Bühnenexperiment beenden, um die neue Ideologie nun mit einer historischen Genealogie

46 Vgl. dazu Meyerhold, "Der Schauspieler der Zukunft und die Biomechanik (1922)", in: Brauneck 1982, S. 248–251.

in solchen Klassikern, die den Gedanken der Gesellschaftsrevolution schon aus ihrer historischen Zeit heraus propagiert und vorbereitet hatten, abzusichern. Das klassische Repertoire sollte nach bedingt fortschrittlichen und reaktionären Tendenzen revidiert werden. Reaktionäre Stücke konnten nur in Form einer polemischen Parodie aufgeführt werden – dies zeitigte das Pänomen einer Satire auf die Klassiker, wobei der Begriff der Satire stets einseitig gerichtet zu sein hatte: Die aktuelle Gegenwart durfte nicht Objekt der Satire werden. Fortschrittliche Tendenzen dagegen sollten so hervorgehoben werden, daß die Autoren als "Wegbereiter" (poputčiki) der Oktoberrevolution erschienen. Die junge sowjetische Gesellschaft versuchte, sich der Autorität ihrer Dichtertradition zu bemächtigen, um sie in den Dienst der neuen, noch nicht allseitig akzeptierten Ideologie zu stellen, die dadurch weniger als revolutionäre denn als evolutionäre Ideologie annehmbar gemacht werden sollte.

Bei Mejerchol'd zeitigte die staatlich verordnete Umorientierung Folgen, die der Intention der Auftraggeber zuwider lief. Hier müssen die Wurzeln für den späteren Abbruch seines Experiments mit der Konsequenz der Schließung seines Theaters sowie der Verhaftung und Ermordung des Regisseurs gesucht weren. Der "bedingte Realismus" der letzten Schaffensphase deckte offensichtlich "Grundlagen" der Theaterkunst wie auch der gesellschaftlichen Wirklichkeit auf, die das Regime nicht aufgedeckt wissen wollte.

Mejerchol'ds Umgang mit den Klassikern wollen wir am Beispiel seiner 1933 unter dem Titel *Dreiunddreißig Ohnmachten (Tricat' tri obmoroka)* aufgeführten Regiearbeit an drei Vaudevilles von A. Čechov, *Das Jubiläum (Jubilej), Der Bär (Medved'), Der Heiratsantrag (Predloženie)* demonstrieren. Schon die Wahl der Vaudeville-Gattung kündigt eine Überraschung an, denn Stanislavskij hatte wohl Čechovs große Dramen zu theatergeschichtlichen 'Klassikern' gemacht, die komischen Einakter jedoch nur für Schulungszwecke der Schauspieler verwendet. Wie mit einem Federstrich wischt Mejerchol'd die Tradition der Stanislavskij-Regie Čechovs beiseite, wenn er die Wahl der Vaudevilles begründet:

> Der Tschechow des Kirschgartens und der Drei Schwestern steht uns heute nicht nah. Unser Verbündeter im Kampf gegen vielerlei Relikte widerwärtigen Spießertums ist der andere Tschechow, der mit unvergleichlich kräftigeren Strichen nichtssagende Leutchen in ihrem Alltagskram und ihrer Spießigkeit zeichnet.[47]

Das Zitat belegt, daß es Mejerchol'd um eine Funktionalisierung der Zeitsatiren Čechovs für die Satire auf eigene Zeiterscheinungen geht: Das "Spießer-

47 Meyerhold 1979b, S. 301.

tum" des späten neunzehnten Jahrhunderts hat sich offensichtlich bis in die Gegenwart durchgehalten, ungeachtet aller realen gesellschaftlichen Veränderungen im Sowjetstaat und unangetastet vom amtlich vorgeschriebenen Revolutionspathos. Der Begriff "nichtssagende Leutchen" lenkt die Satire vordergründig auf Einzelpersonen im neuen Staat – damit kommt Mejerchol'd der Zensur entgegen, die Zeitsatire in begrenztem Maße, gerichtet auf partielle Erscheinungen, zuließ, während das gesamtgesellschaftliche System mit seiner Ideologie nicht angetastet werden durfte. Mejerchol'ds weitere Aussagen zur Čechovschen Technik der Satire und zur eigenen theatralischen Umsetzung verraten jedoch, daß das sozialistische System als Ganzes in Frage gestellt wird.

Wir können den Leitbegriff der letzten Schaffensphase des Regisseurs "bedingter Realismus", der ja alle vorherigen Entwicklungsphasen ("stilisiertes Theater", "bedingtes Theater", "agitatorisches Theater") in sich enthält, der folgenden Darstellung zugrunde legen.

"Realismus" sieht Mejerchol'd in Čechovs Stücken in zwei Elementen der jeweiligen dargestellten Welt walten: 1) dem zentralen Ereignis der dramatischen Handlung – in *Jubiläum* gestaltet Čechov einen realen Vorfall, den Skandal einer Bank in Skopinsk, die in den achtziger Jahren mit betrügerischen Methoden schwindelerregende Gewinne machte, ehe der Betrug aufflog, "nachdem ihre Direktoren sich die Taschen mit dem Geld der Kunden vollgestopft hatten"[48]; 2) in den dramatischen Charakteren. Alle Figuren sind Varianten des sozialen Typus des "Neurasthenikers" der achtziger und neunziger Jahre des neunzehnten Jahrhunderts.[49] Der "Neurastheniker" war das charakteristische psychologische Erscheinungsbild der Generation optimistischer Intellektueller, die in der Ära der Großen Reformen in den sechziger und siebziger Jahren auf eine gesellschaftliche Erneuerung des zaristischen Systems gesetzt hatten, ihre Hoffnungen in der anschließenden Ära schwärzester Reaktion, womit die Regierung auf die Ermordung *Alexanders II.* (1881) durch die sozialistischen Revolutionäre antwortete, jedoch bitter enttäuscht sah. Čechovs Onkel Vanja in dem gleichnamigen Bühnenstück ist ein Kondensationsbild dieses gesellschaftlichen Typus, in das Čechov seine diagnostischen Fähigkeiten als Mediziner miteingehen läßt. Beide Elemente des Realismus hat der Autor hyperbolisiert. Der gemeinsame Nenner der Hyperbolisierung ist, so Mejerchol'd, das "jeu du théâtre" der Ohnmacht. Mejerchol'd zählt im *Jubiläum* vierzehn Ohnmachten, im *Bär* und im *Heiratsantrag* neunzehn. Mit seinem Titel *Dreiunddreißig Ohnmachten* bleibt er hinter den Čechovschen

48 Ebda., S. 302.

49 Zum Begriff des Neurasthenikers s. auch Anikst 1972.

Zahlen bewußt zurück, Ziel seiner Regiebearbeitung ist nicht das absolute Quantum, sondern eine neue groteske Ganzheitsform, die an seinen Begriff der theatralischen "Konvention" anschließt.

Diese "Konvention" umfaßt zwei konventionschaffende Ebenen: 1) die Gattung des Vaudevilles als dramatisch-theatralischer Ganzheitsform und 2) die Modellierung der Beziehung zwischen Kunstwerk und Wirklichkeit.

Ad 1) Čechov sieht im betrügerischen Verhalten des Bankiers Šipučin dieselben gesellschaftlichen Mechanismen wirksam wie im Heiratsverhalten der Hauptfiguren der Vaudevilles *Der Bär* und *Der Heiratsantrag*. In allen drei Stücken ist die Energie der Personen auf ein Nebenziel gerichtet, während das eigentliche Ziel aus dem Blickfeld gerät und nur durch das Gesetz der Vaudeville-Gattung, die ein happy end vorschreibt, erreicht wird. Im *Jubiläum* werden Šipučin und sein Buchhalter Chirin durch lästige Erzählungen Tatjana Alekseevnas, der Frau Šipučins, und unpassende Bitten einer zufälligen Besucherin, Merčutkina, an der Jubiläumsvorbereitung gehindert, in den beiden anderen Stücken will je ein Paar heiraten, läßt sich aber durch eingefleischte Vorurteile und Verhaltensweisen vom ersehnten Ziel abbringen: Im *Bär* hängt der spätere Bräutigam Smirnov der Zeitmode der Frauenverachtung an, die spätere Braut Popova heuchelt Treue gegenüber ihrem verstorbenen Mann bis über das Grab hinaus; im *Heiratsantrag* zerstreiten sich die späteren Brautleute Lomov und Natalja Stepanova über die Qualitäten ihrer Jagdhunde und über ein wertloses Wiesengrundstück, so daß der Sprechakt des Antrags lange Zeit nicht getätigt werden kann. Aus dem Kontrast zwischen dem Langzeitziel der dramatischen Grundsituation und den kurzfristigen Zwischenzielen entsteht die komische Spannung. Die zahlreichen Ohnmachten sowohl der männlichen wie der weiblichen Charaktere symbolisieren den Zustand neurasthenischer Unkoordiniertheit zwischen Langzeit- und Kurzzeitziel.

Mejerchol'd will nun, daß die Schauspieler den Grundzug der Neurasthenie aller Figuren durch dramen- und theatergeschichtliche Studien vertiefen und gleichzeitig verfremden. Ein Beispiel für die geschichtliche Vertiefung: Die Darstellerin der Popova im *Bär* soll Molières *Tartuffe* lesen, um die "Scheinheiligkeit" zu begreifen, dem Darsteller des Frauenverachters Smirnov empfiehlt er das Studium Strindbergs, der die Mode der Misogynie kreiert habe, die bis in die Gegenwart weiterwirke. Ein Beispiel der schauspielerischen Rollenverfremdung: Bei Čechov reagiere Chirin, der von Šipučin beauftragt wurde, die lästige Merčutkina zu beseitigen, "rasend toll" – die rasende Tollheit äußert sich in der "Handlungskette" einer Verfolgungsjagd, die erst auf ein falsches Objekt, Tatjana, die Frau des Direktors, dann übergangslos auf das richtige Objekt, die Merčutkina, gerichtet ist. Bei Mejerchol'd soll die Jagd nach dem falschen Objekt das "schnelle Tempo, [das] beim Autor verzeichnet ist", realisieren, dann jedoch, als das richtige Objekt avisiert wird, in völlige Ruhe übergehen: "[...] ich lasse ihn ziemlich gemächlich, sogar lächelnd, die Mertschutkina suchen, und sie, einmal gefunden, über die Bühne jagen."[50] Der Übergang von Raserei in lächelnde Besonnenheit kontrastiert zwei Techniken des Spiels der "Handlungsketten". Das 'rasende' Laufspiel 'zitiert' Čechovs Neurastheniker, die zwischen falschem und richtigem Ziel nicht unterscheiden können, das distanziert überlegene Laufspiel 'zitiert' Mejerchol'ds biomechanisches Theater, bei dem die Schauspieler wie tänzerisch perfekte Marionetten, ungestört durch innere Erlebnisse, groteske Peripetien zwischen maschinenartiger Bewegtheit und langsamen Phasen realisieren mußten.

Ad 2) Für die Modellierung der Beziehung Werk – Wirklichkeit ergibt sich das Bild einer komplizierten Staffelung von Modellen: Čechovs Vaudevilles schaffen ein dramatisches Kunstwerk, worin ein realistisches Detail (der Bankbetrug, der Heiratsakt), mit einer Zeitdiagnose (der Typus des Neurasthenikers) verbunden, durch Vaudeville-gemäße Hyperbolisierung zu einem künstlerischen Modell transformiert wird. Das Modell verweist auf die reale gesellschaftliche Wirklichkeit im Modus der Diagnose. Diagnose kann die Voraussetzung für die Heilung der Krankheit sein, enthält aber noch nicht die Methode der Heilung selbst. Denkbar ist auch, daß eine Diagnose zu dem Schluß kommt, eine Heilung sei aussichtslos. Das diagnostische Modell gibt also kein Rezept an, die Rezeptur bleibt offen. Mejerchol'd 'zitiert' Čechovs diagnostisches, offenes Modell und setzt ihm ein zweites Modell auf; dieses gibt sich 'unschuldig' als bloß künstlerisches Modell des biomechanischen Theaters, das an seine Phase des "agitatorischen Theaters" anknüpft. In dieser Phase war zwischenzeitlich der Maschinenrhythmus der Arbeiter in den Fabriken, ergänzt durch das "Arbeitskostüm" des Monteursanzugs, zum Vorbild der Modellierung von Kunst nach dem Leben erhoben worden, dem dritten Typus also der Lotmanschen Typologie der Beziehung Werk – Wirklichkeit. Untergründig jedoch erweist sich die Aufführung der Čechovschen Vaudevilles als ein Modell satirischer Analyse der eigenen Zeit Mejerchol'ds. Objekt der Analyse ist nicht nur, wie staatlich vorgeschrieben, die Typenvielfalt der Neurastheniker, die sich in den der bürgerlichen Ideologie verhaftet gebliebenen "neuen Menschen" des Sowjetstaats durchgehalten hat. Objekt ist vielmehr das Wertsystem des neuen Staates, das den Bürgern sowenig wie der zaristische Staat zur Lebzeit Čechovs wirkliche Werte anbie-

50 Meyerhold 1979b, S. 307.

tet. Denn bei Čechov ist nicht nur das Kurzzeitziel der dynamischen "Handlungsketten", an dem sich die Energie der dramatischen Personen kopflos verausgabt, wertlos, sondern auch das je intendierte Langzeit- und Hauptziel: die Jubliäumsfeier, die über die betrügerischen Machenschaften der Bank hinwegtäuschen soll, die bürgerliche Ehe, in der die Menschen ihr staatlich verordnetes Lebensglück finden sollen.[51] Bei Mejerchol'd korrigieren die Personen zwar im Übergang von "Raserei" zu Besonnenheit den einen Zielwert, aber nicht den anderen. Auch das biomechanische Groteskenspiel zeigt keine grundsätzlich neuen Werte des gesellschaftlichen Verhaltens, gibt keine positiven Leitwerte vor. Die Čechovsche Diagnostik wird damit für die eigene Gegenwart Mejerchol'ds bestätigt, und zugleich damit wird der ideologische Wertkanon der sozialistischen Gesellschaft als leer bloßgestellt. Die letzte Schaffensphase des "bedingten Realismus" offenbart einen Wechsel Mejerchol'ds von Lotmans drittem Modelltypus (die modellbildende Tätigkeit geht vom Leben aus) zum zweiten (die Kunstsphäre wird zum Bereich von Modellen und Programmen). Kunst gibt das formale Modell einer axiologischen Wirklichkeitsanalyse vor, die die Ideologie der Gesellschaft in Frage stellt.

Mejerchol'ds Plan, eine Geschichte der Technik des Theaters ohne Rücksicht auf Ideologie zu schreiben, ist für den Bühnenkonstruktivismus dieses Regisseurs in allen Entwicklungsphasen symptomatisch. In der vorrevolutionären Zeit des "bedingten Theaters" ist die Aufhebung der Rampe ein entscheidender technischer Beitrag zur Theatergeschichte. Die historische Konvention des malerischen Theaters, die Mejerchol'd von 1905 bis 1906 selber noch mittrug (in der ersten Phase des "stilisierten Theaters"), wird abgelöst durch eine neue Konvention, worin eine Vielheit von schöpferischen Subjekten an der Entstehung des Theaterkunstwerks beteiligt werden soll. Der in dieser Zeit verwendete Ausdruck der 'kommunizierenden Seelen' ("Seele" des Autors, des Regisseurs, des Schauspielers, des Zuschauers) verrät eine Bindung an die Idee kosmischer Harmonie, die Mejerchol'd dem russischen Symbolismus, aber auch dem Symbolismus Przybyszewskis in Polen, dessen Dramen Mejerchol'd wiederholt aufführte,[52] entnehmen konnte. Die Aufgabe des Zuschauers, die endgültige Gestalt des Bühnenwerks zu konkretisieren, deutet jedoch eine Sonderposition Mejerchol'ds an: Die 'Seelenkommunikation' richtet sich nicht auf ein fertiges, seiendes Werk, sondern auf den Prozeß seines Werdens, der als Gemeinschaftsprozeß mit je spezifischen Rollen der

---

51 Eine detaillierte Analyse der Struktur des Čechovschen Einakters *Der Heiratsantrag* gibt Schmid 1984. Vor Čechov hatte schon Gogol' in seiner Komödie *Die Heirat* (Ženit'ba) den Wert der Ehe für das menschliche Lebensglück satirisch in Frage gestellt. Vgl. dazu Schmid 1991.

52 S. dazu Anm. 22.

beteiligten Instanzen gesehen wird. Die Idee schöpferischer Kommunion, anfänglich noch spiritualistisch und mystizistisch interpretiert, liegt auch der "Produktionsästhetik" von Mejerchol'ds "agitatorischer" Phase gleich nach der Oktoberrevolution zugrunde. Mejerchol'ds Orientierung an den Auftritten des Papstes in Rom vor der Gemeinde verrät nicht nur Interesse an der perfekten Technik von "Massenspektakeln", sondern ihr liegt auch eine Verwandtschaft des Kommunionsgedankens zugrunde. Allerdings verliert die kommunistische Masseninszenierung die kommunikative Vertikalachse: Der mit der Vertikale konnotierte "heilige Geist", der bei der Messe auf dem Petersplatz zur Gemeinde hinzutritt, weicht einem rein horizontal lokalisierten 'profanen' Kollektivgeist. Das Werk im Entstehen ist nun auch nicht mehr das Kunstwerk als ästhetisches Objekt, sondern der Bau der neuen Gesellschaft, wozu das theatralische Spektakel nur eine Vorbereitungsphase bildet. Aleksandr Tairov, gleichzeitig Mitstreiter Mejerchol'ds um den russischen Bühnenkonstruktivismus wie auch künstlerischer Gegner, erspürte diesen profanisierten Kommunionsgedanken in Mejerchol'ds "agitatorischer Phase". Er warf seiner Revolutionsgesinnung Reaktionärstum vor.[53] Selber postulierte Tairov ein konstruktivistisches Theater, das schon auf der Bühne vollendet sein sollte. Der Zuschauer ist zu kontemplativer Schau, nicht zu aktiver Mitgestaltung angehalten. Eine wiederum andere Position bezieht Sergej Ėjzenštejn, dessen zu Beginn der zwanziger Jahre formulierte "Montage der Attraktionen" wie Tairovs "Befreites Theater" ein durch den Regisseur fertig montiertes Bühnenwerk verlangt, das nun jedoch nicht kontemplativ genossen, sondern agitatorisch-edukativ den Rezipienten zur 'richtigen' Ideologie des Kommunismus lenken will.[54] Mejerchol'd bezeugt von diesen drei russischen Konstruktivisten die größte Achtung vor dem Zuschauer. Wollen Tairov und Ėjzenštejn nur die geistige Dimension ansprechen – der eine die Kontemplationsfähigkeit, der andere den doktrinären Verstand – so versucht Mejerchol'd künstlerische und schließlich auch soziale Kreativität des ganzen Menschen zu wecken. In der letzten Schaffensphase des "bedingten Realismus" bleibt diese Orientierung bestehen, wird aber ergänzt durch eine kunsthistorische und zeitgenössisch-kritische Dimension. Am Beispiel der Bearbeitung der Čechov-Vaudevilles sahen wir, wie die Kunstgeschichte in das Schaffen des Schauspielers an der Rolle eingehen soll. Molières Typenkomö-

53 Eine Darstellung der polemischen Beziehungen Tairovs zu Mejerchol'd gibt Amiard-Chevrel 1974.

54 S. dazu Sergej M. Eisenstein, "Montage der Attraktionen" (1923), in: Brauneck 1982, S. 260–265. Der Begriff "Befreites Theater" (osvoboždennyj teatr) ist in der Variante *Das entfesselte Theater* Titel der deutschen Übersetzung von Tairovs Buch *Zapiski režissera* (Aufzeichnungen eines Regisseurs), Moskau 1921. Dort wird der Begriff im Text erörtert.

die, Strindbergs Ideologen der Misogynie, weiterhin aber auch Gogol's Typenzeichnungen und Puškins Theaterfigurinen sollen die Rollenkonzeption beeinflussen. Die theatergeschichtliche Technik der Rollentypen sollen die Schauspieler ergänzen durch Studium der Malerei sowie durch sozial- und politikgeschichtliches Quellenstudium.[55] All diese vielgestaltigen Aspekte der Arbeit des Schauspielers dienen dazu, den Zuschauer zu genauem, an historischen Stilen geschultem Sehen anzuleiten, das jede 'Stilschicht' der dargebotenen Rollengestalt sofort erkennen kann. Es geht hier also um eine theatralische Sehschule, nicht um eine Schule der Kontemplation. Das Sehen soll dann in historisch vertieftes Verstehen der eigenen Zeit münden. Die Technik satirischer Modellierung, die wir an *Dreiunddreißig Ohnmachten* aufdeckten, bewirkt dabei, daß die eigene Zeit mehr Identität und Kontinuität mit der vorrevolutionären sozialen und politischen Geschichte zutage treten läßt, als dem Staat genehm sein konnte. Die Revolution, durch das "Zurück zu den Klassikern" in Evolution uminterpretiert, gerät in Mejerchol'ds Satire zur Wiederholung des Gleichen in bloß variiertem, äußerem Gewand. Der an Mejerchol'ds konstruktivistischer Satire geschulte Zuschauer weiß schließlich, daß die historische Revolution eine Maske für Stagnation war. Der Umbau der Gesellschaft im wahrhaft 'kommunistischen Geist' steht noch aus.

Wie eingangs erwähnt, beendete die Sowjetmacht 1938 die experimentelle Arbeit Mejerchol'ds durch Schließung seines Theaters. A.V. Fevral'skij vermerkt in seinen biographischen Angaben, am 20. Juni 1939 sei der Regisseur "rechtswidrig" verhaftet, am 2. Februar 1940 "ums Leben gekommen" und am 26. November 1956 "vom Militärkollegium des obersten Gerichts der UdSSR rehabilitiert" worden.[56] Es wäre sicherlich aufschlußreich, sowohl die Anklageschrift von 1939 wie auch die Rehabilitationsschrift zu studieren. Mejerchol'ds 1935 gehaltenes Referat mit dem Titel "Meine Arbeit zu Čechov" verrät etwas von einer revolutionären Spieltechnik, die in den Augen der Staatsmacht, die davon ausging, die Revolution sei in Rußland bereits abgeschlossen, nur als Konterrevolution erscheinen konnte. Der Regisseur argumentiert:

55 Dieses den Rollentext anfüllende Studium der Zeitgeschichte des Autors begründet Mejerchol'd damit, Čechov habe sich "mit den Vaudevilles natürlich nur beiläufig, neben anderen Dingen beschäftigt und ihnen daher nicht genügend Zeit gewidmet, und so erscheinen sie mir auch nicht bis zu Ende ausgearbeitet." Meyerhold 1979b, S. 303. Die Technik des Nicht-zu-Ende-Schreibens der dramatischen Rollen ist aber in der Geschichte des russischen Theaters schon durch Aleksandr Ostrovskij bewußt eingeführt worden. Ostrovskij verlangte von seinen Schauspielern, sie sollten durch soziale Milieustudien (bezogen auf Gestik, Mimik, typische Redewendungen und Dialekte) die Figuren seiner Dramen ergänzen. Vgl. dazu auch die Darlegungen bei Anikst 1972.

56 Vgl. Meyerhold 1979b, S. 596.

> Das Allerschlimmste am modernen Theater ist, daß einige große Schauspieler aufgehört haben, vielschichtig zu spielen, das heißt, daß stets das im Untergrund des Textes Verborgene sprudelt, das heißt, sie müßten spielen, imdem sie nicht nur das Flußbett, sondern sozusagen alle Nebenarme dessen sehen, was sie auf der Bühne spielen. Nebenlinien, die aus der Vielschichtigkeit entstehen. Der moderne Schauspieler müßte diese Kompliziertheit bringen können.
>
> So und nicht anders spielten ja auch die berühmten Motschalow, Schumski, Karatygin und andere bedeutende Darsteller der Epoche Puschkin-Gogol. [...] Manchmal nutzte Motschalow [...] den Text eines sagen wir Hamlet, um etwas einzuschmuggeln, was wohl ein Belinski, aber nicht ein Polizeiinspektor oder Reviervorsteher begreifen konnte. Das war eine eigenartige Untergrundtätigkeit der Schauspieler. Und manchmal setzten die Behörden das Spiel vom Spielplan nicht deshalb ab, weil der Polizeiinspektor oder Reviervorsteher diese "illegalen" Stellen erraten hatten, sondern weil die Zuschauer sie durch ihre Reaktion betont hatten. Wir wissen, wie zwischen 1900 und 1905 ein Stück wie *Ein Volksfeind* von Ibsen im Moskauer Künstlertheater geklungen hat. Während des Petersburger Gastspiels wurde es gerade an dem Tag gespielt, als sich die Studenten und Arbeiter vor dem Kasaner Dom versammelt hatten. Und obwohl es ein tief individualistisches Stück ist, wurden einzelne Sätze vom Publikum nicht so aufgenommen, wie sie von Doktor Stockmann gesagt werden, sondern wie sie in der Nebenlinie des schauspielerischen Verhaltens zutage kamen; die Sätze haben sich in diesem Zuschauerraum verändert – einem Raum, erfüllt von Rebellion und Protest.[57]

Mejerchol'ds Text ist selbst extrem vielschichtig: "[...] daß einige große Schauspieler aufgehört haben, vielschichtig zu spielen", kann als Hinweis gelesen werden, daß die 'großen', des vielschichtigen Spiels also mächtigen Schauspieler des modernen Theaters, die "Unterwasserstrom"-Technik[58] der Stanislavskij-Schule, die am Beispiel der Volksfeind-Aufführung erwähnt wird, aus nicht genannten Gründen aufgegeben haben zugunsten eines flachen Spiels. Die Gründe scheint Mejerchol'd anzudeuten, wenn er auf Močalov, den Zeitgenossen revolutionärer Schriftsteller wie Puškin und Gogol', verweist, dessen politische Dimension das Publikum besser begriff als die staatlichen Aufsichtsbehörden. Der Regisseur hat sich einer Ästhetik der politischen Kontrabande verschrieben, die die Ästhetik des Polizeiknüppels unterläuft. Schauspieler wie Publikum kommunizieren mittels Geheimzeichen über eine

57 Ebda., S. 305.

58 Mit "Unterwasserstrom" (podvodnoe tečenie) bezeichnete Stanislavskij das verborgene seelische Geschehen in der dramatischen Person, das der Schauspieler durch Mimik, Gestik und Pausen ausdrücken sollte. Mejerchol'd hatte diese Spieltechnik durch das exzentrische, die dramatische Rolle verfremdende Spiel der Schaupieler um kognitive und sozialkritische Dimensionen erweitert.

bevorstehende Rebellion. Die religiös-mystische Kommunion der Anfangszeit wie die profanisierte heilige Messe der agitatorischen Phase münden in eine mehrschichtige Textkodierung, deren Vorbilder in der russischen Romantik (wofür Puškin und Gogol' stehen) zu suchen sind, die auch eine Zeit künstlerischer Kontrabande war. Mejerchol'd lernt an und lehrt durch die Klassiker der russischen Literatur eine künstlerische "Untergrundtätigkeit", die er offensichtlich in der eigenen Zeit als nötig erachtet. Verhaftung und Tod lassen vermuten, daß diese Botschaft auch bei den "Polizeiinspektoren und Reviervorstehern" der Sowjetmacht angekommen ist.

3. Die tschechoslowakische Theateravantgarde – Jindřich Honzl und die funktionale Ästhetik des Prager Strukturalismus

Jindřich Honzl (1894–1953) ist im westlichen Ausland noch wenig bekannt. Seine zahlreichen Publikationen zur eigenen Regiepraxis, zur europäischen Theateravantgarde und zur Theorie des Theaters konnten, da sie nur in geringem Maß übersetzt wurden, bisher noch nicht adäquat gewürdigt werden.[59] Auch die folgende Darstellung muß sich auf wenige Grundbegriffe und Grundlinien beschränken. Drei Aspekte sollen hervorgehoben werden: 1) Honzls Beziehung zur Avantgardebewegung des "Poetismus" (1920–1929), 2) seine Auffassung des Bühnenkonstruktivismus, 3) die Beziehung seiner funktionalen Theatertheorie zum ästhetischen Funktionalismus des Prager Strukturalismus. Die funktionale Ästhetik soll dann abschließend am Beispiel der clownesken Theatermasken von Jiří Voskovec und Jan Werich, die ab 1927 zum Befreiten Theater (Osvobozené divadlo) in Prag stießen und das Gesicht dieses Avantgardetheaters so nachhaltig bestimmten, daß es auch den Beinamen "V+W"-Theater erhielt, erörtert werden. Honzl war mit nur kurzzeitiger Unterbrechung Hauptregisseur dieses Theaters, das 1925 im Auftrag der Künstlervereinigung des "Devětsil" in Prag gegründet wurde.[60]

Der Poetismus konstituierte sich 1920 als vergleichsweise verspäteter Beitrag der tschechoslowakischen Künstler zur allgemeinen Avantgardeströmung in Europa. Diese späte Geburt bot gewisse Vorteile: Die tschechoslowakischen Künstler konnten aus kritischer Distanz zu vorangegangenen und auch zeitgleichen Parallelbewegungen der Avantgarden ihre eigene

---

59 Honzls theatergeschichtliche und theoretische Studien wurden in drei Sammelbänden herausgegeben: *K novému významu umění*, Praha 1956; *Divadelní a literární podobizny*, Praha 1959; *Základy a praxe moderního divadla*, 1963. In letztgenanntem findet sich ein Register aller Einzelveröffentlichungen des Regisseurs.

60 Vgl. dazu die Monographie von Pelc 1982.

Position spezifizieren. Besonders markant ist die Beziehung zum sowjetischen Konstruktivismus sowie den ihm vorhergehenden Strömungen des Futurismus, Kubofuturismus und Suprematismus und zum französischen Funktionalismus in der Architektur, repräsentiert von Le Corbusier und Ozenfant in Paris. Die tschechoslowakischen Poetisten – besonders hervorzuheben sind der Architekt Karel Teige, die Dichter Vladislav Vančura und Vítězslav Nezval sowie der früh verstorbene Jiří Wolker – lehnten jegliche metaphysische Begründung der Kunst, d.h. einen tranzendenten Schönheitsbegriff, wie er dem Suprematismus Kazimir Malevičs unterliegt (eine Parallele zu Malevič bildet Vasilij Kandinskij), aber auch jede absolute Verherrlichung der Technik in Futurismus, Kubofuturismus und architektonischem Funktionalismus, ab. Fernand Léger, Pablo Picasso, die Theaterkünstler Oskar Schlemmer und Kurt Schmitt am deutschen Bauhaus sowie den italienischen Futurismus Marinettis, die den technischen Zweckrationalismus ohne Berücksichtigung des Menschlichen verherrlichten, unterwarfen sie harscher Kritik. Ihre Position wird am besten durch den von Oleg Sus, einem Philosophen und Kunsttheoretiker des Prager Strukturalismus in der zweiten Generation, geprägten Begriff der "Felizitologie" charakterisiert. Mit "Felizitologie" ist eine menschliche Glückslehre gemeint, die den Menschen zum "Maß aller Dinge" macht. Ästhetisch vollendete Tötungsmaschinen wie Kanonen, die Marinetti und Léger zum Vorbild des Kunstschaffens erhoben hatten, wurden von den Poetisten verurteilt, da sie dem Glück des Menschen nicht dienen. Hinter der Glückslehre steht eine Sozialutopie, die sich partiell an die marxistische Utopie, partiell aber auch an den utopischen Sozialismus der französischen Tradition und darüber hinaus an heimische Traditionslinien bis hin zur Epoche des tschechischen Barock anlehnt. Jan Ámos Komenský (Comenius), der frühbarocke Humanist und Aufklärer, der eine Utopie des befreiten Individuums entwickelte, das als "Staat im Staat" Keimzelle einer herrschaftslosen, anarchistischen Gesellschaft werden soll, wurde zu Beginn der zwanziger Jahre durch die Brüder Karel und Josef Čapek und zu Beginn der dreißiger Jahre von Voskovec und Werich wiederentdeckt.[61] Diese Traditionslinie führte dazu, daß die Poetisten, die großenteils Mitglieder der 1921 gegründe-

61 Karel und Josef Čapek schrieben 1922 das Stück *Ze života hmyzu (Aus dem Leben der Insekten)*, Josef Čapek 1936 *Kulhavý poutník (Der hinkende Wanderer)*; beide Werke greifen Komenskýs *Labyrint světa a ráj srdce (Das Labyrinth der Welt und das Lusthaus des Herzens)*, 1623, auf. Voskovec und Werich planten eine dramatische Bearbeitung von Komenskýs utopischem Roman, worin die Reise des Wanderers anstatt wie bei Komenský ins menschliche Herz, dem Ort des Zwiegesprächs zwischen Seele und Christus, in die Gesellschaft als Ort agitatorischer Rede im Dienst der sozialistischen Ideologie umgeschrieben werden sollte. Zu Komenskýs Utopiebegriff, exemplifiziert an seinem Schuldrama *Diogenes cynicus redivivus*, s. Schmid 1994b. Zu Voskovec und Werich s. Pelc 1982, S. 157.

ten Tschechoslowakischen Kommunistischen Partei (KSČ) wurden, mit der Parteilinie in Konflikt gerieten, was 1929 die Auflösung der "Devětsil"-Organisation und ihre Umwandlung in die "Levá fronta" (Linke Front), die sich der kommunistischen Doktrin unterwarf, zur Folge hatte. Die Ideen des Poetismus wirkten jedoch bis in die dreißiger Jahre nach und beeinflußten auch den aufkommenden Prager Strukturalismus. Jindřich Honzl, selbst Kommunist, beging 1953, als die kommunistische Partei in der Tschechoslowakei die Regierungsmacht übernommen hatte und wie in den sozialistischen "Bruderländern" einen rigorosen Stalinismus durchsetzte, Selbstmord. Das Schicksal der Avantgardekünstler in allen Ländern des sowjetischen Machtbereiches, das sich an Mejerchol'd schon 1939 vollzogen hatte, holte auch die tschechoslowakische Avantgarde ein.

Die anarchistisch gefärbte Glückslehre der Poetisten äußert sich in zwei spezifischen Einzelbereichen, dem architektonischen Konstruktivismus und der sozialen Funktion von Kunst. Karel Teige, der 1925 in Paris die Architektur Le Corbusiers und Ozenfants kennenlernte, kritisierte deren Konzept architektonischer Funktionalität, die allein an der Zweckrationalität eines Gebäudes ausgerichtet war. Er forderte, jedes Gebäude solle sich vorrangig vor seiner Zweckbestimmung einer Fabrik, eines Regierungs- oder Verwaltungsgebäudes und dergleichen am Raumgefühl des menschlichen Körpers orientieren. Wie in der Renaissance sollte der Körper des Menschen zum Zentrum des architektonischen Raums werden, das architektonische Modell wiederum sollte Vorbild einer humanen Gesellschaftsordnung sein.[62] Gleichzeitig damit propagiert Teige eine soziale Funktionslehre der Kunst, die von einer Zweiteilung der menschlichen Funktionsbereiche ausgeht. In Arbeitswelt und politischer Sphäre müsse die rationale Organisation vorherrschen, in der Kunst hingegen solle die menschliche Emotionalität eine ihr gemäße, rational nicht kontrollierbare, autonome Formenwelt hervorbringen. Diese Lehre zweier heteronomer Schaffensbereiche des Menschen verbindet er mit einer Zweiteilung der Zeit: Sechs Tage der Woche sollen der Arbeit, der siebente Tag jedoch der "Feiertagswelt" der Kunst gewidmet sein. In der Arbeitswelt dient der Mensch dem Aufbau der neuen, sozialistischen Gesellschaft, macht die moderne Technologie der Befriedigung der praktischen und moralischen Bedürfnisse untertan; in der Welt der Kunst befriedigt er seine nichtpragmatischen Bedürfnisse nach zweckfreier Schönheit, worin alle "fünf Sinne" zu ästhetischer Sensibilisierung in einer "Welt, die lacht" (svět, který

62 Zum Verhältnis zwischen Poetismus und Renaissance s. Květoslav Chvatíks Studie "Moderní umění" in: Chvatík 1970, S. 20–39.

se směje) gebracht werden.[63] Die 'lachende Welt der Kunst', die Kunst als 'Feiertag' und karnevalistisches Sinnenspiel, dies ist der besondere Beitrag der tschechoslowakischen Avantgarde zur gesamteuropäischen Avantgarde. Sie hebt sich von Pessimismus und "Katastrophismus" Witkiewiczs, aber auch von der "Produktionsästhetik" eines Arvatov, der ideologischen Indoktrination eines Ėjzenštejn wie auch von der schweren, sozialkritischen Groteske des späten Mejerchol'd signifikant ab.

Für Jindřich Honzls Position innerhalb des Poetismus ist außer Karel Teige auch Vitězslav Nezval wichtig. Neben Teige war Nezval der bedeutendste Theoretiker der tschechischen Avantgarde. Von Anfang an nimmt er hier insofern eine Sonderstellung ein, als er die Rolle der Poesie reflektiert. Er entwickelt eine Lehre der poetischen Bildlichkeit, die sich auf die Assoziationskraft des Menschen beruft. Zwei Assoziationskreise, die "primären" und die "sekundären" Assoziationen, gehen Nezval zufolge in das poetische Bild ein. Die "primären" Assoziationen betreffen kollektive, einer sozialen Gemeinschaft zugehörige Assoziationen, die sich aus der gemeinsamen Lebenswirklichkeit und der Kulturtradition speisen. Die "sekundären" Assoziationen hingegen erwirbt das menschliche Individuum in seinen authentischen Welterfahrungen insbesondere in der Kindheit, worin es noch nicht Teil des sozialen und kulturellen Kollektivs ist. Der Dichter soll beide Bereiche in getrennte Bildschichten der poetischen Konstruktion so eingeben, daß eine kontrastive Spannung entsteht, die den gesamten Bildaufbau durchzieht. Trägerelemente beider Bereiche sollen die visuelle Erfahrung und die Klanglichkeit der Wörter, besonders der Reim und die Assonanz, werden, in geringerem Maß der Rhythmus. Einen poetischen Reim nennt Nezval ein "Gedicht en miniature". Durch die Betonung der Visualität will Nezval die moderne Lebenswelt der Großstadt, die durch Reklame, Film und Technik gekennzeichnet ist, in die Kunstwelt integrieren.[64] Die Unterordnung des Rhythmus unter die Lautlichkeit macht deutlich, daß die metaphysisch geladene "Weltanschauung des Rhythmus", die wir bei Bolesław Leśmian angetroffen hatten, hier keine Rolle spielt.[65] Diese Assoziationslehre enthält in nuce den späteren

---

63 Karel Teiges Manifeste und eine Reihe seiner theoretischen Aufsätze sind in dem dokumentarischen Sammelband *Poetismus*, herausgegeben von Květoslav Chvatík und Zdeněk Pešat 1964, abgedruckt. S. dazu auch Schmid 1990b.

64 Zu Nezvals Assoziationstheorie s. die in Chvatík/Pešat 1964 abgedruckten Manifeste des Autors, bes. "Papoušek na motocyklu". Systematisch legt Nezval seine Ideen zur poetischen Technik in seiner Monographie *Moderní básnické směry* (1937), 1964, dar. Dort gibt er eine Übersicht über die europäische Avantgardekunst vom Standpunkt der Poetik.

65 Nezval bezieht in der Frage der Rolle des Rhythmus in der Lyrik eine andere Position als Jan Mukařovský und vor diesem die russischen Formalisten. Für beide letztgenannten ist der Rhythmus ein Grundprinzip poetischer Sprache, die Bildlichkeit wird aus dem Rhythmus

Konflikt mit der Kunstdoktrin des Kommunismus, betont sie doch die Relevanz des schöpferischen Individuums als Garant gerade der Authentizität poetischer Bildersprache.

Jindřich Honzls Theatertheorie weist Einflüsse sowohl der Architekturtheorie Teiges wie der 'Bilderlehre' Nezvals auf. Immer wieder fordert er, die Bühnenkunst müsse von dem Konzept einer "Bühnenmetapher" ausgehen. In diesem Begriff ist seine Auffassung des Konstruktivismus wie in einem Brennglas konzentriert. Folgende Elemente lassen sich herauslösen.

Der Bühnenraum: Die Räumlichkeit der Bühne hat nach Honzl mit Ausnahme der griechischen Antike in der gesamten Theatergeschichte niemals eine eigene Bedeutung gehabt. Funktionalisiert zum bloßen "Ort der dramatischen Handlung", sei sie in ihrer konkreten Eigenform eines Raumobjektes nicht wahrnehmbar gewesen. Nur in der Antike sei sie als Sakralraum und Ort, an dem das Schicksal der Polis unmittelbar greifbar war, Mitträger der theatralischen Handlung gewesen. Die moderne Bühne soll nun das Gefühl und das Bewußtsein dafür, daß der Bühnenraum selbst Form und Eigenbedeutung habe, wiedererwecken. Der Raum soll Ort unmittelbarer Dramatik, also Mitakteur des gesamten Bühnengeschehens, werden, unabhängig von seiner möglichen Bedeutung als dramatischer Handlungsort in der fiktiven Welt des aufgeführten Dramas. Hier zeichnet sich die für die spätere Theatersemiotik wichtige Unterscheidung zwischen der Schicht der Signifikanten und Signifikate des theatralischen Zeichens ab. Der Bühnenraum als einer der theatereigenen Signifikanten erhält ästhetischen Eigenwert, geht nicht mehr auf und unter in seiner signifikatstragenden Funktion. Er wird als Faktor des vielschichtigen Zeichenbaus des Gesamtzeichens Theater prominent.

Der Schauspieler: Zwar hat die Bühnenarchitektur schon vor dem Auftreten des Schauspielers Eigengestalt und -bedeutung, doch die menschliche Gestalt des Schauspielers erst präzisiert diese Bedeutung. Plastische Objekte, Raumeinteilung und Perspektivik sind so zu gestalten, daß Proportionalität, dynamische Spannungslinien und Bedeutungsfunktion auf den menschlichen Körper verweisen. Selbst wenn der Schauspieler nicht auf der Bühne anwesend ist, ist er doch in der Raumform als deren inneres Maß und als Bezugsgröße vorhanden, der Bühnenraum ist menschlicher Raum wie in Teiges Architektur. Zwischen Mensch und Raum entsteht eine wechselseitige Spannungsbeziehung dichotomischer Polarität, die sich auf semantischer Ebene als Beziehung von Bedeutungsentwurf und -erfüllung geltend macht. Der Entwurf geht von der Raumform aus, die Erfüllung bringt das Einzel- und Grup-

abgeleitet. Vgl. dazu Mukařovskýs "O jazyce básnickém", in: Mukařovský 1941, und Jurij Tynjanovs *Das Problem der Verssprache* (1924), 1977.

penspiel der Schauspieler im Verlauf der gesamten Aufführung. Noch vor und außerhalb der Redeäußerung der dramatischen Rollen konstituiert sich so eine Raumsemantik zwischen Bühne, Mensch und Bühnendingen, die als eigenständige Zeichen- und Bedeutungsschicht parallel zur Bedeutung von dramatischer Handlung und verbalem Dialog hervortritt. Der räumliche Anthropozentrismus und Anthropomorphismus impliziert, daß der Schauspieler der Kategorie der Dinglichkeit, die im Konzept des Schauspielers als Marionette oder bewegte Maschine enthalten ist, bei Honzl entzogen wird. Der Schauspieler soll nicht wie bei Mejerchol'd (in dessen Phase des "agitatorischen Theaters") ergänzender Teil der Arbeitsmaschine oder deren perfektes Abbild sein, sondern an die Kategorie des Menschlichen als das der Dinglichkeit gegenüber Andere gebunden bleiben. Maschinisierung und Marionettisierung werden als Entfremdungszustände des Menschen kritisierbar, sind nicht Idealzustand. Honzl besuchte im Jahre 1925 die Sowjetunion, wo er sich intensiv mit dem Avantgardetheater beschäftigte. Als Ergebnis seiner Studien distanziert er sich von Mejerchol'ds Idee des Schauspielers als perfekter Marionette oder Maschine. Tairovs Bühnenkonstruktivismus, welcher die menschliche Perspektivik stets gegen Mejerchol'd aufrechterhält, steht ihm näher. Dies äußert sich schon im Namen des gleich nach der Rückkehr aus der Sowjetunion gegründeten Befreiten Theaters, der auf Tairovs Aufzeichnungen eines Regisseurs (*Das entfesselte Theater*) anspielt. Der menschliche Schauspieler ist zentraler Faktor der Bühne, auch wenn er kurzfristig die Bühne verläßt.

Das Wort: Wie der Schauspieler so gilt auch das menschliche Wort als unerläßlicher Faktor der Bühnenkunst. Für Honzl ist nicht nur der Schauspieler als lebendiger menschlicher Körper, sondern auch als Modell des sprechenden und sprechend denkenden Menschen von grundsätzlicher Relevanz. Am Wort ist die poetische Metaphorik Vorbild für die gesuchte Raummetaphorik. So wie die poetische Metapher entsprechend der Bildertheorie Nezvals Authentizität und Emotionalität der Erfahrung gegen die Schablonisierung der Sprache als bloßem intersubjektivem Kommunikationsmittel setzt, so soll auch die räumliche Spannungssphäre von Bühnenaußenraum und Körperinnenraum einer Metaphorisierung unterliegen. Sprachliche und räumliche Metaphorik sind konstruktiv wie Vorbild und Abbild aufeinander abgestimmt. Die Bühne wird poetisiert und lyrisiert, was selbst dann gilt, wenn das Wort aus dem Repertoire der Zeichen einer Aufführung entfernt ist. Die Nezvalsche Technik poetischer, assoziativer Benennung ist damit Schule der Arbeit des Regisseurs und Bühnenbildners. Das dichterische Wort zieht wieder in das Theater ein, aus dem es auch Tairov, der die Pantomime zur Leitkunst seines Theaters machen wollte, wo nicht völlig entfernt, so doch zu einem untergeordneten Faktor degradiert hatte. Marionette und Maschinenmensch lehnt Honzl auch deswegen ab, weil beiden das Merkmal der Sprachfähigkeit gerade abgeht. Honzl will die äußere Sinneswahrnehmung durch die innere Wahrnehmung des Menschen ergänzen, was sich nur dann erreichen läßt, wenn die Sprache im Theater wieder zu ihrem Recht kommt. Vorbild ist ihm hier die Dramatik Maurice Maeterlincks, deren statische Bühnenmetaphorik, die im Wechselspiel von Reden und Schweigen Wort wie auch Raum zu Trägern dramatischer Aktion und Reaktion macht, das in der griechischen Antike lebendige Bewußtsein für die Eigensprachlichkeit theatralischer Räumlichkeit wiedererweckte und in eine allumfassende, assoziationsgesättigte Metaphorik integrierte.[66]

Honzl erfüllt also im Medium Theater das Programm des Poetismus in exemplarischer Weise. Der Begriff des Poetismus enthält wie alle Ismen der Avantgarde eine Polemik gegen den Mimetismus vergangener Kunstperioden. Galt im Mimetismus die außerkünstlerische Wirklichkeit als Vorbild und Modell des Kunstschaffens, so kehrt sich im Poetismus die Beziehung um: Das Kunstwerk ist nicht Abbild bestehender Realität, sondern autonome Schöpfung, die ihrerseits exemplarisch für menschliches Verhalten jenseits von Kunst werden kann. Karel Teige hatte in der Beginnphase des Poetismus eine Lehre der "Vor-Bilder" (před-obrazy) entwickelt. Darin forderte er eine solche soziale Funktionalisierung von Kunst, worin die poetisch-fiktionale Welt Vor- und Leitbild des Menschen in der Gesellschaft sein sollte.[67] Teige hob damit auf eine didaktische Funktion ab. Bei Honzl wird der platte Didaktismus poetisch transformiert zur Bühnenmetaphorik, worin innere und äußere Erfahrungsbereiche, "primäre" und "sekundäre" Assoziationen des sozialisierten und individuellen Menschen so harmonisiert werden, daß ein ganzheitliches Menschenbild entsteht, worin das Authentische des Individuums zum Prüfstein des Sozialen und Kollektiven erhoben wird. Der tschechoslowakische Poetismus wollte einen "Sozialismus des Herzens" statt eines "Sozialismus aus geschichtlicher Notwendigkeit".[68] Das menschliche Herz, traditionelle Metapher für das Menschliche am Menschen, soll wie schon in der Epoche des tschechischen Barock Zentrum der Kunst und des Lebens werden.[69]

Aus Honzls Integration in die Programmatik des Poetismus erklärt sich der spezifische Charakter seines Bühnenkonstruktivismus. Anthropozentrismus,

66 Vgl. dazu Honzls "Prostorové problémy divadla" in: Honzl 1963, S. 148–159.

67 S. dazu Teiges Artikel "Obrazy a předobrazy", 1921.

68 Diese geschichtsphilosophische Position legt Drews 1975 dar. Vgl. auch seine Darstellungen in: Drews 1983.

69 Vgl. Anmerkung 59 (oben). Das Herz als traditionelle Metapher des Barock ist auch in der Lyrik Jiří Wolkers zentrales Motiv.

Anthropomorphik und Metaphorik sind die Leitbegriffe. Letzterer Begriff trägt eine begriffliche Triade von Material, Form und Funktion, die Honzls konstruktivistisches Denken bestimmen. Honzl versucht, in seiner Theorie die in Prager Linguistenkreis und Strukturalismus einsetzende Semiotik für eine Theatersemiotik fruchtbar zu machen. Am Beispiel des Schauspielers seien die semiotischen Termini dargelegt.

Wie Mejerchol'd und Tairov faßt Honzl den Schauspieler als sinnlich wahrnehmbares Material auf, das durch die formgebende Arbeit des Schauspielers als Handwerker und Künstler in eine künstlerische Gestalt umgeformt werden muß. Das, was auf der Bühne sichtbar wird, ist eine bewußt geschaffene Kunstgestalt im Sinne eines poetischen Signifikanten (eine Zweiheit von außerkünstlerischem Material und künstlerischer Form). In den Materialbegriff gehen die Raumplastik des menschlichen Körpers wie auch die Stimme ein, die beide durch "Stilisierung" je eigene Formeffekte zeitigen sollen. Die "Stilisierung" orientiert sich an der russischen Biomechanik und an der Instrumentalisierung von Rede zu einem musikalisch-rhythmischen 'Klangkörper', so daß eine Zweiheit von bewegter räumlicher Plastik als visuellem Zeichen und eine Klanggestalt als akustischem Zeichen entsteht. Beide Gestaltfaktoren des Schauspielers sind mit den nicht-menschlichen, ebenfalls stilisierten Zeichen der Bühne und ihrer Dinge nach künstlerischen Prinzipien abzustimmen. Bühnenraum und Schauspieler zusammen bilden damit eine eigenständige Signifikantenschicht, in der eine Grundopposition von menschlicher Kunstgestalt und nicht-menschlicher Raumgestalt waltet. Durch Anthropomorphisierung und Anthropozentrik der Bühne bleibt dabei der Pol der Schauspielergestalt die künstlerische Dominante. Honzl entdeckt hier nun (zusammen mit Petr Bogatyrev und Jan Mukařovský[70]) ein Grundaxiom des Theaters: Das Inventar aller signifikantenfähigen Elemente der Bühne ist gegenseitig austauschbar. Dinge, Lichteffekte oder Farbelemente können die vom Schauspieler generierten Signifikanten ersetzen, der Schaupieler kann seinerseits durch Geste, Körperbewegung, Mimik oder Wort alle durch die Bühne generierten Signifikanten vertreten. Die Theaterzeichen sind absolut

70 Bogatyrevs theatertheoretische Schriften finden sich in dem Sammelband Bogatyrev 1971. Von Mukařovskýs theatertheoretischen Schriften sind in englischer Sprache zugänglich: "An Attempt at a Structural Analysis of a Dramatic Figure", in: Mukařovský 1978, S. 171–177 (tsch.: "Pokus o strukturní rozbor hereckého zjevu", 1931) und "On the Current State of the Theory of Theater", in: Mukařovský 1978, S. 201–219 (tsch.: "K dnešnímu stavu teorie divadla", 1941). Wichtige, noch unübersetzte Aufsätze sind "Jevištní řeč v avantgardním divadle" (1937), in: Mukařovský 1966, S. 161–162, und "K umělecké situaci dnešního českého divadla" (1945), ebda., S. 318–325. In letztgenanntem Aufsatz zieht Mukařovský ein Resümee der kognitiven Einsichten der Avantgardeexperimente und fordert eine Rückbesinnung auf die wesentliche Bedeutung des lebendigen Schauspielers für die Theaterkunst. Zu Honzls Theatersemiotik vgl. auch Schmid 1989.

mobil, und darin unterscheidet sich diese Kunst von allen übrigen Künsten, die stets an ein konstantes Ausdrucksmittel gebunden sind (die Musik an den Ton, die Malerei an Linie, Fläche und Farbe). Doch die Austauschbarkeit kennt Grenzen: Der Mensch als Generator spezifischer Zeichen kann immer nur kurzfristig ersetzt werden, und selbst in der Ersetzung bleiben die Funktionen erhalten. Diese Funktionen bestimmt Honzl als Funktion der dramatischen Person, der dramatischen Handlung und des dramatischen Raums, die die dargestellte Welt konstituieren. Die Funktionalität aller Bühnenzeichen, d.h. ihre Bedeutung oder Signifikation ist damit stabil, und dadurch ist die mobile Signifikantenschicht anthropologisch gebunden. Die Bedeutungskonstruktion aller Bühnenzeichen erschließt eine menschliche Welt auch dann, wenn auf der Bühne der Mensch nicht vorhanden ist. Alle nicht-menschlich generierten Zeichen sind Metaphern des menschlich generierten Zeichens und seiner Bedeutungen. Gerade durch die Mobilität der Bühnenzeichen wird der menschliche Faktor bewußt gemacht. Maschinen und Marionetten werden damit als Deformationen der Theaterkunst in ihrem Wesen verurteilbar. Ein Theater, das sie idealisiert, verstößt gegen sein eigenes Grundgesetz.

Die Begriffstriade von Material, Form und Funktion setzt Jan Mukařovskýs funktionale Ästhetik, die die Poetisten und mit ihnen Honzl als die ihre akzeptieren, in eine Triade von Funktion, Norm und Wert um.[71] Der beiden Triaden gemeinsame Begriff der Funktion erhält bei Mukařovský eine Begründung im funktionalen Anthropologismus. Vier Grundfunktionen tragen nach Mukařovský alle Beziehungen der Selbstverwirklichung des Menschen in der Welt: die praktische Funktion der unmittelbaren Lebensverrichtungen, die kognitive Funktion des Verstandes, die religiös-magische Funktion religiöser Sinnsuche und die ästhetische Funktion des menschlichen Schönheitsbedürfnisses.[72] Teiges Zweiteilung der menschlichen Funktionskreise differenziert sich also in eine Vierteilung. Innerhalb der anthropologisch fundierten vier Funktionskreise besteht jedoch eine bipolare Relation zwischen der ästhetischen und den drei übrigen Funktionen, die auch den gemeinsamen Nenner von "praktischen Funktionen" erhalten. Denn während in diesen drei übrigen

71 Zu diesen Begriffen s. Mukařovský, "Estetická funkce, norma a hodnota jako sociální fakty", in: Mukařovský 1966, S. 17–54. Vgl. auch die einschlägigen Aufsätze in dem Sammelband in deutscher Übersetzung: Mukařovský 1989.

72 Der Funktionsbegriff bei Mukařovský fällt unter eine andere Kategorialität als bei Honzl. Bei Honzl ist mit Funktion ein Teil der Zeichenstruktur gemeint, bei Mukařovský eine das Gesamtzeichen hervorbringende Tätigkeit, die je nach der Art der anthropologischen Beziehung von je verschiedener Zeichenstruktur ist. Das ästhetische Zeichen verhält sich zu nicht-ästhetischen Zeichen stets wie ein sekundäres zu einem Primärzeichen. Vgl. hierzu auch die Ausführungen von Miroslav Červenka "Bedeutungskomplexe I: Allgemeine Typologie" in: Červenka 1978, S. 93–115.

Funktionen das Ziel der menschlichen Aktivität außerhalb dieser selbst liegt, macht die ästhetische Funktion das Objekt der Aktivität zum "Selbstziel": Es tritt in seiner sinnlichen Gestalt als solcher, außerhalb aller pragmatisierbaren Beziehungen hervor als Objekt selbstwertiger Form, es wird zum "ästhetischen Objekt". Die Kunst gilt nun als der Schaffensbereich, worin Objekte zu Artefakten geraten, die nur dazu 'dienen', als ästhetische Objekte wahrgenommen zu werden. Das Artefakt, d.h. die nach künstlerischen Gesetzen geformte Materialität wird Signifikant für ein bewußtseinsimmanentes Signifikat oder ästhetisches Objekt. Kunstschaffen ist Schaffen von Zeichen mit ausschließlich ästhetischer Funktion, befriedigt also das anthropologische Schönheitsbedürfnis. Dieses ist wiederum anthropologisch fundiert: Im Artefakt findet sich das menschliche Körperempfinden von Proportionalität, Symmetrie und Rhythmus, der im Blutkreislauf angelegt ist, transformiert wieder, der Mensch tritt sich selbst als "Maßstab" des Kunstdings gegenüber. Schönheit der Natur kann im ästhetischen, anthropologischen Funktionalismus immer nur als sekundäre, vom Kunstschaffen abgeleitete Schönheit empfunden werden. Mukařovský setzt die jahrhundertealte Doktrin des Kunstschaffens nach der Natur außer Kraft, ersetzt sie durch deren Gegenteil. Die metaphysische Ästhetik hat ausgedient, der Mensch wird "Maß aller Dinge" in der Kunst wie außerhalb ihrer. Es ist offensichtlich, daß der ästhetische Funktionalismus der Prager Semiotik vom Poetismus inspiriert ist.

Durch die Bindung der ästhetischen Funktion an die anthropologische Grundlage menschlicher Sinneswahrnehmung wird auch die diese Funktion regulierende Kraft, die ästhetische Norm, anthropologisiert. Die Vielfalt der Normen, in der Geschichte der Kunst herausgebildet, ist in zwei Richtungen dialektisch gespannt: In der historischen Bewegung der Normen setzt sich eine Normart in Form kontrastiver Abweichung vom historisch bestehenden Normzustand stets ab, so daß eine dialektische Selbsttransformation resultiert, in anthropologischer Hinsicht ist die Selbsttransformation aber rückbezogen auf die unveränderliche Normbasis des menschlichen Körperempfindens, wodurch die historische Normvielfalt einer Kreisbewegung der Annäherung und Entfernung von der Basis unterliegt. Es entsteht das Bild eines geschlossenen Systems spezifischer funktionaler Normen, die zentrifugal und zentripetal – in bezug auf den anthropologischen generativen Kern oder Maßstab – innerhalb des Systems kreisen und mit ihrer Bewegung die Geschichte der Kunst hervorbringen. Das Theorem der ständigen Normabweichung, des Schaffens von "Differenzempfindungen" im Dienst der Erneuerung menschlicher Wahrnehmbarkeit, das die russischen Formalisten formuliert hatten, wird von Mukařovský aufgegriffen und mit der anthropologisch interpretierten ästhetischen Funktion in einen systematischen Bezug gebracht.

Der letzte Begriff der Mukařovskýschen Triade, der ästhetische Wert, versucht die Frage nach dem Sinn künstlerischen Schaffens zu lösen. Der sensualistische Hedonismus der russischen Formalisten soll überwunden, zugleich aber auch die Falle der Metaphysik der Schönheit vermieden werden. Im Rückgriff auf Immanuel Kants Lehre von der Apperzeptivität entwikkelt Mukařovský eine Axiologie der ästhetischen Aktivität, die die Begriffe von Experiment und Modell der Avantgarde aufgreift.

Der Akt der Wahrnehmung des Kunstwerks (des Artefakts) ist gedoppelt durch einen Akt der Schaffung seiner Einheit. Die am Artefakt zerstreut hervortretenden Sinnesdaten – zerstreut durch die kontrastiven Normspannungen – werden durch das rezipierende Subjekt in eine einheitliche Form gebracht, welche von der Einheit des Subjekts selbst abgezogen ist. Die Ganzheitsform findet sich also nicht am Objekt vor, sondern wird erst konstituiert durch das Subjekt nach Maßgabe seines einheitlichen Bewußtseins. Der Rezipient erfährt sich als Herr über das Objekt, und dies in mehrfacher Hinsicht. In der im Artefakt angetroffenen historischen Normenvielfalt entdeckt er sich selbst in der Rolle des anthropologischen Maßstabs, in der Konstituierung der Einheit dieser Vielfalt erlebt er seine objektschließende Kraft, die zugleich eine objektschaffende Kraft ist. Das so vom Rezipienten hervorgebrachte Objekt nennt Mukařovský das ästhetische Objekt. Ontologisch gesehen ist dieses Objekt in einer anderen Seinssphäre als das Artefakt angesiedelt. Während das Artefakt der äußeren, empirischen Wirklichkeit angehört, besteht das ästhetische Objekt allein im Bewußtseinsraum des Rezipienten. Artefakt und ästhetisches Objekt vergleicht Mukařovský mit dem Zeichen. So wie ein Zeichen zwei ontisch geschiedene Hälften aufweist, den sinnlich wahrnehmbaren, materiellen Signifikanten und die nicht-sinnliche, bewußtseinsimmanente Bedeutung (das Signifikat), so ist auch ein Kunstwerk zeichenhaft gespalten. Im Unterschied jedoch zu nichtkünstlerischen Zeichen der kommunikativen Sprache oder anderen pragmatischen Zeichenarten, deren Ganzheitsform durch den kollektiven Zeichencode vorgegeben ist, bezieht sich das Kunstwerk qua Zeichen nur in seinen Einzelelementen auf einen normativen, kollektiven Code (das ist der historisch entwickelte künstlerische Normenbestand), die Ganzheitsform kann nicht kollektiv kodiert sein, sondern verlangt das rezipierende, apperzeptive Subjekt des jeweiligen Individuums.[73]

73 Mukařovský hat sich mit den literarischen Gattungen und deren ganzheitlichen Kompositionen nicht systematisch beschäftigt. Es wäre zu fragen, ob die Gattungen nicht doch kodifizierte Ganzheitsformen wären, die auch das ästhetische Objekt schon schematisch einigen.

Der Wert der ästhetischen Aktivität kann nach allem Gesagten nur ein Wert für den Menschen sein. Das schöne, weil die Disparatheit der Einzelnormen harmonisierende ästhetische Objekt besteht gar nicht in der objektiven, natürlichen Welt, denn seine Objektivierungs- und Materialisierungsform (das Artefakt) ist nur eine Zwischenphase seines bewußtseinsimmanenten Werdens. Schönheit entsteht erst durch und für den Menschen, sie ist ein anthropologischer Wert. Diesen Schönheitswert sieht Mukařovský nun in einer dialektischen Beziehung zu allen übrigen Wertarten. Werte generell sind den menschlichen Funktionen korreliert, sie lenken die funktionale Aktivität auf ein Ziel, das vom Subjekt der Aktivität als wertvoll, d.h. der Anstrengung der Aktivität für würdig interpretiert wird. Die Dialektik des Schönheitswerts besteht darin, daß die ästhetische funktionale Aktivität die Wertziele der drei übrigen, "praktischen" Funktionen in sich integriert und gleichzeitig uminterpretiert. In der Kunst werden alle nichtästhetischen Funktionen und deren Wertziele aktualisiert – so kann beispielsweise die Literatur als Sprachkunst pragmatische, lebensrelevante Mitteilungen machen, erkenntnishaltige Ideen ausdrücken oder religiös-magische Zeichen und Rituale in Gang setzen, die je an eigene Wertvorstellungen geknüpft sind. Doch durch die dominierende ästhetische Funktion werden diese Funktionswerte aus ihrer empraktischen Einbettung wie auch aus ihrem Zusammenhang im jeweiligen Wertsystem gelöst – die sprachliche Mitteilung braucht der faktischen Wahrheit nicht zu entsprechen, die Erkenntniskraft der Idee kann spielerisch aufgehoben sein, die Magie verliert ihre Kraft, wird bloß noch als magische Form zur Schau gestellt. Alle ins Werk eingesogenen praktisch-funktionalen Werte unterliegen einem neuen Wertmaßstab, der ihnen wesensfremd ist, dem Maßstab der Schönheit. Damit gerät Kunst zum Experimentierfeld der Werte. Experimentator ist das ästhetische Subjekt, das in seinem Bewußtseinsinnenraum die im Artefakt angetroffenen Wertarten in eine neue, hierarchisch abgestufte Systematik bringt. Das ästhetische Objekt wird zum "Modell" experimenteller Umgestaltung des im Artefakt angetroffenen Wertsystems.[74] Das angetroffene Wertsystem ist kollektiver Art, da die ihm korrelierten Funktionen Wertkonventionen eines gesellschaftlichen Ganzen unterstehen. Die modellartige Umgruppierung hingegen entspringt dem Individuum, das sich im Akt der Umgruppierung als dem Kollektiv entgegengesetzte Kraft selbst erfährt. Der Bereich des ästhetischen Werts also ist letztlich ein emanzipatorischer Bereich: Das Individuum wird sich seiner selbst bewußt als die Macht, die historisch überlieferte Normen und kollektive Werte überwinden und beherr-

74 Zu Mukařovskýs Modellbegriff vgl. die Ausführungen zum ästhetischen Wert in: Mukařovský, "Estetická funkce, norma a hodnota ...", S. 40–53.

schen kann. Die ästhetische Erfahrung gerät zur modellierenden Tätigkeit gesellschaftlicher Werte, zunächst nur in der Kunst, dann jedoch, da Modelle übertragbar sind, auch außerhalb von Kunst, d.h. in allen Gebieten menschlicher Selbstentfaltung innerhalb einer Gesellschaft.

In Mukařovskýs anthropologischer und funktionaler Ästhetik findet sich die hedonistische "Felizitologie" wie auch die anarchistische Utopie des Poetismus wieder. So wie die Normen des Kunstschaffens an einen anthropologischen Maßstab zurückgebunden werden, so muß sich auch das Wertsystem eines sozialen Ganzen in die Verantwortlichkeit seiner Individuen begeben. Kunst macht den Menschen, wie schon Komenský gefordert hatte, zum "Staat im Staate", zur Einzelmonade, die den Maßstab der gesellschaftlichen Großmonade liefert. Durch die Anthropologisierung überwindet die Ästhetik Jan Mukařovskýs die Metaphysik der polnischen Avantgarde und deren Geschichtspessimismus. An die Stelle der Lehre vom hoffnungslosen Untergang des menschlichen Individuums, die Witkiewicz propagierte, tritt der Glaube an die menschliche Verantwortlichkeit für sich selbst und für die Gesellschaft. Ebenso wird aber auch jeglicher Utilitarismus und Kollektivismus von Kunst, mit denen die sowjetischen Avantgardekünstler zu kämpfen hatten, aufgehoben. Kunstschaffen und menschliche Individualität werden als gesellschaftlich relevante Größen erkannt, die gerade dadurch, daß die frei sich entfaltende ästhetische Funktion hier hervortritt, die Gesellschaft als Vielheit verantwortlicher Individuen definierbar macht.

Die zwei aufeinander aufbauenden Begriffstriaden von Material – Form – Funktion und Funktion – Norm – Wert seien abschließend an der Bühnenkunst der Schauspieler Jan Werich und Jiří Voskovec dargelegt. Beide Schauspieler treten in ihren Theaterstücken – sie haben als Autorenpaar mehr als dreißig Stücke geschrieben, die über zehn Jahre das Repertoire des Befreiten Theaters von Jindřich Honzl prägten – stets als Clownspaar auf. An der Struktur ihrer Masken und Spielrollen läßt sich eine Modellschichtung entdecken, die Mejerchol'ds theatralischer Modellierung, die wir am Beispiel von *Dreiunddreißig Ohnmachten* nachweisen konnten, verwandt ist. Voskovec und Werich spielen stets Doppelrollen. 1) Innerhalb der Handlung des aufgeführten Dramas sind sie fiktive dramatische Personen. So spielt beispielsweise in dem Erfolgsstück *Der Esel und sein Schatten (Osel a stín)* Voskovec die Rolle des antiken 'Eseltaxibetreibers' Skočdopolis (zu deutsch etwa Springindiestadtos), Werich die seines Kunden Nejezchlebos (Ißkeinbrotos). Zwischen beiden entspinnt sich analog der antiken Vorlage des Lukian ein Streit um die Bezahlung des Eselsschattens; dieser Streit ist jedoch nur Vorgeplänkel zum dramatischen Handlungskampf zwischen Kapitalisten und Proletariat, worin Eselsbesitzer und Eselsmieter sich miteinander und mit dem Lumpenproletariat der Stadt Athen verbünden.[75] Eine für beide dramatischen Figuren identische aktantielle Rolle spaltet sich also auf der Ebene der dramatischen Personen in zwei Rollenträger auf, die zusammen wiederum Teil eines von zwei antagonistischen sozialen Handlungskollektiven bilden. 2) Den dramatischen Rollen steht eine zweite Rollenebene gegenüber. Denn Voskovec und Werich sind auch Clowns, die außerhalb der dramatischen Handlung die eigene, rollenbestimmende Ideologie ebenso wie die der anderen dramatischen Personen kommentieren und kritisieren. Die gesamte Aufführung setzt sich also zusammen aus dramatischem Rollenspiel und clownesker Kommentierung, wobei die Bühnenräumlichkeit in zwei Sektionen eingeteilt wird: Im Bühnenhauptraum verläuft die dramatische Handlung, auf dem Proszenium der Kommentar; die kompositorische Verlaufsform der Aufführung wird vom kontrastiven Wechsel zwischen beiden Raumsektionen, der ständigen Rollenwechsel von Voskovec und Werich signalisiert, bestimmt.

Die dramatische Handlungsebene enthält so wie in jedem Drama immanent ein innerlich antagonistisches Wertsystem, das hier, gerade weil die dramatischen Personen in zwei soziale Gruppen geteilt sind, kollektiver Art ist. Die Einzelpersonen können sich zu Sprechern, aber nicht zu Schöpfern der involvierten Wertsysteme machen, individuelle Helden treten in den Stücken dieses Autorenpaars nur selten auf. Die dramatische Welt exemplifiziert damit das Konzept der sozialen Gruppe oder des Kollektivs, das nach dem Muster des marxistischen Klassenkampfes gebildet wird. Durch die Kommentare und Kritik der Clowns gerät der immanente Status der antagonistischen Wertsysteme zur Emanenz, das Implizite wird explizit und damit bewußt gemacht. Die vorgeführte dramatische Handlungswelt erhält dadurch den Status eines werthaltigen Modells, wobei die Werte praktischer, politischer und moralischer Art sind: Nejezchlebos und Skočdopolis ebenso wie das Athener Proletariat kämpfen gegen die Kapitalisten um ihr tägliches Brot, um eine gerechte Gesellschaftsordnung des Sozialismus und um menschliche Solidarität im Sinne von Nächstenliebe. Dieses "praktische" Wertmodell, das in seiner Schwarz-Weiß-Färbung an Stücke des sozialistischen Realismus erinnert, der auch schon in Majakovskijs *Mysterium Buffo* vorlag, wird jedoch durch ein 'ästhetisches Modell' überlagert: Als Clowns auf dem Proszenium stellen Voskovec und Werich nicht nur das "praktische" Modell des 'guten' und 'schlechten' Kollektivs aus, sondern gleichzeitig auch sich selbst. Beider Clownsmasken (ausgeführt als Gesichts- und Ganzkörpermaske) ebenso wie die Stilisierung von clownesker Rederolle, von Pantomimenspiel, Tanz und Gesang folgen dem Prinzip des zweieinigen, formalen Kontrasts: Voskovec ist

75 Eine ausführlichere Analyse dieses Stücks findet sich in: Schmid 1992b.

der Dünnere, Beweglichere, Eckigere mit geschmeidigerer Stimme und sprachlich-dialogischer Initiative, Werich ist der Dickere, Schwerfälligere, Rundere mit gehemmterer Stimme, der auf die Redeinitiative seines Partners wartet, um selbst sprachlich aktiv zu werden. Der Inhalt ihres komischen Dialogs ist, was die thematische Referentialität und ideologische Wertung betrifft, identisch. Doch durch den Kontrast der motivischen Variationen der Thematik, durch Kontrastivik von Aktivität – Passivität, Schnelligkeit – Langsamkeit, Stimmdynamik und Timbre, dynamischer und statischer Körperplastik wird das semantisch Identische sinnlich-ästhetisch differenziert und überformt. Die kontrastive Zweieinigkeit bildet eine selbstwertige Gestalt, die völlig unabhängig von den ideologischen Sympathien des Zuschauers ihre ästhetische Attraktivität entfaltet. Das Körpermaterial der beiden Schauspieler wie auch ihr ideologisches 'Gepäck' werden im clownesken Improvisationsspiel, das nicht nur die dramatischen Rollen, sondern auch Tagesaktualitäten der historischen Situation in der Tschechoslowakei und Europa, die politische Lage in der Sowjetunion, im faschistischen Deutschland und Italien ebenso wie Absurditäten und komische Banalitäten des Alltags aufgreift, spielerisch transformiert. Das sprachlich Thematisierte und dramatisch Vorgeführte gerät in eine ästhetische Distanz, wird bloßes Hintergrundsphänomen für das die Aufmerksamkeit fesselnde Improvisationsspiel der Clowns, die mit anderen, stets überraschenden Worten immer Gleiches sagen, getreu der Technik poetischer Metaphorik. Es entsteht ein Modell sekundärer Art, das sich dem primären der dramatischen Handlung zu- und überordnet. Die Clownskunst wird Hauptziel, die dramatische Handlungswelt mit ihren ideologischen, antagonistischen Wertmodellen liefert nur noch den Anlaß oder Vorwand einer ästhetischen Umgestaltung, die nicht primär an ideologischer Botschaft interessiert ist. Gerade darin manifestiert sich die Freiheit der "experimentellen Umgruppierung" der kollektiven Werte.

Roman Jakobson hat in einem Brief an die beiden Prager Kabarettisten und Schauspieler den besonderen Modellcharakter ihrer Clownsmasken hervorgehoben:

> Darum skizziere ich einstweilen in einem ins Unreine formulierten Brief einige Gedanken zum beißenden Ulk, Eurem kulturhistorischen Hauptverdienst [...]. Ich mag zwar Eure Gesellschaftssatire und die vielfältige literarische Parodie, aber das größte Novum, Euer originellster und aktuellster Beitrag ist, so behaupte ich, "die gegenstandslose, reine Komik ..., die fähig ist, den Zuschauer in die Zauberwelt der Absurdität zu entführen". [...] ein höchst wichtiges Experiment bestünde darin, unsere Sprache aus der Situation herauszulösen. [...] die heutige Bedeutungsforschung [braucht] ein Dialogmodell, in dem die Partner von der Dialogsituation absehen.

> Ihr habt dieser dringlichen Nachfrage seitens der Sprachwissenschaft unwillkürlich entsprochen. Die Personen, die Ihr vorstellt, liegen, wie Ihr ausgezeichnet angemerkt habt, "unter allen Umständen daneben: sie sind unter allen Umständen von Berufs wegen neutral, weil die Zugehörigkeit zu einer der kriegführenden Parteien ihre Clownfreiheit stören würde, die es ihnen erlaubt, sich den ganzen Abend in ihrer eigenen Welt absurder Fiktion und weitreichender Mißverständisse zu bewegen. [...] Sie können nicht einer ohne den anderen sein, weil sie sich ununterbrochen um die Methoden streiten, mit denen der bösen Wirklichkeit und ihren Tücken beizukommen ist; sie einigen sich nur dann, wenn sie alle beide vollständig irren."[76]

Der situationsentbundene, freie Dialog, den Jakobson betont, korrespondiert mit letztlicher Ideologiefreiheit ("von Berufs wegen neutral"). Beide sind Voraussetzungen für das Zustandekommen des sekundären Modells der Kunst, dessen gesellschaftliche Relevanz sich vor keiner bestimmten Ideologie zu verantworten braucht und gerade dadurch neue menschliche und gesellschaftliche Werte entdecken hilft.

Das Schauspielerpaar "V+W", das der Theorie und Praxis des Regisseurs Jindřich Honzl ebenso kongenial war wie der Ästhetik Jakobsons, der als Mitbegründer des Prager Linguistenkreises die Ästhetik Jan Mukařovskýs beeinflußte, inkarnierte auch das Theaterideal des Regisseurs Mejerchol'd. Ein Auszug aus einem Brief, den er nach einem Besuch des Befreiten Theaters schrieb, belegt dies:

> Im Jahre 1913 zeigte mir mein Freund, der verstorbene Dichter Apollinaire, eine Vorstellung im Zirkus Medrano, und nach den Darbietungen, die wir an jenem Abend gesehen hatten, rief Apollinaire: Schau, das sind Schauspieler, die das Theater für die Kunst bewahren, Schauspieler und Regisseure der Commedia dell'arte. [...] Ohne Apollinaire habe ich die italienischen lazzi im Zirkus Medrano nicht mehr sehen können. Die Künstler, die Apollinaire mir gezeigt hatte, gab es nicht mehr. Ich habe sie mit Trauer und Sehnsucht im Herzen gesucht, aber nicht gefunden. Doch heute, am dreißigsten Oktober 1936, habe ich in den Gestalten des unvergeßlichen Paars V+W die zanni wiedergesehen, und wieder war ich von den Darbietungen bezaubert, die aus den Wurzeln der italienischen Improvisationskomödie hervorwachsen.[77]

Wir äußerten eingangs die Vermutung, Mejerchol'd, der größte sowjetische Avantgarderegisseur, hätte sich, wäre es ihm vergönnt gewesen, die Ästhetik des Prager Strukturalismus kennenzulernen, mit ihr als der seinen identifizieren können, so wie es die Künstler des tschechoslowakischen Poetismus

---

76 Jakobson 1988, S. 515–517.

77 Zitiert nach Pelc 1982, S. 167.

taten. Der Brief aus dem Jahr 1936 bezeugt, daß die Theaterkunst von Voskovec und Werich, die Jindřich Honzls Theorie demonstriert, dem Ideal Mejerchol'ds nahekommt, das er selbst aufgrund widriger Zeitumstände, die die Experimente der russischen Avantgarde zerstörten, nur als 'geschmuggelte' Kunst verwirklichen konnte. Im Jahr 1938 wurde auch in der Tschechoslowakei auf Druck des nationalsozialistischen Deutschlands das Befreite Theater in Prag geschlossen, die Künstler gingen in die Emigration oder in den Untergrund. Honzls Selbstmord im Jahre 1953 war dann das Werk derselben Machthaber, die auch Mejerchol'ds Tod zu verantworten haben. Der tschechoslowakische Strukturalismus, der die Emanzipation der Kunst und des Individuums durch Kunst theoretisch begleitete, wurde in den fünfziger Jahren aus den Universitäten vertrieben. Jan Mukařovský stellte sich als Rektor der Karlsuniversität in den Dienst des sozialistischen Regimes, nachdem er zuvor zweimal das Spektakel ideologischer Selbstbezichtigung inszeniert hatte. Das freie, experimentelle Theater der Avantgarde ging in ein staatlich befohlenes 'Theater' ganz anderer Art über: die Schauprozesse des Stalinismus, wo Ankläger und Angeklagte 'Rollen' spielten, die der Staat 'geschrieben' hatte.

Literaturverzeichnis

Amiard-Chevrel, C.: "Préface", in: Tairov, A.: *Le théâtre libéré*, La Cité – L'Age d'homme, Lausanne 1974, S. 9–23.

Anikst, A.: *Teorija dramy v Rossii ot Puškina do Čechova*, Moskva 1972.

Bachtin, M.: "Das Problem von Inhalt, Material und Form im Wortkunstschaffen" (1924), in: Grübel, R. (Hrsg.): *Die Ästhetik des Wortes*, Frankfurt a.M. 1979, S. 95–153.

Błoński, J.: "Wstęp", in: Witkiewicz, St. I.: *Wybór dramatów*, Wrocław/Warszawa/Kraków/Gdańsk/Łódź 1983, S. III–CXXXV.

Bogatyrev, P.: *Souvislosti tvorby*, Praha 1971.

Brauneck, M.: *Theater im 20. Jahrhundert Programmschriften, Stilperioden, Reformmodelle*, Reinbek bei Hamburg 1982.

Brjusov, V.: "Realism and Convention on the Stage", in: Senelick, L. (Hrsg.): *Russian Dramatic Theory from Pushkin to the Symbolists*, University of Texas Press Slavic Series, No. 5, Austin 1981, S. 171–182.

Červenka, M.: "Bedeutungskomplexe I: Allgemeine Typologie", in: ders.: *Der Bedeutungsaufbau des literarischen Werks*, München 1978, S. 93–115.

Chvatík, K.: "Moderní umění", in: ders.: *Strukturalismus a avantgarda*, Praha 1970, S. 20–39.

Chvatík, K. / Pešat, Z. (Hrsg.): *Poetismus*, Praha 1964.

Croce, B.: *Die Dichtung. Einführung in die Kritik und Geschichte der Dichtung und Literatur*, Tübingen 1970.

Doležel, L.: "Narrative Composition: A Link between German and Russian Poetics", in: Bann, St. / Bowlt, J.E. (Hrsg.): *Russian Formalism*, Edingburgh 1972, S. 73–84.
Drews, P.: *Devětsil und Poetismus*, München 1975.
Drews, P.: *Die slawischen Avantgarden und der Westen*, München 1983.
Ėjchenbaum, B.: "Wie Gogol's 'Mantel' gemacht ist" (1918), in: Stempel, W.-D. (Hrsg.): *Texte der russischen Formalisten* Bd. II, München 1972, S. 122–159.
Elam, K.: *The Semiotics of Theatre and Drama*, London/New York 1980.
Fischer-Lichte, E.: *Semiotik des Theaters;* Bd. 1: Das System der theatralischen Zeichen, Tübingen, 2. Auflage 1988.
Honzl, J.: *K novému významu umění*, Praha 1956.
Honzl, J.: *Divadelní a literární podobizny*, Praha 1959.
Honzl, J.: *Základy a praxe moderního divadla*, Praha 1963.
Honzl, J.: "Prostorové problémy divadla", in: ders.: *Základy a praxe moderního divadla*, Praha 1963, S. 148–159.
Honzl, J.: "Moje divadelní praxe", in: ders.: *Sláva a bída divadel*, I, Praha 1937, S. 223–233.
Jakobson, R.: "Die neueste russische Poesie. Erster Entwurf. Viktor Chlebnikov" (1919), in: Stempel, W.-D. (Hrsg.): *Texte der russischen Formalisten* Bd. II, München 1972, S. 18–135.
Jakobson, R.: "Brief an zwei Prager Kabarettisten über Noetik und Semantik des Jux" (1937), in: ders.: *Semiotik Ausgewählte Texte 1919–1982*, Frankfurt a.M. 1988, S. 515–521.
Jodl, F.: *Ästhetik der bildenden Künste*, Stuttgart, 2. Auflage 1920.
Kandinsky, W.: "Über Bühnenkomposition", in: ders.: *Essays über Kunst und Künstler*, Zürich 1955, S. 49–61.
Koschmal, W.: *Der russische Volksbilderbogen*, München 1989.
Leśmian, B.: "Ritm jako światopogląd", in: ders.: *Szkice literackie*, opracował i wstępem poprzedził Jacek Trznadel, Warszawa 1959, S. 66–88.
Lotman, J.M.: "Theater und Theatralik in der Kultur zu Beginn des 19. Jahrhunderts", in: ders.: *Kunst als Sprache* (Reclam), Leipzig 1981, S. 269–294.
Lotman, J.M.: "Bühne und Malerei als codierte Mechanismen des kulturellen Verhaltens zu Beginn des 19. Jahrhunderts", in: ders.: *Kunst als Sprache* (Reclam), Leipzig 1981, S. 295–307.
Meyerhold, Ws. E.: *Schriften Aufsätze. Briefe. Reden. Gespräche. Erster Band 1891–1917*, Berlin 1979a.
Meyerhold, Ws. E.: *Schriften Aufsätze. Briefe. Reden. Gespräche Zweiter Band 1917–1939*, Berlin 1979b.
Meyerhold, Ws. E.: "Der Schauspieler der Zukunft und die Biomechanik" (1922), in: Brauneck, M.: *Theater im 20. Jahrhundert Programmschriften, Stilperioden, Reformmodelle*, Reinbek bei Hamburg 1982, S. 246–251.
Miłosz, Cz.: *The History of Polish Literature*, Toronto 1969.
Miłosz, Cz.: *Geschichte der polnischen Literatur*, Köln 1981.
Mukařovský, J.: "O jazyce básnickém" (1940), in: ders.: *Kapitoly z České poetiky.* Díl první, Praha 1941, S. 79–142; engl.: "On Poetic Language", in: *The Word and Verbal Art Selected Essays by Jan Mukařovský*, übersetzt und hrsg. von Burbank, J. and Steiner, P., Yale University Press New Haven/London 1977, S. 1–64.
Mukařovský, J.: "Pokus o strukturní rozbor hereckého zjevu" (1931), in: ders.: *Studie z estetiky*, Praha 1966, S. 184–187; engl.: "An Attempt at a Structural Analysis of a Dramatic Figure", in: *Structure, Sign, and Function Selected Essays by Jan Mukařovský*,

übersetzt und hrsg. von Burbank, J. and Steiner, P., Yale University Press New Haven/London 1978, S. 171–177.

Mukařovský, J.: "Estetická funkce, norma a hodnota jako sociálni fakty" (1936), in: ders.: *Studie z estetiky*, Praha 1966, S. 17–54.

Mukařovský, J.: "Význam estetiky", in: ders.: *Studie z estetiky*, Praha 1966, S. 55–61; deutsch: "Die Bedeutung der Ästhetik", in: ders.: *Kunst, Poetik, Semiotik*, Frankfurt a.M. 1989, S. 59–75.

Mukařovský, J.: "K dnešnímu stavu teorie divadla" (1941), in: ders.: *Studie z estetiky*, Praha 1966, S. 163–171; engl.: "On the Current State of the Theory of Theater", in: *Structure, Sign, and Function Selected Essays by Jan Mukařovský*, übersetzt und hrsg. von Burbank J. and Steiner P., Yale University Press New Haven/London 1978, S. 201–219.

Mukařovský, J.: "K umělecké situaci dnešního českého divadla" (1945), in: ders.: *Studie z estetiky*, Praha 1966, S. 318–325.

Nezval, V.: *Moderni básnické směry* (1937), Praha 1964.

Pelc, J.: *Z práva a Osvobozeném divadle*, Praha 1982.

Popper, K.R.: "Utopie und Gewalt", in: Neusüss, A. (Hrsg.): *Begriff und Phänomen des Utopischen*, Frankfurt a.M./New York 1986, S. 313–326.

Ratajczak, D.: *Teatr artystyczny Bolesława Leśmiana Z problemów przełomu teatralnego w Polsce (1893 – 1913)*, Wrocław/Warszawa/Kraków/Gdańsk 1979.

Šklovskij, V.: "Kunst als Verfahren" (1916), in: Striedter, J. (Hrsg.): *Texte der russischen Formalisten* Bd. I, München 1969, S. 2–35.

Šklovskij, V.: "Die Auferweckung des Worts" (1914), in: Striedter, J (Hrsg.).: *Texte der russischen Formalisten* Bd. II, München 1972, S. 2–17.

Schmid, H.: "Die Umstrukturierung des theatralischen Zeichens in Čechovs Einakter Predloženie (Der Heiratsantrag)", in: Schmid, H. / Van Kesteren, A. (Hrsg.): *Semiotics of Drama and Theatre New Perspectives in the Theory of Drama and Theatre*, Amsterdam/Philadelphia 1984, S. 305–367.

Schmid, H.: "Die Entwicklung des modernen Theaters aus der Sicht der Tschechoslovakischen Theatersemiotik", in: Figge, U.L. (Hrsg.): *Semiotik: Interdisziplinäre und historische Aspekte* Halbband II, Bochum 1989, S. 351–389.

Schmid, H.: "Znaczenie Stanisława Przybyszewskiego dla rozwoju eksperymentalnego teatru Wsiewołoda E. Meyerholda", in: *Ruch literacki* r. XXXI, z.6 (183), 1990, S. 419–433, (1990a).

Schmid, H.: "Tschechische Moderne und europäische Avantgarde", in: *Osteuropa und die Deutschen Vorträge zum 75. Jubiläum der Deutschen Gesellschaft für Osteuropakunde*, hrsg. von Anweiler, O. / Reißner, E. / Ruffmann, K.-H., Berlin 1990, S. 223–246, (1990b).

Schmid, H.: "'Der magische Fenstersprung'. Zum Verhältnis von Tradition und Innovation in Gogol's Ženit'ba (Die Heirat)", in: Schmid, H. / Král, H. (Hrsg.): *Drama und Theater Theorie – Methode – Geschichte*, München 1991, S. 539–571.

Schmid, H.: "Stanislavskij und Mejerchol'd", in: Ahrends, G. (Hrsg.): *Konstantin Stanislawski Neue Aspekte und Perspektiven*, Tübingen 1992, S. 65–84, (1992a).

Schmid, H.: "Bachtins Dialogizitätstheorie im Spiegel der dramatisch-theatralischen Gattungen", in: Schmid, H. / Striedter, J. (Hrsg.): *Dramatische und theatralische Kommunikation Beiträge zur Geschichte und Theorie des Dramas und Theaters im 20. Jahrhundert*, Tübingen 1992, S. 36–90, (1992b).

Schmid, H.: "Gustav Špets Entwurf einer hermeneutischen Literaturgeschichtsschreibung", in: *Wiener Slawistischer Almanach* 32 (1993), S. 33–68.

Schmid, H.: "Das moderne polnische Drama", in: Piechotta, H.J. / Wuthenow, R.-R. / Rothemann, S. (Hrsg.): *Die literarische Moderne in Europa Bd. 2: Formationen der literarischen Avantgarde*, Opladen 1994, S. 393–423, (1994a).

Schmid, H.: "Mejerchol'ds Regiearbeit an Puškins Boris Godunov", 1994 [im Druck], (1994b).

Schmid, H.: "Witz, Utopie und Realismus in J.A. Comenius' Diogenes cynicus redivivus", 1994 [im Druck in: *Russian Literature*], (1994c).

Scholze, D.: *Zwischen Vergnügen und Schock, Polnische Dramatik im 20. Jahrhundert*, Berlin 1989.

Špet, G.: "Problemy sovremennoj ėstetiki", in: *Iskusstvo*, 1922, S. 43–78, (1922a).

Špet, G.: *Ėstetičeskie fragmenty I*, Peterburg 1922, (1922b).

Stone, R.H.: "Nota edytorska", in: Leśmian, B.: *Skrzypek opętany*, Warszawa *1985, S. 242–254.*

Teige, K.: "Obrazy a předobrazy", in: *Musaion* II, 1921, S. 52–58.

Tynjanov, J.: *Das Problem der Verssprache* (1924), München 1977.

Witkiewicz, St. I.: "O Czystej Formie" (1925), in: ders.: *Bez kompromisu*, Warszawa 1976, S. 25–42.

Witkiewicz, St. I.: "Formalne wartości dzieł Micińskiego" (1925), in: ders.: *Bez kompromisu*, Warszawa 1976, S. 151–155.

Witkiewicz, St. I.: "Einführung in die Theorie der Reinen Form des Theaters", deutsch von F. Griese, in: ders.: *Verrückte Lokomotive*, Frankfurt a.M. 1985, S. 41–77.

Register

Namenregister

Sachregister

Titelregister

"Eine fleißige und scharfsinnige Arbeit, die ihresgleichen sucht." *DIE WELT*

Erika Fischer-Lichte

Kurze Geschichte des deutschen Theaters

UTB 1667, 1993, VIII, 540 Seiten, zahlr. Abb.,
DM 39,80/ÖS 311,–/SFr 39,80
UTB-ISBN 3-8252-1667-5

Was heißt Theatergeschichte? Ist sie eine Kunst- oder eine Kulturgeschichte? Eine Geschichte von Ideen oder von Mentalitäten? Ausgehend von derartigen zentralen Fragen (re)konstruiert Erika Fischer-Lichte mögliche Geschichten des deutschen Theaters, beginnend mit seiner festen Einbindung in die städtische Festkultur des Mittelalters und endend mit jener "Fusion von Theater und Wirklichkeit" (Heiner Müller), die dem heute drohenden Verschwinden des Theaters in den elektronischen Medien einen – letzten? – Widerstand entgegensetzt.
Ein unerläßlicher Leitfaden für Studierende der Theater- und Literaturwissenschaft sowie für alle Theaterfreunde.

Preisänderungen vorbehalten

UTB FÜR WISSEN SCHAFT

Francke

Aus den Pressestimmen:

"(...) stößt in eine Lücke, die Theaterinteressierte schon lange gefüllt sehen möchten." *Medienwissenschaft*

"Was von ihren Vorgaben löst Fischer-Lichte in ihrem Buch ein? Ich behaupte, eine ganze Menge. Sie kann auf einen enormen Fundus an Kenntnissen zurückgreifen und diesen gleichsam deduktiv präsentieren; sie entwikkelt jeweils anhand unterschiedlicher Fragestellungen im politischen, ökonomischen und sozialen Kontext das Allgemeingültige, das Gesetzmäßige, das Epochentypische theatraler Ereignisse ebenso von deren Produktionsweisen und Rezeption." *MIMOS*

"Die Geschlossenheit der Zusammenstellung ist dennoch beeindruckend. Das Buch ist in einer unprätentiösen, klaren und verständlichen Sprache geschrieben, durch die es sich als Einführung und Kompendium für ein breiteres Publikum empfiehlt." *Germanistik*

"Diese Geschichte des deutschen Theaters wendet sich nicht in erster Linie an Fachleute, sondern an alle Theaterliebhaber. Das bedeutet, daß wichtige Stationen (z.B. Goethes Theaterarbeit) kundig und abgewogen dargestellt werden." *Das gute Buch in der Schule*

Theaterwissenschaft in UTB

Erika Fischer-Lichte

Geschichte des Dramas

Epochen der Identität auf dem Theater von der Antike bis zur Gegenwart

Band 1:
Von der Antike bis zur deutschen Klassik

UTB 1565, 1990, 371 Seiten, zahlr. Abb.,
DM 36,80/ÖS 287,–/SFr 36,80
UTB-ISBN 3-8252-1565-2

Band 2:
Von der Romantik bis zur Gegenwart

UTB 1566, 1990, 306 Seiten, zahlr. Abb.,
DM 36,80/ÖS 287,–/SFr 36,80
UTB-ISBN 3-8252-1566-0

"Eine Arbeit, die wiederum durch ihren Umgang mit umfangreichem und disparatem Material und die Gabe zur Synthese besticht. (...) Denn darin unterscheidet sich diese Geschichte des Dramas von andern, traditionelleren Werken ähnlichen Zuschnitts: Die Aufführungsbedingungen werden als Voraus-Setzungen jeweils im Detail behandelt, der «Sitz im Leben» des literarischen Werks bleibt deshalb stets deutlich im Blickfeld.
In einer Zeit überhandnehmender Spezialisierung braucht es Mut, Fleiß und Souveränität, allein eine Dramengeschichte von Aeschylus bis Heiner Müller zu verfassen. Erika Fischer-Lichte beweist alle drei." *MIMOS*

Peter-André Alt

Tragödie der Aufklärung

Eine Einführung

UTB 1781, 1994, 350 Seiten,
DM 32,80/ÖS 256,–/SFr 32,80
UTB-ISBN 3-8252-1781-7

Alts Buch verfolgt die wichtigsten Stationen der Gattungsgeschichte von Gottsched bis Schiller, untersucht die Wirkungsansprüche der aufgeklärten Tragödienpoetik im Zusammenhang ihrer Aristoteles-Rezeption und stellt ausgewählte Trauerspiele der Zeit zwischen 1730 und 1785 im Rahmen exemplarischer Interpretationen vor.

Bernhard Greiner

Die Komödie

Eine theatralische Sendung:
Grundlagen und Interpretationen

UTB 1665, 1992, X, 512 Seiten,
DM 39,80/ÖS 311,–/SFr 39,80
UTB-ISBN 3-8252-1665-9

"Eine anspruchsvolle Einführung, die sich als Hand- und Arbeitsbuch für das studentische Selbststudium wie für den akademischen Unterricht empfiehlt, aber auch Fachleuten eine anregende Lektüre bietet." *Germanistik*

Preisänderungen vorbehalten

UTB FÜR WISSEN SCHAFT

Francke